제2판

사회복지법제론

제2판

사회복지법제론

김귀환 · 김종협 · 나대현 · 배기효 · 오정옥
이양훈 · 이은경 · 임성옥 · 임승규 · 전영록
정일교 · 진화미 · 모지환 · 김기원

나눔의집

제2판 머리말

사회복지를 둘러싼 제반 현실을 규정하는 사회복지법규를 이해하는 것이 전체적인 사회복지의 맥락을 이해하는 지름길이며 사회복지현장에서의 실무자로서 역할을 수행하는데 도움이 된다는 사실은 부연할 필요가 없을 것이다.

정치적, 사회적 환경 등의 변화에 따라 사회복지법규도 더 다양하고 복잡한 양상을 보이고 있다.

한국의 사회복지법들은 개별법으로 구성되어 있어서 체계적인 맥락속에서 이해하기가 결코 쉽지 않은 일이다. 여기에 법률적 지식에 그치지 않고, 법제도의 변화가 미치는 영향을 파악하는 것은 더욱더 어려운 일이다.

사회복지법이 역사적으로 형성된 과정은 정치경제적 환경의 변화에 따른 사회복지 정책 및 제도적 변화와 밀접하게 연관되어 있다. 하지만 이러한 변화는 실제 사회복지 현장에서 사회복지법규들이 어떻게 적용되고 운용되어 왔는지를 이해하지 않고서는 온전히 '실감'할 수 없는 부분이기도 하다.

사회복지법제론 과목을 통해서 궁극적으로 목표하는 바는 실제 사회복지 현장에서 사회복지법규들이 어떻게 적용되고 운용되는지를 파악할 수 있는 능력을 키워가는 데 있다. 현실의 변화에 부합하지 못하는 사회복지법규의 한계를 파악하고, 새로운 현실의 변화를 창출해 내는 사회복지법규의 제 개정을 이루어내는 과정은 이러한 환경 속에서 가능할 것이다.

이러한 변화의 추세에 맞추어 2판에서는 다음과 같이 그 내용을 개정, 보완하였다.

첫째, 사회복지법, 시행령과 시행규칙들을 유기적으로 연계시키면서 가능한 객관성을 띤 사회복지법제론을 만들고자 했던 초판의 의도를 살리기 위해 기본적인 골격을 그대로 유지하였다.

둘째, 초판 발행 이후 2007년 8월까지 이루어진 법률 제 · 개정 내용을 모두 반영하고, 분석하면서 변화된 법률의 내용을 충실히 정리하고자 노력했다.

이를 위해 새롭게 제정된 장기요양보험법, 기초노령연금법과 기존의 국민기초생활보장법, 의료급여법, 고용보험법, 산업재해보상보험법, 노인복지법 등의 개정 법률에 대한 내용을 추가하였다.

셋째, 단순히 사회복지법에 관한 법률적 지식을 전달하는 데 그치지 않고자 노력하였다.

앞으로 부족한 부분은 수시로 보완해 나갈 것이며 바쁜 일정속에서도 개정 작업에 참여해주신 모든 분들에게 감사의 인사를 드린다.

2007년 8월
저자들 씀

초판 머리말

사회복지에 관한 법리를 파악하는 일은 사회복지를 이해하는 첩경일지도 모른다. 사회복지가 단순한 시혜가 아니라 조직적이고 체계가 있으며 현실과 미래를 관통하면서 인간의 삶을 규정한다는 측면에서 보면 법률에 대한 이해는 더욱 중요하다 하겠다. 그러나 법률은 왠지 어렵고 복잡하게 얽혀 있어서 접근하기를 꺼려할지도 모를 일이다. 그렇다고 반드시 멀리할 일은 아니다.

사회복지를 공부하는 이나 사회복지를 알기 위하는 이 모두 사회복지에 관한 법을 알아야 할텐데, 이 책은 어려워 보이는 법령의 쉬운 해설과 중요도에 따른 조항의 분류, 법을 이해하기 위한 전반적인 지식에 관해서 서술해놓았다. 가장 최근의 사회복지에 관한 법률 내용을 체계적으로 분석하고 유기적으로 설명하여 사회복지법 전반에 걸친 법리적 이해를 돕고자하였다. 이를 위하여 법에 대한 일반적 지식과 사회복지법의 총론적 지식을 습득하고, 이를 바탕으로 사회복지제도를 중심으로 한 개별적인 사회복지법들을 이해하며, 이러한 사회복지법들이 실제 사회복지현장에서 어떻게 적용되고 운용되고 있는지를 파악해본다. 또한 가능한 한 대법원과 헌법재판소에서 이루어진 사회복지관련 소송들에 대한 판례를 검토하여 법률의 문구뿐만 아니라 현실적으로 변화하고 있는 적용에 관해서도 분석하려고 노력하였다.

최근 사회복지에 관한 법들이 많이 제정·개정되고 있다. 어떤 경우는 복지현장의 목소리나 욕구와는 차이가 있어 보이기도 하고 또 어떤 경우에는 충실히 반영되어 복지사회의 초석을 다지기도 한다. 사실 보건복지부에서 관장하는 법률은 몇 남지 않았다. 이마저도 다른 부처나 신설부처로 이관되어서 사회복지의 현장에서 적용하는 데 번거롭게 될 수도 있을 것이다. 그러므로 현장의 욕구가 잘 전달되고 사회복지인이 클라이언트와 전국민을 위해 좀더 빠르고 정확한 서비스를 하기 위한 법률을 갖기 위해서는 먼저 사회복지에서 애쓰는 사람들이 법률적인 지식을 갖춰야 하는 것이 순서일 것이다. 사회복지의 전반적인 제도와 사회적 현상들을 법리적으로 이해하고, 주된 쟁점을 파악하며, 사회복지가 하나의 권리로서 받아들여지고, 사회복지 현장에 법적 정의가 올바로 정립되는 데 기여하고자 한다면 면밀한 법률 학습이 선행되어야 할 것이다. 또한 인권과 국제법에 관한 세계적인 흐름도 파악하여 우리나라가 세계의 흐름에 뒤처지는 서비스를 실시하지 않도록 노력해야 한다.

이러한 점을 염두에 두고 이 책은 저술과정에서 주관적인 법률 해석보다는 사회복지법을 둘러싸고 있는 여러 관련 법률들, 각종 시행령과 시행규칙들, 기존의 판례들을 유기적으로 연계하면서 가능한 한 객관성을 띤 사회복지법제론이 될 수 있도록 적지 않은 노력을 기울였다.

이 책에는 법에 대한 일반적 지식과 사회복지법의 총론 및 개별법의 지식이 포함되어 있다. 사회복지현장에서 적용되고 운용되는 사회복지법의 실천 사례 및 판례 또한 이 교과목의 중요한 비중을 차지한다. 게다가, 법의 특성상 빈번한 개정 사항을 그때그때 다루어야 하는 까다로운 작업도 이 교과목의 중요한 특징이라 할 수 있다.

따라서, 이러한 방대한 법적·실천적 지식을 다루어야 하는 <사회복지법제론>의 교과목은 가르치는 교수나 배우는 학생 모두에게 각기 부담스러운 과정이 될 수 있으며, 자칫 그 핵심에 접근하기도 전에 한 학기를 마쳐야 하는 곤란한 상황에 이를 수도 있다.

이러한 학교의 어려운 현실을 고려하여, 이 책은 무엇보다 사회복지학과에서 반드시 학습해야 할 사회복지법제론의 핵심에 쉽고 빠르게 접근하기 위한 목적으로 기획·집필되었다. 우선, <2004학년도 사회복지학 교과목지침서>(한국사회복지교육협의회, 2004. 12)에 따라, 사회복지학과에서 필요로 하는 내용과 형식을 갖추었다. 둘째, 주관적인 법률 해석보다는 사회복지법을 둘러싸고 있는 여러 관련 법률과 각종 시행령 및 시행규칙, 그리고 기존의 판례들의 유기적 연계를 중요시하여 기능한 한 객관성 있는 교재를 만들고자 하였다. 셋째, 앞서 언급한 바와 같이 한 학기라는 단기간에 이 방대한 사회복지법제론을 쉽고 빠르게 접근하기 위해 최대한 압축하고 요약하였다. 넷째, 이 책은 이상과 같은 변화와 그에 따른 법적 대응 결과의 중요성을 깊이 인식하고, 2004년도 12월 현재 실시되고 있는 가장 최근의 사회복지법들을 분석·정리했다.

이러한 기획은 사회복지학과의 전문 연구자 및 입문자는 물론, 1급사회복지사를 꿈꾸는 많은 학생들과 현장의 전문가에게 단기간에 필수적인 사회복지법제에 대한 지식을 제공하려는 의도에 부응함으로써 기존의 사회복지법제론 교재와의 차별성을 지향한다. 이 책이 사회복지법제에 대한 총체적 지식을 제공함은 물론 사회복지 현장에서의 높은 활용가치를 지닐 수 있기를 바란다. 또한 독자적인 법전을 지니지 못한 한국사회복지법제의 현실에서 다른 상위법이나 관련법과 잘 소통하면서 좀 더 권위있는 사회복지법제의 틀을 마련하는 데 이 책이 작은 기여를 할 수 있기를 희망한다.

바쁜 학사 일정과 연구 중에도 불구하고 이 어려운 작업에 참여해주신 교수님들께 깊은 감사를 드리고, 어려운 출판 여건에서도 학계의 현실에 발맞추어 이러한 기획을 적극적으로 추진하여 주신 나눔의집출판사에 감사를 드린다.

2005년 2월
집필자 대표

차 례

제1부

총 론

제1장

사회복지법의 개념과 용어 정리

제1절 법 일반

　사회복지법은 사회복지에 관한 법으로 일반적인 법률 용어와 이론이 사회복지영역에 응용되었을 뿐 아니라 사회보장기본법, 사회보험 관련법, 공공부조 관련법, 사회복지서비스 관련법, 기타 관련복지제도에 관한 법 등 분야가 다양하기 때문에 사회복지와 법 일반에 관한 지식이 없으면 체계적이고 명확하게 이해하기 어렵다. 따라서 개별적인 사회복지법을 탐구하기 전에 법 일반에 관한 내용을 이해하고 이들 내용이 사회복지분야에 어떠한 함의가 있는지를 법 일반에 관한 개념과 이론을 바탕으로 하여 설명한다(고창현, 1997; 김기수 외, 1997; 박영철, 2001; 예종덕·전일주, 1999; 정영석, 1989).

Ⅰ. 법의 정의

　사회가 유지되기 위해서는 사회의 구성원들의 행동을 규율할 수 있는 일련의 행위준칙인 사회규범이 필요한데 이 규범이 바로 법(法)이다.

　법은 사회구성원들이 사회생활을 함에 있어 필요한 행위준칙으로서, 사회질서를 유지하고, 공동생활의 안전을 기하며, 사회정의를 실현하기 위해 국가권력이 일정한 사회적 행위를 당위적으로 의무지울 것을 요구하는 관념이다.[1]

　법은 복합적인 성격을 가진 규범이다.[2] 첫째, 법은 행위규범이다. 사람의 의사에 기하여 이루어지는 신체의 외부적 동정인 행위를 '하여야 하거나 또는 하여서는 안 되거나'에 관한 판단의 근거가 되는 준칙이다. 둘째, 법은 강제규범이다. 행위규범에 위반하는 행위에 대하여 국가권력에 의하여 일정

---

1) 법철학적으로 당위(sollen, 當爲)란 반드시 있어야 하는 것을 의미하는 것으로 사실 그것이 일어날지 안 일어날지 여부를 불문하고 반드시 생겨나야 한다고 요구되는 것이다.

2) 규범(norm)이란 인간이 사회생활을 함에 있어 구속되고 준거하도록 강요하는 일정한 행동양식으로, 강제의 강도에 따라 관행 → 도덕적 관습 → 법으로 발전한다.

한 제재를 가함으로써 강제적으로 강행되는 강제력을 가진 규범이다. 강제규범이란 점에서 법은 도덕, 종교, 관습 등과 같은 다른 사회규범과 구별된다. 셋째, 법은 조직규범이다. 법의 본연의 기능을 발휘하기 위하여 법규범의 제정, 적용, 집행을 담당하는 조직과 이 조직을 구성하는 기관에 일정한 권한을 부여하는 규범이다. 넷째, 법은 사회규범이다. 사회규범으로는 법, 도덕, 종교, 관습 등이 있다. 이 가운데 법은 사람들간의 분쟁이나 갈등을 조정·해결하고, 사회를 안정시키고 질서를 유지하며 사회생활을 평화롭게 하는 준칙이다.

II. 법의 목적

법은 궁극적으로 사회정의를 실현하고, 법적 안정성을 기하며, 사회질서를 유지하는 데 그 목적이 있다.

1. 사회정의의 실현

법의 궁극적인 목적은 사회정의의 실현에 있다. 사회정의(social justice)란 모든 사람에게 기본권이 보장된 상태, 사람들이 응당 자신이 받아야 할 대가를 받는 상태 또는 사회 내에 불평등이 존재하지 않는 평등한 상태 등으로 다양하게 정의되고 있다.

정의를 사람들이 사회생활에서 실현해야 할 최고의 덕이라고 주장한 아리스토텔레스는 정의란 단순한 개인의 도덕이 아니라 타인과의 관계에서 실현해야 할 사회적 도덕으로 간주하였다. 그는 정의를 일반적(법률적) 정의, 평균적(산술적) 정의, 배분적(기하학적) 정의로 구분하였다(김기수 외, 1997).

2. 법적 안정성의 유지

법은 사람들이 안심하고 사회생활을 할 수 있도록 하기 위해 존재한다. 법이 사람들로 하여금 안심하고 사회생활을 할 수 있도록 하는 것을 법적 안정성이라 한다. 법은 법적 안정성을 갖고 있어야 한다. 법이 법적 안정성을 유지하기 위해서는 첫째, 법은 사람들이 법의 존재 여부와 그 내용을 명확하게 이해할 수 있어야 한다. 둘째, 법은 너무 자주 변경되어서는 안 된다. 법이 조령모개(朝令暮改) 식으로 자주 개정되면 사회적 불안을 부르게 되고 사회질서를 해칠 수 있다. 셋째, 법은 실효성이 있어야 한다. 법은 실제로 행해져야 사람들이 안심하고 생활할 수 있게 된다. 넷째, 법은 선량한 국민의 의식과 합치되어야 한다. 만일 사회복지법이 내용이 불명확하고, 너무 자주 개폐되고, 선량한 국민의 의식과 일치하지 않는다면 사회복지법에 대한 국민의 순응성이 저하되고 사회불안을 일으키게 된다.

3. 사회질서의 유지

법은 사회공동체의 생활에 있어서 사회질서의 유지를 목적으로 한다. 사회질서란 사회적인 과정이 일관성이 있고, 사회의 각 부분들이 각자의 기능을 수행하기 위해서 조화와 균형을 이루는 상태를 말한다. 사회질서는 사회구성원들에 의해 자발적으로 이루어지기도 하지만, 법적 강제에 의해 인위적으로 조성되고 유지되는 경우가 일반적이다. 사회복지법은 법이 집행되는 과정에서 집행기관이 의무를 준수하고, 수급권자가 법규를 위반하거나 오용 및 남용하는 것을 방지하기 위하여 벌칙으로 벌금, 과태료, 징역 등 벌칙을 부과함으로써 사회질서를 유지하고 있다.

Ⅲ. 법원

법은 여러 형식으로 존재한다. 법원(法源), 법의 존재형식, 또는 법의 연원(淵源)은 크게 성문법과 불문법으로 나뉜다.

1. 성문법(제정법)

성문법(成文法, written law)이란 제도상 입법기관에 의해 특별한 절차를 따라 만들어지고 그 내용이 문서의 형식으로 표현되고 일정한 형식과 절차에 의하여 공포된 법을 말한다. 성문법은 입법기관에 의하여 특별한 절차를 거쳐서 제정되므로 이를 제정법이라고도 한다. 오늘날 대부분의 국가는 성문법을 법원(法源)으로 하는 성문법주의를 채택하고 있으며, 예외적으로 불문법을 병용하고 있다. 우리나라도 성문법주의를 택하고 있으며, 사회복지법 역시 성문법주의에 기초하고 있다. 현행 우리나라의 성문법으로는 헌법, 법률, 명령(대통령령, 총리령, 부령 등), 규칙, 자치법규(조례, 규칙) 및 조약 등이 있다.

1) 헌법
헌법은 국가의 기본조직, 통치작용, 국민의 기본권 등을 정한 나라의 기본법이다. 헌법은 최상위의 법이므로 하위법인 법률, 명령, 규칙 등은 헌법에 저촉되어선 안 된다. 우리 헌법 제10조는 인간의 존엄과 가치·행복추구권을 규정하고 있으며, 제34조는 인간다운 생활을 할 권리를 규정하고 있다.

2) 법률
법률(法律, act)은 국회에 제출되어 의결되고 공포된 법률을 의미한다. 법률은 헌법의 하위에 있는 헌법 다음가는 법원이므로 헌법에 위배되면 법적 효력이 없으며, 그러한 법률을 제정할 수 없다. 그러나 법률은 명령이나 규칙에 대하여는 상위의 지위를 갖는 법원이다. 따라서 명령이나 규칙은 법률에 위배되는 내용을 가질 수 없다. 법률의 제정권은 국회에 속하고, 국회 또는 정부에 의하여 제출된 법률안이 국회의 의결을 거쳐 다시 대통령이 공포함으로써 성립한다. 헌법은 국민의 권리나 의무에 관한 사항, 기타 중요한 사항은 법률로써 규정할 것을 요구하고 있고 이를 입법사항이라 한다. 현대법치국가에서는 국민의 기본권에 관한 사항은 반드시 법률로 정하게 되어 있다. 사회복지법은 기본권 가운데 주로 생존권에 관한 사항을 구체적으로 규정하고 있다.

3) 명령, 규칙

명령(命令)과 규칙(規則)은 국회의 의결을 거치지 아니하고 권한 있는 행정기관이 단독으로 제정하는 법규로서 자치법규에 속하지 않는 성문법원을 말한다. 명령과 규칙은 국회의 의결을 거치지 아니하고 행정기관이 제정하는 것이므로 그 형식적 효력에 있어서 국회가 제정한 법률보다 하위에 속한다. 따라서 명령으로 법률을 개폐하지 못한다. 다만 긴급명령의 경우 예외적으로 법률과 같은 효력을 가진다. 법령이란 말은 법률과 명령을 합해서 부르는 용어이다.

헌법 제75조는 대통령은 법률에서 구체적으로 범위를 정하여 위임받은 사항과 법률을 집행하기 위하여 필요한 사항에 관하여 대통령령을 발할 수 있다고 규정하고 있다. 명령은 법률과의 관계에서 실질적으로 긴급명령, 위임명령, 집행명령으로 나뉜다.

명령은 형식적으로 제정권자를 표준으로 하여 대통령령, 총리령, 부령(보건복지부령, 행정자치부령, 노동부령 등)으로 나눈다. 대통령은 법률에서 위임받은 사항과 법률을 집행하기 위하여 필요한 사항에 관하여 대통령령을 발할 수 있고, 국무총리 또는 행정 각 부의 장은 소관사무에 관하여 법률이나 대통령령의 위임 또는 직권으로 총리령 또는 부령을 발할 수 있다. 사회복지법과 관련된 시행령(예: 국민연금법 시행령, 국민기초생활보장법 시행령)은 사회복지법의 시행에 따르는 세칙이나 규정을 내용으로 하는 명령으로 대통령령의 형식을 띠고 있다.

규칙은 각 부처가 사무처리 및 내부규율 등에 관해 제정한 규범으로 헌법이나 법률에 입각하여 입법부, 행정부, 사법부의 각 부에서 내부규율, 업무절차, 사무처리 등을 위해 제정되며, 지방공공단체의 장이 제정하는 규칙도 있다. 보건복지부사무규칙, 국민연금관리공단의 장이 제정한 규칙, 감사원사무처리규칙, 법원사무규칙 등이 있다. 사회복지법과 관련된 시행규칙(예: 국민연금법시행규칙, 국민기초생활보장법시행규칙)은 보건복지부 등과 같은 행정부처가 사회복지법의 시행을 위해 필요한 내부규율, 업무절차, 사무처리를 내용으로 하는 규칙으로 주로 보건복지부령에 의해 제정되고 있다.

4) 자치법규

자치법규란 지방자치단체가 법률에 의하여 인정된 자치권의 범위 내에서 자기의 사무에 관하여, 또 주민의 권리의무에 관하여 제정한 자치에 관한 규칙을 말한다. 지방자치단체는 법령의 범위 안에서 자치에 관한 규칙을 제정할 수 있다. 자치법규에는 조례와 규칙이 있다. 조례는 지방자치단체가 법령의 범위 내에서 지방의회의 의결을 거쳐 그 사무에 관하여 제정한 법이다. 규칙은 자치단체의 장이 법령 또는 조례가 위임한 범위 내에서 그 권한에 속하는 사무에 관하여 정립한 법이다.

5) 국제조약과 국제법규

국제조약이란 국제적 권리의무의 발생을 목적으로 국제법상의 주체인 국가간에 맺은 문서에 의한 합의이다. 조약이라는 이름을 가지는 것뿐만 아니라 협정, 협약, 의정서, 헌장 등으로 불리는 것도 포함된다. 헌법 제6조에는 "헌법에 의하여 체결·공포된 조약과 일반적으로 승인된 국제법규는 국내법과 같은 효력을 가진다"고 규정하고 있으므로 헌법에 의하여 체결·공포된 조약과 일반적으로 승인된 국제법규는 국내법과 같은 효력을 가진다. 최근에 활발히 이루어지고 있는 사회보장협약이나 국제노동기구의 사회보장에 관한 조약들은 비준국간에 구속력을 갖는다.

일반적으로 승인된 국제법규란 국제관습과 우리나라가 체결당사자가 아닌 조약으로서 국제사회에 의하여 그 규범성이 일반적으로 승인된 것을 말한다.

2. 불문법

불문법(不文法, unwritten law)이란 문서의 형식으로 표현되지 않은 법이다. 입법기관에 의해 일정한 절차에 따라 제정·공포되지 않고 존재하므로 비제정법(非制定法)이라고도 한다. 불문법으로는 관습법, 판례법, 조리가 있다. 불문법도 성문법과 더불어 중요한 법원이 되고 있다. 역사적으로 법은 불문법에서 성문법으로 발전하여왔으며 특히 관습법은 성문법의 모체가 되었다. 오늘날 보통법(common law)을 중심으로 판례법주의를 취하는 영미법에서는 판례법을 제1차적 법원으로 인정하고 있다.

1) 관습법

관습법이란 사회생활에서 자연적으로 형성되어 관행되는 관습이 사회의 법적 확신을 얻게 되어 사회의 중심세력이 이것을 법적 규범으로 승인하고 강행하는 것이다. 사회현상은 매우 복잡하고, 유동적이며, 변화무쌍하기 때문에 모든 사회현상을 성문법으로써만 규율하기는 거의 불가능하다. 따라서 성문법주의가 발전된 국가에서도 관습법을 적용하여야 할 필요가 발생하기 때문에 성문법과 더불어 관습법이 법규범으로서 존재하는 것이다. 사실적인 관습이 법원(法源)으로 인정을 받는 것은 법원(法院)이 판례를 통해 이를 법규범으로 인정함으로써 이루어진다.

성문법주의 국가에서 관습이 법규범으로 인정받기 위해서는 다음과 같은 조건들이 필요하다. 첫째, 관행(慣行)이 존재해야 한다. 관습법이 성립하기 위해서 먼저 오랜 세월을 두고 계속 반복되는 관습이 존재하여야 한다. 둘째, 국민이 관습의 가치에 대한 법적 확신을 가져야 한다. 이러한 법적 확신을 갖지 못하는 관습은 사실로서의 관습에 지나지 않는다. 셋째, 관습이 사회의 일반적 도덕관념인 선량한 풍속, 기타 사회질서에 위반되지 않아야 한다. 넷째, 법령이 어떤 사항에 관하여 관습이 있으면 이에 따를 것을 정하고 있는 경우라야 한다. 다섯째, 법령이 어떤 사항에 관하여 그 관습에 반대하거나 그 관습과 동일한 것을 규정하고 있지 않은 경우라야 한다. 관습법은 법령이 존재하지 않는 범위 내에서만 성립하는 것을 원칙으로 한다.

대체로 성문법주의를 택하는 대륙법계 국가에서는 관습법이 경시되는 경향이 있으나, 불문법주의를 택하는 영미법계 국가에서는 관습법이 중요한 법원이 된다. 성문법이 발달하지 못한 국제법 분야에서는 관습법이 중요한 법원이 되고 있다.

죄형법정주의가 지배하는 형법에서는 관습법이 배척된다. 반면 민법과 상법 등 사법분야에서는 관습법이 성문법의 보충적 역할을 하게 된다.

2) 판례법

판례란 재판의 선례이다. 판례법(判例法, case law, judge-made law)이란 유사한 사건에 대하여 법원이 동일한 취지의 판결을 반복하여 판례의 방향이 확정됨으로써 동종의 사건에 대하여 사실상의 구속력을 갖게 됨에 따라 형성되는 법이다. 즉, 재판의 집적(集積)에 의해 성립하는 법체계이다. 재판은 원칙적으로 그 사건에 관해서만 구속력을 가지는 데 불과한 것이나, 그 후 동종의 사건이 일어나 재판을 하는 경우 동일한 취지의 재판을 하게 될 것이므로 재판은 동종의 사건에 대하여는 사실상 구속력을 가지게 된다. 재판의 선례, 즉 판례가 그 후의 재판을 구속할 때 판례는 법원(法源)으로 되며, 이를 판례법이라고 한다. 판례법주의는 법률의 불완전성을 가정한다.

반면, 성문법주의에서는 법률의 완전성을 가정한다. 법률은 일반적이고 추상적이어서 법원의 판례를 통해 개별화되고 구체화되지만, 법률 그 자체는 완전한 것으로 가정하기 때문에, 판례는 법률을 해석하는 과정에서 보충적인 기능을 수행한다. 성문법주의에서는 일반적인 법률이 있고, 재판을 통해 법률을 구체적인 특정 사건에 적용한 결과로 판례가 나오므로 법률해석이 연역적이다. 성문법주의를 택하고 있는 우리나라의 경우 판례를 법원(法源)으로 인정하는 명문의 규정은 없고, 따라서 법원(法院)은 법의 해석·적용을 하는 데 있어서 각각 독자적인 입장에서 법원으로 인정하고, 형식적으로는 동급 및 상급법원의 재판의 선례, 즉 판례에 구속받지 않는다. 그러나 실제적으로는 하급법원이 상급법원의 판례와 다른 재판을 하는 경우, 심급제도(審級制度)에 의하여 결국 사후심법원인 상급법원에서 하급심법원의 판결이 파기될 가능성이 크기 때문에, 상급법원의 판례는 하급법원의 재판시 기준이 되어 입법부에서 제정된 법과 사실상 같은 효력을 갖게 될 수 있다.3) 사회복지법 분야에 있어서도 대법원이나 헌법재판소의 판례는 사실상 구속력을 갖고 있다.

---

3) 민·형사 단독사건: 지방법원(지원) 단독판사→지방법원 본원 합의부(항소부)→대법원
　민·형사 합의사건: 지방법원(지원) 합의부→고등법원→대법원
　군사재판: 보통군사법원→고등군사법원→대법원
　행정소송: 행정법원→고등법원→대법원

3) 조리

조리(條理, natural rationality)란 자연의 이치, 사물의 본질적 법칙 또는 사물의 이치를 말한다. 조리는 대부분의 사회구성원들이 타당하다고 인정하는 공동생활의 원리인 도리(道理), 사회정의, 사회형평, 공서양속(公序良俗), 사회통념, 사회상규(社會常規), 신의성실 등으로서, 재판에 있어서 다른 법원에 의한 법을 발견할 수 없는 경우에 법원(法源)으로 채용되는 경우가 많다.

민법 제1조에는 "민사에 관하여 법률의 규정이 없으면 관습법에 의하고, 관습법이 없으면 조리에 의한다"라고 규정함으로써 조리를 성문법과 관습법 다음의 보충적 효력을 갖는 법원의 하나로서 인정하고 있다. 경우에 따라서 조리는 성문법 해석의 기준이 되기도 한다. 사회복지법 분야에서도 성문법이나 관습법이 없는 경우에 사회정의나 사회형평과 같은 조리를 법원으로 삼는다.

Ⅳ. 법의 분류

1. 성문화 여부에 따른 구분

법은 성문화되어 있느냐 여부에 따라 성문법과 불문법으로 나뉜다. 성문법에는 헌법, 법률, 명령, 규칙, 자치법규, 국제조약 및 국제법규가 있다. 불문법에는 관습법, 판례법, 조리가 있다.

2. 법체계에 따른 분류

1) 국내법과 국제법

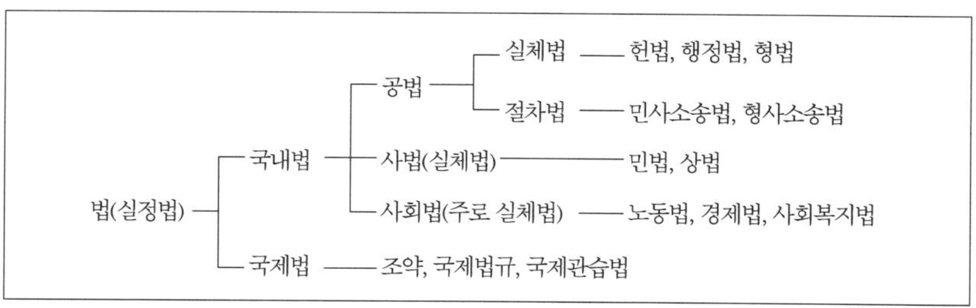

국내법과 국제법은 법을 인정하는 주체 및 법이 행해지는 범위에 따라 나누어진다. 국내법이란 한 국가에 의해 제정되고 국가와 국민 사이 또는 국민 상호간의 권리·의무를 정하는 법이다.

국제법이란 복수의 국가간에 명시되거나 묵시된 합의를 기초로 하여 국가 사이의 권리와 의무를 정한 법으로, 국제공법이라고도 한다. 주로 국가 상호간의 관계를 규정하고 있지만, 최근에는 개인이나 국제연합과 같은 국제조직도 국제법상의 법률관계의 당사자가 되고 있다.

국제법은 국가 상호간에 명시된 합의에 바탕을 둔 조약과 여러 국가의 관행을 기초로 하여 성립되는 국제관습법으로 성립되고 있다. 조약은 그 조약에 비준한 국가만을 구속하기 때문에 국제사회 일반에 타당한 국제관습법이 중요한 위치를 차지하고 있다.[4] 헌법에 의하여 체결·공포된 조약과 일반적으로 승인된 국제법규는 국내법과 동일한 효력을 인정하고 있다(헌법 제6조).

2) 공법·사법·사회법

법은 그 내용에 따라 공법과 사법으로 구분하는 것이 오랜 전통이다. 사회법은 공법도 아니고 사법도 아닌, 공법과 사법이 혼합된 법으로서 제3종의 법이다.

(1) 공법과 사법

첫째, 이익설(목적설)에 따르면, 법이 보호하는 이익이 공익인가 또는 사익인가에 의하여 공법·사법을 구분한다. 즉 사회공동의 이익 보호를 목적으로 하는 법이 공법(公法)이고, 개인의 이익 보호를 목적으로 하는 법이 사법(私法)이다. 사회복지법인이나 종교법인과 같은 비영리법인의 경우 공익을 목적으로 운영되지만 사법의 영역에 속한다.

둘째, 주체설에 따르면, 법률관계의 주체가 누구인가를 기준으로 공법과 사법을 구별한다. 공법은 국가 또는 공공단체가 법률관계의 주체가 되어 국가 또는 공공단체 상호간의 관계 또는 이들과 개인의 관계를 규율하는 법이고, 사법은 사인(私人)이 법률관계의 주체로서 사인 상호간의 관계를 규율하는 경우의 법이다. 그러나 보건복지부나 국민연금관리공단과 같이 국가 또는 공공단체가 사인과 대등한 자격으로 매매·도급·임대차 등의 계약을 체결하는 경우, 일반적으로 사법의 적용을 받지만 주체설에 따르면, 주체가 국가 또는 공공단체이므로 그 법률관계가 공법에 속해야 하는 모순이 발생한다.

셋째, 법률관계설에서는 공법과 사법을 법이 규율하는 법률관계의 성질에 따라 구별한다.[5] 공법은 권력복종의 관계, 즉 법률상 종적인 불평등관계를 규율하는 법이고, 사법은 대등의 관계, 즉 횡적인 평등관계를 규율하는 법이다. 그러나 법률관계설에 따르면, 사회보장협약과 같은 국가간 사회복지조약은 상호주의에 입각해 국가간의 대등한 관계를 규율하므로 사법으로 보아야 하고, 행정자치부와 지방자치단체간에 이루어지는 국민기초생활보장법률관계는 위계적 지위에서 발생하는 불평등관계이므로 공법으로 보아야 한다.

---

4) 국제법은 국제사법과 다르다. 국제사법은 섭외적(涉外的) 법률관계에 대하여 자국법을 적용하느냐, 그 외국인의 본국법을 적용할 것인가를 결정하는 국내법의 하나이다. 국제법을 국제공법, 국제사법을 섭외사법이라고도 한다.

5) 법률관계라는 것은 법이 규율하는 관계이다. 예를 들면 갑이 을에게 물건을 팔면, 갑에게는 물건을 인도할 의무가 발생하고, 을에게는 대금을 지급할 의무가 발생한다. 즉, 갑과 을 사이에는 매매라는 법률관계가 발생한다. 이 경우 대금을 얼마로 할 것인가, 어느 때에 대금을 지급하는가, 언제 어디서 물건을 인도할 것인가 등은 모두 갑과 을의 의사의 합치로 결정할 수 있다. 그뿐만 아니라 물건을 사든가, 팔든가도 갑과 을의 자유이다. 그런데 공법에서의 법률관계는 사인이 자유로이 이를 창설할 수 없다.

넷째, 통치관계설에서는 법이 규율하는 법률관계가 통치권의 존재를 요건으로 하는 것인지 여부를 기준으로 하여 공법과 사법을 구분한다. 통치권은 국토와 국민을 지배하는 권력으로 영토에 대한 지배권인 영토고권과 국민에 대한 지배권인 대인고권이 있다. 사람이 국가 및 공공단체의 일원으로서 행하는 공적인 생활관계는 통치권의 존재를 요건으로 하므로 이를 규율하는 법은 공법이고, 반면 통치권의 존재를 요건으로 하지 않는 사인으로서의 생활관계를 규율하는 법은 사법이 된다.

다섯째, 생활관계설에서는 법이 규율하는 생활관계가 공적인 생활관계이냐 또는 사적인 생활관계이냐에 따라 공법과 사법을 구별한다. 국민으로서의 생활관계를 규율하는 법은 공법이고, 인간으로서의 생활관계를 규율하는 법은 사법이 된다.

이상과 같이 공법과 사법을 구별하는 학설은 다양하게 존재한다. 특정 법률이 공법적 규정과 사법적 규정이 혼합되어 있는 경우가 많으나 주로 공법적 규정으로 되어 있는 법은 공법이고, 사법적 규정으로 되어 있는 법은 사법이라고 할 수 있다. 사법에서는 개인이 법률관계를 자유롭게 창설할 수 있지만, 공법에서는 개인이 법률관계를 자유로이 창설할 수 없다. 예를 들어 국민건강보험에 가입할 것인가, 보험료를 납부할 것인가, 또는 얼마를 납부해야 할 것인가는 법으로써 정하여지며 개인의 의사로 자유롭게 이를 결정할 수 없다.

공법은 법률관계의 실체인 권리·의무의 발생, 변경, 소멸, 효과 등을 규정한 실체법과, 권리·의무를 확보하기 위한 절차나 형식을 규정한 절차법으로 구성되어 있으며, 사법은 실체법으로 되어 있다.

(2) 사회법

사회법은 인간이 실질적 평등이나 사회적 조화를 달성하기 위한 법으로, 법영역상 공법과 사법이 혼합되어 있어서 공법과 사법의 어느 하나에 배타적으로 속하지 않는 '제3의 법영역'을 사회법이라고 한다. 사회법의 개념은 시민법에서 파악할 수 없는 법의 영역이 출현함으로써 나타났는데, 당초에는 사회법이 시민법의 수정이라고 일컬었던 노동법에 사용되었으며, 그 후 경제법 등을 포함하였고, 오늘날에 와서는 사회복지 내지는 사회보장에 관한 법률까지 포함하고 있다. 이들 법률은 단순히 사적 생활에 관한 것이라고도 할 수 없고, 또 공적 내지 국가적인 생활에 관한 것이라고도 할 수 없는, 즉 공법·사법의 어느 것에도 속하지 않는 양자의 중간에 있는, 그리고 양자의 특성을 동시에 갖고 있는 법영역이다. 이러한 제3의 법영역을 사회법이라고 한다. 사회법을 광의와 협의로 구분하기도 하는데 광의의 사회법은 규범화된 국가사회정책과 관련성을 가진 모든 법규를 총체적으로 지칭하는 것으로 노동법, 경제법, 사회복지법 또는 사회보장법을 포함한다. 반면 협의의 사회법은 사회복지법 내지 사회보장법만을 의미한다(전광석, 1994).

3. 일반법과 특별법

일반법과 특별법은 법의 효력이 미치는 범위를 표준으로 하여 그 범위가 일반적인 경우 일반법, 특정적인 경우 특별법이라고 한다. 일반법이란 사람이라든가, 장소라든가, 사항 등에 관하여 특별한 한정이 없이 일반적으로 넓은 효력범위를 갖는 법을 말하고, 특별법이란 일정하게 한정된 사람·장소 또는 사항에 관하여 특수적인 좁은 효력범위를 갖는 법을 의미한다. 일반법과 특별법은 절대적 개념이라기보다는 상대적 개념으로 비교 대상에 따라 일반법이었던 법이 특별법이 될 수도 있고, 특별법이었던 법이 일반법이 될 수도 있다.

1) 인적 범위를 표준으로 하는 구별

일반법은 국민 일반에게 적용되는 법이고, 특별법은 국민 중에 특별한 사람에 한해서만 적용되는 법이다. 예를 들면, 형법·민법 등은 국민 일반에 적용되는 법으로 일반법이다. 사회복지분야에서는 사회보장기본법이 일반법에 해당한다. 국가공무원법이나 소년법은 특별법에 해당한다. 사회복지 분야에서는 산업재해보상보험법, 고용보험법, 국민기초생활보장법, 노인복지법, 장애인복지법, 아동복지법 등은 사회보장기본법과 비교할 때 특별법이다.

2) 지역적 범위를 표준으로 하는 구별

일반법은 국토(영토, 영해, 영공)의 전반에 걸쳐 적용되는 법이고, 특별법은 국토 내의 한정된 일부 지역에만 적용되는 법이다. 예를 들면 전국에 시행되는 헌법, 민법, 형법, 지방자치법 등은 일반법에 속하고, 지방자치단체의 조례나 규칙 등은 그 자치단체의 관할권 내에서만 적용되므로 특별법이다. 사회보장기본법, 국민연금법, 국민건강보험법, 국민기초생활보장법, 노인복지법, 장애인복지법 등 국회에서 제정한 사회복지 관련법은 대부분 일반법이다. 반면 서울특별시의 복지관련 조례나 규칙과 같이 지방의회나 지방행정기관이 제정한 조례나 규칙은 이들 전국적으로 시행되는 법과 비교할 때 특별법이다.

3) 사항을 표준으로 하는 구별

일반법은 일반적이고 비교적 넓은 범위의 사항에 관하여 적용되는 법이고, 특별법은 비교적 한정된 좁은 범위의 사항에 관하여 적용되는 법이다. 사회복지분야의 예를 들면 사회보장기본법은 일반법이고, 국민연금법, 국민건강보험법, 장애인복지법, 아동복지법, 노인복지법 등은 특별법이다. 그러나 장애인복지법은 상대적으로 장애인고용촉진및직업재활법에 대해서는 일반법이 된다. 국민건강보험법과 국민건강보험재정건전화특별법 사이에서 국민건강보험법은 일반법의 역할을 하고, 반면 국민건강보험재정건전화특별법은 특별법의 역할을 한다.

일반법과 특별법을 구별하는 실익은 '특별법은 일반법에 우선한다'는 특별법 우선의 원칙에 있다. 법 적용의 순위를 정하는 데 있어, 일반적 원칙으로서 특별법은 일반법에 우선하여 먼저 적용되고, 특별법에 해당 규정이 없는 경우에 그의 보충으로서 일반법이 적용된다. 사회복지사업에 관해서는 민법보다 사회복지사업법을 우선 적용하고, 사회복지전담공무원의 경우 일반국민에게 적용되는 법보다도 먼저 지방공무원법이 우선 적용된다. 사회보장기본법과 국민연금법, 국민기초생활보장법, 노인복지법 등 개별적인 사회복지법 사이에는 사회보장기본법이 일반법의 역할을 수행하고, 개별적인 사회복지법은 특별법의 역할을 한다.

4. 그 외 구별방법

원칙법과 예외법, 실체법과 절차법, 강행법과 임의법, 고유법과 계수법, 행위법과 조직법 등이 있다.

V. 법의 효력

1. 개념

법의 효력이란 법이 그 규범적 의미의 내용대로 실현되는가 하는 문제이다. 즉, 법으로서의 구속력을 가지고, 국민 일반의 행태를 규율하는 규범으로서 법의 내용이 의미하는 바대로 사실상 실현할 수 있는 힘을 가지는 것을 말한다. 법의 효력은 규범이 사실로서 행하여지지 않으면 안 된다고 하는 요구(타당성)와 규범이 실제로 사실로서 행해지고 있다는 상태(실효성)가 결합되어 이루어진다.

2. 법의 실질적 효력과 형식적 효력

1) 법의 실질적 효력(법의 효력 근거)

법이 현실사회에서 실질적 효력을 갖기 위해서는 규범적 타당성, 사실적 실효성 그리고 안정성을 가져야 한다. 법의 규범적 타당성이란 법이 규정한 대로 준수할 것을 요구하고 있다는 사실에서 효력을 가지는 것을 말한다. 예를 들면 '사람을 죽이지 말라'는 일정한 행위규범은 사실상 실현되지 못하는 경우에도 사회생활상의 행위준칙을 제시하고 있다는 점에서 효력을 갖는다. 법의 사실적 실효성이란 법이 강제규범으로서의 성격을 갖는 것이다. 즉, 법이 실정법으로서 일정한 사실에 대해 규정에 따른 강제력을 갖는 것이다. 그러나 법적 타당성과 실효성은 때로는 서로 대립되거나 모순되는 경우도 있다. 또한 법이 실질적 효력을 갖기 위해서는 법의 집행과정에서 법적 불안정이나 시민적 불복종이 발생하지 않도록 법적 안정성을 확보하여야 한다.

(1) 법적 타당성

법적 타당성이란 법률에 대한 의무주체의 의사와는 관계없이 현실에서 법의 내용이 실현되기를 요구하는 것으로 법규범의 객관적 당위성을 나타내는 것이다. 다만 그러한 요구는 요구 자체로서 그치는 것이며, 그 이상의 구체화된 사실을 의미하는 것은 아니다. 따라서 실현된 사실행위와 법의 요구는 서로 상치되는 경우도 있을 것이다.

법적 타당성의 근거가 무엇인가에 대해서 세 가지 학설이 존재한다; 첫째, 자연법설에 따르면, 실정법의 배후에는 시간과 공간을 초월하여 타당한 영구불변의 보편적 법리이면서 인간이성의 지상명령인 자연법 질서가 존재하기 때문에 법이 타당성을 갖는다. 둘째, 실력설에 따르면, 강자의 이익에 합치되는 것이 정의이며 법을 규정하는 것도 힘이라고 하여 법의 효력 근거를 실력이라고 보았다. 여기서 실력이라 함은 사회적 관계에 있어서 어떤 주체가 다른 주체에 대하여 일정한 목적을 달성하기 위하여 자기의 의사를 실현 가능케 하기 위한 수단을 의미한다. 이러한 실력이 조직화되어 그 실력의 행사가 일반사회 속에서 정당하다고 시인된 것을 권력이라 하며 이것은 정의에 의해서 인증된다. 셋째, 내재적 타당성설에 따르면, 법이 타당성을 가지는 것은 그 자체가 당위로서 관념적인 요구를 하고 있기 때문이다.

(2) 법적 실효성

행위규범으로서 법은 명령이나 금지의 형식을 통하여 인간의 행위를 규율한다. 명령을 위반하거나 금지행위를 하는 경우에 대해서 일정한 처벌을 규정하고 있고, 그에 따라 사회생활의 질서가 다시 회복되어나가고 있다. 이러한 것은 법의 강제규범적인 성격을 나타낸 것이고, 이와 같이 법이 현실적으로 규범이 의미하고 있는 내용대로 실현되고 있는 것을 법적 실효성이라 한다.

법이 실효성을 가진다는 것은 강제규범으로서의 법이 국가권력에 의하여 실현되는 것이므로 법적 실효성이 보장되는 것은 국가권력 이외의 그 어느 것도 아니다.

장애인고용촉진및직업재활에관한법은 장애인을 사회통합시켜야 한다는 법적 타당성을 갖는 동시에 위반시 벌금으로 고용부담금을 납부하도록 하는 강행규정을 통해서 법적 실효성을 높이고 있다. 반면 고령자고용촉진법은 고령자가 지속적으로 사회에서 활동할 수 있도록 하여야 한다는 법적 타당성은 갖고 있으나 법의 실현을 위한 강력한 강제조항이 없기 때문에 법적 실효성은 결여되어 있다. 인종차별이나 출신지역차별을 규정하고 있는 법은 악법으로 법적 타당성은 없지만 법적 실효성을 가질 수 있다.

(3) 법적 안정성

법적 안정성이란 사람들이 법의 권위를 믿고 안심하고 행동할 수 있는 상태를 말한다. 법적 안정성이 실현되기 위해서는 법의 내용이 명확해야 하고, 법이 자의적으로 자주 개정되지 않아야 하며, 실제로 실현 가능해야 하고, 사람들의 일반적인 법의식과 모순되지 않아야 한다. 법적 안정성이 확보되어야 법으로서 보장하려는 사회질서의 유지가 가능하게 된다.

2) 법의 형식적 효력

법의 효력은 무한한 범위에 걸쳐 미치는 것은 아니고, 시간과 사람과 장소에 따라 그 효력에 한계가 있다. 일정한 법규범이 시간적·장소적·인적으로 제한된 범위 내에서 갖는 효력을 법의 형식적 효력 또는 법의 적용범위라고 한다.

(1) 때에 관한 효력

때에 관한 효력은 법의 유효기간을 말한다. 법의 유효기간은 법이 제정-공포된 후 주지기간을 거친 후부터 폐지전까지의 기간을 말한다.

① 법의 시행기간

성문법은 시행일부터 폐지일까지 효력을 갖는다. 시행일부터 폐지일까지의 기간을 법의 시행기간이라 하고, 법은 그 기간 내에 발생한 사항에 대하여만 적용되고, 그 전 또는 그 후에 발생한 사항에는 적용되지 않는 것이 원칙이다.

성문법은 제정과 동시에 효력을 발생하는 것이 아니라 그 성립 후 공포에 의하여 일정한 기간 일반국민에게 법의 존재를 알리는 것이 필요하고, 공포 후 일정한 기간을 경과하여 시행된다. 공포는 법을 주지시키는 형식으로 관보로 하여야 한다. 법은 공포에 의하여 법으로서의 효력이 부여되지만 그 부여된 효력은 법의 시행에 의하여 실제로 발생하는 것이다.

법이 공포된 후 법의 존재를 일반국민에게 알리기 위한 일정 기간을 시행유예기간 또는 주지기간(周知期間)이라 한다. 시행기일이 특별히 정해져 있지 않은 경우에는 공포일로부터 20일이 경과함으로써 효력을 발생한다.

관습법은 성립의 시부터 효력을 발생하나 어느 때에 관습법이 성립하였는가는 확실하지 않은 경우가 많다.

② 법의 폐지

성문법은 폐지에 의하여 법으로서의 효력을 잃는다. 법의 폐지에는 명시적 폐지와 묵시적 폐지가 있다. 명시적 폐지(명시적 규정이 있는 경우)에는, 첫째 법이 미리 시행기간을 정하여서 시행기간의 만료로 법이 폐지되는 한시법 또는 기간부입법(期間附立法)이 있다. 둘째, 신법의 명시규정에 의하여 구법의 일부 또는 전부가 폐지된다고 정한 때에는 구법은 당연히 폐지된다. 예를 들면 국민기초생활보장법에 의해 생활보호법이 폐지된다. 국민건강보험법에 의해 의료보험법이 폐지된다.

묵시적 폐지(명시적 규정이 없는 경우)는 '신법(新法)은 구법(舊法)을 개폐(改廢)한다'는 원칙이 적용되는 경우이다. 신법이 구법에 저촉될 때에는 그 저촉되는 범위 안에서 구법은 당연히 효력을 상실한다. 즉, 구법령에 규정한 사항과 동일한 사항에 관하여 저촉되는 내용을 갖는 신법령이 제정·시행되었을 때에는 특별한 규정이 없더라도 구법은 그 효력을 잃는다. 그러나 하위의 법규범으로 상위의 법규범을 개폐할 수 없다. 또한 특별법은 일반법에 우선하여 적용된다. 따라서 '일반법인 신법은 특별법인 구법을 개폐하지 못한다'는 원칙이 인정된다.

③ 법률불소급의 원칙

모든 법률은 행위시의 법률을 적용하고, 사후입법으로 소급해서 적용할 수 없다는 원칙이다. 즉, 법은 그 시행일로부터 폐지일에 이르기까지 그 효력을 가지는 것이므로 법은 시행 이후에 발생한 사항에 대하여만 적용되고, 그 시행 이전에 발생한 사항에 대하여는 소급하여 적용되지 않는다는 원칙이다. 이 원칙은 주로 형법에서 문제되며, 죄형법정주의의 파생원칙의 하나로서 형법불소급의 원칙 또는 소급입법금지의 원칙이라고도 하고, 영미법에서는 사후입법(ex post facto law)의 금지라고도 한다. 법률불소급의 원칙에서 기득권불가침의 원칙이 파생된다. 즉 폐지된 구법에 의하여 이미 발생한 권리는 신법의 시행으로 변경되거나 소멸되지 않는다.

법률불소급의 원칙이 인정되는 이유로는 법의 소급에 의한 사회생활의 혼란과 분쟁을 피하고, 구법에 의하여 발생한 법률관계, 특히 기득권을 보호하기 위한 것으로서 결국 사회생활의 안정을 기하기 위함이다. 그러나 이 원칙은 해석·적용에 관한 원칙이고 입법정책상 원칙이 아니므로 입법정책상 필요한 경우에는 별도의 특별입법을 통해서 예외적으로 법의 소급효를 인정하여 기득권을 변경 또는 는 소멸시킬 수도 있다.

④ 경과규정

특정 법률사항이 구법시대에 발생하여 신법시대에까지 계속 진행하고 있는 사항에 대하여는 구법을 적용할 것인가 아니면 신법을 적용할 것인가를 결정하여야 한다. 이러한 경우 법 적용상의 문제를 해결하기 위하여 법령을 개폐할 때에는 그 법령의 부칙이나 시행령에 명문으로 이에 관한 특별규정을 두는 것이 보통이다. 이러한 목적으로 제정된 것을 경과규정, 경과법(transistive law) 또는 시제법(時際法)이라 한다.6)

(2) 사람에 관한 효력

사람에 관한 법의 효력은 법의 효력이 누구에 대하여 미치는가 하는 법의 적용을 받는 인적 범위의 문제이다. 법이 일반인에게 적용되는 경우에, 일반인의 범위를 정하는데, 속인주의(屬人主義)와 속지주의(屬地主義)라는 두 가지 입법주의가 있다.

속인주의는 자기 나라 국민을 기준으로 하여, 국적을 표준으로 하여 법령의 적용범위를 결정하는 것으로, 한 나라의 법은 자국민에 대해서는 그들이 자국 내에 있거나 외국에 있거나를 불문하고 자국민에 관한 사항이면 그들 모두에게 자기 나라 법령을 적용하는 원칙이다.

---

6) 경과규정의 예 : 의료급여법 시행령 부칙 제3조--이 영 시행당시 다른 법령에서 종전의 의료보호법 시행령을 인용하고 있는 경우, 이 영에 그에 해당하는 규정이 있는 때에는 종전의 규정에 갈음하여 이 영 또는 이 영의 해당규정을 각각 인용한 것으로 본다.

반면 속지주의는 영토를 기준으로 하여 법령의 적용범위를 정하는 것으로, 한 나라의 법은 그 영토 내에 있어서만 적용이 되고, 그 영토 내에 있어서는 자국민이거나 외국인이거나를 불문하고 모든 사람은 그 나라의 법이 적용된다는 주의이다.

종족관념이 강한 고대에는 속인주의가 채택되었으나, 근대법에서는 영토적 개념을 존중하여 각국은 속지주의를 원칙으로 하면서 이를 보충하기 위하여 속인주의를 채용하고 있다. 따라서 모든 국민은 그 소재지가 어디이건 그 나라의 법이 적용되고, 또 그 영토 내에 소재하는 사람은 그 국적의 여하를 불문하고 그 소재지의 법률이 적용된다.

사회복지법은 대부분 속인주의를 택하고 있으나, 최근 이주근로자들에 대해 산재보험이 적용되고, 미국·영국·캐나다 등과 사회보장협약이 체결됨에 따라 거주국의 사회복지법이 적용되는 사례가 증가함에 따라 속지주의가 일부 채택되고 있다.

(3) 장소에 관한 효력

장소에 관한 법의 효력은 법이 실제로 적용되는 지역적 범위에 관한 문제이다. 한 나라의 법은 그 나라의 전 영역, 즉 영토, 영해 및 영공의 전반에 걸쳐 그 효력이 미친다. 즉 국가의 통치권은 그 나라의 영역 전반에 미치는 것이므로, 통치권에 의하여 제정된 법도 그 영역 전반, 즉 자국인이건 외국인이건 불문하고 그 영역 내에 있는 사람 전체에 적용되는 것이 원칙이다. 그러나 예외적으로 치외법권을 갖는 자에게는 외국에 있는 경우에도 자국법이 적용되고, 외국에 있는 일반국민이라 하더라도 참정권·병역의무 등에는 자국법이 적용된다.

지방의회나 지방자치단체의 장이 제정한 자치법규(조례나 규칙)은 그 지방자치단체 내에서만 효력이 있다. 예를 들면, 서울특별시노인종합복지관운영규칙의 경우 서울특별시 소재 노인종합복지관의 운영에 관하여 필요한 사항을 규정한 것으로 다른 지방자치단체 소재 노인종합복지관의 운영에는 적용되지 않는다.

제2절 사회복지법의 개념과 용어

사회복지법은 사회복지를 그 대상으로 하는 공사의 제반 법규를 말한다. 사회복지가 무엇인가에 관해서는 시대에 따라, 사람에 따라, 국가에 따라, 이념에 따라 다소 다르게 규정되고 있다. 따라서 사회복지법에 관한 개념규정도 시대에 따라, 사람에 따라, 국가에 따라, 이념에 따라 다소 다르게 규정되어질 수 있다. 따라서 시공을 초월한, 모두가 동의하는 단일한 사회복지법의 개념을 규정하기는 어렵다. 이러한 어려움에도 불구하고 사회복지법제를 논하기 위해서는 사회복지법이 무엇인가에 관한 개념 규정을 하여야만 한다. 왜냐하면 사회복지법의 개념을 정의하는 것은 사회복지법의 대상과 영역을 확정하는 문제와 직결되기 때문이다. 이는 사회복지법이 일반적인 법체계 가운데 독립적인 법적 영역을 확보하여 나름대로 독자적인 고유한 기능을 수행하느냐 하는 문제와도 관련이 된다. 즉 사회복지법의 정체성의 문제와도 관련이 있다.

Ⅰ. 사회복지법의 개념

1. 일반적 정의

사회복지법(social welfare law)은 사회복지에 관한 법이다. 즉, 사회복지를 그 대상으로 하는 법이다. 사회복지가 무엇이냐에 관한 법적 정의가 존재하지 않기 때문에 그 실질적 논의를 위하여는 사회복지에 관한 학계의 일반적 정의에 의존할 수밖에 없다.

사회복지(social welfare)는 어의적으로 사회구성원 다수가 평안하고 만족스럽게 잘 지내는 상태(welfare＝well＋fare: fare well)를 의미한다. 사회복지법이란 어의적으로는 사회구성원 다수가 평안하고 만족스러운 상태를 유지하며 잘 지낼 수 있도록 규정하는 제반 법규를 의미한다. 구체적으로 정의하면 사회복지법이란 모든 국민과 적법한 외국인의 욕구를 충족시키고, 생활상의 곤란과 문제를 개인적, 집단적, 지역사회적, 국가적, 국제적 수준에서 예방·보호·치료·회복시킴으로써 그들의 인간다운 생활을 보장하고 사회적 정의를 실현하기 위한 공적·사적 제도와 정책 등을 규율하기 위한 제반 법규를 의미한다. 법의 체계는 실정법과 자연법으로 구분되나, 사회복지법의 체계는 주로 실정법체계를 따르고 있다.

2. 사회복지법의 구분

사회복지법은 형식적으로 사회복지에 관련된 법의 총체를 말하며, 이념적으로는 생존권을 구체적으로 실현하기 위한 법체계이며, 실질적으로는 국민의 복지권(welfare right)을 보장하고 이를 위한 국가와 사회의 의무를 규정한 법체계로 정의할 수 있다.

1) 실정법적 의미의 사회복지법

실정법(實定法, positive law)이란 자연법에 대응한 인정법(人定法)을 지칭하는 것으로, 제정법, 관습법, 판례법 등과 같이 특정한 시대와 특정한 사회에서 성립되고 현실적으로 시행되고 있는 법을 말한다.[7] 그리하여 실정법은 유한하고 불완전한 인간이 현실적으로 경험적 사실에 의거하여 제정함으로써 형성된 법으로 시대와 장소에 따라 다르며, 그 자체가 완전무결한 것이라고 할 수 없고, 사회경제적 상황에 따라 변화 가능하며, 역사적으로 절대적이라기보다는 상대적인 법이다. 법실증주의(legal positivism)에서는 자연법의 효력을 부정하고, 법을 실정법에 국한하며, 법을 형식적으로만 이해하려고 하여 적법한 절차를 밟아 공포된 법은 그 법이 비록 반윤리적이거나 부정한 법이라도 국민을 기속하는 힘을 갖는다는 의미에서 '악법도 법이다'라는 명제를 받아들였다(박영철, 2001).

실정법상의 사회복지법은 형식적 의미의 사회복지법이라고도 한다. 실정법상의 사회복지법은 법의 존재형식이 있고, 적법한 절차를 밟아 공포되었으며, 법의 명칭이 있는 사회복지와 관련된 법이다. 형식적 의미의 사회복지법은 실정법상 사회복지에 관한 내용을 포함하고, 하나로 통일된 사회복지법 또는 사회복지의 각 분야에 관한 개별적인 법의 명칭을 독자적으로 가지며, 법전이라고 하는 외적 형식을 갖추고 있는 법을 의미한다. 그러나 사회복지법은 역사적으로 개별적인 사회문제를 해결하기 위해 산발적으로 생성되었을 뿐만 아니라 복지국가가 발전되어감에 따라 새로운 사회복지법이 제정되고, 기존의 사회복지법도 내용적으로 수시로 변화하기 때문에 헌법이나 민법과 같이 통일된 형태의 사회복지 법전을 갖고 있지 못하다.

형식적 의미의 사회복지법의 예로는 우리나라의 경우 사회보장기본법, 사회복지사업법, 아동복지법, 장애인복지법, 노인복지법, 국민연금법, 의료보험법, 국민기초생활보장법, 의료보호법 등이 있다. 미국의 예로는 Social Security Act, ADA(Americans with Disability Act), Food Stamp Act, PRWORA(Personal Responsibility and Work Opportunity Reconciliation Act) 등이 있다.

2) 이념적 의미의 사회복지법

이념적 의미의 사회복지법은 생존권을 구체적으로 실현하기 위한 법이다. 생존권이란 국민이 인간다운 생활을 하기 위해 필요한 제반 조건을 국가권력이 적극적으로 개입하여 형성해줄 것을 요청할 수 있는 권리로 생활권적 기본권, 사회권적 기본권 또는 사회적 기본권이라고도 부른다(김철용, 1968).

생존권이 구체화된 것은 1919년 독일의 바이마르헌법에서 시작되었다. 바이마르헌법은 제151조

---

7) 자연법(natural law)이란 자연에서 발견되거나 인간의 이성에서 도출되는 초경험적인 법으로서 민족, 국가, 때와 장소를 초월하여 보편타당성을 갖는다고 인식되는 법으로 실정법이 따라야 할 법원리이다.

에서 "경제생활의 질서는 각인으로 하여금 인간다운 생활을 보장하는 것을 목적으로 하는 정의의 원칙에 합치하여야 한다"라고 하여 최초로 실정헌법상 명문으로 생존권을 규정하였으며, 그 후 세계 각국의 여러 헌법도 생존권을 규정하게 되었다.

우리 헌법도 생존권 보장에 관한 규정을 두고 있다. 헌법 전문에서 "모든 사회적 폐습과 불의를 타파하며, 자율과 조화를 바탕으로 자유민주적 기본질서를 더욱 확고히 하여 정치·경제·사회·문화의 모든 영역에 있어서 각인의 기회를 균등히 하고, 능력을 최고도로 발휘하게 하며, 자유와 권리에 따르는 책임과 의무를 완수하게 하여 안으로는 국민생활의 균등한 향상을 기하고"라고 하여 실질적 평등사회 건설의 이념을 천명하고, 제10조에서 "모든 국민은 인간으로서의 존엄과 가치를 가지며, 행복을 추구할 권리를 가진다. 국가는 개인이 가지는 불가침의 기본적 인권을 확인하고 이를 보장할 의무를 진다"라고 하여 기본권 보장의 대원칙을 선언하고, 제34조에서 "모든 국민은 인간다운 생활을 할 권리를 가진다. 국가는 사회보장·사회복지의 증진에 노력할 의무를 진다. 국가는 여자의 복지와 권익의 향상을 위하여 노력하여야 한다. 국가는 노인과 청소년의 복지향상을 위한 정책을 실시할 의무를 진다. 신체장애자 및 질병·노령, 기타의 사유로 생활능력이 없는 국민은 법률이 정하는 바에 의하여 국가의 보호를 받는다. 국가는 재해를 예방하고 그 위험으로부터 국민을 보호하기 위하여 노력하여야 한다"라고 규정함으로써 생존권 보장의 대원칙을 선언하고 있다.

이념적으로 사회복지법은 헌법에서 규정하고 있는 생존권 이념과 내용을 구체화하기 위한 법으로서 국가가 국민들의 인간다운 생활을 적극적으로 확보해줌에 있어 필요한 제반 조건을 규정한 법규를 의미한다.

3) 법규범적 의미의 사회복지법

법규범적 의미의 사회복지법이란 사회복지와 관련된 행위규범이자 강행규범이고 조직규범으로 실질적 의미의 사회복지법이라고도 한다. i) 행위규범이란 '……하여야 한다', '……하여서는 아니 된다'는 것과 같이 사람의 행위의 준칙을 정하는 당위의 법칙으로서 사회규범의 유형이라고 할 수 있다.

사회복지법도 다른 법들과 마찬가지로 행위규범, 강제규범, 조직규범을 갖고 있다. 행위규범으로서 국민의 인간다운 생활을 보장하기 위해 국가와 사회구성원들의 행위준칙을 규정하고 있고, 강제규범으로서 이를 위반한 행위에 대해서는 일정한 제재를 가함으로써 사회구성원 다수의 복지를 실현하고 사회질서를 유지하고 있으며, 조직규범으로서 사회복지법을 제정하고, 적용하고, 집행하는 기관들(보건복지부, 노동부, 행정자치부, 국민연금관리공단, 국민건강보험공단, 근로복지공단, 국회, 법원 등)의 조직과 권한을 규정하고 있다.

법규범적으로 사회복지법을 규명하는 것은 사회복지법의 규범에 존재하는 법원리에 근거하여 사회복지법의 개념을 파악하는 것이다. 사회복지법은 사회복지라는 개념을 어떻게 규명하느냐에 따라 법규범의 목적, 범위, 기능, 적용대상 등이 달라지게 되고, 사회복지법의 범주에 포함되는 범위가 달라지게 된다.

(1) 협의의 사회복지법

사회복지의 범위가 협의냐 광의냐에 따라 협의의 사회복지법과 광의의 사회복지법으로 구분된다 (유희일 외, 2000; 장동일, 1996; 장인협, 1996).

협의의 사회복지법은 소극적이고 한정된 협의의 사회복지에 관한 법을 의미한다. 협의의 사회복지는 사회적 약자나 요보호대상자들에 대한 실천활동이다. 즉, 윌렌스키와 르보(Wilensky & Lebeaux)의 사회복지 개념 가운데 잔여적 개념(residual conception)으로서 또는 로마니신(Romanyshyn)의 한정적 정의에 따른 사회복지에 관한 법이다. 즉, 가족이나 시장기구로부터 탈락된 자들이 정상적인 사회생활을 유지할 수 있도록 그들을 보호하고, 치료하며, 문제를 예방하기 위한 정책이나 방법과 관련된 법을 의미한다. 즉 자신의 노력만으로는 자신이나 그 부양가족의 의식주, 교육 및 의료 등과 같은 기본적 욕구(basic needs)를 충족시키기가 곤란하거나 불가능한 경우, 계획된 원조를 제공하고, 잔존능력을 계발시킴으로써 최소한의 인간다운 생활을 영위할 수 있도록 하며, 사람들의 복리(well-being)를 저해하는 역복지(逆福祉, diswelfare)와 관련된 사회문제를 예방하거나, 그 결과 파생된 곤란을 완화시키거나, 그 문제의 원인을 찾아내어 치유하려는 민간과 정부기관들의 조직적 활동에 관한 제반 법규를 의미한다. 따라서 협의의 사회복지법은 노인복지법, 아동복지법, 장애인복지법, 모·부자복지법, 영유아보육법, 정신보건법과 같은 사회복지서비스법을 의미한다.

(2) 광의의 사회복지법

광의의 사회복지법은 사회성원 일반을 대상으로 하여 그 생활의 각 측면에 나타나는 역복지를 다루거나 해결하기 위한 법을 말한다. 이는 윌렌스키와 르보의 사회복지 개념 가운데 제도적 개념(institutional conception)을 토대로 한, 또는 로마니신의 적극적 의미에 따른 사회복지에 관한 법이다. 이는 문제를 지닌 사람들을 보충적으로 도와주는 것보다는 일차적인 사회제도로서 사전에 계획된 절차에 따라 도움을 줌으로써 국민의 보편적인 욕구에 대한 공동책임을 규정한 법이다. 즉, 광의의 사회복지법은 현대 산업사회에서는 가족이나 시장만으로는 행복의 조건을 성취하기가 어려우므로 정부의 정책적 관여를 상례화하고, 신체적, 심리적, 정서적, 정신적, 경제적, 문화적, 욕구를 포함한 국민의 보편적 욕구를 충족시키고, 사회문제를 해결하기 위한 공동체적 책임을 규명한 법을 의미한다. 따라서 광의의 사회복지법은 협의의 사회복지법인 사회복지서비스법뿐만 아니라 사회보험법, 공공부조법 그리고 사회복지 관련법까지 광범위하게 포함하고 있다.

(3) 사회복지법의 법원리적 특성

규범적 의미의 사회복지법은 법원리적으로 몇 가지 특성을 갖고 있다: 첫째, 사회복지법은 사회복지의 기본적인 가치를 구체적으로 실현하기 위한 수단이다. 즉, 모든 사람이 인간으로서 가치와 품위와 존엄을 가질 수 있도록 하며, 각 개인이 무엇을 요구하고 어떻게 충족시킬 것인가를 스스로 결정할 수 있도록 하여주고, 모든 사람들에게 균등한 기회를 보장하지만, 이를 각인의 능력에 따라 필요시 제한을 하고, 사람들이 자기 자신과 가족 및 사회에 대해 책임을 짐으로써 사회연대를 이룩할 수 있도록 권리와 의무를 규정하고 제도를 마련하는 법이다. 둘째, 사회복지법은 사회복지정책을 구체화하여 사회복지제도나 정책대안이 집행되고 실천되기 위한 주된 매개체의 역할을 수행한다. 정책이란 권위 있는 공공기관이 문제해결이나 공익달성이라는 목적을 달성하기 위해서 정치적, 행정적 과정을 거치거나 당위성에 입각해 의도적으로 선택한 장래의 행동지침이다. 사회복지법은 사회복지와 관련된 이러한 장래의 행동지침을 구체적으로 법제화하여 필요한 제도나 정책대안을 형성하고 공공기관이 이를 집행할 수 있도록 법적 권위를 부여하며, 관련 당사자간에 권리-의무관계를 설정한다. 셋째, 사회복지법은 모든 국민에게 복지권(welfare right)을 보장하기 위한 법이다. 복지권은 헌법상 인간다운 생활을 할 권리 내지 생존권을 실현하기 위한 권리 가운데 하나이다. 복지권을 보장한다는 것은 국가가 각 국민의 건강하고 문화적인 최저한도의 생활을 보장할 의무를 지는 것을 말하며, 국가는 이러한 목적을 위하여 필요한 조치를 취할 책임을 진다는 의미이다(김철수, 2001). 모든 국민의 복지권을 보장하기 위하여 국가는 사회복지제도와 정책을 확립하고, 국민의 복지를 증진하여야 하며, 국민은 국가의 적극적 관여에 따른 복지혜택을 향유할 권리를 가진다. 사회복지법은 복지권에 대한 국민의 권리와 이를 보장할 국가의 의무를 구체적으로 규정하고 있다.

4) 형식적·실질적 의미의 사회복지법

형식적 의미의 사회복지법은 사회복지법전이라는 외적 형식을 갖춘 법규를 말한다. 통일된 사회복지법전이 없는 경우에는 개별적인 사회복지 관련법규들을 형식적 의미의 사회복지법으로 간주한다. 실정법상 사회복지법과 사회복지 관련법들은 모두 형식적 의미의 사회복지법이다. 우리나라에는 민법전이나 형법전 또는 독일의 사회법전과 같은 통일법전 형식의 사회복지법이 존재하지 않기 때문에 개별법 체계와 총괄법 체계 가운데 개별법 체계로 사회복지법이 구성되어 있다. 개별법 체계란 사회복지에 관한 법률이 각기 개별법의 형태로 구성된 체계를 말하고, 반면 총괄법체계란 독일의 사회법전과 같이 총칙에서 기본원리와 제도 간의 공통생활을 규정하고, 각칙에서 각 제도별로 세분화하여 사회복지에 관한 법 전체를 하나의 법전으로 성문화한 법체계를 말한다(임정평, 1996).

실질적 의미의 사회복지법은 법의 존재형식이나 명칭에 관계없이 법규범의 내용, 목적, 기능들이 사회정의, 사회형평, 사회연대, 사회통합, 인간다운 생활, 행복권 등과 같이 사회복지법규범에 내재하는 공통된 법원리 내지 가치에 부합되는 법규를 의미한다. 따라서 형식적 의미의 사회복지법인 사회보험법, 공공부조법, 사회복지서비스법 및 사회복지관련법뿐만 아니라 사회복지법의 법원리나 기본가치에 부합하는 임금채권 보장법, 최저임금법, 보호관찰법, 갱생보호법 등과 같은 법규들도 실질적 의미의 사회복지법 개념 속에 포함된다. 사회복지법의 개념은 실질적 의미의 사회복지법 개념으로 파악하는 것이 바람직하다.

II. 사회복지법의 유사 법규

사회복지법이 무엇인가를 좀더 명확히 하기 위해서는 사회복지법과 유사하게 사용되고 있는 유사 법규들에 대해 이해할 필요가 있다. 사회복지법과 유사하게 사용되는 법규들로서는 사회보장법, 사회사업법, 사회법, 복지법, 사회개발법, 사회부조법, 사회원조법, 생활보장법, 사회보험법, 사회보상법, 공공부조법, 사회복지서비스법, 사회행정법 등이 있다.

1. 사회개발법

사회개발법(social development law)이란 사회개발에 관한 법이다. 사회개발은 UN에서 경제개발 (economic development)과 대조적으로 사용하는 용어이다.[8] 사회개발은 사회복지, 고용, 교육, 보건, 주거, 인구 등 사회 제반 분야를 개발함으로써 인간의 보편적 욕구를 충족시키고, 사회문제를 해결하며, 계층간 갈등을 해소하고, 사회연대적 공동체를 형성하기 위한 국가계획을 의미한다. 따라서 사회개발법은 국민들의 보편적 욕구를 충족시키고, 사회문제를 해결하며, 계층간 갈등을 해소하고, 사회연대를 이루기 위한 사회복지, 고용, 교육, 보건, 주거, 인구 등 사회 제반 분야에 관한 국가계획을 실행하기 위한 법이다. 사회개발법은 사회복지 이외의 분야를 포함하고 있으므로, 내용적으로 사회복지법보다 광범위하다.

2. 인간봉사법

인간봉사법(human service law)은 인간봉사에 관한 법이다. 인간봉사(human service)란 용어는 사회복지(social welfare)라는 용어가 수급자로 하여금 수치감을 자아낸다는 비판에 따라 사회복지라는 용어에 대한 대안용어로서 미국에서 주로 사용되는 용어이다. 우리나라의 보건복지부에 상응하는 미국의 정부부처는 보건인간봉사부(Department of Health and Human Service)이다. 인간봉사는 사회보장제도와 복지관련 부문을 포함하는 광의의 사회복지에 상응하는 개념이다. 인간봉사법은 인간의 복지를 증진시키기 위한 사회보장제도와 사회복지관련 분야에 관한 법규이다. 인간봉사법은 향후 우리나라에서도 사회복지법이 부정적 의미로 인해 사회적 비난에 부딪힐 때 대안적으로 검토될 수 있는 법명이다.

---

8) Division for Social Policy and Development, *Gateway to Social Policy and Development*, Department of Economic and Social Affairs United Nations, 2000: 1.

3. 사회서비스법

사회서비스법(social service law)이란 사회서비스에 관한 법이다. 사회서비스(social service)란 주로 영국에서 사용되는 용어로서 국민의 욕구를 충족시키고, 사회문제를 해결하기 위하여, 다양한 공적·사적 기관들이 제공하는 프로그램이나 서비스 및 관련활동들을 의미하며, 광의의 사회복지에 상응하는 용어이다. 사회서비스는 개인이나 가족에 대한 서비스, 집단에 대한 서비스, 일반지역사회에 대한 서비스는 물론 사회적 문제를 지닌 사람들에 대한 서비스의 형태를 취하게 된다. 사회서비스법이란 국민들의 욕구를 충족시키고 사회문제를 해결하기 위한 공사기관들의 프로그램이나 서비스 및 관련활동을 규율하여 국민들의 복지를 향상시키기 위한 법이다.

4. 사회사업법

사회사업법(social work law)은 사회사업(social work)에 관한 법이다. 사회사업은 인간과 환경의 상호작용을 이루는 사회적 관계에 초점을 두는 활동을 통해서 개인들의 사회적 기능을 개별적으로 또는 집단적으로 향상시키기 위한 활동이다. 사회사업법은 사회구성원들의 손상된 능력의 회복, 개인적·사회적 자원의 제공, 사회적 기능장애의 예방을 통해서 그들이 사회적 역할을 원만히 수행하도록 그들의 사회적 기능을 개별적·집단적으로 향상시키려는 활동을 규율하는 법이다. 일본의 경우 1938년 사회사업법을 제정하여 그 후의 복지3법(생활보호법, 아동복지법, 신체장애자복지법), 복지6법(복지3법 외 정신박약자복지법, 노인복지법, 모자복지법)의 기본법의 역할을 하였으며, 사회사업법은 그 후 사회복지사업법으로 대체되었다.

5. 사회보장법

사회보장법(social security law)이란 사회보장(social security)에 관한 법이다. 사회보장이란 노령, 질병, 산업재해, 실업, 장애 등 사람들의 생활상의 위험이나 곤란에 대처하기 위해 현금, 현물, 증서(vouch- er)와 같은 일정한 사회적 급여를 제공하는 사회제도 내지 사회서비스를 의미한다. 우리나라 사회보장기본법에서도 사회보장이란 질병, 장애, 노령, 실업, 사망 등과 같은 사회적 위험(social risks)으로부터 모든 국민을 보호하고, 빈곤을 해소하며, 국민들의 삶의 질을 향상시키기 위하여 제공하는 사회보험, 공공부조, 사회복지서비스 및 관련복지제도를 말한다. 사회보장법이란 사회보험, 공공부조, 사회복지서비스 및 관련복지제도를 실시하여 국민들의 생활상의 위험이나 곤란에 대처하기 위한 제반 법규를 의미한다.

6. 사회보험법

　사회보험법(social insurance law)이란 사회보험(social insurance)에 관한 법이다. 사회보험이란 국가와 사회가 책임을 지고 '위험의 분산'이란 보험기술을 이용하여, 국민생활을 위협하는 노령, 사망, 질병, 실업, 산업재해 등과 같은 사회적 사고의 결과 발생한 문제를 해결하거나, 경제적 불안정으로부터 국민 개개인을 제도적으로 보호하기 위해, 미리 이러한 사회적 사고나 경제적 불안정을 예상하고, 보험료 징수를 통하여 사고발생시 해당되는 보험 급여를 실시하는 제도를 의미한다. 사회보험법은 이러한 사회보험제도의 실시와 관련된 제반 법규를 말한다. 우리나라의 사회보험법은 국민연금법, 국민건강보험법, 고용보험법, 산업재해보상보험법, 공무원연금법, 군인연금법, 사립학교교직원연금법으로 구분된다.

7. 공공부조법

　공공부조법(public assistance law)이란 공공부조(public assistance)에 관한 법이다. 공공부조란 국가가 규정한 일정한 수준 이하에서 경제적으로 빈곤한 생활을 하고 있으며, 자신의 능력으로 독립적인 생활이 불가능하거나, 부양의무자의 도움을 받을 수 없어 보호를 필요로 하는 상태(要保護狀態)에 있는 자들에 대해 건강하고 문화적인 최저 한도의 기초생활을 유지할 수 있도록 현금급여, 현물급여 또는 증서를 제공해주고, 자활능력이 있는 자에 대해서는 이들의 자립, 자활을 촉진하기 위한 필요한 조치를 취하거나 근로를 조건으로 원조를 제공(workfare)하는 근로연계를 실시하며, 수혜자의 비용부담 없이 국가나 지방자치단체가 일반조세수입을 기초로 한 공적인 재원을 활용하여 필요한 비용을 충당하는 무기여·보충적 원조이며, 자본주의사회의 공적인 최후의 안전망(the last public safety net)이다(김기원, 2000). 공공부조법이란 생활유지능력이 없거나 생활이 곤란한 빈민들에게 최저생활을 보장함으로써 최소한의 인간다운 생활을 영위하도록 하기 위한 제반 법규를 말한다. 우리의 경우 공공부조법의 영역에는 국민기초생활보장법, 의료급여법, 재해구호법이 속한다. 그러나, 일부에서는 재해구호법을 사회복지관련법의 영역에 포함시키기도 한다.

8. 사회복지사업법

　사회복지사업법은 사회복지사업 내지 사회복지서비스에 관한 기본법이다. 사회복지사업이란 국민기초생활보장, 아동복지, 노인복지, 장애인복지, 모자복지, 영유아보육, 윤락행위 등 방지, 정신보건, 성폭력범죄의 처벌 및 피해자보호, 입양촉진, 종군위안부에 대한 생활안정지원, 사회복지공동모금, 장애인·노인·임산부 등의 편의증진 보장, 가정폭력방지 및 피해자보호에 관한 사업과 사회복지상담, 부랑인보호, 직업보도, 지역사회복지, 의료복지, 재가복지, 사회복지관운영, 정신질환자 및 나

완치자 사회복귀에 관한 사업 등 각종 복지사업과 이와 관련된 자원봉사활동 및 복지시설의 운영 또는 지원을 목적으로 하는 사업을 말한다. 사회복지사업법이란 이러한 각종 복지사업, 자원봉사활동 및 복지시설의 운영 또는 지원과 관련된 법규이며, 사회복지사업 관련법의 기본법 역할을 한다. 일본의 경우 복지3법이나 복지6법의 기본법 역할을 한 사회사업법의 대체입법으로 사회복지사업법을 제정하였다.

9. 사회복지서비스법

사회복지서비스법은 국가·지방자치단체 및 민간부문의 도움을 필요로 하는 모든 국민에게 상담, 재활, 직업소개 및 지도, 사회복지시설 이용 등을 제공하여 정상적인 사회생활이 가능하도록 지원하는 제도를 규정한 법이다. 사회복지서비스법은 사회보험법의 보완적 기능을 수행하면서, 공공부조의 적용을 받는 자, 장애인, 아동, 노인, 모자, 기타 원호육성을 요하는 자가 자립하여 그 능력을 발휘할 수 있도록 필요한 생활지도, 갱생보도, 기타 원호육성을 행하는 법이다(박석돈, 1997).

10. 사회법

사회법(social law)이란 개념에 대한 정의는 일관적이지 못하다. 사회법의 법영역은 사법의 전담분야로 될 수 없고 공법의 전담분야도 될 수 없는 사법과 공법이 공존하여 규율하는 법영역이다. 라드부르흐는 이를 '제3의 법영역'이라고 부른다(박영철, 2001). 사회법이란 용어는 19세기 말경, 독일에서 시민법원리에 대한 부분적 수정원리를 바탕으로 하여 나타난 것이다. 사회법은 근대시민법의 원리인 사유재산제도, 계약자유의 원칙, 과실책임(자기책임)의 원칙을 수정하여 국가의 적극적인 간섭과 계획을 통해 인간의 실질적인 자유와 평등을 보장하려고 하고 있다. 그러나 시민법원리를 전반적으로 지양하거나 근본적으로 대체하려는 것은 아니다. 시민법의 원리는 사회법의 사유재산의 사회성, 계약의 공정성, 무과실책임주의와 같은 집합적 책임원리로 발전하였다. 사회법은 자본주의 발전 과정에서 노사대립을 방지하고 노동자의 생존권이 위협받지 않도록 하기 위하여, 근로조건을 개선하고, 산업재해의 무과실책임주의를 강조하며, 자주적인 노동운동을 보장하여 근로자의 생활수준을 향상시키거나, 자유방임적 경제질서하에서의 독과점기업의 횡포를 규제하고 조정하기 위하여, 그리고 모든 국민의 기본적인 욕구를 충족시키고, 인간다운 삶을 보장하며, 사회정의를 구현하기 위한 법이다. 일반적으로 사회법은 광의와 협의로 정의된다. 광의의 사회법은 노동법, 경제법, 사회복지법을 포함하고, 협의의 사회법은 사회복지법을 포함한다.

11. 사회부조법

사회부조법은 사회부조에 관한 법이다. 사회부조(social assistance)란 스스로 생활을 유지할 능력이 없는 도움이 필요한 사람들이 최소한의 인간다운 생활을 영위할 수 있도록 민간이나 국가 또는 공공기관이 지원해주는 것이다. 사회부조에는 자선이나 시혜와 같이 가족이나 민간에 의한 부조인 사적부조(private assistance)와 국민기초생활보장제도나 의료보호와 같은 국가나 지방자치단체 등 공공기관에 의한 부조인 공공부조(public assistance)가 있다. 베버리지는 국민부조(national assistance)라는 용어를 공공부조와 같은 의미로 사용하였다. 사회부조법은 사적부조와 공공부조에 관한 법이다.

12. 사회원조법

사회원조법이란 사회원조에 관한 법이다. 사회원조란 인간의 기본적 욕구를 충족시키지 못하거나, 사회제도나 사회구조의 결함이나 모순에서 생기는 사회문제로 인해 어려움을 겪게 된 사람들의 생활상의 장애요인을 완화시키거나 제거하고, 그들의 잔존능력을 개발함으로써, 그들 스스로 자신의 생활을 독립적으로 수행하고, 사회에 정상적으로 복귀할 수 있도록 하기 위해 상담서비스, 사회심리치료, 직업훈련, 재활서비스, 사회복귀서비스, 생활지도 등 각종 서비스를 국가의 재원으로 제공하는 것을 말한다.

13. 복지법

복지법은 주로 일본의 사회복지관련법 제정과정에서 찾아볼 수 있다. 미군정 이후 일본의 사회복지관련법의 입법역사를 살펴보면, 1950년대는 복지3법시대로 생활보호법, 아동복지법, 신체장애자복지법을 제정하였다. 1960년대에는 복지6법시대로 생활보호법, 아동복지법, 신체장애자복지법, 정신박약자복지법, 노인복지법, 모자복지법을 제정하였다. 이러한 복지법들은 1938년 제정된 사회사업법을 기본법으로 삼고 있으며, 사회사업법은 그 후 사회복지사업법으로 대체되었다.

14. 사회행정법

사회행정법은 급부행정법의 한 분야로 개인의 요보호상태에 대한 국가의 급여관계를 규율하는 법이다. 종종 사회보장법과 동일한 의미로 사용된다(전광석, 1993).

제2장
사회복지법의 역사적 형성과 특징

사회복지법은 정치적·경제적·사회적·문화적인 요인들과 역동적으로 상호작용하면서 형성되고, 변화하고, 발전되고, 창조되고, 대체되고, 소멸되면서 전개되고 있다. 사회복지법은 사회적으로 열악한 처지에 있는 사회적 약자만을 대상으로 그들의 최소한의 인간다운 생활을 영위하도록 원조하는 협의의 사회복지법에서, 모든 국민의 기본적 욕구를 충족시키려는 광의의 사회복지법으로, 국민의 인간다운 생활을 적정수준(optimum level)에서 보장하고, 동시에 상호주의에 입각하여 자국 거주 외국인의 최소한의 인간다운 생활을 보장하려는 최광의의 사회복지법으로 발전해가고 있다.

사회복지법의 역사적 형성과정을 접근하는 방법으로 역사주의 접근방법, 외재적 방법, 내재적 방법, 통합적 방법을 들기도 한다. 첫째, 역사주의 접근방법은 사회복지법을 역사적 형성물로 시간적 변화과정에서 그 존재의의와 본질, 가치가 확정될 수 있다는 것이다. 둘째, 외재적 방법은 사회복지 발전을 사회·경제적 환경의 변동과 관련시켜 시대적 특징을 명백히 하려는 것으로, 사회복지 외부에 있는 일반적인 정치·경제·사회적 환경으로부터 사회복지를 평가하는 것이다. 셋째, 내재적 방법은 사회복지적 원조의 목적과 그 목적을 실현하기 위한 방법의 변천에 착안하여 여러가지 사회복지활동을 관찰하고, 그 특징에 의해 이것을 유형화하여 그것들 사이의 일정한 발전의 맥락을 발견하려는 것이다 넷째, 통합적 방법은 사회복지발달이 시기적·단계적으로 뚜렷하게 구분되지 않으므로 외재적 방법과 내재적 방법을 적절하게 원용하여 분석하는 방법이다. 이러한 분류방법에 의해 사회복지법의 역사적 형성과정을 분석한다면, 사회복지법의 역사적 형성과정을 분석함에 있어 내재적인 측면과 외재적인 측면은 물론 역동적인 역사성을 동시에 고려해야 하기 때문에 이 방법에 입각하여 분석을 하여야 다각적으로 의미있는 분석이 이루어 질 수 있다.

Ⅰ. 영국의 사회복지법 형성과정

영국은 구빈법을 제정하여 빈민구제에 관한 국가책임을 가장 먼저 확립한 국가이다. 수차례의 구빈법 제정과 기타 빈민구제관련 입법을 통하여 공공부조제도를 발전시켰으며, 베버리지 보고서를 계기로 실업, 빈곤 등 사회문제를 공공부조인 국민부조만으로는 해결하기가 어렵기 때문에 국민부조나 임의보험과 더불어 사회보험제도를 발전시키게 되었다. 베버리지가 제시한 사회보장계획은 전후 1945년 총선거에서 압승한 노동당정부에 의하여 구체적으로 입법되어 오늘날까지 영국 사회보장의 근간이 되고 있다(김기원, 2000; 김태성·김진수, 2001; 류상열, 2002; 신섭중, 1996; 원석조, 2000; 지윤, 1997; 함세남 외, 1995; Bloy, 1999; Rathfelder, 1999).

1. 엘리자베스 구빈법 이전의 사회복지법 형성과정

- 부랑과 구걸행위를 예방하는 동시에 농촌노동자들을 토지에 묶어두어 노동력 부족 문제를 해결하기 위하여 1351년 에드워드(Edward) 3세 영국 왕은 노동자법(The Statute of Laborers)을 제정하였다. 노동자법은 1388년 빈민법(the Poor Law Act)으로 구체화되어 임금상승을 야기하는 노동자의 이주를 금지하였다.9)
- 헨리(Henry) 8세는 1531년 '걸인과부랑인처벌에관한법'(the Act concerning Punishment of Beggars and Vagabonds)을 제정하였다.
- 헨리 8세가 1536년 제정한 '건장한부랑자및걸인의처벌에관한법'(the Act for Punishment of Sturdy Vagabonds and Beggars)은 구빈법의 기본골격을 형성하였다.
- 1547년 헨리 8세 사망 이후 의회는 '부랑자의처벌및빈민과노동불능자의구제에관한법률'을 제정하고 일하지 않는 부랑자에 대한 벌칙을 강화하였다. 이 법을 소위 '피의 입법'이라 하였다.
- 1562년 장인법(匠人法, The Statute of Artificers)
- 1576년 빈민에 대한 강제노역을 규정한 빈민구제법(The Poor Relief Act)이 제정되었다.

2. 구구빈법

엘리자베스(Elizabeth) 1세 영국 여왕은 1601년 소위 '구구빈법'(舊救貧法, Old Poor Law) 또는 '엘리자베스구빈법'(Elizabeth Poor Law of 1601)을 제정하였다. 이 법은 15세기 말 이후 영국 자본주의 축적과정에서 파생된 빈곤문제를 빈민통제적·치안유지적 입장에서 해결하기 위해 시행하여왔던 법령을 집대성하여 성문화한 것이다. 이 법은 1598년 마련된 초안을 입법화한 것으로 최초로 구빈의 책

---

9) Poor Law를 '빈민법'으로 번역하여야 하나 많은 경우 '구빈법'으로 번역되고 있다.

임을 교회가 아닌 정부(지방정부)가 졌다는 점에 큰 의의가 있으나, 실제 내용상으로는 빈민구제보다는 빈민을 통제하고 관리하기 위한 법이었다. 이 법은 본래 '빈민구제를위한법'(An Act for the Relief of the Poor)이라는 명칭으로 제정되었다. 이 법이 제정된 지 300년이 지났지만 영국뿐 아니라 다른 나라에서도 이 법은 공공부조제도의 기초로서 중요한 역할을 수행하고 있다.

구구빈법은 빈민을 세 종류로 구분하고 각각을 구분해 처우했다. 첫째, 노동능력이 있는 빈민(the able-bodied poor)이다. 이들은 '가치 없는 빈민'(the undeserving poor or the unworthy poor), 즉 도움을 받을 만한 가치가 없는 빈민들로서, 기혼과 미혼을 막론하고 스스로 생활을 영위할 수 있는 노동능력을 가진 사람은 일을 하도록 하였다. 이들 노동능력이 있는 신체가 건강한 빈민은 교정원이나 작업장에서 강제로 노동을 하도록 하였으며, 이를 거부할 경우 감옥에 투옥하였다. 둘째, 노동능력이 없는 빈민(the impotent poor)이다. 장애인이나 노인, 기타 노동불능자가 대부분인 이들은 '가치 있는 빈민'(the deserving poor or the worthy poor), 즉 도움을 마땅히 받을 만한 가치가 있는 빈민들로서 구빈원(almshouse) 또는 자선원(charitable hospitals)에 수용되어 제한된 보호를 받도록 하였다. 작업장 밖의 거주지에서 보호하는 원외구제(outdoor relief)의 비용이 덜 들 것으로 판단되면 빈민감독관들은 현 거주지에서 음식, 의복, 연료 등의 현물급여를 제공하였다. 셋째, 부모의 양육을 받을 수 없는 빈곤아동(dependent children)이다. 의지할 곳 없는 고아, 기아 또는 부모가 양육능력을 상실한 아동은 도제(徒弟, apprentice)와 입양을 통하여 보호하였다. 8세 이상의 아동들 가운데 일을 할 수 있는 경우, 소년들은 24세까지 도제계약을 맺어 도제봉공인(徒弟奉公人)으로 장인(匠人)에게서 기술을 배우며 생활하도록 하였고, 소녀들은 21세까지 또는 결혼할 때까지 가사를 돌보는 하녀로서 도제생활을 하도록 하였다.

구구빈법은 빈민구제의 책임을 교회가 아닌 정부(지방정부)가 지도록 하였다. 이를 위해 정부는 지방세액을 증가시켰고, 구빈행정체계를 마련하여 모든 교구에 구빈감독관(overseers of the poor)을 임명하였으며, 이들이 구빈업무와 지방세 징수업무를 관장하도록 하였다. 이들 구빈감독관은 지역 지도자겸 무보수 왕립관료인 치안판사(Justice of Peace)의 지시를 받았으며, 치안판사는 추밀원(Privy Council)으로부터 의무를 성실히 수행하도록 요청하는 서한을 받았다. 구구빈법이 1834년 개정구빈법에 의해 개정될 때까지 지방기금에 의한, 지방관리에 의한, 지방빈민에 대한 구빈행정이라는 원칙이 유지되었다.

3. 정주법 등

1) 정주법

찰스(Charles) 2세는 빈민의 소속교구를 분명히 하고, 빈민들의 도시유입을 막기 위해 1662년 교구에 정착해 거주할 수 있는 자격을 규정한 정주법(定住法, The Settlement Act of Charles II)을 제정하였다. 정주법은 정착해 거주할 수 있는 자격은 교구 내에서 출생을 하였거나, 여자인 경우 결혼을 하였거나, 1년 1일 동안 교구 내에서 일하고 있는 사람으로 제한하였다. 정주법은 자유로운 이동을 방해하였으며, 일자리를 찾아 인구과밀 교구를 떠나지 못하게 하였으며, 결과적으로 단기고용이 증가하였다.

2) 냇치벌법 또는 작업장조사법

냇치벌법(Sir Edward Knatchbull's Act of 1723)은 작업장조사법(Workhouse Test Act) 또는 작업장심사법(작업장시험법)이라고도 불린다.

3) 길버트법

1782년, 길버트법(Gilbert Act)은 구빈법 개혁조치의 하나로, 일종의 작업장 개선운동이었다. 길버트법은 구빈세 부담을 경감시킴으로써 구빈세의 계속적 증가를 방지하였고, 노동능력이 있는 근면한 빈곤자들이 자신의 집에서 공공부조를 받게 되는 원외구제(outdoor relief)제도를 창시하여 거택보호제도의 효시가 됨으로써, 구구빈법과 차이를 보이고 있다. 길버트 의원이 주도한 이 법은 오늘날 인도주의적인 구빈제도를 실시한 법으로 평가되고 있다.

4) 우애조합장려법

1793년 원시적 사회보험 기능을 수행하는 공제조합을 장려하는 법이 제정되었다.

5) 스핀햄랜드법

1795년 5월 스핀햄랜드의 버크셔카운티(Berkshire County)는 임금보충방안을 채택하였다. 이러한 방법은 다른 지방에도 전파되어 의회에서 스핀햄랜드법(Speenhamland Act of 1795)으로 승인되었다.

4. 개정구빈법

1834년 개정구빈법(Poor Law Amendment, 1834) 또는 신구빈법(New Poor Law)이라 불리는 '잉글랜드와웨일즈빈민들에대한법의관리개선과개정에관한법'이 제정되었다.

이 법의 원칙은 첫째, 작업장 수용의 원칙이다. 둘째, 피구제자의 생활수준은 최하급 독립노동자의 상태 이하가 되지 않으면 안 된다는 열등처우의 원칙(劣等處遇의 原則, principle of less eligibility)이다. 정상적인 노동을 권장하기 위하여 구제의 수준을 최하급 극빈 독립노동자의 생활수준보다 낮은 수준에서 정하였다. 열등처우의 원칙은 오늘날 공공부조제도에서도 일반적으로 적용되는 원칙으로 보충급여방식의 생계급여 등에서 발견할 수 있다. 셋째, 작업장 조사 또는 작업장 심사의 원칙이다. 넷째, 균일 처우의 원칙(principle of national uniformity)이다.

개정구빈법은 빈곤구제의 책임은 국가에 있다고 인정하기는 하였지만, 근본적으로 빈곤의 원인이 개인의 도덕적 문제나 나태에 있다는 일종의 사례빈곤(case poverty)으로 보았기 때문에 사회구조적인 문제로 인해 빈곤이 발생한다고 인식하지 않았다. 따라서 사회의 구조적 개혁을 시도하거나 제도적인 빈곤구제법이라기보다는 사회통제적이고 잔여적인 빈곤구제법이었다. 개정구빈법은 한편으로는 구빈비용을 줄이는 효과를 가져왔으나 다른 한편으로는 작업장 등에서 빈민을 관리하는 비용을 초래하였다.

5. 개정구빈법 이후

1) 지방정부법

구빈법원칙이 실질적으로 폐지되고 공공부조가 확립된 것은 1929년 지방정부법(Local Government Act)에 의해서이다. 지방자치법이 발효된 날 '구제규제령'이 시행되어 능력 있는 빈민에 대한 작업장 수용과 열등처우의 원칙을 부정함으로써 형식적으로 구빈법 체제가 종결되었다.

2) 노령연금법

1908년 무갹출하는 노령연금법(Old Age Pension Act)이 제정되었다.

3) 국민보험법

1911년에는 영국 최초의 사회보험법인 국민보험법(National Insurance Act)이 제정되어 전국 단일 국가보험 형태로 정착하였다.

4) 실업보험법

1921년에 국민보험법을 개정하여 실업보험법(Unemployment Insurance Act)을 제정하였다.

5) 국민보건서비스법

1946년 제정된 국민보건서비스법(National Health Service Act)은 병원을 국영화하고 의료서비스를 무료로 제공하도록 규정하고 있다. 영국은 베버리지 보고를 근거로 하여 1948년 제정된 국민보건서비스법에 의해 대부분의 병원을 국유화하였고 이를 통해 의료의 사회화를 이룩하였다.

6) 국민부조법

1929년 지방정부법(Local Government Act)이 구빈위원회를 폐지함으로써 일단 형식상 구빈법은 폐지되었다. 구빈법이 실질적으로 완전히 폐지된 것은 1948년 국민부조법(National Assistance Act)에 의해서이다.

국민부조법의 제정으로 구빈법은 350년 만에 해체되고, 국가적 최소한(national minimum)이란 이념에 기반을 둔 공공부조제도로 전환하게 되었다. 1966년 사회보장성법이 제정됨에 따라 국민부조청이 폐지되고, 새로운 보족급부위원회가 만들어지면서 국민부조는 보충적 급여(supplementary benefit)로 명칭이 바뀌었다. 보충적 급여는 1988년 소득보조(income support)로 대체되었다.

Ⅱ. 독일의 사회보장법

독일의 사회복지법은 크게 사회보험, 공공부조 그리고 사회보험과 공공부조 이외의 국가에 의한 급부인 부양의 세 가지 법영역에서 생성되고 발전하였다. 비스마르크(Bismarck) 시대에 세계 최초로 사회보험법이 제정되었으며, 1918년 바이마르공화국 수립 이후 체계화되기 시작하였다. 1878년 사회주의 탄압법을 제정하여 사회주의운동을 탄압하였고, 다른 한편에서는 1881년 비스마르크 재상의 고무하에 독일 황제 빌헬름 1세는 질병보험법, 산재보험법, 폐질·노령보험법과 같은 사회보험법을 제정하였다(김학수, 1984; 박승두, 1997; 신섭중 외, 1991; 신섭중 외, 1996; 이학춘·위성종, 2000; 임정평, 1996; 전광석, 1988; 전광석, 1990).

1. 사회주의자탄압법

1871년 국가를 통일한 독일은 급속한 경제성장을 이루었으며, 그러한 과정에서 사회적 혼란을 잠재우기 위하여 비스마르크는 1878년 사회주의자탄압법(Sozialistengesetz)을 제정하였다. 비스마르크의 사회정책은 종종 '채찍과 당근(stick and carrot)' 또는 '채찍과 사탕(stick and sugar)'정책으로 비유된다. 비스마르크의 사회주의자탄압법은 채찍정책으로 그 자체는 사회주의운동 가담자들을 엄하게 진압하기 위한 법이기에 사회복지와 관련된 내용을 직접 포함하고 있지 않았지만, 비스마르크는 사회주의운동에 가담하지 않는 노동자를 회유하기 위한 당근(사탕)정책으로서 사회보장입법을 실행하는 계기가 되었다.

2. 비스마르크의 사회보험입법

1) 질병보험법

1883년 질병보험법을 제정하였다. 근로자의 질병보험에 관한 법률은 비스마르크의 사회보험입법 가운데 가장 먼저 제정된 사회보험으로 질병에 걸린 노동자에 대한 무료치료와 질병수당을 지급하는 의료보험제도였다. 세계 최초의 사회보험으로 볼 수 있는 질병보험법은 광산, 공장, 철도, 수공업 등에 종사하면서 일급이 일정액에 미달되는 모든 저소득 노동자를 강제 적용대상으로 하였다. 이 법은 노동자가 2/3, 사용자가 1/3씩 비용을 분담하는 질병금고를 설치할 것을 의무화하고, 발병시에는 가입자에게 무료진료와 아울러 질병수당을 지급하도록 규정하였다.

2) 재해보험법

1884년 재해보험법을 제정하였다. 이 법은 연간소득이 2천 마르크 미만인 광산, 공장, 건설업 등에 종사하는 저소득 노동자를 의무적인 가입대상으로 하여, 업무상 노동자에게 발생하는 재해에 대하여 사용자가 전적으로 책임질 것을 규정함으로써 업무상 재해에 대한 사용자 책임제도를 확립하였다. 이는 이후 1911년에 제국보험법에 규정되었으며, 1996년 사회법전에 편입되었다. 사회법전은 사회복지법체계상 형식적으로 개별법체계가 아닌 총괄법체계를 이룬 것으로 사회복지에 관한 법 전체를 하나의 법전으로 성문화한 것이다.

3) 폐질및노령보험법

1889년 폐질및노령보험법이 제정되었다. 이 법은 공무원과 일부 직종의 도제를 제외한 연간소득 2천 마르크 미만인 모든 저소득 노동자를 의무가입대상으로 하였다. 이들 가운데 70세에 달한 노동자에게는 노령연금을 지급하고, 자신의 과오가 아닌 이유로 노동이 불가능하게 된 노동자에게는 폐질연금을 지급하도록 하였다. 연금재원은 노동자와 사용자가 각각 절반씩 부담하는 갹출금과 정부가 부담하는 약간의 보조금으로 충당하였다.

3. 제국보험법

1911년 질병보험법, 재해보험법, 노령및폐질보험법을 통합하여 제국보험법을 제정하였다. 개혁적인 성격을 띤 이 법은 형식적으로 세 개의 법을 단일화시켰지만 적용대상의 범위나 조직 및 재정 면에서의 일원화는 이루지 못하였다. 그러나 보험행정의 집행 면에서 개별보험 상호간의 조정을 가능하게 하고, 세 가지 법률에서 공통되는 부문을 추출하여 통합적인 법률을 제정하였다. 또한 이 법으로 적용대상자의 범위가 확대되고 새로운 제도들이 도입되었다. 질병보험의 경우 가입대상이 농촌피고용자, 가사보조원, 가내공업 종사자로까지 확대되었고, 폐질및노령보험의 경우 강제가입이 아닌 임의가입 형태의 부가연금제도를 도입하였으며, 과부 및 고아를 위한 유족보험이 개발되었다.

Ⅲ. 미국의 사회복지입법

미국은 전통적으로 개인주의 성향이 강하고 지방분권의 전통을 갖고 있기 때문에 강제가입과 연방정부의 중앙관리를 내용으로 하는 사회보험제도의 도입을 반대하여왔다.

1900-30년대까지의 30년간은 미국에서 진보와 개혁(progress and reform)의 시대라 한다. 이 시기

에는 공적 구호를 제공하기 위한 주정부법들이 제정되기 시작하였으며, 공공복지청이 탄생하기도 하였다. 또한 오늘날 TANF, 이전의 AFDC의 전신인 모(母)연금제도(mother's pension)가 도입되기도 하였다. 1930-40년대는 제도의 성립시기로서 대공황으로 인한 사회경제적 문제를 해결하기 위한 방편으로 정부 차원의 공공복지가 획기적으로 발전하였다. 대공황의 결과 루스벨트 대통령의 사회보장법이 탄생되었다. 1940-70년대는 노령연금제도를 포함한 사회복지제도는 점진적으로 발전하였으며, 케네디 대통령과 존슨대통령에 의해 빈곤과의 전쟁(War on Poverty)이 수행되고, 현재의 OASDHI 프로그램이 완성되었다. 1975-85년대는 제도의 위기시대이다. 사회복지의 위기는 경제침체, 사회보장적립기금에 대한 잘못된 예측, 전문가집단의 합의의 실패, 여론의 분산 등 복합적인 요인에 기인하였다. 따라서 위기에 대처하기 위하여 세금을 인상하고 급여인상을 연기하는 등 대대적인 사회보장제도 개정작업이 실시되었다. 1990년대에 들어서는 클린턴 대통령이 복지개혁을 단행하여 PRWORA법을 제정하여 장기간 복지에 종속된 자들의 문제를 해결하기 위해 TANF 프로그램을 실시하였고, 근로조건부 또는 훈련조건부로 복지를 제공(workfare, learnfare)하였다(김기원, 1999; 박승두, 2001; 이학춘·위성종, 2000; DHHS, 1996).

1. 노동자재해보상법, 모자부조법

1911년 워싱턴 주에 산재보험법의 기원이 되는 노동자재해보상법(Workmen's Compensation Law)이 제정되었다. 1920년에는 43개 주에서 제정되었다. 1911년 일리노이 주를 시작으로 모자부조법(Mother's Aid Law)이 제정되어 1926년 40개 주로 확대되었다.

2. 사회보장법

1933년 루스벨트 대통령은 경제공황을 극복하기 위하여 긴급은행구제법을 시작으로 강력한 경제회복정책인 뉴딜정책을 펴기 시작하였다. 이러한 뉴딜정책은 3Rs(Relief, Reform, Recovery)로 구체화되었으며, 이 가운데 구제(Relief)의 일환으로 사회보장법(Social Security Act: SSA)이 1935년 제정되었다. 사회보장법은 i) 연방정부가 운영하는 노령연금보험(Old Age Insurance), ii) 주정부가 운영하는 실업보험(Unemployment Insurance), iii) 주정부가 운영하는 공공부조 및 사회복지서비스에 대한 연방보조금으로 구성되어 있다.[10] OASDI는 피보험자에게 퇴직, 사망, 장해의 사고가 발생한 경우에 소득의 일부를 보전하기 위한 연금 급여를 행하는 보험제도이다. 실업보험(Unemployment Insurance)은 1932년 위스콘신 주에서 시행되었으며, 전국적으로는 1935년 제정된 SSA에 의하여 입법화되었고,

---

10) 사회보장법 제정 이전에 실업보험제도 수립과 관련하여 오하이오방안(Ohio plan)과 위스콘신방안(Wisconsin plan) 간에 논란이 있었다. 오하이오방안은 실업보험제도에 의해서 실업자들이 받게 될 경제적 혜택에 중점을 둔 반면, 위스콘신방안은 실업 자체의 예방에 중점을 두었다. 위스콘신방안은 흔히 예방론(prevention theory)이라고 불리며, 미국은 위스콘신방안을 채택하였다(배영수, 1984).

1937년에는 모든 주에서 입법화되었다. 그러나 미국의 사회보장법은 공식적으로는 시민간의 계층 상의 위계질서를 인정하지 않았으나, 보호에 있어서 많은 불평등, 특히 서로 다른 주에 거주하는 사람들간의 불평등이 내포되어 있었다(Rimlinger, 1997).

3. 식품권법

1964년 식품권법(Food Stamp Act of 1964)이 제정되었다. 식품권(Food Stamp)이란 정부가 빈민들이 건강한 문화생활을 누릴 수 있을 정도의 영양수준을 유지하도록 하기 위해 만들어진 쿠폰으로 사용용도가 법에 의해 제한된, 정부가 지불보증한 식료품교환권이다(김기원, 2000).

4. 사회보장법(SSA) 개정(의료보험, SSI), 재활법, 장애아교육법, 연방실업세법, 미국장애인법(ADA)

· 1965년 의료보험이 SSA 제18장에 입법되어 시행되었다.
· 보충적소득보장제도(Supplemental Security Income for the Aged, Blind and Disabled)는 SSA 제16장에 규정되어 있으며, 빈곤한 노인, 맹인, 장애자에게 최저수준의 생활부조를 행하는 연방 프로그램으로 1972년 시행되었다.
· 1973년 재활법을 제정하여 연방정부와 계약을 체결한 기업은 유자격 장애인을 적극적으로 고용하고 승진시켜야 할 의무를 지게 되었다.
· 1975년 장애아교육법이 제정되었다. 이 법에 의하여 3세부터 18세 이하의 아동에 대하여 공교육을 무료로 제공하게 되었다.
· 1990년 미국의 장애인기본법이라 할 수 있는 미국장애인법(Americans with Disability Act: ADA)이 제정되었다.

제3장

사회복지법의 체계

Ⅰ. 사회복지법의 체계

바이마르헌법이 인간다운 생활의 보장이라는 생존권 규정을 최초로 실정헌법상 명문으로 규정한 이래, 세계 각국의 헌법이 생존권을 헌법상에 규정하기 시작하여 이제는 보편적인 현상이 되었다. 생존권사상은 현대국가로 하여금 사회법을 제정하도록 하였다. 사회법이라 함은 자본주의의 구조적 모순에서 발생하는 사회적 부조리를 해결하여 자본에서 소외된 사회적 약자에게 실질적 자유와 권리를 확보해주기 위하여 제정된 실정법 질서를 말한다.

일반적으로 사회법은 역사적 소산으로서 자본주의체제와 시민사회의 성립·진행·발전과정에서 자본주의의 사회문제와 구조적 모순을 해결하며, 사회적 약자에게 실질적 자유와 권리를 확보해주기 위하여 제정되고 발전하여왔다. 사회법은 크게 3가지의 분야에서 발전해왔다. 첫째는 노동자의 지위향상, 기본권 보장 및 생존권과 기본적 권리를 보장해주기 위한 근로기준법과 노동조합법 등과 같은 노동법 분야이다. 둘째는 공정한 시장질서와 소비자주권을 확립하기 위한 독점규제·공정거래에 관한 법률이나 소비자 보호법 등과 같은 경제법 분야이다. 셋째는 빈부격차를 해소하고 실업·질병·노령·장애 등 사회문제를 해결함으로써 모든 국민의 인간다운 삶을 보장해주기 위한 국가의 제도적 관여를 규정한 사회보험법, 공공부조법, 사회복지서비스법 및 관련복지법 등과 같은 사회복지법 분야이다.

사회복지법은 사회법의 일환으로 발전되었다. 현대복지국가는 모든 국민의 인간다운 생활을 보장하기 위하여 사회복지제도를 수립하였다. 국가는 사회복지제도의 체계를 구성하고, 국민의 권리와 의무에 관한 사항, 기타 중요한 사항을 규정하기 위하여 사회복지법을 제정하고 공포한다. 헌법의 생존권이념하에서 사회법이 발전되고 여러 영역으로 분화되어가면서 사회복지법이 하나의 독립된 법규로서 체제를 형성하게 되었다. 사회복지학은 응용과학이고, 학제적(inter-disciplinary)인 특징을 갖고 있기 때문에 인접 학문영역과 밀접한 관련을 갖고 있다. 따라서 사회복지법은 이들 인접영역의 법인 노동법·민법·행정법·세법·가족법 등 다른 영역의 법과 상호 밀접한 관계를 유지하고 있다(예종덕·전일주, 1999; 윤찬영, 1997; 전광석, 1996).

1. 일반 법체계와 사회복지법

일반적으로 법은 일정한 조직체계를 이루고 존재한다. 법은 일반적으로 일정한 제정절차를 거쳤느냐의 여부에 따라 자연법과 실정법으로 대별되고, 실정법은 다시 국제법과 국내법으로 대별된다.

1) 법의 일반체계
법의 일반체계는 보는 관점에 따라 여러 가지로 나누어진다.[11]

(1) 자연법
자연법(自然法, natural law)이란 시간과 공간을 초월하는 영구불변의 초경험적이고 이상적인 법을 말한다. 즉, 자연현상에 의해 자연적으로 발생하며, 인위적인 영향을 전혀 받지 않는 초실정적인 법규범이다. 자연법은 우주의 존재질서를 규율하는 보편타당한 원칙으로서, 정의의 이념을 그 내용으로 하고 있기 때문에 법의 근원이 된다.

(2) 실정법
실정법(positive law)은 인간사회의 질서유지를 목적으로 사회적 상황에 따라 생성·발전되어왔다. 경험적, 역사적인 사실에 의해 성립되고, 현실적인 제도로서 시행되고 있는 제정법, 관습법, 판례법 등이 실정법에 해당한다. 이는 인간에 의해 이 세상에 존재하는 인위적인 법이다. 따라서 실정법은 국가적, 역사적, 시대적 상황에 따라 다른 모습으로 변천·발전하였다. 19세기 초 이래 법사상적 관심은 실정법으로 집중되고, 따라서 법실증주의는 자연법의 법적 효력에 대하여 부정적인 입장을 취하였다. 실정법은 크게 국내법과 국제법으로 나뉜다.

① 국내법
국내법(municipal law)이란 한 국가에 의하여 인정되어 그 국가의 주권이 미치는 범위 내에서만 일정한 절차에 의해 효력을 가지는 법이다. 국내법은 사인과 사인 간, 사인과 국가 또는 공공단체 간(국가와 국가 간, 국가와 공공단체 간, 공공단체와 공공단체 간)의 법률관계를 규율하는 법이다. 한 국가의 국민과 외국인의 생활관계, 즉 섭외적 생활관계에 관하여 어느 국가의 법을 적용할 것인가를 결정하는 법은 국제사법(private international law)인데, 이는 국제법이 아니라 국내법에 속한다.

국내법은 공법과 사법 그리고 사회법으로 구분한다. 일반적으로 공법은 공익적 또는 국가적 관계

---

11) 구체적 내용은 1장의 '법 일반' 부분을 참고.

를 규율하는 법으로 그 내용이 강행규정으로 구성되어 사법에 비하여 강제성이 강하다는 특색이 있다. 사법은 사인간의 이해관계를 규율하는 법으로서, 평등과 당사자의 의사가 존중되는 법규범이다.

공법과 사법의 구별은 이익설, 주체설, 법률관계설 등에 따라 이루어진다. 이익설에 따르면 공익의 보호를 목적으로 하는 법이 공법이고, 사익의 보호를 목적으로 하는 법이 사법이라 한다. 주체설에 따르면 공법은 국가 또는 공공단체가 법률관계의 주체로 되는 경우의 법을 말하고, 사법은 사인이 법률관계의 주체로 되는 경우의 법을 말한다. 법률관계설에 따르면, 공법은 권력관계, 즉 법률상의 불평등의 관계(권력복종관계 또는 상하수직적 종적인 생활관계)를 규율하는 법이고, 사법은 대등의 관계, 즉 횡적인 평등의 생활관계를 규율하는 법이다. 공법과 사법을 구별하는 실익은 공법원리와 사법원리는 서로 다르기 때문이다.

사회법(社會法, social law)은 공법과 사법의 어느 것에도 속하지 않는 양자의 중간에 있는, 양자의 성질을 동시에 겸유하고 있는 제3의 법영역이다. 대표적인 사회법으로는 경제법, 노동법, 사회복지법 등이 있다. 이들 법은 단순히 사적 생활에 관한 것이라고도 할 수 없고, 또 공적 내지 국가적 생활에 관한 것이라고도 할 수 없는, 말하자면 공법-사법의 어느 것에도 속하지 않는 양자의 중간에 있는 (양자의 성질을 동시에 점유하고 있는) 법영역이다.

근로기준법과 노동조합법 등과 같은 노동법은 자본주의 발전과정에서 노사간의 갈등을 예방하고, 노동자의 생존권을 보장하기 위하여 근로조건의 개선과 노동운동의 보장 등을 규정하고 있다. 독점규제 및 공정거래에 관한 법률이나 소비자보호법 등과 같은 경제법은 자유방임적 경제질서하에서의 독과점기업의 횡포를 규제하고 조정함으로써 모든 국민에게 생활의 기본수요를 충족시키는 정의 사회의 실현과 국민경제의 발전시키기 위해 제정되었다. 국민기초생활보장법, 국민연금법, 국민건강보험법, 고용보험법, 노인복지법, 아동복지법, 사회복지사업법 등과 같은 사회복지법은 빈부간의 격차와 같은 사회문제를 해결하고 모든 국민에게 인간다운 생활을 보장하기 위하여 제정되었다.

② 국제법

국제법(international law)은 국제단체에 의하여 인정되어 국가와 국가 사이에 행하여지는 법을 말한다. 국내법에 비하여 국제법은 그 위반에 대한 제재력이 약하고, 그의 입법에 대한 일정한 원칙이 확립되지 않고 있어 입법기관이나 입법절차가 불완전하다. 국제법에서는 관습법이 많은 역할을 하고 있으며, 국제조약과 국제관습법은 동일한 효력을 가진다.

2) 일반 법체계하의 사회복지법

사회복지법은 지역적인 적용범위를 기준으로 볼 때 국내에서만 적용되는 국내사회복지법과 국가간에 적용되는 국제사회복지법으로 나뉜다. 사회복지제도는 대부분 각 국가가 자국의 영역 내에서 국내입법에 의하여 제도체계를 창설하고, 그 국민을 대상으로 하여 실시하기 때문에, 제도의 내용은 나라에 따라 서로 다르다. 사회복지법은 주로 국내법적인 성격을 띠지만, 한편에서는 사회보장협약,

표 3-1. 일반적 법체계하에서 사회복지법

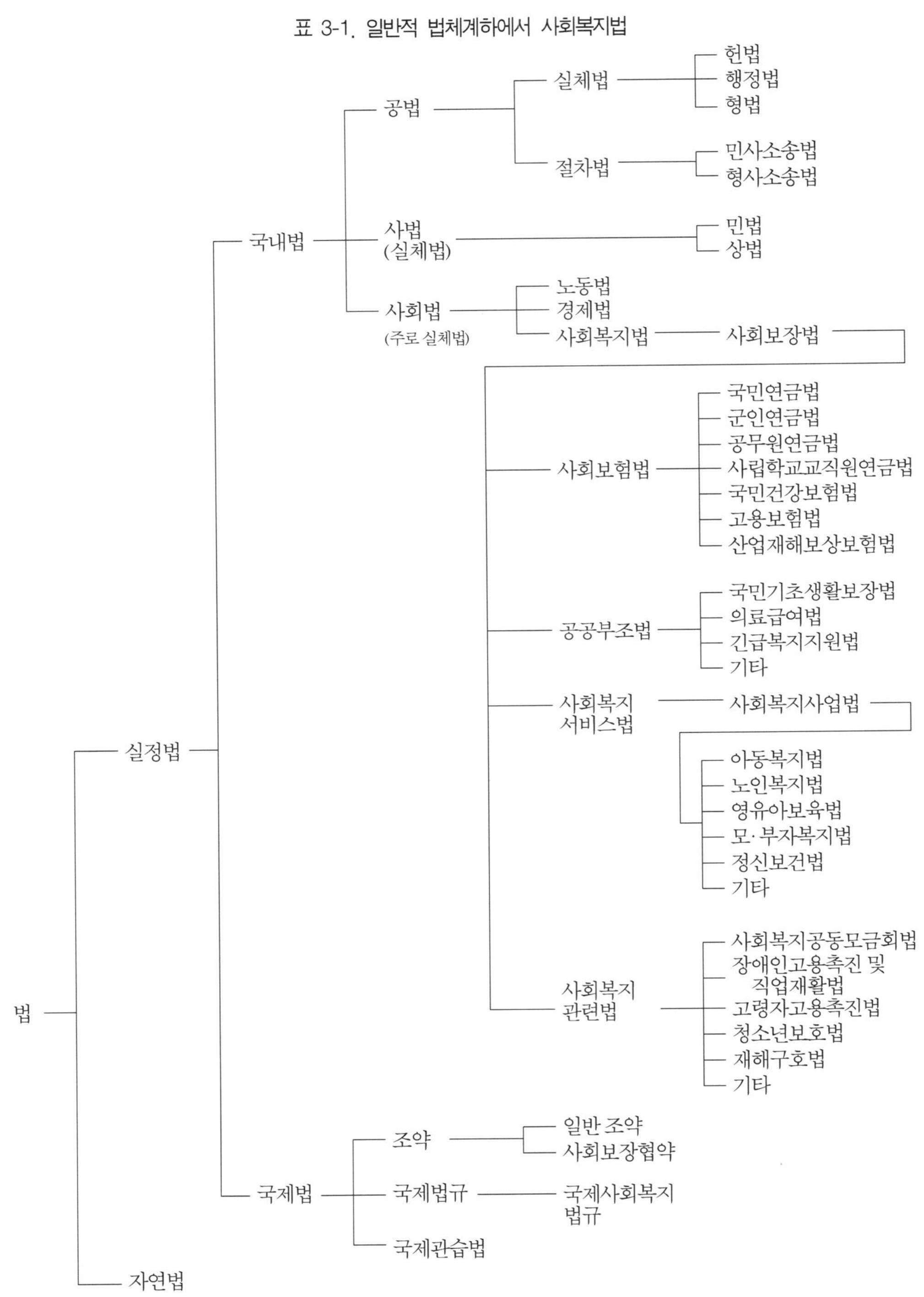

ILO와 같은 국제기구의 국제적 권고, 국제선언, 그리고 1964년 제정된 유럽사회보장법전의 내용 등은 국제적인 성격을 갖는다.

사회복지법은 일반 법체계하에서 실정법에 속한다. 제정법, 관습법, 판례법 등과 같은 실정법 가운데 사회복지법은 주로 제도상 입법권을 가지는 자에 의하여 만들어지고, 그 내용이 문서로써 작성되어 일정한 형식과 절차를 밟아서 공포된 제정법(성문법)에 속한다.

사회복지법은 삼분법에 의한 분류인 공법, 사법, 사회법 가운데 사회법에 속한다. 사회법인 사회복지법은 제정법 가운데 공법인 헌법의 테두리 안에서 구체적인 법률로서 국회에서 제정되며, 사회복지관련 법률을 실시하기 위하여 권한 있는 행정기관이 세부적인 시행을 위한 명령이나 규칙을 제정한다. 또한 지방자치단체는 사회복지법령의 테두리 안에서 그 지방자치단체의 지방 내에서만 효력을 가지는 자치법규를 제정하여 운영한다. 자치법규는 지방의회의 의결을 거쳐 제정되는 조례와 자치단체의 장이 제정하는 규칙이 있다.

사회복지법은 사회보장기본법을 기본법으로 삼고 있다. 사회복지법은 내용적으로 크게 사회보험법, 공공부조법, 사회복지서비스법 및 사회복지관련법으로 구분된다. 사회보험법은 4대 사회보험법인 국민연금법, 국민건강보험법, 고용보험법, 산업재해보상보험법을 주된 내용으로 하고 있으며, 국민연금법과 함께 4대 공적연금법을 이루는 군인연금법, 공무원연금법, 사립학교교직원연금법도 포함하고 있다.

공공부조법은 과거의 생활보호법을 대체입법한 국민기초생활보장법, 의료보호법을 대체입법한 의료급여법, 재해구호법 등으로 구성된다.

사회복지서비스법은 사회복지사업법을 기본법으로 삼고 있다. 사회복지서비스법은 내용상 아동복지법, 장애인복지법, 노인복지법, 청소년보호법, 모·부자복지법, 정신보건법 등으로 구성된다.

사회복지관련법은 사회복지공동모금회법, 장애인고용촉진및직업재활법, 고령자고용촉진법, 청소년기본법 등으로 구성된다.

II. 사회복지법과 타법과의 관계

사회복지법은 노동법, 경제법, 행정법, 조세법, 민법, 책임보험법, 공중위생법 등과 밀접하게 관련이 있는 부분도 있는 반면, 독자적인 고유영역을 갖고 있다.

1. 사회복지법과 헌법과의 관계

헌법은 국가통치체제의 기초를 정한 근본법이다. 사회복지법은 국가의 근본법인 헌법의 하위법으로서 헌법에 기초하고 헌법의 테두리 안에서 성립한다. 따라서 사회복지법은 헌법의 기본이념을 지도원리로 하여 이 테두리 안에서 사회복지에 관한 구체적인 사항들을 규정한 법이다.

사회복지법은 헌법의 기본원리를 기초로 성립한다. 우리나라 헌법이 기본원리는 중 사회복지법의 주된 법원리로 채택할 수 있는 기본원리는 복지국가주의, 기본권존중주의, 사회적 시장경제주의 등이다(김철수, 2001).

헌법은 기본권 보장에 있어서 자유권적 기본권의 보장에만 그치는 것이 아니라 생존권 보장에도 중점을 두어 복지국가의 건설을 꾀하고 있다. 복지국가란 국민 전체의 복지증진과 행복추구를 국가의 가장 중요한 사명으로 삼고 있는 국가이다. 복지국가는 사회적·경제적 원인에 의한 실업, 질병, 빈곤 등을 제거함으로써 인간으로 하여금 인간다운 생활을 누릴 수 있도록 재산권이나 경제활동을 규제하거나 또는 적극적으로 경제정책, 사회정책, 사회복지정책을 실시하는 국가이다.

우리 헌법은 전문에서 국민생활의 균등한 향상을 선언하고 있으며, 기본권조항에서 모든 국민의 인간다운 생활을 보장하고, 사회보장·사회복지에 관한 국가의무를 규정하며, 건강하고 쾌적한 환경에서 생활할 권리를 보장하여 복지국가 건설을 그 목적으로 하고 있음을 천명하고 있으며, 나아가서 근로자의 고용의 증진과 적정임금을 보장하고 최저임금제를 실시하며, 근로조건의 기준을 인간의 존엄성을 보장하도록 법률로 정할 것을 규정하고 있다. 여자, 노인, 청소년 및 장애인의 복지를 규정하고 있으며, 상이군경과 전몰군경 및 국가유공자의 유가족에 대한 우선취업권을 부여하고, 혼인과 가족생활이 개인의 존엄과 양성의 평등에 기초하도록 하여 복지국가주의를 실질화하고 있다. 이러한 복지국가의 달성을 위하여 경제조항을 두어 사회적 시장경제주의의 원칙을 선언하고 있다.

2. 사회복지법과 노동법과의 관계

노동법이란 자본주의 경제질서에 있어서 근로자들의 노동관계를 규정함으로써 그들의 생존확보를 가능하게 하는 법규를 말한다(김형배, 1980). 사회복지와 노동의 관계는 역사적으로 또 현실적으로 밀접한 관련을 갖고 있다. 사회복지의 역사적 발전과정을 살펴보면, 초기에는 구빈법에서 나타나듯이 근로능력이 있는 빈민들의 노동을 상품화시키기 위한 노동통제적 입법이 주류를 이루었다. 1536년 '건강한부랑자및걸인처벌법'은 근로능력이 있는 빈민 가운데 노동의사가 있는 자는 일거리를 제공하였고, 반면 노동의사가 없는 나태자는 태형에 처하였으며, 빈곤 아동은 도제로 삼았다. 1601년 엘리자베스 1세의 구빈법에서도 빈민을 노동능력 유무에 따라 분류하여 노동능력자는 교정원이나 작업장에 입소시켜 강제노역에 처하였다.

사회보험법은 원시적인 사회보험형태인 공제조합제도를 거쳐 독일의 비스마르크 수상이 법제화하였다. 비스마르크 입법을 통해서 급여청구권이 법정청구권으로 인정되었으며, 고용주의 고의·과실의 유무를 불문하고 업무상 재해에 대해 고용주에 책임을 부과하는 무과실책임주의가 확립되기도 하였다. 영국에서는 1911년 훗날 자유당 당수가 된 로이드 조지(Loyd David George)가 1911년 실업보험제도를 포함한 국민보험법(National Insurance Act)을 입법하였다. 미국에서는 루스벨트(Roosevelt) 대통령이 1935년 경기부양과 실업자구제를 위한 뉴딜정책의 일환으로 사회보장법(Social Security

Act)을 제정하였는데, 사회보험 가운데 실업보험은 주정부가 주관하도록 하였다.

이들 사회보험은 모두 노동자를 대상으로 하였으며, 노동조건의 보호 및 노동력 보전과도 밀접한 관계가 있었다.

사회복지법 가운데 일부 법률은 노동법적 특성을 일부 갖고 있기 때문에 노동법과 밀접한 관계가 있다. 연금법은 근로자의 노후생활을 보장하기 위한 법률로 옛날에는 노동자보험으로서 노동법분야에서 다루었지만, 노령이란 업무를 떠난 문제이기 때문에 주변적인 문제로 다루었다. 그러나 사회복지법이 발전해감에 따라 노령의 문제는 생활보장이란 관점에서 다루어야 할 문제로 인식됨에 따라 노동법이 아닌 연금법에서 다루게 되었다.

고용보험법이나 실업보험법은 실업에 의하여 발생하는 임금소득의 상실을 사회적인 급부에 의하여 보충하려는 것이다. 그러나 실업의 예방이나 사후대책 또는 노동관계복귀를 위한 직업안정정책은 노동법의 영역이다. 그러므로 실업에 관해서는 노동법과 사회보장법은 그 다루는 관점이 다르지만 함께 실직근로자와 그 가족의 생존권의 확보를 꾀하는 점에 있어서는 공통의 목표를 가지고 있다. 따라서 노동법과 사회보장법이 서로 밀접하게 협력하여 실업의 방지와 실업자의 생활보장을 유기적으로 결부시킬 필요가 있다.

산재보험법도 노동법과 밀접한 관계를 갖는다. 재해부조 또는 재해보상규정은 사용자가 재해를 입은 고용근로자에 대하여 직접 의료서비스나 금전부조를 제공하도록 한 것으로, 이는 노동조건의 하나로 규정되어 있었다. 그러나 노동법이 분화되면서 산업재해로 인한 근로자와 그 가족의 생활보장적 측면이 대두되면서 산재보험법이 분화되었다. 노동법은 산업재해의 예방을 위한 산업안전 및 보건 그리고 쾌적한 작업환경에 관한 분야를 규정하고, 반면 사회복지법은 산업재해를 입은 근로자와 그 가족의 생활을 보장하기 위한 분야를 규정하게 되었다.

3. 사회복지법과 행정법과의 관계

행정법은 행정을 그 대상으로 하는 행정에 관한 국내공법(國內公法)이다. 행정법은 공익, 즉 공공복리를 실현하기 위한 활동을 규율하고, 국가나 지방자치단체와 같은 공법적인 권리주체에 의한 활동을 규율하며, 개별적인 사안의 규율을 위하여 구체적인 조치를 내용으로 하는 활동을 규율하는 법으로 국내 행정권의 조직과 작용에 관한 공법을 말한다(유지태, 2001; 이상규, 1981; 박윤흔, 1981).

현대복지국가는 모든 국민의 인간다운 삶을 보장하기 위하여 국가의 적극적인 관여를 상례화하고 있다. 현대복지국가의 특징 중 하나는 복지제공 주체가 여럿이라는 복지다원주의(welfare pluralism)이지만, 그 주체 가운데 국가가 복지서비스를 제공하는 데 가장 주된 역할을 하며, 사회복지의 영역 가운데 공공복지서비스를 제공하는 복지행정영역이 가장 큰 영역이 되고 있다. 따라서 사회복지행정을 규율하기 위한 사회복지법들은 행정법의 특성을 기본적으로 갖추고 있다.

사회복지법은 사회복지를 그 대상으로 하는 법이다. 사회복지법은 사회정의, 사회연대, 사회통합과 같은 공공의 복리를 구현하기 위한 활동을 규율하고, 보건복지부, 노동부, 행정자치부, 광역 및 기초자치단체 등과 같은 공법적인 권리주체의 활동을 규율하며, 국민들의 충족되지 않은 욕구를 충족시키고 사회문제를 해결하기 위한 조치를 규율하는 법이다. 행정법에서는 사회복지행정을 행정작용법의 급부행정으로 간주하기도 한다. 이와 같이 사회복지법과 행정법은 유사한 특성을 갖는다. 그러나 행정법은 공법(公法)에 속하는 데 반하여, 사회복지법은 사회법(社會法)이라는 점에 근본적인 차이가 있다. 사회복지법은 공법적인 특성과 사법적인 특성을 동시에 갖고 있다.

국가행정의 규율대상을 볼 때 행정법은 국가행정의 모든 분야를 규율대상으로 하는 반면, 사회복지법은 국가행정 가운데 복지행정분야만을 규율하고 있다.

행정법 가운데 급부행정은 급부주체와 객체 간의 행정서비스 전달체계를 중점적으로 규율하는 법인 반면, 사회복지법은 사회적 자원의 할당의 원칙과 수급권자의 입장 보호를 중점적으로 규율한다. 복지행정과 관련하여 행정법은 일반법에 해당하고 사회복지법은 특별법에 해당한다. 따라서 사회복지법의 복지행정상 법익은 '특별법 우선의 원칙'에 따라 행정법상의 원칙에 앞서 우선적으로 보호되어야 한다.

4. 사회복지법과 조세법과의 관계

조세법과 사회복지법은 그 본래의 목적은 다르면서도 기능적인 측면에서 유사한 면을 보이고 있다. 티트머스는 사회정책의 목적 가운데 하나로 빈부계층간의 자원배분과 누진적인 재분배정책을 들고 있다. 이러한 목적은 주로 조세법상 누진적인 소득세제도와 이를 재원으로 한 사회복지제도를 통해 이루어진다. 또한 조세법상 실시되는 소득공제제도와 조세감면제도, 미국의 부(負)의 소득세(NIT) 등은 국민들이 최소한의 건강하고 문화적인 삶을 살아가는 데 필요한 소득을 확보하는 데 기여하는 동시에 사회적 부(富)가 재분배되어 공평한 복지사회를 이루는 측면이 있다.

조세라 함은 국가 또는 지방자치단체가 수입을 얻기 위하여 법률의 규정에 의해 직접적인 반대급부를 제공함이 없이 자연인이나 법인에게 부과하는 경제적 부담을 말한다(이만우, 1995). 조세는 국세 지방세와 같은 세(稅)만이 아니라 그 명칭 여하를 불문하고 보상 없이 국가가 일방적이고 강제적으로 과하는 것으로, 반대급부를 조건으로 한 것은 조세가 아니다. 따라서 노령, 질병, 실업이 발생했을 때 노령연금, 요양 급여, 실업 급여 등을 받는 조건으로 납부하는 국민연금보험료, 건강보험료, 고용보험료 등 사회보험 보험료는 반대급부를 조건으로 하고, 보험료 납부에 따라 보험 급여청구권이 구체적으로 발생하여 쌍방적이기 때문에 엄격히 말하면 조세가 아니다. 그러나 외국의 경우 이들 사회보험료를 사회보장세(social security tax)라고 부르는 경우가 있다.

반면 장애인의무고용제도에서 기준고용률에 미달되었을 때 납부하는 장애인고용부담금 등과 같은 벌금이나 과태료 성격의 납부는 특별한 반대급부를 조건으로 하지 않고 일방적이기 때문에 조세의 특성을 갖추고 있다. 사회 일각에서는 조세와 유사한 성격을 갖는 이러한 부담금을 준조세(準租稅)

라고도 부른다.

조세법은 조세공평주의와 조세법률주의에 입각하여 운영된다. 조세는 국민의 소득과 자산에 따라 공정하고 평등하게 과세되어야 한다. 또한 행정부의 자의적인 과세를 금하고 반드시 국회가 제정한 법률에 의해서만 과세할 수 있다는 조세법률주의를 채택하고 있다. 사회복지법에서도 사회보험료를 징수할 때 행정부가 자의적으로 할 수 없고, 반드시 국회가 제정한 법률에 의해서만 과세할 수 있기 때문에 조세법률주의와 같은 원칙이 적용되고 있다. 그러나 사회보험의 경우 누진적인 소득세나 상속세와는 달리 법으로 정해진 보험요율에 따라 사회보험료가 징수되고 있어 누진적이라기보다는 비례적이므로 조세공평주의가 철저히 시행된다고 보기 어렵다. 그러나 국민기초생활보장법과 같은 공공부조법에서는 재원이 소득과 재산이 있는 유산계층의 국민들이 납부하는 일반조세수입으로 이루어지고, 반면 공공부조의 혜택을 받는 수급자인 절대빈곤층은 공공부조제도를 위한 재정적 기여를 실질적으로 전혀 하지 않으면서 생계 급여 등 기초생활보장을 정부로부터 받기 때문에 공평주의가 실현되고 있다고 볼 수 있다.

소득이 있는 곳에 조세가 있어야 한다는 조세법상의 원리는 사회복지법의 법정신을 고려하여 신중히 적용되어야 한다. 따라서 최소한의 생존권 보장과 무관한 사회보험 급여의 경우는 소득으로 간주되어 소득세 부과의 대상이 되어야 하나, 최소한의 생존권 보장을 확보해주기 위해 제공되는 공공부조 급여는 소득으로 간주하지 않는 것이 합당하다. 즉 사회보험 급여는 과세대상이고, 국민기초생활보장법의 생계 급여와 같은 공공부조 급여는 비과세대상으로 하여야 한다. 독일의 경우 2005년부터 법정 노령연금에 소득세를 부과하기로 하였으며, 대신 보험료 납부액에 대해서 소득세 공제를 해주기로 하였다. 현재 우리나라 국민연금법은 55조는 '국민연금법에 의한 급여로서 지급된 금액에 대하여는 조세특례제한법, 기타 법률 또는 지방자치단체의 조례가 정하는 바에 의하여 조세, 기타 국가 또는 지방자치단체의 공과금을 감면한다.'고 규정하고 있다. 과거 국민기초생활보장법상 조건부수급자가 자활 급여에 참여하여 올린 수입을 소득으로 간주함으로써 조건부수급자들의 자활 급여사업 참여율이 저조하였던 사례가 있었으나 최근에 이에 관한 개선책이 강구되었다. 우리 정부는 국민기초생활보장제도의 생계 급여를 현재의 보충급여방식에서 근로소득공제제도(EITC: Earned Incom Tax Credit)로 전환하기로 하였다.

5. 사회복지법과 민법의 관계

사회복지법은 사회법의 하나로서 공법과 사법의 특성을 공유하고 있다. 사회복지법은 사법 가운데 민법과 밀접한 관계를 갖고 있다. 민법은 인간으로서 생활관계를 규율하는 사법으로 권리의 주체, 권리의 객체 그리고 권리의 변동관계 등과 간은 사항은 민법의 내용과 방법이 사회복지법률 관계에 적용된다(김준호, 2000).

첫째, 민법상 권리의 주체는 자연인과 법인으로 한다. 사회복지법에서도 권리의 주체는 개별적인 사회복지법에 따라 국민, 아동, 노인, 장애인, 청소년 등과 같은 자연인과 사회복지법인이나 국민연금관리공단과 같은 특수공법인과 같은 법인이라는 점에서 동일하다.

둘째, 민법에서 주된 권리는 물권(物權)으로 그 객체인 물건(物件)에 관해 규정한다. 사회복지법에서도 사회복지시설과 같은 부동산(不動産)과 기부금, 정부보조금 같은 금전, 사회복지시설차량, 각종 장비 등과 같은 동산(動産)에 관해 규정한다.

셋째, 민법은 권리의 발생, 변경, 상실 등 권리의 변동을 다룬다. 사회복지법에서도 사회보험수급권, 공공부조수급권, 사회복지서비스수급권과 같은 사회복지권을 원시적으로 취득하거나 승계취득하는 것과 같은 권리의 발생이나, 권리의 주체가 바뀌거나 권리의 내용에 변화가 있거나 권리의 작용에 변화가 있는 권리의 변경, 소멸시효 등에 의한 권리의 상실에 관해 규정한다.

넷째, 민법이 사회복지법관계에 적용되는 방법은 세 가지로 요약된다. i) 유추(類推, analogy)를 통한 방법이 있다. ii) 준용(準用)을 통한 방법이다. 준용이란 필요한 변경을 가하여 적용한다는 의미이다. 사회복지사업법 제32조는 민법의 법인에 관한 규정을 준용할 것을 규정하고 있다. 민법의 법인에 관한 규정은 필요한 변경을 가하여 사회복지법상의 사회복지법인에 관한 사항에 적용할 수 있다. iii) 민법의 기본원리인 사적자치의 원리가 사회복지법에서도 기본원리로서 적용이 된다. 예를 들면 장애인이거나 비장애인이거나, 노인이거나 아동이거나 간에 사회복지 수급권자 각 개인의 인격은 법에 의하여 존중되고 보호를 받아야 한다는 인격보호의 원칙이 적용된다; iii) 공공기관이 민간사회복지기관과 위탁계약이나 서비스공급계약을 맺을 경우 또는 민간사회복지기관이 다른 민간기관이나 개인과 서비스공급계약을 체결할 경우 계약을 체결할 것인가, 누구와 체결할 것인가, 계약의 내용을 어떻게 정할 것인가에 관해 법규에 위반하지 않고, 선량한 풍속, 기타 사회질서에 위반하지 않고, 공정을 잃지 않는 한 자유롭게 결정할 수 있는 계약자유의 원칙이 적용된다; iv) 물건의 소유자인 사회복지법인이나 수급권자는 법률의 범위 내에서 그 소유물을 사용·수익·처분할 권리를 가진다는 소유권존중의 원칙이 적용된다; 고의 또는 과실로 인한 위법행위로 타인에게 재산적 손실이나 불이익을 주었을 때 그 손해를 책임져야 한다는 과실책임의 원칙은 일반적으로 사회복지법 전반에서도 적용된다. 다만 산업재해보상보험법에서는 사업주의 고의·과실의 유무를 불문하고 업무상의 재해에 대하여 사용자에게 무과실책임을 부과하는 사용자의 무과실(無過失)책임의 원칙을 적용한다. 산업재해를 사용자의 과실책임주의를 원칙으로 하는 민법에 의하여 해결한다면 근로자는 사용자의 과실을 입증하기가 매우 어려워 사실상 재해를 당한 근로자가 손해배상을 받는다는 것이 거의 불가능하기 때문에 사용자의 무과실책임을 원칙으로 채택하고 있다; 인격의 가치는 서로 달리 평가되어서는 안 되며, 인격은 평등하게 다루어져야 한다는 인격평등의 원칙이 사회복지법에서도 적용된다. 장애인에 대한 차별, 성차별, 연령차별 등 사회적 차별을 방지하고, 모든 사람들이 평등하게 권리와 의무의 주체로서 사회생활을 할 수 있도록 긍정적 조치(affirmative action)를 규정하고 있다.

6. 사회복지법과 경제법의 관계

경제법은 국가의 경제정책의 실현을 위한 법으로 시장에서 분배(distribution)의 문제를 다룬다.[12] 반면 사회복지법은 시장에서 이루어진 분배의 결과를 다시 분배하려는 재분배(redistribution)의 문제를 다룬다. 사회복지법은 경제법이 규율하는 시장에서 이루어진 분배의 결과 파생한 소득불균등과 같은 문제를 해결하기 위하여 누진적인 소득세를 통해 재원을 마련하고 그 재원을 저소득층에게 사회복지제도를 통해 사회복지 급여를 제공함으로써 시장에서 이루어진 부의 결과를 다시 분배하고 사회계층간의 소득격차를 완화시키며 모든 국민들이 최소한의 건강하고 문화적인 삶을 살아갈 수 있도록 하기 위한 제도와 활동을 규정하고 있다.

사회복지는 직접적으로 경제활동을 하지 않고, 그와 같은 경제활동의 결과를 전제로 하여 생활보장급부를 행함으로써 소득의 재분배라는 기능을 수행한다. 그러나 양자는 경제적인 약자를 경제적으로 보호하려는 점에서 공통된 점이 있다.

7. 사회복지법과 책임보험법의 관계

책임보험법은 남의 신체나 재산에 손해를 입혀 법률상의 책임을 질 경우 가해자가 피해자에게 개별적으로 배상하는 대신, 가해자가 될 가능성이 있는 주체들을 의무적으로 보험에 가입시켜 손해배상을 집단화(risk pooling)하는 대응방법을 규율한 법이다. 대표적인 예로 자동차손해배상보장법이다.

사회보험법은 책임보험법과 유사한 측면이 있다. 첫째, 자동차손해배상보장법에 따르면 모든 운전자는 의무적으로 책임보험에 가입해야 하기 때문에 사회보험의 경우와 같이 강제가입의 특성을 갖는다. 또한 책임보험법은 앞으로 닥칠지 모르는 사고에 대비하여 일정한 보험료 납부를 의무화하고 사고발생시 받을 피해보상을 규정한다는 측면에서 사회보험과 유사하다.

그러나 책임보험은 개인적 사고에 대비하는 반면, 사회보험은 사회적 사고를 대비한다. 책임보험은 민간사업자에 의해 운영되는 반면, 사회보험은 특수공법인에 의해 관리된다. 사회보험은 재원의 조달이 노사간의 양자 부담에 의해, 산재보험의 경우 사용자부담에 의해 이루어지는 반면, 책임보험은 가입자의 보험료만으로 재원이 마련된다.

8. 사회복지법과 공중위생법의 관계

공중위생법은 공중이 이용하는 위생접객업, 기타 위생관련영업의 시설 및 운영 등에 관한 사항과

---

12) 경제법의 범주에 속하는 법률로는 독점규제및공정거래에관한법률, 물가안정에관한법률, 소비자보호법, 부정경쟁방지및영업비밀보호에관한법률, 조선산업의정상적경쟁조건에관한법률, 기업활동규제완화에관한특별조치법 등이 있다.

공중이용시설 및 위생용품의 위생관리 등에 관한 사항을 규정함으로써 국민보건을 위한 위생수준을 향상시켜 공공복리의 증진에 기여함을 목적으로 하고 있다. 국민의 건강유지와 질병예방이라는 측면에서 국민건강보험법이나 의료급여법의 주된 대상인 질병을 예방하는 전제조건이 된다(장훈, 1984: 126).

제4장

사회복지법의 권리성

우리나라의 사회복지법은 우리나라의 헌법을 기초로 하고 헌법의 테두리 안에서만 성립한다. 헌법은 전문에서 국민생활의 균등한 향상을 선언하고, 기본권조항에서 모든 국민의 인간다운 생활을 보장하며, 사회보장·사회복지에 관한 국가의무를 규정하고, 건강하고 쾌적한 환경에서 생활할 권리를 보장하여줌으로써 복지국가 건설을 국가의 근본 목적으로 하고 있음을 천명하고 있으며, 개별 조항과 사회복지관련 법률에서 이를 구체화하고 있다.

헌법 제10조에서는 인간의 존엄과 가치·행복추구권을 주된 기본권으로 하고, 이를 개별적인 기본권으로 세분하고 있다. 헌법 제34조에서 모든 국민의 인간다운 생활을 보장하고, 사회보장·사회복지에 관한 국가의무를 규정하여 복지국가주의를 선언하고 있다. 헌법 제119조에서 국가는 균형 있는 국민경제의 성장 및 안정과 적정한 소득의 분배를 유지하고, 시장의 지배와 경제력의 남용을 방지하며, 경제주체간의 조화를 통한 경제의 민주화를 위하여 경제에 관한 규제와 조정을 할 수 있도록 함으로써 사회적 시장경제를 선언하고 있다(김철수, 2001).

Ⅰ. 사회권

1. 사회권의 의의

사회권(社會權, social right)이란 사회적으로 생존하는 인간으로서의 개인이 자신의 생존이나 생활의 유지 및 발전에 필요한 조건들을 확보해줄 것을 국가에 요구하는 국민의 권리이다. 사회권은 사회법상의 권리이다. 사회법이 공법·사법의 혼합적·중간영역적인 지위에서 성립되어 있는 관계로 사회권도 공권·사권의 혼합적 성격을 지니고 있다. 사회권은 국민이 생존을 유지하거나 생활을 향상시켜 인간다운 생활을 하기 위하여 국가에 대하여 적극적인 배려를 요구할 수 있는 권리로 생존권이라고도 불린다.[13] 오늘날 사회권은 종종 복지권(welfare right)이라고도 불리고 있다.

산업자본주의가 발달되어감에 따라 소득분배의 불평등, 절대적 빈곤계층의 상존, 대량실업의 발생, 노사간의 갈등, 환경파괴 등 사회문제가 심각하게 제기되었다. 이에 따라 사적 자치의 원리에 바탕을 둔 근대시민사회의 자유권 보장만으로는 이러한 사회문제를 적극적으로 해결할 수 없을 뿐 아니라 사회구성원의 최저한의 인간다운 생활을 보장하고 실질적인 평등을 이룩하기 위한 사회정의를 구현할 수 없게 되었다. 따라서 모든 국민들의 인간다운 생활을 보장하기 위하여 사회권이 헌법상 사회복지와 노동분야에서 규정되기 시작하였다.

사회권이 헌법상에 규정된 것은 1919년 바이마르헌법에서부터 시작된다. 바이마르헌법 경제생활의 장 제151조에는 "경제생활의 질서는 모든 국민이 인간다운 생활을 보장하는 것을 목적으로 하는 정의의 원칙에 적합해야 한다. 개인의 경제적 자유는 이 한계 내에서 확보된다"는 일반원칙을 명시하고, 제153조에서는 "소유권은 의무를 수반한다. 그 행사는 동시에 공공의 복지에 도움이 되어야 한다"고 규정하고 있다. 제161조에서 국영보험제도를 규정하고 있고, 제163조에는 국가가 적당한 노동의 기회를 갖지 못한 자에게 필요한 생계에 대해 배려해야 할 의무를 규정하고 있다. 또한 교육 및 학교의 장 제146조에서는 가난한 자의 중급 및 상급학교의 교육에 적합하다고 보이는 아동의 양친을 위해 교육이 끝날 때까지 학자금의 보조를 해야 한다고 있다.

우리 헌법도 사회권을 헌법상에 규정하고 있다. 헌법 제10조는 인간으로서의 존엄과 가치 및 행복을 추구할 권리를 규정하고 있고, 제34조에서는 인간다운 생활을 할 권리를 규정하고 있다.

2. 사회권의 법적 성격

헌법상의 사회권은 사회권의 법적 성격에 따라 크게 프로그램 규정설과 법적권리설로 나뉘고, 법적권리설은 다시 추상적 권리설과 구체적 권리설로 나뉜다(구병삭, 1981; 김철수, 2001).

첫째, 프로그램 규정설은 입법방침규정설(立法方針規程説)이라고도 칭해진다. 현실적으로 직접 적용되지 않고 집행법률에 의한 현실화를 요하는 법규범으로서 입법부에 대해 입법방침(program)을 규정하는 것이라는 주장이다. 즉 사회권은 입법권만을 구속하고 행정권과 사법권을 구속하지 않는다고 본다. 둘째, 법적 권리설에서는 사회권을 헌법에 규정된 법적인 권리로 간주하고 있다. 개개 국민은 인간다운 생활을 누릴 권리가 법으로 보장되어 있으며, 국가는 이를 이행할 의무가 있다. 따라서 사회권은 입법권뿐만 아니라 행정권과 사법권을 모두 구속한다고 본다. 법적 권리설은 권리의 정도에 따라 추상적 권리설과 구체적 권리설로 나눈다. 추상적 권리설은 국민은 국가에 대해 공공부조 혜택을 받을 추상적 권리를 가지고, 국가는 입법, 기타 국정상 필요한 조치를 강구할 추상적 의무를 진다고 보는

---

13) 1. 사회권은 일반적으로 권리를 논할 때 사용되는 권리에 관한 용어이다. 즉 권리의 유형을 공권, 사권, 사회권으로 구분하고, 공권-사권과 대비하여 사회권을 규명한다. 반면 생존권 또는 생존권적 기본권이란 용어는 기본권을 논할 때 사용되는 용어이다. 2. 복지권은 이러한 권리의 내용들을 사회복지와 관련하여 규명할 때 사용하는 용어이다. 사회보장수급권은 사회보장기본법하에서 사용되는 유사 용어이다. 3. 내용상으로 사회권은 생존권, 복지권, 사회보장수급권의 내용을 포함하고 있다. 협의의 사회권은 복지권 또는 사회보장수급권이라 할 수 있다.

학설이다. 반면 구체적 권리설은 사회권이란 헌법에 보장된 권리이며, 헌법상의 의무이기 때문에 국민은 국가에 대해서 적극적으로 입법을 요청할 권리가 있으며, 국가는 이에 대해 적극적으로 응해야 할 의무가 있다고 본다.

II. 복지권

1. 의의

사회복지의 권리성은 국민들이 사회복지를 받을 권리에 관한 성격을 논한다. 사회복지의 권리성은 그동안 복지권과 관련하여 그 성격이 분석되어왔다. 복지권(welfare right, right to welfare)이란 헌법상 국민들이 복지혜택을 받을 권리를 말한다. 기본권(fundamental rights)이란 인간이 인간으로서 누릴 수 있는 권리 가운데 헌법이 보장하는 국민의 기본적 권리를 말한다. 사회복지 급여가 국민이 누릴 수 있는 기본권이냐 아니냐, 기본권이라면 어떠한 성격을 갖고 있느냐에 관해 서로 다른 주장들이 제기되고 있다. 대체로 사회복지 급여가 복지권으로서 국민의 기본적 권리의 하나라는 견해에는 의견의 일치를 보고 있지만, 그 성격에 있어서는 서로 다른 견해들이 있다.

사회복지는 사회보험, 공공부조, 사회복지서비스 및 관련복지제도 등 다양한 영역으로 구분된다. 사회복지의 권리성을 논함에 있어 이들 각 영역들은 보장대상, 수급권자, 재원조달방법 등에 있어서 현저한 차이가 있기 때문에 각각의 특성을 고려하여 사회복지의 권리성을 논해야 한다. 사회보장기본법에서 사회보장은 사회보험, 공공부조, 사회복지서비스 및 관련 복지제도로 구성된다. 이런 측면에서 복지권은 사회보장수급권으로 설명될 수 있다.

2. 생존권으로서 복지권

기본권이란 인간이 누릴 수 있는 권리 가운데 헌법이 보장하는 국민의 기본적 권리이다. 전통적으로 기본권은 내용상 기본적 인권으로서 인간의 존엄과 가치 및 행복 추구권, 그리고 개별적인 기본권으로서 평등권, 자유권, 생존권, 수익권, 참정권으로 구분된다. 이 가운데 복지권은 인간의 존엄과 가치 및 행복추구권이라는 기본적 인권 아래 주로 생존권14)의 한 영역으로 분석된다(김기원, 2000; 김유성, 1992; 김철수, 2001).

---

14) 사회권과 생존권에 대한 설명을 이해를 돕고자 덧붙인다. 1. 사회권은 일반적으로 권리를 논할 때 사용되는 권리에 관한 용어이다. 즉 권리의 유형을 공권, 사권, 사회권으로 구분하고, 공권·사권과 대비하여 사회권을 규명한다. 반면 생존권 또는 생존권적 기본권이란 용어는 기본권을 논할 때 사용되는 용어이다. 2. 복지권은 이러한 권리의 내용들을 사회복지와 관련하여 규명할 때 사용하는 용어이다. 사회보장수급권은 사회보장기본법하에서 사용되는 유사 용어이다. 3. 내용상으로 사회권은 생존권, 복지권, 사회보장수급권의 내용을 포함하고 있다. 협의의 사회권은 복지권 또는 사회보장수급권이라 할 수 있다.

18세기 서구의 시민혁명에 의해 정립된 자유권은 종래의 신분이나 토지제도에 얽매어 있던 인간과 자본을 해방시키기 위하여 소유권절대의 원칙과 계약자유의 원칙을 확립하였으며, 개인의 생활은 개인의 책임이라는 원칙 아래 가난한 자에 대한 구제를 오로지 은혜적 내지 시혜적인 것으로 파악하고 가진 자의 소유권보호를 중시하였다.

그러나 자유, 평등, 독립의 추상적 인격으로 인간을 파악하는 자유권 원리는 경제적 약자에게는 생존에 필요한 최저한의 기본적 조건마저 확보해주지 못하기 때문에 생존 그 자체를 위협받는 사람들에게는 자유권이란 공허한 구호일 뿐 실질적 의미를 부여하지 못하였다. 따라서 구체적이고 현실적인 인간의 실질적인 자유와 평등을 보장하고 경제적 정의를 실현하기 위한 경제적·사회적 기본권으로서의 생존권 보장이 요청되었다. 생존권은 자유권을 기초로 한 자본주의사회가 생산수단을 갖지 못한 근로자계층에 대하여 인간다운 생존가능성을 위태롭게 함에 따라 시민의 요구와 투쟁에 의해 획득된 권리이다. 따라서 생존권의 역사는 바로 그 사회구성원의 인간다운 생존을 위한 투쟁의 역사라고 말한다.

생존권은 사회주의적 생존권과 개량주의적 생존권으로 구별된다. 사회주의적 생존권은 개인의 생존욕망을 충족시키기 위하여 사유재산제도를 부정하고, 특히 생산수단을 공유화함으로써 모두의 노동을 통해 생존권을 실질적으로 실현하려는 사회주의국가에서 추구되는 생존권이다. 반면 개량주의적 생존권은 사유재산제도를 사회의 기본질서로 인정하고, 다만 그로 인해 파생되는 문제점을 해결하고 개선해나감으로써 생존권을 실현하려는 자본주의국가에서 추구되는 생존권이다.

생존권은 사회권이라고도 일컫는데, 이는 인간다운 생활을 위하여 필요한 여러 조건이 국가권력의 적극적인 관여에 의해 확보될 것을 요청할 수 있는 권리이다. 복지권은 '인간다운 생활을 할 권리'를 구체적으로 실현하기 위한 하나의 수단이 되는 개별적 생존권이다.

복지권이란 모든 국민이 인간다운 생활을 누리는 데 필요한 복지서비스를 국가로부터 보장받을 권리를 말한다. 복지권은 국민들의 기본적인 권리의 하나로서 시민권(citizenship right)의 역사적 발달과 더불어 시민의 요구와 투쟁에 의해 획득된 권리이다.

마샬(Marshal, Thomas Humphrey)은 시민권이 공민권(civil right), 정치권(political right) 및 사회권(social right)으로 구성되어 있다고 지적하고, 이 가운데 사회권을 복지권(welfare right)이라고 하였다. 공민권은 언론의 자유, 신앙의 자유, 사유재산권, 남녀고용평등권 등과 같이 자유와 평등을 보장받을 수 있는 권리로서, 모든 인간이 태어나면서 보장받을 수 있는 권리이다. 정치권은 투표권과 공직에 참여할 수 있는 권리와 같은 참정권을 의미한다. 사회권은 사회의 지배적인 기준에 합당한 시민생활을 누릴 수 있는 권리로서 국가로부터 복지서비스를 받을 권리를 말한다. 복지권은 영국과 같이 국민의 집단적 요구에 의해 나타나기도 하고, 독일의 국가온정주의(state paternalism)와 같이 정부가 국민의 욕구를 미리 파악하여 필요한 복지서비스를 제공하는 과정에서 발생하기도 한다.

사회복지발전과정에서 초기에는 협의의 사회복지대상인 생활상 어려움을 겪는 요보호대상자들을 수혜대상자로 하여 복지권의 범위가 좁았으나, 점차 사회복지의 수혜대상자가 확대 발전되어감에 따라 복지권의 범위가 공민권의 범위와 같이 모든 국민으로 확대되어갔다. 이러한 추세는 세계화 시대에 더욱 발전되어 국가간에 사회보장협약이 체결되기 시작하였으며, 상호주의에 입각한 사회보장협약에 따라 상대국이 상대국에 체류하는 우리나라 국민에게 일정한 복지혜택을 제공할 경우, 우리 정부도 국내에 체류하는 상대국의 국민들에게 상응하는 복지혜택을 제공하게 됨에 따라 복지권의 대상범위가 국내에 체류하는 유자격 외국인에게까지 확대되었다. 상호주의와는 별도로 인도주의의 차원에서 외국인에 대한 복지권의 범위가 확대되기도 한다.

우리나라는 1991년 11월, 단순노동자의 인력부족현상을 해결하기 위해 외국인산업기술연수생제도를 실시하였다. 그러나 이들에 대한 사업장 내의 폭행, 임금착취, 산업재해 등이 사회문제로서 대두가 되자, 정부는 1995년 2월, '외국인산업기술연수생의보호및관리에관한지침'을 마련하고 근로기준법, 최저임금법, 산업재해보상보험법, 산업안전보건법 등을 국내 근로자들과 똑같이 적용하도록 하여 이들에게 최소한의 인간다운 삶을 누릴 수 있도록 하는 복지권을 부여하였다. 이와 같이 복지권은 그 대상이 요보호대상자에서 모든 국민으로 그리고 국내 체류 유자격 외국인들에게까지 상호주의와 인도주의에 입각해 확대 발전되고 있다. 따라서 복지권이 공민권보다 오히려 대상범위가 더 넓게 확대되어가는 추세이다.

3. 헌법상의 복지권

개량주의적 생존권은 바이마르헌법에서 최초로 보장된 이래 세계 각국의 헌법이 이를 규정하였다. 바이마르헌법 제151조는 "경제생활의 질서는 각인으로 하여금 인간다운 생활을 보장하는 것을 목적으로 하는 정의의 원칙에 합치하여야 한다"고 규정하고 있다.

우리 헌법 규정도 생존권 보장에 관한 규정을 두고 있다. 우리 헌법 전문에 국민생활의 균등한 향상을 기하고 자유와 행복을 확보할 것을 명시하고 있다. 헌법 제10조는 기본권 보장의 대원칙을 "모든 국민은 인간으로서의 존엄과 가치를 가치며, 행복을 추구할 권리를 가진다. 국가는 개인이 가지는 불가침의 기본적 인권을 확인하고 이를 보장할 의무를 진다"고 선언하고 있다.

제34조 제1항에서 생존권 보장의 기본원칙으로 "모든 국민은 인간다운 생활을 할 권리를 가진다"고 선언하고 있다. '인간다운 생활을 할 권리'란 모든 국민이 건강하고 문화적인 최저생활을 누릴 권리를 갖고 있으며, 국가는 이를 보장할 의무를 진다는 것이다. 제2항 이하에서 이를 구체화하는 복지권을 규정하고 있다; "국가는 사회보장, 사회복지의 증진에 노력할 의무를 진다. 국가는 여자의 복지와 권익의 향상을 위하여 노력하여야 한다. 국가는 노인과 청소년의 복지향상을 위한 정책을 실시할 의무를 진다. 신체장애자 및 질병, 노령, 기타의 사유로 생활능력이 없는 국민은 법률이 정하는 바에 의하여 국가의 보호를 받는다. 국가는 재해를 예방하고 그 위험으로부터 국민을 보호하기 위하여 노력하여야 한다."

헌법 제32조에서는 근로자의 생존권을 보장하고 있다; "모든 국민은 근로의 권리를 가진다. 국가는 사회적·경제적 방법으로 근로자의 고용의 증진과 적정임금의 보장에 노력하여야 하며, 법률이 정하는 바에 의하여 최저임금제를 시행하여야 한다. 근로조건의 기준은 인간의 존엄성을 보장하도록 법률로 정한다. 여자의 근로는 특별한 보호를 받으며, 고용·임금 및 근로조건에 있어서 부당한 차별을 받지 아니한다. 연소자의 근로는 특별한 보호를 받는다. 국가유공자, 상이군경 및 전몰군경의 유가족은 법률이 정하는 바에 의하여 우선적으로 근로의 기회를 부여받는다.”

소득분배와 관련하여 헌법 제119조 제2항은 “국가는 균형 있는 국민경제의 성장 및 안정과 적정한 소득의 분배를 유지하고……”라고 규정하고 있다.

헌법상 국가는 사회보장 내지 사회복지의 증진을 위해 노력해야 할 의무가 있으며, 생활능력이 없는 국민은 국가로부터 보호를 받는다.

4. 복지권의 법적 성격

복지권의 성격은 구체성, 적극성, 권리의 강도의 측면에서 볼 때 아래와 같이 정리할 수 있다.

표 4-1. 복지권의 성격

	구체성	적극성	권리의 강도	법적 권리
프로그램규정적 권리	매우 약함	매우 미약	매우 미약	아님
추상적 권리	약함	미약	미약	법적 권리
구체적 권리	매우 강함	매우 강함	매우 강함	법적 권리

복지권의 법적 성격에 관해 서로 다른 학설들이 서로 다른 주장을 하고 있다. 복지권을 논함에 있어 생존권의 법적 성격에 관한 기존의 이론으로부터 복지권의 법적 성격을 추론하고 이로부터 복지권의 법적 성격을 규명하는 것이 일관성이 있다.

표 4-2. 복지권의 성격

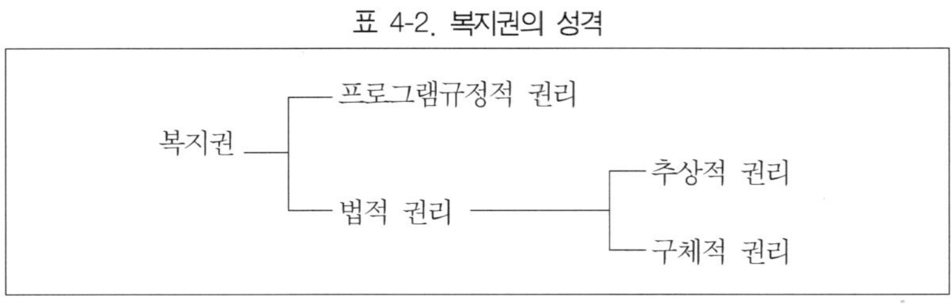

생존권의 법적 성격에 관한 기존의 학설을 원용하여 복지권을 분류할 수 있다. 복지권의 법적 성격에 관한 학설은 크게 프로그램규정설(program 規定說)과 법적 권리설로 나누어진다. 법적권리설은 다시 추상적 권리설과 구체적 권리설로 세분된다(김철수, 2001). 이에 따라 복지권은 크게 프로그램 규정적 권리와 법적 권리로 나뉘고, 법적 권리는 다시 추상적 권리, 구체적 권리로 세분된다.

1) 프로그램규정적 권리

프로그램규정적 권리는 프로그램규정설 내지 입법방침규정설(立法方針規定說)에 따라 사회복지에 관한 권리, 즉 복지권을 정의한 것이다. 프로그램규정설에 따르면, 모든 국민의 인간다운 생활을 위한 국가보호에 관한 헌법규정은 구체적이고 현실적인 권리를 부여한 규정이 아니라, 입법에 의해서만 효력을 발생하는 강령규정으로서, 입법자에게 입법의 방침을 지시하는 규정이라는 것이다. 즉 현실적으로 직접 적용되지 않고, 집행법률에 의한 현실화를 요하는 법규범으로서, 입법부에 대해 입법방침(program)을 규정하는 것이라는 주장이다. 즉 헌법상의 복지권은 입법권만을 구속하고, 행정권과 사법권을 구속하지 않는다고 본다. 따라서 그 실시는 국가의 자유재량이며, 일종의 반사적 이익에 속한다. 국민은 인간다운 생활에 필요한 급여를 구체적으로 청구할 수 없으며, 국가는 입법을 할 정치적 도의적 책임을 지는 데 불과하다.

헌법은 사유재산제도를 전제로 하고 있기 때문에 국가가 국민의 모든 삶을 책임지지 않고 있으며, 복지권은 일종의 반사적(反射的) 이익 또는 반사적 수익권으로 국가의 행정적, 재정적 능력에 의존한다. 따라서 복지사업은 정부가 예산의 범위 내에서 재정능력의 한도 내에서 행정적으로 가능한 범위 내에서 실시할 수 있다. 즉 복지권은 국가의 재정적 실현가능성(fiscal feasibility)과 행정적 실현가능성 (administrative feasibility)의 범주 내에서만 실현되는 권리이다.

2) 법적 권리

법적 권리는 헌법상 사회복지에 관한 권리를 법적 권리설에 따라 정의한 것이다. 법적 권리설은 사회복지의 권리에 관한 헌법규정은 법적인 권리로서 개개국민은 사회복지의 혜택을 누릴 권리가 법으로 보장되어 있으며, 국가는 이를 이행할 의무가 있다는 학설이다. 법적 권리설에서 복지권은 입법권뿐만 아니라 행정권과 사법권을 모두 구속한다고 본다. 법적 권리는 추상적 권리와 구체적 권리로 나눈다.

(1) 추상적 권리

추상적 권리는 헌법상 사회복지에 관한 권리를 추상적 권리설에 따라 정의한 것이다. 추상적 권리설은 국민은 국가에 대해 사회복지 혜택을 받을 추상적 권리를 가지고, 국가는 입법, 기타 국정상 필요한 조치를 강구할 추상적 의무를 진다고 보는 학설이다. 구체적인 입법이 없는 경우에 헌법상의 규정을 근거로 하여 소(訴)에 의해 구체적 권리를 주장할 수 없으므로 헌법상의 복지권은 직접 구체적인 권리를 보장하고 있지는 않다. 그러나 구체적인 권리를 보장하고 있지 않다고 해서 복지권이 법적 권리가 아니라는 것은 아니며, 국민은 국가에 대하여 입법과 기타의 조치를 요구할 추상적 권리를 가진다.

그러나 추상적 권리설은 구체적인 입법이 없는 한 생존권을 현실적인 권리로서 재판상 청구할 수
없다는 점에서 프로그램규정설과 일치하고 있으므로 양자는 별다른 차이가 없다. 그러므로 추상적
권리설에 따른다 하더라도 인간다운 생활을 할 권리는 실질적 의미에서의 권리성을 확보하지 못하
는 결과가 된다. 추상적 권리설은 근대의 소극적 시민국가에서 현대의 적극적 복지국가로 지향해나
가는 과도기의 사회적·경제적 배경을 대변하는 애매한 논리의 산물이다.

(2) 구체적 권리

구체적 권리는 헌법상 사회복지에 관한 권리를 구체적 권리설에 따라 정의한 것이다. 구체적 권리
설은 복지권이란 헌법에 보장된 권리이며, 헌법상의 의무이기 때문에, 국민은 국가에 대해서 적극적으로
입법을 요청할 권리가 있으며, 국가는 이에 대해 적극적으로 응해야 할 의무가 있다. 따라서 사회복지에 관
한 입법이 없거나, 있더라도 그 내용이 불충분한 경우에는 법률의 제정이나 개정을 요구할 수 있는 것이다.
이때에 국가의 부작위는 사회복지를 받을 권리의 현실적·구체적 침해가 되기 때문에 위헌확인소송을 제기
할 수 있다고 보아야 한다. 만일 입법이 존재하지 않는 경우에 이는 헌법상 복지권을 침해하는 것이 되어
국민은 국가에 대해 부작위위헌확인소송(不作爲違憲確認訴訟)을 제기하거나, 의무를 구체적으로 이
행하도록 요구하는 작위의무화소송(作爲義務化訴訟)을 제기할 수 있도록 함으로써, 구체적인 재판
효과를 부여하는 학설이다. 입법의 부작위에 대해서는 헌법소원을 할 수 있다.

(3) 사견(私見)

현재 생존권에 대한 다수설은 프로그램규정설이다. 같은 맥락에서 복지권도 프로그램규정적으로
보는 것이 다수설이다. 그러나 사회보장 가운데 사회보험, 공공부조, 사회복지서비스는 수혜대상자,
재원기여 여부, 급여 종류 등에서 다르기 때문에 수급권에 대한 권리의 성격도 다르다. 사회보험은 사
회보험재정에 수급권자가 직접 기여하기 때문에 수급권자가 기여의 대가로 보험 급여를 응당 받아
야 할 권리(entitlement)가 있지만, 공공부조나 사회복지서비스의 경우 수급권자가 재정적으로 직접
기여하는 부분이 없기 때문에 응당 받아야 할 권리로서 일반적으로 인정받지 못하는 취약성이 있다.
따라서 사회보험수급권은 수급권자에게 구체적인 권리로 인정되어야 하는 반면, 공공부조와 사회복
지서비스는 수급권자에게 프로그램규정적 권리이거나 추상적 법적 권리로 인정되어야 한다.

5. 복지권 관련 판례

복지권에 관한 판례는 많지 않으나 헌법재판소에 위헌소송을 한 예를 통해 몇 가지 판례를 찾아볼
수 있다. 복지권이 기본권으로서 어떠한 법적 성격을 갖는가에 관해서 자주 인용되는 판례는 심창섭
씨 부부가 보건복지부장관이 고시한 생활보호사업지침상의 '94년 생계보호기준'이 헌법상의 행복

추구권과 인간다운 생활을 할 권리를 침해하였다고 청구한 '1994년 생계보호기준 위헌확인 헌법소원심판'에 대한 헌법재판소 전원재판부의 전원일치 판결결과이다. 헌법재판소는 헌법상의 행복추구권과 인간다운 생활을 할 권리는 구체적인 법적 권리로서 행사될 수 없으며, 프로그램규정적인 권리로서 또는 추상적 권리로서 인정된다고 판시하고 있다. 그 밖에 1995년 국가유공자예우등에관한법률 제9조 본문 위헌제청 판시사항에서도 복지권을 프로그램규정적 권리로 간주한 것을 찾아볼 수 있다(헌법재판소, 1997). 이들 판례를 일부 소개하면 다음과 같다(구체적인 판례내용은 판례 부분 참고).

1) 심창섭 씨 부부의 위헌소송관련 판례

보건복지부장관이 고시한 생활보호사업지침상의 '94년 생계보호기준'이 헌법상의 행복추구권과 인간다운 생활을 할 권리를 침해하는 것인지의 여부.

"이 사건 생계보호기준이 청구인들의 인간다운 생활을 보장하기 위하여 국가가 실현해야 할 객관적 내용의 최소한도의 보장에도 이르지 못하였다거나 헌법상 용인될 수 있는 재량의 범위를 명백히 일탈하였다고는 보기 어렵고, 따라서 비록 위와 같은 생계보호의 수준이 일반 최저생계비에 못 미친다고 하더라도 그 사실만으로 곧 그것이 헌법에 위반된다거나 청구인들의 행복추구권이나 인간다운 생활을 할 권리를 침해한 것이라고는 볼 수 없다."

2) 국가유공자예우등에관한법률 위헌제청 판시사항

"헌법의 규정에 의거하여 국민에게 주어지게 되는 사회보장에 따른 국민의 수급권(受給權)은 국가에게 단순히 국민의 자유를 침해하지 말 것을 내용으로 하는 것이 아니라 적극적으로 급부를 요구할 수 있는 권리를 주된 내용으로 하기 때문에, 그 권리의 구체적인 부여 여부, 그 내용 등은 무엇보다도 국가의 경제적인 수준, 재정능력 등에 따르는 재원확보의 가능성이라는 요인에 의하여 크게 좌우되게 된다. 헌법 제10조의 행복추구권은 국민이 행복을 추구하기 위하여 필요한 급부를 국가에게 적극적으로 요구할 수 있는 것을 내용으로 하는 것이 아니라, 국민이 행복을 추구하기 위한 활동을 국가권력의 간섭 없이 자유롭게 할 수 있다는 포괄적인 의미의 자유권으로서의 성격을 가지므로 국민에 대한 일정한 보상금의 수급기준을 정하고 있는 이 사건 규정이 행복추구권을 침해한다고 할 수 없다."

3) 일본 판례

일본 최고재판소가 "모든 국민이 건강하고 문화적인 최저한도의 생활을 영위할 수 있도록 국정을 운영하여야 할 것을 국가의 책무로 선언한 것에 불과하며, 국가는 개개의 국민에 대하여 구체적·현실적으로 이러한 의무를 갖는 것은 아니며, 이 규정에 의하여 직접으로 개개의 국민은 국가에 대하여 구체적·현실적으로 이러한 권리를 가진 것이 아니다"라고 판결함으로써 복지권을 프로그램규정적 권리로 간주하고 있다.

6. 복지권의 보호와 제한

사회복지수급권이 기본권으로서 보장되는 데 있어 취약성을 갖는 몇 가지 이유가 있다(김기원, 2000; 신섭중, 1993). 첫째, 오랫동안 복지권은 기본권의 성격상 프로그램규정적 권리로 인정되어온 것이 통설이었다. 따라서 사회복지 급여가 국가의 복지행정 결과 파생되는 반사적 이익으로서 간주되기 때문에 국민의 복지권은 취약성을 띠고 있다.

둘째, 복지 급여 종류에는 현금급여나 현물급여뿐만 아니라 시설수용서비스, 직업훈련서비스, 상담서비스와 같은 복지서비스가 있다. 이와 같은 복지서비스는 모든 내용을 법률조항으로 규정하기가 어려울 뿐만 아니라 표준화시켜 모든 상황에 일률적으로 적용하기 어려운 점이 있다. 국민들에게 권리로서 인정받기 위해서는 객관적이고 획일적으로 적용할 수 있는 기준이 마련되어야 하기 때문에 개별사례적이고 복잡다양한 사회복지서비스분야에서의 복지권은 취약하게 마련이다.

셋째, 복지수혜 원인인 빈곤을 수혜자 개인의 책임으로 돌리려는 사회적 인식이 복지권을 기본권으로 인식하게 하는 데 어려움이 있어 권리성이 취약하게 된다.

넷째, 복지권은 국민 다수가 향유하는 권리라기보다는 사회 내에 소수 극빈계층에 속하는 사람들을 위한 권리라고 인식하는 사람들이 많기 때문에 다수로부터 복지권이 기본권으로 인정받기 어렵다.

이상과 같이 복지권이 기본권으로서 취약성을 띠고 있기 때문에 국가적 차원에서 수급권 보호를 위한 정책적 노력을 하여야 한다. 또한 복지권은 수급권자 개인의 생활보장뿐만 아니라 모두가 인간다운 생활을 할 수 있는 사회공동체를 구현하고, 사회적 형평을 실현하기 위한 국가적 차원의 노력이기 때문에 국가는 수급권자가 누릴 수 있는 권리가 부당하게 침해받지 않도록 적극적으로 노력하여야 하며, 복지권을 실행하는 과정에서 장애가 되는 요인들을 사전에 제거함으로써 복지권을 보호해 주어야 한다. 그러나 국가는 복지권이 과잉보호를 받게 되거나 남용되거나 악용되는 경우 이를 제한하여야 한다.

1) 복지권 보호

복지권상의 급여수준은 수급권자와 그 가족이 최저한도의 건강하고 문화적인 인간다운 생활을 유지하는 데 적합하도록 국가는 급여수준을 보장하여야 한다.

복지권은 수급권자 및 그 가족들이 최저한도의 건강하고 문화적인 인간다운 생활을 유지하는 데 그 목적이 있기 때문에, 복지권은 수급권자에게만 귀속시켜야 하는 일신전속적(一身專屬的)인 권리로 보호되어야 한다. 따라서 복지권을 타인에게 임의적으로 승계할 수 없으며, 타인에게 복지 급여를 양도하거나 담보로 제공할 수 없다. 또한 수급권자의 채권자는 수급권을 압류하거나 자기의 채무와 상계할 수 없다. 단 국민연금 유족급여의 경우는 예외적으로 유족에게 승계가 이루어 진다.

복지 급여는 인간다운 최소한의 삶을 영위하도록 하기 위한 국가적 차원의 보호이기 때문에 복지급여에 대해서 대체로 조세나 공과금을 부과하지 않는다. 복지 급여가 일단 결정이 되면, 수급권자에 대한 보호를 정당한 이유 없이 무리하게 변경하여 수급권자에게 불이익을 초래하게 하여서는 안 된다.

2) 복지권 제한

복지권은 헌법상 보장된 인간다운 생활을 할 권리를 구체화하는 권리로서 보호되어야 하지만 근본 목적에 어긋난 경우 일정한 제한을 가할 수 있다.

먼저 복지권은 기본권을 구체화하는 권리이므로 헌법상 기본권을 제한하는 사유인 국가안전보장, 질서유지, 공공복리를 위해 제한될 수 있다(김철수, 2001). 이는 개별적 법률유보조항이다. 국가안전보장이란 국가의 존립과 헌법의 기본질서를 유지하는 것을 말하고, 질서유지란 헌법질서와 사회질서와 같은 공공의 안녕질서를 유지하는 것을 말하며, 공공복리란 국민의 공공의 이익과 행복을 의미한다.

또한 복지권은 복지제도의 목적과 특성상 제한될 수 있다. 복지 급여는 최저한도의 인간다운 삶을 영위하도록 보장해주는 제도로서 궁극적인 목적은 수급권자를 자립자활시키는 데 있다. 따라서 복지권의 내용인 급여의 수준이 수급권자의 자립자활을 저해할 정도로 과다하거나, 중복해 지급되는 사례는 지양되어야 한다. 수급자에게 도덕적 해이(moral hazard) 현상이 발생하지 않도록 하여야 한다.

복지제도는 수급권자가 직접적으로 재정에 기여를 하지 않고 다른 사회구성원이 부담하는 일반조세수입으로 재원을 충당함으로써 사회적 형평을 기하려는 제도이기 때문에, 급여의 수준이 재원을 부담하는 다른 사회구성원들에 대해 지나치게 부당한 재정적 부담을 주는 수준이 되어서는 안 된다.

수급권자는 신의성실의 원칙에 따라 수급조건에 따른 의무를 성실하게 이행하여야 한다. 복지수급 사유 및 조건을 고의 또는 악의 있는 행위를 통해 발생시키거나, 수급 사유 및 조건이 거짓으로 판명된 경우, 또는 수급기간을 거짓으로 또는 부당하게 연장시키는 행위를 한 경우에는 수급권은 제한되거나 금지되어야 한다.

Ⅲ. 영역별 사회복지의 권리성

사회복지의 권리성에 대한 논의는 사회복지 전반에 걸쳐 일반적으로 논의할 수 있는 측면도 있지만 각 영역별로 구분해 논의해야 할 필요성도 있다. 현재 생존권에 대한 다수설은 프로그램규정설이다. 같은 맥락에서 복지권도 프로그램규정적으로 보는 것이 아직은 다수설이다. 그러나 사회복지의 영역 가운데 사회보험, 공공부조, 사회복지서비스 및 사회복지 관련제도들은 수혜대상자, 재원의 기여 여부, 급여종류 등에 있어서 다르기 때문에 수급권에 대한 권리의 성격도 다르다. 사회보험은 보험

재정에 수급권자가 재정적으로 기여하기 때문에 수급권자가 기여의 대가로 보험 급여를 응당 받아야 할 권리(entitlement)가 있지만, 공공부조의 경우 재정이 일반조세수입으로 충당되기 때문에 공공부조재정에 수급권자가 재정적으로 직접 기여하는 부분이 없다. 따라서 공공부조 급여는 권리로서 인정받지 못하는 취약성이 있다. 사회복지서비스의 경우도 공공부조와 같이 일정한 기여를 하였는가 여부가 수급 여부의 결정기준이 되지 않기 때문에 권리성이 다소 취약한 측면이 있다. 마찬가지의 이유로 사회복지 관련제도들의 경우도 권리성이 다소 취약한 편이다.

1. 사회보험의 권리성

사회보험이란 국가가 국민에게 발생하는 질병, 산업재해, 노령, 실업, 사망 등의 사회적 위험을 보험방식에 의하여 대처함으로써 국민건강과 소득을 보장하는 강제적 보험제도를 말한다. 우리나라의 사회보험은 노동능력의 상실에 대비한 산업재해보상보험·국민건강보험과 노동기회의 상실에 대비한 연금보험·고용보험으로 크게 구분할 수 있다. 연금보험에는 국민연금, 공무원연금, 사립학교교원연금, 군인연금이 있다.

1) 사회보험의 특성
사회보험은 모두 사회보장제도의 하나로 실시되나 수혜대상, 제공주체, 급여내용, 급여수준, 재정부담 등에 있어서 다른 사회복지제도와 차이가 있다. 이러한 차이로 인해 사회보험 수급권자의 복지권은 다른 사회복지제도의 수급권자가 갖고 있는 복지권과 차이가 있다. 복지권에 영향을 미치는 사회보험이 갖고 있는 몇 가지 특성을 살펴보면 다음과 같다. 사회보험은 민간보험이 아닌 공적 보험이다. 따라서 보험의 수행주체가 국가나 공공기관이며 사회보험 관련법상 일정한 자격요건을 갖추고 있으면 법에 의해 가입이 강제로 이루어지는 공적보험이다. 사회보험은 보험운영에 필요한 주된 재원은 주로 수혜대상자의 기여금(산재보험의 경우는 제외)과 사용자의 부담금으로 충당되고 있다. 사회보험은 소득과 재산에 대한 자산조사를 실시하지 않고 일정 요건을 갖춘 모든 사람들에게 급여를 제공한다.

2) 사회보험의 권리성
사회보험은 보험운영에 필요한 주된 재원은 주로 보험 급여를 받게 되는 가입자의 기여금으로 충당되고 있다. 따라서 사회보험은 향후 발생할 사회적 사고에 대비해서 미리 가입자가 자신의 경제적 부담으로 보험료를 부담하고, 일정한 사회적 사고가 발생했을 때 응당 현금 또는 현물로 급여를 받게 되기 때문에 사회보험수급권의 권리성이 매우 강하다.

일정한 범위의 국민은 법률상 당연히 국민연금에 가입되고(법 제6조, 제8조 제1항, 제10조), 급여의 종류와 내용이 법률(법 제4장 제1-4절)로 정하여져 있으며, 연금보험료의 액수와 징수방법도 법률

(법 제5장)로 정하여져 있는 등 보험관계의 내용을 당사자들이 개별적으로 선택할 수 없다.

더구나 사회보험의 경우 일정한 범위의 국민은 법률상 당연히 가입하게 되고, 급여의 종류와 내용이 법률로 규정되어 있으며, 보험료 액수와 징수방법도 법률로 정하여져 있기 때문에 보험관계의 내용을 당사자들이 개별적으로 선택하거나 변경하거나 소멸시킬 수 없다. 만일 수급권자의 사회보험 수급권이나 보험관계내용을 제한하거나 변경하거나 소멸시킬 경우에는 원칙적으로 법률로 위임된 사항이 아니면 행정재량에 의해 이를 제한하거나 변경하거나 소멸할 수 없고, 반드시 그 사회보험법의 개정을 통해서만 가능하도록 되어 있다. 결과적으로 사회보험수급권은 구체적으로 법으로 보장된 구체적·법적 권리이다.

사회보험수급권은 헌법에 보장된 인간다운 생활을 보장하기 위한 사회보장적 급여로서 생존권을 구체화하는 권리이다.15) 사회보험법에 구체적으로 보장된 권리이기 때문에 국민은 사회적 사고가 발생했을 때 국가에 대해 보험 급여를 적극적으로 요청할 법적인 권리가 있으며, 국가는 이에 대해 적극적으로 응해야 할 의무가 있다. 만일 국가가 사회보험수급권을 법률이 정하는 대로 보장하지 못하는 경우, 수급권자인 국민은 국가를 대상으로 구체적 소송을 통해서 법으로 정해진 권리를 구제받을 수 있다. 사회보험의 권리성은 구체적인 법적 권리로서의 특징을 갖고 있다.

사회보험수급권은 재산권으로서 특징을 갖는다. 국가는 매년 사회보험의 관리·운영에 필요한 관리·운영비만을 전부 또는 일부 부담하고, 실제 급여에 필요한 재원을 이루는 보험료는 가입자 본인이 전부 또는 일부를 부담하므로 법상의 각종 급여수급권은 헌법 제23조에 의하여 보장되는 재산권으로서의 성격도 가지고 있는 것으로 보아야 한다(헌법재판소, 2001).

또한 헌법재판소는 사회보험의 강제가입과 강제징수제도가 헌법에 보장된 인간으로서 존엄과 가치·행복추구권을 침해하는지 여부에 관해서 사회보험제도의 입법목적이 정당하고 국가안전보장, 질서유지, 공공복리를 위해서 그리고 그 기본권 제한의 방법 내지 수단에 있어서 과잉금지하지 않는 한 사회보험의 강제가입과 강제징수제도로 인한 행복추구권 침해가 헌법에 위반된다고 할 수 없다고 판시하고 있다(헌법재판소, 2001).16) 다만 국가에 의한 강제가입과 강제징수가 이루어지는 만큼

---

15) 국민연금의 경우 보험료는 가입자 개인의 표준소득월액에 비례하나, 국가 또는 사용자가 보험비용의 일부를 부담함으로써 수급권자가 지급받는 연금액은 납부한 연금보험료에 비례하여 정해지는 것이 아니라 이와 관계없이 법률에 의하여 일정하게 정해진다. 이와 같이 국민연금은 보험원리에 부양원리가 도입된 사회보장제도의 특색을 지니고 있으므로, 법상의 연금수급권은 기본적으로 인간다운 생활을 보장하기 위한 사회보장적 급여로서의 성격을 가진다.

16) 우리 헌법 제10조는 모든 국민이 인간으로서의 존엄과 가치를 가지고 있으며 행복추구권을 가진다고 규정하고 있고, 행복추구권은 그 구체적인 표현으로서 일반적인 행동자유권과 개성의 자유로운 발현권을 포함하며, 또한 일반적인 행동자유권에는 당사자 자신이 자유롭게 계약을 체결할 수 있고, 원하지 않는 계약을 체결하지 않을 자유인, 이른바 계약자유의 원칙이 포함되므로, 개인의 의사를 묻지 않고 강제가입과 연금보험료의 강제징수를 전제로 한 국민연금제도는 국민연금에 가입하지 않고 자신 스스로 사회적 위험에 대처하고자 하는 개인들의 행복추구권을 침해한다고 볼 수도 있다. 그러나 국민의 기본권도 과잉금지의 원칙에 위배되지 않는 한 국가안전보장, 질서유지, 공공복리를 위하여 필요한 경우에 법률로써 제한할 수 있는바, 국민연금제도는 국민의 노령·폐질 또는 사망에 대하여 연금 급여를 실시함으로써 국민의 생활안정과 복지증진에 기여할 것을 그 목적으로 하고 있고(국민연금법 제1조), 이러한 국민연금제도의 목적은 국민들의 일반적 생존권 보장 규정인 헌법 제34조 제1항과 국가의 사회보장증진 의무를 규정한 헌법 제34조 제2항에서 직접 비롯된 것으로, 그 입법목적은 정당성이 있다 할 것이며, 국민들에게 노령·폐질 또는 사망과 같은 사태가 발생한 때에 그 부담을 국가적인 보험기술을 통하여 대량적으로 분산시킴으로써 구제를 도모하는 사회보험제도의 일종으로서 그 방법 또한 적정하다 할 것이다(헌법재판소, 2001).

사회보험 수급권자의 복지권은 국가가 철저하게 보장해주어야 한다.

2. 공공부조의 권리성

사회보장기본법에 따르면 공공부조라 함은 국가 및 지방자치단체의 책임하에 생활유지능력이 없거나 생활이 어려운 국민의 최저생활을 보장하고 자립을 지원하는 제도를 말한다. 이를 좀더 부연 설명하면, 공공부조란 국가가 규정한 일정한 수준 이하에서 경제적으로 빈곤한 생활을 하고 있으며, 자신의 능력으로 독립적인 생활이 불가능하거나, 부양의무자의 도움을 받을 수 없어 보호를 필요로 하는 상태(要保護狀態)에 있는 자를, 신청에 근거하여 또는 직권으로 자산조사와 상태조사를 실시한 후, 수급권자로 판명되면 이들에 대해 건강하고 문화적인 최저한도의 기초생활을 유지할 수 있도록 현금급여, 현물급여 또는 증서를 제공해주고, 자활능력이 있는 자에 대해서는 이들의 자립자활을 촉진하기 위한 필요한 조치를 취하거나 근로를 조건으로 원조를 제공하는 근로연계를 실시하며, 수혜자의 비용부담 없이 국가나 지방자치단체가 일반조세수입을 기초로 한 공적인 재원을 활용하여 필요한 비용을 충당하는 무기여-보충적 원조이며, 자본주의사회의 공적인 최후의 안전망이다(김기원, 2000).

1) 공공부조의 특징
공공부조는 일반적으로 다음과 같은 특징을 지니고 있다. 다만 세부적인 공공부조 프로그램상에서는 일부 예외적인 경우도 있을 수 있으나 일반적으로 몇 가지 공통점이 있다. 이 가운데 공공부조 수급권자의 복지권에 영향을 미칠 수 있는 특징들을 열거하면 다음과 같다. 공공부조는 프로그램의 수행주체가 국가나 지방자치단체 또는 관련 공공기관인 공적인 프로그램이다. 공공부조는 법적으로는 모든 국민이 보호의 대상이지만, 실제로는 자산조사와 상태조사를 거쳐 일정한 빈곤선 이하에서 자신의 능력으로 독립된 생활을 하기가 어렵고, 또한 가족이나 친족의 도움을 받을 수 없는 생활곤궁자인 절대빈곤층이 주대상이 되고 있다. 따라서 공공부조 수급권자는 상대적으로 소수에 국한된다. 공공부조 프로그램을 실시하기 위해 필요한 재원은 일반조세수입으로 충당한다. 공공부조의 수혜자들은 프로그램의 재원을 위해 자신이 별도로 경제적인 기여를 하지 않는다. 공공부조는 모든 국민을 대상으로 차별 없이 제공되는 보편적(universal)인 프로그램이 아니라, 엄격한 자산조사(means test)와 상태조사(status test)를 거쳐 선별된 대상자에게만 선택적으로 행해지는 선별적 프로그램이다. 공공부조는 규제적인 특징을 갖고 있다. 대상자가 공공부조의 혜택을 받기 위해서는 공공기관이 수혜자격 여부를 판정하기 위해 실시하는 조사에 응해야 한다.

2) 공공부조의 권리성
헌법은 공공부조에 관한 복지조치나 급여가 국민의 권리이자 국가의 의무임을 명시하고 있다. 또한 이를 구체화할 공공부조 관련법의 제정과 운영을 위한 틀을 제공하고 있다. 공공부조의 권리와 의무의 발생, 변경, 소멸, 성질, 내용, 범위 등과 관련된 내용을 규정하고 있는 실체법으로는 국민기초생활보장법, 의료보호법, 재해구호법 등이 있다. 공공부조수급권은 생활능력이 없는 국민들의 인간다운 생활을 유지시켜주기 위한 헌법상 규정이다. 따라서 생활능력이 없는 국민은 국가로부터 건강하고 문화적인 최저한도의 인간다운 생활을 보장받을 수 있는 권리가 있고, 국가는 이들이 최소한 최저수준의 인간다운 생활을 영위할 수 있도록 사회보장과 사회복지의 증진을 위해 노력해야 할 의무가 있다. 공공부조수급권의 헌법상 권리에 대한 법적 성격에 관해 서로 다른 학설들이 서로 다른 논리로 법적 성격을 규정하고 있다.

공공부조수급권이 기본권으로서 어떠한 법적 성격을 갖는가에 관한 현재 우리 정부의 공식적인 견해는 심창섭 씨 부부가 보건복지부장관이 고시한 생활보호사업지침상의 '94년 생계보호기준'이 헌법상의 행복추구권과 인간다운 생활을 할 권리를 침해하였다고 청구한 '1994년 생계보호기준 위헌확인 헌법소원심판'에 대한 헌법재판소 전원재판부의 전원일치 판결결과로서 알 수가 있다. 헌법재판소는 공공부조수급권이 구체적인 법적 권리로서 행사될 수 없으며, 프로그램규정적인 권리로서 또는 추상적 권리로서 인정된다고 판시하고 있다(김용준 외, 1997).

헌법재판소는 공공부조수급권에 관하여 프로그램규정설 또는 입법방침규정설을 택하고 있다. 즉, 헌법상 규정되어 있는 생활능력이 없는 국민의 국가보호에 관한 공공부조수급권은 구체적이고 현실적인 권리를 부여한 규정이 아니라, 입법에 의해서만 효력을 발생하는 강령규정으로서, 입법자에게 입법의 방침을 지시하는 규정이라는 것이다. 현실적으로 직접 적용되지 않고 집행법률에 의한 현실화를 요하는 법규범으로서 입법부에 대해 입법방침(program)을 규정하는 것이라는 주장이다. 즉 공공부조수급권은 입법권만을 구속하고 행정권과 사법권을 구속하지 않는다고 본다.

따라서 그 실시는 국가의 자유재량이며, 일종의 반사적 이익에 속한다. 국민은 인간다운 생활에 필요한 급여를 구체적으로 청구할 수 없으며, 국가는 입법을 할 정치적·도의적 책임을 지는 데 불과하다.

헌법은 사유재산제도를 전제로 하고 있기 때문에 국가가 국민의 모든 삶을 책임지지 않고 있으며, 공공부조수급권은 일종의 반사적 이익 또는 반사적 수익권으로 국가의 행정적, 재정적 능력에 의존한다. 따라서 복지사업은 정부가 예산의 범위 내에서 재정능력의 한도 내에서 행정적으로 가능한 범위 내에서 실시할 수 있다. 즉 공공부조수급권은 국가의 재정적 실현가능성과 행정적 실현가능성의 범주 내에서만 실현되는 권리이다.

그러나 최근 국민기초생활보장법이 제정됨에 따라 기초생활보장의 과학적 기준으로서 최저생계비를 설정하고, 모든 국민들에게 최저생계비를 보장해줌으로써 공공부조수급권은 과거의 생활보호법상의, 프로그램규정적인 권리에서 벗어나 구체적 권리는 아니지만 추상적 법적 권리로 그 권리성이 일보 진전되었다. 이는 과거에는 수혜자란 용어가 사용되었으나, 국민기초생활보장법에서는 '수급권자(受給勸者)'란 용어가 사용됨을 통해서도 인지할 수 있다.

3. 사회복지서비스의 권리성

사회복지서비스라 함은 국가·지방자치단체 및 민간부문의 도움을 필요로 하는 모든 국민에게 상담, 재활, 직업소개 및 지도, 사회복지시설 이용 등을 제공하여 정상적인 사회생활이 가능하도록 지원하는 제도를 말한다.

사회복지서비스의 사회적 권리성에 대한 기존의 연구는 전무한 편이다. 따라서 기존의 헌법재판소나 대법원의 판례를 중심으로 논리를 전개해야 한다.

사회복지서비스법에서 서비스수혜대상자의 선정 기준 및 지급수준 등에 관한 구체적인 사항을 보건복지부장관에게 위임하고 있으므로, 보건복지부장관은 서비스수혜대상자의 선정기준과 지급수준을 매년 예산확보상황 등을 고려한 후 구체적인 지급수준과 지급시기, 지급방법, 선정기준 등을 법령이 위임한 범위 내에서 결정할 수 있다(대법원, 1996).[17] 따라서 사회복지서비스수급권은 법적인 권리가 아니라 국가의 예산확보상황에 따른 반사적 이익이기 때문에 일종의 프로그램규정 내지 입법방침에 불과하다. 따라서 사회복지서비스수급권은 국민의 국가보호에 관한 구체적이고 현실적인 권리를 부여한 규정이 아니라, 입법에 의해서만 효력을 발생하는 강령규정으로서 입법자에게 입법의 방침을 지시하는 규정이라는 것이다. 즉 입법부에 대해 입법방침(program)을 규정하는 것이라는 주장이다.

따라서 그 실시는 국가의 자유재량이며 일종의 반사적 이익에 속한다. 국민은 인간다운 생활에 필요한 사회복지서비스를 구체적으로 청구할 수 없으며, 국가는 입법을 할 정치적·도의적 책임을 지는 데 불과하다. 사회복지서비스수급권은 일종의 반사적 이익 또는 반사적 수익권으로 국가의 행정적·재정적 능력에 의존한다. 따라서 복지사업은 정부가 예산의 범위 내에서 재정능력의 한도 내에서 행정적으로 가능한 범위 내에서 실시할 수 있다.

4. 사회복지관련 제도의 권리성

---

17) 법령보충적인 행정규칙, 규정은 그 법령의 위임한계를 벗어나지 아니하는 범위 내에서만 그것들과 결합하여 법규적 효력을 가지고, 노인복지법 제13조 제2항의 규정에 따른 노인복지법시행령 제17조, 제20조 제1항은 노령수당의 지급대상자의 연령범위에 관하여 위 법조항과 동일하게 '65세 이상의 자'로 반복하여 규정한 다음, 소득수준 등을 참작한 일정 소득 이하의 자라고 하는 지급대상자의 선정기준과 그 지급대상자에 대한 구체적인 지급수준(지급액) 등의 결정을 보건사회부장관에게 위임하고 있으므로, 보건사회부장관이 노령수당의 지급대상자에 관하여 정할 수 있는 것은 65세 이상의 노령자 중에서 그 선정기준이 될 소득수준 등을 참작한 일정 소득 이하의 자인 지급대상자의 범위와 그 지급대상자에 대하여 매년 예산확보상황 등을 고려한 구체적인 지급수준과 지급시기, 지급방법 등일 뿐이지, 나아가 지급대상자의 최저연령을 법령상의 규정보다 높게 정하는 등 노령수당의 지급대상자의 범위를 법령의 규정보다 축소·조정하여 정할 수는 없다고 할 것임에도, 보건사회부장관이 정한 1994년도 노인복지사업지침은 노령수당의 지급대상자를 '70세 이상'의 생활보호대상자로 규정함으로써 당초 법령이 예정한 노령수당의 지급대상자를 부당하게 축소·조정하였고, 따라서 위 지침 가운데 노령수당의 지급대상자를 '70세 이상'으로 규정한 부분은 법령의 위임한계를 벗어난 것이어서 그 효력이 없다(대법원, 1996).
선천성 심장질환에 의한 합병증의 위험 때문에 정상적인 사회생활을 할 수 없는 자를 심장장애자로 인정하는 입법을 하지 않았다고 하더라도 장애인복지법시행규칙 제2조 제1항 별표1 제10호는 심장장애의 경우를 1등급에서 3등급까지 나누어 규정하고 있고, 이는 심장장애인을 보호하기 위한 기본규정으로서 심장장애에 관한 규정이 전혀 없는 경우가 아닌, 부진정입법부작위에 해당하므로 입법을 하지 아니하는 부작위로 인한 헌법소원심판 대상이 되지 않는다(헌법재판소, 2000).

사회복지관련복지제도라 함은 보건·주거·교육·고용 등의 분야에서 인간다운 생활이 보장될 수 있도록 지원하는 각종 복지제도를 말한다. 사회복지관련 복지제도의 사회적 권리성에 관한 기존의 학설이 존재하지 않기 때문에 사회복지서비스와 마찬가지로 대법원과 헌법재판소의 판례를 토대로 논리를 전개한다.

사회복지 관련제도의 경우 제도의 실시를 위한 실시기관, 수혜대상자의 수, 수혜정도, 수혜자 선정 방법 등을 결정할 수 있는 권한을 국가 및 지방자치단체에게 위임하였으므로, 국가 및 지방자치단체는 재량을 갖고 제도를 관리·운영할 수 있다.[18]

따라서 장애인의무고용제도와 같은 사회복지 관련법에서 수혜대상자의 선정기준 및 지급수준 등에 관한 구체적인 사항을 보건복지부장관에게 위임하고 있으므로, 보건복지부장관은 수혜대상자의 선정기준과 수혜기간 등을 법령이 위임한 범위 내에서 결정할 수 있는 재량이 있다. 따라서 그 실시는 국가의 자유재량이며, 관련제도의 혜택은 재량권 행사결과 발생하는 일종의 반사적 이익에 속한다. 따라서 사회복지 관련제도의 수급권은 법적인 권리로 보기 어려우며, 프로그램규정적 권리 내지 입법방침에 해당한다.

---

18) 장애인고용촉진등에관한법률 제34조 제2항, 지방공무원임용령 제42조의 규정을 종합하여보면, 시험실시기관의 장은 국가 및 지방자치단체의 공개채용인원의 100분의 2 이상에 해당하는 인원수의 장애인을 선발하도록 공개경쟁임용시험을 공고하여 실시하여야 하지만, 각 시험별 선발예정인원수, 직급의 정도, 기존의 고용장애인의 인원수 등 제반 사정을 고려하여 시행계획이 공고된 수 개의 시험 중에서 장애인에 대하여 분리 실시하여 장애인을 선발하는 시험을 선택할 수 있는 재량이 있다고 할 것이고, 장애인고용촉진등에관한법률 제34조 제3항, 같은법 시행령 제32조가 특정한 공무원에 대하여 국가 및 지방자치단체의 장애인 고용의무의 적용을 배제하고 있다고 하여 이에 해당하지 아니하는 공무원의 공개경쟁임용시험은 반드시 장애인에 대하여 분리 실시하여 장애인을 선발하여야 하는 것으로 해석할 수는 없다(대법원, 1995).

제5장
사회복지주체와 법률 관계

법률관계는 국가권력에 의해 보장되는 법률에 의하여 규율되는 사회생활관계로서 보통 법률행위의 주체와 객체 간의 권리-의무관계를 말한다. 사회복지의 법률관계는 사회복지의 주체와 사회복지의 객체 간의 권리-의무관계를 말한다. 사회복지의 법률관계도 크게 공법관계와 사법관계로 나눌 수 있다. 공법과 사법을 구분함에 있어서 여러 학설이 있으나, 사회복지의 주체에 대한 법적 검토를 행함에 있어서는 법률관계의 주체를 기준으로 공법과 사법을 구분하는 주체설에 따라 논하는 것이 바람직하다. 사회복지분야에서 사회복지주체는 주로 복지다원주의, 복지의 혼합경제(mixed economy of social welfare), 복지지도론(welfare map) 등을 통해 설명된다. 즉, 사회복지의 주체가 단일하지 않고 국가, 지방자치단체, 공공기관, 법인, 종교단체, 개인 등 다양하게 구성되어 있다. 사회복지법에서는 사회복지의 주체를 크게 공적인 사회복지주체와 민간사회복지주체로 구분할 수 있다.

Ⅰ. 공적 사회복지주체

1. 공적 사회복지주체의 의의

벌률관계에서 당사자란 주로 권리-의무의 주체를 말한다.

사회복지의 공적인 법률관계는 주로 국가나 지방자치단체 또는 공공단체가 법률관계의 주체로서 사회복지와 관련하여 국민과 갖게 되는 권리-의무관계이다. 공적 사회복지주체는 사회복지행정의 주체로서 역할을 수행한다. 따라서 행정주체에 관한 이론을 원용하여 공적 사회복지주체를 논함이 타당하다(김남진, 1987).

사회복지법의 법률관계에 있어서 복지행정권을 행사하고, 그의 법적 효과가 궁극적으로 귀속되는 당사자를 공적 사회복지주체 또는 사회복지행정권의 주체라고 한다. 일반적으로 공적 사회복지주체는 국가와 공공단체가 되며, 예외적으로 사인도 공적 사회복지주체가 되기도 한다. 공공단체는 일반적으로 지방자치단체, 공공조합, 공법상의 사단법인, 영조물법인, 공재단 등을 포함한다. 공적 사회복지주체는 행정권을 행사하는 지위에 있으므로 보통 상대방인 일반국민보다 우월한 지위에 선다. 경우에 따라서는 공적 사회복지주체가 상대방과 대등한 입장에서 사법관계의 당사자가 되는 경우도 있다. 예를 들면 국가가 민간기관과 외부계약(contract-out)을 맺어 민간기관으로 하여금 복지서비스를 제공하는 경우에 국가는 민간기관과 대등한 입장에서 사법관계의 당사자가 된다.

공적 사회복지주체와 사회복지행정기관은 차이가 있다. 사회복지 공적 주체는 스스로의 이름으로 행정권을 행사하고, 그의 법률효과가 자기에게 귀속되는 반면, 사회복지행정기관은 사회복지 공적 주체를 위해 권한을 행사하고 그 법적 효과는 기관이 아니라 공적 주체에 귀속된다는 점에 차이가 있다. 예를 들면 국가가 수행하는 국민기초생활보장사업은 행정자치부의 하위 일선 지방행정기관인 읍·면·동사무소가 직접 국가를 위해 사업에 필요한 권한을 행사하지만 읍·면·동사무소가 행사한 법적 효과는 국가에 귀속된다.

2. 공적 사회복지주체의 종류

1) 국가

국가란 공식적인 통치조직을 가지고 일정한 영토에 정주하는 다수인으로 이루어진 단체를 말한다. 국가는 법률상 하나의 인격을 가지는 것으로 간주된다. 다시 말하면 국가는 법인으로서 법률관계에 서의 주체가 되는 것이다. 국가가 행정주체가 되는 경우, 그 권한은 대통령을 정점으로 하는 국가행정조직을 통해 행사된다. 그리고 그 국가를 위해 실제로 행정사무를 담당·수행하는 역할을 하는 것이 행정기관이며, 이 행정기관은 어떠한 권한을 행사하느냐에 따라 행정관청, 집행기관, 의결기관, 자문기관, 보조기관 등으로 분류된다. 경우에 따라서는 동일기관이 서로 다른 행정기관의 권한을 행사하는 경우가 있다.

첫째, 행정관청이다. 행정관청은 행정에 관한 국가의 의사를 결정·표시·집행하는 권한을 가진 행정기관이다. 행정기관 가운데 보건복지부, 행정자치부, 노동부와 같이 그 권한이 전국에 미치는 것을 중앙관청이라고 하고, 광역자치단체기관 등과 같이 특정 지역에 미치는 것을 지방관청이라고 한다.19) 사회복지법상 사회보험의 관장자는 보건복지부나 노동부와 같은 중앙관청의 장으로 되어 있다.

둘째, 집행기관이다. 집행기관은 주어진 권한내에서 행정의사를 결정할 뿐만 아니라 그것을 외부에 표시하여 집행하는 권한까지를 가진 기관을 말한다. 집행기관은 의결기관 또는 의사기관에 대하여 그 의결 또는 의사결정을 집행하는 기관이나 행정기관 그리고 채권자의 신청에 의하여 강제집행을 실시할 직무를 가진 국가기관이다. 집행기관은 일반적으로 행정기관과 지방자치단체를 의미한

---

19) 사회복지법서에서 '국가와 지방자치단체'라는 용어가 자주 등장하는데 이때 국가는 중앙관청을 의미한다.

다. 사회복지의 주된 집행기관으로 보건복지부가 있고, 그 밖에 노동부, 행정자치부, 교육부, 국방부 등도 집행기관으로서 사회복지와 관련된 권한을 일부 수행하고 있다.

셋째, 의결기관이다. 의결기관은 어떤 단체의 의사를 결정하는 합의제기관으로, 그 결정이 법률상 그 행정청을 기속(羈束)하는 힘을 가진 기관을 말한다. 의결기관은 그 단체의 의사를 결정하는 것이므로 의사기관(意思機關)이라고도 한다. 공법상 공법인인 국가나 지방자치단체의 의결기관은 국회와 지방의회이다. 의결기관은 내부적으로 국가·공공단체의 의사를 결정할 수 있을 뿐, 그것으로써 외부에 대하여 국가·공공단체를 대표할 수 없는 점에서 행정관청과 구별된다. 사회복지법은 의결기관인 국회의 심의를 거쳐 대통령이 공포함으로써 법적 효력이 전국적으로 발생한다. 지방화 시대에 지방의회는 그 지방정부의 관할권 내에서 법적 구속력이 있는 조례를 제정함으로써 지방정부의 복지행정을 기속하고 있다.

사회복지관련 행정기관 내에도 의결기관이 존재한다. 예를 들면 국민기초생활보장법에 의한 생활보장위원회가 한 예이다. 생활보장위원회는 생활보장사업의 기획·조사·실시 등에 관한 사항을 심의·의결하기 위하여 보건복지부와 특별시·광역시·도에 각각 설치한다. 보건복지부에 두는 생활보장위원회인 중앙생활보장위원회는 생활보장사업의 기본방향 및 대책 수립, 소득인정액 산정방식의 결정, 급여기준의 결정, 최저생계비의 결정, 생활보장기금의 적립·관리 및 사용에 관한 지침의 수립 등에 관한 사항을 심의·의결한다.

넷째, 자문기관이다. 자문기관은 조직체에서 집행기관이 집행할 안의 내용과 방법, 기타 문제의 자문에 대하여 답신하는 기관으로 집행기관(행정청)이나 의결기관에 대응하는 개념이다. 자문기관은 그 집행기관의 요구가 있을 때 또는 자진하여 어떤 사항에 대한 의견을 제출하는 기관을 말한다. 자문기관 자신은 행정의사를 결정하거나 이를 표시·집행하는 권한이 없고, 오직 참고의견을 제출할 수 있을 뿐이므로, 그 의견의 채택 여부는 전적으로 그 집행기관에 달려 있다. 자문기관은 국가나 지방자치단체 등의 제도수립 또는 정책결정의 과정에서 전문적인 의견을 수렴하고, 이해관계자들의 의견을 조정하며, 민간대표 또는 사회 각계각층의 여론을 흡수하여 행정의 민주화에 이바지하는 기능이 있기 때문에 오늘날 각 분야별로 많이 설치되는 경향이다. 자문기관은 헌법이나 법률 또는 대통령령으로 둘 수 있으나, 법률에 직접 규정된 복지관련 자문기관으로는 각종 심의위원회를 들 수 있다. 사회복지법상 심의위원회로는 사회보장기본법 제16조에 사회보장심의위원회, 국민연금법상 국민연금심의위원회, 국민건강보험법상 건강보험심의조정위원회, 최저임금법상 최저임금위원회 등이 있다.

다섯째, 보조기관이란 국가 또는 공공단체의 의사를 결정·표시할 수 있는 권한을 가지는 행정관청을 보좌하는 기관이다. 보조기관은 행정관청에 예속하여 자기의 의사를 결정하고 선고하는 권리나 능력은 없고, 다만 관청의 의사결정에 대하여 준비하고 또는 이미 결정된 의사를 실현함에 그치는 기관을 말한다. 예를 들면, 보건복지부의 경우 보건복지부차관, 연금보험국장, 사회복지정책실장, 보건정책국장, 기초생활보장심의관 등이 보조기관이다. 보조기관은 국가나 공공단체의 의사를 결정하여 외부에 표시할 수 있는 권한을 가지지 못하는 것이 원칙이나, 예외적으로 권한의 위임을 받은 범위 내에서는 관청의 지위에 서는 경우가 있다(정부조직법 제5조 제2항).

그러나 국가는 모든 행정을 스스로 행하지 않고 그로부터 독립한 공법인을 설치하여 그로 하여금 일정한 범위의 행정을 행하게 하기도 한다. 예를 들면 국가가 모든 복지행정을 스스로 수행하지 않고 국민연금관리공단, 국민건강보험공단, 근로복지공단, 장애인고용촉진공단 등과 같은 국가로부터 독립한 특수한 공법인을 설립하여 그로 하여금 일정한 범위의 복지행정을 수행하도록 하고 있다.

2) 지방자치단체

지방자치단체는 국민기초생활보장제도와 같은 공공부조나 사회복지서비스를 직접 국민들의 삶의 현장에서 집행하는 데 중요한 역할을 하고 있다. 지방자치가 발전되어가면서 오늘날 공적 사회복지주체로서 지방자치단체는 그 역할이 점차 증가하고 있다. 최근 일부 지방재정자립도가 높은 지역의 지방자치단체는 재정자립도가 낮은 지역의 지방자치단체보다 높은 수준의 복지혜택을 해당지역의 주민들에게 지방자치단체의 자체 재원을 활용하여 제공하는 경우를 찾아볼 수 있다.

지방자치단체는 국가 영토의 일부를 자기 구역으로 하여 그 구역 내의 모든 주민에 대하여 법률이 정하는 범위 내에서 지배권을 행사하는 단체이다. 지방자치단체는 그의 지배권이 지방자치단체에 고유한 것이 아니고, 국가로부터 부여된다는 점에서 국가와 구별되고, 일정한 구역에 대한 지배권을 가지는 지역단체인 점에서 다른 공법인과 구별된다.

지방자치단체는 자치행정의 주체로서 국가로부터 행정권의 일부를 부여받은 공공단체이며 공법인이다. 공적 사회복지주체로서의 지방자치단체에는 보통지방자치단체(서울특별시, 광역시, 도, 시, 군, 구)와 특별지방자치단체(지방자치단체조합)가 있다. 전자가 전형적인 지방자치단체이고, 후자는 특별한 목적을 위해 설치되는 특수한 지방자치단체이다. 보통지방자치단체는 다시 상급지방자치단체(특별시, 광역시, 도)와 하급지방자치단체(시, 군, 자치구)로 나뉜다. 지방자치단체의 기관에는 의결기관인 지방의회가 있고, 집행기관으로 지방자치단체의 장, 보조기관(부지사, 부시장, 부군수, 부구청장, 행정기구), 소속행정기관(직속기관, 사업소, 출장소, 합의제 행정기관), 하부행정기관(구청장, 읍장, 면장, 동장)이 있다.

지방자치법 제8조에는 사무처리의 기본원칙을 규정하고 있다. 지방자치단체는 그 사무를 처리함에 있어서 주민의 편의 및 복리증진을 위하여 노력하고, 조직 및 운영의 합리화와 그 규모의 적정화를 도모하며, 법령이나 상급지방자치단체의 조례에 위반되지 않아야 한다. 이 법 제9조에는 지방자치단체는 그 관할구역의 자치사무와 법령에 의하여 지방자치단체에 속하는 사무를 처리한다고 규정하고 있다.

3) 공공조합(공법상의 사단법인)

공공조합은 일정한 자격을 가진 사람(조합원)에 의해 구성된 공법상의 사단법인이다. 지방자치단체와 같이 일반적인 공공사무를 처리함을 목적으로 하는 것이 아니라, 한정된 특수한 사업을 수행함을 목적으로 한다. 공공조합이 일정한 지역을 기반으로 구성되기도 하나, 그 지역의 요소는 자격요건에 지나지 않으며, 지방자치단체에서와 같은 필수적인 구성요소가 아니다. 협의로는 공공조합만을 공공단체라고 한다.

공공조합의 설치목적은 동업자의 이익을 도모하는 것, 보험과 같은 공제사업을 하기 위한 것 등 여러 가지가 있으며, 그들 사업을 하기 위해 여러 가지 국가적 공권을 행사하기도 하나, 그 정도는 각 단체에 따라 일정하지가 않다.

공공조합의 예를 들면 과거 의료보험법상의 의료보험조합을 들 수 있다. 의료보험조합은 보험자로써 직장의료보험의 업무를 담당하는 직장의료보험조합과 관할지역에 거주하는 지역민을 대상으로 하는 지역의료보험조합이 있다. 의료보험조합은 국가가 해야 할 의료보험사업을 대신 행하는 것을 목적으로 하므로 공적인 성격을 지니는 특수법인이다.

4) 영조물법인

영조물법인(營造物法人)은 영조물이 독립된 법인격을 취득한 공공단체이다. 영조물이란 국가 및 공공단체 또는 그로부터 특허를 받은 자가 특정한 공공목적을 위하여 계속적으로 봉사하도록 정해진 인적·물적 시설을 말한다. 영조물법인은 독립채산제를 지향하고 있으나, 기업으로서의 영리보다는 공익적인 사업을 목적으로 하는 데에 특징이 있다. 영조물에는 이용자는 있으나 구성원은 없으며, 영조물의 운영자 내지는 직원 역시 구성원은 아니다. 이와 같이 구성원이 없는 점이 영조물과 공공조합이 다른 점이다.[20]

사회복지분야의 영조물법인의 예로는 서울대학교 부설 국가중앙병원인 서울대학교병원, 대한적십자사에서 경영하는 적십자병원, 그리고 소년법 및 소년원법에 따라 가정법원 및 지방법원 소년부의 보호처분에 의해 송치된 소년을 수용하여 교정교육을 행할 목적으로 설립된 법무부 산하 특수교육기관인 소년원 등 교정복지시설 등이 있다(보건복지부 소속의 국립의료기관인 국립의료원, 장애인에게 전문적인 의료와 재활서비스를 제공하기 위해 설립한 국립병원인 국립재활원, 장애인고용촉진공단 산하 직업전문학교 등도 독립된 법인격을 갖고 있다면, 영조물법인으로서 공적 사회복지주체라고 간주할 수 있다).

5) 공재단(공법상 재단)

공재단 또는 공법상 재단이라 함은 재단설립자에 의해 출연된 재산(기금, 물건 등)을 관리하기 위해 설립된 공공단체이다. 공재단에도 그의 운영자 내지 직원 및 수혜자는 있으나 구성원은 없기 때문에 자치단체로 부를 수 없다. 한국학술진흥재단과 한국정신문화연구원이 이에 속한다.

---

20) 사단은 구성원과 독립하여 단체 그 자체가 주체가 된다. 조합은 구성원 모두가 그 주체가 된다. 반면 영조물은 이용자는 있으나 구성원은 없다(직원은 구성원이 아니다.)

사회복지분야에서 공재단의 예를 들면 고용보험이나 산재보험 등 노동관계 문제를 체계적으로 연구 분석하여 합리적인 노동정책 개발과 노동문제에 관한 국민의 인식을 제고하기 위해 설립된 한국노동연구원이나 국민보건의료·국민연금·건강보험·사회복지 및 사회정책과 관련된 제 부문의 정책과제를 현실적이고 체계적으로 연구분석하고 주요 정책과제에 대한 국민의 의견수렴과 이해증진을 위한 활동을 수행함으로써 국가의 장단기 보건의료사회복지정책의 수립에 이바지하기 위해 설립된 한국보건사회연구원 등을 들 수 있다.

6) 공무수탁사인

사회복지관련 공무수탁사인(公務受託私人)도 공적 사회복지주체가 될 수 있다. 사인이라 함은 자연인은 물론이고 사법인 내지는 법인격이 없는 단체를 말한다. 보통의 경우 사인(私人)은 사회복지법관계에 있어서 복지행정주체의 상대방인 행정객체로서의 지위를 가진다. 그러나 때로는 사회복지분야에서 사인이 국가적 공권을 부여받아 행정주체로서의 지위를 가지는 경우가 있는데 사인 또는 사업인이 그의 직원으로부터 국민연금보험료, 사립학교교직원연금보험료, 국민건강보험보험료, 고용보험보험료를 원천징수하는 경우 경우가 이에 해당된다.

또한 고용보험사무조합이나 산재보험사무조합도 공무수탁사인으로서 공적 사회복지주체가 될 수 있다. 고용보험사무조합이나 산재보험사무조합은 보험적용이 5인 미만 사업장으로 확대 적용됨에 따라 중소영세사업주는 보험사무 처리가 큰 부담이 되고 보험혜택에 관한 정보도 부족하여 보험사고가 닥친 경우에도 보험혜택을 제대로 보지 못하는 사례가 자주 발생한다. 고용보험 및 산재보험사무조합은 주무관청에 신고된 사업주 단체나 인사, 노무, 회계 등의 위탁을 받아 보험사무를 대행할 수 있는 자를 구성원으로 하는 단체가 근로복지공단 지역본부장의 인가를 받은 경우, 희망 사업주의 위탁을 받아 개개의 사업주 대리인으로서 그 사업주의 보험료보고, 피보험자 자격취득 신고 등 각종 보험사무를 대행할 수 있다. 이러한 경우 고용보험 및 산재보험사무조합은 국가적 공권을 부여받아 영세사업주의 대리인으로서 보험사무 처리를 대행해주고, 보험혜택에 대한 상담을 제공함으로써 실질적으로 공적 사회복지주체로서 역할을 수행한다.

3. 공적 사회복지주체의 법률관계

공적 사회복지주체의 법률관계는 주로 복지행정상 법률관계로 나타난다. 본래 법률관계란 권리의무관계를 의미한다. 따라서 복지행정상의 법률관계는 복지행정과 관련된 당사자간의 권리-의무관계를 의미한다. 행정상의 법률관계는 공법의 규율을 받는가, 사법의 규율을 받는가에 따라 행정상의 공법관계와 행정상의 사법관계로 나누어진다. 공법과 사법의 구분에 대해서는 여러 학설이 존재하지만, 우리나라의 경우 복수기준설이 통설로 되어 있다. 즉, 공법과 사법의 구분은 어느 하나의 기준을 통해서가 아니라 복수의 기준을 통해서 양자를 구별한다는 것이다. 행정주체와 사인 간의 권력적 지배복종관계를 규율하는 법(권력적 공법)과 행정주체의 비권력적인 공공복리 실현관계에 관한 특수한 법(공익적 공법)이 공법이고, 이에 대하여 사법은 사인상호간의 이익조절을 목적으로 하는 법이다. 또한 공법은 법률관계의 당사자의 한 쪽에 공권력의 행사와 그에 따르는 특수한 효력을 인정하거나 공익추구를 위하여 특수한 규율을 하는 법이다.[21]

4. 복지행정상 법률관계의 종류

복지행정상 법률관계는 영역 및 성질에 따라 다음과 같이 나뉜다.

그림 5-1. 복지행정상 법률관계 예

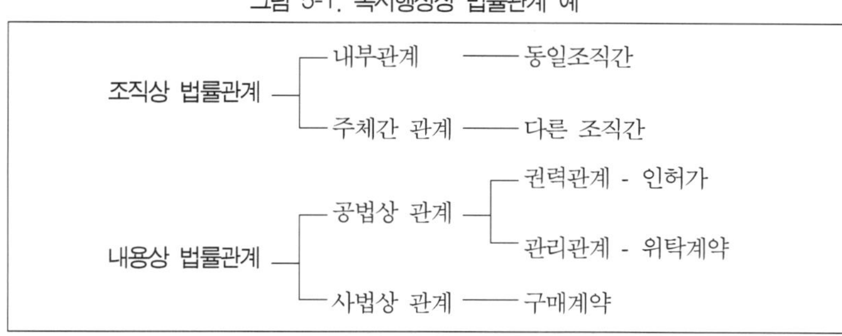

1) 복지행정조직상의 관계

복지행정조직법관계는 복지행정조직 내부관계와 행정주체 상호간의 관계로 나뉜다.

첫째, 복지행정조직 내부관계는 상급청과 하급청 간의 관계(권한의 위임, 지휘, 감독권), 대등행정청간의 관계(행정청간의 협의, 사무의 위탁), 기관위임사무에 관한 주무장관과 지방자치단체의 장과의 관계가 행정조직 내부관계를 이룬다. 이 관계는 권리주체간의 관계, 즉 권리-의무의 관계가 아니라 직무권한-기관권한의 행사관계로서의 성질을 가진다. 이들 관계에서 일어나는 분쟁은 원칙으로 법률상의 쟁송에 해당되지 않는다. 예를 들면 국민기초생활보장제도의 경우 보건복지부는 전반적인 사업계획을 수립하고 행정자치부에 국민기초생활보장법상 서비스전달에 관한 사무를 위탁하고, 행정자치부는 하급행정청인 기초지방자치단체에 기초생활보장사무를 위임하고 지휘감독을 행한다. 이때 보건복지부와 행정자치부 간에는 권리-의무관계가 발생하는 것이 아니라 직무권한행사관계가

---

21) 행정에 관한 법률관계 가운데, 사법관계와는 여러 가지로 취급을 달리하는 관계, 즉 공법관계가 존재하고 있기 때문에 공법과 사법을 구별하고 있다. 그러나 오늘날 노동·경제·사회법과 같이 공·사법 중 그 어느 하나에 귀속시킬 수 없는 경우도 있다.

공법과 사법의 구별은 선험적으로 행해지는 것이 아니라 실정법을 바탕으로 이루어진다. 주요 학설은 주체설, 종속설(복종설, 성질설), 이익설, 생활설(관계설), 귀속설(신주체설), 복수기준설이 있는데, 복수기준설에 따르면, 공법과 사법의 구분은 어느 하나의 기준을 통해서가 아니라 복수의 기준을 통해서 양자를 구별한다는 것으로 우리나라의 통설이다.

발생한다.

둘째, 복지행정주체간의 관계는 국가의 지방자치단체에 대한 인·허가 등 감독관계, 보조금·교부금의 교부 등 원조관계, 지방자치단체 상호간에 행하여지는 협의, 사무의 위탁, 조합의 설립 등이 여기서 말하는 행정주체상호간의 관계에 해당한다. 서울특별시가 용지구입에 어려움이 있으므로 다른 지방자치단체에 서울특별시 주민이 이용할 수 있는 사회복지시설을 설립해 운영하도록 하고, 그 대신 시설의 설립·운영과 관련된 비용을 보조금으로 지급할 때, 서울특별시는 시설이용권과 보조금지급의무를, 그리고 다른 지방자치단체는 시설제공의무와 보조금청구권을 갖게 되어 양자간에는 일정한 권리-의무관계가 발생한다. 대등한 지위의 행정청간에 이루어지는 이러한 형태의 보조금을 수평적 보조금(horizontal subsidy)이라고 부른다.

2) 복지행정상의 공법(公法) 관계

대등한 당사자간의 관계를 규율하는 사법이 배제되고, 행정주체에 대해 사인에게는 원칙적으로 인정되지 않는 특수한 지위가 인정되는, 공법이 규율하는 관계가 공법관계이다. 그런데 이러한 공법관계는 권력관계와 관리관계로 나누어진다. 첫째, 권력관계(지배관계)란 행정주체가 개인에 대해 일방적으로 명령-강제하며, 혹은 일방적으로 법률관계를 형성, 변경, 소멸하는 등 개인에게는 인정되지 않는 우월적 지위가 인정되는 관계이다. 그리고 행정주체의 이러한 지위에서의 행위는 법에 의해 공정력, 집행력, 불가쟁력 등 특수한 효력(구속력)이 인정됨이 보통이다. 복지행정에서 권력관계의 예로는 사회보험 갹출금을 부과하고 징수하거나 사회복지시설을 인허가 하는 경우를 들 수 있다.

둘째, 관리관계란 행정주체가 공익을 실현하며, 국민의 생활을 배려함에 있어서 법이 행정주체에 우선적 지위를 인정하며, 혹은 공익우선의 견지에서 대등한 당사자간의 관계를 수정·보완하는 관계를 말한다. 예를 들면, 자체적으로 설립비용을 부담하고 민영교도소를 설립한 민간법인은 국가와 교도소 운영에 관해 10년 이상 20년 미만의 장기위탁계약을 맺게 되는데, 국가는 계약기간 도중 민간법인과 체결한 위탁계약관계를 임의적으로 해제할 수 없다. 이는 일종의 관리관계이다.

3) 복지행정상의 사법(私法) 관계

국가 또는 공공단체 등의 행정주체가 당사자인 경우에도 그 성질상 사인(私人)과 동일한 입장에 서는 경우가 있다. 예를 들면 국가나 지방자치단체가 복지시설운영에 필요한 물품구매를 위한 계약, 사회복지시설 건축을 위해서 건설회사와 공사청부계약을 맺는 경우이다. 이러한 경우에 행정주체의 행위는 사인과 같은 사법상의 행위로서 민법이나 상법 등에 의한 규율을 받는다. 복지행정의 주체가 계약을 체결함에 있어, 예산회계법, 국유재산법 등에 의한 제약을 받고, 상급기관의 승인을 요하는 등 일정한 제한을 받지만, 이것은 행정주체의 내부사정이기 때문에, 행위의 사법적(私法的) 성질 그 자체를 변경하는 것은 아니다. 예를 들면, 근로복지공단이 공단 내 수영장 운영을 민간과 위탁계약을 체결하여 위탁한 경우, 근로복지공단은 사인과 동일한 입장에 서게 되고, 따라서 사법관계를 규율하는 법률의 지배를 받는다.

II. 민간사회복지 주체

복지다원주의하에서 사회복지법인이나 각종 비영리법인들도 사회복지의 주체로서 역할을 하고 있다. 따라서 이들 사회복지법인이나 각종 비영리법인의 법리적 구조를 파악해볼 필요가 있다(김준호, 2000).

1. 법인의 의의

법인(法人, artificial person, juridical person, corporation)이란 자연인 이외로서 법률상의 권리·의무의 주체가 되는 것이다. 법인이란 일정한 목적하에 결합된 사람의 집단 또는 재산의 집합체에 대하여 법인격, 즉 법률상 권리·의무의 주체가 될 수 있는 능력이 부여된 것을 말한다.

권리의 주체로서 사람인 자연인이 있다. 사람은 사회생활을 하면서 일정한 공동목적의 달성을 위해 단체를 결성할 수 있다. 그런데 단체의 구성원 모두를 권리·의무의 주체로 삼는 것도 생각할 수 있지만, 이것은 거래관계에서 매우 불편하다. 그래서 구성원과는 독립된 주체로서 단체 자체를 인정하고, 여기에 권리·의무의 주체로서의 지위를 부여하는 것이 법인제도이다. 그것은 법에 의하여 비로소 창출되었다는 점에서 또 의인화(擬人化)한 점에서, 자연인에 대비하여 법인이라고 부른다. 그러나 양자는 권리·의무의 주체라는 점에서는 아무 차이가 없으므로 공통으로 인격(人格)을 가진다.

단체에는 그 단체가 구성원과 어느 정도로 독립되어 있느냐에 따라 사단(社團)과 조합(組合)의 두 종류가 있다. 전자는 구성원과는 독립하여 단체 자체가 그 주체가 되는 데 비해, 후자는 구성원의 집합으로써 구성원 모두가 그 주체가 된다는 데에 근본적인 차이가 있다. 그래서 민법은 조합을 법인제도로써 규율하지 않는다.

한편 사회복지사업이나 장학사업과 같이 일정한 목적에 바쳐진 재산도 독립적인 법인격을 가질 필요성이 있다. 이와 같이 어느 재산을 일정한 목적을 위하여 출연(出捐)하여 이를 바탕으로 일정한 조직을 갖추어 그 목적을 영위하는 경우 법인격을 가진 결합된 재산의 집단을 재단(財團)이라고 한다. 일반적으로 재단은 어떤 공익적·사회적 목적을 위하여 출연된 재산(이른바 목적재산)이 그 목적을 위하여 통일적으로 관리되는 경우이다. 이는 실질적으로 개인적인 소유를 이탈한 재산이나 그것은 무주물(無主物)인 재산이 아니고, 그 관리를 위한 형식적인 주체(主體)를 필요로 한다.

일정한 단체가 법률에 의해 인격을 승인받아 권리·의무의 주체가 된다는 데에는 세 가지 의미를 갖는다. 첫째, 법인은 권리·의무의 주체가 될 수 있지만, 자연인처럼 스스로 행동할 수는 없기 때문에, 대표이사와 같은 기관을 설정하고, 기관의 행위는 곧 법인의 행위로 간주하는 방식을 취한다. 둘째,

법인은 구성원의 가입·탈퇴가 있더라도 그에 영향을 받지 않고 그 동일성이 유지된다. 셋째, 법인의 재산은 구성원의 재산과는 독립된 법인 자체의 재산이라는 점이다.

2. 법인제도의 목적

법인격을 취득할 수 있는 단체로는 사단과 재단이 있다. 사회복지법은 물론 민법 전반의 분야에서 사단 또는 재단에 법인격을 부여하는 목적은 법률관계의 처리와 책임의 분리를 위해서이다. 첫째, 법률관계의 처리를 편리하게 하기 위해서이다. 사회복지분야에서 법률관계의 명확성을 기하기 위하여는 권리·의무 당사자가 누구인지를 명확히 하고, 또 그 법률관계가 계속적으로 유지되어야 할 필요가 있기 때문에, 단체의 구성원과는 독립하여 단체 자체가 그 주체가 되는 것이 요청된다. 둘째, 책임의 분리이다. 법인격이 인정되는 경우에는 구성원의 개인재산과는 구별되는 단체 자체의 재산이 인정된다. 단체 자체의 이름으로 재산을 가지고 부동산의 경우에는 등기를 할 수 있다. 단체에 대한 채권자는 단체의 재산에 대해서만 집행할 수 있고 구성원의 개인재산에 대하여는 할 수 없다. 또 구성원 개인에 대한 채권자가 단체의 재산에 대해 집행할 수 없음도 물론이다.

3. 사회복지법인·비영리법인에 관한 법적 규율

민법총칙편의 적용을 받는 법인은 영리를 목적으로 하지 않는 비영리법인으로서 사단법인과 재단법인이다. 이것은 주무관청의 허가를 얻어 설립등기를 함으로써 법인격을 취득하게 된다. 영리법인에 대하여는 '상법 또는 특별법'이, 공익법인에 관하여는 '공익법인의 설립·운영에 관한 법률'이, 의료법인에 대하여는 '의료법'이 우선적으로 적용되며, 그에 정함이 없는 경우에 민법의 법인에 관한 규정이 보충적으로 적용된다.[22]

사회복지법인은 사회복지사업을 목적으로 한 공익법인으로 사회복지사업법의 우선적용을 받는다. 사회복지법인, 기타 비영리법인 가운데 보건복지부장관의 허가를 받아 정신요양시설을 설치·운영하는 정신의료법인은 정신보건법의 우선적용을 받는다.

사회복지법인에 관한 법적 규율은 특별법 우선적용의 원칙에 따라 사회복지사업법을 우선적으로 적용받고, 그에 정함이 없는 경우에는 공익법인의설립·운영에관한법률의 공익법인에 관한 규정이 보충적으로 적용되고, 그에 정함이 없는 경우에는 민법의 법인에 관한 규정이 보충적으로 적용된다.

---

22) 공익법인의설립·운영에관한법률에 의하면 이 법의 목적은 법인의 설립·운영 등에 관한 민법의 규정을 보완함으로써 법인으로 하여금 그 공익성을 유지하며, 건전한 활동을 할 수 있도록 하기 위해 제정된 법으로 재단법인 또는 사단법인으로서 사회, 일반의 이익에 공여하기 위하여 학자금·장학금 또는 연구비의 보조나 지급, 학술, 자선에 관한 사업을 목적으로 하는 공익법인에 대하여 적용한다. 동법시행령에 따르면, 불행, 재해, 기타 사정으로 자활할 수 없는 자를 돕기 위한 모든 자선사업을 목적으로 하는 법인을 공익법인에 포함시키고 있다. 상속세법에 따르면 사회복지법인, 정신의료법인, 의료법인, 학교법인, 종교법인 등을 공익법인의 범위에 포함시키고 있다.

4. 사회복지법인·비영리법인의 본질

사회복지법인이나 비영리법인의 본질은 법인의제설, 법인부인설, 법인실재설 등 학설에 따라 서로 다른데, 우리나라에서는 법인실재설이 통설로 받아들여진다.

1) 법인의제설
법인의제설(法人擬制說)은 권리·의무의 주체가 될 수 있는 것은 자연인에 한정되며, 법인은 법률이 자연인에 의제한 것에 지나지 않는다고 함으로써 법인 자체의 독자성을 부인한다. 단체를 권리주체로 인정하는 것은 국가 또는 법률이 허가하는 경우에만 예외적으로 성립할 수 있다고 평가한 것으로, 허가주의나 특허주의에 의한 법인설립의 근거가 된다.

2) 법인부인설
법인부인설(法人否認說)은 법인의 실체는 전혀 없다고 주장한다. 법인은 법이 의제한 것이라면, 결국 법인의 본체는 법인으로부터 이익을 얻고 있는 다수의 개인이거나, 일정한 목적에 바쳐진 주인이 없는 재산이거나, 법인재산관리인이지 법인의 실체는 없다는 것이다.

3) 법인실재설
법인실재설(法人實在說)에 따르면, 자연인만이 법적 주체로서 실재하는 것이 아니라 자연인 이외에 일정한 법적 요건을 갖춘 단체도 법적 주체로서 사회에 실재하며, 법인은 바로 그러한 사회적 실재라고 주장한다.[23] 우리 민법 제34조에서는 법인의 권리능력에 대해 법인은 법률의 규정에 좇아 정관으로 정한 목적의 범위 내에서 권리와 의무의 주체가 된다고 규정함으로써 법인실재설을 채택하고 있다.

5. 법인의 종류

법인의 종류는 기준에 따라 몇 가지로 나뉜다. 사회복지와 관련된 법인은 공법인과 사법인 가운데 비영리법인(재단법인과 사단법인)이 있고, 사회복지사업법상 사회복지법인으로 특정되어 있는 경우도 있다. 상당수의 법인들이 민법상 재단법인과 사단법인으로 설립되었다가 사회복지법인으로 법인격을 변경하였다.

---

23) 법인실재설은 우리나라의 통설로서, 이는 크게 세 가지 학설로 나뉜다. 법인은 자연인과 마찬가지로 통일적 단체의사를 가지고 구성원으로부터 독립된 독자적인 공동체로서 실재한다는 실재적 단체인격설, 법인의 실체는 권리주체임이 적합한 법률상의 조직체라는 조직체설, 법인은 개인과 마찬가지로 독자의 사회적 작용을 담당함으로써 권리능력의 주체임에 적합한 사회적 가치를 가진다는 사회적 가치설로 세분된다.

1) 내국법인과 외국법인

한국법에 준거하여 설립된 법인이 내국법인이고, 외국법에 준거하여 설립된 법인이 외국법인이다. 우리나라의 사회복지사업법에서 규정하고 있는 사회복지법인이나 민법에서 규정하고 있는 비영리법인이나 공익법인은 내국법인에 대해서만 규정하고 있다. 그러나 최근 WTO의 시장개방 요구 이후 외국병원과 외국의 사회복지법인들이 국내에 유입될 가능성이 있어 우리나라의 사회복지사업법의 사회복지법인이나 민법의 비영리법인이나 공익법인 부분의 개정이 예상된다.

2) 공법인과 사법인

특정한 공공목적을 위하여 특별한 법적 근거에 따라서 설립된 법인을 공법인(公法人)이라 한다. 그 결과 공법인은 사법인(私法人)과는 달리 보통 그 목적이 법률로써 정해져 있고, 목적 달성에 필요한 한도에서 행정권이 부여되고, 여러 특혜가 인정되며, 또한 국가의 특별한 지도감독을 받고 있다. 공법인은 광의로는 국가와 공공단체를 모두 포함하고, 협의로는 공공단체와 같은 의미로 사용되고, 최협의로는 지방자치단체를 제외한 공공단체를 의미한다. 다양한 공법인이 존재하며, 그 가운데는 사법인과 명확히 구별하기 어려운 것도 있다.

그림 5-2. 법인의 유형

사법인(私法人)은 사법에 의하여 설립되고 규율되는 법인이다. 민법상의 비영리사단법인과 비영리재단법인 그리고 상법상의 영리법인이 대표적이며, 그 내부의 법률관계에 국가 또는 공공단체의 강제적 권력작용이 가해지지 않는 법인을 가리킨다. 사단법인은 내부조직의 차이에 따라 사단법인과 재단법인으로 나누어지고, 그 목적에 따라 비영리법인과 영리법인으로 나누어진다. 사회복지분야에서 국민연금관리공단, 국민건강보험공단, 근로복지공단, 한국장애인고용촉진공단 등은 공법인이며, 한국이웃사랑회, 한국사회복지사협회, 한국복지재단 등과 같은 사회복지사업법상 사회복지법인은 사법인이다.

3) 영리법인과 비영리법인

사법인 중에서도 상법상의 법인은 영리법인이고, 민법상의 법인은 비영리법인이다. 영리법인은 사원의 경제적 이익을 도모함을 궁극적 목적으로 하여 설립된 법인으로 사단법인만이 영리법인이 될 수 있고, 재단법인은 영리법인이 될 수 없다. 반면 공익을 위한 사업이나 학술, 종교, 자선, 기예, 사교, 기타 영리가 아닌 사업을 목적으로 하는 법인을 비영리법인이라 한다. 대부분의 사회복지기관이나 시설인 사회복지법인은 비영리법인이지만 유료노인복지시설인 실버사업과 같은 이용시설의 경우 영리법인이 될 수 있다.

4) 사단법인과 재단법인

민법은 비영리법인으로서 사단법인과 재단법인의 두 가지만을 인정한다. 사단법인은 일정한 목적을 위하여 결합한 사람의 단체(社團)에 법인격이 부여된 것인 반면, 재단법인은 일정한 목적에 바쳐진 재산이라는 실체(財團)에 법인격이 부여된 것이다. 전자는 단체의사에 의하여 자율적으로 활동하는 데 대하여, 후자는 설립자의 의사에 의하여 타율적으로 운영되는 점이 다르다. 이러한 본질적 차이에서, 설립행위, 정관변경, 기관의 종류, 해산사유 등에서 차이를 보이고 있다.

사회복지법인은 사단법인과 재단법인 모두를 포함하고 있다. 사회복지법인 가운데 사단법인의 예로는 한국사회복지사협회를 들 수 있으며, 재단법인의 예로는 홀트아동복지, 한국복지재단, 한민족복지재단, 삼성복지재단 등을 들 수 있다.

6. 사회복지법인의 설립

사회복지법인의 설립은 사회복지사업법의 규정에 따라 설립된다. 그러나 사회복지사업법에 특별한 규정이 없는 경우 민법의 법인 설립에 관한 규정이 적용된다.

1) 법인설립 일반

(1) 법인성립의 준칙 : 법인법정주의

민법 제31조와 제33조는 법인성립의 준칙과 법인설립의 등기에 관해서 "법인은 법률의 규정에 의함이 아니면 성립하지 못한다." 그리고 "법인은 그 주된 사무소의 소재지에서 설립등기를 함으로써 성립한다"고 규정함으로써 민법의 적용을 받는 비영리법인의 성립에 관해 법인법정주의(法人法定主義)를 취하고 있으며, 비영리법인의 성립요건으로 '주무관청의 허가'와 '설립등기'를 요구하고 있다.

사회복지사업법 제16조 법인의 설립허가 조항에서도 "사회복지법인을 설립하고자 하는 자는 대통령령이 정하는 바에 의하여 보건복지부장관의 허가를 받아야 한다"고 규정하고, "설립된 법인은 주된 사무소의 소재지에서 설립등기를 하여야 한다"고 규정함으로써 민법의 법인법정주의를 기반으로 주무관청인 보건복지부장관의 허가와 설립등기를 요구하고 있다.

2004년 사회복지사업법이 개정됨에 따라 목적사업이 2개 이상의 시·도에 걸치는 법인은 시·도지사를 거쳐 보건복지부장관의 설립허가를 받아야 하고, 목적사업이 1개 시·도에 한정되는 경우는 시·도지사에게 법인설립에 관한 허가 권한이 위임되었다. 법인설립을 신청하고자 하는 자는 시·군·구청장을 경유하여 시·도지사 또는 보건복지부장관의 허가를 받아야 한다.

2) 법인설립에 관한 입법주의

법률의 규정에 따른 법인의 성립요건에는 여러 이론이 있다. 우리나라는 사회복지법인을 비롯한 비영리법인에 관하여는 허가주의를 취하고 있고, 회사에 관하여는 준칙주의를 취하고 있다.

(1) 자유설립주의

자유설립주의는 법인의 설립에 관해 아무런 제한을 하지 않는 것으로 사회복지사업법이나 민법은 이 주의를 취하지 않고 있다.

(2) 준칙주의

준칙주의는 법률이 법인설립에 관한 요건을 미리 정해놓고, 그 요건만 충족되면 당연히 법인의 설립을 인정하는 주의로 주로 각종 영리법인이나 노동조합 등의 설립이 이 주의에 속한다. 준칙주의에서는 법인설립에 관해 관청의 인가를 받을 필요가 없고, 다만 그 조직과 내용을 공시(公示)하기 위한 등기나 등록을 법인의 성립요건으로 하고 있다. 최근 확산되고 있는 사회복지노동조합의 설립도 일정한 설립요건을 갖춘 후 광역자치단체장이나 노동부장관에 신고하도록 되어 있어 준칙주의의 적용을 받는다.

(3) 허가주의

허가주의(許可主義)는 법인의 설립에 관하여 행정관청의 자유재량에 의한 허가를 필요로 하는 주의이다. 이 주의는 법인의 설립이 행정관청의 재량에 의해 제한되는 점에서 자유설립주의나 준칙주의에 비하여 법인설립이 자유롭지 못하다. 우리나라의 사회복지법인과 기타 비영리법인의 경우 허가주의를 채택하고 있다. 사회복지법인의 설립은 보건복지부장관의 허가를 받아야 하며, 비영리법인의 설립은 주무관청의 허가를 받아야 한다.

사회복지사업법 제16조 법인의 설립허가 조항에서도 "사회복지법인을 설립하고자 하는 자는 대통령령이 정하는 바에 의하여 보건복지부장관의 허가를 받아야 한다"고 규정하고 있어 주무관청인 보건복지부장관의 허가를 요구하고 있다. 또한 민법 제32조는 "학술·종교·자선·기예·사교·기타 영리 아닌 사업을 목적으로 하는 사단 또는 재단은 주무관청의 허가를 얻어 이를 법인으로 할 수 있다"고 규정함으로써, 비영리법인의 설립에 관하여도 주무관청의 허가를 요하고 있다.

(4) 인가주의

인가주의(認可主義)는 법률이 정한 요건을 갖추고 행정관청의 인가(허가와는 달리 그 요건을 갖추면 반드시 인가를 해주어야 함)를 얻음으로써 법인으로 성립하는 것으로서, 각종의 협동조합 등이 이에 속한다. 인가는 제3자의 법률행위를 보충하여 그 법률상 효력을 완성시켜 완전히 유효하게 만들어 주는 행정주체의 동의행위로서, 허가와는 달리 법률이 정한 요건을 갖추면 반드시 인가를 해주어야 한다. 인가는 일종의 보충행위로 타인을 위한 행정행위에 속한다.[24]

사회복지분야에서 인가주의를 취하고 있는 예를 들면, 고용보험사무조합과 산재보험사무조합을 들 수 있다. 이들 사무조합은 주무관청에 신고된 사업주 단체나 인사, 노무, 회계 등의 위탁을 받아 보험사무를 대행할 수 있는 자를 구성원으로 하는 단체가 인가를 받아 운영하고 있다.

고용보험법 제64조에는 고용보험사무조합에 관해서 "사업주 등을 구성원으로 하는 단체로서 특별법에 의하여 설립된 단체 또는 민법 제32조의 규정에 의하여 노동부장관의 허가를 받아 설립된 단체, 기타 대통령령이 정하는 기준에 해당하는 단체는 사업주의 위임을 받아 피보험자에 관한 신고, 사업주가 납부하여야 할 보험료, 기타 이 법에 의한 징수금의 납부와 기타 보험에 관한 사무를 행할 수 있으며, 이들 단체가 이 규정에 의하여 보험사무를 행하고자 하는 경우에는 대통령령이 정하는 바에 따라 노동부장관의 인가(認可)를 받아야 한다"고 규정함으로써 고용보험사무조합의 설립은 인가주의를 취하고 있다. 산재보험사무조합도 고용보험사무조합과 마찬가지로 인가주의를 택하고 있다.

산업재해보상보험 제58조에는 산업재해보상보험사무조합에 관해 "보험가입자를 구성원으로 하는 단체로서 특별법에 의하여 설립된 단체 또는 민법의 규정에 의하여 노동부장관의 허가를 받아 설립된 법인은 보험가입자의 위탁을 받아 보험가입자가 납부하여야 할 보험료, 기타 이 법에 의한 징수금의 납부와 기타 보험에 관한 사무를 행할 수 있다. 이 경우 보험사무를 위탁할 수 있는 보험가입자의 범위는 대통령령으로 정한다. 사업주 단체 등이 보험사무를 행하고자 할 때에는 대통령령이 정하는 바에 의하여 공단의 인가를 받아야 한다. 인가받은 사항을 변경하고자 할 때에도 또한 같다"고 규정하고 있어 산업재해보상보험사무조합의 설립도 인가주의를 취하고 있다.

(5) 특허주의

특허주의란 법인을 설립할 때에 특별한 법률의 제정을 필요로 하는 것으로서, 각종의 공법인이나 국책은행이나 공사가 이에 속한다. 여기서 특허란 특정의 상대방을 위하여 능력을 설정하는 행위를 말한다. 사회복지분야에서 특허주의를 취하고 있는 예를 들면, 사회보험 관리를 위한 공단을 특수 공법인으로 설립하는 경우를 들 수 있다.

---

24) 허가는 사실로서의 행위가 적법하게 행하여지기 위한 적법요건이며, 허가 없이 행한 행위는 처벌대상은 되지만, 행위 자체는 무효가 되는 것이 아니다. 이에 대하여 인가는 법률적 행위의 효력요건이기 때문에 무인가행위는 무효가 되지만, 처벌의 대상은 되지 아니한다. 인가는 타인의 법률행위를 완성시키는 보충행위에 불과하므로, 타인의 법률행위가 불성립 또는 무효일 때에는 인가가 있어도 유효가 되지 않는다. 또한 취소할 수 있는 행위일 때에는 인가가 있어도 취소할 수 있다. 인가의 대상이 되는 행위는 법률행위에 한하고, 사실행위는 제외된다.

국민연금법 제22조에는 국민연금관리공단의 설립에 대하여 보건복지부장관의 위탁을 받아 국민연금사업을 효율적으로 수행하기 위하여 국민연금관리공단을 설립한다고 규정하고, 이 법 제24조에서는 공단은 법인으로 한다고 규정하고 있다. 산업재해보상보험법 제13조는 근로복지공단의 설립에 관하여 노동부장관의 위탁을 받아 산재보험사업을 효율적으로 수행하기 위하여 근로복지공단을 설립한다고 규정하고, 이 법 제15조에서 공단은 법인으로 한다고 규정하고 있다. 국민건강보험법 제12조에서는 건강보험의 보험자는 국민건강보험공단으로 한다고 규정하고, 이 법 제14조에서 공단은 법인으로 한다고 규정하고 있다.

(6) 강제주의

법인의 설립을 국가가 강제하는 것으로서, 변호사회, 약사회 등이 이에 속한다. 강제주의가 사회복지분야에서 취해진 예를 들면 한국사회복지사협회를 들 수 있다. 한국사회복지사협회는 사회복지에 관한 전문지식과 기술을 개발·보급하고 사회복지사의 자질 향상을 위한 교육훈련 및 사회복지사의 복지증진을 도모하기 위하여 설립된 법인이다.

7. 비영리사단법인의 설립

비영리사단법인의 설립에는 목적의 비영리성, 설립행위(정관 작성), 주무관청의 허가, 설립등기의 4가지 요건을 갖추어야 한다.

1) 목적의 비영리성

민법 제2조에 의하면, "학술·종교·자선·기예·사교·기타 영리 아닌 사업'을 목적으로 하여야 한다. 영리가 아닌 사업이면 되고, 반드시 공익을 목적으로 할 필요는 없다.

2) 설립행위(정관 작성)

사단법인을 설립하려면, 설립자가 일정한 사항을 기재한 정관을 작성하여 기명날인하여야 한다. 정관이란 법인의 조직과 활동을 정한 근본 규칙이다. 민법은 그 설립자의 수에 관해 규정하고 있지는 않으나, 사단의 성질상 2인 이상이어야 한다. 그리고 정관의 작성에는 설립자들이 반드시 기명날인을 하여야 한다. 정관의 작성은 사단법인의 설립행위이다.

정관작성은 서면에 의하는 요식행위이며, 장래에 성립할 사단에 법인격 취득의 효과를 발생시키려는 의사표시이다. 정관에는 필요적 기재사항과 임의적 기재사항이 있다. 필요적 기재사항은 목적, 명칭, 사무소의 소재지, 자산에 관한 규정, 이사의 임면에 관한 규정, 사원자격의 득실에 관한 규정, 존립시기나 해산사유를 정하는 때에는 그 시기 또는 사유가 그것이다. 필요적 기재사항은 정관에 반드시 기재하여야 하고 이것을 빠뜨리면 그 정관은 무효이다. 반면, 임의적 기재사항은 필요적 기재사항

이외의 사항으로 그 내용에 특별한 제한은 없다. 이것도 일단 정관에 기재되면 필요적 기재사항과 마찬가지의 효과를 가지며, 그 변경에는 정관변경의 절차를 거쳐야 한다.

3) 주무관청의 허가(허가주의)

사단법인의 설립은 주무관청의 허가가 있어야 한다. 즉 허가주의를 취하는데, 현행 민법은 공익사업을 표방하면서 실은 악용하는 사례가 많기 때문에 허가주의를 채택하였다. 주무관청의 허가는 그 본질상 주무관청의 자유재량에 속하는 것으로서, 그 허가 여부에 대해 다툴 수 없다.

4) 설립등기

자연인에 비해 법인의 존재나 내용은 일반 제3자가 알 수 없어 이를 공시할 필요가 있고, 또 법인의 설립과 같이 다수의 이해관계인이 관여하는 경우에 개별적으로 그 선의·악의 또는 대항력의 유무를 판단한다는 것은 원활한 거래에 장애가 되므로 민법 제33조는 "법인은 그 주된 사무소의 소재지에서 설립등기를 함으로써 성립한다"고 정한다. 설립등기의 절차는 비송사건절차법에 의한다. 즉 법인의 사무소 소재지를 관할하는 지방법원 또는 등기소가 관할등기소가 되고, 등기소에는 법인등기부를 비치하여야 하며, 법인을 대표하는 자가 신청서에 정관, 이사의 자격을 증명하는 서면, 주무관청의 허가서, 재산목록을 첨부하여 신청하여야 한다.

8. 비영리재단법인의 설립

1) 설립요건

비영리재단법인의 설립에는 목적의 비영리성, 설립행위, 주무관청의 허가, 설립등기의 4가지 요건을 갖추어야 한다. 설립행위에서 정관작성뿐 아니라 재산출연을 한다는 점에서 비영리사단법인의 경우와 동일하다.

2) 설립행위

재단법인의 설립자는 일정한 재산을 출연하고, 일정한 사항이 기재된 정관을 작성하여 기명날인하여야 한다. 정관의 작성 이외에 재산을 출연하여야 하는 점에서 재단법인 설립행위는 사단법인의 그것과는 근본적으로 다르다.

재단법인의 설립행위는 설립자가 일정한 재산을 출연하고 서면으로 정관을 작성하여야 하는 요식행위이며, 그 실질은 재단에 법인격을 주려고 하는 법률행위이고, 그 중에서도 상대방 없는 단독행위이다. 재단법인의 설립자는 1인이라도 좋고, 2인 이상이라도 상관없다.

설립자는 일정한 재산을 출연하여야 한다. 재산의 종류는 이를 묻지 않는다. 민법은 생전처분으로 재단법인을 설립하는 때에는 증여에 관한 규정을, 유언으로 재단법인을 설립하는 때에는 유증에 관한 규정을 준용한다(민법 제47조).

설립자는 일정한 사항에 기재한 정관을 작성하여 기명날인하여야 한다. 정관의 기재사항에는 사단법인에서와 마찬가지로 필요적 기재사항과 임의적 기재사항이 있다. 다만, 재단법인의 경우 사원자격의 득실에 관한 규정, 법인의 존립시기나 해산사유는 필요적 기재사항이 아니다.

정관의 필요적 기재사항 5가지(목적, 명칭, 사무소의 소재지, 자산에 관한 규정, 이사의 임면에 관한 규정) 중 하나라도 빠지면 그 정관은 효력이 없다. 그러나 재단법인의 설립자가 필요적 기재사항 중 가장 중요한 목적과 자산만 정하고, 그 밖의 경미한 사항을 정하지 않은 경우 이해관계인이나 검사의 청구에 의해 법원이 이를 정하도록 하고 있다(민법 제44조).

Ⅲ. 법인의 능력

1. 법인의 능력 일반

법인도 권리의 주체이므로, 자연인과 마찬가지로 권리능력, 행위능력, 불법행위능력을 갖는다. 그러나 법인에는 자연인과 같이 행위무능력자나 책임무능력자는 없다.[25] 법인의 경우에는, 법인에 어떠한 범위의 권리·의무를 인정할 것인가(권리능력)를 전제로 하여, 그것을 향유하기 위하여 어떠한 종류의 행위를 누가 어떠한 형식으로 하여야 하는가(행위능력), 누구의 어떠한 불법행위에 대하여 법인 자신이 배상책임을 부담하는가(불법행위능력)라는 관점에서 다루어진다.

2. 권리능력

권리능력이란 법률상 권리·의무의 주체가 될 수 있는 지위 또는 자격을 말한다. 이를 법적 인격이라고도 하며, 법인이 권리·의무의 주체가 되어 법률적 행위를 스스로 현실적으로 할 수 있는 능력을 말한다. 민법 제34조는 "법인은 법률의 규정에 좇아 정관으로 정한 목적의 범위 내에서 권리와 의무의 주체가 된다"고 규정하고 있다. 법인의 권리능력은 성질, 법률, 정관상의 목적에 의해 제한받는다. i) 성질에 의한 제한으로 자연인을 전제로 하는 권리, 즉 생명권·호주승계권·상속권·친권·정조권·육체상의 자유권 등은 법인이 가질 수 없다. 그러나 일반의 재산권·명예권·성명권·신용권·정신적 자유권은 가질 수 있고, 그 밖에 유증을 받을 수도 있다. 법인은 이사가 될 수 없다; ⅱ) 법인격은 법률에 의하여 부여되는 것이므로, 법률로써 권리능력의 범위를 제한할 수 있음은 당연하다. 그러나 명령으

---

25) 행위무능력자에는 미성년자, 심신이 박약하거나 재산의 낭비로 자기나 가족의 생활을 궁핍하게 할 염려가 있는 자인 한정치산자, 심신상실의 상태에 있는 금치산자가 있다. 이들이 권리주체로서 능력을 행하기 위해서는 법정대리인이 필요하다. 책임무능력자는 정신상태의 미성숙 또는 장애로 인해 형사책임을 질 능력이 없는 상태에 있는 자로 14세 미만의 형사미성년자와 심신장애상태에 있는 자가 해당된다.

로 권리능력을 제한하지는 못한다; iii) 목적에 의한 제한으로 법인은 정관으로 정한 목적의 범위 내에서 권리능력을 가진다.

3. 행위능력

행위능력이란 단독으로 완전하고 유효한 법률행위를 할 수 있는 지위나 자격을 말한다. 행위능력이 없는 자를 행위무능력자라고 한다. 법인은 행위능력자이다. 법인은 그 권리능력의 범위에 속하는 권리를 현실로 취득하거나 이미 취득한 권리를 관리·처분하기 위해서는 일정한 행위를 하여야 한다

법인의 행위는 현실적으로 자연인을 통해 할 수밖에 없다. 이때의 자연인을 '대표기관'이라고 부르는데, 대표기관의 행위는 자연인으로서의 행위가 아니라 법인의 행위로 간주된다. 대표기관이 될 수 있는 자로는 이사, 임시이사, 특별대리인, 청산인이 있다.

대표기관은 법인을 대표하여 법인의 행위를 한다. 즉 대표기관의 행위는 법인 스스로가 행위를 한 것으로 간주된다. 행위의 범위는 권리능력의 범위에서 행위능력을 가진다. 대표기관이 권리능력의 범위를 넘어 행위를 한 경우에는 그것은 법인의 행위로 간주될 수 없고, 대표기관 개인의 행위로 볼 수밖에 없다.

4. 불법행위능력

불법행위능력이란 법률상의 책임을 부담할 능력으로 책임능력이라고도 한다. 법인은 이사, 임시이사, 특별대리인, 청산인, 기타 대표자가 그 직무에 관하여 타인에게 가한 손해를 배상할 책임이 있다. 법인이 불법행위책임을 지는 것은 이사나 기타 대표자의 불법행위에 대해서이다. 따라서 법인의 이사가 책암능력이 있어야 하고, 고의 또는 과실이 있어야 하며, 가해행위가 위법하여야 하고, 피해자가 손해를 입어야 한다. 법인의 불법행위의 요건이 갖추어지면, 법인은 피해자에게 그 손해를 배상하여야 한다.

법인의 불법행위의 성립 여부는 직무관련성을 기준으로 결정된다. 법인의 대표기관이 그 대표권의 범위 내에서 한 행위는 설사 그것이 법인을 위한 것이 아니라 자기 또는 제3자의 이익을 위해 한 경우라도 행위의 외형상 법인의 대표자의 직무행위라고 인정할 수 있는 것이면, 즉 대표권을 남용한 경우에도 법인의 행위로 된다. 법인이 피해자에게 배상하면 법인은 기관, 개인에게 구상권을 행사할 수 있다.

Ⅳ. 법인의 기관, 주소, 정관변경, 법인소멸, 법인감독

1. 법인의 기관

법인은 독립된 권리주체이기는 하지만 자연인처럼 그 자체가 활동할 수는 없다. 법인의 의사를 결정하고, 또 그 의사를 집행하기 위해서는 일정한 조직을 필요로 하는데, 이 조직을 이루는 것이 법인의 기관이다.

민법은 법인의 기관으로 의사결정기관인 사원총회, 의사집행기관인 이사, 감독기관인 감사의 3가지를 인정하는데, 사원총회는 사단법인에만 있고, 사원이 없는 재단법인에는 없다. 이사는 사단법인과 재단법인 어느 법인이든 반드시 있어야 하는 필수기관이지만, 감사는 어느 법인이든 임의기관으로 되어 있다.

1) 이사

이사(理事)는 대외적으로 법인을 대표하고 대내적으로 법인의 사무를 집행하는 상설적 필요기관으로서 사단법인이든 재단법인이든 반드시 이사를 두어야 한다. 이사의 수와 그 임기는 특별한 제한이 없으며, 정관에서 임의로 정할 수 있다. 이사가 될 수 있는 자는 자연인에 한하지만, 자격상실 내지 자격정지의 형을 받은 자는 이사가 될 수 없다.

이사의 선임, 해임, 퇴임에 관한 규정은 사단법인이나 재단법인이나 정관의 필요적 기재사항으로 정관에 의해 정해진다. 이사의 성명과 주소는 등기사항으로 이를 등기하지 않은 때에는 제3자에게 대항할 수 없다.

이사의 직무권한에는 법인대표와 사무집행의 두 가지가 있다. 이사는 선량한 관리자의 주의로 그 직무를 행하여야 한다고 하며, 이사가 그 임무를 해태한 때에는 그 이사는 법인에 대하여 연대하여 손해배상책임을 지는 것으로 규정한다.

(1) 법인대표

이사는 법인의 사무에 관하여 각자 법인을 대표한다. 즉 이사가 수인 있어도 각자 법인을 대표하므로, '각자 대표'가 원칙이다. 법인과 이사의 이익이 상반하는 사항에 관하여는 이사는 대표권이 없으며, 이 경우에는 이해관계인 또는 검사의 청구에 의하여 법원이 선임하는 특별대리인이 법인을 대표한다.

(2) 사무집행

이사는 법인의 모든 사무를 집행한다. 이사가 수인인 경우에는 정관에 다른 규정이 없으면 이사의 과반수로써 결정한다. 이사가 집행할 주요 사무로는 재산목록의 작성, 사원명부의 작성(사단법인 이사의 경우), 사원총회의 소집(사단법인 이사의 경우), 사원총회의 총회의사록 작성(사단법인 이사의 경우), 법인이 채무를 완제하지 못한 경우 파산신청, 법인 해산시 청산인, 법인의 등기 등이 있다.

2) **임시이사·특별대리인**

임시이사는 법인의 이사가 없거나 결원이 있는 경우에 이로 인해 손해가 생길 염려가 있는 때에는 이해관계인이나 검사의 청구에 의하여 법원이 선임하여 임시로 직무를 수행시키는 이사를 말한다.

특별대리인은, 법인과 이사의 이익이 상반하는 사항에 관하여는 이사는 대표권이 없기 때문에 이 경우에 법원은 이해관계인이나 검사의 청구에 의해 선임하여 직무를 수행하도록 하는 대리인을 말한다.

3) **감사**

감사(監事)는 법인의 내부에서 법인의 재산상태나 이사의 업무집행을 감사(監査)하는 기관이다. 감사는 사단법인에서나 재단법인에서나 공익법인에서는 이사처럼 필수기관이 아니라, 정관이나 총회의 결의로 둘 수 있는 임의기관이다.

감사의 주요 직무권한으로는 법인의 재산상황을 감사하는 일; 이사의 업무집행의 상황을 감사하는 일; 재산상황 또는 업무집행에 관하여 부정·불비한 것이 있음을 발견한 때에는 이를 총회 또는 주무관청에 보고하는 일; 그 보고를 하기 위하여 필요한 때에는 총회를 소집하는 일 등이다.

4) **사원총회**(社員總會)

사원총회는 사단법인에만 있는 기관으로서, 사원으로 구성되는 최고의 의사결정기관이며 또한 필수기관이다. 총회의 종류로는 통상총회와 임시총회가 있다. 일부 법인에서는 이를 대의원총회라 부르고 있다. 사단법인의 이사는 매년 1회 이상 통상총회를 소집하여야 한다. 임시총회는 이사가 필요하다고 인정한 때; 감사가 감사결과를 보고하기 위해 필요하다고 인정한 때; 총사원의 1/5 이상이 청구하는 때(소수사원권 보장)이다. 총회의 소집은 1주간 전에 그 회의의 목적사항을 기재한 통지를 발송하고 기타 정관에 정한 방법에 의하여야 한다.

사단법인의 사무는 정관으로 이사 또는 기타 임원에게 위임한 사항 이외에는 총회의 결의에 의하여야 한다. 특히 정관변경과 임의해산은 사원총회의 전속권한에 속한다. 총회는 정관에 다른 규정이 없으면 통지한 사항에 관하여만 결의할 수 있다. 각 사원의 결의권은 평등하며, 이것은 서면이나 대리인을 통해 행사할 수 있다.

총회의 결의는 민법 또는 정관에 다른 규정이 없으면 사원 과반수의 출석과 출석사원의 과반수로써 결의한다. 사원은 사단법인의 구성요소이나 기관은 아니다. 사원은 법인의 사업에 참여함에 있어서 각종의 권리와 의무를 갖게 되는데, 이것을 총괄한 사원의 지위를 '사원권'이라고 한다. 사원권은 크게 공익권(결의권, 소수사원권, 사무집행권, 감독권 등)과 자익권(이익배당권, 잔여재산분배청구권, 시설이용권 등)으로 나누어진다. 비영리법인에서는 공익권이, 영리법인에서는 자익권이 중심을 이룬다.

2. 법인의 주소

법인에 있어서도 자연인과 마찬가지로 일정한 장소를 주소로 하여 그것에 일정한 법률효과를 인정할 필요가 있다. 민법은 법인의 주소는 그 주된 사무소의 소재지에 있는 것으로 한다고 규정한다. 주된 사무소란 수 개의 사무소 중에서 법인의 최고수뇌부가 존재하는 장소를 말한다.

3. 정관의 변경

정관의 변경이란 법인이 그 동일성을 유지하면서 그 조직을 변경하는 것을 말한다. 사원의 자주적인 의사결정에 따라 자율적으로 운영되는 사단법인에서는 그 변경이 원칙적으로 허용되지만, 설립자의 의사에 따라 타율적으로 운영되는 재단법인에서는 그 변경에 제약이 따른다.

1) 사단법인 정관변경

사단법인의 정관을 변경하기 위해서는 사원총회의 결의와 주무관청의 허가를 얻어야 한다. 정관의 변경에는 그 정수에 관해 정관에 다른 규정이 없는 한, 총사원 2/3 이상의 동의가 있어야 한다. 정관변경은 사원총회의 전권사항이며, 정관에서 달리 규정하더라도 그것은 무효이다. 정관의 변경은 주무관청의 허가를 얻지 않으면 그 효력이 없다.

정관에서 정관을 변경할 수 없다고 규정한 경우에도 총사원의 동의를 얻어 그 정관변경금지 규정을 변경할 수 있으며, 정관에서 정하고 있는 목적도 정관변경의 절차에 따라 변경할 수 있다는 것이 통설이다. 이 경우에도 그 목적은 최소한 비영리이어야 하며, 그것이 영리를 목적으로 하는 경우에는 이미 법인의 동일성은 깨졌다고 본다.

2) 재단법인 정관변경

재단법인은 그 목적과 조직이 설립시에 확정되어 있는 타율적 법인이므로, 그 정관은 변경하지 못하는 것이 원칙이다. 다만 예외적으로 재단법인의 정관은 그 변경방법을 정관에 정한 때에는 이를 변경할 수 있다. 정관에서 그 변경방법을 정하지 않은 경우에도, 재단법인의 목적달성 또는 그 재산의 보전을 위하여 적당한 때에는 '명칭 또는 사무소의 소재지'를 변경할 수 있다; 재단법인의 목적을 달성할 수 없는 때에는, 설립자나 이사는 주무관청의 허가를 얻어 설립의 취지를 참작하여 그 목적, 기타 정관의 규정을 변경할 수 있다.

재단법인에 있어 기본재산은 그 실체인 동시에 정관의 필요적 기재사항이 된다. 따라서 재단법인의 기본재산의 처분이나 편입은 모두 정관의 변경사항이 된다. 그 결과, 기본재산의 처분 내지 편입에는 주무관청의 허가를 얻어야 그 효력을 발생한다.

4. 법인의 소멸

법인의 소멸이란 법인이 권리능력을 상실하는 것을 말하며, 자연인의 사망에 해당하는 것이다. 법인에는 자연인에서와 같은 상속이라는 제도가 없으므로, 법인의 소멸은 일정한 절차를 거쳐 단계적으로 이루어진다. 즉 우선 '해산(解散)'에 의하여 법인의 본래의 활동을 정지하고, 이어서 재산을 정리하는 청산의 단계로 들어간다. 법인이 소멸하는 시점은 바로 이 '청산(淸算)'이 종료한 때이다.

1) 법인의 해산
법인이 그 본래의 활동을 정지하고 청산절차에 들어가는 것이 해산이며, 해산사유는 다음과 같다.

(1) 사단법인·재단법인에 공통한 해산사유
존립기간의 만료, 기타 정관에 정한 해산사유의 발생, 법인의 목적달성 또는 달성불능, 파산(법인이 채무를 완제하지 못하게 된 때), 설립허가의 취소

(2) 사단법인에만 특유한 해산사유
사원이 없게 된 때, 총회의 결의

2) 법인의 청산
청산이란 해산한 법인이 잔무를 처리하고 재산을 정리하여 완전히 소멸할 때까지의 절차를 말한다. 청산절차에는 두 가지가 있다. 하나는 파산으로 해산하는 경우이며 이때에는 파산법이 정하는 절차에 따라 청산을 하게 된다. 다른 하나는 기타 원인에 의한 해산이며, 이때에는 민법이 정하는 절차에 따라 청산을 하게 된다. 청산절차는 제3자의 이해관계에 중대한 영향을 미치기 때문에 양자는 모두 강행규정이고, 따라서 정관에 다른 규정을 두더라도 그것은 무효이다.

해산한 법인은 청산법인으로 모습을 바꾸게 된다. 청산법인은 청산의 목적범위 내에서만 권리가 있고 의무를 부담한다. 법인이 해산되면 이상에 갈음하여 청산인이 청산법인의 집행기관이 된다. 파산의 경우를 제외하고는 이사가 청산인이 된다.

민법이 규정하는 청산사무를 시간적 순서에 따라 설명하면 다음과 같다.

그림 5-3. 법인의 청산 절차

해산등기와 신고 → 현존사무의 종결 → 채권의 추심(推尋) → 채권신고공고 및 최고→
잔여재산인도 → 파산신청 → 청산종결등기와 신고

5. 법인의 등기

명확한 외형을 가지는 자연인에 비해, 법인의 존재나 내용은 일반 제3자가 용이하게 이를 알 수가 없다. 여기서 거래의 안전을 위해 법인의 조직이나 내용을 공시(公示)하는 것이 요청되는데 이것이 법인등기이다.[26] 등기한 사항은 법원이 지체 없이 공고하여야 한다.

법인의 설립등기는 법인의 성립요건이고, 나머지 등기는 그 등기를 하여야 제3자에게 대항할 수 있는 대항요건이다.[27] 법인등기의 종류는 다음과 같다. 첫째, 설립등기이다. 법인설립의 허가가 있는 때에는, 그 허가서가 도착한 날로부터 3주간 내에 주된 사무소 소재지에서 설립등기를 하여야 하는데, 법인은 이 설립등기를 함으로써 비로소 성립한다. 설립등기사항은 목적, 명칭, 사무소, 설립허가의 연월일, 존립시기나 해산사유를 정한 때에는 그 시기 또는 사유, 자산의 총액, 출자의 방법을 정한 때에는 그 방법, 이사의 성명과 주소, 이사의 대표권 제한이 그것이다. 둘째, 분사무소 설치 및 사무소 이전의 등기이다. 법인이 분사무소를 설치하거나, 법인의 사무소를 이전한 때에는 설치한 것 또는 이전한 것을 등기하면 된다. 셋째, 변경등기이다. 설립등기의 사항 중에 변경이 있는 때에는 3주간 내에 변경등기를 하여야 한다. 넷째, 해산 및 청산종결의 등기이다.

6. 법인의 감독

비영리법인은 그 성립에서 소멸에 이르기까지 감독을 받는데, 그 대상에 따라 감독의 주체가 다르다. 감독에는 사무감독과 해산과 청산의 감독이 있다. 법인의 사무는 주무관청이 검사·감독한다. 이러한 사무감독을 포함하여 민법은 주무관청에 비영리법인에 대한 강력한 규제권한을 부여한다. 법인의 해산 및 청산은 법원이 검사·감독한다. 법인의 사무는 법인의 목적에 따라 다르기 때문에 주무관청이 이를 감독하는 것이 적당하나, 해산·청산은 재산의 정리에 관한 것으로서 제3자의 이해와 직결되므로 법원이 이를 감독토록 한 것이다.

---

26) 공시(公示)란 상대방이 있는 의사표시를 하는 자가 그 상대방이 누구인지 또는 그 상대방의 소재를 알 수 없는 경우에 유사한 의사표시를 하는 편법이다. 등기나 등록이 한 예이다.
27) 대항요건이란 이미 효력이 발생하고 있는 법률관계 또는 권리관계의 득실변경을 제3자에게 주장(대항)하기 위한 법률요건이다.

제6장

사회복지사의 법적 지위와 권한

Ⅰ. 사회복지사의 의의 및 자격관리

1. 사회복지사의 자격

사회복지사란 사회복지에 관한 전문지식과 기술을 가진 자로서, 사회복지사업법에 의거하여 보건복지부장관으로부터 자격증을 교부받은 자를 말한다. 보건복지부 사회복지사 편람에 따르면, 사회복지사 자격제도는 사회복지에 관한 소정의 전문지식과 기술을 가진 자에게 사회복지사 자격을 부여하고, 이들에게 복지업무를 담당토록 함으로써 아동·청소년·노인·장애인 등 보호가 필요한 사람들에게 전문적이고 체계적인 복지서비스를 제공하기 위해 마련되었다.

사회복지사의 등급은 1·2·3급으로 하며, 등급별 자격기준은 서로 다르다. 보건복지부장관은 사회복지에 관한 전문지식과 기술을 가진 자로서 대통령령이 정하는 결격사유[28]에 해당되지 아니한 자에게 사회복지사의 자격증을 교부할 수 있다(사회복지사업법 제11조).[29]

사회복지사의 자격에는 일반적 자격기준과 학력을 기준으로 한 등급별 자격기준이 있다. 첫째, 일반적 자격기준이다. 일반적 자격기준은 사회복지사의 등급에 관계없이 모두 적용되는 자격요건이다. 사회복지사업법 및 동법시행령에 따르면, 금치산자 또는 한정치산자, 파산자로서 복권되지 아니한 자, 금고 이상의 형의 선고를 받고 그 집행이 종료되지 아니하였거나 집행을 받지 아니하기로 확정

---

[28] 결격사유(缺格事由)란 법률상 어떠한 자격을 상실하게 되는 사유로, 사회복지사가 법률상 자격을 상실하게 되는 결격사유는 다음과 같다. 첫째, 금치산자(禁治産者) 또는 한정치산자(限定治産者)이다. 금치산자는 심신상실(心神喪失)의 상태에 있는 사람으로서 법원으로부터 재산의 처분을 금지하는 금치산의 선고를 받은 사람이다. 금치산자는 법률행위를 할 수 없으며, 법률행위를 했다 하더라도 언제든지 취소할 수 있다. 한정치산자는 심신(心神)이 박약(薄弱)하거나, 재산의 낭비로 자기나 가족의 생활을 궁박(窮迫)하게 할 염려가 있는 자로서 법원으로부터 재산관리행위능력을 제한하는 한정치산의 선고를 받은 자이다. 한정치산자의 행위능력은 미성년자의 그것과 동일하여, 법률행위를 하려면 원칙적으로 법정대리인인 후견인의 동의를 얻어야 하며, 동의 없이 한 경우에는 그 행위를 취소할 수 있다. 둘째, 파산선고를 받고 복권되지 아니한 자이다. 파산(破産)이란 채무자가 경제적으로 파탄상태에 빠졌을 때 그 총재산으로 총채권자에게 공평한 만족을 주는 재판상 절차로 파산원인이 있다고 인정되면 법원은 파산선고를 한다. 셋째, 금고 이상의 실형의 선고를 받고 그 집행이 종료되지 아니하였거나 그 집행을 받지 아니하기로 확정되지 아니한 자이다. 넷째, 법률 또는 법원의 판결에 의하여 자격이 상실 또는 정지된 자이다.

[29] 향후 사회복지사의 등급을 1·2·3급에서 1·2급으로 변경하려는 작업이 진행되고 있다.

되지 아니한 자, 법률 또는 법원의 판결에 의하여 자격이 상실 또는 정지된 자는 사회복지사가 될 수 없다. 한국사회복지사협회에서는 자격증을 교부할 때 별도로 신원조회를 하여 사회복지사 자격 결격사유에 해당되는지 여부를 파악해야 한다.

표 6-1. 사회복지사의 등급별 자격기준(사회복지사업법시행령제2조제1항관련, 2004년 개정)

등급	자격기준
사회복지사 1급	사회복지사 1급 국가시험 응시자격을 취득하고 1급 국가시험에 응시하여 합격한 자
사회복지사 2급	가. 고등교육법에 의한 대학원에서 사회복지학 또는 사회사업학을 전공하고 석사학위 또는 박사학위를 취득한 자. 다만, 대학에서 사회복지학 또는 사회사업학을 전공하지 아니하고 동 석사학위를 취득한 자는 보건복지부령이 정하는 사회복지학 전공교과목과 사회복지관련 교과목 중 사회복지현장실습을 포함하여 필수과목 6과목 이상(대학에서 이수한 교과목을 포함하되, 대학원에서 4과목 이상을 이수하여야 한다), 선택과목 2과목 이상을 각각 이수한 경우에 한하여 사회복지사 자격을 인정한다. 나. 고등교육법에 의한 대학에서 보건복지부령이 정하는 사회복지학 전공교과목과 사회복지관련 교과목을 이수하고 학사학위를 취득한 자 다. 법령에서 고등교육법에 의한 대학을 졸업한 자와 동등 이상의 학력이 있다고 인정하는 자로서 보건복지부령이 정하는 사회복지학 전공과목과 사회복지관련 교과목을 이수한 자 라. 고등교육법에 의한 전문대학에서 보건복지부령이 정하는 사회복지학 전공교과목과 사회복지관련 교과목을 이수하고 졸업한 자 마. 법령에서 고등교육법에 의한 전문대학을 졸업한 자와 동등 이상의 학력이 있다고 인정하는 자로서 보건복지부령이 정하는 사회복지학 전공교과목과 사회복지관련 교과목을 이수한 자 바. 고등교육법에 의한 대학을 졸업하거나 이와 동등 이상의 학력이 있는 자로서 보건복지부장관이 지정하는 교육훈련기관에서 12주 이상 사회복지사업에 관한 교육훈련을 이수한 자 사. 사회복지사 3급자격증 소지자로서 3년 이상 사회복지사업의 실무경험이 있는 자
사회복지사 3급	가. 고등교육법에 의한 전문대학을 졸업한 자 또는 법령에서 이와 동등 이상의 학력이 있다고 인정하는 자로서 보건복지부장관이 지정하는 교육훈련기관에서 12주 이상 사회복지사업에 관한 교육훈련을 이수한 자 나. 고등학교를 졸업하거나 이와 동등 이상의 학력이 있는 자로서 보건복지부장관이 지정하는 교육훈련기관에서 24주 이상 사회복지사업에 관한 교육훈련을 이수한 자 다. 3년 이상 사회복지사업의 실무경험이 있는 자로서 보건복지부장관이 지정하는 교육훈련기관에서 24주 이상 사회복지사업에 관한 교육훈련을 이수한 자 라. 법 제2조제1항의 규정에 의한 업무에 8급 또는 8급상당 이상으로 3년 이상 종사한 공무원으로서 보건복지부장관이 지정하는 교육훈련기관에서 4주 이상 사회복지사업에 관한 교육훈련을 이수한 자

비고 : 외국의 대학 또는 대학원에서 사회복지학 또는 사회사업학을 전공하고 학사 학위 이상의 학위를 취득한 자로서 등급별 자격기준과 동등한 학력이 있다고 보건복지부장관이 인정하는 경우에는 해당 등급의 사회복지사 자격증을 교부할 수 있다.

둘째, 학력을 기준으로 한 등급별 자격기준이다. 사회복지사는 사회복지에 관한 전문지식과 기술을 갖추어야 한다. 이와 관련하여 1998년 사회복지사업법을 개정하였다. 사회복지사의 전문성을 높이기 위하여 2003년부터 사회복지사 1급은 국가시험에 합격한 자에게 부여하며, 국가시험은 보건복지부장관이 매년 1회 이상 시행하되, 시험의 관리는 시험관리능력이 있다고 인정되는 관계전문기관에 위탁할 수 있다. 현재는 사단법인 한국사회복지사협회가 국가시험을 위탁받아 관리하고 있다. 보건복지부장관은 국가시험의 관리를 위탁한 때에는 비용을 예산의 범위 안에서 보조할 수 있으며, 시험의 관리를 위탁받은 기관은 보건복지부령이 정하는 금액을 응시수수료로 징수할 수 있다.

2. 사회복지사의 채용

사회복지사의 채용은 민간복지분야와 공공복지분야로 나뉜다.

1) 민간복지 분야의 사회복지사 채용

(1) 의무채용

사회복지사의 의무채용은 직무의 내용에 따라 이루어진다. 사회복지법인 및 사회복지시설을 설치·운영하는 자는 그 법인 또는 시설에서 i) 사회복지 프로그램의 개발 및 운영업무, ii) 시설거주자의 생활지도업무, iii) 사회복지를 필요로 하는 사람에 대한 상담업무에 종사하는 자를 사회복지사로 채용하여야 한다(사회복지사업법 제13조). 만일 이 규정을 위반하는 자는 300만 원 이하의 벌금에 처한다(제55조).

(2) 의무채용 예외

다만, 대통령령이 정하는 사회복지시설은 그러하지 아니하다. 여기서 '대통령령이 정하는 사회복지시설'이라 함은 노인복지법에 의한 노인여가복지시설(노인복지회관을 제외), 장애인복지법에 의한 점자도서관과 점서 및 녹음서 출판시설, 영유아보육법에 의한 보육시설, 윤락행위등방지법에 의한 여성복지상담소·일시보호소 및 자립자활시설, 정신보건법에 의한 정신질환자사회복귀시설 및 정신요양시설, 성폭력범죄의처벌및피해자보호등에관한법률에 의한 성폭력피해상담소를 포함한다(사회복지사업법 제13조 동법시행령 제6조의 2).

사회복지사업법 개정 이전의 구법에서는 사회복지시설 종사자 총수의 1/3 이상을 사회복지사로 채용하도록 하는 의무규정을 두었으나, 제3차 개정에서는 위와 같이 직무내용에 따라 사회복지사를 채용하도록 규정하고 있다.

2) 공공복지 분야의 사회복지사 채용 : 사회복지전담공무원

사회복지사업에 관한 업무를 담당하게 하기 위하여 시·도, 시·군·구 및 읍·면·동 또는 복지사무 전담기구에 사회복지전담공무원을 둘 수 있다. 사회복지전담공무원은 사회복지사의 자격을 가진 자로 하며, 그 임용 등 기타 필요한 사항은 지방공무원임용령으로 정한다. 사회복지전담공무원은 그 관할지역안의 사회복지를 필요로 하는 사람 등에 대하여 항상 그 생활실태 및 가정환경 등을 파악하고, 사회복지에 관하여 필요한 상담과 지도를 행한다. 관계행정기관 및 사회복지시설을 설치·운영하는 자는 사회복지전담공무원의 업무수행에 협조하여야 한다. 국가는 사회복지전담공무원의 보수 등에 소요되는 비용의 전부 또는 일부를 보조할 수 있다.

사회복지전담공무원은 사회복지사의 자격이 있는 자 중에서 임용하되, 그 임용 등에 관하여는 지방공무원임용령이 정하는 바에 의한다. 다만, 사회복지전담공무원 중 별정직 공무원인 자의 임용 등에 관하여는 그 지방자치단체의 조례가 정하는 바에 의한다. 특별시장·광역시장 또는 도지사는 사회복지전담공무원을 임용·배치하는 경우에는 보건복지부령이 정하는 바에 의하여 보건복지부장관에게 그 사실을 보고하여야 한다.

II. 사회복지사의 법적 지위

사회복지사의 법적 지위 또는 신분은 공공기관의 사회복지사와 민간기관의 사회복지사로 구분하여 규정하여야 한다.

그림 6-1. 공무원 구분과 사회복지전담공무원

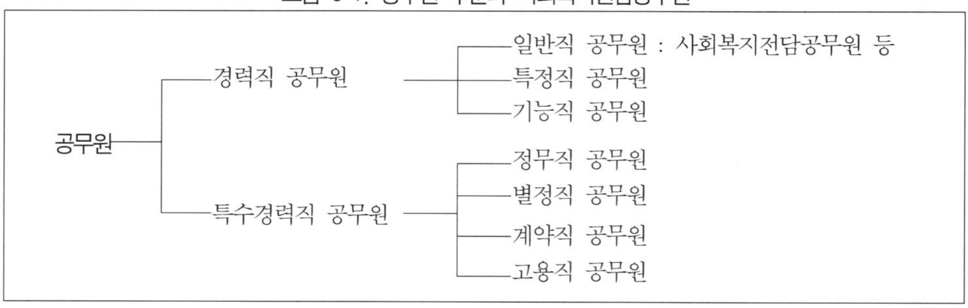

1. 공공기관 사회복지사(사회복지전담공무원)의 법적 지위

공공기관에 근무하는 사회복지사는 주로 사회복지전담공무원을 의미한다. 사회복지전담공무원에 대한 법적 신분에 대해 현행법에서는 별도로 직접 규정한 내용은 없다. 다만 지방공무원법 제2조 및 지방공무원법 제2조의 공무원 구분에 따르면, 공무원은 경력직 공무원과 특수경력직 공무원으로 나누는데, 사회복지전담공무원은 이 가운데 경력직 공무원[30]에 속한다. 경력직 공무원 중에서도 일반직 공무원에 속하며, 일반직 공무원 가운데 사회복지직렬에 속한다. 또한 일반직 공무원 가운데 국가공무원, 즉 중앙공무원이 아니라 지방공무원에 속한다. 국가공무원은 행정자치부 국가직 시험에 임용되어 각급 국가(중앙)산하 기관에서 근무하는 공무원을 말하며, 반면 지방공무원은 지방자치단체, 즉 특별시·광역시 및 도청에서 주관하여 임용된 자로 지방사무를 담당하는 공무원을 말한다. 국가직 공무원과 지방직 공무원의 차이는 시험을 시행하는 기관이 다르며, 근무하는 곳이 다를 뿐 업무 면에서나 보수 면에서는 별다른 차이가 없다.

2. 민간기관에 종사하는 사회복지사의 법적 지위

민간기관에 종사하는 사회복지사의 법적 지위는 근로자로서 갖는 지위와 전문가로서 갖는 지위로 대별될 수 있다.

1) 근로자로서 사회복지사

근로기준법 제14조에 따르면, 근로자란 직업의 종류를 불문하고 사업 또는 사업장에서 임금을 목적으로 근로를 제공하는 자를 말한다. 여기서 근로라 함은 정신노동과 육체노동을 포함한다.

민간기관에 종사하는 사회복지사는 무보수로 봉사하는 자원봉사자와는 달리 사회복지관련 민간 사업장에서 임금을 목적으로 근로를 제공하는 근로자이다. 사회복지사는 정신노동에 종사하건 육체노동에 종사하건 아니면 양자에 겸하여 종사하건 간에 근로자로서의 법적 지위를 갖는다. 따라서 민간기관에 종사하는 사회복지사는 사용자와 원칙적으로 대등한 관계에서 근로계약을 체결하며, 조직 구성원의 지위에서 업무를 수행하며, 공동의사결정에 참여한다.

근로자로서의 사회복지사는 사회복지노동시장에서 노동의 공급자로서 노동의 수요자인 법인이나 기관과 노사관계를 형성한다. 단위사업장에서 노동시장을 매개로 하여 개별 노동자와 사용자가 형성하는 관계를 개별적 노사관계라고 하며, 노동자집단과 개별적 사용자 혹은 노동자집단과 사용자집단 간의 관계를 집단적 노사관계라고 한다. 최근 사회복지현장에서 법인과 사회복지사 간에 노사문제가 발생하였고, 이러한 문제를 대처하는 과정에서 사회복지노동조합이 조직되게 되었다. 노동조합을 통한 집단적 노사관계는 사회복지사와 법인 간에 전근대적인 신분관계로부터 근로자로서 사회복지사의 권익을 확보하고, 법적인 지위를 확고히 하고자 하려는 움직임으로 전개되고 있다.

노사관계는 일반적으로 신분적 지배관계에서 사용자 우위단계를 거쳐 노사대등관계에 이르고 나아가 노사협조단계를 거치게 된다. 현재 우리나라의 사회복지현장에서 노사관계는 상당수가 노사대

---

30) 경력직 공무원이라 함은 실적과 자격에 의하여 임용되고, 그 신분이 보장되며, 평생토록 공무원으로 근무할 것이 예정되는 공무원을 말한다.

등관계에 있으며, 점차 노사협조단계로 발전하고 있다고 보고 있으나, 실제로 신분적 지배관계나 사용자 우위단계에 머물고 있는 사회복지현장도 상당수 있다.

근로자로서 사회복지사도 사용자로서 법인이나 기관과 대등한 관계에서 동등한 지위를 누리는 데서 더 나아가 노사간에 서로의 존재를 존중하는 노사협조단계로 나아갈 때 근로자로서 사회복지사의 지위는 향상될 것이다.

2) 전문가로서 사회복지사

민간사회복지기관에 종사하는 사회복지사는 사회복지에 관한 전문지식과 기술을 갖추고, 보건복지부장관으로부터 자격증을 교부받은 자를 말한다. 따라서 사회복지사는 국가가 공인한 전문가이며, 이에 국가가 인정한 전문가로서의 지위를 누린다.

사회복지사업법에서도 사회복지법인이나 시설의 일정 업무는 반드시 사회복지사로 하여금 전문성을 발휘하도록 하고 있다(사회복지사업법 제13조 및 동법시행령 제6조). 예를 들면 사회복지 프로그램의 개발 및 운영업무, 시설거주자의 생활지도업무, 사회복지를 필요로 하는 사람에 대한 상담업무는 사회복지사를 그 종사자로 채용하여야 한다고 규정함으로써 이들 분야에서 사회복지사로 하여금 전문가로서의 역할을 수행하도록 하고 있다.

III. 사회복지사의 권한과 책임

사회복지사의 법적 권한과 책임은 공공기관에 근무하는 사회복지전담공무원과 민간복지기관이나 시설에 근무하는 사회복지사 간에는 차이가 있다(유지태, 2001).

1. 사회복지전담공무원의 법적 권한

공무원 가운데서도 사회복지전담공무원의 경우 경력직 공무원으로서 특수경력직 공무원과는 달리 실적과 자격에 의하여 임용되고 그 신분이 보장되어, 평생토록 공무원으로 근무할 수 있음이 예정되는 공무원으로 그에 따른 법적 권한과 책임이 있다. 따라서 이들의 법적 권한은 공무원으로서의 법적 권리에 준하고 있으며, 크게 신분상의 권리와 재산상의 권리로 나눌 수 있다.

1) 신분상의 권리

사회복지전담공무원은 공공기관에서 사회복지사의 신분을 가지고 복지관련 업무에 근무함으로써 인정되는 신분상의 권리들이 있다. 대표적인 것이 직업공무원제도하에서의 신분보장이다.

신분보장에 관한 권리의 개별적 내용으로서 공무원의 신분보장에 영향을 주는 처분에 대해서 공무원에게 인정되는 권리를 들 수 있다. 첫째, 공무원의 신분변동에 관한 처분은 법으로 정한 사유에 의해서만 가능하다.

둘째, 처분시에는 그 사유를 기재한 처분사유설명서를 교부하여야 한다.

셋째, 소청(訴請)을 제기할 수 있는 권리이다.

넷째, 소송제기권(訴訟提起權)이다. 공무원의 신분에 관한 위법한 처분이 행해지는 때에는 행정소송을 제기할 수 있는 권리를 갖게 된다.

2) 직무집행과 관련되는 권리

사회복지전담공무원이 직무집행과 관련하여 갖는 권리는 직무수행권, 직위보유권 등이 있다.

3) 재산상의 권리

공무원으로서의 사회복지사는 보수청구권, 연금청구권(年金請求權), 실비변상을 받을 권리 등과 같은 경제적 의미를 갖는다.

4) 기타 권리

교육을 받을 권리 여부, 사생활의 비밀과 자유의 권리 등이 있다.

5) 사회복지전담공무원의 법적 권한의 제한

사회복지전담공무원의 법적 권한은 국가안전보장·질서유지 또는 공공복리를 위하여 필요한 경우에 한하여 법률로써 제한할 수 있으며, 제한하는 경우에도 자유와 권리의 본질적인 내용은 침해할 수 없다.

사회복지전담공무원은 헌법상 보장된 근로3권(단결권, 단체교섭권, 단체행동권) 또는 근로기본권을 제한을 받는다. 헌법 제33조에는 공무원인 근로자는 법률이 정하는 자에 한하여 단결권·단체교섭권 및 단체행동권을 가진다고 규정하고 있어 사회복지전담공무원의 근로3권을 제한하고 있다.

2. 민간사회복지기관에 종사하는 사회복지사의 법적 권한

민간사회복지기관에 종사하는 사회복지사의 법적 권한은 국가의 법으로 명확히 규정되어 있지 않으며, 대부분 각 복지기관의 정관이나 기관운영규정에 의해 부여받고 있다. 또한 이는 개별적으로 사회복지사가 법인이나 시설과 맺은 근로계약의 내용에 따라서도 차이가 있다(대한적십자사, 1997). 따라서 일반적으로 이들의 법적 권한을 규정하기 어렵다. 다만 이들 모두가 근로자이기 때문에 근로자로서 근로기준법에 보장된 법적 권한과 사회복지전담공무원이 갖고 있는 법적 권한 등을 참고하여 이들의 법적 권한을 논할 수 있다.

1) 신분상의 권리

(1) 신분보장과 관련되는 권리
민간사회복지기관에 종사하는 사회복지사는 주로 법인의 정관에 따라 신분보장을 받는다.

(2) 직무집행과 관련되는 권리
사회복지사는 자신에게 적합한 일정한 직무와 책임(직위)을 부여받을 권리를 가지며, 부여된 직무를 수행할 권리를 가진다. 단 직무수행능력이 부족하거나 근무성적이 극히 불량하거나 직원으로서의 근무태도가 심히 불성실한 경우에는 직위를 부여하지 않을 수 있다.

(3) 재산상의 권리
사회복지사는 자신이 제공한 직무수행의 대가로 보수를 청구할 권리를 갖는다. 보수는 직무수행의 대가로서만이 아니라 생활보장적인 성격과 공무수행의 공정성 확보라는 차원에서 고려되어야 한다.

사회복지사는 연금청구권을 갖는다. 또 보수를 받는 이외에 기관운영규정에 따라 직무수행에 소요되는 실비를 변상받을 권리가 있다.

(4) 근로3권
민간복지기관에 근무하는 사회복지사는 헌법상 보장된 단체교섭권, 단체행동권 등 근로3권을 갖는다. 근로자로서 사회복지사는 자주적으로 단결하여 근로조건의 유지, 개선, 기타 근로자의 경제적·사회적 지위의 향상을 도모하기 위해 노동조합을 조직할 권리가 있다. 최근 결성되고 있는 사회복지노동조합이 그 예이다.

(5) 사생활의 비밀과 자유의 권리
사회복지사는 사생활의 비밀과 자유를 향유할 수 있는 권리를 갖는다. 사회복지사는 헌법상 보장된 사생활의 비밀과 자유를 침해받지 아니할 권리를 갖는다. 사회복지사는 위계적인 조직 내에서 근무를 하지만, 사생활의 내용을 침해받지 아니하고 자신이 원하는 대로 자유로운 활동과 생활을 영위할 권리를 갖는다.

3. 사회복지사의 법적 권한의 한계

사회복지사의 법적 권한은 국가안전보장·질서유지 또는 공공복리를 위하여 필요한 경우에 한하여 법률로써 제한할 수 있으며, 제한하는 경우에도 자유와 권리의 본질적인 내용은 침해할 수 없다.

기관에 종사하는 사회복지사에게 사회복지사로서의 결격사유가 발생할 경우 사회복지사로서의 법적 권한은 상실하게 된다.

IV. 사회복지사의 법적 의무

1. 사회복지사업법상 사회복지사의 의무

복지업무에 종사하는 사람은 그 업무를 행함에 있어서 사회복지를 필요로 하는 사람을 위하여 차별없이 최대로 봉사하여야 한다는 최대봉사의 원칙을 규정하고 있다(사회복지사업법 제5조).
비밀누설금지를 의무화하고 있다. 사회복지사업 또는 사회복지업무에 종사하였거나 종사하고 있는 자는 그 업무수행의 과정에서 알게 된 다른 사람의 비밀을 누설하여서는 아니 될 의무가 있다(제47조).

2. 일반적 의무

일반적으로 민간사회복지사와 사회복지전담공무원의 의무는 유사하나 일부 차이가 있다. 모두 성실의 의무, 품위유지의무, 청렴의무와 같은 일반적 의무가 있으며, 사회복지공무원과 같이 선서의무도 있으나 민간사회복지사의 선서 내용은 차이가 있다.
민간사회복지기관에 종사하는 사회복지사의 책임은 한국사회복지사협회에서 2001년 12월 15일 공포한 사회복지사윤리강령에 잘 나타나 있다.

제7장

우리나라 사회복지 입법의 역사

우리나라의 사회복지 입법의 변천사는 공공부조와 관련된 입법에서 시작된다. 우리나라의 사회복지법은 역사적으로 크게 궁핍한 백성을 국가가 돌보아주는 궁민진휼(窮民賑恤)의 구빈사업과 풍수재해 등으로 인해 일시적으로 빈곤해진 이재민들을 구제하는 사업과 관련을 맺고 있다. 그후 사회복지에 관한 기본적인 법률, 사회복지사업에 관한 법률, 사회보험에 관한 법률 등이 본격적으로 제정되었다(곽효문, 2000; 김기원, 2000; 김만두, 1994; 신섭중 외, 2001; 하상락, 1989; 현외성, 2001). 하지만 본 장에서는 한국의 사회복지법이 근대 이후에 어떻게 전개되어 왔는지 한정하여 사회복지적 의의가 있는 법들을 중심으로 살펴보고자 한다. 일제시대와 미군정기의 사회복지입법은 서술할 내용이 많지 않음에도 불구하고, 현대 사회복지법제의 출발이 사실상 일제시대의 법제임을 부인할 수 없기 때문이다.

Ⅰ. 일제시대

일제시대의 사회복지 입법은 매우 단편적이고 사후적인 특성을 지닌다. 일제시대 빈민의 형성은 식민지 농업정책에 의한 식민지 재편과정에서 원인을 찾아야 하며, 빈곤 역시 일제의 식민통치의 소산이며, 제국주의의 침탈과정에서 야기되는 사회문제로 파악되어야 할 것이다.

일제시대의 사회복지법은 공공부조제도와 관련이 있다. 노동능력 유무를 기준으로 구분처우를 하고 있다. 노동능력이 없는 빈민 또는 일시적으로 각종 재해를 당한 사람을 위한 구호사업과 농촌빈민, 화전민, 토막민, 도시세궁민 등 노동능력이 있는 빈민을 대상으로 하는 복지사업으로 구분된다. 일제하의 우리나라 사회복지행정기구는 1912년 내무부 지방국 제2과에서 사회복지에 관한 사무를 관장하다가, 1921년 제2과를 사회과라 개칭하여 사회복지행정이 독립된 과에서 수행되었다.

일본은 1847년 일본에서 제정된 휼구규칙(恤救規則)에 따라 구빈행정을 해오다, 1929년 새로이 구호법(救護法)을 제정하여 실시하였다. 한국에서는 새 구호법을 실시하지 않고 생업부조나 현물급여 등 제한된 구호를 행하였다.

1914년 조선총독부령 제35조에 의하여 제정된 이재구조에 관한 '은사이재구조기금관리규칙'을 제정하고 재해구호자금의 이자금으로써 재해구호를 행하였다.

1916년 일본 대정왕 즉위 후 한국에 배부한 20만 엔을 가지고 은사진휼자금을 만들고, 궁민구조규정(窮民救助規定)을 공포하여 관리방침을 규정하였다. 이 기금의 이자에 의해 구조미(救助米) 또는 구조미대(救助米代)를 지급하였다.

1916년에는 은사진휼자금 궁민구조규정에 의해 빈민구료사업을 실시해 은사진료, 시료, 실비진료, 특종진료 등을 행하였다. 은사진료에는 공립병원이나 공의(公醫)가 없는 농촌지역에 구료상자를 설치한 구료상(救療箱), 공립병원이나 공의가 없는 지역의 빈민들에게 인근 병원 또는 공의로부터 진료를 받을 수 있도록 발급한 진료권, 재정을 은사금이 아닌 국비나 지방비로 공립병원에서 진료를 한 시료(施療), 저렴한 비용으로 진료를 해주는 실비진료가 있었으나 매우 부진한 상태였다.

1917년에는 임시은사금을 기금으로 행려병인구호자금관리규칙을 제정해 그 이자로서 행려병인, 사망인 또는 그 동반자를 구조하였다.

1926년에 '은사진휼자금궁민구조규정', 1917년 행려환자 구호를 위한 '행려병인구호자금관리규칙', 1917년 군사원호법을 조선에 시행하는 법령 등이 대표적이었다.

1927년 빈민문제가 심각한 사회문제로 대두되자 '경성부방면위원규정'을 경성부고시 제49호로 공포하고 방면위원제도를 실시하였다. 방면위원은 빈민의 생활상태를 상세히 조사해서 그 진상을 파악하고, 조사에 의해 빈곤의 원인을 판명한 후 개개의 사정에 따라 적절한 선도·교화·구제의 방법을 강구하고, 생활향상을 도모한다. 방면위원사업의 주된 내용은 빈민생활상태조사, 상담지도, 보호구제, 보건구호, 주선, 호적정리 등이다.

전시재해로 피해를 당한 사람이나 가족에게 구조, 부조 및 급여금의 지급을 규정한 1942년의 '전시재해구호법', 그리고 일본에서 1929년 제정되어 1932년부터 실시하던 '구호법(救護法)'을 원용하여 1944년 3월에 '조선구호령'을 실시하였다. 조선구호령은 형식상으로는 근대적 의미의 공공부조가 우리나라에 최초로 제도화된 것이다. 조선구호령은 국민기초생활보장법의 전신인 생활보호법의 모태가 되었다. 조선구호령의 적용대상은 i) 65세 이상의 노쇠자, ii) 13세 이하의 유아, iii) 임산부, iv) 불구, 폐질, 질병, 상이, 기타 정신 또는 신체의 장애로 인하여 노동을 하기에 지장이 있는 자이다. 급여내용은 생활부조, 의료, 조산, 생업부조, 장제부조 등이 있다. 구호는 신청주의에 의해 실시되며, 이를 심사하기 위해 자산조사를 거치도록 규정하고 있으며, 구호는 거택보호를 원칙으로 하고 예외적으로 구호시설수용, 위탁수용을 할 수 있도록 규정하고 있다. 재정은 국가가 1/2 또는 7/12 이내를 보조하고, 도는 1/4을 보조할 수 있으며, 이하는 읍·면에서 부담하도록 규정하고 있다. 구호사업의 전달체계는 중앙에서 조선총독부 내무부 학무국 사회과에서 관장하고, 이하는 도지사, 부윤 또는 읍장의 책임으로 되어 있다. 농촌빈민, 화전민, 토막민의 구제사업으로서 농가경제갱생계획(1933년), 화전정리안(1912년), '화전 및 화전민의 정리구제위원회'의 설치(1927년) 이후 북선개척사업(1932년), 사회사업단체의 의한 토막민의 구제·교화사업(1931-38년) 등이 있다(하상락, 1989).

일제의 식민지시대에서 우리 민족이 제정한 복지관련 입법은 1919년 4월 11일 임시정부가 제정한 '대한민국임시정부헌법'에서 일부 찾아볼 수 있다. 임시정부는 대한민국임시정부헌법의 전문에서 "항구완전(恒久完全)한 자주독립(自主獨立)의 복리(福利)"를 지향함을 천명하였다. 즉, 자주독립을 이루고 민생복리를 추구하는 복지국가를 지향할 것임을 선언하였다. 이러한 전문의 내용은 임시정부 헌법 제3조에서 대한민국의 인민은 남녀, 귀천, 빈부의 계급이 없고 일절 평등하다고 명시함으로써 보다 구체화되었다.

II. 미군정기

미군정기는 8·15해방 후 3년간(1945. 9. 8-1948. 8. 15)에 걸친 기간으로 일제시대와 대한민국이라는 독립국가 형성 사이의 과도기적 단계이다. 이 시기는 열악한 경제적 상황 속에서 수많은 월남·귀환민들을 중심으로 광범위한 빈곤이 형성되었던 시기였다. 또한 노동운동을 중심으로 한 파업과 소요 및 폭동 등의 투쟁양상은 미군정 전기간에 걸쳐 끊임없이 이어져갔다. 미국의 미군정은 심각한 소요를 예방하고, 나아가서 소련의 영향력을 배제하는 수단의 일환으로, 구제부흥계획을 위한 원조를 적극적으로 실시하려 하였다.

미군정하의 구호행정의 법적·제도적 근거는 형식상으로는 일제시대의 관계법을 계승하고 있으나, 그것보다는 군정법령 및 몇 가지 업무처리준칙에 의해 이루어졌다. 당시의 빈곤정책은 광범위한 요구호자들의 긴박한 필요에 대응하는 임시적인 구호사업 중심으로 전개되었다. 구호사업은 월남한 피난민과 국내 거주의 요구호빈민에 대한 식량·의료 및 주택 공급에 치중하였다. 미군정기 보건후생 정책은 기아의 방지, 최소한의 서민 생계유지, 보건위생 및 치료, 응급주택 공급 등에 중점을 두었으나 획기적 사업추진이나 장기계획은 실시하지 않았다.

1946년 미군정은 구호준칙으로서 후생국보3호, 후생국보3A호, 후생국보3C호를 제정하였다. 후생국보3호의 C항은 공공구호(public relief)를 규정하고 있는데, 이는 조선구호령과 유사하게 구호의 대상으로 i) 65세 이상 된 자, ii) 6세 이하의 부양할 소아를 가진 모, iii) 13세 이하의 소아, iv) 불치의 병자, v) 분만시 도움을 요하는 자, vi) 정신적·육체적 결함이 있는 자로서, 구호시설에 수용되지 않고, 가족이나 친척의 보호가 없고, 노동할 수 없는 자로 규정하였다. 구호내용으로는 식량, 주택, 연료, 의류, 의료, 매장으로 분류된다.

후생국보3A호는 이재민과 피난민에 대한 구호를 규정하였다. 구호내용으로 식량, 의류, 숙사, 연료, 주택부조, 긴급의료, 매장, 차표제공 등을 들 수 있다. 후생국보3C호는 궁민과 실업자에 대한 구호 규칙으로서, 거택구호시 세대인원에 대한 지급한도액을 규정하고 있다.

구호행정은 보건후생부를 중심으로 이루어졌다. 1945년 9월 24일 미군정법령 1호에 의해 경무국 산하의 위생과가 위생국으로 독립하였고, 동년 10월 27일 보건후생국이 설치되었으며, 1946년에 미군정법령 64호에 의해 보건후생부로 승격되었고, 1947년 각 부에 보건후생국을 설치하였다. 보건후생부의 직무는 i) 사변재해의 구제, ii) 일반 빈곤자의 공공구조, iii) 아동의 후생 및 기타 필요한 보호, iv) 노무자의 후생 및 은급제도, v) 주택문제, vi) 귀국 및 실직한 한국인 보호 및 귀향, vii) 기타 한국 내 점령군의 목적 달성에 필요한 공공후생계획 및 경영 등이다.

III. 정부수립과 6·25동란기

통상 우리 헌정사는 1948년 제헌헌법부터 시작한다고 한다. 1945년 8월 15일 우리 민족은 일제로부터 해방되었다. 그로부터 3년 동안의 미군정기를 거쳐 1948년에야 비로소 우리의 헌법을 제정하였다. 1948년 5월 10일 제헌국회 구성을 위한 국회의원선거를 실시하여, 5월 31일 198명의 국회의원으로 구성된 역사적인 제헌국회가 개회되었다. 제헌국회는 헌법기초위원회를 조직하여 곧바로 헌법제정작업에 착수하여 대통령제(임기 4년, 1회 중임 가능)와 단원제국회 및 국무총리제를 채택한 제헌헌법 이 완성되어 7월 17일 공포되었다.

1948년 정부수립 후 보건후생부와 노동부를 합쳐 사회부로 개칭하여 보건부와 사회부가 각각 독립되어 업무를 실시하다가, 1955년에는 보건사회부로 개칭하였다. 이 시기 복지정책의 특징은 외국 민간원조단체가 주축이 되어 고아원, 양로원 등 수용보호시설을 중심으로 한 미국식 사회사업개념이 도입되었다는 것이라 할 수 있으며, 새로운 복지제도가 조성되지는 않았으나 복지제도의 방향설정에 중요한 계기가 되었다.

1. 제헌헌법

1948년 7월 17일 제정된 제헌헌법인 대한민국 헌법은 전문에서 국민생활의 균등한 향상을 기하고 자유와 행복을 확보할 것을 결의함으로써 복지국가를 지향함을 선언하고 있다. 또한 별도의 조항에서 복지관련 내용을 직간접적으로 규정하고 있다. 동 헌법 제19조는 "노령, 질병, 기타 근로능력의 상실로 인하여 생활유지의 능력이 없는 자는 법률이 정하는 바에 의하여 국가의 보호를 받는다"고 공공부조에 관한 사항을 규정하고 있다. 동 헌법 제5조에는 공공복리를 위한 국가의 의무를 명시하고 있다. 제5조는 "대한민국은 정치, 경제, 사회, 문화의 모든 영역에 있어서 각인의 자유, 평등과 창의를 존중하고 보장하며, 공공복리(公共福利)의 향상을 위하여 이를 보호하고 조정하는 의무를 진다"고 규정하고 있다.

2. 대한적십자사조직법

1949년 4월 대한적십자사조직법이 제정·공포되었다. 우리나라 적십자운동의 역사는 대한제국정부 당시인 1903년(광무7년) 1월 8일자로 최초의 적십자조약인 '육지전투에있어서군대부상자의상태 개선에관한제네바협약'의 가입과 그 해 2월 7일 '1899년의 헤이그협약' 서명으로 적십자를 이해하 게 되어, 1905. 10. 27. 고종황제 칙령 제47호로 '대한적십자사규칙'이 반포됨으로써 시작되었다.

대한적십자사가 재건된 지 불과 8개월만에 6·25동란이 발발하였고, 대한적십자사는 임시수도인 부산에서 전시구호활동을 활발히 전개하였다. 동란이 끝난 1955년 5월 26일에 ICRC에 적십자사 승 인신청서를 제출하여 승인을 받고, 같은 해 9월 28일 연맹에 가입함으로써 정식으로 국제적십자 회 원국이 되었다(대한적십자사, 2002).

3. 군사원호법

6·25동란으로 인해 상이군경과 전몰군경 그리고 그 유가족의 생활문제에 대처하고, 군경의 사기 진작을 위해 1950년 군사원호법이 제정되었으며, 1951년에는 경찰원호법이 제정되었다. 이들 법은 1961년 군사원호보상법에 의해 대체되었다.

4. 후생시설설치기준령, 법인설립허가신청에 관한 규칙, 후생시설운영요강

후생시설설치기준령이 1950년 제정되었다. 6·25동란으로 인해 전쟁고아와 월남피난민의 급증 등 요구호대상자 급증은 기존의 구호령으로는 대처할 수 없는 상황을 낳게 되어 외국원조기관들에 의한 수용보호를 피할 수 없게 되었다. 따라서 국가와 민간단체의 난립과 외원기관의 중복구호 등으 로 많은 혼란을 가져오게 된다. 복지시설의 무분별한 운영, 피수용자의 인권유린 등을 방지하고, 수 용아동의 양호를 기하기 위하여 후생시설로서 갖추어야 할 최소한도의 요건을 규정한 후생시설설치 기준령을 제정하였다.

1952년 10월 보사부 훈령으로 '후생시설운영요령'이 제정되었다. 그러나 1953년 설치된 부산의 시립탁아소와 같은 당시의 보육시설들은 육아시설 '고아원'과 큰 차이가 없었으며, 시대적 요청에 따라 임시구호적 성격을 강하게 띠고 있어 보육의 제 기능을 다하지 못하였다.

5. 근로기준법

1953년 근로자의 기본적 생활을 보장, 향상시키며 균형 있는 국민경제의 발전을 도모하기 위하여 근로기준법을 제정하였다. 근로조건, 근로계약, 퇴직금제도를 명시하고, 고용주 책임제의 근로복지 대책을 마련하였다.

Ⅳ. 1960년대

1960년대는 시기적으로 5·16군사쿠데타와 제3공화국에 해당되는 시기이다. 산업화로 급속한 경제성장을 추구하면서 농촌인구가 산업현장으로 이주하고, 가족구조는 핵가족화되었다. 핵가족화로 인해 확대가족하에서 가족구성원간 또는 친족간의 생활보장은 점차 약화되고, 도시화로 인해 대도시지역에서는 인구집중으로 과밀혼잡의 문제뿐만 아니라 새로운 사회문제를 야기하게 되었다.

장면 정권하의 사회적·경제적 혼란을 빌미삼아 군사쿠데타를 일으킨 군사정권이 사회복지에 대한 관심을 가지고 이를 공식적으로 표명한 것은 1962년도에 들어오면서였다. 그러나 실질적으로 군사정권은 사회복지에 별 관심이 없었고, 사회복지를 실현할 의도도 없었다. 군사정권이 근본적으로 사회복지를 소홀히 할 수밖에 없었던 것은 정권의 정통성을 확보하기 위한 수단을 경제성장 일변도의 산업화에서 찾고 있었기 때문에 사회복지를 위한 투자는 비생산적이고 경제성장을 저하시키는 요인으로 간주하였다.

1. 제3공화국 헌법

헌법 제5차 개정은 5·16군사쿠데타에 의하여 이루어졌다. 이 헌법의 사회복지적 의미는 인간다운 생활을 할 권리가 헌법조항으로 신설된 데 있다.

제3공화국헌법은 전문에서 정치·경제·사회·문화의 모든 영역에 있어서, 각인의 기회를 균등히 하고 의무를 완수하게 하여, 안으로는 국민생활의 균등한 향상을 기하고, 밖으로는 항구적인 세계평화에 이바지함으로써 국민의 안전과 자유와 행복을 영원히 확보할 것을 다짐하고 있다. 동법 제30조에서는 모든 국민은 인간다운 생활을 할 권리를 가지고, 국가는 사회보장의 증진에 노력할 의무를 가지며, 생활능력이 없는 국민은 법률이 정하는 바에 의하여 국가의 보호를 받는다고 규정함으로써 복지권 내지 인간다운 생활을 할 권리와 이를 보장할 국가의 의무를 규정하고 있다.

2. 공무원연금법

제1공화국 말엽인 1959년에 들어와서 당시의 중앙인사행정기관인 국무원 사무국에서 공무원연금법을 제정, 1960. 1. 1.에 공포·시행함으로써 공무원이라는 특수직역을 대상으로 국가책임하에 운영하는 공적연금제도인 공무원연금제도가 설립되었다(공무원연금관리공단, 2002).

3. 갱생보호법

1961년 법률 제730호로 갱생보호법이 제정되어 법무부장관의 감독하에 공법인체인 갱생보호회

"

가 설립되었다. 이 법은 1963년에 개정되어 종래의 갱생보호의 대상에서 제외되었던 소년원의 퇴원자 및 가퇴원자까지도 갱생보호의 대상으로 포함시키면서, 법무부장관 감독하의 공법인인 중앙갱생보호회를 설립하였다. 그리고 종전의 각 갱생보호회를 중앙회의 지부로 개편하고 지부산하의 기구의 정비를 단행하였으나, 관계법령의 개정이 뒤따르지 못해 인사 및 감독 체계가 법무부와 갱생보호회 간에 이원화되었으며, 재산의 관리도 중앙회와 지부 간에 이원화되어 있는 실정이다. 그 후 1995. 1. 5. 보호관찰법과 갱생보호법을 통합한 '보호관찰등에관한법률'이 제정되어 현재에 이르고 있다. 이 법에 근거하여 갱생보호법상의 '갱생보호회'의 명칭을 '한국갱생보호공단'으로 개칭하고, 법인 관계규정(제68조 내지 제83조)을 대폭 개정하였다. 그러나 아직도 종전의 갱생보호사업을 간판만 바꾸어 운영하고 있는 형편이다.

4. 군사원호보상법

1961년 기존의 군사원호법과 경찰원호법을 통합하여 군사원호보상법을 제정하였다. 국가와 사회를 위하여 헌신한 자에 대하여 국가사회가 보상해야 한다는 보상의 원리에 근거한 법으로 상이군경, 전몰군경 및 그 유가족의 생활문제를 보호하기 위하여 연금, 수당, 직업알선, 세금감면 등의 재정적 원조를 한다.

5. 생활보호법

1961년 12월 30일 제정된 이 법은 생활유지의 능력이 없거나 생활이 어려운 자에게 필요한 보호를 행하여 이들의 최저생활을 보장하고 자활을 조성함으로써 사회복지의 향상에 기여함을 목적으로 하고 있다. 이 법의 제정으로 우리나라 빈곤구제정책이 정착되고 공공부조사업이 본격 실시되기 시작하였다. 그러나 이 법은 1944년 일제시대에 제정된 조선구호령과 유사한 측면이 많다. 1982년 생활보호법은 전면개정을 이루어 보호대상자 범위를 일부 확대하여 생활이 어려운 자로서 보호기관이 이 법에 의한 보호를 필요로 한다고 인정되는 자를 추가했다. 즉 영세민을 법정보호대상 범위에 포함시키었고, 보호대상자가 생활 유지·향상을 위하여 그 자산, 근로능력 등을 최대한 활용할 것을 전제하고, 친족부양우선주의를 명백히 하였으며, 보호수준은 건강하고 문화적인 최저생활을 유지하는 수준이며, 보호의 종류에서 자활보호와 교육보호를 추가하였다.

6. 아동복리법

1961년 제정·공포된 아동복리법은 아동이 건강하게 출생하여 행복하고 안전하게 자라나도록 그 복지를 보장함을 목적으로 한다. 아동복리법의 제정으로 우리나라에 보육사업이 본격적으로 실시되게 되었다. 이 법은 '탁아소'를 법정 아동복지시설로 인정하고, 보육시설의 설치기준·종사자 배치기준·보육시간·보호내용 등을 구체적으로 규정하였다. 1960년대 후반에는 경제개발 5개년계획의 추진으로 도시화, 산업화가 진전되면서 보육수요가 늘어남에 따라 시설이 부족하게 되자, 1968. 3. 14. 정부는 아동복리법시행령에 근거한 '미인가탁아시설임시조치령'을 공포하여, 민간시설의 설치를 용이하게 하였다. 이를 계기로 종전에 법인체만이 설치할 수 있었던 보육시설의 운영주체를 대폭 완화하여 많은 시설을 인가하였고, '탁아소'라는 명칭도 '어린이집'으로 고쳐 부르게 되었으며, 아울러 주로 외국원조에 주로 의존하던 이들 시설에 대한 정부지원이 시작되었다. 1981. 4. 13. 아동복리법이 아동복지법으로 전면 개정됨에 따라 무료탁아시설은 법인 이외의 자도 신고만으로 시설을 설치·운영할 수 있게 되었다.

7. 선원보험법

1962년 선원과 그 가족의 복리증진에 기여하기 위해 선원보험법을 제정하였다. 건교부가 관장하도록 하였으나 시행령을 제정하지 않아 사문화되었다.

8. 재해구호법

1962년 재해구호법이 제정되었다. 재해구호법은 국가와 지방자치단체가 한해·풍해·수해·화재 등 비상재해가 발생하였을 때, 공적자금을 활용하여 응급적인 구호를 행함으로써 피해지역의 재해를 복구하고, 재난을 입은 이재민의 생존을 보호하며, 사회질서를 유지하기 위해 제정되었다.

9. 국가유공자특별원호법

1962년 국가를 위하여 공헌하거나 희생한 국가유공자와 그 유족에 대하여 국가가 응분의 예우를 행함으로써 국가유공자와 그 유족의 생활안정과 복지향상을 도모하고 아울러 국민의 애국정신 함양에 이바지함을 목적으로 하는 보상의 원리에 입각한 국가보상법이다. 이 법은 1984년 국가유공자등예우및지원에관한법률에 의해 폐지되었다.

10. 군인연금법

1963년 제정된 군인연금법은 군인이 상당한 연한에 성실히 복무하고 퇴직하거나 심신의 장애로 인하여 퇴직 또는 사망한 때 또는 공무상의 질병·부상으로 요양하는 때에 본인이나 그 유족에게 적절한 급여를 지급함으로써 본인 및 그 유족의 생활안정과 복리향상에 기여하기 위해 제정되었다.

11. 산업재해보상보험법

산업재해보상보험이 등장하기 이전에 근로자의 업무상 재해에 대한 보상은 근로기준법에 근거하여 이루어졌다. 그러나 사용자의 책임하에 근로자에 대한 업무상의 재해를 보상하도록 되어 있는 근로기준법은 별 효력이 없어서 1963년 11월 법률 제1438호로 산업재해보상보험법을 제정·공포하였다. 산업재해보상보험법은 사업장에서 일하는 근로자들이 업무수행 중 또는 업무수행과 관련하여 부상·질병·신체장해 또는 사망한 경우에 근로자 본인의 치료나 본인 및 부양가족의 생계를 보장하기 위한 제도를 말한다.

12. 사회보장에관한법률

사회보장에관한법률은 국민의 인간다운 생활을 도모하기 위한 사회보장제도의 확립과 그 효율적인 발전을 기하기 위하여 1963. 11. 5. 사회보장에 관한 기본법으로서 제정되었다. 이 법에서는 사회보장을 사회보험에 의한 제급여와 무상으로 행하는 공공부조를 말한다고 정의하였다. 또한 정부는 사회보장사업을 행하며 필요하다고 인정할 때에는 그 일부를 지방자치단체 또는 기타의 법인으로 하여금 행하게 할 수 있으며, 정부는 사회보장사업을 행함에 있어서 국민의 자립정신을 저해하지 아니하도록 하여야 하고, 국가의 경제적 실정을 참작하여 순차적으로 법률이 정하는 바에 의하여 행한다고 규정하였다. 그러나 이 법은 7조로 구성되어 기본법으로서 실제적 의미를 갖기에는 미비하였다. 이 법은 1995. 12. 30. 사회보장기본법이 제정되면서 폐지되었다.

13. 의료보험법

의료보험법은 1963년 12월에 국민의 질병·부상·분만 또는 사망 등에 대하여 보험 급여를 실시함으로써 국민보건을 향상시키고 사회보장의 증진을 도모함을 목적으로 제정되었다. 그러나 법안심의 과정에서 사회보장제도의 주요한 원칙인 강제적용의 원리가 삭제되고 임의적용으로 바뀌었다. 1965년 2년간의 시범사업 준비를 바치고 호남비료주식회사, 봉명광업소가 의료보험조합을 형성함으로써 한국 의료보험의 효시를 이루었다. 그러나 다른 기업체의 호응부족으로 실효를 거두지 못하였다. 1970년 8월 강제가입과 임의가입을 가미시킨 개정법률이 새로이 마련되었지만, 정부의 소극적인 태도와 의료계의 반대로 시행령을 개정하지 못함으로써 또다시 제도의 본격적인 실시가 유보되었다 (하상락, 1989; 현외성, 2001).

V. 1970년대

1970년대는 국제적으로는 월남전쟁에서 미국이 패배하고 월남이 공산화되면서 인접국이 사회주의화되는 '도미노현상'이 발생하였으며, 국내적으로는 민주화와 산업화가 충돌하는 혼란의 시기였다. 3선개헌안이 통과되고, 뒤 이어 박정희 대통령이 제7대 대통령으로 취임하였으며, 불안한 정국을 수습하고 장기집권을 보다 확실히 하기 위하여 1972. 10. 17. 국회를 해산하고 비상계엄령을 선포하면서 소위 한국적 민주주의라는 이름으로 '10월유신'을 단행하였다. 반면, 경제분야에 있어서는 1962년부터 실시된 경제개발 5개년계획이 1970년대에 와서도 계속되었다. 수출주도형정책, 공업우선정책, 외자의존정책으로 특징지어지는 경제개발정책을 정부주도하에 추진한 결과 급속한 경제성장을 이루게 되었다. 그러나 경제성장과정에서 소득분배가 왜곡되고, 부익부빈익빈 현상은 가중되었으며, 농촌이 공동화(空洞化)되고, 심각한 환경오염문제 등과 같은 부작용을 불러왔다.

1. 사회복지사업법

1970. 1. 1. 사회복지사업법이 제정되었다. 이 법은 사회복지사업에 관한 기본적 사항을 규정하여, 사회복지사업을 생활보호법·아동복리법·윤락행위등방지법 등에 의한 보호사업·복지사업·선도사업·복지시설의 운영 등을 목적으로 하는 사업으로 정의하였고, 사회복지사업을 목적으로 하는 사회복지법인을 설립하고자 하는 자는 보건사회부장관의 인가를 받도록 하였으며, 사회복지시설의 설치·운영은 국가·지방자치단체 및 시·도지사의 허가를 받은 사회복지법인 또는 보건사회부장관의 허가를 받은 기타의 법인에 한하였고, 보건사회부장관은 공동모금의 목적달성을 위하여 법인인 모금회의 설립을 허가할 수 있도록 하였다.

2. 국민복지연금법

1973. 12. 24. 국민복지연금법이 제정되었다. 이 법은 국민의 노령·폐질·사망 등 사회적 위험이 발생한 경우를 대비하여 가입자의 갹출금을 주된 재원으로 하는 연금급여를 실시하여 국민의 생활안정과 복지증진에 기여함을 목적으로 하고 있다. 그러나 국민복지연금법은 경제적 불황과 사회현실의 여건부족을 이유로 그 시행을 10여 년 동안 보류하여 사실상 유명무실화되었지만, 형식상으로는 1988년에 시행된 국민연금의 기초가 되었다(한국사회보험연구소, 2002).

3. 개정(강제적용)의료보험법

1963년 제정된 의료보험법은 강제가입제도가 아닌 임의가입제도여서 강제가입을 원칙으로 하는 사회보험으로서의 역할을 상실하였다. 이 법이 1976년 12월 전면 개정되어 공무원·교직원·군인을 제외한 500인 이상 사업장 근로자에게 강제적용됨으로써 실질적인 의료보험이 실시되었다. 이에 따라 1977. 1. 1. 500인 이상 사업장 근로자를 대상으로 최초로 강제적용방식을 도입한 직장의료보험을 실시하였다. 사실상 사회보험으로서의 의료보험제도가 도입되었다.

4. 의료보호법

1977. 12. 31. 의료보호법이 법률 제3076호로 제정되어 생활유지능력이 없거나 일정 수준 이하의 저소득층을 대상으로 국가재정에 의하여 기본적인 의료혜택을 제공하여 국민보건의 향상과 사회복지증진에 이바지하는 의료부조사업을 실시하였다.

우리나라 의료보호의 효시는 1961년에 제정된 생활보호법을 근거로 저소득자, 무능력자 및 무의·무탁자 등과 같은 취약계층에 대해 무료진료 형태의 진료사업을 실시한 것으로 볼 수 있는데, 그 수혜대상이 무능력자로 한정되었고, 진료제공기관도 보건소 및 국·공립의료기관 등 일부 진료기관에 국한되는 등 의료부조적 성격을 지니고 있었다.

5. 공무원및사립학교교직원의료보험법

1977. 12. 31. 법률 제3081호로 제정된 공무원및사립학교교직원의료보험법은 공무원, 사립학교교직원 및 그 부양가족의 질병, 부상, 분만, 사망 등에 대하여 보험 급여를 실시함으로써 그들의 건강을 향상시키고, 사회복지의 증진을 도모함을 목적으로 하고 있다. "공무원"이라 함은 국가 또는 지방자치단체에서 상시 공무에 종사하는 자를 말하고, "교직원"이라 함은 사립학교교원연금법 제3조의 규정에 의한 사립학교 또는 그 학교 경영기관에 근무하는 교원 및 직원을 말한다.

6. 제5공화국 헌법

10·26사태 후 계엄이 선포되고 정국이 불안한 가운데 전두환, 노태우 장군 등 이른바 신군부가 1979. 12. 12. 병력을 동원하여 계엄사령관인 육군 참모총장을 연행·감금하는 하극상에 의한 군사반란을 일으켰다. 신군부는 국회를 해산하고 자의로 국가보위입법회의라는 기구를 만들어 헌법을 만들고 국민투표로 확정하였다. 이 헌법이 8차 개헌으로 이루어진 제5공화국 헌법이다.

제5공화국 헌법 가운데 사회복지법과 관련해 고찰할 것은 헌법의 기본권 조항 가운데 행복추구권을 추가하였다(김철수, 2001). 헌법 제32조에 국가는 사회보장·사회복지의 증진에 노력할 의무를 진다는 조항을 둠으로써 기존의 제3공화국 헌법 제30조 제2항의 국가는 사회보장의 증진에 노력하여야 한다는 조항과 비교할 때 사회보장뿐 아니라 사회복지를 추가함으로써 인간다운 생활을 할 권리의 실현 내지 생존권의 실현이 소득보장·의료보장·고용보장·재해보장 등 사회보장뿐 아니라 사회복지서비스 급여의 증진을 위해 국가가 노력해야 함을 규정하였다.

VI. 1980년대

1980년대의 시대상황은 국제적으로는 동서간의 냉전이 종식되기 시작한 시기였으며, 국내적으로는 소위 신군부시대가 전개되었다. 10·26사태 후 전국에는 비상계엄령이 선포되었고, 학원자율화, 민주화 등을 요구하는 시위가 격렬하게 이루어졌던 시기였다. 정부는 정국안정을 위해 긴급조치로 대응하였으나, 결국 광주민주화운동으로 폭발하였다. 대통령 선거인단에 의한 간접선거에서 제12대 대통령으로 당선된 전두환은 정부수립 이후 최대의 정부기구 축소작업을 단행하였으며, 야간통행금지 해제, 중고생 두발 및 교복자율화 등의 개방화정책을 실시하였다. 한편으로는 남북간에 이산가족찾기운동이 전개되었으며, 남북고향방문단이 상호교환되기도 하였다.

1. 사회복지사업기금법

사회복지사업기금법은 1980. 12. 31. 법률 제3336호로 제정되었다. 이 법은 사회복지사업을 효과적으로 수행하기 위하여 사회복지사업기금을 설치·운용함으로써 사회복지 증진에 기여하기 위해 제정되었다. 기금은 정부의 출연금, 정부 이외의 자가 기부하는 현금·물품·기타 재산, 기금의 운용에 의하여 생기는 수익금, 기타의 수익금으로 조성하며, 사회복지사업법에 의한 사회복지사업에 필요한 비용, 사회복지사업법에 의한 사회복지시설의 확충에 필요한 비용, 사회복지사업으로서 대통령령으로 정하는 사업에 필요한 비용, 기금의 조성 및 그 관리·운용에 필요한 비용 등의 용도로 사용한다.

2. 아동복지법

1981. 4. 13. 기존의 아동복리법이 아동복지법으로 전면 개정됨에 따라 무료 탁아시설은 법인 이외의 자도 신고만으로 시설을 설치·운영할 수 있게 되었다.

아동복지법은 아동이 건전하게 출생하여 행복하고 건강하게 육성되도록 그 복지를 보장하기 위해 법률 제03438호로 제정되었다. 이 법은 아동의 보호·양육·육성을 위한 국민과 국가 및 지방자치단체의 책임을 규정하였으며, 또한 어린이에 대한 애호정신을 앙양하기 위해 어린이날을 제정하였다.

3. 심신장애자복지법

1981년 유엔이 '세계장애인의 해'를 선포하자, 우리나라에서는 심신장애자복지법이 제정되어 비로소 장애인 문제 해결을 위한 국가적 노력이 시작되었으며, 1988년 서울장애인올림픽 개최를 계기로 장애인에 대한 사회적 관심이 높아짐에 따라 심신장애자복지법은 1989년 장애인복지법으로 전면적 개정이 이루어졌다.

심신장애자복지법에서는 '장애자'를 "지체장애, 시각장애, 청각장애, 언어장애 또는 정신지체 등 정신적 결함으로 인하여 장기간에 걸쳐 일상생활 또는 사회생활에 상당한 제약을 받는 자"로 정의하였다.

4. 노인복지법

노인복지법은 노인의 심신의 건강 유지 및 생활안정을 위하여 필요한 조치를 강구함으로써 이러한 사회문제를 해결하고, 노인의 복지증진에 기여하기 위하여, 1981년 6월 5일 법률 제3453호로 제정 공포되었다. 노인복지법은 1989. 12. 30. 법률 제4178호로 개정되어 노인복지대책위원회를 설치하고, 65세 이상의 노인에 대한 노령수당을 지급할 수 있도록 하였고, 노인복지시설의 범위에 실비양로시설, 유료노인요양시설 및 노인복지주택을 추가하였다.

5. 진폐의예방과진폐근로자의보호등에관한법률

진폐법이라 불리는 이 법은 진폐(塵肺)의 예방과 분진작업(粉塵作業)에 종사하는 근로자에 대한 건강관리를 강화하고 진폐에 걸린 근로자(이하 "진폐근로자"라 한다) 및 그 유족에 대한 위로금의 지급에 관한 사항을 정함으로써 근로자의 건강보호와 복지증진에 이바지하기 위해, 1984. 12. 31. 제정되었다. 여기서 "진폐"라 함은 분진을 흡입함으로써 폐에 생기는 섬유증식성 변화를 주증상으로 하는 질병을 말한다.

6. 국민연금법

국민연금법은 1986. 12. 31. 법률 제3902호로 제정되었는데, 기존의 국민복지연금법을 전면 개정하여 14년간의 휴면기를 끝내고 1988년부터 본격 실시되었다. 1986년의 국민연금법은 가입대상자를 10인 이상 사업장 근로자로 하였고, 국민연금급여 중 균등부분도 가입기간에 비례하였다. 우리나라의 1988년의 국민연금제도는 일본의 근로자를 주대상으로 실시하는 (구)후생연금제도와 거의 유사한 구조를 가지고 있었다. 즉, 일본의 후생연금제도의 경우에도 우리나라의 제도와 동일한 수정적립방식 채택, 강력한 소득재분배, 소득비례와 정액연금의 혼합, 수급부담의 불균형체계를 가지고 있는 것이다.

7. 최저임금법

최저임금법은 1986. 12. 31. 법률 제3927호로 제정되었다. 이 법은 노동자에 대하여 임금의 최저수준을 보장함으로써, 근로자의 생활안정과 노동력의 질적 향상을 통한 국민경제의 건전한 발전에 이바지함을 목적으로 하고 있다. 이 법에 의해서 사용자는 최저임금의 적용을 받는 근로자에 대하여 최저임금액 이상의 임금을 지급하여야 하며, 사용자는 이 법에 의한 최저임금을 이유로 종전의 임금수준을 저하시켜서는 아니 되고, 최저임금의 적용을 받는 근로자와 사용자 사이에 최저임금액에 미달하는 임금을 정한 근로계약은 그 부분에 한하여 이를 무효로 하며, 무효로 된 부분은 최저임금액과 동일한 임금을 지급하기로 정한 것으로 하는 등 근로자의 복지를 증진시키는 계기가 되었다

8. 보호관찰법

보호관찰법이 1986. 12. 31. 법률 제3902호로 제정되었다. 범죄예방활동을 전개함으로써 개인 및 공공의 복지를 증진함과 아울러 사회를 보호하기 위하여 제정되었다. 이 법은 국가와 지방자치단체로 하여금 죄를 범한 자의 건전한 사회복귀를 위하여 보호선도사업을 육성하도록 책임을 부과하였으며, 국민들로 하여금 이 목적을 달성하기 위하여 그 지위와 능력에 따라 협력하도록 하였다. 이 법에 따라 1989. 7. 1. 보호관찰제도를 도입해 실시하였다.

9. 모자복지법

1989. 4. 1. 모자복지법을 법률 제4121호로 제정하였다. 이 법은 모자가정이 건강하고 문화적인 생활을 영위할 수 있게 함으로써 모자가정의 생활안정과 복지증진에 기여하기 위하여 제정하였다. 이 법은 국가와 지방자치단체는 모자가정의 복지를 증진할 책임을 지며, 모든 국민은 모자가정의 복지증진에 협력하여야 한다고 규정하고 있다. 또한 모자가정의 모와 자는 그가 가지고 있는 자산과 근로능력 등을 최대한으로 활용하여 자립과 생활향상을 위하여 노력해야 할 의무가 있음을 규정하고 있다.

10. 장애인복지법

1989. 12. 20. 법률 제4179호로 장애인복지법이 제정되었다. 장애인대책에 관한 국가, 지방자치단

체 등의 책무를 명백히 하기 위하여, 1981년 제정된 심신장애자복지법을 개정하여 장애인복지법을 제정하였다. 이 법은 장애자를 장애인으로 명칭을 바꾸고, 장애인을 지체장애, 시각장애, 청각장애, 언어장애 또는 정신지체 등 정신적 결함으로 인하여 장기간에 걸쳐 일상생활 또는 사회생활에 상당한 제약을 받는 자로서, 대통령령으로 정하는 기준에 해당하는 자로 정의하였다.

VII. 1990년대

1990년대는 국제적으로 미국을 중심으로 한 신세계질서가 확립되고 유럽, 일본, 중국 등이 나름대로의 국제질서의 한 중심을 잡아가는 평화공존시대였으며, 국내적으로는 민정, 민주, 공화의 3당이 합당하여 민자당이 창당되었고, 남북관계는 호전되어 분단 이후 처음으로 남북고위급회담이 서울과 평양에서 각각 개최되었다. 1993년 출범한 문민정부는 신경제 5개년계획, 1994년 21세기위원회, 1995년 김영삼 대통령이 코펜하겐에서 열린 사회개발정상회의에 참석한 후 제시한 삶의 질의 세계화를 위한 기본구상 등 새로운 사회복지개혁안을 국민들에게 제시하였다(이영희, 2001). 그러나 1997년 11월, 우리나라에 본격적으로 불어닥친 외환위기로 인해 1995년 1.8%의 수준으로 완전고용시대에서 1999년 2월 실업률 8.7%, 실업자수 1,785,000명의 대량실업시대로 바뀌었다. 경제성장률역시 1995년 8.9%이었던 것이 1998년에는 -5.8%로 하락하였고, 1인당 국민소득은 1만 달러에서 6,823달러로 하락하여 소위 마이너스 성장시대로 전락해버렸다. 그러나 대량실업과 대량빈곤현상에 대처할 사회안전망은 마련되어 있지 않아, 한시적이고 즉흥적인 사회안전망제도가 탄생하게 되었다. 이러한 문제를 해결하기 위한 하나의 방안으로 1997. 9. 7. 기존의 생활보호법을 대체하는 국민기초생활보장법이 탄생하였다.

1. 영유아보육법

영유아보육법은 보호자의 보호를 받기 어려운 영·유아의 보호·교육에 관하여 규정한 법률이다. 특히 국가와 지방자치단체뿐 아니라 모든 국민이 영·유아를 건전하게 보육할 책임이 있다고 규정함으로써 영·유아 보육의 중요성을 부각시키고 있다.

영유아보육법이 1991. 1. 14. 법률 제4328호로 공포되어 아동복지법(보건복지부), 유아교육진흥법(내무부, 교육부), 남녀고용평등법(노동부)으로 분산·다원화되어 있던 법체계와 주관부서를 통합·일원화하고, 이어서 동법시행령 및 시행규칙이 제정됨으로써 보육정책은 기존의 파행적인 운영에서 탈피하여 새로운 발전과 도약의 전기를 마련하였다. 영유아보육법은 보육교사의 자격을 직접 법률에서 규정하는 등 몇 가지 수정을 거쳐 확정되었다.

2. 고용보험법

고용보험의 시행을 통하여 실업의 예방, 고용의 촉진 및 근로자의 직업능력의 개발·향상을 도모하고, 국가의 직업지도·직업소개기능을 강화하며, 근로자가 실업한 경우에 생활에 필요한 급여를 실시함으로써, 근로자의 생활의 안정과 구직활동을 촉진하여 경제·사회발전에 이바지함을 목적으로 1993. 12. 27. 법률 제4644호로 고용보험법을 제정하였다.

3. 고용정책기본법

국가가 고용에 관한 정책을 종합적으로 수립·시행함으로써 국민 개개인이 그 능력을 최대한 개발·발휘할 수 있도록 하고, 노동시장의 효율성의 제고와 인력의 수급균형을 도모하여, 고용의 안정, 근로자의 경제적·사회적 지위의 향상 및 국민경제·사회의 균형 있는 발전에 이바지하기 위해, 고용정책기본법이 1993. 12. 27. 제정되어 법률 제4643호로 공포되었다.

4. 성폭력범죄의처벌및피해보호자등에관한법률

성폭력범죄를 예방하고 그 피해자를 보호하며, 성폭력범죄의 처벌 및 그 절차에 관한 특례를 규정함으로써 국민의 인권신장과 건강한 사회질서의 확립에 이바지함을 목적으로 성폭력범죄의처벌및피해보호자등에관한법률이 법률 제4702호로 1994년 1월 5일 제정되었다.

5. 보호관찰등에관한법률

1995. 1. 5. 갱생보호법을 폐지하고, 보호관찰등에관한법률이 제정되어 법률 제4933호로 공포되어 시행되면서 갱생보호법하의 관찰보호가 보호관찰로 일원화되었으며, 성인법까지로 보호관찰의 적용범위가 확대되었다.

6. 사회보장기본법

사회보장에 관한 국민의 권리와 국가 및 지방자치단체의 책임을 정하고, 사회보장제도에 관한 기본적인 사항을 규정함으로써, 국민의 복지증진에 기여하기 위하여, 1995. 12. 30. 사회보장기본법이 법률 제05134호로 제정되었다. 이 법은 사회보장은 모든 국민이 인간다운 생활을 할 수 있도록 최저생활을 보장하고, 국민 개개인이 생활의 수준을 향상시킬 수 있도록 제도와 여건을 조성하여, 그 시행에 있어 형평과 효율의 조화를 기함으로써 복지사회를 실현하는 것을 기본이념으로 한다고 규정하고 있다. 이 법은 1963

년에 제정된 사회보장에 관한 법률을 확대개편한 사회복지 전반의 기초가 되는 기본법이다.

7. 정신보건법

사회가 발달하면서 정신건강의 중요성이 대두되고 정신질환자의 인권 및 삶의 질 향상이 중요한 문제로 떠오르면서 지역사회 내에서의 환자의 치료 및 재활뿐만 아니라 국가적인 차원에서의 지역사회 정신보건사업의 필요성이 증대되고 있다. 이러한 필요성에 부응하여 1995. 12. 30. 정신보건법이 법률 제5133호로 제정되었다. 정신보건법은 정신질환의 예방과 정신질환자의 의료 및 사회복귀에 관하여 필요한 사항을 규정함으로써 국민의 정신건강 증진에 이바지함을 목적으로 한다.

8. 사회복지공동모금법

사회복지사업을 지원하기 위하여 국민의 자발적인 성금으로 공동모금된 재원을 효율적으로 관리·운용함으로써, 사회복지의 증진에 이바지하기 위하여, 사회복지공동모금법이 1997. 3. 27. 제정되어 법률 제5317호로 공포되었다. "공동모금"이라 함은 사회복지사업의 지원에 필요한 재원을 조성하기 위하여 공동모금회가 전국 또는 지역을 단위로 기부금품을 모집하는 것을 말한다. 사회복지공동모금은 합리적 모금을 통해 사회복지자금을 조성하고, 상부상조정신을 고양시키며, 지역사회의 통합에 기여하고, 사회복지에 관한 이해의 보급과 여론을 형성하고, 민주적 사회인으로서의 권리와 책무를 수행함으로써 성숙한 자의식을 지니도록 한다.

9. 청소년보호법

청소년보호법은 1997. 3. 7. 제정되어 법률 제5297호로 공포되어 같은 해 7월 1일부터 시행되었다. 청소년보호법은 우리 사회가 전보다 자율화되고 물질만능주의 경향이 심화됨에 따라 점차 심각해지고 있는 음란·폭력적인 청소년유해 매체물과 유해약물 등이 청소년에게 유통되는 것을 막고, 청소년 유해업소에 청소년이 출입하는 것 등을 규제함으로써 성장과정에 있는 청소년을 각종 유해한 사회환경으로부터 보호하고 청소년을 건전한 인격체로 성장할 수 있도록 하기 위하여 제정된 것이다.

10. 가정폭력방지및피해자보호등에관한법률

가정폭력을 예방하고 가정폭력의 피해자를 보호함으로써 건전한 가정을 육성하기 위하여, 1997. 12. 31. 가정폭력방지및피해자보호등에관한법률을 제정하고 법률 제5487호로 공포하였다. 이 법은 국가와 지방자치단체는 모든 개인이 가정에서 안전하고 건강한 삶을 누릴 수 있도록 건전한 가정과 가족제도를 유지·보호하기 위하여 노력하여야 한다고 규정하고 있다.

11. 국민의료보험법

국민의 질병·부상·분만 또는 사망 등에 대하여 보험 급여를 실시함으로써 국민보건을 향상시키고 사회보장의 증진을 도모하기 위하여, 국민의료보험법을 1997. 12. 31. 제정하여 법률 제5488호로 공포하였다. 국민의료보험법의 시행으로 227개 지역의료보험조합과 공무원·교직원의료보험관리공단이 통합되게 되었다.

12. 국민건강보험법

국민의 질병·부상에 대한 예방·진단·치료·재활과 출산·사망 및 건강증진에 대하여 보험 급여를 실시함으로써, 국민보건을 향상시키고, 사회보장을 증진시키기 위하여, 국민건강보험법을 1999. 2. 8. 제정하고, 법률 제5854호로 공포하였다.

당시 다보험자방식으로 운용되고 있는 의료보험관리체계를 단일보험자로 통합운영함으로써, 관리운영의 효율성과 보험료 부담의 형평성을 높이고, 질병의 치료 외에 예방, 건강증진 등을 포함하는 포괄적인 의료서비스를 제공하여 국민건강의 향상을 도모하고자 국민건강보험법을 제정하였다.

13. 국민기초생활보장법

1999. 9. 7. 법률 제6024호로 국민기초생활보장법이 제정되어 2000년 10월부터 실시하게 되었다. 기존의 생활보호제도가 2차적 사회안전망으로서 제 기능을 다하지 못하고 있는 현실적 문제를 타개하기 위해 생활보호제도를 대폭 확충하여 사회안전망의 사각지대에 살고 있는 저소득계층을 생존위기로부터 보호하기 위한 근본적 변화가 필요하게 되었다.

VIII. 2000년대

2000년대에도 국제적으로 정보화사회, 디지털사회, 세계화 등이 본격적으로 전개되고, 지구공동화가 더욱 촉진되었으며, 월드컵의 성공적 개최로 국민의 자긍심이 높아진 시기이다. 사회적으로는 제3의 길이 사회적 관심을 불러일으키기도 하였다. 국내적으로는 IMF외환위기를 탈출하였으며, 생산적복지, 적극적 노동시장정책 등이 국가의 주요 정책방향으로 제시되었다. 고령화가 급속히 촉진되어 사회문제로 대두되었으며, 장애인고용문제에 대한 이슈가 지속적으로 제기되었고, 남녀평등 및 모성보호에 대한 관심이 고조된 시기이다. 의료급여법이 제정되어 기존의 의료보호법을 대체하였으며, 국민건강보험재정을 건전화시키기 위한 특별법이 제정되었다. 그러나 문민정부 이후 우리나라 사회복지법은 신자유주의적 경향을 띠고 있다는 지적도 있다(윤찬영, 2001).

1. 장애인고용촉진및직업재활법

장애인이 그 능력에 맞는 직업생활을 통하여 인간다운 생활을 할 수 있도록 장애인의 고용촉진과 직업재활 및 직업안정을 도모하기 위하여 2000. 1. 12. 장애인고용촉진및직업재활법을 제정하여 법률 제6166호로 공포하였다. 기존의 장애인고용촉진등에관한법률은 장애인고용촉진및직업재활법으로 그 명칭이 바뀌었다.

2. 의료급여법

생활이 어려운 저소득 국민의 건강을 증진하기 위하여, 의료급여수급기간의 제한을 폐지하여, 연중 기간제한 없이 의료급여를 받을 수 있도록 하고, 예방·재활 등에 대하여도 의료급여를 받을 수 있도록 하며, 수급권자의 진료편의를 도모하기 위하여 의료보호법을 2001. 5. 24. 개정하여 공포하였다(법무부, 2002). 이 법의 근거법률인 국민기초생활보장법에서 종전의 '의료보호'를 '의료급여'로 변경함에 따라, 이 법의 제명을 의료급여법으로 변경하였다.

3. 사회복지공동모금회법

기부문화의 활성화 및 사회복지공동모금사업 재원의 안정적 확보를 통한 민간복지지원체계의 발전을 도모하기 위하여 사회복지공동모금회로 하여금 복권을 발행할 수 있는 법률적 근거를 규정하여 2001. 5.24. 기존의 사회복지공동모금법을 개정하여 공포하였다.

4. 국민건강보험재정건전화특별법

국민건강보험재정건전화특별법이 2002. 1. 19. 제정되었다. 이 법은 국민건강보험의 재정적자를 조기에 해소하고 재정수지의 균형을 이루도록 함으로써 보험재정을 건전화하는 데 필요한 국민건강보험법 등에 대한 특례를 정하기 위해 제정되었다.

5. 건강가정기본법

건강가정기본법이 2004. 2. 9일 법률 제07166호로 제정되어 2005. 1. 1일부터 시행된다. 이 법의 제
정과정에서 사회복지학계와 가정학계 간에 첨예한 마찰이 빚어지기도 하였다. 이 법에서는 가정의
중요성을 고취하고 건강가정을 위한 개인, 가정, 사회의 적극적인 참여 분위기를 조성하기 위하여 매
년 5월을 가정의 달로 하고, 5월 15일을 가정의 날로 정하였으며, 건강가정 기본계획 수립 및 시행 등
건강가정에 관한 주요시책을 심의하기 위하여 국무총리 소속하에 중앙건강가정정책위원회를 두도
록 하였고, 국가와 지방자치단체는 개인과 가족의 생활실태를 파악하고, 건강가정 구현 및 가정문제
예방 등을 위한 서비스의 욕구와 수요를 파악하기 위하여 매 5년마다 가족실태조사를 실시하고 그 결
과를 발표하도록 하였으며, 국가와 지방자치단체는 이혼하고자 하는 부부가 이혼전 상담을 받을 수
있게 하는 등 이혼 조정을 내실화 할 수 있도록 하고, 이혼의 의사가 정해진 가족에 대하여 이들 가족
이 자녀양육, 재산, 정서 등의 제반 문제를 준비할 수 있도록 도움을 주는 지원서비스를 제공하도록
하였다(법무부, 2004).

6. 긴급복지지원법

긴급복지지원법이 법률 제7739호로 2005. 12. 23일 제정되었다. 이 법은 경제 양극화 및 이혼 증가
등 사회변화 속에서 소득상실, 질병과 같이 갑작스러운 위기상황이 발생한 경우 누구든지 손쉽게 도
움을 청하고 필요한 지원을 받을 수 있는 제도를 마련하기 위하여 지역사회의 각종 복지지원을 활용
하여 위기상황에 처한 자를 조기에 찾을 수 있는 체계를 갖추고 이들에게 필요한 지원을 신속하게 실
시하며 기존의 공공부조제도나 사회복지서비스와 연계되도록 하기 위해 제정되었다. 이 법은 5년이
란 시한이 정해진 한시법으로 2010. 12. 22일까지 유효한 법이다.

이 법에 의한 긴급지원대상자는 가족구성이 사망·가출 또는 교정시설에 수용되거나 부모의 이혼
등으로 인하여 방임·유기되는 등의 위기상황에 처한 자로서 이 법에 의한 지원이 긴급하게 필요한 자
로 하고 있으며, 긴급지원은 생계·의료·주거·사회복지시설이용 등에 필요한 금전 또는 현물 지원과
민간의 긴급지원 관련기관·단체와의 연계, 상담·정보제공 지원 등을 그 내용으로 하고 있다.

시장·군수·구청장은 긴급지원을 받았거나 받고 있는 자가 소득·재산 등에 비추어 지원이 적정하
였는지의 여부를 조사하도록 하고, 긴급지원심의위원회는 긴급지원의 사후조사에 대하여 그 적정성
을 심사하여 거짓, 그 밖의 부정한 방법으로 지원을 받은 자 등에 대하여 지원중단이나 환수 등의 조
치를 취할 수 있도록 규정되어 있다.

제8장

국제법과 사회복지

세계화시대에 사회복지와 관련한 국제법규에 대한 이해는 사회복지의 세계화 추세를 이해하는 데 도움이 된다.

국제법이란 국제사회의 법으로 원칙적으로 국가간의 합의에 의해 성립하고 국가간의 관계를 규율한다. 국가는 다른 주권국가와의 의사의 합치를 통하여 국제법을 성립시키는 것이므로 국가의 의사에 반하여 국제법이 성립될 수는 없다. 따라서 국제법의 법원(法源)은 국가간의 합의라고 할 수 있다. 국가간의 명시적인 합의가 조약이고, 묵시적인 합의가 국제관습법이다.

우리나라 헌법 제6조 1항은 '헌법에 의하여 체결공포된 조약과 일반적으로 승인된 국제법규는 국내법과 같은 효력을 가진다'라고 규정함으로써 국제법을 국내법에 수용하고 이를 존중함을 분명히 하고 있다. 여기서 '일반적으로 승인된 국제법규'란 확립된 국제관습법규와 우리나라가 체결당사국이 아닌 조약이라도 국제사회에서 일반적으로 그 규범성이 인정된 것(예, 제네바협정)도 포함된다고 본다(김철수, 2001).

사회복지관련 국제법규는 상징적인 각종 선언문에 의해 영향을 받지만, 주로 국제조약으로 구체화되고 있다. 국제조약이란 국제법의 주체간에서 일정한 권리의무를 당사자간에게 발생하게 하기 위하여 서면의 형식으로 그리고 국제법의 규율에 따라서 체결되는 국제적 합의이다. 조약을 체결할 수 있는 국제법의 주체는 원칙적으로 국가이지만, 국제기구도 조약체결의 기능을 가진다. 조약은 협약(pact, convention), 협정(agreement), 규약(covenant), 헌장(charter), 규정(statute), 제정서(protocol) 등의 여러 명칭으로 불린다. 어떠한 명칭을 붙이느냐 하는 것은 당사자의 임의이지만, 그 호칭 여하에 불문하고 실질적으로 국가간의 합의이면 당사자를 구속한다.

사회복지법은 다양한 원인으로 국제화되고 있다. 이러한 국제화 과정에서 국제기구들과 국제적인 선언들도 중요한 역할을 수행하고 있지만, 최근에는 개별국가들간에, 일종의 사회복지에 관한 조약인 독자적인 사회보장협약이 보다 활발하게 체결되어 협약에 비준한 국가간에 상호주의에 입각하여 자국민에 준하는 사회복지혜택을 상대국 국민에게도 부여하고 있다. 사회보장협약은 국제법의 지위를 갖고 협약당사국의 사회보장에 관한 사항을 규제함으로써 국내 사회보장법상 권리가 비준당사국간에 국제적으로 보호받을 수 있는 일종의 쌍무조약이 된다(박승두, 1997; 박승두, 2001; 전광석, 1993).

Ⅰ. 사회복지법의 국제화, 국제기구 및 선언

사회복지법은 국제적으로 서로 전파되어 공통적인 법규범을 형성하기도 한다. 전파이론주의자들은 복지선진국의 사회복지제도나 법이 복지후진국에게로 전파되기도 하고, 각국의 사회복지제도와 법이 식민지국가에 이식되기도 하며, 중심국가의 사회복지제도와 법이 주변국가에 전해지기도 하여 사회복지법과 제도가 서로간에 영향을 미침으로써 공통적인 요소가 발견되기도 한다고 주장한다.

1. 사회복지법의 국제화의 원인

① 인간다운 생활보장의 보편화

사회복지의 목적은 모든 국민에게 인간다운 생활을 보장하는 데 있다. 인간다운 생활보장은 오늘날 보편적인 국가목적이 되고 있다. 각국은 각각의 국가목적을 추구하는 가운데 다른 나라의 제도와 법률을 연구하고, 이를 도입하여 실시하기 때문에 각국의 사회복지법은 내용과 체제에 있어서 공통적인 요소들을 쉽게 발견할 수 있다. 결과적으로 사회복지법은 내용상 국제적인 유형을 형성하게 된다. 이러한 국제적인 공통성을 기초로 국제적인 기준과 발전방향이 정립되고, 이를 실현하기 위한 국제적인 사회복지기관들이 탄생하게 된다.

② 근로자의 국제적 이동

유럽의 블록화 현상은 사회복지법의 국제화를 촉진시키고 있다. 유럽공동체(EC)가 발전해가면서 유럽 내에 블록경제(bloc economy)가 형성되고, 한 블록 내에서는 근로자들의 국경을 초월하여 자유로이 이동하면서 경제활동을 하게 된다. 따라서 유럽 각국은 자국 내에서 활동하고 있는 이주근로자들(migrant workers)을 소위 내외국인 평등의 사회복지정책원칙에 따라 내국인과 동등하게 사회복지 혜택과 근로조건을 부여하고 있다. 또한 각국은 상호주의원칙에 입각하여 상대국에서 활동하고 있는 자국민에 대해서 동일한 혜택을 기대할 수 있게 된다.

③ 노동자 대표의 국제기구 참여활동

사회복지 수급권자의 상당수가 노동조합의 조합원으로 구성되어 있다. 각국의 노동조합은 타국의 노동조합과 국제적 연대를 형성하여 사회복지에 관한 다양한 요구를 하고 있다. 오늘날 가장 강력한 국제적인 노동자조직인 국제노동기구(ILO)는 각국의 정부대표, 사용자대표, 노동자대표들이 다양한 형태로 국제기구에 참여하여 근로자의 복지를 향상시키기 위해 노력하고 있다. ILO는 유럽사회보장법전의 성립과정에서도 각국 노동조합의 조직적 지지는 중대한 역할을 하였다.

④ 국제적 사회복지기준의 설정

사회보장, 노동, 보건 등과 관련된 국제기구들은 전세계적으로 적용할 수 있는 국제적인 사회복지기준을 설정하여 각 국가들이 사회복지법을 제정하거나 실시할 때 기준으로 삼도록 권고하고 있다. ILO의 경우 고용보험이나 산재보험과 같은 분야에서 최소가입률이나 급여수준에 관해 국제적인 기준을 설정하거나, 최저임금제도나 국민연금의 임금대체율 고용보험가입율 등에 관하여 기준을 설정해 가입국에 제시하고, 불이행 국가에 대해서는 국제적 연대를 통해 다각적인 압력을 가함으로써 근로자 복지의 국제적 평준화 달성에 기여하고 있다. 이러한 국제기구의 국제적 사회복지기준의 설정은 복지후진국들에게는 향후 사회복지발전 방향과 목표를 설정하는 데 가이드라인의 역할을 하고 있다.

2. 국제사회복지관련 기관

국제사회복지와 관련된 다양한 형태의 기능을 갖춘 기관들이 있다. 그 가운데 주요 기관들을 열거하면 다음과 같다. 이들 관련기구들은 사회복지에 관해 국제적으로 연대하여 대처하기도 하고, 보편적인 사회보장기준을 제시함으로써 개별국가의 사회복지법 제정 및 개정에 영향을 미치고 있다.

① 국제연합(United Nation; UN)

국제연합은 전쟁을 방지하고 평화를 유지하며, 정치·경제·사회·문화 등 모든 분야에서 국제협력을 증진시키는 역할을 하는 국제기구이다. 국제연합은 총회에서 주요 선언이나 권고협약을 채택함으로써 사회복지분야뿐 아니라 여러 분야에 국제적인 기준을 설정하고 있다. 예를 들면, 1989년 11월 20일 제44차 UN총회에서 아동의 인권과 권리를 포괄적으로 규정한 '아동의권리에관한협약'을 채택하였다.

② 국제노동기구(International Labor Organization; ILO)

국제노동기구는 노동자의 노동조건 개선 및 지위를 향상시키기 위하여 설치한 국제연합의 전문기구이다. 1916년 베르사유평화조약으로 성립한 ILO는 근로조약이나 권고를 채택함으로써 근로조건의 국제적 기준을 설정하는 것이 본래의 임무였으나, 제2차대전 후에는 UN의 경제사회이사회와 협력하여 근로조건뿐 아니라 사회복지에 대하여도 활발한 활동을 전개하고 있다.

③ 세계보건기구(World Health Organization; WHO)

세계보건기구(WHO)는 국제연합의 전문기구로서 세계 인류가 신체적·정신적으로 최고의 건강수준에 도달하는 것을 목적으로 활동한다. 전염병이나 기타 질병예방, 환경위생, 영양 등에 대하여 국제적인 조사·보급활동을 행하고 있고, 약품법의 통일이나 국제위생조약의 채택뿐 아니라 특히 장애인복지와 관련해 많은 활동을 하고 있다.

④ 국제사회보장협회(International Social Security Association; ISSA)

1927년 질병보험을 확대·강화하기 위해 창설된 국제사회보장협회는 각국의 사회보장 관계기관의 국제적 단체로서, 사회보장에 관하여 조사·연구를 행하고 국제적 경험교류의 기관으로서 활동하고 있다. ILO와 밀접한 관계를 갖고 협력하고 있는 ISSA는 사회보장을 자기의 과실에 의하지 않는 사회적 사고의 피해자와, 자기의 과실에 의하나 사회적으로 현저히 불이익한 입장에 서 있는 사람들에 대하여 사회정의에 입각하여 일정한 생활수준을 보장해주는 국가의 시책이라고 정의하고 있다.

⑤ 유럽경제공동체(European Economic Community; EEC)

1957년 로마조약에 의해 성립하였다. 사회보장에 관하여도 그것이 경제적으로 중요한 의의를 갖는 것을 감안하여 활발한 조사 및 연구활동을 하고 있다. 1958년 해외이주근로자의 사회보장(Social Security for Migrant Workers)에 관한 규칙의 제정을 들 수 있다.

⑥ 국제사회복지협의회(International Council of Social Welfare: ICSW)

국제사회복지협의회는 사회복지에 관한 국제적 협의체이다. 이 협의회는 사회보장을 개인이 그 자신의 능력이나 예견만으로는 그 자신이나 그의 가족을 보호할 수 없는 사회의 모든 우발적 사고에 대처하여 사회에 의하여 마련된 모든 보호조치라고 정의하고 있다.

⑦ 경제협력개발기구(OECD)

OECD는 개방된 시장경제와 다원적 민주주의라는 가치관을 공유하는 국가간 경제사회정책협의체이다. OECD는 GATT, ILO, IAEA, WHO 등 각종 국제기구와 밀접한 관계를 구축하면서 고용, 노동, 사회적 문제, 교육, 식품, 통상, 경제정책, 개발협력 등과 같은 경제·사회분야 정책 전반에 걸쳐 수시 논의 및 협력을 추진하고 있다. 회원국의 경제력이 전세계 GDP의 80%를 차지하는 등 그 영향력이 매우 크다.

3. 사회복지에 관한 국제적 선언

각종 세계적인 선언문들은 사회복지에 관해 언급한 것이 많다. 특히 제2차 대전 후의 국제적 선언에는 전쟁에 의한 피폐된 국가경제로부터 국민들의 생존권을 보편적으로 보장하기 위한 내용들이 자주 등장한다.

① 인권선언문

1793년 인권선언문은 공적구조는 국가의 신성한 책무이고 그 범위와 적용범위는 법률로 정한다고 선언하였다. 인권선언문 제21조는 "공공구호는 신성불가침의 책무이다. 사회는 빈곤한 시민들에게 노동의 기회를 제공하거나 노동할 수 없는 상태에 있는 사람들에게는 생존의 수단을 제공하여서 시민들의 생존을 보장해야 한다"고 규정함으로써 근로의 권리와 공공부조수급권을 선언하였다.

② 대서양헌장

1941년 미국의 루스벨트 대통령과 영국의 처칠 수상이 '대서양헌장'을 선언하고 '공포와 결핍으로부터의 자유'(freedom from fear and want)라는 슬로건을 제시하고, 서방국가들로 하여금 사회보장에 관한 권리를 국민의 기본권으로 인정하였다.

③ 필라델피아선언

1944년 필라델피아선언은 국제노동기구(ILO) 필라델피아 총회에서 채택된 ILO의 목적에 관한 선언이다. 필라델피아선언은 사회보장원칙 및 전쟁에서 생기는 제문제를 심의하여 결과적으로 소득보장에 관한 권고, 의료보호에 관한 권고, 군대 및 전시고용으로부터 풀려난 자에 대한 소득보장 및 의료에 관한 권고를 채택하였다.

④ 세계인권선언(Universal Declaration of Human Rights)

유엔은 제2차 세계대전이 끝난 후 경제사회이사회 산하 인권위원회의 검토를 거쳐 1948년 12월 10일 총회에서 인권과 기본적인 자유가 모든 사람과 모든 곳에서 보장된다는 개인의 자유와 권리에 관한 세계선언을 채택하였다. 이 선언은 법적인 구속력은 없지만 오늘날까지 모든 사람과 모든 국가가 달성해야 할 인권에 관한 상징적인 기준이 되고 있다.

이 선언은 보편적으로 사회보장을 받을 권리를 선언하였고, 보충급여로서의 사회보장방법을 제시하였다. 또한 자신 및 그 가족의 건강과 안녕을 유지함에 충분한 생활수준을 보유할 권리를 가지며, 생활의 곤궁을 받을 때에 생활보장을 받을 권리를 가지며, 모성과 유약(幼弱)은 특별한 보호와 원조를 받을 권리가 있다고 천명하였다.

⑤ 사회보장헌장

1961년 세계노동조합연맹(World Federation of Trade Union)이 채택한 '사회보장헌장'은 전문에서 "사회보장은 모든 노동자의 기본적 권리를 구성하고 있다"고 천명하였다. 또한 사회적 보호는 법률에 의해 보장되는 정치적·경제적 차원의 인권의 표현이라고 하였다. 사회보장에 관해 근로자 무기여 원칙, 의료의 사회화 원칙, 완결성의 원칙, 포괄성의 원칙, 무차별 보장의 원칙 등 사회보장에 관한 기본원칙을 선언하였다.

⑥ 유럽사회보장법전

1964년 서유럽의 17개국으로 구성된 유럽협의회(CE)에서 사회보장에 관한 최고기준에 해당하는 유럽적 수준의 사회보장조약을 성립시키고, 각국이 비준을 하였다. 이를 일반적으로 '유럽사회보장법전'이라 부른다.

II. 국제기구의 사회복지조약

1964년 서유럽의 17개국으로 구성된 유럽협의회(CE)에서 사회보장에 관한 최고기준에 해당하는 유럽적 수준의 사회보장조약을 성립시키고, 각국이 비준을 하였다. 이를 일반적으로 '유럽사회보장법전'이라 부른다. 우리의 경우 국제사회보장법전이라고 일컬을 만한 국제법적인 사회복지법전은 없지만 실질적인 법적 효력을 지닌 국제기구 또는 국가간에 이루어진 국제사회복지법규들이 존재한다. 이를 정리하면 다음과 같다:(Office of the United Nations High Commissioner for Human Right, 2004)

1. 국제인권규약(Part A, Part B)

1948년 12월 10일 유엔총회에서 채택된 세계인권선언(Universal Declaration of Human Rights)은 세계의 인권에 관한 보편적이고 선언적인 상징으로서 의미를 갖고 있으나 법적인 구속력은 없다. 이러한 세계인권선언은 1966년 국제인권규약이 채택됨에 따라 구체적이고 구속력있는 국제법규로 발전하게 되었다. 우리나라는 1990년 이 규약을 체결하고 적용해오고 있다. 국제인권규약은 '경제적, 사회적 및 문화적 권리에 관한 국제규약(International Covenant on Economic, Social and Cultural Rights)'인 Part A와 '시민적, 정치적 권리에 관한 국제규약(International Covenant on Civil and Political Rights)'인 Part B로 구분되어 있다.

2. 아동의 권리에 관한 협약
(Convention on the Rights of the Child)

유엔은 1989년 11월 20일 아동의 권리에 관한 국제협약을 제정하고 1990년 9월 2일부터 발효하였다. 현재 세계 191개국이 협약을 체결하였으며, 우리나라도 1991년 12월 20일부터 이 협약을 적용하기 시작하였다.

이 협약은 서문에서 "유엔이 세계인권선언에서 아동기에는 특별한 보호와 원조를 받을 권리가 있다고 선언하였음을 상기하며, 사회의 기초집단이며 모든 구성원 특히 아동의 성장과 복지를 위한 자연적 환경으로서 가족에게는 공동체 안에서 그 책임을 충분히 감당할 수 있도록 필요한 보호와 원조가 부여되어야 함을 확신하며, 아동은 완전하고 조화로운 인격 발달을 위하여 가족적 환경과 행복, 사랑 및 이해의 분위기 속에서 성장하여야 함을 인정하고, 아동은 사회에서 한 개인으로서의 삶을 영위할 수 있도록 충분히 준비되어져야 하며, 유엔 헌장에 선언된 이상의 정신과 특히 평화·존엄·관용·자유·평등·연대의 정신 속에서 양육되어야 함을 고려하고, 아동에게 특별한 보호를 제공하여야 하고……세계 모든 국가에 예외적으로 어려운 여건하에 생활하고 있는 아동들이 있으며, 이 아동들은 특별한 배려를 필요로 함을 인정하고, 아동의 보호와 조화로운 발전을 위하여 각 민족의 전통과 문화적 가치의 중요성을 충분히 고려하고, 모든 국가, 특히 개발도상국가 아동의 생활여건을 향상시키기 위한 국제 협력의 중요성을 인정한다"고 명시하였다.

3. 여성에 대한 모든 형태의 차별철폐에 관한 협약
(Convention on the Elimination of All Forms of Discrimination against Women)

이 협약은 1979년 12월 18일 유엔이 채택하여 1981년 9월 3이부터 발효시켰다. 세계 166개국이 이 협약에 체결하였으며, 우리나라도 1985년 1월 26일부터 적용시키기 시작하였다.

이 협약은 서문에서 "본 협약 당사국은, 유엔 헌장이 기본적 인권, 인간의 존엄과 가치 및 남녀평등권에 대한 신뢰를 재확인하고 있음에 유의하고……모든 인간은 자유롭게 그리고 존엄과 제반 권리에 있어 평등하게 출생하며 성에 기인한 차별을 포함한 어떠한 종류의 차별도 받지 아니하고 동 선언에 규정된 모든 권리와 자유를 누릴 권리가 있다고 선언하고 있음에 유의하고, 그러나 이러한 제도에도 불구하고 여성에 대한 광범위한 차별이 계속 존재하고 있음을 우려하고……국가의 완전한 발전과 인류의 복지 및 평화를 위해서는 여성이 모든 분야에 남성과 평등한 조건으로 최대한 참여하는 것이 필요함을 확신하고……현재까지 충분히 인식되지 못하고 있는 가정의 복지와 사회의 발전에 대한 여성의 지대한 공헌, 모성의 사회적 중요성 및 가정과 자녀양육에 있어서의 부모의 역할을 명심하며 또한 출산에 있어서의 여성의 역할이 차별의 근거가 될 수 없으며, 아동의 양육에는 남성, 여성 및 사회전체가 책임을 분담해야 함을 인식하고……여성에 대한 차별의 철폐에 관한 선언에 명시된 제 원칙을 이행하며, 이러한 목적으로 모든 형태 및 양태에 있어서의 차별을 철폐하는 데 필요한 조치를 취할 것을 결의……"한다고 규정하였다.

4. 장애인 인권선언
(Declaration on the Rights of Disabled Persons)

유엔은 1975년 제30차 총회에서 장애인인권선언을 채택했는데, 주요 내용은 다음과 같다:

- 장애인은 인간으로서의 존엄이 존중되는 권리를 출생하면서부터 갖고 있다. 장애인은 그 장애의 원인·특질 또는 정도에 관계없이 동년배의 시민과 동등의 기본적 권리를 갖는다. 이 말은 먼저 가능한 한 일상적이고 또 만족스러운 생활을 할 수 있는 권리를 의미한다.(제3조)
- 장애인은 타인들과 동등의 시민권 및 정치적 권리를 갖는다. '정신지체인의 권리 선언'의 제7조는 정신지체인의 이와 같은 제권리의 어떠한 제한 또는 배제에도 적용된다.(제4조)
- 장애인은 가능한 한 자립할 수 있도록 구성된 시책의 혜택을 받을 자격이 있다.(제5조)
- 장애인은 보장구를 포함한 의학적·심리학적 및 기능적 치료 또는 의학적·사회적 재활교육·직업교육·훈련재활·원조·고정상담·직업알선 및 기타 장애인의 능력과 기능을 최대한으로 개발하며 사회통합 또는 재통합하는 과정을 촉진하는 서비스를 받을 권리가 있다.(제6조)
- 장애인은 경제적·사회적 보장을 받아 상당한 생활수준을 보유할 권리가 있다. 장애인은 그 능력에 따라서 보장을 받고 고용되고 또는 유의하고 생산적인 동시에 보수를 받는 직업에 종사하고 노동단체에 참여할 권리가 있다.(제7조)

5. ILO의 사회보장최저기준조약

국제사회복지조약은 국제노동기구(ILO)에 의해 주도되고 있다. ILO는 1944년에 소득보장의 권고, 의료보장의 권고, 고용서비스의 권고를 사회보장법 체계의 3대 기본요소로 채택하였다. 1952년 ILO 제35차 총회에서는 '사회보장최저기준조약'을 채택하였다. 이 조약은 전후 각국의 사회보장제도 발전의 일반적 추세에 부응한 것으로, 사회보장 자체를 전체로서 하나의 것으로 생각하면서도 내부적으로 각 급여와 사고 부문간의 균형을 취하였으며, 각 부문별로 비준을 허용하였다. 이 조약은 사회보장 급여를 의료급여, 질병급여, 실업급여, 노령급여, 업무상재해급여, 가족급여, 출산급여, 폐질급여, 유족급여의 9개로 규정하였다. ILO는 1962년에 사회보장내외국인균등대우조약을 채택함으로써 이 조약의 비준국은 사회보장의 적용범위 및 수급권에 있어서 자국의 영토 내에 있는 다른 모든 비준국 국민에 대하여 자국의 사회보장법규에 의하여 자국민에게 주어지는 것과 동등한 대우를 해줄 것을 규정하고 있다. 이어서 ILO는 1964년에는 업무재해조약을, 1967년에는 질병·노령·유족급여조약을 채택하였다(감정기 외, 2002; 김유성·이흥재, 1989).

III. 국가간 사회보장협정

사회보장협정이란 사회보장에 관해 상호주의에 입각하여 정부가 주로 입법부의 동의 없이 단독으로 외국정부와 맺는 약정 또는 정부간의 협정을 말한다. 사회보장협정은 사회보장에 관한 국가간의 실질적 의미를 갖는 조약으로서, 체결당사국간에 상대방의 국민이 자국에 체류하는 동안 자국의 사회보장 혜택을 자국의 국민에 준하여 상대방 국민에게 제공하는 국가간 상호협약이다. 그러나 우리나라의 경우 사회보장협정은 사회보장제도 가운데 국민연금 분야에서 매우 제한된 범위내에서 실시되고 있다. 우리나라 국민연금공단이 제시하는 사회보장협정의 목적은 첫째, 이중가입을 배제함으로써 당사국 국민들의 재정부담을 덜어주기 위한 것이다. 단기간동안 협정상대국에서 근로하거나 자영업을 하는 사람들이 양국 중 한 국가의 사회보장제도에만 가입하면 된다.(보험료면제협정) 둘째, 가입기간의 합산이다. 협정상대국으로 이민 가거나 장기 체류하여 연금 가입기간이 양국으로 분리되어 연금을 받지 못하는 사람들이 양국의 연금가입기간을 합산하여 가입기간을 산정함으로써 연금 혜택을 받을 수 있도록 하기 위한 것이다.(가입기간합산협정) 셋째, 자국민과의 동등 대우이다. 협정 상대국 국민에 대해서는 연금 수급권 취득, 급여지급 등 법령 적용에 있어 자국민과 동등한 대우를 해주기 위한 것이다. 넷째, 연금급여의 송금보장이다. 협정 당사국간에는 연금 급여를 해외로 자유롭게 송금할 수 있도록 하기 위한 것이다.

우리나라는 2004년 7월 현재 캐나다, 영국, 미국, 독일, 중국, 네덜란드와 사회보장협정을 체결하였다. 사회보장협정의 적용을 받는 법령은 협정당사국의 사회보장법령체계에 따라 다소 차이가 있다. 우리나라는 일반적으로 국민연금법만을 대상으로 하고 있으나, 미국과는 산재보험법, 독일과는 고용보험법이 포함되어 있다. 그러나 산재보험 및 고용보험 등 다른 사회보험제도는 대부분 '보험료면제'(이중적용 방지) 규정에만 적용되고, 급여(가입기간 합산) 규정에는 적용되지 않는다(국민연금관리공단, 2004).

협정당사국의 국민이 자기 국가나 상대국의 연금제도에 가입하여 한 국가의 가입기간(연금 보험료 납부기간)만으로 그 국가의 법령에서 정한 급여 수급요건을 충족하면 해당 국가로부터 독립적으로 연금 등 급여혜택을 받게 된다.

1. 미국과 체결한 사회보장협정 내용

대한민국과 미합중국(체약당사국)은 사회보장분야에서 그들 양국간의 관계를 규율하기를 희망하여, 합의하였다. 주요 내용은 다음과 같다.

- "실무기관"이라 함은, 한국에 있어서는 국민연금관리공단, 또는 사안의 필요에 따라 한국근로 복지공단을 말하며, 미국에 있어서는 사회보장청을 말한다.(제1조)
- 이 협정의 목적상, 적용가능한 법은 한국에 있어서는 (1) 국민연금법·동법시행령 및 동법시행규칙, (2) 다만 제2부에 관하여는 산업재해보상보험법·동법시행령 및 동법시행규칙, 미국에 있어서는 연방 노령·유족·장애 보험제도를 규율하는 법으로 (1) 사회보장법 제2편제226조·제226조의1·제228조 및 이들 조에 관련되는 규칙을 제외한 사회보장법 제2편 및 동편에 관련되는 규칙, (2) 1986년의 내국세법 제2장 및 제21장과 동장에 관련되는 규칙을 말한다.(제2조)
- 일방체약당사국의 법을 적용받거나 받아 온 자로서 타방체약당사국의 영역안에 거주하는 자는, 그의 피부양자와 함께, 급여의 수급자격 및 지급에 관한 타방체약당사국의 법의 적용에 있어서 타방체약당사국의 국민과 동등한 대우를 받는다.(제3조)

2. 영국과 체결한 사회보장협정 내용

대한민국 정부와 영국 정부는, 사회문제에 관한 분야에서 특히 사회보장보험료의 납부의무에 관하여 협력할 것을 결의하고, 그들 각자의 영역간에 이동하거나 또는 그들 각자의 영역 안에서 근로하는 자의 복지를 증진시키기를 희망하며, 양국 국민들이 그들 각자의 사회보장법령에 의하여 이 협약의 적용대상이 되는 문제에 관하여 동등한 권리를 누리도록 보장할 것을 희망하여, 합의하였다. 주요 내용은 다음과 같다.

- 이 협약은 다음에 적용된다.
  가. 대한민국에 있어서는 1986년의 국민연금법과 동법시행령 및 동법시행규칙
  나. 영국의 영역에 있어서는, (1) 1992년의 사회보장관리법, 1992년의 사회보장보험료 및 급여법, 그리고 1992년의 사회보장법 및 그에 따르는 규정 (2) 1992년의 북아일랜드 사회보장관리법, 1992년의 북아일랜드 사회보장 보험료 및 급여법, 그리고 1992년의 북아일랜드 사회보장법 및 그에 따르는 규정(제2조)
- 일방당사국의 법령의 적용을 받거나 적용을 받아 온 자는 그가 타방당사국의 영역 안에 있는 동안에 타방당사국의 법령에 의하여 타방당사국의 국민과 동등한 권리와 의무를 가진다. 제1항은 그러하지 아니하다면 대한민국의 국민연금법 제102조에 따라 지급될 기여금의 반환일시금에 대하여 적용하지 아니한다.

제9장
사회복지와 자치법규 - 조례 및 규칙

지방자치가 활성화되어가면서 지장자치단체에 의한 자치법규가 활발하게 제정되어 지역주민을 위한 자치업무를 효율적이면서도 민주적으로 수행하고 있다. 지방자치란 일정 지역의 주민이 그 지역의 공공사무를 자주적으로 결정하고 처리하는 제도로 일반적으로 주민자치와 단체자치로 나뉜다.

주민자치는 지방자치단체가 지방주민들의 생활에 관련되는 사무를 국가에 의하지 않고 자기들의 의사와 책임 아래 스스로 또는 대표자를 선출하여 처리하는 것이다. 반면 단체자치는 법률상으로 법인격을 가진 자치단체가 국가로부터 상대적으로 독립된 지위를 가지고 일정한 권한을 부여받아 국가의 간섭을 받지 않고 자주적으로 처리하는 것이다.

한편에서는 복지다원주의하에서 지방자치단체들은 지역주민을 위한 사회복지의 주된 주체로서 의미있는 역할을 수행하고 있다. 지방화시대를 맞이하여 지방자치단체들은 국민복지향상의 동반자로서 국가와 긴밀히 협조하면서 사회복지사업을 수행하고 있으며, 경우에 따라서는 지방정부가 독자적으로 조례와 규칙을 제정하여 지역사회를 위한 사회복지사업을 수행하기도 한다.

Ⅰ. 자치법규(조례, 규칙)

헌법 제117조는 '지방자치단체는 주민의 복리에 관한 사무를 처리하고 재산을 관리하며, 법령의 범위안에서 자치에 관한 규정을 제정할 수 있다'고 지방자치단체에 자치법규의 제정권을 부여하고 있다.

지방자치단체는 법률에 의하여 인정된 자치권의 범위 내에서, 즉 법령의 범위내에서 자기의 사무 또는 주민의 권리의무에 관한 자치에 관한 규칙인 자치법규를 제정한다. 자치법규에는 조례와 규칙이 있다. 조례와 규칙에 대한 세부적인 내용은 지방자치법에 규정되어 있다.

1. 조례의 의의 및 특성

조례란 지방자치단체가 그 자치입법권에 의거하여 법령의 범위 내에서 지방의회의 의결을 거쳐 그 사무에 관하여 제정한 법이다.

지방자치단체는 조례제정권을 갖고 있으며, 지방자치단체는 법령의 범위 안에서 그 사무에 관하여 조례를 제정할 수 있다. 다만, 주민의 권리제한 또는 의무부과에 관한 사항이나 벌칙을 정할 때에는 법률의 위임이 있어야 한다(지방자치법 제15조). 조례의 제정과 개폐는 의결기관으로서 지방의회의 권한에 속한다. 조례의 특성을 요약하면 다음과 같다.

첫째, 조례는 위계적(位階的) 특성을 갖고 있다. 시·군 및 자치구의 조례나 규칙은 시·도의 조례나 규칙에 위반하여서는 아니 된다(지방자치법 제17조). 일부 지방자치단체에서는 독자적인 사회복지조례를 제정하여 다른 지방자치단체가 실시하고 있지 않는 사회복지사업을 독자적으로 실시하고 있다.

둘째, 조례는 내용상 포괄성을 갖고 있으며, 조례는 특정 분야에 한해서 제정되는 것이 아니라 자치업무의 수행에 필요한 모든 분야를 포함하고 있다. 따라서 지방자치단체은 사회복지와 관련된 업무의 수행을 위한 사회복지조례도 제정하고 있다.

셋째, 조례는 법질서-유지적 특성을 갖고 있다. 조례는 '법령의 범위내에서만' 제정할 수 있도록 함으로써 법질서를 유지하고 법적 일관성을 기하고 있다.

넷째, 조례는 지역제한적 특성을 갖고 있다. 자치법규는 원칙적으로 그 지방자치단체의 지방내에서만 효력을 갖는다.

사회복지조례는 지방자치단체들이 관할지역주민들의 삶의 질을 균형적으로 발전시키는 데 기여하기 위하여 제정된다. 이를 위하여 조례는 지방자치단체들이 사회복지사업을 수행함에 있어 민주성과 능률성을 도모할 수 있도록 하기 위한 내용을 포함하고 있다.

2004년 현재 시행중인 지방자치단체의 자치법규에 수록된 사회복지조례 내용 가운데 하나를 정리하여 소개하면 다음과 같다.

광주광역시립장애인종합복지관설치운영조례

제1조(목적) 이 조례는 장애인복지법 제49조의 규정에 의하여 광주광역시립장애인종합복지관(이하 "복지관"이라 한다)을 설치하고 이의 운영에 관하여 필요한 사항을 정함을 목적으로 한다.

제2조(위치) 복지관은 광주광역시 북구 동림동 24번지에 둔다.

제3조(정의) 이 조례에서 장애인이라 함은 장애인복지법 제2조에서 규정하고 있는 장애인을 말한다.

제4조(업무 및 기능) 복지관의 업무 및 기능은 다음 각 호와 같다.

1. 재활 상담지도에 관한 사항
2. 의료 재활에 관한 사항
3. 직업 재활에 관한 사항
4. 장애인 등의 취업 전 조기교육에 관한 사항
5. 장애인의 복지대책과 관련된 연구 조사활동에 관한 사항
6. 장애인 재활을 위한 정보지원과 장애단체 육성에 관한 사항
7. 장애인 체위향상에 관한 사항
8. 장애인 행사에 관한 사항
9. 기타 장애인 복지향상을 위하여 필요한 사항

제5조(이용대상) 복지관의 이용대상은 장애인으로 하되, 국민기초생활보장 수급자를 우선으로 한다. 다만, 일반인(비장애인)은 장애인의 이용을 저해하지 않은 범위내에서 이용할 수 있다.

제6조(이용료) 복지관의 시설을 이용하고자 하는 자는 별표에서 정한 이용료를 납부하여야 한다. 다만, 시장이 필요하다고 인정할 경우에는 이용료를 감면할 수 있다.

제7조(위탁운영) ① 시장은 복지관을 효율적으로 운영하기 위하여 사회복지법인 등 기타 비영리법인에게 복지관을 위탁운영(위탁을 받아 운영하는 자. 이하"수탁자"라 한다)하게 할 수 있다. 다만, 최초 수탁자의 지정은 회관건립에 현저한 공이 있는 자를 우선순위로 할 수 있다.

② 제1항에의 규정에 의하여 복지관을 수탁받아 운영하고자 하는 자는 시장에게 위탁신청을 하여야 하며 시장은 신청자 중 사회복지사업에 적극적인 추진능력이 있다고 인정하는 사회복지법인 및 비영리법인를 수탁자로 지정한다.

③ 수탁자를 선정하고자 할 때는 시보 또는 일간신문 등의 홍보매체를 통한 공개모집을 원칙으로 하고 광주광역시사무의민간위탁조례 제5조의 규정사항외 별도의 선정기준을 정한다.

④ 복지관 운영비는 회관이용료, 수탁자부담금 및 기타 수입금 등으로 충당한다. 다만, 시장이 필요하다고 인정할 때에는 복지관운영에 필요한 비용의 전부 또는 일부를 수탁자에게 보조할 수 있다.

⑤ 복지관 운영에 필요한 종사원의 정원은 시장이 정한다.

제9조 (위탁기간) 시장은 위탁기간을 3년에서 5년의 범위안에서 정할 수 있으며, 위탁 공

고시 공표하여야 한다.

　　제10조(위탁평가 및 재위탁) ① 위탁기간 만료 90일 이전에 위탁사무에 대해 평가를 실시해야 하며, 평가결과에 따라 재위탁 여부를 결정한다.

　　② 시장은 제1항의 규정에 의하여 위탁사무를 평가하고자 하는 때에는 별도의 평가기준을 정하여야 하며 평가결과는 공개하여야 한다.

　　③ 제2항의 평가기준을 정하고자 하는 때에는 사회복지사업법시행규칙 제27조의 평가기준을 준용한다.

　　제11조(수탁자의 의무) ① 수탁자는 제4조의 규정에 따라 장애인 복지증진을 위하여 최대한 노력하여야 한다.

　　② 수탁자는 보조금 및 사용재산을 복지관의 운영에 직접 사용하여야 한다.

　　③ 수탁자는 수탁받은 모든 시설물을 선량한 관리자로서의 주의 의무를 다하여 관리하여야 한다.

　　④ 수탁자가 동 부지내에 새로운 시설물을 신·증축하거나 내부시설을 변경, 보강하고자 할 때에는 사전 시장의 승인을 받아야 하며, 준공과 동시 광주광역시에 기부체납하여야 한다.

　　⑤ 수탁자는 관계법령 및 이 조례에 의한 명령이나 처분과 시장의 지시사항을 준수해야 한다.

　　제15조(시행규칙) 이 조례에 관하여 필요한 사항은 규칙으로 정한다.

2. 규칙의 의의 및 특성

　　자치입법으로서 규칙(規則)은 지방자치단체의 장이 법령 또는 조례가 위임한 범위 내에서 그 권한에 속하는 사무에 관하여 정립한 법이다.

　　규칙제정권은 지방자치단체의 장에게 속한다. 지방자치단체의 장은 법령 또는 조례가 위임한 범위 안에서 그 권한에 속하는 사무에 관하여 규칙을 제정할 수 있다(지방자치법 제16조). 일반적으로 조례가 제정되면 조례의 시행에 관하여 필요한 사항을 규칙으로 정하고 있다. 즉 조례시행규칙 또는 조례운영규칙을 정한다.

　　서울특별시가 노인종합복지관 운영에 관한 조례를 마련하고 이를 시행하기 위한 시행규칙으로 마련한 서울특별시노인종합복지관운영규칙의 내용을 정리하여 예로 들면 다음과 같다.

서울특별시노인종합복지관운영규칙

제1조(목적)

이 규칙은 서울특별시사회복지시설설치및운영에관한조례의 규정에 의한 서울특별시 노인종합복지관의 운영에 관하여 필요한 사항을 규정함을 목적으로 한다.

제2조(운영원칙)

① 서울특별시노인종합복지관(이하"복지관"이라 한다)은 노인을 위한 각종 편의시설, 기타 노인에 대한 종합적인 복지서비스를 제공함으로써 노인 복지를 향상시킬 수 있도록 운영한다.

② 복지관에서 실시하는 사업의 대상자는 서울특별시에 거주하는 60세 이상의 노인으로 한다. 다만, 개별사업에 관하여 규정한 제6조 내지 제17조에서 사업대상자를 다르게 정한 경우에는 그에 따른다.

제3조 (직제 등)

서울특별시노인종합복지관장(이하 '관장'이라 한다)은 복지관의 직제를 제정 또는 개정하는 경우에는 시장의 승인을 얻어야 한다.

제5조(개관 시간 등)

① 복지관의 개관시간은 다음과 같으며, 관장은 필요하다고 인정하는 때에는 시장의 승인을 얻어 개관 시간을 연장하거나 단축할 수 있다.

② 복지관의 공휴일은 관공서의 공휴일에 관한 규정을 준용한다.

제8조(가정봉사원파견사업)

① 관장은 신체적 정신적으로 장애가 있으나 보살펴 줄 가족이 없는 노인에 대하여 가정봉사원을 파견할 수 있다.

② 제1항의 규정에 의한 가정봉사원의 파견대상은 서울특별시에 거주하는 65세 이상으로서 국민기초생활보장법에 의한 수급자(이하 이 조에서 '수급노인'이라 한다)로 한다. 다만, 관장이 필요하다고 인정하는 경우 수급노인이 아닌 저소득 노인에게도 가정봉사원을 파견할 수 있다.

③ 가정봉사원은 노인에 대한 우애방문, 상담, 전화문안과 노인복지시설의 입소 또는 이용안내 및 노인을 위한 청소, 세탁, 조리, 심부름 등의 업무를 행한다.

④ 가정봉사원의 파견을 희망하는 자는 별지 제1호서식에 의한 가정봉사원파견신청서를 관장에게 제출하여야 한다.

제9조(주간보호사업)

관장은 복지관에 신체적, 정신적으로 장애가 있거나 보살펴 줄 가족이 없는 심신허약, 치매 또는 중풍노인을 위한 주간보호실을 설치·운영할 수 있다.

제10조(교육사업)

① 관장은 노인, 그 가족 및 지역주민을 대상으로 환경적응, 노인건강, 노인간호, 노인특성에 관한 사항 등에 대한 교육을 실시할 수 있다.

② 복지관은 전문적인 교육을 위하여 수시로 전문지식을 가진 자를 초빙하거나 그의 자문을 구할 수 있다. 이 경우 예산의 범위 안에서 수당을 지급할 수 있다.

제11조(정서함양사업)

① 관장은 노인의 유익한 노후생활을 위하여 독서, 서예, 체조, 레크리에이션·장기· 바둑 등 다양한 취미활동실, 교양활동실 등을 설치·운영할 수 있다.

② 또한 노인의 기능·특기·취미별로 그룹을 구성하도록 유도하고 지도를 통하여 적극적이고 활발한 그룹활동을 할 수 있도록 한다.

제12조(복지후생사업)

관장은 노인에게 편의를 제공하고 생활안정을 도모하기 위하여 식당, 목욕실 및 이·미용실 등을 설치·운영할 수 있다. 이 경우 시설이용료는 실비로 하되, 시장의 승인을 얻어야 한다.

제13조(기능회복사업)

① 관장은 노화현상 및 노인성질환으로 인하여 신체의 기능이 손상되거나 일부 마비되어 일상생활에 장애를 겪고 있는 노인들의 기능회복을 위하여 기능회복실 목욕실을 설치·운영한다.

③ 기능회복실에서는 노인의 기능회복을 위하여 마사지, 기능훈련치료 등의 물리치료와 운동기구를 이용한 근육강화훈련 등의 운동치료를 실시한다.

제15조(자원봉사활동 육성사업)

① 관장은 자원봉사자를 모집하여 복지관에서 실시하는 각 사업에 필요한 훈련을 실시할 수 있다.

③ 교육받은 자원봉사자는 가정봉사원 등 복지관에서 실시하는 사업수행의 각 분야에 활용한다.

제16조(지역복지협동사업)

관장은 결연·후원사업 및 노인의 사회봉사활동 등 지역복지협동사업에 적극 참여하도록 조치하여 지역노인복지증진에 기여할 수 있도록 하여야 한다.

제17조(노인소득증대사업)

① 관장은 노인의 적성과 능력에 맞는 일자리를 마련하여 여가선용 및 소득기회를 제공할 수 있도록 구직상담 및 취업알선 등에 관한 사업을 하여야 한다.

② 제1항의 사업과 관련하여 고령자취업알선센터 및 공동작업장 등을 설치·운영할 수 있다.

3. 조례·규칙의 심의·의결

지방자치단체의 장이 조례·규칙의 제정·개폐 및 공포 등을 하고자 하는 경우에 이를 심의·의결하기 위하여 지방자치단체의 장 소속하에 조례·규칙심의회를 둔다.

심의회는 i) 지방자치단체의 장이 지방의회에 제출하는 조례안, ii) 지방의회의 의결을 거친 조례공포안, iii) 주민의 조례의 제정 또는 개폐청구에 있어서의 유효서명의 확인, 이의신청 및 청구요건에 관한 사항, iv) 지방자치단체의 장이 제정·개폐하고자 하는 규칙안, v) 예산안·결산안, 기타 지방의회에 제출하는 안건 중 지방자치단체의 장이 심의회의심의·의결이 필요하다고 인정하는 안건을 심의·의결한다.

4. 조례와 규칙의 공포

조례와 규칙의 공포문에는 전문을 붙여야 한다. 조례와 규칙의 공포문 전문에는 제정하거나 개정하는 뜻을 기재하여 지방자치단체의 장이 서명한 후 직인을 찍고 그 일자를 명기한다.(지방자치법 시행령 제11조)

조례와 규칙의 공포는 그 지방자치단체의 공보에의 게재로써 한다. 다만, 지방의회의 의장이 공포하는 경우에는 공보나 일간신문에의 게재 또는 게시판의 게시로써 한다.(지방자치법 시행령 제12조) 조례와 규칙의 공포일과 공고·고시일은 그 조례와 규칙 등을 게재한 공보나 신문이 발행된 날 또는 게시판에 게시된 날로 한다.(지방자치법 시행령 제13조)

II. 지방의회와 지방자치단체의 장

사회복지조례는 일반 조례와 같이 지방의회의 의결을 거쳐 제정된다. 사회복지규칙 역시 일반 규칙과 마찬가지로 지방자치단체의 장이 제정한다. 사회복지 자치법규를 제정하는 지방의회와 지방자치단체에 관해 설명하면 다음과 같다.

1. 지방의회

지방자치단체에 의회를 둔다(지방자치법 제26조). 지방의회의원은 주민의 보통·평등·직접·비밀선거에 의하여 선출한다(동법 제26조의2). 지방의회의원의 임기는 4년으로 한다(동법 제31조).

지방의회는 조례의 의결 및 개폐뿐만 아니라 예산의 심의·확정, 결산의 승인, 법령에 규정된 것을 제외한 사용료·수수료·분담금·지방세 또는 가입금의 부과와 징수, 기금의 설치·운용, 대통령령으로 정하는 중요재산의 취득·처분, 대통령령으로 정하는 공공시설의 설치·처분, 법령과 조례에 규정된 것을 제외한 예산외 의무부담이나 권리의 포기, 청원의 수리와 처리, 외국 지방자치단체와의 교류협력에 관한 사항, 기타 법령에 의하여 그 권한에 속하는 사항을 의결한다.(지방자치법 제35조).

2. 지방자치단체와 지방자치단체의 장

1) 지방자치단체의 의의

지방자치단체는 국민기초생활보장제도와 같은 공공부조나 사회복지서비스를 직접 국민들의 삶의 현장에서 집행하는 데 중요한 역할을 하고 있다. 지방자치가 발전되어가면서 오늘날 공적 사회복지주체로서 지방자치단체는 그 역할이 점차 증가하고 있다. 최근 일부 지방재정자립도가 높은 지역의 지방자치단체는 재정자립도가 낮은 지역의 지방자치단체보다 높은 수준의 복지혜택을 해당지역의 주민들에게 지방자치단체의 자체 재원을 활용하여 제공하는 경우를 찾아볼 수 있다.

지방자치단체는 국가 영토의 일부를 자기 구역으로 하여 그 구역 내의 모든 주민에 대하여 법률이 정하는 범위 내에서 지배권을 행사하는 단체이다. 지방자치단체는 그의 지배권이 지방자치단체에 고유한 것이 아니고, 국가로부터 부여된다는 점에서 국가와 구별되고, 일정한 구역에 대한 지배권을 가지는 지역단체인 점에서 다른 공법인과 구별된다.

지방자치법에 따르면 지방자치단체는 법인으로 한다. 지방자치단체는 법인 가운데 공법인(公法人)에 속한다. 지방자치단체는 i) 특별시와 광역시 및 도와 ii) 시와 군 및 구로 대별한다. 지방자치단체인 구는 특별시와 광역시의 관할구역 안의 구에 한하며, 자치구의 자치권의 범위는 법령이 정하는 바에 의하여 시·군과 다르게 할 수 있다. 특정한 목적을 수행하기 위하여 필요한 경우에는 별도의 특별지방자치단체를 설치할 수 있다(지방자치법 제2조).

특별시와 광역시 및 도는 정부의 직할하에 두고, 시는 도의 관할구역 안에, 군은 광역시 또는 도의 관할구역 안에 두며, 자치구는 특별시와 광역시의 관할구역안에 둔다. 특별시 또는 광역시가 아닌 인구 50만 이상의 시에는 자치구가 아닌 구를 둘 수 있고, 군에는 읍·면을 두며, 시와 구에는 동을, 읍·면에는 리를 둔다. 도시의 형태를 갖춘 시지역(예, 도농복합시)에는 동을, 그 밖의 지역에는 읍·면을 두되, 자치구가 아닌 구를 둘 경우에는 당해구에 읍·면·동을 둘 수 있다(지방자치법 제3조).

시는 그 대부분이 도시의 형태를 갖추고 인구 5만 이상이 되어야 한다. 시와 군을 통합한 지역, 인구 5만 이상의 도시형태를 갖춘 지역이 있는 군, 인구 2만 이상의 도시형태를 갖춘 2개 이상의 지역의 인구가 5만 이상인 도로 군의 인구가 15만 이상인 경우는 이 지역을 도농복합시로 지정할 수 있다. 읍은 그 대부분이 도시의 형태를 갖추고 인구 2만 이상이 되어야 한다. 다만, 군사무소 소재지의 면, 읍이 없는 도농복합형태의 시에 있어서 그 면 중 1개면은 인구 2만 미만인 경우에도 읍으로 할 수 있다(지방자치법 제7조). 지방자치단체가 고유사업으로 사회복지사업을 하는 경우 원칙적으로 그 사업의 관할구역은 해당 자치단체에 제한된다.

2) 지방자치단체의 사무

(1) 사무처리의 기본원칙

지방자치단체의 사무처리의 기본원칙은 다음과 같다. i) 지방자치단체는 그 사무를 처리함에 있어서 주민의 편의 및 복리증진을 위하여 노력하여야 한다. ii) 지방자치단체는 조직 및 운영의 합리화에 노력하고 그 규모의 적정화를 도모하여야 한다. iii) 지방자치단체는 법령이나 상급지방자치단체의 조례에 위반하여 그 사무를 처리할 수 없다(지방자치법 제8조).

(2) 지방자치단체의 사무범위

지방자치단체는 그 관할구역의 자치사무와 법령에 의하여 지방자치단체에 속하는 사무를 처리한다. 지방자치단체의 사무를 예시하면 지방자치단체의 구역, 조직 및 행정관리 등에 관한 사무, 주민의 복지증진에 관한 사무, 농림·상공업 등 산업진흥에 관한 사무, 지역개발 및 주민의 생활환경시설의 설치·관리에 관한 사무, 교육·체육·문화·예술의 진흥에 관한 사무, 지역민방위 및 소방에 관한 사무가 있다.

이 가운데 주민의 복지증진에 관한 사무로는 주민복지에 관한 사업, 사회복지시설의 설치·운영 및 관리, 생활곤궁자의 보호 및 지원, 노인·아동·심신장애자·청소년 및 부녀의 보호와 복지증진, 보건진료기관의 설치·운영, 전염병 및 기타 질병의 예방과 방역 등의 사무가 있다.

지방자치단체는 행정기구의 설치·운영에 있어서 그 합리화를 도모하고 다른 지방자치단체와의 균형을 유지하여야 한다(지방자치법 제102조).

지방자치단체에는 그 지방자치단체의 경비로써 부담하는 지방공무원을 두되, 그 정원은 그 지방자치단체의 조례로 정한다.(지방자치법 제103조).

3) 지방자치단체의 장

지방자치단체의 장은 규칙제정권을 갖는다. 지방자치단체의 장은 특별시장, 광역시장, 도지사를 두고, 시장, 군수, 구청장을 둔다(지방자치법 제85조).[31] 지방자치단체의 장은 주민의 보통·평등·직접·비밀선거에 의하여 선출한다(동법 제86조). 지방자치단체의 장의 임기는 4년으로 하며, 지방자치단체의 장의 계속 재임은 3기에 한한다(동법 제87조). 지방자치단체의 장은 그 지방자치단체를 대표

---

31) 특별시와 광역시의 부시장, 도의 부지사, 시의 부시장, 군의 부군수, 자치구의 부구청장은 보조기관에 속한다(지방자치법 제101조).

하고 그 사무를 통할하는 통할대표권을 가지며, 위임된 사무의 관리 및 집행권을 갖는다(동법 제92조).

지방자치단체의 장은 조례 또는 규칙이 정하는 바에 의하여 그 권한에 속하는 사무의 일부를 보조기관, 소속행정기관 또는 하부행정기관, 관할지방자치단체나 공공단체 또는 그 기관에 위임 또는 위탁할 수 있으며, 조사·검사·검정·관리업무 중 주민의 권리·의무와 직접 관련되지 아니하는 사무를 법인·단체 또는 그 기관이나 개인에게 위탁할 수 있다(지방자치법 제94조). 이 조항은 지방자치단체가 지역사회복지관을 설립하고 그 사무를 사회복지법인 등에 위탁할 수 있는 법적 근거가 되고 있다.

3. 소속행정기관(직속기관, 사업소, 출장소, 합의제행정기관 및 하부행정기관) 및 공공기관

지방자치단체는 소속행정기관으로 직속기관, 사업소, 출장소, 합의제행정기관 및 하부행정기관을 둔다.

지방자치단체는 그 소관사무의 범위 안에서 필요한 때에는 그 지방자치단체의 조례로 교육훈련기관이나 보건진료기관 등을 직속기관으로 설치할 수 있다(지방자치법 제104조).

지방자치단체는 특정 업무를 효율적으로 수행하기 위하여 필요한 때에는 그 지방자치단체의 조례로 사업소를 설치할 수 있다(지방자치법 제105조). 복지사무전담기구는 소속행정기관 가운데 사업소에 속한다고 볼 수 있다. 지방자치단체는 사회복지사업에 관한 업무를 효율적으로 운영하기 위하여 필요한 경우 시·군·구 또는 읍·면·동에 복지사무를 전담하는 기구를 따로 설치할 수 있다. 복지사무전담기구의 사무의 범위·조직, 기타 필요한 사항은 해당시·군·구의 조례로 정한다(사회복지사업법 제15조). 복지사무전담기구에 관한 법조항은 2004년-5년 2년에 걸쳐 시범사업으로 시·군·구에 설치될 사회복지사무소 설립의 법률적 근거가 된다.

지방자치단체는 원격지 주민의 편의와 특정지역의 개발촉진을 위하여 필요한 때에는 그 지방자치단체의 조례로 출장소를 설치할 수 있다(지방자치법 제106조).

지방자치단체는 그 소관사무의 일부를 독립하여 수행할 필요가 있는 때에는 합의제행정기관을 설치할 수 있다(지방자치법 제107조). 합의제행정기관의 예로 사회복지사업에 관한 중요사항을 심의 또는 건의하기 위하여 특별시·광역시·도 및 시·군·자치구에 각각 사회복지위원회를 들 수 있다. 사회복지위원회는 각 자치단체가 조례를 만들어 조직하고 운영하고 있다. 예를 들면 부산광역시는 조례를 제정하여 부산광역시사회복지위원회를 조직해 운영하고 있다. 이 위원회는 부산광역시를 위하여 사회복지에 관한 기본계획 수립, 주요 사업 조정, 새로운 제도 도입, 장애인복지에 관한 시행계획 및 정책·제도개선사항, 지방생활보장위원회 기능 등의 사항을 심의·의결하고 있다.

자치구가 아닌 구에 하부행정기관으로 구청장, 읍에 읍장, 면에 면장, 동에 동장을 둔다. (지방자치법 제108조).

지방자치단체는 주민의 복지를 증진하기 위하여 공공시설을 설치할 수 있다. 공공시설은 관계지방자치단체의 동의를 얻어 그 지방자치단체의 구역밖에 설치할 수 있다(지방자치법 제135조).

III. 지방자치단체 상호간의 관계 및 국가의 지도·감독

1. 지방자치단체 상호간의 협력 및 분쟁조정

지방자치단체는 다른 지방자치단체로부터 사무의 공동처리에 관한 요청이나 사무처리에 관한 협의·조정·승인 또는 지원의 요청이 있는 때에는 법령의 범위 안에서 이에 협력하여야 한다(지방자치법 제139조). 지방자치단체 상호간 또는 지방자치단체의 장 상호간 사무를 처리함에 있어서 의견을 달리하여 다툼(분쟁)이 있는 때에는 다른 법률에 특별한 규정이 없는 한 행정자치부장관 또는 시·도지사가 당사자의 신청에 의하여 이를 조정할 수 있다. 다만, 그 분쟁이 공익을 현저히 저해하여 조속한 조정이 필요하다고 인정되는 경우에는 당사자의 신청이 없는 때에도 직권으로 이를 조정할 수 있다. 행정자치부장관 또는 시·도지사가 분쟁을 조정하고자 할 때에는 관계중앙행정기관의 장과의 협의를 거쳐 지방자치단체중앙분쟁조정위원회 또는 지방자치단체지방분쟁조정위원회의 의결에 따라 조정하여야 한다(지방자치법 제140조).

2. 사무위탁

지방자치단체 또는 그 장은 소관사무의 일부를 다른 지방자치단체 또는 그 장에게 위탁하여 처리하게 할 수 있다. 이 경우 지방자치단체의 장은 사무위탁의 당사자가 시·도 또는 그 장인 경우에는 행정자치부장관 및 관계중앙행정기관의 장에게, 시·군 및 자치구 또는 그 장인 경우에는 시·도지사에게 이를 보고하여야 한다. 사무가 위탁된 경우 위탁된 사무의 관리 및 처리에 관한 조례 또는 규칙은 사무를 위탁받은 지방자치단체에 대하여도 적용된다(지방자치법 제141조). 서울특별시의 경우 서울특별시 관할구역 내에 이용가능한 토지를 구하기 어려운 경우 경기도나 강원도에 사회복지시설을 설치하고 서울특별시 주민들이 이용하도록 하는 대신 시설운영에 필요한 재원을 서울특별시가 부담하고 대신 시설운영에 관한 지휘감독사무를 시설이 위치한 지방자치단체에 사무위탁을 할 수 있다.

3. 행정협의회

지방자치단체는 2개 이상의 지방자치단체에 관련된 사무의 일부를 공동으로 처리하기 위하여 관계지방자치단체간의 행정협의회를 구성할 수 있다(지방자치법 제142조). 협의회는 그 사무를 처리하기 위하여 필요하다고 인정하는 때에는 관계지방자치단체의 장에 대하여 자료의 제출, 의견의 개진, 기타 필요한 협조를 요구할 수 있다(지방자치법 제145조).

4. 지방자치단체조합 설립

2개 이상의 지방자치단체가 하나 또는 둘 이상의 사무를 공동으로 처리할 필요가 있을 때에는 규약을 정하여 그 지방의회의 의결을 거쳐 시·도는 행정자치부장관의, 시·군 및 자치구는 시·도지사의 승인을 얻어 지방자치단체조합을 설립할 수 있다. 다만, 조합의 구성원인 시·군 및 자치구가 2개 이상의 시·도 에 걸치는 조합은 행정자치부장관의 승인을 얻어야 한다. 조합은 법인으로 한다(지방자치법 제149조).

5. 국가의 지도·감독

중앙행정기관의 장 또는 시·도지사는 지방자치단체의 사무에 관하여 조언 또는 권고하거나 지도할 수 있으며, 이를 위하여 필요한 때에는 지방자치단체에 대하여 자료의 제출을 요구할 수 있다. 국가 또는 시·도는 지방자치단체가 그 지방자치단체의 사무를 처리함에 있어서 필요하다고 인정할 경우 재정지원 또는 기술지원을 할 수 있다(지방자치법 제156조). 지방자치단체 또는 그 장이 위임받아 처리하는 국가사무에 관하여는 시·도에 있어서는 주무부장관의, 시·군 및 자치구에 있어서는 1차로 시·도지사의, 2차로 주무부장관의 지도·감독을 받는다(지방자치법 제156조).

제2부

각 론

<h1 align="center">제10장</h1>

<h1 align="center">사회보장기본법</h1>

Ⅰ. 사회보장기본법의 의의 및 특징

의의 사회보장기본법은 사회보장의 이념, 기본원칙, 범위 등을 규율하여 사회보장입법의 지침으로 기능하게 하려는 목적으로 제정한 법이다. 사회보장기본법은 사회보장제도나 사회보장 관련법률에 대한 기본법으로서 의미를 갖는다. 우리나라의 사회복지법체계는 사회보장법전이나 사회복지법전 같이 통합법전체계가 아니라 개별적이고 분립적인 법률로 되어 있기 때문에 사회보장기본법은 개별적인 사회보장 관련법률을 지배하는 기본적인 법이념, 공통원칙, 권리-의무관계, 용어의 정의 등을 제공하여 사회복지법체계를 일관성 있게 정리하는 기능을 수행한다.

위계 사회보장기본법의 법률상 위치가 헌법과 같이 다른 법의 상위법이 아니라 동일한 위계에 속하는 법률이기 때문에 위계상 법적 구속력이 결여되어 있다. 사회보장기본법은 법의 성격상 일반법에 해당하는 반면 개별적인 사회복지법은 특별법에 해당한다. 일반법이란 사람이라든가, 장소라든가, 사항 등에 관하여 특별한 제한이 없이 일반적으로 넓은 효력범위를 갖는 법을 말하고, 특별법이란 일정하게 한정된 사람-장소 또는 사항에 관하여 특수적인 좁은 효력범위를 갖는 법을 말한다. 일반법과 특별법과의 관계에 있어서 "특별법은 일반법에 우선한다"는 특별법우선의 원칙이 적용된다. 법 적용의 순위를 정하는 데 있어 특별법은 일반법에 우선하여 먼저 적용되고, 특별법에 규정이 없는 경우에 그의 보충으로서 일반법이 적용된다. 따라서 사회보장기본법은 법의 성격상 일반법에 속하므로 법의 적용시 다른 개별적인 사회보장 관련법률들이 사회보장기본법에 오히려 우선하여 적용되게 된다.

시기 사회보장기본법은 시기적으로 1995년 사회보장기본법이 제정되기 이전에 이미 제정된 사회보장관련 법들과 관련된 사항에 대해 사회보장기본법의 내용을 소급하여 적용할 수 없다. 즉, 모든 법률은 행위시의 법률을 적용하고, 사후입법(事後立法)으로 소급해서 적용할 수 없다는 법률불소급(法律不遡及)의 원칙에 의해 사회보장기본법 제정 이전의 사항에 대해 소급하여 적용을 할 수 없다. 이는 법률의 효력을 소급시킴으로써 발생하는 사회보장 관련법들의 법률효력상의 혼란을 피하고 법적 안정을 유지하기 위하여 기존의 사회보장 관련법하에서 발생한 법적 효력을 존중하여야 하기 때문이다. 그러나 "사회보장에 관한 다른 법률을 제정 또는 개정하는 경우에는 이 법에 부합되도록 하여야 한다"(사회보장기본법 제4조)고 규정하고 있기 때문에 향후 사회보장기본법이 제정된 이후의 사회보장에 관한 법률을 제정하거나 개정할 경우에는 사회보장기본법의 내용에 부합하도록 하여야 한다. 1995년 이전에 제정된 개별적인 사회복지 관련법률들도 사회보장기본법의 법 이념과 취지에 맞지 않는 법률조항이 있는 경우에는 법률개정을 통해 사회보장기본법의 법 이념과 취지에 맞게 정비를 함으로써 사회복지법체계가 일관성을 갖추어야 할 것이다.

역할 사회보장기본법은 헌법과 개별 사회복지법 간에 중개자로서의 역할을 한다. 헌법에 규정된 사회보장에 관한 내용이 인간다운 생활을 할 권리와 같이 매우 추상적인 형태로 표현되어 있기 때문에 헌법규정을 토대로 개별적인 사회복지 관련법을 제정해야 하는 입법자에게 직접적이고 분명한 입법지침을 제공해주지 못하기 때문에 헌법의 범위 내에서 개별적인 사회복지법의 제정에 입법지침을 제공해주고 있다.

II. 입법배경 및 연혁

1. 입법배경

6·25전쟁과 4·19혁명이라는 시대적 격변을 거치면서 국민들은 민생안정과 경제적 생활보장을 절실히 갈망하게 되었다. 이러한 때 군사정부는 선성장-후분배라는 기본적인 정책이념하에 경제성장을 주도하였다. 그러나 민정이양을 앞둔 군사정부는 명목적으로나마 사회보장제도의 확립을 제창하면서 사회복지에 관한 기본법을 마련하지 않고 무분별하게 명분만을 내세우며 무질서하게 분산적으로 사회복지 관련법들을 입법하였다. 따라서 사회복지에 관한 입법지침을 제시하고, 기존의 사회복지법들을 조정하며, 사회복지분야간의 균형과 조화를 기하기 위하여 1963년 사회보장에관한법률이 제정되었다. 그러나 이 법은 전문 7개조에 지나지 않아 그 내용이 불충분하고 30여 년간 일체의 개정없이 사장되어왔기 때문에 그동안의 정치사회적·경제적 변화를 반영하지 못하였기 때문에 이를 전면적으로 대체하여 시대적 변화에 부응하는 새로운 대체입법이 필요하게 되어 1995년 사회보장기본법이 제정되었다.

2. 연혁

1962. 3　사회보장제도심의위원회 규정안 국가재건최고회의 통과
1962. 7　국가재건최고회의 의장의 '사회보장제도 확립' 지시각서(제12531호)

1963. 11   사회보장에 관한 법률 국가재건최고회의 통과
1970. 2   사회보장심의위원회 규정 제정 (대통령령 제4575호)
1994. 10   사회보장기본법안 국회 제출
1995. 12   사회보장기본법 제정 (법률 제5134호)
1996. 7   사회보장기본법 시행령 제정 (대통령령 제15118호)

사회보장기본법은 1963년 제정된 사회보장에관한법률을 폐지하고 우리나라의 경제·사회의 발전수준과 국민의 복지욕구에 부합하는 사회보장제도를 확립하여 국민복지의 증진을 도모하기 위해 1995년 제정되었다. 정부는 1994년 10월 사회보장기본법안을 국회에 제출하였다. 이에 관한 내용검토가 있은 후 1994년 11월 보건사회부의 사회보장기본법제정안이 제출되고, 1995. 12. 18. 제177회 국회 본회의에서 가결되어 1995. 12. 30. 법률 제5134호로 '사회보장기본법'이 입법·제정되었다. 그 후 1996. 7. 13. 대통령령 제15118호로 사회보장기본법시행령이 마련되었다(현외성, 2001; 법제처, 2002).

2005. 1. 27 법률 7378호로, 다양한 방면으로 확대되고 있는 국민의 복지욕구에 대응하기 위하여 사회보장과 관련된 주요시책을 심의하는 사회보장심의위원회의 위원에 관련 부처의 참여를 확대하고, 중앙행정기관 및 시·도의 사회보장과 관련된 주요시책의 추진실적을 정기적으로 평가하게 함으로써 사회보장시책이 현실성있고 체계적으로 추진될 수 있도록 하려고 일부개정했다.

Ⅲ. 내 용

1. 목적-기본이념-용어의 정의

1) 목적
사회보장기본법은 다음과 같은 목적을 갖고 있다.
① 사회보장에 관한 국민의 권리와 국가 및 지방자치단체의 책임을 정하고 사회보장제도에 관한 기본적인 사항을 규정함으로써 국민의 복지증진에 기여한다.
② 사회보장에 관한 기본이념, 기본원칙, 범위 등을 재정립하고 사회보장제도의 공통사항 등을 다시 정하여, 사회보장제도의 효율적인 운영과 통합적 발전에 기초를 이룬다.
③ 헌법상 보장된 인간다운 생활을 할 권리를 구체화시키기 위하여 사회보장제도를 확립하고 효율적이고 효과적으로 발전시킨다.
④ 사회보장제도 상호간의 연계성을 기하고 사회보장에 관한 국가의 책임과 국민의 권리를 명확

히 하며, 국가운영의 기본체제로서 사회보장제도의 효율적 운영과 체계적 발전을 이룬다.

⑤ 향후 사회보장에 관한 법률을 제정하거나 기존의 법률을 개정하고자 하는 경우에 일관성 있는 기준을 제시한다(제1조, 제4조).

2) 기본이념

사회보장은 모든 국민이 인간다운 생활을 할 수 있도록 최저생활을 보장하고 국민 개개인이 생활의 수준을 향상시킬 수 있도록 제도와 여건을 조성하여, 그 시행에 있어 형평과 효율의 조화를 기함으로써 복지사회를 실현하는 것을 기본이념으로 한다(제2조).

기본이념은 다음과 같이 재정리할 수 있다. ① 사회보장기본법은 복지사회의 실현을 궁극적인 기본이념으로 삼고 있다. 사회보장기본법은 사람들이 쾌적한 생활환경하에서 자신의 행복을 스스로 추구할 수 있도록 하여주고, 개인적·사회적 장애나 생활상의 곤란을 가진 자들을 국가나 사회가 제도적으로 보호하고 자립자활할 수 있도록 하여줌으로써 국민 모두가 평안하고 행복하고 독립된 삶을 살아갈 수 있도록 보장해주는 복지사회건설을 궁극적으로 추구하고 있다.

② 사회보장기본법은 모든 국민이 인간다운 생활을 할 수 있도록 최저생활을 보장한다. 사회보장기본법은 헌법상 보장된 인간다운 생활을 할 권리, 즉 생존권을 보장해줌으로써 모든 국민들이 건강하고 문화적인 최소한의 삶을 누릴 수 있도록 추구한다.

③ 사회보장기본법은 국민 개개인의 생활수준을 향상시킬 수 있도록 제도와 여건을 조성한다. 이를 위하여 사회보험제도, 공공부조제도, 사회복지서비스제도 및 관련복지제도를 마련하고, 필요한 재원을 확보하며 국민의 복지의식을 고양한다.

④ 사회보장기본법은 사회보장제도의 시행에 있어 형평과 효율의 조화를 기한다. 형평과 효율은 모든 공공제도들이 추구하고 있는 이념이다. 형평은 사회정의를 추구하는 공평한 분배의 원칙이고, 효율은 최소의 희생으로 최대의 효과를 추구하는 비용최소화 또는 산출극대화의 원칙이다. 종종 형평을 추구하면 효율이 저하되고 효율을 추구하면 형평이 저하되는 상충관계(trade-off)가 양자간에 나타난다. 사회보장기본법은 사회보장제도를 시행함에 있어서 다소간의 상충관계가 있는 형평과 효율 간에 조화를 기한다.

3) 사회보장 관련용어의 정의

"사회보장"은 질병·장애·노령·실업·사망 등의 사회적 위험으로부터 모든 국민을 보호하고 빈곤을 해소하며 국민생활의 질을 향상시키기 위하여 제공되는 사회보험·공공부조·사회복지서비스 및 관련복지제도를 말한다.

"사회보험"은 국민에게 발생하는 사회적 위험을 보험방식에 의하여 대처함으로써 국민건강과 소득을 보장하는 제도를 말한다.

"공공부조"는 국가 및 지방자치단체의 책임하에 생활유지능력이 없거나 생활이 어려운 국민의 최저생활을 보장하고 자립을 지원하는 제도를 말한다.

"사회복지서비스"는 국가·지방자치단체 및 민간부문의 도움을 필요로 하는 모든 국민에게 상담·재활·직업소개 및 지도·사회복지시설이용 등을 제공하여 정상적인 사회생활이 가능하도록 지원하는 제도를 말한다.

"관련복지제도"는 보건·주거·교육·고용 등의 분야에서 인간다운 생활이 보장될 수 있도록 지원하는 각종 복지제도를 말한다.

2. 사회보장의 주체와 책임

1) 사회보장의 주체

사회보장기본법은 복지다원주의 내지 복지의 혼합경제에 입각하여 사회보장의 주체를 규정하고 있다. 동법 제5조에 따르면 "국가 및 지방자치단체는 국가발전의 수준에 부응하는 사회보장제도를 확립하고 매년 이에 필요한 재원을 조달하여야 한다"고 함으로써 국가 및 지방자치단체를 사회보장의 주된 주체로 규정하고 있다. 사회보장 가운데 사회보험은 국가가 주체가 되고, 공공부조 및 사회복지서비스는 국가 및 지방자치단체가 필요한 재정을 공동부담하며 주체로서 역할을 하고 있다.

또한 국가 및 지방자치단체는 사회보장에 대한 민간부문의 참여를 조장하고, 가정과 지역공동체의 자발적 복지활동을 촉진하도록 함으로써 가족, 개인, 지역공동체, 법인, 기타 민간단체가 사회보장의 주체로서 활동하도록 하고 있다. 민간의 사회보장 참여에 소요되는 비용의 전부 또는 일부를 지원하거나 그 업무수행에 필요한 지원을 할 수 있다고 규정하고 있다(제6조, 제26조). 따라서 사회보장의 주된 주체는 국가 및 지방자치단체이지만 민간도 사회보장의 주체로서 역할을 할 수 있도록 적극적으로 조장함으로써 실질적으로 복지다원주의를 지향하고 있다. 국가 및 지방자치단체는 사회보장에 대한 민간부문의 참여를 조장할 수 있도록 국가 또는 지방자치단체의 사회보장행정에 필요한 자원봉사인력의 활용사업, 사회보장에 관련된 민간의 자원봉사 활성화를 위한 각종 지원사업, 기타 사회보장에 관련된 민간부문의 참여를 조장하는 데 필요한 사업이 포함된 시책을 수립해 직접 시행하거나 법인·단체 또는 그 기관이나 개인에게 필요한 비용을 지원하여 이를 위탁할 수 있다(동법시행령 제14조).[32]

2) 사회보장의 책임

사회보장의 책임은 국가 및 지방자치단체뿐만 아니라 국민에게도 있다.

---

[32] 이러한 위탁은 위탁자와 수탁자 간에 새로운 권리·의무를 인정하는 법률관계를 설정한다는 점에서 일종의 형성적 행정행위에 해당한다(이태영·고영훈, 2002).

(1) 국가 및 지방자치단체의 책임

국가란 통치조직을 가지고 일정한 영토에 정주하는 다수인으로 이루어진 단체로서 여기선 주로 중앙정부를 의미한다. 지방자치단체란 국가 아래에서 국가영토의 일부를 구성요소로 하고 그 구역 안의 주민을 법률이 정하는 범위 안에서 지배할 수 있는 권한을 가진 단체로서 특별시·광역시·도와 같은 광역자치단체와 시·군·자치구와 같은 기초자치단체를 포함한다.

첫째, 국가 및 지방자치단체는 국가발전의 수준에 부응하는 사회보장제도를 확립할 책임이 있다.

둘째, 국가 및 지방자치단체는 사회보장제도에 필요한 재원을 조달하여야 한다.

셋째, 국가 및 지방자치단체는 사회보장에 대한 민간부문의 참여를 조장하여야 한다. 이를 위하여 국가 및 지방자치단체는 필요한 정책을 개발하고 시행하며 민간이 적극적으로 참여할 수 있는 여건을 조성하여야 한다.

넷째, 국가와 지방자치단체는 가정이 건전하게 유지되고 그 기능이 향상되도록 노력하여야 한다.

다섯째, 국가와 지방자치단체는 사회보장제도를 시행함에 있어 가정과 지역공동체의 자발적 복지활동을 촉진하여야 한다(제6조).

여섯째, 국가는 지방자치단체와 사회보장에 관한 책임과 역할을 합리적으로 조정하여야 한다. 사회보험은 국가의 책임으로 행함을 원칙으로 하며, 공공부조 및 사회복지서비스는 국가 및 지방자치단체의 책임으로 행함을 원칙으로 하되, 국가 및 지방자치단체의 재정형편 등을 감안하여 이를 조정할 수 있다(동법 25조).

(2) 국민의 책임

첫째, 모든 국민은 자신의 능력을 최대한 발휘하여 자립·자활할 수 있도록 노력하여야 한다(제7조). 국민은 우선적으로 자신의 능력을 최대한 발휘하여 자신의 독립된 생활을 책임져야 한다는 최대능력발휘의 원칙을 명시하고 있다. 이 원칙의 이면에는 사회보장이 후순위적으로 제공되는 보충적인 제도라는 보충성의 원리가 자리잡고 있다.

둘째, 모든 국민은 국가의 사회보장정책에 협력하여야 한다(제7조). 사회보장정책이란 질병·장애·노령·실업·사망 등의 사회적 위험으로부터 모든 국민을 보호하고 빈곤을 해소하며 국민생활의 질을 향상시키기 위한 정부의 방침으로 내용적으로 사회보험정책, 공공부조정책, 사회복지서비스정책 및 관련복지정책으로 구분된다. 이러한 사회보장정책은 사회보험료나 조세를 통해 운영되기 때문에 정책을 수행함에 있어 국민의 협력은 필수적이다.

3. 사회보장의 객체

사회보장의 객체는 모든 국민이다. 국내에 거주하는 외국인에 대한 사회보장제도의 적용은 상호주의의 원칙에 의하되, 관계법령이 정하는 바에 따른다. 여기서 국민이란 그의 현재 소재지가 어디든

간에 원칙적으로 일정한 국법의 지배를 받는 국가의 구성원을 말한다. 따라서 대한민국 국민이면 그 사람이 어디에 가 있든지 대한민국 사회보장법의 적용을 받는다. 즉, 사회보장에 관하여 속인주의(屬人主義)를 원칙으로 삼고 있다. 다만 외국인에 대하여는 해당국과 상호주의에 입각한 사회보장협약과 같은 조약을 체결한 경우 외국인은 체류국인 대한민국 사회보장법의 적용받는다. 이 때에는 속인주의가 적용되지 않고 예외적으로 속지주의가 적용된다. 속지주의(屬地主義)라 함은 영역을 표준으로 하여 국적이 어디든지 상관없이 자국의 영역 내에 있는 사람이면 그 전체에 대하여 자국법을 적용하는 것을 말한다. 현재 사회보장협약은 일부 국가와 주로 연금보험분야에서만 체결되어 있다.

사회보장은 국민 모두를 그 대상으로 함으로써 원칙적으로 보편주의(universalism)에 입각하고 있다. 사회보장이 실제로 운영되는 과정에서 사회보험은 보편주의를 택하고 있으나 공공부조는 자산조사(means test)를 통해 일정 소득 이하의 국민만을 선별적으로 수혜대상으로 하는 선별주의(selectivism)를 택하고 있다.

4. 사회보장수급권

1) 의의

사회보장수급권은 사회보장기본법에 의한 복지권이다. 사회보장기본법상 사회보장은 사회보험, 공공부조, 사회복지서비스 및 관련 복지제도로 구분된다. 따라서 사회보장수급권은 사회보험수급권, 공공부조수급권, 사회복지서비스 수급권, 관련 복지제도 수급권으로 구분된다. 사회보장수급권[33]은 국민이 사회보장 급여를 받을 권리를 말한다. 모든 국민은 사회보장에 관한 관계법령이 정하는 바에 의하여 사회보장의 급여를 받을 권리, 즉 사회보장수급권을 가진다(제9조). 국가는 모든 국민이 인간다운 최저생활을 유지할 수 있도록 하기 위하여 사회보장수급권을 보장하여야 할 의무가 있으며, 사회보장 급여수준을 향상시키기 위해 노력하여야 한다.

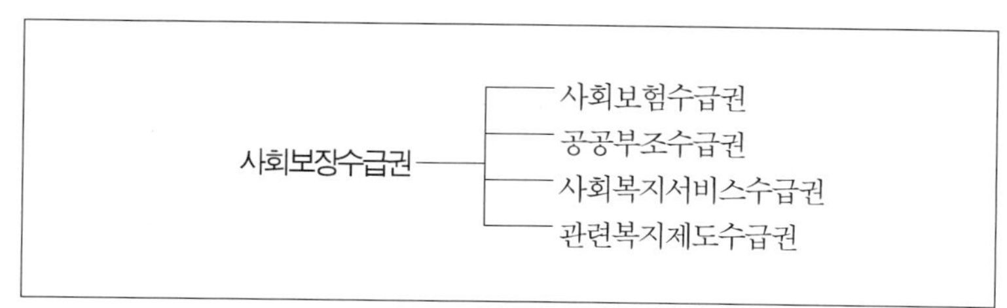

2) 사회보장 급여 수준

국가 또는 지방자치단체는 사회보장 급여의 수준을 결정할 때 최저생계비와 최저임금법에 의한 최저임금을 참작하여 사회보장 급여의 수준을 결정하여야 한다(제10조).

---

33) 앞의 p. 65 참조.

국가가 보장하는 사회보장 급여의 수준은 모든 국민이 건강하고 문화적인 최저생활을 유지할 수 있는 수준이다. 건강하고 문화적인 최저생활의 수준이 어느 정도의 생활수준인가에 대한 논란의 소지를 없애고 객관적이고 과학적인 사회보장행정을 수행 위해서 국가는 관계법령이 정하는 바에 의하여 최저생계비를 매년 공표하고 있다. 최저생계비란 국민이 건강하고 문화적인 생활을 유지하기 위하여 소요되는 최소한의 비용으로서 국민기초생활 보장법 제6조의 규정에 의하여 보건복지부장관이 공표하는 금액을 말한다(국민기초생활보장법 제2조).

최저임금은 근로자의 생활안정과 노동력의 질적 향상을 기함으로써 국민경제의 건전한 발전에 이바지하기 위해 근로자의 생계비, 유사근로자의 임금 및 노동생산성을 고려하여 최저임금위원회의 심의를 거쳐 노동부장관이 정하여 공포하는 최저수준의 임금을 말한다(최저임금법 제4조).

3) 사회보장 급여의 신청

사회보장 급여의 신청에 관해서는 수급권자가 반드시 법에 따른 신청을 하여야 급여를 받을 수 있는 신청주의와 국가나 지방자치단체가 수급권자의 신청 여부와 관계없이 직권으로 수급자격 여부를 조사한 후 급여를 제공하는 직권주의가 있다.

우리나라의 사회보장기본법은 "사회보장의 급여를 받고자 하는 자는 관계법령이 정하는 바에 의하여 국가 또는 지방자치단체에 신청하여야 한다"(제11조)고 규정함으로써 신청주의에 입각하여 사회보장 급여를 제공하고 있다. 급여의 신청은 수급권자가 정당한 권한이 있는 기관에 올바로 신청을 하여야 하지만, 만일 다른 기관에 잘못 신청을 한 경우 그 기관은 이를 정당한 기관에 이송하여줌으로써 사회보장수급권을 최대한 보호해주어야 한다. 이 경우 사회보장 급여의 신청은 정당한 권한이 있는 기관에 이송된 날에 신청된 것으로 본다.

4) 사회보장수급권의 보호-제한-포기

사회보장수급권은 수급권자의 인간다운 최저생활을 보장하기 위한 것이기 때문에 성격상 일신전속권(一身專屬權)이다. 일신전속권이란 특정의 권리주체만이 행사 혹은 향유할 수 있는 권리를 말한다. 따라서 사회보장수급권은 타인에게 양도하거나 담보로 제공할 수 없으며, 이를 압류할 수 없다(제12조). 그러나 국민연금의 유족연금의 경우 일신전속적 특징이 적용되지 않는 예외적 사례이다.

사회보장수급권은 법령에 정한 경우가 아니면 제한되거나 정지될 수 없다. 법령에 의해 제한 또는 정지되는 경우에도 그 제한 또는 정지의 목적에 필요한 최소한에 그쳐야 한다(제13조). 사회보장 수급권자는 사회보장수급권의 포기가 타인에게 피해를 주거나 사회보장에 관한 관계법령에 위반되는 경우가 아니면 정당한 권한이 있는 기관에 서면으로 통지하여 사회보장수급권을 포기할 수 있다. 그러나 이 포기는 취소할 수 있다(제14조). 예를 들면 4인 가족 국민기초생활보장제도의 수급자인 세대주가 스스로 정당한 권한이 있는 기관에 서면을 통해 자신의 생계급여의 수급을 포기할 수 있다. 이 경우에는 4인가족에 해당하는 급여액이 아니라 수급을 포기한 세대주를 제외한 나머지 3인가족을 기준으로 이에 해당하는 급여를 환산하여 지급한다.

5) 불법행위에 대한 구상권

어떤 행위에 의하여 타인에게 발생한 손해를 배상할 책임이 발생하는 경우에 그 행위를 불법행위라 한다. 일반적으로 가해자에게 고의(故意) 또는 과실(過失)이 있고 위법성이 존재할 때 불법행위가 성립한다.[34] 이러한 제3자의 불법행위에 의하여 피해를 입은 국민이 그로 인하여 사회보장수급권을 가지게 된 경우 사회보장제도를 운영하는 자는 불법행위의 책임이 있는 자에 대하여 관계법령이 정하는 바에 의하여 구상권을 행사할 수 있다.

구상권(求償權)은 일반적으로 일정한 법률상의 이유에 의하여 특정자에게 자기가 행한 출재(出財)의 반환을 청구할 수 있는 권리를 말한다(오석락, 1992). 여기서는 타인의 불법행위로 인해 사회보장수급권자가 된 경우 사회보장제도를 운영하는 자는 이에 소요된 사회보장 급여비용 및 관련비용을 가해자인 불법행위자에게 변재를 청구할 수 있는 권리를 말한다.

5. 사회보장심의위원회

1) 구성 및 운영

사회보장심의위원회는 사회보장에 관한 주요 시책을 심의(審議)하기 위하여 국무총리 소속하에 둔 합의체기구이다(제16조, 17조, 개정 2005.1.27).

위원회는 위원장 1인과 부위원장 3인을 포함한 위원 30인 이내로 한다. 위원장은 국무총리가 되고 부위원장은 재정경제부장관·교육인적자원부장관 및 보건복지부장관이 된다. 위원은 대통령령이 정하는 관계중앙행정기관의 장[35], 대통령이 위촉하는 근로자를 대표하는 자, 사용자를 대표하는 자, 사회보장에 관한 학식과 경험이 있는 자, 변호사의 자격이 있는 자로 구성한다. 위원의 임기는 2년으로 한다. 다만, 공무원인 위원의 임기는 그 재임기간으로 한다.

위원회의 위원장이 부득이한 사유로 직무를 수행할 수 없는 때에는 재정경제부장관 및 보건복지부장관의 순으로 그 직무를 대행한다(동시행령 제2조). 위원장은 위원회의 회의를 소집하고, 회의는 재적위원 과반수의 출석으로 개의하고, 출석위원 과반수의 찬성으로 의결한다(동시행령 제3조).

2) 실무위원회 및 전문위원회 설치

위원회를 효율적으로 운영하고 위원회의 심의사항을 보다 전문적으로 검토하기 위하여 위원회에 실무위원장(보건복지부차관) 1인을 포함한 20인 이내의 실무위원으로 구성된 사회보장분야별 실무

---

34) 고의는 죄를 범할 의사를 의미하고 과실은 부주의에 의하여 죄가 되는 사실을 인식하지 못하는 것을 의미한다.

35) "대통령령이 정하는 관계중앙행정기관의 장"이라 함은 법무부장관, 행정자치부장관, 문화관광부장관, 농림부장관, 정보통신부장관, 환경부장관, 노동부장관, 여성부장관, 건설교통부장관, 기획예산처장관 및 국가보훈처장을 말한다.(동법시행령 2조의 2)

위원회를 둔다(제17조). 사회보장분야별 실무위원회는 사회보험실무위원회와 사회복지실무위원회로 한다. 실무위원회는 위원회에서 심의할 분야별 안건에 관한 사항, 위원회로부터 검토지시를 받은 사항, 기타 실무위원회의 운영에 관하여 필요한 사항을 검토한다. 실무위원장은 보건복지부차관이 되고, 실무위원은 관계중앙행정기관의 3급 이상 공무원과 그 분야의 전문가 중에서 보건복지부장관이 임명 또는 위촉하는 자가 된다(동시행령 제4조-제6조). 사회보장에 관한 전문적인 사항을 조사·연구하기 위하여 실무위원회에 각각 3인 이내의 전문위원을 둘 수 있다(동시행령 제7조).

3) 심의사항

사회보장심의위원회는 사회보장의 증진을 위한 사회보장장기발전방향, 사회보장제도의 개선, 사회보장제도의 도입 또는 확대에 따른 우선순위의 조정, 2 이상의 부처에 관련되는 주요 사회보장정책, 사회보장 급여 및 비용부담의 조정, 국가 및 지방자치단체의 역할 및 비용분담, 기타 위원장이 심의에 부치는 사항을 심의한다(제18조).

4) 관계행정기관의 협력 요청

위원회는 관계행정기관에 대하여 사회보장에 관한 자료의 제출과 위원회의 업무에 관하여 필요한 협력을 요청할 수 있으며 관계행정기관은 이에 응하여야 한다(제19조). 위원회 산하 실무위원회도 그 업무수행에 관하여 필요하다고 인정될 때에는 관계기관·단체 등에 대하여 필요한 자료를 요청하거나 관계기관·단체 등의 직원 또는 전문가로부터 의견을 들을 수 있다.

6. 사회보장 장기발전방향

1) 장기발전방향 수립

보건복지부장관은 관계중앙행정기관의 장과 협의하여 사회보장심의위원회의 심의를 거쳐 사회보장증진을 위한 장기발전방향을 5년마다 수립하여야 한다. 보건복지부장관은 장기발전방향을 수립하고자 하는 경우에는 공청회를 열어 국민 및 관계전문가 등으로부터 의견을 들을 수 있다. 장기발전방향은 국무회의의 심의를 거쳐 확정된다.

장기발전방향에는 사회보장에 관한 기본목표 및 추진방향, 주요 추진과제 및 추진방법, 재원조달방안, 사회보장의 전달체계, 사회보장관련 기금운용방안, 기타 사회보장을 위하여 특히 필요하다고 인정되는 사항이 포함되어야 한다(제20조). 보건복지부장관은 확정된 사회보장 장기발전방향의 내용을 지체없이 관계중앙행정기관의 장 및 특별시장·광역시장·도지사에게 통보하여야 한다(동시행령 제12조).

2) 소관 주요 시책의 추진방안 수립

보건복지부장관·관계중앙행정기관의 장 및 특별시장·광역시장·도지사는 장기발전방향을 기초로 하여 사회보장과 관련된 소관 주요 시책의 추진방안을 매년 수립·시행하여야 한다(제22조). 관계중앙행정기관의 장 및 시·도지사는 소관 주요 시책의 추진방안 및 전년도 추진실적을 보건복지부장관에게 제출하고, 보건복지부장관은 제출받은 관계중앙행정기관 및 특별시·광역시·도의 추진실적과 보건복지부소관의 추진실적을 종합하여 성과를 평가하고, 그 결과를 위원회에 보고하여야 한다. 보건복지부장관은 평가를 효율적으로 시행하기 위하여 이에 필요한 조사·분석 등을 전문기관에 의뢰할 수 있다(2005.1.27). 보건복지부장관은 위원회의 심의결과 주요 시책의 추진방안에 대하여 필요한 사항을 관계중앙행정기관의 장 및 시·도지사에게 권고할 수 있다(동시행령 제13조).

보건복지부장관·관계중앙행정기관의 장 및 시·도지사는 장기발전방향에 의한 주요시책추진방안의 수립·시행 및 평가를 위하여 필요한 때에는 관계공공기관, 사회단체, 기타 민간기업체의 장에게 협조를 요청할 수 있다(개정 2005. 1. 27).

7. 사회보장제도의 운영

1) 사회보장제도 운영원칙

사회보장기본법은 사회보장제도의 운영을 위해 다음과 같은 원칙을 설정하였다(제24조): 첫째, 필요에 따른 보편성의 원칙이다. 국가 및 지방자치단체는 사회보장제도를 운영함에 있어 이를 필요로 하는 모든 국민에게 적용하여야 한다.

둘째, 비용부담 형평성의 원칙이다. 국가 및 지방자치단체는 사회보장제도의 급여수준 및 비용부담 등에 있어서 형평성을 유지하여야 한다. 여기서 형평성이란 수직적 형평성과 수평적 형평성을 모두 의미한다. 수직적 형평성(vertical equity)이란 소득이나 재산이 많은 사람은 높은 비율의 부담을 하거나 낮은 비율의 급여를 받는 반면, 소득이나 재산이 적은 사람은 낮은 비율의 부담을 하거나 높은 비율의 급여를 받는 것을 의미한다. 수평적 형평성(horizontal equity)이란 동일한 소득이나 재산이 있는 사람은 동일한 비용부담을 하거나 동일한 수준의 급여를 받는 것을 의미한다.

셋째, 민주성의 원칙이다. 국가 및 지방자치단체는 사회보장제도의 정책결정 및 시행과정에 공익의 대표자 및 이해관계인 등을 참여시켜 민주성을 확보하여야 한다.

넷째, 효율성의 원칙이다. 국가 및 지방자치단체는 국민의 다양한 복지욕구를 최소의 비용으로 최대의 효과를 낼 수 있도록 효율적으로 운영하여야 한다.

다섯째, 연계성의 원칙이다. 국가 및 지방자치단체는 다양한 사회보장제도를 마련하고 이를 분립적으로 운영하기보다는 이들 제도를 체계적으로 연계시켜 다양한 국민들의 복지욕구를 효율적으로 충족시켜야 한다.

여섯째, 전문성의 원칙이다. 국가 및 지방자치단체는 사회보장제도를 전문적으로 운영하여야 한다. 전문성은 흔히 기능의 배분 내지 분업화를 의미한다. 사회보장제도는 속성상 다양한 분야를 포함하고 있기 때문에 각각의 분야를 부분으로 나누어서 해당 분야의 전문가에 의해 체계적으로 수행되어야 한다.

2) 책임과 역할의 조정

국가는 지방자치단체와 사회보장에 관한 책임과 역할을 합리적으로 조정하여야 한다. 사회보험은 국가의 책임으로 행함을 원칙으로 한다. 공공부조 및 사회복지서비스는 국가 및 지방자치단체의 책임으로 행함을 원칙으로 하되, 국가 및 지방자치단체의 재정형편 등을 감안하여 이를 조정할 수 있다(제25조).

3) 민간의 참여

국가 및 지방자치단체는 사회보장에 대한 민간부문의 참여를 조장할 수 있도록 정책을 개발·시행하고 그 여건을 조성하여야 한다. 국가 및 지방자치단체는 개인·법인 또는 단체의 사회보장에 대한 참여에 소요되는 경비의 전부 또는 일부를 지원하거나 그 업무수행에 필요한 지원을 할 수 있다(제26조).

4) 비용의 부담

사회보장비용의 부담은 각각의 사회보장제도에 대한 역할분담에 따라 국가·지방자치단체 및 민간부문간에 합리적으로 조정되어야 한다.

사회보험에 소요되는 비용은 사용자·피용자 및 자영자가 부담하는 것을 원칙으로 하되 관계법령이 정하는 바에 따라 국가가 그 비용의 일부를 부담할 수 있다.

공공부조 및 관계법령이 정하는 일정소득수준 이하의 국민에 대한 사회복지서비스에 소요되는 비용의 전부 또는 일부는 국가 및 지방자치단체가 이를 부담한다.

부담능력이 있는 국민에 대한 사회복지서비스에 소요되는 비용은 그 수익자가 부담함을 원칙으로 하되, 관계법령이 정하는 바에 따라 국가 및 지방자치단체가 그 비용의 일부를 부담할 수 있다(제27조).

5) 사회보장전달체계

국가 또는 지방자치단체는 지역적으로 고루 분포되고 기능에 따라 균형이 이루어지도록 그리고 모든 국민이 쉽게 이용할 수 있도록 사회보장전달체계를 마련하여야 한다. 또한 사회보장 관련업무를 수행함에 있어 관계기관과 관계자 간의 조정이 원활하게 이루어지도록 사회보장전달체계를 갖추어야 한다(제28조).

6) 제도발전을 위한 노력

국가 및 지방자치단체는 사회보장제도의 발전을 위하여 전문인력의 양성, 학술조사 및 연구, 국제교류의 증진 등에 노력하여야 한다(제29조).

7) 정보공개-비밀보호-홍보

국가 및 지방자치단체는 국민이 사회보장제도에 관하여 필요로 하는 정보를 관계법령이 정하는 바에 의하여 공개하고, 이를 홍보하여야 한다. 국가 및 지방자치단체는 사회보장제도를 효율적으로 운영하기 위하여 사회보장에 관한 정보를 관리하는 체계를 확립하여야 한다. 사회보장의 업무에 종사하는 자는 사회보장과 관련하여 알게 된 개인·법인 또는 단체의 비밀을 관계법령이 정하는 바에 의하여 보호하여야 한다. 국가와 지방자치단체는 사회보장에 관한 관계법령에 규정된 권리나 의무를 해당 국민에게 설명하도록 노력하여야 한다(제30조-제32조).

8) 상담-통지-권리구제

국가와 지방자치단체는 관계법령에 따라 사회보장에 관한 상담에 응하여야 하며, 사회보장에 관한 사항을 해당 국민에게 통지하여야 한다. 국민은 사회보장에 관한 상담권과 알 권리를 갖고 있다. 또한 위법 또는 부당한 처분을 받거나 필요한 처분을 받지 못함으로써 권리 또는 이익의 침해를 받은 국민은 행정심판법 및 행정소송법의 규정에 의한 심판청구 및 행정소송을 제기하여 그 처분의 취소 또는 변경 등을 청구할 수 있다.

제11장

사회복지사업법

Ⅰ. 의의 및 입법배경

1. 의의

사회복지사업법이란 사회복지사업에 관한 기본법이다. 사회복지사업이란 빈민, 아동, 영유아, 노인, 장애인, 모자, 기타 경제적·정신적·신체적 능력이 없거나 박약한 요보호자(要保護者)나 가족이나 사회적 피해자에 대하여 그들의 욕구를 충족시키고 문제를 해결하며 하나의 독립된 개체로서 정상적인 사회생활을 할 수 있도록 원조하고 사회환경을 조성해주는 사회적 노력을 말한다.

과거의 사회복지사업은 전통적인 자선사업에서 실시해왔던 경제적·물질적 원조만 제공하는 것을 의미하였다. 그러나 오늘날에는 그 범위가 확대되어 이들이 건강한 문화생활을 할 수 있도록 하여주고, 정상적인 사회생활이 가능하도록 사회환경을 조성하여주며, 자신의 문제를 스스로 처리할 수 있도록 도와주고, 잔존능력을 최대한 발휘할 수 있도록 하여주며, 인간자본의 향상을 위해 국가와 사회 복지대상자 및 그 가족들이 함께 협력하여 노력하는 상담·지도·훈련 등 일체의 사업을 포함하고 있어 경제적·물질적 원조뿐만 아니라 비경제적·비물질적 원조도 사회복지사업의 주요 내용이 되고 있다.

사회복지사업법은 사회복지사업의 조직과 운영에 관한 기본법적 성격을 갖는 동시에 일반법적인 특성을 갖는다. 또한 사회복지사업관련법률의 제정시 입법지침을 제공해주어야 한다. 또한 헌법과 개별적인 사회복지사업 관련법 간의 중간자의 역할을 수행하면서 사회복지와 관련된 헌법의 추상적인 법이념과 원칙을 사회복지사업분야 관련법률을 제정하거나 개정할 때 입법지침을 제공해주어야 한다.

2. 입법배경

우리나라는 그동안 사회복지사업을 구체적으로 실행하기 위해 여러 서비스영역별로 법률들을 제정하였다. 사회복지사업법의 제정을 위한 움직임이 있었던 1960년대 중반에는 우리나라에 생활보호법, 아동복리법, 윤락행위등방지법의 3법이 있었으며, 심신장애자복지법·노인복지법·모자복지법 등 사회복지서비스법들이 계속 제정될 것으로 예정되었었다. 이러한 사회복지서비스를 위한 법이 각 분야별로 개별적으로 분립되어 제정되고 개정됨에 따라 사회복지사업운영의 통일성, 효과성, 효율성 등이 저하되었고, 따라서 사회복지사업의 전체적인 통일성을 기하고 기본원칙과 공통사항을 총괄적으로 규정하고 종합적으로 체계화시키기 위한 기본법을 제정할 필요가 생겼다.

3. 연혁

사회복지사업법은 1970. 1. 1. 법률 제2191호로 공포되었다. 이 법의 제정 목적은 사회복지사업에 관한 기본적인 사항을 규정하여 그 공정한 운영을 기함으로써 사회복지의 증진을 도모하려는 것이다. 그 주요 내용으로는 사회복지사업은 생활보호법·아동복리법·윤락행위등방지법 등에 의한 보호사업·복지사업·선도사업·복지시설의 운영 등을 목적으로 하는 사업으로 하였고, 사회복지법인을 설립하고자 하는 자는 보건사회부장관의 인가를 받도록 하였으며, 사회복지시설의 설치·운영은 국가·지방자치단체 및 시·도지사의 허가를 받은 사회복지법인 또는 보건사회부장관의 허가를 받은 기타의 법인에 한하였다. 또한 보건사회부장관(현 보건복지부장관)은 공동모금의 목적달성을 위하여 법인인 모금회의 설립을 허가할 수 있도록 하였다. 그러나 이 법은 국민들의 복지욕구(needs)의 미분화, 정부재정부족, 복지전문성의 미발달, 입법자의 이해부족 등으로 인해 복지서비스에 있어서 정부와 민간의 분리원칙, 정부의 책임전가금지원칙, 민간의 자주성과 독립성 존중원칙 등이 배제된 채 제도화되었다(김만두, 1994).

이 법이 제정된 후 노인복지법·심신장애자복지법·아동복지법 등 사회복지사업에 관한 각종 법률이 제정되었으므로 이에 맞추어 관련사항을 정비하고, 새로운 복지수요에 대처하기 위하여 필요한 사항을 보완하기 위하여 1983. 5. 21. 법률 제3656호로 일부 개정되었다.

1992. 12. 8. 사회복지행정의 전문성과 효율성을 높이기 위하여 일선행정기관에 사회복지전담공무원을 두고 시·군·구에는 복지사무전담기구를 설치할 수 있도록 하며, 사회복지사업의 범위를 조정하기 위해 법률 제4531호로 전문개정을 하였다.

1995. 12. 30. 생활환경의 급격한 변화로 인하여 정신질환자가 증가함에 따라 정신질환을 예방하고 정신질환자에 대한 효율적인 의료 및 사회복귀를 위하여 필요한 사항을 정함으로써 국민의 정신건강증진에 이바지하기 위해 법률 제5133호로 일부개정을 하였다.

1997. 8. 22. 사회복지사의 전문성을 제고하기 위하여 사회복지사 1급은 국가시험에 합격한 자로

하고, 현행 사회복지시설 설치·운영에 대한 허가제를 신고제로 변경하여 동시설의 설치·운영을 용이하게 하며, 개인도 동시설을 설치·운영할 수 있도록 하고, 사회복지법인과 시설운영의 투명성을 보장할 수 있도록 제도적 장치를 강화하며, 자원봉사활동을 지원할 수 있는 법적 근거를 마련하는 등 기타 미비한 사항을 정비·보완하여 사회복지사업을 활성화하기 위하여 법률 제5358호로 전문개정하였다.

1999. 4. 30. 행정규제기본법에 의한 규제정비계획에 따라 사회복지사업에 관한 각종 규제를 폐지 또는 완화하여 사회복지사업의 활성화를 도모하고, 시·도지사의 허가로 설립되는 사회복지법인을 앞으로는 보건복지부장관의 허가를 받아 설립할 수 있도록 하며, 기타 현행 제도의 운영상 나타난 일부 미비점을 개선·보완하기 위해 법률 제5979호로 일부개정을 하였다.

2000. 1. 12. 국민의 사회복지에 대한 이해를 증진하고 사회복지사업 종사자의 활동을 장려하기 위하여 사회복지의 날을 제정하는 한편, 사회복지시설의 장은 화재로 인한 손해배상책임의 이행을 위하여 그 시설에 대하여 화재보험에 가입하도록 하고, 국가 또는 지방자치단체는 예산의 범위 안에서 소요비용을 보조할 수 있도록 하는 등 현행 제도의 운영상 나타난 일부 미비점을 개선·보완하기 위해 법률 제6160호로 일부개정을 하였다.

2003. 7. 30. 법률 6960호로 지역사회 중심의 사회복지사업을 효율적으로 추진하기 위한 기반을 조성하고, 사회복지서비스의 제공절차를 구체적으로 정하기 위하여, 종전에 시·군·구에 설치되어 있던 사회복지위원회를 폐지하고 그에 갈음하여 시·군·구에 지역사회복지협의체를 설치하도록 하여 사회복지사업에 관한 중요사항과 지역사회복지계획을 심의하도록 하였다. 또한 지역사회복지를 효율적으로 실시하기 위하여 시·도지사 및 시장·군수·구청장은 지역보건의료계획과 연계하여 시·도 및 시·군·구 지역사회복지계획을 수립·시행하도록 하고, 보건복지부장관 또는 시·도지사는 시·도 또는 시·군·구의 지역사회복지계획의 시행결과를 평가할 수 있도록 하였다. 시장·군수·구청장은 사회복지서비스를 필요로 하는 자에 대하여 개인별 보호계획을 수립하고, 동 보호계획에 따라 사회복지서비스를 제공하도록g였으며, 사회복지서비스를 필요로 하는 자에게 사회복지서비스를 제공하는 경우 재가복지서비스를 우선하여 제공하도록 하고, 국가 또는 지방자치단체는 재가복지서비스를 담당하는 가정봉사원을 양성하도록 노력하도록 하였다(법제처, 2003).

2005. 7. 13. 법률 7587호로 대통령령에 규정되어 있는 사회복지사의 결격사유는 국민의 직업선택의 자유 또는 경제활동의 자유 등 기본권을 제한하는 사항이므로 법률에 이를 직접 규정하여 금치산자 또는 한정치산자, 파산자로서 복권되지 아니한 자, 금고 이상의 형의 선고를 받고 그 집행이 종료되지 아니하였거나 그 집행을 받지 아니하기로 확정되지 아니한 자, 법률 또는 법원의 판결에 의하여 자격이 상실 또는 정지된 자 는 사회복지사가 될 수 없도록 하였다(법제처, 2005).

2006 . 3. 24 법률 제7918호로 일부 개정하여, 사회복지사업에 [식품기부 활성화에 관한 법률]을 추가하였다.

Ⅱ. 사회복지사업법의 기본 내용

1. 목적

사회복지사업법은 사회복지사업에 관한 기본적 사항을 규정하여 사회복지를 필요로 하는 사람의 인간다운 생활을 할 권리를 보장하고 사회복지의 전문성을 높이며, 사회복지사업의 공정·투명·적정을 기하고, 지역사회복지의 체계를 구축함으로써 사회복지의 증진에 이바지함을 목적으로 한다(사회복지사업법 제1조).

첫째, 이 법은 사회복지의 증진에 기여함에 궁극적인 목적이 있다. 이 법은 사람들의 보편적인 욕구를 충족시키고, 그들이 사회성원으로서 기능을 실행할 수 있도록 사회적 환경을 조성하며, 요보호자에 대해 재정적 원조나 서비스를 제공함으로써 행복과 안녕을 증진시키는 데 근본적인 목적이 있다.

둘째, 이 법은 사회복지사업에 관한 기본적인 사항을 규정함으로써 사회복지사업을 합리적으로 수행할 수 있도록 하는 데 목적이 있다. 사회복지사업에 관한 일반적인 사항, 사회복지법인에 관한 사항, 사회복지시설에 관한 사항 등을 내용에 포함하고 있어 개별적인 사회복지사업의 근본이 되고 있다.

셋째, 이 법은 사회복지를 필요로 하는 사람의 인간다운 생활을 할 권리를 보장함에 목적이 있다. 사회복지사업법은 헌법에 보장된 생존권을 보장하여 국민 모두가 건강하고 문화적인 생활을 할 수 있도록 기여함에 그 목적이 있다.

넷째, 이 법은 사회복지의 전문성을 제고하는 데 그 목적이 있다. 이 법은 사회복지사의 지도훈련, 사회복지전담기구, 사회복지사 자격제도, 국가시험제도, 사회복지전담공무원제도 등에 관해 규정함으로써 사회복지사업을 전문적으로 수행할 수 있도록 함에 목적이 있다.

다섯째, 이 법은 사회복지사업운영의 공정·투명·적정을 기함에 그 목적이 있다. 이 법은 사회복지법인 임원의 임면, 시설장 자격, 법인 재산관리, 수익사업운영, 후원금관리, 시설평가, 비밀누설금지 등에 관해 규정함으로써 사회복지사업을 공정하고 투명하며 적절하게 운영하는 데 목적이 있다.

여섯째, 이 법은 지역사회복지의 체계를 구축함에 그 목적이 있다. 이 법은 전문 혹은 비전문인력이 지역사회 수준에 개입하여 지역사회에 존재하는 각종 제도에 영향을 주고, 지역사회의 문제를 예방하고 해결하기 위한 체제를 구축함에 그 목적이 있다.

2. 사회복지사업 관련용어의 정의

이 법은 사회복지사업, 사회복지법인, 사회복지시설에 대한 개념의 정의를 하고 있다. 여기서 "사회복지사업"이라 함은 1. 국민기초생활보장법 2. 아동복지법 3. 노인복지법 4. 장애인복지법 5. 모·부자복지법 6. 영유아보육법 7. 성매매방지및피해자보호등에관한법률 8. 정신보건법 9. 성폭력범죄의처벌및피해자보호등에관한법률 10. 입양촉진및절차에관한특례법 11. 일제하일본군위안부피해자에대한생활안정지원및기념사업등에관한법률 12. 사회복지공동모금회법 13. 장애인·노인·임산부등의편의증진보장에관한법률 14. 가정폭력방지및피해자보호등에관한법률 15. 농어촌주민의보건복지증진을위한특별법 16. 식품기부 활성화에 관한 법률(이하 사회복지사업 관련 타법률)에 의한 보호·선도 또는 복지에 관한 사업과 사회복지상담·부랑인보호·직업보도·무료숙박·지역사회복지·의료복지·재가복지·사회복지관운영·정신질환자 및 나완치자(癩完治者) 사회복귀에 관한 사업 등 각종 복지사업과 이와 관련된 자원봉사활동 및 복지시설의 운영 또는 지원을 목적으로 하는 사업을 말한다.

"사회복지법인"이라 함은 사회복지사업을 행할 목적으로 설립된 법인을 말한다. "사회복지시설"이라 함은 사회복지사업을 행할 목적으로 설치된 시설을 말한다(제2조).

3. 타법과의 관계 및 법률적 지위

사회복지사업법과 사회복지 관련 타법률과의 관계는 다음과 같다(제3조): 첫째, 사회복지사업의 내용, 절차 등에 관하여 사회복지사업관련 타법률에 특별한 규정이 있는 경우를 제외하고는 사회복지사업법의 규정에 의한다. 사회복지사업법은 사회복지사업에 관한 일반법으로서 역할을 한다. 사회복지사업 관련 다른 특정 법률에 규정이 있는 경우는 이들 특정 법률은 특별법으로서 '특별법 우선의 원칙'에 따라 사회복지사업법에 우선적용이 된다. 예를 들면 사회복지사업법과 노인복지법 간에 충돌이 있는 경우 노인복지법의 규정들은 사회복지사업법에 우선하여 적용이 된다. 사회복지사업법은 사회복지사업 관련 타법률보다 상위에 있는 법이 아니라 동일한 위치에 있는 법이다.

둘째, 다른 사회복지사업 관련 특정 법률을 개정하는 경우에는 사회복지사업법에 부합하도록 하여야 한다. 사회복지사업법은 법률 개정시에 다른 사회복지 관련법의 모법의 역할을 한다. 만일 특정의 사회복지사업 관련법에 특별한 규정이 없는 경우 사회복지사업법의 규정에 따르면 된다.

4. 복지증진의 책임 및 무차별·최대봉사의 원칙

사회복지사업법은 복지증진의 책임을 명시하고 있다(제4조): 국가와 지방자치단체는 사회복지를 증진할 책임을 진다. 국가·지방자치단체, 기타 사회복지사업을 행하는 자는 사회복지를 필요로 하는 자에 대하여 그 사업과 관련한 상담·작업치료·직업훈련 등을 실시하고 필요한 경우에는 주민의 복지욕구를 조사할 수 있다.

국가와 지방자치단체는 사회복지를 증진할 책임을 진다고 규정함으로써 헌법에 명시한 복지국가주의를 구현하고 있다. 복지증진의 책임을 다하기 위하여 국가·지방자치단체, 기타 사회복지사업을 행하는 자는 사회복지를 필요로 하는 자에 대하여 그 사업과 관련한 상담·작업치료·직업훈련 등을 실시하고 필요한 경우에는 주민의 복지욕구를 조사할 수 있다. 따라서 물질적 원조나 시설수용과 같은 단순한 완화적인 사회복지사업에 국한하지 않고 문제의 원인을 진단하여 치유하거나 재발을 방지하고 인간자본을 향상시키기 위한 상담, 작업치료, 직업훈련 등을 필요한 사람에게 실시한다. 또한 필요한 경우에는 주민의 복지욕구를 조사할 수 있다고 규정함으로써 주민의 욕구를 정확히 파악하고 욕구를 충족시킬 수 있는 프로그램을 기획하고 실시할 수 있어 과학적이고 효과적으로 사회복지사업을 실시 할 수 있게 된다.

사회복지사업법은 "사회복지업무에 종사하는 사람은 그 업무를 행함에 있어서 사회복지를 필요로 하는 사람을 위하여 차별없이 최대로 봉사하여야 한다"고 명시함으로써 무차별의 원칙과 최대봉사의 원칙을 명시하고 있다(제5조). 무차별의 원칙은 헌법상 평등권을 구현하는 것이다. 최대봉사의 원칙은 사회복지사는 공익을 위해 봉사하는 전문가이고, 또한 그들이 대면하는 사회복지사업의 수혜대상자들이 대부분 경제적·신체적·정신적으로 열악한 처지에서 생활하는 사회적 약자인 점을 고려하여 사회복지종사자의 최대봉사를 요구하고 있다. 이를 위하여 한국사회복지사협회는 사회복지사윤리강령을 선포하였다.

5. 시설설치방해 금지 및 처벌

누구든지 정당한 이유없이 사회복지시설의 설치를 방해하여서는 아니되며, 시장·군수·자치구의 구청장은 정당한 이유없이 사회복지시설의 설치를 지연시키거나 제한하는 조치를 하여서는 아니된다(제6조). 만일 정당한 이유없이 사회복지시설의 설치를 방해한 경우에는 1년 이하의 징역 또는 300만 원 이하의 벌금에 처한다(제54조). 최근 사회복지시설을, 특히 장애인시설이나 교정시설을, 설치하려고 하는 경우 지역이기주의나 집단이기주의에 편승해 이들 시설의 설치를 적극 반대하는 사례가 나타나고 있다. 이들 주민들은 사회복지시설을 핵폐기물처리장이나 쓰레기소각장과 같이 유해한 혐오시설로 간주하고 이들 시설이 자신의 생활권에 설치되는 것을 반대하고 있다. 이 조항은 사회복지사업법은 특정 사회복지시설의 설치를 반대하는 현상인, "내 뒷마당에서조차 안 된다"는 님비현상(NIMBY syndrome)이나 "근처 어디에든 아무 것도 절대 짓지 말라"는 바나나현상(BANANA syndrome)을 공식적으로 금지하는 규정이 될 수 있다.

6. 사회복지위원회 및 복지위원

1) 목적 및 기능

사회복지사업에 관한 중요사항과 지역사회복지계획을 심의 또는 건의하기 위하여 특별시·광역시·도에 사회복지위원회를 둔다(제7조). 2003년 7월 법률을 개정하여 종전에 시·군·구에 설치되어 있던 사회복지위원회를 폐지하고 그에 갈음하여 시·군·구에는 지역사회복지협의체를 설치하도록 하였고, 이 협의체를 통하여 관할지역 안의 사회복지사업에 관한 중요사항과 지역사회복지계획을 심의하도록 하였다.

사회복지위원회는 각 자치단체가 조례를 만들어 조직하고 운영하고 있다. 예를 들면 부산광역시는 조례를 제정하여 부산광역시사회복지위원회를 조직해 운영하고 있다. 이 위원회는 부산광역시를 위하여 사회복지에 관한 기본계획 수립, 주요 사업 조정, 새로운 제도 도입, 장애인복지에 관한 시행계획 및 정책·제도개선사항, 지방생활보장위원회 기능 등의 사항을 심의·의결하고 있다.

2) 구성

사회복지위원회의 위원은 사회복지 또는 보건의료에 관한 학식과 경험이 풍부한 자, 사회복지법인의 대표자, 사회복지사업을 행하는 비영리법인 또는 단체의 대표자, 사회복지를 필요로 하는 사람의 이익, 지역사회복지협의체의 대표자, 공익단체에서 추천한 자, 사회복지공동모금지회에서 추천한 자 중에서 특별시장·광역시장·도지사가 임명 또는 위촉한다(제7조).[36] 사회복지위원회의 조직·운영에 관하여 필요한 사항은 보건복지부령이 정하는 바에 따라 그 시·도의 조례로 정한다.

3) 복지위원

시장·군수·구청장은 읍·면·동의 사회복지사업을 원활하게 수행하도록 하기 위하여 읍·면·동 단위에 명예직인 복지위원을 위촉할 수 있다(제8조). 사회복지사업법시행규칙에 따르면 복지위원은 그 지역사회의 실정에 밝고 사회복지증진에 열의가 있는 자, 그리고 사회복지에 관한 학식과 경험이 풍부한 자 가운데 2인 이상을 조례에 따라 임명하며 임기는 3년으로 한다.

복지위원은 관할 지역 안의 저소득 주민·아동·노인·장애인·모자가정·요보호자 등 사회복지사업에 의한 도움을 필요로 하는 자, 즉 사회복지대상자에 대한 선도 및 상담, 사회복지대상자의 권익을 보호하기 위하여 필요한 사항, 사회복지 관계행정기관, 사회복지시설, 기타 사회복지 관계단체와의 협력, 기타 관할지역 주민의 복지증진을 위하여 필요한 사항의 처리의 직무를 수행한다(동법시행규칙 제2조).

4) 지역사회복지협의체

관할지역 안의 사회복지사업에 관한 중요사항과 지역사회복지계획을 심의 또는 건의하고, 사회복지·보건의료 관련 기관·단체가 제공하는 사회복지서비스 및 보건의료서비스의 연계·협력을 강화

---

36) 그러나 미성년자, 금치산자 또는 한정치산자, 파산자로서 복권되지 아니한 자, 법원의 판결 또는 다른 법률에 의하여 자격이 상실 또는 정지된 자, 금고 이상의 실형의 선고를 받고 그 집행이 종료되거나 집행이 면제된 날부터 3년이 경과되지 아니한 자, 금고 이상의 형의 집행유예선고를 받고 그 유예기간중에 있는 자, 사회복지사업 또는 그 직무와 관련하여 국유재산 무상대여와 관련되거나 보조금의 예산 및 관리와 관련된 죄를 범하거나 이 법에 위반하여 50만 원 이상의 벌금형의 선고를 받고 그 형이 확정된 후 5년 또는 형의 집행유예의 선고를 받고 그 형이 확정된 후 7년이 경과하지 아니하거나 징역형의 선고를 받고 그 집행이 종료되거나 집행이 면제된 날부터 7년이 경과되지 아니한 자는 사회복지위원회의 위원이 될 수 없다.

하기 위하여 시·군·구에 지역사회복지협의체를 둔다.

지역사회복지협의체의 위원은 사회복지 또는 보건의료에 관한 학식과 경험이 풍부한 자, 사회복지사업을 행하는 기관·단체의 대표자, 보건의료사업을 행하는 기관·단체의 대표자, 공익단체에서 추천한 자, 사회복지업무 또는 보건의료 업무를 담당하는 공무원 중에서 시장·군수·구청장이 임명 또는 위촉한다. 지역사회복지협의체의 업무를 효율적으로 수행하기 위하여 지역사회복지협의체에 실무협의체를 둘 수 있다. 지역사회복지협의체 및 실무협의체의 조직·운영에 관하여 필요한 사항은 보건복지부령이 정하는 바에 따라 시·군·구의 조례로 정한다.(제7조의 2)

7. 자원봉사 지원·육성

국가 및 지방자치단체는 사회복지 자원봉사활동을 지원·육성하기 위하여 자원봉사활동의 홍보 및 교육, 자원봉사활동프로그램의 개발·보급, 자원봉사활동중의 재해에 대비한 시책의 개발, 기타 자원봉사활동의 지원에 필요한 사항을 실시하여야 하며, 이를 효율적으로 수행하기 위하여 이러한 사항을 사회복지법인, 기타 비영리법인·단체에 이를 위탁할 수 있다(제9조).

8. 사회복지사 자격관리-국가시험-채용-지도훈련

사회복지사의 자격관리, 국가시험에 관한 사항은 '제8장 사회복지사의 법적 지위와 권한' 부분에 구체적으로 기술되어 있다.

1) 사회복지사의 채용

사회복지법인 및 사회복지시설을 설치·운영하는 자는 i) 사회복지프로그램의 개발 및 운영업무, ii) 시설거주자의 생활지도업무, iii) 사회복지를 필요로 하는 사람에 대한 상담업무에 종사하는 자를 사회복지사로 채용하여야 한다. 다만, 대통령령이 정하는 사회복지시설인 i) 노인복지법에 의한 노인여가복지시설(노인복지회관 제외), ii) 장애인복지법에 의한 점자도서관과 점서 및 녹음서 출판시설, iii) 영유아보육법에 의한 보육시설, iv) 윤락행위등방지법에 의한 여성복지상담소·일시보호소 및 자립자활시설, v) 정신보건법에 의한 정신질환자사회복귀시설 및 정신요양시설, vi) 성폭력범죄의처벌 및피해자보호등에관한법률에 의한 성폭력피해상담소는 그러하지 아니하다(제13조, 동법시행령 6조).

2) 사회복지전담공무원

사회복지사업에 관한 업무를 담당하게 하기 위하여 시·도, 시·군·구 및 읍·면·동 또는 시·군·구 및 읍·면·동의 복지사무전담기구에 사회복지전담공무원을 둘 수 있다. 복지전담공무원은 사회복지사의 자격을 가진 자 중에서 임용하되, 그 임용 등에 관하여는 지방공무원임용령이 정하는 바에 의한다. 복지전담공무원은 그 관할지역 안의 사회복지를 필요로 하는 사람 등에 대하여 항상 그 생활실태 및 가정환경 등을 파악하고, 사회복지에 관하여 필요한 상담과 지도를 행한다. 관계행정기관 및 사회복지시설을 설치·운영하는 자는 복지전담공무원의 업무수행에 협조하여야 한다. 국가는 복지전담공무원의 보수 등에 소요되는 비용의 전부 또는 일부를 보조할 수 있다(제14조, 동법시행령 제7조).

3) 복지사무전담기구의 설치

사회복지사업에 관한 업무를 효율적으로 운영하기 위하여 필요한 경우 시·군·구 또는 읍·면·동에 복지사무를 전담하는 기구를 따로 설치할 수 있다. 복지사무전담기구의 사무의 범위·조직, 기타 필요한 사항은 그 시·군·구의 조례로 정한다(제15조). 복지사무전담기구에 관한 법조항은 2004-5년 2년에 걸쳐 시범사업으로 시·군·구에 설치된 사회복지사무소 설립의 법률적 근거가 된다.

4) 사회복지종사자 지도훈련

보건복지부장관은 사회복지 관련법률의 시행에 관한 사무에 종사하는 공무원과 사회복지사업에 종사하는 자의 자질향상을 위하여 필요한 지도와 훈련을 행할 수 있다. 훈련은 사회복지사무에 종사하는 공무원에 대한 훈련과 사회복지사업에 종사하는 자로서 공무원이 아닌 자에 대한 훈련으로 구분하여 실시한다(제15조, 보건복지부령 제144호).[37]

5) 사회복지의 날

국가는 국민의 사회복지에 대한 이해를 증진하고 사회복지사업 종사자의 활동을 장려하기 위하여

---

[37] **사회복지사업 종사자 훈련 규칙**(부령 제144호 전문개정 2000. 02. 28.)
　제1조(목적) 이 규칙은 사회복지사업법 제10조의 규정에 의하여 사회복지사업법, 기타 사회복지관계 법률의 시행에 관한 사무에 종사하는 공무원과 사회복지사업에 종사하는 자의 자질향상을 위한 훈련에 관하여 필요한 사항을 규정함을 목적으로 한다.
　제2조(훈련기관) 사회복지사업법 제10조의 규정에 의하여 실시하는 훈련(이하 "훈련"이라 한다)은 국립보건원, 사회복지사업법 제33조의 규정에 의한 한국사회복지협의회 및 보건복지부장관이 지정한 훈련기관(이하 "훈련기관"이라 한다)이 행한다.
　제3조(훈련구분) 훈련은 다음 각 호의 구분에 의하여 실시한다.
　　　1. 사회복지사무에 종사하는 공무원에 대한 훈련
　　　2. 사회복지사업에 종사하는 자로서 공무원이 아닌 자에 대한 훈련
　제4조(훈련과목 등) 훈련에 필요한 과목, 훈련기간 및 훈련과목별 훈련시간은 훈련대상자의 특성을 참작하여 훈련기관의 장이 정한다.
　제5조(훈련대상자의 선발) ①훈련기관의 장은 훈련기관의 수용인원 및 훈련대상자의 직무내용 등을 고려하여 훈련대상자를 선발하여야 한다.
　　　②제1항의 규정에 의한 훈련대상자의 선발방법 및 선발기준 등은 훈련기관의 장이 정한다.
　제6조(수료증) 훈련기관의 장은 훈련을 이수한 자에게 수료증을 교부하여야 한다.
　제7조(훈련실적 보고) 훈련기관의 장은 그 사업연도 종료 후 1월 이내에 다음 각 호의 사항을 보건복지부장관에게 보고하여야 한다.
　　　1. 훈련과정명
　　　2. 훈련기간
　　　3. 훈련계획인원·등록인원 및 수료인원
　제8조(운영세칙) 이 규칙에서 정한 것 외에 훈련의 실시에 관하여 필요한 사항은 훈련기관의 장이 정한다.
부칙
이 규칙은 공포한 날부터 시행한다.

매년 9월 7일을 사회복지의 날로 하고, 사회복지의 날부터 1주간을 사회복지주간으로 한다. 국가와 지방자치단체는 사회복지의 날 취지에 적합한 행사 등 사업을 실시하도록 노력하여야 한다(제15조).

6) 지역사회복지계획의 수립·시행

시장·군수·구청장은 지역주민 등 이해관계인의 의견을 들은 후 지역사회복지협의체의 심의를 거쳐 해당 시·군·구의 지역사회복지계획을 수립하고 이를 시·도지사에게 제출하여야 한다. 이 경우 지역보건의료계획과 연계되도록 하여야 한다.

시·도지사는 제출받은 시·군·구의 지역사회복지계획을 종합·조정하여 사회복지위원회의 심의를 거쳐 시·도의 지역사회복지계획을 수립하고 이를 보건복지부장관에게 제출하여야 한다. 시·도지사 또는 시장·군수·구청장은 지역사회복지계획을 수립함에 있어서 필요하다고 인정하는 경우에는 사회복지관련 기관·단체 등에 대하여 자료제공 및 협력을 요청할 수 있다. 보건복지부장관 또는 시·도지사는 지역복지계획의 내용에 관하여 필요하다고 인정하는 경우에는 시·도지사 또는 시장·군수·구청장에 대하여 보건복지부령이 정하는 바에 의하여 그 조정을 권고할 수 있다(제15조의3).

지역복지계획에는 복지수요의 측정 및 전망에 관한 사항, 사회복지시설 및 재가복지에 대한 장·단기 공급대책에 관한 사항, 인력·조직 및 재정 등 복지자원의 조달 및 관리에 관한 사항, 사회복지전달체계에 관한 사항, 사회복지서비스 및 보건의료서비스의 연계제공방안에 관한 사항, 지역사회복지에 관련된 통계의 수집 및 정리에 관한 사항, 그 밖에 대통령령이 정하는 사항이 포함되어야 한다(제15조의4). 시·도지사 또는 시장·군수·구청장은 보건복지부령이 정하는 바에 의하여 지역복지계획을 시행하여야 한다. 시·도지사 또는 시장·군수·구청장은 지역복지계획을 시행함에 있어서 필요하다고 인정하는 경우에는 민간 사회복지관련 단체 등에 대하여 인력·기술 및 재정 지원을 할 수 있다. 보건복지부장관 또는 시·도지사는 시·도 또는 시·군·구의 지역복지계획의 시행결과를 평가할 수 있다. 보건복지부장관 또는 시·도지사는 필요한 경우 평가결과를 비용의 보조에 반영할 수 있다.

III. 사회복지법인

1. 사회복지법인의 의의

사회복지법인이란 사회복지사업을 수행할 목적으로 설립된 법인이다. 사회복지법인은 사회복지사업법에서 규정한 사회복지사업을 수행하기 위하여 설립된 비영리 공익·특수법인을 말한다. 사회복지법인제도는 민간사회복지사업의 공공성과 안정성을 높이기 위한 것이며 사회복지 시설법인과 지원법인으로 구분된다. 시설법인이란 시설의 설치 및 운용을 목적으로 하는 법인을 말한다.

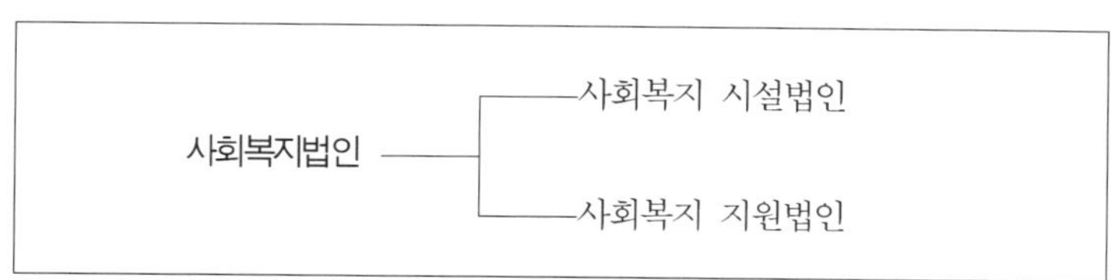

    사회복지시설은 수용시설과 이용시설로 구분되는데 수용시설은 가정에서 양육-보호할 수 없는 사람, 재활을 필요로 하는 사람들을 보호-수용하며, 수용자에 대한 건강관리, 영양관리, 생활지도, 학습지도, 직업지도, 재활치료, 상담, 숙식관리 등 생활의 장으로서 일상생활의 향상과 자활을 위한 서비스를 제공한다. 이용시설은 일반가정에서 생활하고 있는 주민들이 어떤 문제가 있거나 필요에 따라 시설을 이용하여 전문적인 상담을 받거나 직업훈련, 재활치료, 아동위탁, 청소년활동, 각종 학습활동, 여가선용 등 다양한 서비스 기능을 담당한다. 반면 시설의 설치 및 운용을 목적으로 하지 아니하고 사회복지사업을 지원하는 것을 목적으로 하는 법인을 지원법인이라고 한다.

    사회복지법인은 사회복지사업법의 적용을 받는다. 다만 사회복지사업법에 적용할 규정이 없는 경우에는 민법과 공익법인의 설립·운영에 관한 법률을 준용한다(제32조). 법 적용의 우선순위를 정리하면 다음과 같다.

---

    ① 개별적인 특정 사회복지법 → ② 사회복지사업법 → ③ 공익법인의 설립-운영에 관한 법률 → ④ 민법 → ⑤ 헌법

---

2. 사회복지법인 관련 법규

    사회복지법인은 사회복지사업법 제2장 제16-33조에 정하고 있다. 여기에 정하고 있지 아니한 사항은 민법의 '법인에 관한 규정'과, 법인의 설립운영에 관한 민법 규정을 보완하는 법률인 '공익법인의설립·운영에관한법률'을 준용한다.

    사회복지법인은 사회복지사업법의 적용을 받음과 동시에 목적사업에 따라 관련 특별법률의 적용도 받는다. 예를 들면 아동복지사업을 하는 사회복지법인의 경우 사회복지사업법, 아동복지법, 영유아보육법, 입양특례법, 국민기초생활보장법 등의 적용을 받는다. 노인복지사업을 하는 사회복지법인의 경우 사회복지사업법, 노인복지법, 국민기초생활보장법 등의 적용을 받는다. 여성복지사업을 하는 사회복지법인의 경우 사회복지사업법, 모·부자복지법, 윤락행위등방지법, 성폭력범죄의처벌및피해자보호등에관한법, 국민기초생활보장법 등의 적용을 받는다.

장애인복지사업을 하는 사회복지법인의 경우 사회복지사업법, 장애인복지법, 국민기초생활보장법 등의 적용을 받는다. 기타 사회복지사업을 하는 사회복지법인의 경우 사회복지사업법, 정신보건법, 사회복지관설치운영규정, 국민기초생활보장법 등의 적용을 받는다. 이러한 경우 특별법 우선의 원칙에 따라 특별법이 우선하여 적용되고 그러한 특별법이 없는 경우에 일반법이 적용된다. 하나의 법률안에서도 일반규정과 그보다 범위가 제한된 특별규정이 있는 경우 특별규정이 일반규정에 우선하여 적용된다.

사회복지법인에 관한 법 적용의 우선순위를 정리하면 다음과 같다.

사회복지법인에 관한 법적용 우선순위

① 사회복지사업 관련 특정 법률 → ② 사회복지사업법 →
③ 공익법인의설립·운영에관한법률 → ④ 민법의 법인에 관한 규정

3. 법인의 설립허가

1) 허가

사회복지법인을 설립하고자 하는 자는 사회복지사업법시행령의 규정에 따라 보건복지부장관의 허가[38]를 받아야 한다. 사회복지법인은 허가주의를 채택하고 있다. 허가주의란 법인을 설립하는 데 주무행정관청의 개별적인 허가를 필요로 하는 정책을 말한다. 사회복지법인은 공공성을 갖고 있으며 세법 등의 보호를 받기 때문에 그 설립에는 허가를 필요로 한다. 허가는 주무관청의 자유재량행위이다.

사회복지사업법 시행령 제7조에 따르면 사회복지법인의 설립허가 신청시 신청서에는 규정된 서류를 첨부하여야 한다. 주무관청인 보건복지부장관 또는 특별시장·광역시장·도지사는 신청에 대하여 허가를 하는 때에는 사회복지법인 설립허가증을 신청인에게 교부하여야 한다.

2) 등기

또한 설립된 법인은 주된 사무소의 소재지에서 설립등기를 하여야 한다. 여기서 등기(登記)란 일정한 법률관계를 널리 사회에 공시(公示)하기 위하여 일정한 공부(公簿) 또는 등기부에 기재하는 것을

---

38) **허가와 인가**: 허가(許可)란 법령에 의하여 일반적으로 금지되어 있는 행위를 특정의 경우에 특정인에 대하여 해제하는 행정처분이다. 사회복지법인의 설립은 일반적으로 주무관청의 허가사항이다. 허가는 주무관청의 자유재량행위에 속한다. 인가(認可)는 제3자의 법률행위를 보충하여 그 법률상 효력을 완성시켜주는 행정행위이다. 즉, 어떤 당사자의 법률행위가 행정주체의 인가를 받아야 하도록 법률에 특히 규정하고 있는 경우에, 그 법률행위에 동의하여 그 행위를 완전히 유효하게 만드는 행정주체의 동의행위이다. 보충행위(補充行爲)라고도 하며 주무관청의 자유재량행위에 속하지 않는다.

말한다. 등기는 거래관계에 들어가는 제3자를 위하여 권리내용을 명백히 공시하여 예측하지 못한 손해를 방지하는 제도로서 거래의 안전을 보호하는 데 중요한 구실을 한다.

사회복지법인 설립허가 신청 서류

- 설립취지서 1부
- 정관 2부
- 재산출연증서 1부
- 재산출연자의 인감증명서 1부
- 재산의 소유를 증명할 수 있는 서류(부동산의 경우에는 등기부등본) 1부
- 재산의 평가조서(감정평가업자의 감정평가서) 1부
- 재산의 수익조서(수익용 기본재산을 갖춘 경우에 한하며, 공인된 감정평가기관의 수익증명 또는 수익을 증명할 수 있는 기관의 증빙서류를 첨부) 1부
- 임원의 취임승낙서(인감증명서를 첨부) 및 이력서 각 1부
- 임원 상호간의 관계에 있어 법규정에 저촉되지 아니함(이사회는 대통령령이 정하는 특별한 관계에 있는 자가 이사현원의 5분의 1을 초과할 수 없음: 동법 제18조 제2항을 입증하는 각서 1부
- 설립 그 연도 및 다음 연도의 사업계획서 및 예산서 각 1부

3) 허가 과정

사회복지법인은 설립신청 당시에 목적사업의 범위가 2개 이상의 시·도에 걸치는 법인은 관할 시·군·구 및 시·도지사를 경유하여 보건복지부장관에게 신청하고, 법인목적사업의 범위가 1개 시·도에 한정된 법인은 시·군·구를 경유하여 시·도지사에게 신청한다(보건복지부, 2003).

그림 11-1. 사회복지법인 허가 과정

신청인	신청 ⇄	시·군·구	전달 ⇄	시·도	전달 ⇄	보건복지부
허가신청서 작성·제출(구비서류 첨부)	허가증교부	자산에 관한 실지조사 결과·법인 설립 필요성에 관한 검토 의견서 작성	허가	접수·서류 검토 및 요건심사 후 허가(목적사업 범위가 1개 시·도에 한정되는 법인)	허가	접수·서류 검토 및 요건심사 후 허가 (목적사업 범위가 2이상 시·도에 걸치는 법인)

법인의 설립허가 신청에 관해 사회복지법인의 설립허가를 받고자 하는 자는 법인설립 허가신청서에 보건복지부령이 정하는 서류를 첨부하여 법인의 주된 사무소의 소재지를 관할하는 시장·군수·자

치구의 구청장 및 시·도지사를 경유하여 보건복지부장관에게 제출하여야 한다. 경유기관이 법인설립 허가신청서를 받은 때에는 자산에 관한 실지조사의 결과와 법인설립의 필요성에 관한 검토의견을 첨부하여 보건복지부장관에게 송부하여야 한다. 경유기관은 실제로는 자산에 관한 실지조사뿐만 아니라 사업과 임원에 관한 실지조사를 행하고 관련서류의 요건이 충족되었는지도 검토한다(동법시행령 제8조).

경유기관의 검토사항은 사업, 자산, 임원에 관한 사항이 있다. i) 사업에 관한 사항으로는 사업계획서 및 수지예산서의 적정 여부, 예산서에 따른 재원확보 가능성 여부, 시설설치시 입지적 여건 및 건축가능 여부, 시설설치예정지가 타 시도인 경우 소재지 관할 시도지사 의견 청취 반영 여부 등이다; ii) 자산에 관한 사항으로는 출연자산의 소유권 및 사용권(사용제한 여부: 용도, 지역구분)이 확실한지 여부, 출연재산의 제한물건(지상권, 가등기 등) 설정 여부 등이다; iii) 임원에 관한 사항으로는 임원의 정수 및 임기의 적정성 여부, 임원의 결격사유 해당 여부, 임원상호 간의 친족관계 등 특수관계 존재 여부 등이다. 그 밖의 특기사항 및 의견도 검토사항이다.

4) 법인의 사업과 관리

법인의 목적사업의 범위가 2개 이상의 시도에 걸치는 사회복지법인의 설립허가신청서는 주된 사무소 소재지의 시·군·구청장 및 시·도지사가 접수한다.

참고로 보건복지부, 시·도, 시·군·구의 법인관리 업무내용은 표 11-1과 같다.

4. 정관

정관(定款)이란 법인의 조직·활동 등을 정한 근본규칙을 말한다. 정관은 설립자 발기인 등 설립사무를 담당하는 자가 그것을 정하여 서면에 기재하고 기명날인한다. 사회복지법인의 정관에는 목적, 명칭, 주된 사무소의 소재지, 사업의 종류, 자산 및 회계에 관한 사항, 임원의 임면 등에 관한 사항, 회의에 관한 사항, 수익을 목적으로 하는 사업이 있는 경우 그에 관한 사항, 정관의 변경에 관한 사항, 존립시기와 해산사유를 정한 때에는 그 시기와 사유 및 잔여재산의 처리방법, 공고 및 그 방법에 관한 사항을 기재하여야 한다(제17조).

사회복지법인의 정관변경은 인가사항이다. 사회복지법인이 정관을 변경하고자 할 때에는 정관의 공고 및 그 방법에 관한 사항과 같은 경미한 사항이 아닌 경우에는 보건복지부장관의 인가를 받아야 한다.[39]

---

39) 법인이 정관을 변경하고자 하는 때에는 사회복지법인정관변경인가신청서에 정관의 변경을 결의한 이사회 회의록 사본 1부, 정관변경안 1부, 사업변경계획서 예산서 및 재산의 소유를 증명할 수 있는 서류(사업의 변동이 있는 경우) 각 1부, 재산의 평가조서 및 재산의 수익조서(사업의 변동이 있는 경우) 각 1부를 첨부하여 주무관청에 제출하여야 한다(동법시행령 제8조).

표 11-1. 사회복지법인 업무 관리

소 관 기 관	업 무 내 용
보건복지부장관	(1) 목적사업의 범위가 2이상의 시·도에 걸치는 법인 　∘ 법인설립허가 　∘ 법인합병허가 　∘ 설립목적 및 주요 목적사업에 관한 정관변경인가 (2) 모든 법인(보건복지부장관 및 시·도지사 허가) 　∘ 임원의 해임명령 　∘ 설립허가의 취소
시·도지사	법 제52조제1항의 규정에 의하여 보건복지부장관은 다음 각 호의 권한을 법인의 주된 사무소의 소재지를 관할하는 시도지사에게 위임한다. 이 경우 시도지사는 동업무를 처리한 후 그 결과를 보고하여야 한다. 　∘ 법인설립허가(목적사업의 범위가 2이상의 시·도에 걸치는 법인의 설립허가 제외) 　∘ 정관변경인가(목적사업의 범위가 2이상의 시·도에 걸치는 법인의 설립목적 및 주요사업의 변경에 관한 사항 제외) 　∘ 임원임면보고의 접수 　∘ 감사의 추천 　∘ 임시이사의 선임 　∘ 기본재산처분허가 　∘ 장기차입허가 　∘ 재산취득보고의 접수 　∘ 법인합병의 허가(목적사업의 범위가 2이상의 시·도에 걸치는 법인의 합병은 제외)
시·군·구청장	∘ 국가 또는 지방자치단체 외의 자의 시설 설치의 신고(34조2항) ∘ 시설장의 시설 안전점검 실시결과의 제출(34조의3 2항) ∘ 시설운영자의 시설 안전점검 실시결과에 대한 보완·개보수 요구(34조의3 3항) ∘ 시설운영자의 시설의 휴지·재개·폐지의 신고(38조2항) ∘ 시설의 휴지·폐지시의 시설거주자의 이송조치(38조3항) ∘ 사업의 정지, 시설의 폐쇄 명령시 이송조치(40조2항)

5. 임원

1) 임원 구성 및 자격

　임원이라 함은 사회복지사업법에 의해 선임된 이사 및 감사를 말한다. 법인은 대표이사를 포함한 이사 5인 이상과 감사 2인 이상을 두어야 한다. 이사회의 구성에 있어서 대통령령이 정하는 특별한 관계에 있는 자가 이사 현원의 5분의 1을 초과할 수 없다. 이사의 임기는 3년으로 하고 감사의 임기는 2년으로 하되, 각각 연임할 수 있다. 외국인인 이사는 이사현원의 2분의 1 미만이어야 한다. 법인은 임원을 임면하는 경우에 지체없이 이를 보건복지부장관에게 보고하여야 한다. 감사는 대통령령이 정하는 특별한 관계에 있는 자가 아니어야 하며, 그 중 1인은 대통령령이 정하는 바에 의하여 법률과 회계에 관한 지식과 경험이 있는 자중에서 보건복지부장관이 추천할 수 있다(제18조).[40] 임원의 임면보고는 이사회회의록 취임승낙서 등 필요서류를 첨부하여 법인의 주된 사무소의 소재지를 관할하는 시·도지사에게 제출하여야 한다(동법시행령 제9조, 10조).

2) 임원의 결격사유

결격사유(缺格事由)란 법률상 어떠한 자격을 상실하게 되는 사유를 의미하는데, 일반적으로 법률에 결격사유로서 명시적으로 규정되고, 그 사유에 해당되는 사람은 당연히 그 자격을 상실하도록 되어 있는 소극적 요건이다. 따라서 임원의 결격사유란 사회복지사업법상 임원으로 선임될 수 없고 또 임원이 이에 해당하는 경우에는 임원자격을 상실하게 되는 사유를 말한다. 임원의 결격사유에 해당하는 자는 다음과 같다. i) 미성년자, ii) 금치산자 또는 한정치산자, iii) 파산자로서 복권되지 아니한 자, iv) 법원의 판결 또는 다른 법률에 의하여 자격이 상실 또는 정지된 자, v) 금고 이상의 실형의 선고를 받고 그 집행이 종료되거나 집행이 면제된 날부터 3년이 경과되지 아니한 자, vi) 금고 이상의 형의 집행유예선고를 받고 그 유예기간 중에 있는 자, vii) v) 및 vi)의 규정에 불구하고 사회복지사업 또는 그 직무와 관련하여 국유재산무상대여와 관련되거나 보조금의 예산 및 관리와 관련된 죄를 범하거나 이 법에 위반하여 50만 원 이상의 벌금형의 선고를 받고 그 형이 확정된 후 5년 또는 형의 집행유예의 선고를 받고 그 형이 확정된 후 7년이 경과하지 아니하거나 징역형의 선고를 받고 그 집행이 종료되거나 집행이 면제된 날부터 7년이 경과되지 아니한 자, viii) 사회복지사업법의 규정에 의한 해임명령에 따라 해임된 날부터 5년이 경과되지 아니한 자(제19조)는 현 임원이 결격사유에 해당하는 때에는 임원의 자격을 상실한다.

3) 임원의 보충-겸직금지-해임명령

이사 또는 감사 중에 결원이 생긴 때에는 2월 이내에 이를 보충하여야 하며 그 기간 내에 결원보충을 하지 아니하는 경우에는 보건복지부장관은 지체 없이 이해관계인의 청구 또는 직권으로 임시이

---

40) 여기서 특별한 관계에 있는 자에 관하여는 상속세및증여세법시행령 제13조제4항의 규정을 준용한다.

상속세및증여세법 제13조 제4항: 법 제16조 제2항 각 호외의 부분 단서에서 "당해 공익법인 등의 출연자와 특수관계에 있지 아니하는 내국법인"이라 함은 다음 각 호의 1에 해당하지 아니하는 내국법인을 말한다<신설 2000. 12. 29.>.

1. 출연자 또는 그와 특수관계에 있는 자(출연자와 제6항 각 호의 1의 관계에 있는 자를 말하되, 그 공익법인 등을 제외한다)가 주주 등이거나 임원(법인세법시행령 제43조 제6항의 규정에 의한 임원을 말한다. 이하 같다)의 현원(5인에 미달하는 경우에는 5인으로 본다. 이하 이 항에서 같다) 중 5분의 1을 초과하는 내국법인으로서 출연자 및 그와 특수관계에 있는 자(출연자와 제6항 각 호의 1의 관계에 있는 자를 말한다. 이하 이 항에서 같다)가 보유하고 있는 주식 등의 합계가 가장 많은 내국법인
2. 출연자 또는 그와 특수관계에 있는 자(당해 공익법인 등을 제외한다)가 주주 등이거나 임원의 현원 중 5분의 1을 초과하는 내국법인에 대하여 출연자, 그와 특수관계에 있는 자 및 공익법인 등 출자법인(당해 공익법인 등이 발행주식총수 등의 100분의 5를 초과하여 주식 등을 보유하고 있는 내국법인을 말한다. 이하 이 호에서 같다)이 보유하고 있는 주식 등의 합계가 가장 많은 경우에는 그 공익법인 등 출자법인(출연자 및 그와 특수관계에 있는 자가 보유하고 있는 주식 등의 합계가 가장 많은 경우에 한한다)

사를 선임하여야 한다(제20조). 이사는 법인이 설치한 사회복지시설의 장을 제외한 그 시설의 직원을 겸할 수 없다. 감사는 법인의 이사, 법인이 설치한 사회복지시설의 장 또는 그 직원을 겸할 수 없다(제 21조). 보건복지부장관은 임원이 보건복지부장관의 명령을 정당한 이유 없이 이행하지 아니한 때, 회계부정이나 현저한 불법행위, 기타 부당행위 등이 발견되었을 때, 법인의 업무에 관하여 보건복지부장관에게 보고할 사항에 대하여 고의로 보고를 지연하거나 거짓보고를 한 때 그리고 기타 이 법 또는 이 법에 의한 명령을 위반한 때에는 법인에 대하여 그 임원의 해임을 명할 수 있다(제22조).

6. 사회복지법인 재산

사회복지법인은 사회복지사업의 운영에 필요한 재산을 소유하여야 한다. 법인의 재산은 기본재산과 보통재산으로 구분하며, 기본재산은 그 목록과 가액을 정관에 기재하여야 한다. 법인은 기본재산에 관하여 i) 매도·증여·교환·임대·담보제공 또는 용도변경하고자 할 경우, ii) 보건복지부령이 정하는 금액 이상을 1년 이상 장기차입하고자 할 경우에는 보건복지부장관의 허가를 받아야 한다(제23조).

사회복지법인은 사회복지사업의 운영에 필요한 재산을 소유하여야 한다. 법인의 재산은 기본재산과 보통재산으로 구분하며, 기본재산은 그 목록과 가액을 정관에 기재하여야 한다. 법인의 부동산, 정관에서 기본재산으로 정한 재산, 이사회의 결의에 의하여 기본재산으로 편입된 재산을 기본재산이라 하고, 그 밖의 재산은 보통재산이라 한다.

기본재산은 다시 법인이 사회복지시설 등을 설치하는 데 직접 사용하는 목적사업용 기본재산과 법인이 그 수익으로 목적사업의 수행에 필요한 경비를 충당하기 위한 기본재산인 수익용 기본재산으로 나눈다. 다만 시설의 설치·운용을 목적으로 하지 아니하고 사회복지사업을 지원하는 것을 목적으로 하는 법인은 목적사업용 기본재산과 수익용 기본재산을 구분하지 아니할 수 있다(동법시행규칙 제12조).

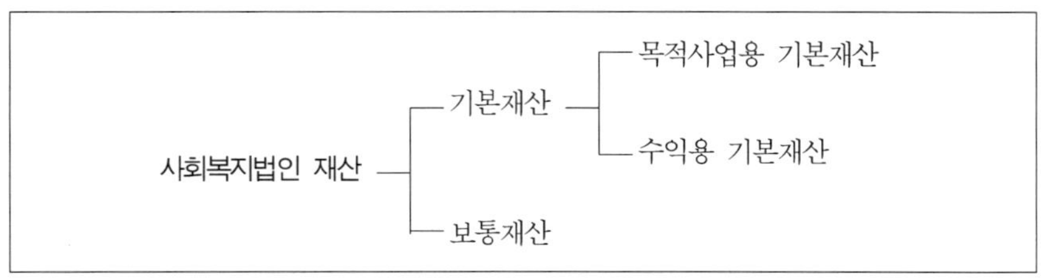

시설의 설치·운영을 목적으로 하는 법인, 즉 시설법인 가운데 시설거주자를 보호하기 위한 시설은 시설거주자를 보호할 수 있는 목적사업용 기본재산을 갖추어야 한다. 그 이외의 시설은 그 법인이

설치·운용하고자 하는 시설을 갖출 수 있는 목적사업용 기본재산을 갖추어야 한다. 사회복지사업을 지원하는 것을 목적으로 하는 법인, 즉 지원법인은 법인의 운영경비 전액을 충당할 수 있는 기본재산을 갖추어야 한다(동법시행규칙 제13조).[41]

법인은 기본재산에 관하여 매도·증여·교환·임대·담보제공 또는 용도를 변경하고자 할 때, 그리고 보건복지부령이 정하는 금액 이상을 1년 이상 장기차입하고자 할 때에는 보건복지부장관의 허가를 받아야 한다(제14조, 제15조).[42]

법인이 매수·기부채납, 후원등의 방법으로 재산을 취득한 때에는 지체없이 이를 법인의 재산으로 편입조치하여야 한다. 이 경우 법인은 그 취득사유, 취득재산의 종류·수량 및 가액을 매년 보건복지부장관에게 보고하여야 한다(제24조). 해산한 법인의 잔여재산은 정관에 따라 국가, 지방자치단체 또는 유사한 목적을 가진 법인에 귀속된다. 국가 또는 지방자치단체에 귀속된 재산은 사회복지사업에 사용하거나 유사한 목적을 가진 법인에게 무상으로 대부, 사용·수익하게 할 수 있다(제27조).

7. 법인 설립허가 취소

보건복지부장관은 법인이 거짓, 기타 부정한 방법으로 설립허가를 받은 때, 설립허가 조건에 위반한 때, 목적달성이 불가능하게 된 때, 목적사업 외의 사업을 한 때, 공익을 해치는 행위를 한 때, 정당한 사유없이 설립허가를 받은 날부터 6월 이내에 목적사업을 개시하지 아니하거나 1년 이상 사업실적이 없을 때, 기타 이 법 또는 이 법에 의한 명령이나 정관에 위반한 때에는 기간을 정하여 시정명령을 하거나 설립허가를 취소할 수 있다. 다만, 법인이 거짓, 기타 부정한 방법으로 설립허가를 받은 때에는 설립허가를 취소하여야 한다. 그 밖의 경우는 다른 방법으로 감독목적을 달성할 수 없거나 시정을 명한 후 6월 이내에 법인이 이를 이행하지 아니한 경우에 한하여 설립허가를 취소할 수 있다(제26조).

---

41) 사회복지사업법 시행규칙 제13조(기본재산의 기준)
　　①법 제23조의 규정에 의하여 시설의 설치·운영을 목적으로 하는 법인은 다음 각 호의 구분에 따라 기본재산을 갖추어야 한다.
　　　　1. 시설거주자를 보호하기 위한 시설: 다음 각 목의 구분에 따라 상시 10인 이상의 시설거주자를 보호할 수 있는 목적사업용 기본재산을 갖추어야 한다. 다만, 법 제2조 제1항 각 호의 법령에서 10인 미만의 소규모시설을 따로 정하고 있는 경우에는 그 법령에 의한 시설의 설치기준에 해당하는 목적사업용 기본재산을 갖추어야 한다.
　　　　　　가. 법 제2조 제1항 각 호의 법령에 의한 시설 및 법 제34조 제4항의 규정에 의한 시설: 법 제2조 제1항 각 호의 법령에 의한 시설 및 법 제34조 제4항의 규정에 의한 시설의 설치기준에 해당하는 목적사업용 기본재산
　　　　　　나. 결핵 및 나장애인(癩障碍人)요양시설: 입소정원에 13.2제곱미터를 곱한 시설면적 이상에 해당하는 목적사업용 기본재산
　　　　2. 제1호 외의 시설: 그 법인이 설치·운영하고자 하는 시설을 갖출 수 있는 목적사업용 기본재산
　　②법 제23조의 규정에 의하여 시설의 설치·운용을 목적으로 하지 아니하고 사회복지사업을 지원하는 것을 목적으로 하는 법인은 법인의 운영경비의 전액을 충당할 수 있는 기본재산을 갖추어야 한다.
42) 여기서 보건복지부령이 정하는 금액 이상이라 함은 장기차입하고자 하는 금액을 포함한 장기차입금의 총액이 기본재산 총액에서 차입 당시의 부채총액을 공제한 금액의 100분의 5에 상당하는 금액 이상을 말한다.

8. 수익사업

　수익사업은 목적사업의 경비에 충당하기 위하여 필요한 때에는 사회복지법인의 설립목적 수행에 지장을 주지 않고, 사회복지법인의 명예나 신용을 손상치 않는 범위 안에서 수익사업을 할 수 있다. 법인은 수익사업으로부터 생긴 수익을 법인 또는 그가 설치한 사회복지시설의 운영 외의 목적에 사용할 수 없다. 수익사업에 관한 회계는 특별회계로 처리되어 법인의 다른 회계와 구분하여 계리하여야 한다(제28조). 예를 들어 시설이나 토지 임대료 수입, 농수축산물 수익, 금융투자수익, 주식배당수익, 사회교육프로그램 운영수입 등이 있다.

9. 합병

　법인의 합병(合倂)이란 둘 이상의 법인이 일정한 계약에 의하여 하나의 법인으로 합동하는 것을 말한다. 합병에는 신설합병과 흡수합병의 두 가지가 있다. 신설합병은 합병할 때 모든 그 법인들이 해산을 하고 동시에 새로운 법인을 설립하는 것이며, 흡수합병은 한 그 법인만이 존속하고 다른 그 법인은 해산하여 존속법인에 흡수되는 것이다.

　사회복지법인은 주무관청인 보건복지부장관의 허가를 받아 사회복지사업법에 의한 다른 법인과 합병할 수 있다. 이 규정에 의하여 법인이 합병하는 경우 합병 후 존속하는 법인 또는 합병에 의하여 설립된 법인은 합병에 의하여 소멸된 법인의 지위를 승계한다(제30조). 법인의 합병허가를 받고자 하는 때에는 법인합병허가신청서에 합병 후 존속하는 법인 또는 합병에 의하여 설립되는 법인의 정관과 보건복지부령이 정하는 서류를 첨부하여 보건복지부장관에게 제출하여야 한다(동법시행령 제11조).

10. 동일명칭 사용금지 및 타법률의 준용

　사회복지사업법에 의한 사회복지법인이 아닌 자는 사회복지법인이라는 용어를 사용하지 못한다(제31조). 법인에 관하여 이 법에 규정된 것을 제외하고는 민법과 공익법인의설립·운영에관한법률을 준용한다. 여기서 준용(準用)이란 어떤 사항을 규율하기 위하여 만들어진 법규를 그것과 유사하나 성질이 다른 사항에 대하여 필요한 약간의 수정을 가하여 적용시키는 것을 의미한다(제32조).

VI. 사회복지협의회 및 사회복지사협회

1. 사회복지협의회

1) 목적 및 체계

사회복지협의회는 사회복지에 관한 조사·연구와 각종 복지사업을 조성하기 위하여 조성되었다 (제33조). 사회복지협의회는 전국단위의 한국사회복지협의회(중앙협의회)와 시·도 단위의 시·도사 회복지협의회(시·도협의회)를 두며, 필요한 경우에는 시·군·구 단위의 시·군·구사회복지협의회(시· 군·구협의회)를 둘 수 있다.

2) 업무(동법시행령 제12조)

(1) 한국사회복지협의회(중앙협의회)의 업무

i) 사회복지에 관한 조사연구 및 정책건의, ii) 사회복지에 관한 교육훈련, iii) 사회복지에 관한 자료 수집 및 간행물 발간, iv) 사회복지에 관한 계몽 및 홍보, v) 자원봉사활동의 진흥, vi) 사회복지사업에 종사하는 자의 교육훈련과 복지증진, vii) 사회복지에 관한 학술도입과 국제사회복지단체와의 교류, viii) 보건복지부장관이 위탁하는 사회복지에 관한 업무, ix) 기타 중앙협의회의 목적달성에 필요하여 정관으로 정하는 사항

(2) 시·도사회복지협의회(시·도협의회)의 업무

i) 사회복지에 관한 조사연구 및 정책건의, ii) 사회복지에 관한 학술도입과 국제사회복지단체와의 교류, iii) 시·도지사 또는 중앙협의회의 장이 위탁하는 업무 및 정관이 정하는 업무

3) 협의회 회원 자격

중앙협의회 회원과 시·도협의회의 회원 자격은 다음과 같다(동법시행령 제13조).

중앙협의회의 회원이 될 수 있는 자는 i) 시·도협의회의 장, ii) 사회복지법인 및 사회복지사업과 관 련있는 비영리법인의 대표자, iii) 경제계·언론계·종교계·법조계·문화계 및 보건의료계 등을 대표하 는 자, iv) 기타 사회복지사업수행에 필요하다고 인정되어 중앙협의회의 장이 추천하는 자로 한다.

시·도협의회의 회원이 될 수 있는 자는 i) 그 지역에 주된 사무소가 있는 사회복지법인 및 사회복지 사업과 관련 있는 비영리법인의 대표자, ii) 그 지역의 경제계·언론계·종교계·법조계·문화계 및 보 건의료계 등을 대표하는 자, iii) 기타 지역사회의 복지발전을 위하여 시·도협의회의 장이 추천하는 자로 한다.

4) 임원

중앙협의회와 시·도협의회는 임원으로 대표이사 1인을 포함한 15인 이상 30인 이하의 이사와 감사 2인을 둔다. 이사와 감사의 임기는 3년으로 하되, 각각 연임할 수 있다. 임원의 선출방법과 그 자격요건에 관하여 필요한 사항은 정관으로 정한다(동법시행령 제14조).

5) 이사회

각 협의회에 이사로 구성되는 이사회를 둔다. 이사회는 정관이 정하는 바에 따라 각 협의회의 업무에 관한 중요사항을 심의·의결한다. 대표이사는 이사회를 소집하고, 그 의장이 된다. 감사는 이사회에 출석하여 의견을 진술할 수 있다. 이사회의 운영에 관하여 필요한 사항은 정관으로 정한다.

2. 사회복지사협회

1) 설립목적 및 법인

한국사회복지사협회는 사회복지에 관한 전문지식과 기술을 개발·보급하고 사회복지사의 자질향상을 위한 교육훈련 및 사회복지사의 복지증진을 도모할 목적으로 설립되었다(제46조 제1항). 한국사회복지사협회는 법인으로 한다. 한국사회복지사협회에 관하여 사회복지사업법에 규정된 것을 제외하고는 민법 중 사단법인에 관한 규정을 준용한다(제46조 제2항, 제3항).

2) 업무

사회복지사협회의 업무는 다음과 같다(동법시행령 제22조).

i) 사회복지사에 대한 전문지식 및 기술의 개발·보급, ii) 사회복지사의 전문성 향상을 위한 교육훈련, iii) 사회복지사제도에 대한 조사연구·학술대회 개최 및 홍보·출판사업, iv) 국제사회복지사단체와의 교류·협력, v) 보건복지부장관이 위탁하는 사회복지사업에 관한 업무, vi) 기타 협회의 목적달성에 필요한 사항. 여기서 보건복지부장관이 위탁하는 사회복지사업에 관한 업무로는 사회복지사 자격증의 교부업무와 사회복지사의 신고에 관한 업무를 들 수 있다(동법시행령 제25조).

3) 협회의 회원

협회의 회원은 사회복지사 자격증을 교부 받은 자로 한다(동법시행령 제23조)

4) 권한의 위임·위탁

(1) 시·도지사에 위임·위탁

보건복지부장관은 다음 각 호의 권한을 그 법인의 주된 사무소의 소재지를 관할하는 시·도지사에게 위임한다(동법시행령 제25조).

i) 법인설립 허가(목적사업의 범위가 2 이상의 시·도에 걸치는 법인의 설립허가는 제외), ii) 법인의
정관변경 인가(목적사업의 범위가 2 이상의 시·도에 걸치는 법인의 설립목적 및 주요 사업의 변경에
관한 사항은 제외), iii) 임원 임면보고의 접수, iv) 감사의 추천, v) 임시이사의 선임, vi) 기본재산의 처
분 등에 관한 허가, vii) 재산취득보고의 접수, viii) 법인 합병의 허가(목적사업의 범위가 2 이상의 시·
도에 걸치는 법인은 제외)

(2) 협의회 및 협회에 위임·위탁

보건복지부장관의 업무 중 자원봉사활동의 지원·육성에 관한 업무와 사회복지사업에 종사하는
자(공무원은 제외)에 대한 지도·훈련업무는 한국사회복지협의회(중앙협의회)에, 사회복지사자격증
의 교부업무는 한국사회복지사협회에 위탁한다.

3. 사회복지서비스의 실시

1) 사회복지서비스의 신청

사회복지서비스를 필요로 하는 자(이하 "보호대상자"라 한다)와 그 친족, 그 밖의 관계인은 관할
시장·군수·구청장에게 보호대상자에 대한 사회복지서비스의 제공(이하 "보호"라 한다)을 신청할 수
있다(제33조의2). 시·군·구 복지담당공무원은 보호대상자가 누락되지 아니하도록 하기 위하여 관할
지역 안에 거주하는 보호대상자의 보호를 직권으로 신청할 수 있다. 이 경우 보호대상자의 동의를 얻
어야 하며, 동의를 얻은 경우에는 보호대상자가 신청한 것으로 본다.

2) 복지요구의 조사

시장·군수·구청장은 보호신청이 있는 경우 복지담당공무원에게 신청인의 복지요구와 관련된 사
항, 보호대상자 및 그 부양의무자의 소득·재산·근로능력 및 취업상태에 관한 사항, 그 밖에 보호실시
여부를 결정하기 위하여 필요하다고 인정하는 사항을 조사하게 한다. 시장·군수·구청장은 조사의 목
적으로 자료를 확보하기 위하여 신청인 또는 보호대상자와 그 부양의무자에게 필요한 자료의 제출
을 요구할 수 있다.

3) 보호의 결정

시장·군수·구청장은 조사를 한 때에는 보호의 실시여부와 그 유형을 결정하여야 한다. 시장·군수·
구청장은 보호의 실시여부와 그 유형을 결정하고자 하는 때에는 보호대상자 및 그 친족, 복지담당공
무원 및 지역안의 사회복지·보건의료사업관련 기관·단체의 의견을 들을 수 있다. 시장·군수·구청장
은 보호의 실시여부와 그 유형을 결정한 때에는 이를 서면으로 신청인에게 통지하여야 한다.

4) 보호대상자별 보호계획의 수립

시장·군수·구청장은 보호대상자에 대하여 보호의 실시를 결정한 때에는 필요한 경우 지역사회복지협의체의 의견을 들어 사회복지서비스의 유형·방법·수량 및 제공기간, 사회복지서비스를 제공하는 기관 및 단체, 그 밖의 보호에 필요한 사항이 포함된 보호대상자별 보호계획을 작성하여야 한다. 이 경우 보호대상자 또는 그 친족의 의견을 참작하여야 한다.

5) 보호의 실시

시장·군수·구청장은 작성된 보호대상자별 보호계획에 따라 보호를 실시하여야 한다. 시장·군수·구청장은 보호의 실시가 긴급을 요하는 등 보건복지부장관이 인정하는 경우 이 장의 규정에 의한 절차의 일부를 생략할 수 있다.

6) 보호의 방법

보호대상자에 대한 보호는 현물로 제공함을 원칙으로 한다. 시장·군수·구청장은 국가 또는 지방자치단체외의 자로 하여금 보호를 실시하게 하는 경우에는 보호대상자에게 사회복지서비스 이용권을 지급하여 국가 또는 지방자치단체외의 자로부터 그 이용권으로 보호를 받게 할 수 있다.

7) 사회복지서비스 이용권

① 보건복지부장관은 보호대상자의 복지요구, 소득·재산 상태 등을 고려하여 사회복지서비스 이용권의 지급대상에 대한 기준을 정하고, 시장·군수·구청장은 보건복지부장관이 정한 기준에 따라 예산의 범위 내에서 이용권 지급대상자를 결정한다(동법시행규칙 제19조의4).

② 이용권으로 이용할 수 있는 사회복지서비스의 유형은 개인과 가정의 돌봄 지원, 활동의 보조, 가사 또는 간병서비스, 신체적·정신적 건강의 향상을 목적으로 하는 사회복지서비스와 그 밖에 보건복지부장관이 정하는 사회복지서비스로 한다.

③ 보호실시기관의 운영자는 이용권을 제출한 보호대상자에 대하여 이용권의 범위에서 보호를 실시하고 이에 따른 비용을 시장·군수·구청장에게 청구하여야 한다.

V. 사회복지시설

1. 사회복지시설의 설치·운영·위탁 및 지원

사회복지시설이라 함은 사회복지사업을 행할 목적으로 설치된 시설을 말한다(제2조 3항).

1) 설치 및 운영

국가 또는 지방자치단체는 사회복지시설을 설치·운영할 수 있다. 국가 또는 지방자치단체 외의 자가 시설을 설치·운영하고자 하는 때에는 시장·군수·구청장에게 신고하여야 한다. 다만, 시설폐쇄 명령을 받고 1년이 경과되지 아니한 자는 시설의 설치·운영 신고를 할 수 없다. 여기서 국가 또는 지방자치단체 이외의 자로는 사회복지법인, 비영리법인 및 개인을 들 수 있다.

국가 또는 지방자치단체 외의 자가 시설을 설치·운영하고자 하는 때에는 사회복지시설설치·운영 신고서에 법인의 정관(법인에 한함) 1부, 시설운영에 필요한 재산목록, 법인등기부등본(법인에 한함) 1 부, 사업계획서 및 예산서 각 1부, 시설의 평면도와 건물의 배치도 각 1부, 시설의 장의 주민등록초본 1부를 첨부하여 관할 시장·군수·구청장에게 제출하여야 한다. 시장·군수·구청장은 신고를 받은 경우에는 사회복지시설신고증을 교부하여야 하며, 사회복지시설신고관리대장을 작성·관리하여야 한다(동법시행령 제20조).

사회복지시설은 국가, 지방자치단체, 사회복지법인, 비영리법인, 개인이 설치·운영할 수 있다. 그러나 정신요양시설과 아동보호치료시설은 시설생활자의 권익옹호를 위하여 사회복지법인 또는 비영리법인에 한하여 설치·운영할 수 있도록 제한하고 있다(박태영, 2001).[43]

2) 위탁

국가 또는 지방자치단체가 설치한 시설은 필요한 경우 사회복지법인 또는 비영리법인에게 위탁하여 운영하게 할 수 있다(동법 34조). 국가 또는 지방자치단체가 시설을 위탁하여 운영하고자 하는 때에는 수탁자의 성명 및 주소, 위탁계약기간, 위탁대상시설 및 업무내용, 수탁자의 의무 및 준수 사항, 시설의 안전관리에 관한 사항, 계약의 해지에 관한 사항, 기타 시설의 운영에 필요하다고 인정되는 사항이 포함된 계약을 체결하여야 한다. 위탁계약기간은 5년 이내로 한다. 다만, 위탁자가 필요하다고 인정하는 때에는 그 계약기간을 갱신할 수 있다(동법시행령 제23조).

3) 부대시설 설치 지원

시·도지사 또는 시장·군수·구청장은 시설을 설치·운영하는 자가 시설거주자의 원활한 보호를 위하여 종사자(시설의 장 포함)의 숙소를 시설에 부대하여 설치하고자 하는 때에는 예산의 범위 안에서 그 종사자의 숙소를 설치하는 데 필요한 비용을 보조할 수 있다. 이 경우 가족과 같이 거주하는 종사자의 숙소는 주택건설촉진법에 의한 국민주택의 규모 이하로 하고, 가족과 같이 거주하지 아니하는 종사자의 숙소는 1인당 20제곱미터 이내로 한다(동법시행규칙 제31조).

---

43) 정신보건법상 정신보건시설에는 정신의료기관, 정신질환자 사회복귀시설, 정신요양시설로 구분된다. 정신의료기관의 예로는 정신병원을 들 수 있다. 정신질환자 사회복귀시설은 정신의료기관이나 정신요양시설에 입소시키지 아니하고 사회복귀 촉진을 위한 훈련을 실시하는 시설이다. 정신요양시설은 정신의료기관에서 의뢰된 정신질환자와 만성질환자를 입소시켜 요양과 사회복귀촉진훈련을 실시하는 시설이다.

2. 보험가입 의무

　시설의 운영자는 화재로 인한 손해배상책임의 이행을 위하여 손해보험회사가 영위하는 책임보험
에 가입하여야 한다. 국가 또는 지방자치단체는 예산의 범위 안에서 책임보험에 소요되는 비용의 전
부 또는 일부를 보조할 수 있다(시행령 제18조의2).
　손해책임보험에 가입하여야 할 사회복지시설의 범위는 다음과 같다. i) 국민기초생활보장법, 아동
복지법, 노인복지법, 장애인복지법, 모·부자복지법, 영유아보육법, 윤락행위등방지법, 정신보건법,
성폭력범죄의처벌및피해자보호등에관한법률, 입양촉진및절차에관한특례법, 일제하일본군위안
부에대한생활안정지원법, 사회복지공동모금법, 장애인·노인·임산부등의편의증진보장에관한법
률, 가정폭력방지및피해자보호등에관한법률에 의한 사회복지시설 중 시설거주자를 보호하기 위한
사회복지시설, ii) 사회복지관 및 부랑인보호를 위한 시설 중 시설거주자를 보호하기 위한 사회복지
시설, iii) 결핵 및 나장애인(癩障碍人) 요양시설.

3. 시설의 안전점검

　시설의 장은 시설에 대하여 정기 및 수시안전점검을 실시하여야 한다. 시설의 장은 정기 또는 수시
안전점검을 한 후 그 결과를 시장·군수·구청장에게 제출하여야 한다. 국가 또는 지방자치단체는 예
산의 범위 안에서 안전점검, 시설의 보완 및 시설의 개·보수에 소요되는 비용의 전부 또는 일부를 보
조할 수 있다(제34조). 사회복지시설의 장은 매 반기마다 정기안전점검을 실시하여야 한다(동법시행
령 제18조의3).

4. 시설의 장

　시설의 장은 상근하여야 한다. 그러나 i) 미성년자, ii) 금치산자 또는 한정치산자, iii) 파산자로서 복
권되지 아니한 자, iv) 법원의 판결 또는 다른 법률에 의하여 자격이 상실 또는 정지된 자, v) 금고 이상
의 실형의 선고를 받고 그 집행이 종료되거나 집행이 면제된 날부터 3년이 경과되지 아니한 자, vi) 금
고 이상의 형의 집행유예선고를 받고 그 유예기간중에 있는 자, vii) 사회복지사업 또는 그 직무와 관
련하여 국유재산무상임대와 관련된 그리고 보조금의 예산 및 관리와 관련된 죄를 범하거나 이 법에
위반하여 50만 원 이상의 벌금형의 선고를 받고 그 형이 확정된 후 5년 또는 형의 집행유예의 선고를
받고 그 형이 확정된 후 7년이 경과하지 아니하거나 징역형의 선고를 받고 그 집행이 종료되거나 집
행이 면제된 날부터 7년이 경과되지 아니한 자는 시설의 장이 될 수 없다(제35조, 제7조 3항).

5. 운영위원회

시설의 운영에 관한 사항을 심의하기 위하여 운영위원회를 둘 수 있다(제36조). 운영위원회의 위원은 위원장 및 시설의 장을 포함하여 5인 이상 10인 이하의 위원으로 구성한다. 위원회의 위원은 시설거주자 또는 시설거주자의 보호자 대표, 지역주민, 후원자 대표, 관계공무원, 기타 시설운영에 관하여 전문적인 지식과 경험이 풍부한 자 중에서 시설의 장의 추천을 받아 관할 시장·군수·구청장이 임명 또는 위촉한다. 다만, 관계공무원에 해당하는 자의 경우에는 시설의 장의 추천을 받지 아니한다. 위원회의 위원장은 위원 중에서 호선한다. 위원의 임기는 3년으로 한다(동법시행규칙 제24조).

운영위원회 심의사항

1) 시설운영계획의 수립·평가에 관한 사항
2) 사회복지프로그램의 개발·평가에 관한 사항
3) 시설종사자의 근무환경개선에 관한 사항
4) 시설거주자의 생활환경개선에 관한 사항
5) 시설과 지역사회의 협력에 관한 사항
6) 그 밖에 시설의 장이 부의하는 사항

6. 시설의 서류비치

시설의 장은 법인의 정관(법인에 한함), 법인설립허가증사본(법인에 한함), 사회복지시설신고증, 시설거주자 및 퇴소자의 명부, 시설거주자 및 퇴소자의 상담기록부, 시설의 운영계획서 및 예산·결산서, 후원금품대장, 시설의 건축물관리대장, 시설의 장과 종사자의 명부를 시설 내에 비치하여야 한다(제37조, 동법시행규칙 제25조).

7. 시설의 휴지, 개선, 사업의 정지, 폐쇄 등

1) 직권에 의한 개선, 정지, 폐쇄

보건복지부장관, 시·도지사 또는 시장·군수·구청장은 시설이 i) 시설이 설치기준에 미달하게 된 때, ii) 사회복지법인 또는 비영리법인이 설치·운영하는 시설의 경우 그 사회복지법인 또는 비영리법인의 설립허가가 취소된 때, iii) 설치목적의 달성, 기타의 사유로 계속하여 운영될 필요가 없다고 인정할 때, iv) 회계부정이나 불법행위, 기타 부당행위 등이 발견된 때, v) 기타 이 법 또는 이 법에 의한 명령에 위반한 때에는 그 시설의 개선, 사업의 정지, 시설의 장의 교체를 명하거나, 시설의 폐쇄를 명할 수 있다(제40조).

2) 신고에 의한 휴지, 재개, 폐지

국가 또는 지방자치단체 외의 자가 시설을 설치·운영하고자 하는 때에는 시장·군수·구청장에게 신고하여야 하며, 신고를 한 자는 지체없이 시설의 운영을 개시하여야 한다. 시설의 운영자는 그 운영을 휴지하거나 재개 또는 시설을 폐지하고자 하는 때에는 시장·군수·구청장에게 신고를 하여야 한다. 시장·군수·구청장은 시설운영의 휴지 및 폐지의 경우 시설거주자를 다른 시설로 보내는 등 시설거주자의 권익을 보호하기 위한 조치를 취하여야 한다(제38조).

8. 시설수용 인원의 제한

각각의 시설은 그 수용인원이 300인을 초과할 수 없다(제41조). 다만, 노인주거복지시설 중 유료양로시설과 유료노인복지주택과노인복지법 제34조의 규정에 의한 노인의료복지시설 중 유료노인요양시설과 유료노인전문요양시설이 경우에는 수용인원 300인을 초과할 수 있다(동법시행령 제19조). 여기서 유료양로시설이란 노인을 입소시켜 급식, 기타 일상생활에 필요한 편의를 제공하고 이에 소요되는 일체의 비용을 입소한 자로부터 수납하여 운영하는 시설이다. 유료노인복지주택이란 노인에게 유료로 분양 또는 임대 등을 통하여 주거의 편의·생활지도·상담 및 안전관리 등 일상생활에 필요한 편의를 제공함을 목적으로 하는 시설이다. 유료노인요양시설은 노인을 입소시켜 급식·요양, 기타 일상생활에 필요한 편의를 제공하고 이에 소요되는 일체의 비용을 입소한 자로부터 수납하여 운영하는 시설이다. 유료노인전문요양시설은 치매·중풍 등 중증의 질환노인을 입소시켜 급식·요양, 기타 일상생활에 필요한 편의를 제공하고 이에 소요되는 일체의 비용을 입소한 자로부터 수납하여 운영하는 시설이다(제32조 및 제34조).

9. 시설의 평가

보건복지부장관 및 시·도지사는 보건복지부령이 정하는 바에 따라 시설을 정기적으로 평가할 수 있으며, 이를 시설의 감독, 지원 등에 반영하거나 시설거주자를 다른 시설로 보내는 등의 조치를 할 수 있다. 보건복지부장관 또는 시·도지사는 평가결과에 따라 시설거주자를 다른 시설로 보내는 경우에는 시설거주자의 권익을 보호하기 위한 조치를 취하여야 한다(제43조). 보건복지부장관 및 시·도지사는 3년마다 1회 이상 시설에 대한 평가를 실시하여야 한다. 시설의 평가기준은 입소정원의 적정성, 종사자의 전문성, 시설의 환경, 시설거주자에 대한 서비스의 만족도, 기타 시설의 운영개선에 필요한 사항이다(동법시행규칙 제27조).

VI. 일반론

1. 재가복지

　국가 또는 지방자치단체는 보호대상자가 가정봉사서비스와 주간·단기보호서비스에 해당하는 재가복지서비스를 제공받도록 할 수 있다.[44] 시장·군수·구청장은 보호대상자별 보호계획에 따라 보호대상자에게 사회복지서비스를 제공하는 경우 시설에의 입소에 우선하여 재가복지서비스를 제공하도록 하여야 한다. 국가 또는 지방자치단체는 보호가 결정된 보호대상자를 자신의 가정에서 돌보는 자에게 그 보호자의 부담을 경감하기 위한 상담을 실시하거나 금전적 지원 등을 할 수 있다. 국가 또는 지방자치단체는 재가복지서비스를 필요로 하는 가정 또는 시설에서 보호대상자가 일상생활을 영위하기 위하여 필요한 각종 편의를 제공하는 가정봉사원을 양성하도록 노력하여야 한다(제42조의2).

2. 보조금

　국가 또는 지방자치단체는 사회복지사업을 수행하는 자 중 i) 사회복지법인, ii) 사회복지사업을 수행하는 비영리법인, iii) 사회복지시설 보호대상자를 수용하거나 보육·상담 및 자립지원을 하기 위하여 사회복지시설을 설치·운영하는 개인에 대하여 필요한 비용의 전부 또는 일부를 보조할 수 있다. 이 보조금은 그 목적 외의 용도에 사용할 수 없다. 국가 또는 지방자치단체는 보조금을 받은 자가 거짓(詐僞), 기타 부정한 방법으로 보조금의 교부를 받은 때, 사업목적 외의 용도에 보조금을 사용한 때, 이 법 또는 이 법에 의한 명령에 위반한 때에는 이미 교부한 보조금의 전부 또는 일부의 반환을 명할 수 있다(제42조, 동법시행규칙 제20조).

3. 비용의 징수

　사회복지사업법에 의한 복지조치에 필요한 비용을 부담한 지방자치단체의 장, 기타 시설을 운영하는 자는 그 혜택을 받은 본인 또는 그 부양의무자로부터 그가 부담한 비용의 전부 또는 일부를 징수할 수 있다(제44조). 이 규정은 사회복지대상자의 부양의무자에 대한 구상권(求償權)행사의 법적 근거가 되고 있다. 구상권이란 일정한 법률상의 이유에 의하여, 특정자에게 자기가 행한 출재(出財)의 반환을 청구할 수 있는 권리를 말한다. 부담한 비용을 징수하고자 하는 때에는 그 산출근거를 명시하여 서면으로 통지하여야 한다. 다만, 그 혜택을 받은 본인이 국민기초생활보장법에 의한 기초생활보

---

44) 가정봉사서비스란 가사 및 개인활동을 지원하거나 정서활동을 지원하는 서비스를 말한다. 주간·단기보호서비스는 주간·단기보호시설에서 급식 및 치료 등 일상생활의 편의를 낮동안 또는 단기간동안 제공하거나 가족에 대한 교육 및 상담을 지원하는 서비스

장대상자인 경우에는 그 비용을 징수하지 아니한다(동법시행령 제21조).

4. 후원금

1) 후원금의 정의 및 관리

후원금이란 사회복지법인의 대표이사와 시설의 장이 아무런 대가없이 무상으로 받은 금품, 기타의 자산을 말한다(제45조).

후원금의 수입·지출 내용과 관리에 명확성이 확보되도록 하여야 한다. 후원금관리를 투명하게 하기 위하여 후원금에 관한 영수증교부, 수입 및 사용결과 보고 등 기타 후원금관리는 보건복지부령에 의하여 처리하여야 한다. 시설거주자가 받은 개인결연후원금을 당해인이 정신질환, 기타 이에 준하는 사유로 관리능력이 없어 시설의 장이 이를 관리하게 되는 경우에도 수입·지출 내용과 관리에 명확성이 확보되도록 하여야 한다(제45조).

2) 후원금관리의 명확성 확보방안

후원금관리의 명확성을 확보하기 위한 구체적 방안은 사회복지법인재무·회계규칙에 따른다(사회복지법인재무·회계규칙 제41조).

법인의 대표이사와 시설의 장이 후원금을 받은 때에는 후원금영수증을 후원자에게 즉시 교부하여야 한다. 다만, 금융기관 또는 체신관서의 계좌입금을 통하여 후원금을 받은 경우에는 그러하지 아니하다.

법인의 대표이사와 시설의 장은 연 1회 이상 해당 후원금의 수입 및 사용내용을 후원금을 낸 법인·단체 또는 개인에게 통보하여야 한다. 이 경우 법인이 발행하는 정기간행물 또는 홍보지 등을 이용하여 일괄 통보할 수 있다.

법인의 대표이사와 시설의 장은 매 반기 종료 후 10일 이내에 일정 서식에 따라 후원금 수입 및 사용결과보고서를 관할 시장·군수·구청장에게 제출하여야 한다.

법인의 대표이사와 시설의 장은 후원금을 후원자가 지정한 사용용도 외의 용도로 사용하지 못한다. 후원금의 수입 및 지출은 예산의 편성 및 확정절차에 따라 세입·세출예산에 편성하여 사용하여야 한다.

5. 비밀누설의 금지, 압류금지 및 청문

사회복지사업 또는 사회복지업무에 종사하였거나 종사하고 있는 자는 그 업무수행의 과정에서 알게 된 다른 사람의 비밀을 누설하여서는 아니 된다(제47조).

사회복지사업법에 의하여 지급된 금품과 이를 받을 권리는 압류하지 못한다(제48조).

보건복지부장관, 시·도지사 또는 시장·군수·구청장이 설립허가의 취소 또는 시설의 폐쇄를 하고
자 할 때에는 청문을 하여야 한다(제49조).

6. 포상, 지도-감독, 권한의 위임 및 위탁, 벌칙 및 과태료

정부는 사회복지사업에 관하여 공로가 현저하거나 모범이 되는 자에 대하여 포상을 할 수 있다(제50조).

보건복지부장관, 시·도지사 또는 시장·군수·구청장은 사회복지사업을 운영하는 자에 대한 소관
업무에 관하여 지도·감독을 하며, 필요한 경우 그 업무에 관하여 보고 또는 관계서류의 제출을 명하
거나, 소속공무원으로 하여금 법인의 사무소 또는 시설에 출입하여 검사 또는 질문하게 할 수 있다.
법인의 주된 사무소의 소재지와 시설의 소재지가 동일한 시·도 또는 시·군·구에 있지 아니한 경우
그 시설의 업무에 관하여는 시설소재지의 시·도지사 또는 시장·군수·구청장이 지도·감독 등을 한다
(제51조, 동법시행규칙 제29조).

보건복지부장관 또는 시·도지사의 권한은 그 일부를 시·도지사 또는 시장·군수·구청장에게 위임
할 수 있다. 보건복지부장관은 업무의 일부를 대통령령이 정하는 바에 따라 사회복지 관련기관이나
단체에 위탁할 수 있다(제52조, 동법시행령 제25조).

1) 시도지사에 대한 위임

보건복지부장관은 법인설립 허가, 법인의 정관변경 인가, 임원 임면보고의 접수, 감사의 추천, 임
시이사의 선임, 기본재산의 처분 등에 관한 허가, 재산취득보고의 접수, 법인 합병의 허가의 권한을
그 법인의 주된 사무소의 소재지를 관할하는 시·도지사에게 위임한다. 이 경우 시·도지사는 동 업무
를 처리한 후 그 결과를 보건복지부장관에게 보고하여야 한다.

2) 사회복지 관련기관이나 단체에 위탁

보건복지부장관의 업무 중 자원봉사활동의 지원·육성에 관한 업무와 사회복지사업에 종사하는
자(공무원 제외)에 대한 지도·훈련업무는 사회복지협의회(중앙협의회)에, 사회복지사자격증의 교부
업무는 사회복지사협회에 위탁한다.

3) 벌칙적용에 있어서의 공무원 의제

1)과 2)의 규정에 의하여 위탁받은 업무를 수행하는 사회복지 관련기관·단체의 임·직원은 수뢰 및
사전수뢰 내지 알선수뢰의 적용에 있어서는 이를 공무원으로 본다. 여기서 수뢰란 그 직무에 관하여
뇌물을 수수하거나 요구하거나 약속하는 것을 말한다(제57조).

7. 벌칙

1) 5년 이하의 징역 또는 1,500만 원 이하의 벌금(제53조)
- 법인은 기본재산에 관하여 매도·증여·교환·임대·담보제공 또는 용도변경하고자 할 때, 그리고 보건복지부령이 정하는 금액 이상을 1년 이상 장기차입하고자 할 때에는 보건복지부장관의 허가를 받아야 하나 이를 위반한 자
- 사회복지사업을 수행하는 자에게 지급된 국가 또는 지방자치단체의 보조금을 법에 규정한 목적 외의 용도로 사용한 자

2) 1년 이하의 징역 또는 300만 원 이하의 벌금에 처한다(제54조)
- 사회복지시설의 설치를 방해한 자
- 수익사업으로부터 생긴 수익을 법인 또는 그가 설치한 사회복지시설의 운영 외의 목적에 사용한 자
- 국가 또는 지방자치단체 외의 자가 사회복지시설을 시장·군수·구청장에게 신고하지 않고 설치·운영한 자
- 시설운영의 휴지 및 폐지의 경우 정당한 이유 없이 시설거주자를 다른 시설로 보내는 등 시설거주자의 권익 보호조치를 기피 또는 거부한 자
- 정당한 이유 없이 보건복지부장관, 시·도지사 또는 시장·군수·구청장의 시설의 개선, 사업의 정지, 시설의 장의 교체 명령이나, 시설폐쇄 명령을 이행하지 아니한 자
- 사회복지사업 또는 사회복지업무에 종사하였거나 종사하고 있는 자로서 그 업무수행의 과정에서 알게 된 다른 사람의 비밀을 누설한 자
- 정당한 이유 없이 보건복지부장관, 시·도지사 또는 시장·군수·구청장에게 소관업무에 관하여 보고를 하지 아니하거나 거짓의 보고를 한 자, 자료를 제출하지 아니하거나 거짓의 자료를 제출한 자, 검사·질문을 거부·방해 또는 기피한 자

3) 300만 원 이하의 벌금(제55조)
- 사회복지법인 및 사회복지시설을 설치·운영하는 자로서 대통령령이 정하는 바에 사회복지사를 그 종사자로 채용하지 아니한 자

8. 양벌규정

법인의 대표자 또는 법인이나 개인의 대리인·사용인, 기타 종업원이 그 법인 또는 개인의 업무에 관하여 다음의 행위를 한 경우에는 양벌규정이 적용된다. 즉, 행위자를 벌하는 외에 그 법인 또는 개

인에 대하여도 각 해당 조의 벌금형을 과한다(제56조).

- 법인은 기본재산에 관하여 매도·증여·교환·임대·담보제공 또는 용도변경하고자 할 때, 그리고 보건복지부령이 정하는 금액 이상을 1년 이상 장기차입하고자 할 때에는 보건복지부장관의 허가를 받아야 하나 이를 위반한 자
- 사회복지사업을 수행하는 자에게 지급된 국가 또는 지방자치단체의 보조금을 법에 규정한 목적 외의 용도로 사용한 자
- 사회복지법인 및 사회복지시설을 설치·운영하는 자로서 대통령령이 정하는 바에 사회복지사를 그 종사자로 채용하지 아니한 자

9. 과태료

다음의 경우 300만 원 이하의 과태료에 처한다(제58조).[45]

i) 법인이 임원을 임면하고 이를 지체없이 보건복지부장관에게 보고하지 않은 경우, ii) 법인이 매수·기부채납, 후원 등의 방법으로 재산을 취득한 후 보건복지부장관에게 보고하지 않은 경우, iii) 사회복지법인이 아닌 자는 사회복지법인이라는 용어를 사용한 경우, iv) 국가 또는 지방자치단체 외의 자가 시설을 설치·운영하면서 보건복지부령이 정하는 바에 의하여 시장·군수·구청장에게 신고하지 아니한 경우, v) 시설의 장이 후원금품대장 등 보건복지부령이 정하는 서류를 시설 내에 비치하지 아니한 경우, vi) 시설을 설치한 자가 지체없이 시설의 운영을 개시하지 아니한 경우, vii) 시설의 운영자는 그 운영을 휴지하거나 재개 또는 시설을 폐지하고 보건복지부령이 정하는 바에 의하여 시장·군수·구청장에게 신고를 하지 아니한 경우, viii) 후원금의 수입·지출 내용과 관리에 명확성이 확보하지 아니한 경우, 즉 후원금에 관한 영수증교부, 수입 및 사용결과 보고 등 기타 후원금관리에 필요한 사항을 보건복지부령에 따라 관리하지 아니한 경우.

과태료는 대통령령이 정하는 바에 의하여 보건복지부장관, 시·도지사 또는 시장·군수·구청장이 부과·징수한다. 과태료처분에 불복이 있는 자는 그 처분의 고지를 받은 날부터 30일 이내에 보건복지부장관, 시·도지사 또는 시장·군수·구청장에게 이의를 제기할 수 있다. 과태료처분을 받은 자가 이의를 제기한 때에는 보건복지부장관, 시·도지사 또는 시장·군수·구청장은 지체없이 관할법원에 그 사실을 통보하여야 하며, 그 통보를 받은 관할법원은 비송사건절차법에 의한 과태료의 재판을 한다. 규정에 의한 기간 내에 이의를 제기하지 아니하고 과태료를 납부하지 아니한 때에는 국세 또는 지방세체납처분의 예에 의하여 이를 징수한다.

---

45) 과태료에는 법률상 질서유지를 위해 법령 위반자에게 부과하는 질서벌로서의 과태료, 행정상의 의무이행을 강제할 목적으로 행하는 집행벌로서의 과태료, 징계처분으로서 행하는 징계벌로서의 과태료가 있다. 과태료는 형벌이 아니므로 처벌절차가 형사소송법에 의하지 아니하고, 일반적으로 비송사건절차법에 따른다.

제 12 장

사 회 보 험 법

제1절 사회보험법의 개요와 특성

Ⅰ. 사회보험법의 의의

1. 정의

사회보험법은 사회보험제도의 운영과 실시에 관한 법률이다. 우리나라 사회보장기본법에서는 사회보험을 다음과 같이 규정하고 있다. "사회보험"이라 함은 국민에게 발생하는 사회적 위험을 보험방식에 의하여 대처함으로써 국민 건강과 소득을 보장하는 제도를 말한다. 사회보험의 특징은 가입의 강제성과 운영주체가 국가의 독점이라는 점 등이다.

2. 사회보험과 사보험의 유사점과 차이점

사회보험과 사보험 간의 유사점은 다음과 같다. ① 사회보험과 사보험은 사회적 위험을 이전하고 정해진 위험을 광범위하게 공동으로 분담한다. ② 사회보험과 사보험은 적용범위, 급여, 재정과 관련된 모든 조건을 구체적으로 명시한다. ③ 사회보험과 사보험에서 급여를 받을 자격과 급여량을 정하기 위해서는 명확한 계산이 필요하다. ④ 사회보험과 사보험은 운용에 필요한 비용을 충당할 충분한 기여금과 보험료가 필요하다. ⑤ 사회보험과 사보험은 급여를 받을 때 증명된 욕구에 근거하지 않는다. ⑥ 사회보험과 사보험은 사회구성원에게 경제적 안정을 제공함으로써 사회 전체에 유익하게 된다.

사회보험과 사보험 간의 차이점은 다음과 같다. ① 사회보험은 강제적 가입이 원칙이나 사보험은 자발적 가입, 즉 임의가입이 원칙이다. ② 사회보험은 최저소득만을 보호하나, 사보험은 개인적 필요와 개인 지불능력에 따라 더 많은 양의 보호를 받을 수 있다. ③ 사회보험은 사회적 적절성을 강조하여 결국 복지 요소에 초점을 두나, 사보험은 개인적 적절성을 강조하여 결국 보험 요소에 초점을 둔다. ④ 사회보험 급여를 제공하는 근거는 법에 명시되어 있는 법정급부이나, 사보험 급여를 제공하는 근거는 사적 계약에 있는 계약급부이다. ⑤ 사회보험은 주로 정부독점이나 사보험은 보험시장에서 경쟁이 이루어진다. ⑥ 사회보험은 정부가 지급을 법으로 보장하기 때문에 자금집중의 필요가 없으나, 사보험은 자금집중의 필요가 있다. ⑦ 사회보험은 법에 의해 강제가입이 되기 때문에 개별적 보험계약(underwriting)이 필요 없으나, 사보험은 보험회사와 가입자 간에 개별적 보험계약이 있어야 한다. ⑧ 사회보험은 인플레이션에 대한 대책이 가능하나, 사보험은 인플레이션에 취약하다(신수식, 1992).

3. 사회보험법의 형태

사회보험법의 형태를 법이 규율하는 사회적 위험의 내용에 따라 보면, 한국은 4대 사회보험법으로 노령을 대비한 국민연금법, 질병을 대비한 국민건강보험법, 실업을 대비한 고용보험법, 산업재해를 대비한 산업재해보상보험법이 있다. 공적 연금을 가입대상자를 기준으로 분류하면 4대 공적연금법으로는 국민연금법, 군인연금법, 사립학교교직원연금법, 공무원연금법이 있다.

II. 사회보험법의 특성

사회보험법은 다른 사회보장제도와 내용상 구분이 되는 몇 가지 특성을 갖고 있다.

① 사회보험은 강제가입을 법에 규정하고 있어 '역(逆)의 선택(選擇)'(adverse selection)을 방지하고 규모의 경제(economy of scale)를 기할 수 있다. ② 사회보험은 일종의 방빈적(防貧的) 소득보장으로 예방적 의미를 가진다. ③ 사회보험의 주된 재원은 가입자가 의무적으로 납부하는 기여금 내지 보험료로 조달되고, 이를 재원으로 하여 보험 급여가 지급되기 때문에 보험료를 납부한 가입자가 보험 급여를 응당 받을 자격이 있어 권리성이 매우 강하다. ④ 사회보험은 가입자격, 수급자격, 가입-탈퇴-수급시기, 급여수준 등 모든 보험 관련사항이 법적으로 규정되어 있으므로 획일적으로 관리된다. 따라서 이들 법정사항(法定事項)을 신설-변경-폐지할 경우에는 국회의 법률개정절차를 거쳐야 한다. ⑤ 사회보험은 비영리-특수공법인에 의해 공적으로 관리되는 보험사업이다. ⑥ 사회보험은 미약하나마 서로 다른 소득계층간의 수직적 재분배 기능(vertical redistribution function)을 하고 있고, 반면 사회적 위험이 서로 다른 계층간에 수평적 재분배 기능(horizontal redistribution function)을 하고 있어 사회적 형평을 기함으로써 사회연대(social solidarity)를 도모하고 있다. 예를 들면, 수직적 재분배는 국민연금의 연금산정공식 가운데 균등부분을 통해서 일부 수행되고 있다. 수평적 재분배는 국민연금의 경우

는 노령세대와 젊은 근로세대간에, 건강보험의 경우는 병약자와 건강한 자간에, 고용보험의 경우는
실업자와 비실업근로자간에, 산재보험은 피재해근로자와 무재해근로자간에 이루어지고 있다.

제2절 국민연금법

(전부개정 2007. 8. 3 법률 제8635호)

Ⅰ. 의의, 특성 및 연혁

1. 의의

자본주의 체제는 사적 소유와 개인책임을 기본으로 하는 사회이므로 때로는 개인의 통제나 능력의 범위를 벗어나는 각종 사회적 위험에 노출될 수밖에 없고, 그 경우 스스로의 힘만으로는 도저히 극복하기 어려운 상황에 직면할 위험을 안고 살아가고 있다. 따라서 모든 사람들이 공통적으로 경험하는 노령·실업·장애·사망과 같은 사회적 위험이 발생하는 경우 적절한 사회적 급여를 제공함으로써 경제적 생활의 불안정을 감소시키기 위하여 사회보장제도를 도입·사행하여 왔다.

국민연금제도는 가입자인 국민의 노령, 폐질 또는 사망으로 소득능력이 상실 또는 감퇴된 경우 본인이나 그 유족에게 경제적으로 안정된 생활을 보장할 수 있도록 국가가 운영하는 장기적인 소득보장제도이다. 국민연금제도는 점차 사회구조가 고령화사회를 거쳐 고령사회로 나아감에 따라 노인인구의 수가 계속 증가하는 반면, 전통적인 확대가족체계가 무너지고 핵가족화가 심화되어가고 노인에 대한 가족의 부양의식과 상호부조정신이 점차 약화되는 등 노인에 대한 사적 부양체계(private support system)가 약화되어감에 따라 국가사회적 차원에서 노인을 부양하는 공적 부양체계(public support system)의 일환으로 발전된 노후소득보장제도이다. 국민연금법은 이와 같은 국민연금제도에 관해 규정한 법이다.

국민연금은 사회보장제도 가운데 가장 중요한 소득보장제도로서 1차적인 사회 안전망(the primary social safety net)의 기능을 수행하고 있으며 공공부조는 2차적 사회안전망(the secondary social safety net)으로서의 기능을 수행하고 있다(국민연금관리공단, 2002; 이용하, 1998).

2. 특성

국민연금법이 규정하고 있는 국민연금은 사회보험의 일반적 특성에 따라 강제가입, 위험분산, 소득재분배, 국가관장원리, 부분적립방식을 채택하고 있다. 구체적으로 다음과 같은 특성을 갖고 있다.

i) 사회보험방식으로 사회적 위험을 분산한다. 국민연금은 노령과 같은 사회적 위험에 처할 가능성이 있는 사람들이 미리 법으로 정한 바에 따라 금전갹출을 통해 공동으로 기금을 형성한 후 사회적 사고를 당하였을 때 법이 정한 바에 따라 기금으로부터 급여를 받음으로써 사회적 위험을 분산시킨다. 이를 위하여 역의 선택과 같은 현상을 방지하기 위하여 민간보험과는 달리 가입이 강제되고 탈퇴,

보험료 징수 및 급여 등이 법에 의해 엄격히 규제되고 있다.

ii) 단일체계운영방식이다. 국민연금은 특수직역에 종사하는 자(공무원, 군인, 사립학교교직원)를 제외하고는 18세 이상 60세 미만의 경제활동의 모든 국민을 사업장가입자와 지역가입자로 구분하고 강제가입을 원칙으로 단일연금체계에 편입하여 관리하고 있다.

iii) 연금제도운영을 위한 재원은 피용자와 사용자의 보험료(단, 자영자본인 전액부담)와 관리운영비에 대한 정부의 보조금으로 충당한다.

iv) 세대 내 소득재분배요소와 소득비례요소 간의 균형을 추구한다. 보험 급여의 기준으로서 보험료부과기준이 된 자신의 소득평균값에 비례하는 소득비례부문은 퇴직 전의 생활수준을 유지하는 데 효과적으로 기능할 수 있도록 하고 있다. 반면 균등부문은 가입자 전체의 소득평균값을 급여계산에 반영함으로써 동일세대 내 고소득층과 저소득층 간의 세대 내 재분배(intragenerational redistribution)를 기하고 있다.

v) 세대간 재분배요소를 반영하고 있다. 연금제도의 도입 초기의 세대가 연금제도가 성숙된 이후의 미래세대보다 보험료 부담이 적도록 설계함으로써 현재의 가입세대가 미래의 가입세대로부터 일정한 지원을 받는 세대간 재분배(intergenerational redistribution) 요소가 반영되어 있다.

vi) 적립기금을 통해 제도의 유지가능성을 증진시킨다. 국민연금의 재정방식은 부분적립방식이다. 부분적립방식은 제도 초기에 적립된 기금으로 창출된 운영수익을 제도성숙기 때의 급여지출재원으로 활용하는 방식으로써 미래세대의 부담을 완화시킬 수 있다. 그러나 민영연금에서와 같이 예상급여액의 모든 부분을 완전적립하지는 않는다. 2003년부터 5년마다 재정계산제도를 실시해 적립적 요소를 강화할 예정이다.

vii) 급여의 종류는 노령연금, 장애연금 및 유족연금이 있으며 장애일시금 및 사망일시금과 반환일시금으로 구분된다.

viii) 연금제도의 관리운영은 국가가 관장하므로 제도의 영속성과 안정성을 도모하고 있다.

ix) 보험료징수, 자격관리, 급여지급 등의 국민연금사업에 이의가 있을 경우를 대비해 3심제(국민연금관리공단, 보건복지부, 법원)의 이의신청제도를 두고 있으며 제도운영을 위한 정책결정과정에 가입자의 참여를 위해 국민연금심의위원회 및 국민연금기금운영위원회 등에 노-사-공익대표를 제도적으로 참여시키고 있다(국민연금관리공단, 2002; 인경석, 2001).

3. 입법 연혁

1) 입법 배경

국민연금법의 전신인 국민복지연금법은 표면상으로는 국민의 노령·폐질 또는 사망 등에 대하여 연금급여를 실시함으로써 국민의 생활안정과 복지증진에 기여하는 것이었으나 또 다른 목적 가운데 하나는 제3차 경제개발 5개년계획에서 중화학공업 수행을 위한 내자조달의 방편으로 제정되었다.

국민복지연금법은 1973. 12. 24. 제정되어 1974. 1. 1.부터 시행될 예정이었으나 국민생활의안정을위한대통령긴급조치 제3호에 의하여 1974. 12. 31.까지 그 효력이 정지되었다. 또한 대내외적으로 당시 전체 인구 가운데 고령인구의 비율이 상대적으로 낮았고, 농림어업종사자가 절반에 해당하였으며, 1인당 국민소득이 200달러에 미달하였고, 중동의 오일쇼크 등으로 인해 그 시행이 보류되었다.

그러나 그 시행일을 미루어왔으나 그동안 평균수명이 연장되고 대부분의 가족구조가 핵가족화됨에 따라 절실하여진 국민의 노후대책을 마련하고 사업장에서의 각종 사고로 인하여 소득능력을 잃은 자 등에 대한 생활보장을 위하여 1988년부터 국민연금제도를 실시하기 위하여 1986. 12. 24. 국민연금법을 제정하고 필요한 사항을 정하였다.

2) 연혁

국민연금법은 1973년 국민복지연금법이 제정된 이후 1986년 전면 개정되어 현재의 국민연금법이 제정되었다. 그 후 수차례의 개정을 거쳐 오늘에 이르고 있다. 그 연혁은 다음과 같다(법제처, 2002).

(1) 국민복지연금법 제정 (1973. 12. 24 법률 제2655호)

국민의 노령·폐질 또는 사망 등에 대하여 연금급여를 실시함으로써 국민의 생활안정과 복지증진에 기여하기 위하여 국민복지연금법을 제정하였다. 국민연금 가입대상은 국내에 거주하는 18세 이상 60세 미만으로 하였으며 제1종가입자와 제2종가입자로 구분하였다. 급여의 종류를 노령연금·장해연금·유족연금·반환일시금으로 정하였다. 국민복지연금법은 대통령긴급조치 제3호에 의하여 효력이 정지되었다.

(2) 국민복지연금법 일부개정 (1974. 12. 21. 법률 제2702호)

제1종가입자의 갹출료액을 조정하고, 법의 시행일을 1976. 1. 1.로 하였다.

(3) 국민복지연금법 일부개정 (1975. 12. 31. 법률 제2863호)

1976. 1. 1.부터 시행하도록 되어 있는 국민복지연금사업이 제반 여건으로 보아 실시가 어렵게 됨에 따라 그 시행일을 추후 대통령령이 정하는 날로 하려는 것이었으나 대통령령이 정하지 않았다.

(4) 국민연금법 제정 (1986. 12. 31. 법률 제3902호)

국민복지연금법이 1973. 12. 24.에 제정된 이래 그 시행일을 미루어왔으나 1988. 1. 1.부터 국민연금제도를 실시하기 위하여 필요한 사항을 정하려는 것이었다. 국민복지연금법의 법제목명을 국민연금법으로 변경하고, 국민연금에 가입할 수 있는 자는 18세 이상 60세 미만의 국민으로 하되, 공무원연금법·군인연금법 및 사립학교교원연금법의 적용을 받는 공무원·군인·사립학교교직원 등은 제외하였다. 국민연금의 가입자는 사업장가입자·지역가입자 및 임의계속가입자로 구분하였다. 급여의 종류는 노령연금·장해연금·유족연금 및 반환일시금으로 하였다.

(5) 국민연금법 일부개정 (1995. 1. 5. 법률 제4909호)

국민연금 당연적용대상을 농어민과 농어촌지역 자영자에게까지 확대하였다.

(6) 국민연금법 일부개정 (1995. 8. 4. 법률 제4971호)

외국인에 대한 선진 각국의 사회보장 관련법규와 균형을 맞추고 해외에 단기체류하는 국민의 사회보장비용을 이중으로 부담하는 불합리함을 해소하려는 것이었다.

(7) 국민연금법 일부개정 (1998. 12. 31. 법률 제5623호)

1999. 4. 1.부터 국민연금의 가입대상자의 범위를 도시지역거주자까지 확대함으로써 전국민의 노후생활 보장기반을 마련하고, 국민연금기금운용의 투명성이 보장되도록 하기 위하여 국민연금기금운용위원회의 위원수를 상향조정하려는 것이었다.

(8) 국민연금법시행령 일부개정 (대통령령 제18027호)

비정규직 근로자 및 소규모 사업장 근로자의 연금보험료의 부담을 경감하고, 근로자간 부담의 형평성을 확보하며, 실질적인 노후소득보장기능을 강화하기 위하여 국민연금의 당연적용사업장가입자인 근로자의 범위에 1개월 이상 계속 사용되는 일용근로자 또는 1개월 동안 80시간 이상의 근로에 종사하는 시간제 근로자 등 비정규직 근로자를 추가하고, 당연적용사업장의 범위를 상시 5인 이상에서 1인 이상의 근로자를 사용하는 사업장으로 확대하였다.

(9) 국민연금법 전부개정 (2007. 7. 23 법률 제8541호)

연금보험료 부과기준의 변경 : 연금보험료의 부과기준인 표준소득월액의 등급체계는 신축적인 조정이 어렵고 전산 발달에 따라 실익이 없으므로 등급제를 폐지하고, 가입자의 소득월액을 기준으로 하여 대통령령으로 정하는 금액을 기준소득월액으로 하여 연금보험료를 부과하도록 함.

기본연금액의 인하 : 국민연금의 장기재정 안정을 도모하고, 자녀세대의 부담을 완화하기 위하여 평균적인 소득이 있는 자가 40년 동안 가입할 경우 지급하는 급여수준을 현행 평균소득액의 60퍼센트에서 2008년에는 50퍼센트로 하고, 2009년부터 매년 단계적으로 낮춰 2028년에는 40퍼센트로 인하하되, 기존 수급자 및 기존 가입기간에 대하여는 종전대로 지급하여 기득권을 보장함.

또한, 분할연금 수급권의 강화, 가입자의 불만이 많았던 중복급여 조정제도를 개선하고, 군 복무기간에 대한 가입기간 추가 산입과 출산에 대한 가입기간 추가 산입 및 포괄적으로 규정되어 있는 소득의 정의를 법에 명확하게 규정하였다.

Ⅱ. 내용

1. 목적-관장-정의

1) 목적
국민연금법은 국민의 노령·폐질 또는 사망에 대하여 연금급여를 실시함으로써 국민의 생활안정과 복지증진에 기여함을 목적으로 한다(제1조).

2) 관장
국민연금법에 의한 국민연금사업은 보건복지부장관이 맡아 주관<관장(管掌)>한다(제2조). 보건복지부장관은 국민연금이 국민의 노후소득보장제도로서 기능을 원활히 수행할 수 있도록 국민연금제도의 설계에서부터 제도운영에 관한 모든 정책결정과 업무관장에 대한 책임을 지고 있다. 그러나 보건복지부장관은 국민연금과 관련된 주요 업무를 직접 집행하기보다는 업무수행의 전문성과 효율성을 높이기 위하여 공법인인 국민연금관리공단을 설립하여 위탁운영하고 있다. 국민연금관리공단은 비영리-특수-공법인에 속한다.

3) 용어의 정의
국민연금법은 용어를 정의하고 있다(제3조). 국민연금법에서 공통적으로 사용되는 용어를 정의함으로써 법조문을 간단하게 기술하고, 법해석의 일관성을 꾀하는 것이다(인경석, 2002).

(1) 근로자
근로자라 함은 직업의 종류가 무엇이든 사업장에서 노무를 제공하고 그 대가로 임금을 받아 생활하는 자(법인의 이사, 기타 임원을 포함)를 말한다. 다만, 2003년 개정된 시행령에 따르면 다음의 자는 근로자에서 제외된다: ⅰ) 일용근로자 또는 1월 미만의 기한부로 사용되는 근로자, ⅱ) 소재지가 일정하지 아니한 사업장에 종사하는 근로자, ⅲ) 비상임이사, 1월간의 근로시간이 80시간 미만인 시간제 근로자 등 사업장에서 상시 근로에 종사할 목적으로 사용되는 자가 아닌 자(동법시행령 제2조).

(2) 사용자
사용자라 함은 사업주 또는 사업경영자를 말한다. 사업주란 사업의 경영주체로서 개인경영인 경우에는 그 기업의 기업주, 법인경영인 경우에는 법인을 말한다. 사업경영자는 사업경영 일반에 관하여 책임을 지는 자로서 사업주로부터 사업경영의 전부 또는 일부에 대하여 포괄적인 위임을 받고 대외적으로 사업을 대표하거나 대리하는 자를 말한다.

(3) 소득

"소득"이란 일정한 기간 근로를 제공하여 얻은 수입에서 대통령령으로 정하는 비과세소득을 제외한 금액 또는 사업 및 자산을 운영하여 얻는 수입에서 필요경비를 제외한 금액을 말한다. 이 경우 국민연금가입자의 종별에 따른 소득의 범위는 다음과 같다(동법시행령 제3조).

i) 사업장가입자 또는 국민연금에 가입된 사업장에 종사하는 임의계속가입자의 소득범위는 법인이 아닌 사업장의 사용자의 경우:

- 사용자(법인이 아닌 사업장의 사용자에 한함)의 경우 : 도매업·소매업·제조업, 그 밖의 사업에서 얻는 소득
- 근로자의 경우 : 소득세법 규정에 의한 근로소득에서 비과세근로소득을 차감한 소득

ii) 지역가입자와 지역가입자의 요건을 갖춘 임의계속가입자(지역임의계속가입자)의 소득은 그 업무에서 얻는 소득으로 농업소득, 임업소득, 어업소득, 근로소득, 사업소득을 말하며, 해당 가입자의 소득이 2 이상인 경우에는 합산한 것으로 한다.

(4) 평균소득월액

"평균소득월액"이란 매년 사업장가입자 및 지역가입자 전원(전원)의 기준소득월액을 평균한 금액을 말하며, 그 산정방법은 대통령령으로 정한다.

평균소득월액은 매년 전년도 12월 31일 현재의 사업장가입자 및 지역가입자 전원(납부예외사유로 연금보험료를 납부하지 아니하는 사업장가입자 및 지역가입자를 제외)의 표준소득월액 총액을 사업장가입자 및 지역가입자 전원의 인원수로 나누어 산정한다(동법시행령 제4조). 국민연금에서 연금급여를 계산할 때 소득비례적 요소와 저소득층을 배려하기 위한 소득재분배적 요소를 기초로 하고 있는데 이 때 소득재분배적 요소에 해당되는 것이 전체 가입자의 평균소득을 산정하기 위한 것이 평균소득월액이다. 종전에는 연금수급 전년도 평균소득월액이 바로 전체 가입자의 평균소득을 대표하는 기능을 수행하였으나 2000. 12. 23. 법개정(법률 제6286호)으로 연금수급 전 년도 3개년도의 평균소득월액을 물가변동을 반영하여 평균한 값이 전체 가입자의 평균소득이 되도록 하였다.

$$평균소득월액 = \frac{a}{b}$$

a (전체 가입자 표준소득월액 총액)
  = (사업장가입자의 표준소득월액의 총액 + 지역가입자의 표준소득월액의 총액)
b (전체 가입자의 수) = (사업장가입자 전체 인원수 + 지역가입자 전체 인원수)

(5) 기준소득월액

"기준소득월액"이란 연금보험료와 급여를 산정하기 위하여 가입자의 소득월액을 기준으로 하여 대통령령으로 정하는 금액을 말하며, 그 결정방법 및 적용기간 등에 관하여는 대통령령으로 정한다.

(6) 기타

연금보험료 : 연금보험료라 함은 국민연금사업에 필요한 비용으로서 사업장가입자의 경우에는 사용자의 부담금 및 근로자의 기여금의 합계액을, 지역가입자·임의가입자 및 임의계속가입자의 경우에는 본인이 납부하는 금액을 말한다.

부담금 : 부담금이라 함은 사업장가입자의 사용자가 부담하는 금액을 말한다.

기여금 : 기여금이라 함은 사업장가입자가 부담하는 금액을 말한다.

사업장 : 사업장이라 함은 근로자를 사용하는 사업소 및 사무소를 말한다.

4) 사실혼과 태아

국민연금법의 적용에 있어서 배우자·부 또는 처에는 사실상의 혼인관계에 있는 자를 포함한다(제3조제2항). 민법상 혼인은 혼인신고에 의한 법률혼인주의가 원칙이나 국민연금법에서는 사실상의 혼인관계에 있는 자도 포함하고 있다. 또한 이 법에 의한 급여를 받을 권리를 취득할 당시의 가입자 또는 가입자이었던 자의 태아가 출생한 경우에는 이를 가입자 또는 가입자이었던 자에 의하여 생계를 유지하고 있던 자녀로 본다(제3조제3항). 급여의 지급사유가 발생한 당시 자녀는 유족의 범위 및 가급연금 계산대상에 해당한다.

2. 국민연금의 재정계산 및 급여액 조정

국민연금법은 재정계산제도와 급여액조정제도를 규정하고 있다. 이 규정은 '되어야 한다'고 규정함으로써 형식상으로는 강행규정으로 되어 있다(제4조, 동법시행령 제11조).

1) 재정계산제도

보건복지부장관은 매 5년이 되는 해의 3월 31일까지 국민연금의 재정수지에 관한 계산을 실시하고, 국민연금의 재정전망과 연금보험료의 조정 및 국민연금기금의 운용에 관한 계획 등을 포함한 국민연금운영 전반에 관한 계획을 수립하여 국무회의의 심의를 거쳐 대통령의 승인을 얻어야 하며, 이를 국회에 제출하고, 이를 전국을 보급지역으로 등록한 일반일간신문 및 경제분야 특수일간신문 각 1개 이상에 공시하여야 한다.

2) 급여액 조정제도

국민연금법에 의한 급여액은 국민의 생활수준·임금·물가, 기타 경제사정에 현저한 변동이 생긴 때에는 그 사정에 맞도록 조정되어야 한다. 국민연금의 급여는 확정급여방식으로 법에 의해 규정되어 있으나 급여액조정제도를 겸하고 있다. 연금을 처음 받을 때는 법에 정해져 있는 계산식에 의해 받을 수 있는 연금액이 결정되며, 그 이후에는 소비자물가 등을 고려하여 변경하도록 정해져 있다. 이와 같이 연금급여의 수준과 금액을 법에서 미리 확정하고 있는 것은 국민으로 하여금 예측가능한 연금을 통해 노후를 적절하게 설계할 수 있도록 하고자 하는 취지이다.

3. 국민연금심의위원회

국민연금사업의 운영에 관해 연금가입자가 실질적으로 참여할 수 있도록 함으로써 국민연금의 투명성, 민주성 및 공공성을 확보하고 필요한 사항을 심의하기 위하여 보건복지부에 국민연금심의위원회를 둔다(제5조).

1) 심의사항

국민연금심의위원회의 심의사항은 다음과 같다. i) 국민연금제도 및 재정계산에 관한 사항, ii) 급여에 관한 사항, iii) 연금보험료에 관한 사항, iv) 국민연금기금에 관한 사항, v) 기타 국민연금제도의 운영과 관련하여 보건복지부장관이 부의하는 사항.

2) 구성

국민연금심의위원회는 위원장·부위원장 및 위원으로 구성하되, 총위원의 수는 20명으로 하고 가입자대표는 14명이다. 위원장은 보건복지부차관으로 하고, 부위원장은 공익을 대표하는 위원 중에서 호선한다. 위원장 외의 위원의 임기는 2년으로 하되, 연임할 수 있다(동법시행령 제15조).

3) 국민연금심의위원회와 국민연금심사위원회의 구분

국민연금심의(審議)위원회(제5조)와 유사명칭 위원회인 국민연금심사위원회(제109조)는 구분된다. 국민연금심사(審査)위원회는 국민연금가입자가 자신의 자격, 기준소득월액, 연금보험료, 그 밖의 이 법에 따른 징수금과 급여에 관한 공단의 처분에 이의가 있을 때 90일 이내에 공단에 심사청구를 할 수 있는데 이 심사청구사항을 심사하기 위하여 공단에 두는 기구이다. 국민연금관리공단의 처분에 대한 이의는 심사청구전치주의가 적용된다.

Ⅲ. 국민연금가입자

1. 가입대상자 및 가입대상 제외자

1) 가입대상자

국민연금 가입대상자는 i) 국내에 거주하는 18세 이상 60세 미만의 국민과 ii) 국민연금가입 사업장에 종사하는 외국인과 국내거주 외국인은 국민연금의 가입대상이 된다. 다만, 공무원연금법 군인연금법 사립학교교직원연금법의 적용을 받는 공무원·군인 및 사립학교교직원, 노령연금수급권을 취득한 자 중 60세미만의 특수직종근로자 및 조기노령연금 수급권자는 가입대상에서 제외한다(제6조).

가입대상자가 되기 위해서는 다음의 요건을 충족하여야 한다. 첫째, 국적요건(國籍要件)으로 원칙적으로 '국민(國民)'이 가입대상자이나 국민연금가입 사업장에 종사하는 외국인과 국내거주 외국인도 가입대상자에 포함시키고 있다.

둘째, 거주요건으로 '국내에 거주'하여야 한다. 국민연금가입자는 반드시 대한민국의 영토 내에 거주하여야 한다. 따라서 국외로 이주한 경우나 1년 이상 계속하여 국외거주를 필요로 하는 직업을 외국에서 가진 경우는 국내에 거주하지 않는 것으로 간주하여 국민연금가입자 자격을 상실한다. 다만 해외유학생이나 우리나라 법인의 국외사업장 등에 파견된 근로자는 체류기간에 관계없이 국내에 거주하는 것으로 간주한다.

셋째, 연령요건(年齡要件)으로 연령이 '18세 이상 60세 미만'이어야 한다. 원칙적으로 18세 미만이나 60세 이후에는 가입할 수 없으며, 가입자가 60세에 도달한 경우에는 연금수급자격이 발생하는 반면 가입자격은 상실된다. 그러나 가입연령은 향후 연금수급개시연령의 변동에 따라 조정되어야 한다. 2002년 현재 60세인 연금수급개시연령이 2013년부터 매 5년마다 1세씩 상향조정되어 2033년에는 65세가 되도록 규정되어 있기 때문에 이에 상응하여 가입대상자의 연령상한조건을 조정하여야 한다.

표 12-1. 수급개시연령 변화에 따른 가입연령조건 변화 추정

연도(년)	가입연령조건	수급개시연령
2002 — 2012	18세 이상 60세 미만	60세
2013 — 2017	18세 이상 61세 미만	61세
2018 — 2022	18세 이상 62세 미만	62세
2023 — 2027	18세 이상 63세 미만	63세
2028 — 2032	18세 이상 64세 미만	64세
2033 이후	18세 이상 65세 미만	65세

가입연령 조건(18세 이상 60세 미만)의 예외로서 i) 국민연금에 가입된 사업장에 종사하는 18세 미만의 근로자가 사용자의 동의를 얻어 사업장가입자가 되는 경우(제8조 제3항), ii) 국민연금가입기간이 20년 미만인 가입자가 연장가입신청을 하여 임의계속가입자가 된 경우(제13조 제1항), iii) 국민연금을 농어촌 및 도시지역으로 확대할 때 특별한 가입기회가 한시적으로 주어졌던 노령계층(60세 이상 65세 미만)이 지역가입자가 된 경우에는 18세 미만 또는 60세 이상이라도 국민연금에 가입할 수 있도록 하고 있다.

2) 가입대상 제외자

국민연금법 제6조에는 공무원연금법, 군인연금법 및 사립학교교직원연금법의 적용을 받는 공무원·군인 및 사립학교교직원, 기타 대통령령이 정하는 자를 가입대상에서 제외하고 있다. 동법시행령에 따르면 기타 대통령령이 정하는 자를 노령연금 수급권을 취득한 자중 60세미만의 특수직종근로자와 지급정치중이지 않은 조기노령연금 수급권자로 규정하고 이들을 국민연금 가입대상에서 제외하고 있다.

따라서 이에 해당하는 자는 국내에 거주하는 18세 이상 60세 미만의 국민이라 하더라도 국민연금 가입대상에서 제외된다. 이들의 경우는 국민연금이 아닌 다른 공적 연금에 가입하고 있거나 이미 국민연금의 급여를 받고 있기 때문이다(인경석, 2001).

2. 가입자의 종류

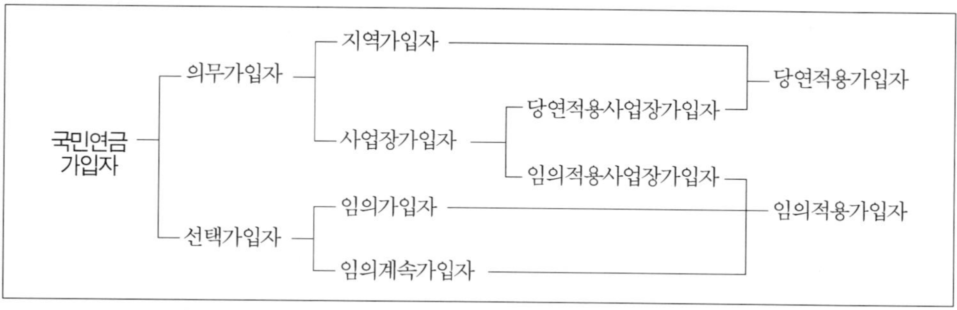

국민연금가입자는 사업장가입자·지역가입자·임의가입자 및 임의계속가입자로 구분한다(제7조).
국민연금가입자는 강제적 의무가입 여부에 따라 의무적으로 가입해야 하는 의무가입자와 가입에 대한 선택권이 부여되어 있는 선택가입자로 나뉜다. 의무가입자에는 근로형태, 사업장의 유형 등을 기준으로 사업장가입자와 지역가입자로 나뉘고, 선택가입자는 일반적인 가입기준에 해당하는 경우에 적용되는 임의가입자와 일반적인 가입기준에 해당되지 않는 경우에 적용되는 임의계속가입자가

있다.

표 12-2. 국민연금 가입자의 종별 가입요건

종 별	종 류	가 입 요 건
사업장가입자	적용대상 · 일반가입자	○ 근로자 1인 이상 사업장에 종사하는 18세 이상 60세 미만의 자
	적용대상 · 특례적용	○ 국민연금 가입 사업장에 종사하는 18세 미만의 근로자로서 사용자의 동의를 얻어 가입한 자
	적용대상 · 외 국 인	○ 18세 이상 60세미만으로서 국민연금 적용사업장에 종사하는 외국인 또는 외국에 거주하는 국민(해외교포 등)으로 국내에 체류하면서 국민연금 적용 사업장에 종사하는 자
	적용대상 제외자 (임의가입자로 가입 가능)	○ 공무원연금법 · 사립학교교직원연금법 · 별정우체국법에 의한 퇴직연금 · 장해연금 · 퇴직연금 일시금이나 군인연금법에 의한 퇴직연금 · 상이연금 · 퇴역연금 일시금의 수급권을 취득한 자(퇴직연금 등 수급권자) ○ 국민기초생활보장법에 의한 수급자
지역가입자	적용대상 · 일반가입자	○ 18세 이상 60세 미만으로서 사업장가입자가 아닌 자
	적용대상 · 외 국 인	○ 18세 이상 60세 미만으로서 국내에 거주하는 외국인(국내체류 교포 등 포함)
	적용대상 제외자 (임의가입자로 가입 가능)	○ 다음 해당자의 배우자로서 별도의 소득이 없는 자 - 타공적연금가입자 : 사업장가입자 · 지역 · 임의계속가입자 - 별정우체국직원 : 노령연금 · 퇴직연금 등 수급권자 ○ 18세 이상 27세 미만인자로서 별도의 소득이 없는 자(연금보험료 납부이력 있는 자는 제외) ○ 퇴직연금 등 수급권자 ○ 국민기초생활보장법에 의한 수급자
임의(계속)가입자	임의가입자	○ 사업장가입자 및 지역가입자 이외의 18세 이상 60세 미만의 자 ※ 본인의 신청에 의해 가입
	사 업 장 임의계속가입자	○ 사업장에 종사하는 60세 이상 65세 미만의 자로 연장가입 신청한 자
	지 역 임 의 계 속 가 입 자	○ 60세에 달한 지역가입자로서 65세 미만까지 연장가입 신청한 자
	기 타 임 의 계 속 가 입 자	○ 60세에 달한 임의가입자로서 65세 미만까지 연장가입 신청한 자 및 지역 · 사업장 임의계속가입자를 제외한 임의계속가입자

※ 특수직종근로자로서 노령연금수급권을 취득한 자는 60세 미만이라 하더라도 임의계속가입자로 가입할 수 있음
※ 국민연금 가입대상 제외자 : 공무원연금법, 군인연금법 및 사립학교교직원연금법의 적용을 받는 공무원, 군인 및 사립학교교직원, 기타 노령연금의 수급권을 취득한 자 중 60세 미만의 특수직종근로자, 조기노령연금의 수급권을 취득한 자(지급정지중인자 제외)

* 출처: 국민연금관리공단(2005)

1) 사업장가입자

사업장 가입자 : 사업장가입자라 함은 사업장에 고용된 근로자 및 사용자로서 국민연금에 가입된 자를 말한다. 사업의 종류, 근로자의 수 등을 고려하여 대통령령이 정하는 사업장(당연적용사업장)의 18세 이상 60세 미만의 근로자와 사용자는 당연히 사업장가입자가 된다. 다만, 퇴직연금등 수급권자와 국민기초생활보장법에 의한 수급자와 국민기초생활보장법에 의한 수급자는 제외한다.[46]

당연적용사업장 외의 사업장의 사용자가 그 사업장의 18세 이상 60세 미만의 근로자 3분의 2이상의 동의에 의하여 국민연금관리공단에 신청을 하는 경우에는 그 사업장(임의적용사업장)의 18세이상 60세미만의 근로자와 사용자(퇴직연금 등 수급권자를 제외)는 사업장가입자가 될 수 있다.

국민연금에 가입된 사업장에 종사하는 18세미만의 근로자는 본인이 원하는 경우에 사용자의 동의를 얻어 사업장가입자가 될 수 있다.(제8조)

사업장가입자가 근무하는 사업장의 사용자는 해당 근로자의 보험료를 1/2만큼 분담해야 하고, 가입자자격에 대한 신고, 보험료 납부 등의 여러 가지 의무를 이행해야 하기 때문에 국민연금에서는 모든 근로자와 사용자를 사업장가입자로 관리하지는 않는다(제8조).

(1) 당연적용사업장가입자

① 당연적용사업장가입자 의의

사업의 종류, 근로자의 수 등을 고려하여 대통령령이 정하는 사업장, 즉 당연적용사업장의 18세 이상 60세 미만의 근로자와 사용자는 당연히 사업장가입자가 된다. 2003년 6월에 개정된 국민연금법이 규정하는 당연적용사업장은 i) 1인 이상의 근로자를 사용하는 사업장, ii) 주한외국기관으로서 1인 이상의 대한민국 국민인 근로자를 사용하는 사업장이다. 이 가운데 사업장 상호간에 본점과 지점, 대리점 또는 출장소등의 관계에 있고 그 사업경영이 일체로 되어 있는 경우에는 이를 하나의 사업장으로 본다(제19조).

개인사업장의 경우는 사용자가 근로자에 해당하지 아니하므로 사용자를 제외하고 근로자수를 계산하여야 하나, 법인사업장의 경우는 사용자의 역할을 하는 대표이사도 근로자에 해당하므로 근로자에 포함하여 계산하여야 한다.

② 당연적용사업장가입자 제외자

다음에 해당하는 자는 비록 1인 이상의 사업장에서 근로자나 사용자로 근무하고 있을지라도 사업장가입자가 될 수 없다: i) 공무원연금법·사립학교교직원연금법 또는 별정우체국법에 의한 퇴직연금·장해연금 또는 퇴직연금일시금이나 군인연금법에 의한 퇴역연금·상이연금 또는 퇴역연금일시

---

46) 여기서 '퇴직연금등 수급권자'라 함은 공무원연금법·사립학교교직원연금법 또는 별정우체국법에 의한 퇴직연금·장해연금 또는 퇴직연금일시금이나 군인연금법에 의한 퇴역연금·상이연금 또는 퇴역연금일시금의 수급권을 취득한 자를 말한다.

금의 수급권을 취득한 자(퇴직연금 등 수급권자), ii) 국민기초생활보장법에 의한 수급자.

이들은 당연가입대상에서는 제외되지만 국민연금에 임의가입은 할 수 있다.

(2) 임의적용사업장가입자

당연적용사업장 외의 사업장의 사용자가 그 사업장의 18세 이상 60세 미만의 근로자 3분의 2이상의 동의에 의하여 사용자가 보건복지부령이 정하는 바에 따라 국민연금관리공단에 신청을 하는 경우에는 사업장의 18세 이상 60세 미만의 근로자와 사용자는 사업장가입자가 될 수 있다.

(3) 18세 미만 근로자에 대한 특별규정

국민연금에 가입된 사업장에 종사하는 18세 미만의 근로자는 본인이 원하는 경우에 사용자의 동의를 얻어 사업장가입자가 될 수 있다. 이는 국민연금가입 하한연령인 18세에 대한 유일한 예외규정이다.

2) 지역가입자

사업장가입자가 아닌 자로서 18세 이상 60세 미만인 자는 당연히 지역가입자가 된다. 다만, i) (국민연금가입대상제외자·사업장가입자·지역가입자·임의계속가입자·별정우체국직원·노령연금　수급권자·퇴직연금 등 수급권자의) 배우자로서 별도의 소득이 없는 자, ii) 퇴직연금 등 수급권자, iii) 18세 이상 27세 미만인 자로서 학생이거나 군복무 등으로 소득이 없는 자(연금보험료를 납부한 사실이 있는 자를 제외), iv) 국민기초생활보장법에 의한 수급자, v) 1년 이상 행방불명된 자는 제외한다(제9조).

3) 임의가입자

사업장가입자도 아니고 지역가입자도 아닌 자로서 18세 이상 60세 미만인 자(국민연금가입대상자)는 국민연금관리공단에 가입신청을 하는 경우에는 언제든지 임의가입자가 될 수 있다. 임의가입자는 국민연금관리공단에 신청을 하여 언제든지 탈퇴할 수 있다(제10조의2).

임의가입자 제도는 국민연금 당연가입대상에 해당하지 아니하나 가입기간 및 가입자격을 유지함으로써 보다 많은 사람이 국민연금급여혜택을 받을 수 있도록 노후생활보장에 대한 권리를 최대한 보장하려는 것이다.

임의가입대상자는 크게 무소득자와 다른 공적 소득보장제도에 속해 있는 사람들이다. 첫째, 무소득자 가운데 임의가입대상이 되는 무소득자는 공적 연금에 가입하고 있거나 연금을 받고 있는 자의 무소득배우자와 공무원이나 군인 등으로 재직하고 있는 자의 무소득배우자와 27세 미만의 무소득자이다. 18세 이상이면 국민연금 가입대상이나 27세 미만까지는 특별한 경우가 아니라면 무소득자의 경우 의무가입시키지 않고 있다.[47] 둘째, 공무원연금이나 군인연금 등을 받고 있는 자와 국민기초생활보장법에 의해 생계급여를 받고 있는 자는 임의가입대상자이다(인경석, 2001).

4) 임의계속가입자

임의계속가입자라 함은 국민연금가입기간이 20년 미만인 가입자로서 60세에 달한 자 또는 특수직종근로자로서 감액노령연금 및 재직자노령연금 수급권을 취득한 자를 말한다.

임의계속가입자는 국민연금에 가입해오고 있는 자가 연령 등의 문제로 가입대상에서 제외되는 자이나, 특별한 경우 본인의 희망으로 계속하여 가입자자격이 유지되는 자이다. 특수직종근로자로서 노령연금수급권을 취득한 자는 60세미만이라 하더라도 임의계속가입자로 가입할 수 있다. 예를 들면, 60세가 되었으나 납부기간이 적어 연금을 수급할 수 없거나 너무 적은 연금밖에 받을 수 없는 경우 본인의 희망으로 계속하여 보험료를 낼 수 있도록 하여 연금을 수급할 수 있거나 보다 많은 연금을 수급할 수 있게 된다(인경석, 2001).

3. 외국인에 대한 적용 및 사회보장협정

1) 외국인에 대한 적용

국민연금법의 적용을 받는 사업장에 사용되고 있는 외국인과 국내에 거주하는 외국인으로서 "체류기간 연장허가를 받지 아니하고 체류하는 자, 외국인등록을 하지 아니하거나 강제퇴거명령서가 발부된 자, 문화예술·유학·산업연수·일반연수·종교방문·동거·동반 등에 의한 외국인의 체류자격이 있는 자"가 아닌 외국인 및 외교관 영사기관원과 가족을 제외한 외국인은 당연히 사업장가입자 또는 지역가입자가 된다. 다만, 이 법에 의한 국민연금에 상응하는 연금에 관하여 외국인의 본국법이 대한민국 국민에게 적용되지 아니하는 경우에는 그러하지 아니하다고 규정하여 외국인은 상호주의에 입각하여 국민연금적용을 하고 있다(제126조).

사업장가입자 또는 지역가입자가 된 외국인이 가입자격을 상실한 경우에는 원칙적으로 반환일시금을 지급하지 아니한다. 다만, 외국인의 본국법이 대한민국 국민에게 반환일시금에 상응하는 급여를 지급하도록 규정하는 경우에는 그러하지 아니한다고 규정함으로써 상호주의에 입각한 예외를 인정하고 있다.

2) 외국과의 사회보장협정

사회보장협정은 해외진출 우리 기업 및 상사주재원들의 사회보장비용 이중부담으로 인한 재정적 부담을 경감하고 해외에 장기체류하는 동포의 귀국시 체재국 연금보험 가입기간과 합산을 통해 연금수급권을 확보할 수 있다는 데 그 의의가 있다(인경석, 2001).

---

47) 그러나 27세 미만의 무소득자라 하더라도 과거에 연금보험료를 납부한 사실이 1개월이라도 있는 경우에는 장애나 사망과 같은 위험으로부터 두텁게 보호하기 위하여 이들을 지역가입자의 납부예외자로 관리하고 있다.

대한민국이 외국과 사회보장협정을 체결한 경우에는 국민연금법의 규정에 불구하고 국민연금의 가입, 연금보험료의 납부, 급여의 수급요건, 급여액 산정 및 급여의 지급 등에 관하여 그 사회보장협정이 정하는 바에 의한다(제127조).

4. 국민연금 가입기간의 계산

1) 가입기간

국민연금 가입기간은 월 단위로 계산하되, 가입자의 자격을 취득한 날이 속하는 달의 다음 달부터 자격을 상실한 날의 전날이 속하는 달까지로 한다. 또한, 가입자의 자격을 상실한 후 다시 그 자격을 취득한 자에 대하여는 전후의 가입기간을 합산한다.

2) 군 복무기간에 대한 가입기간 추가 산입

병역법에 따른 현역병, 공익근무요원이 노령연금 수급권을 취득한 때에는 6개월을 가입기간에 추가로 산입한다. 다만, 병역법에 따른 병역의무를 수행한 기간이 6개월 미만인 경우에는 그러하지 아니한다.

3) 출산에 대한 가입기간 추가 산입

2 이상의 자녀가 있는 가입자 또는 가입자였던 자가 노령연금수급권을 취득한 때에, "자녀가 2명인 경우 : 12개월, 자녀가 3명 이상인 경우 : 둘째 자녀에 대하여 인정되는 12개월에 2자녀를 초과하는 자녀 1명마다 18개월을 더한 개월 수"에 따른 기간을 가입기간에 추가로 산입한다. 다만, 추가로 산입하는 기간은 50개월을 초과할 수 없으며, 자녀 수의 인정방법 등에 관하여 필요한 사항은 대통령령으로 정한다.

IV. 급여

1. 급여의 유형

국민연금 급여의 종류는 노령연금, 장애연금, 유족연금, 반환일시금이 있다(제45조).

국민연금 급여의 종류

1) 노령연금 － 완전노령연금, 감액노령연금, 재직자노령연금, 조기노령연금, 특례노령연금
2) 장애연금
3) 유족연금
4) 반환일시금

* 국민연금 수급권자에 의해 생계를 유지하는 배우자·자녀·부모, 유족,이혼배우자의 생계를 위해 주양가족연금, 분할연금, 사망일시금을 지급하고 있다.

2. 급여의 지급

급여는 수급권자의 청구에 의하여 공단이 지급한다. 연금액은 지급사유에 따라 기본연금액과 부양가족연금액을 기초로 산정한다(제51조). 실제로는 연금의 종류에 따라 기본연금액에 연금종류별 지급율과 제한율을 곱한 후 가급연금액을 합하여 산정한다.

연금액 ＝ 기본연금액 × 연금종별 지급률 및 제한율 ＋ 부양가족연금액

1) 기본연금액 산정

$$기본연금액 = A + B \times \frac{1200}{1000}$$

A : { 〔연금 수급 3년 전 연도의 평균소득월액을 연금 수급 3년 전 연도와 대비한 연금 수급 전년도의 전국소비자물가변동률에 따라 환산한 금액＋연금 수급 2년 전 연도의 평균소득월액을 연금 수급 2년 전 연도와 대비한 연금 수급 전년도의 전국소비자물가변동률에 따라 환산한 금액＋연금 수급 전년도의 평균소득월액〕 ÷ 3 }

B : { 가입자 개인의 가입기간 중 매년 기준소득월액을 대통령령으로 정하는 바에 따라 보건복지부장관이 고시하는 연도별 재평가율에 의하여 연금 수급 전년도의 현재가치로 환산한 후 이를 합산한 금액을 총 가입기간으로 나눈 금액 }

다만, 가입기간이 20년을 초과하는 경우에는 그 초과하는 1년(1년 미만의 매 1월은 12분의 1년으로 계산)마다 본문의 규정에 의하여 계산한 금액에 1천분의 50을 곱한 금액을 가산함.

(1) 1999. 1. 1. 이후의 가입기간에 대한 기본연금액 산정
기본연금액＝1.8(A＋B)×(1＋0.05n/12)

(2) 1998. 12. 31. 이전의 가입기간에 대한 기본연금액 산정
기본연금액＝2.4(A＋0.75B)×(1＋0.05n/12)

(3) 1998. 12. 31. 이전 가입기간과 1999년 이후 가입기간이 함께 있는 경우
기본연금액＝2.4(A＋0.75B)P₁/P＋1.8(A＋B)P₂/P×(1＋0.05n/12)

주: 'A'=물가를 반영한 평균소득월액의 3년간 평균액 ·····························(균등부분)
   'B' = 가입자 개인의 가입기간 중 표준소득월액의 평균액 ·····················(소득비례부분)
   '2.4, 1.8': 가입기간 20년일 때의 급여수준을 결정하는 비례상수. ('1.8'은 가입기간 20년일 때 급여
          수준을 결정하는 비례상수로서 평균소득(AB)의 가입자일 때 연금월액은 월소득의 30%임,
          가입기간 40년일 때는 연금월액은 월소득의 60%임.)
   P_1 : 1999년 1월 1일 이전 가입월수
   P_2 : 1999년 1월 1일 이후 가입월수
   P : 가입자의 전체 가입월수($P=P_1P_2$)
   n : 20년 초과 가입월수 (n/12 = 20년 초과 가입년수)
   0.05 : 가입기간 20년 초과 매 1년에 대한 연금액을 가산하는 비례상수

상기 금액을 수급권자에게 적용함에 있어서는 그 적용기간은 그 조정연도 4월부터 다음 연도 3월 까지로 하며, 연금 수급 2년 전 연도와 대비한 전년도의 전국소비자물가변동률을 기준으로 매년 3월 말까지 그 변동률에 해당하는 금액을 더하거나 빼되, 미리 국민연금심의위원회의 심의를 거쳐야 한 다.

2) 부양가족연금액

부양가족연금액은 수급권자가 그 권리를 취득할 당시 그(유족연금의 경우에는 가입자 또는 가입 자였던 자를 말한다)에 의하여 생계를 유지하고 있거나 노령연금 또는 장애연금의 수급권자가 그 권 리를 취득한 후 그 자에 의하여 생계를 유지하고 있는 다음 각 호의 자에 대하여 해당 호에 규정된 각 각의 금액을 지급하는 일종의 가족수당 성격의 부가급여이다(제52조).

1. 배우자 : 연 15만원
2. 18세 미만이거나 장애등급 2급 이상인 자녀(배우자가 혼인 전에 얻은 자녀를 포함한다. 이하 이 조에서 같다) : 연 10만원
3. 60세 이상이거나 장애등급 2급 이상인 부모(배우자의 부모를 포함한다. 이하 이 조에서 같다) : 연 10만원

3. 연금액의 최고한도, 병급 조정

연금의 월지급액은 연금수급전년도를 기준으로 하여 가입자이었던 최종 5년간의 표준소득월액 의 평균액과 가입기간 중의 표준소득월액의 평균액을 물가에 연동하여 조정한 각각의 금액 중에서 많은 금액을 초과하지 못한다(제53조).

수급권자에게 둘 이상의 급여의 수급권이 발생한 때에는 그 자의 선택에 의하여 그 중의 하나만을 지급하고 다른 급여의 지급은 정지된다(제56조).

4. 수급권 보호 및 조세, 기타 공과금의 면제

급여를 받을 권리는 양도·압류하거나 담보로 제공할 수 없다. 한편, 수급권자에게 지급된 급여로서 대통령령으로 정하는 금액 이하의 급여는 압류할 수 없다(제58조). 국민연금법에 의한 급여로서 지급된 금액에 대하여는 조세특례제한법, 기타 법률 또는 지방자치단체의 조례가 정하는 바에 의하여 조세, 기타 국가 또는 지방자치단체의 공과금을 감면한다(제60조).

V. 노령연금

1. 노령연금

노령연금은 가입기간, 연령, 소득활동종사 여부에 따라 완전노령연금, 감액노령연금, 재직자노령연금, 조기노령연금으로 구분된다. 노령연금 수급권자도 이에 상응하여 완전노령연금 수급권자, 감액노령연금 수급권자, 재직자노령연금 수급권자, 조기노령연금 수급권자로 나눈다. 연금급여는 재직자노령연금을 제외하고는 기본연금액과 가급연금액으로 구성된다(제56조).

1) 완전노령연금
가입기간이 20년 이상인 가입자 또는 가입자이었던 자가 60세(특수직종근로자의 경우에는 55세)에 달한 때에는 그때부터 그가 생존하는 동안 노령연금을 지급한다. 이 노령연금액은 기본연금액에 가급연금액을 가산한 액으로 한다.

2) 감액노령연금
가입기간이 10년 이상 20년 미만인 가입자 또는 가입자이었던 자가 60세(특수직종근로자는 55세)에 달한 때에는 그때부터 그가 생존하는 동안 노령연금액에서 일정한 금액을 감액한 연금을 지급한다.

감액노령연금액은 기본연금액의 1천분의 475에 해당하는 액에 가급연금액을 가산한 액으로 한다. 다만, 가입기간이 10년을 초과하는 경우에는 그 초과하는 1년(1년 미만의 매 1월은 12분의 1년으로 계산)마다 기본연금액의 1천분의 50에 해당하는 액을 가산한다.

3) 재직자노령연금
가입기간이 10년 이상인 자로서 소득이 있는 업무에 종사하고 있는 경우 60세 이상 65세 미만의 기간(특수직종근로자의 경우에는 55세 이상 60세 미만의 기간) 동안에는 일정한 금액의 연금을 지급한다.

재직자노령연금액은 가입기간에 따라 기본연금액의 1천분의 475에 해당하는 액(가입기간이 10년을 초과하는 경우에는 그 초과하는 1년마다 기본연금액의 1천분의 50에 해당하는 액을 가산한 액)에 수급권자의 연령별로 다음의 비율을 곱한 금액으로 한다.

60세인 자(특수직종근로자의 경우에는 55세인 자)의 경우에는 1천분의 500
61세인 자(특수직종근로자의 경우에는 56세인 자)의 경우에는 1천분의 600
62세인 자(특수직종근로자의 경우에는 57세인 자)의 경우에는 1천분의 700
63세인 자(특수직종근로자의 경우에는 58세인 자)의 경우에는 1천분의 800
64세인 자(특수직종근로자의 경우에는 59세인 자)의 경우에는 1천분의 900

4) 조기노령연금

가입기간이 10년 이상인 가입자 또는 가입자이었던 자로서 55세 이상인 자가 소득이 있는 업무에 종사하지 아니하는 경우에는 60세에 달하지 아니하더라도 본인의 희망에 의하여 그가 생존하는 동안 일정한 금액의 연금을 지급받을 수 있다.

조기노령연금액은 가입기간에 따라 기본연금액의 1천 분의 475에 해당하는 액(가입기간이 10년을 초과하는 경우에는 그 초과하는 1년마다 기본연금액의 1천분의 50에 해당하는 액을 가산한 액)에 수급연령별로 다음의 비율을 곱한 금액에 가급연금액을 가산한 액으로 한다.

55세부터 지급받는 경우에는 1천분의 750
56세부터 지급받는 경우에는 1천분의 800
57세부터 지급받는 경우에는 1천분의 850
58세부터 지급받는 경우에는 1천분의 900
59세부터 지급받는 경우에는 1천분의 950

5) 특례노령연금

국민연금제도 도입 당시 또는 농어촌 확대적용 당시 45세 이상 60세 미만이었던 가입자와 1999. 4. 1. 도시지역확대적용 당시 50세 이상 60세 미만이었던 가입자가 5년 이상 가입한 경우 60세(특수직종근로자의 경우 55세)부터 지급되는 경과적 노령연금이다. 특례노령연금은 최초 시행 또는 확대 당시에는 연령이 많아 연금수급을 위한 최소가입기간을 채울 수 없는 경우를 대비한 일종의 경과조치이다.

표 12-3. 노령연금 종류별 수급요건 및 급여수준 비교 정리

구분	수급요건	급여수준	수급기간
완전 노령 연금	- 가입기간 20년 이상 - 연령 60세(특수직종근로자 경우 55세) 도달 §65세 미만인 자는 소득이 없는 경우에 한함	- 기본연금액(100%)+가급연금액 §1년 미만의 매1월은 1/12년으로 계산	60세(55세) 생일이 속하는 달의 다음달 부터 생존하는 동안
감액 노령 연금	- 가입기간 10년 이상 20년 미만 - 연령 60세(55세) 도달 §65세 미만인 자는 소득이 없는 경우에 한함	- 가입기간 10년의 경우 　: 기본연금액의 47.5%+가급연금액 　: 가입기간 1년 증가시마다 기본연금액의 5%를 증액 - 가입기간 19년의 경우 　: 기본연금액의 92.5%+가급연금액 §1년 미만의 매 1월은 1/12년으로 계산	60세(55세) 생일이 속하는 달의 다음달 부터 생존하는 동안
재직자 노령 연금	- 가입기간 10년 이상 - 소득있는 업무종사 - 연령 60세(55세) 이상 65세(60세) 미만	- 가입기간 10년, 연령 60세(55세)의 경우 　: 기본연금액의 47.5%×50% 　: 연령 1세 증가시마다 기본연금액의 10%를 증액 　: 가입기간 1년 증가시마다 기본연금액의 5%를 증액 - 가입기간 11년, 연령 64세(59세)의 경우 　: 기본연금액의 52.5%×90% §가급연금액은 지급되지 않음	60세(55세) 이상부터 65세(60세) 미만까지
조기 노령 연금	- 가입기간 10년 이상 - 연령 55세 이상 - 소득있는 업무에 종사하지 아니함 - 본인의 희망 §특수직종근로자에 대한 우대규정 없음	- 가입기간 10년, 수급개시연령 55세인 경우 　: 기본연금액의 47.5%×75%+가급연금액 　: 수급개시연령 1세 증가시마다 기본연금액의 5%씩 증액 - 가입기간 11년, 수급개시연령 59세인 경우 　: 기본연금액의 52.5%×95%+가급연금액	생존하는 동안. 단 소득있는 업무에 종사하는 때에는 65세 미만까지 지급정지
특례 노령 연금	- 가입기간 5년 이상이며, 　: 1988.1.1. 현재 45세(40세) 이상 60세(55세) 미만인 자 　: 1995.7.1. 현재 45세 이상 60세 미만인 자 　: 1999.4.1. 현재 50세 이상 60세 미만인 자	- 가입기간 5년의 경우 　: 기본연금액의 25%+가급연금액 　: 가입기간 1년 증가시마다 기본연금액의 5%를 증액 - 가입기간 10년의 경우 　: 기본연금액의 50%+가급연금액 §1년 미만의 매1월은 1/12년으로 계산	60세 생일이 속하는 달 또는 자격상실 월의 다음달부터 생존하는 동안

주: 1. 급여수준과 수급기간란의 (　)는 특수직종근로자의 경우임.
　　2. 급여의 수급연령은 2013년부터 5년 단위로 1세씩 연장하여 2033년에는 노령연금 수급연령이 65세가 되도록 연장됨.

출처: 인경석(2001).

3. 분할연금 수급권자 및 노령연금과의 관계

1) 분할연금 수급권자

분할연금은 본래 배우자(특히 여성 배우자)의 연금권을 보장하기 위한 하나의 대안으로 시작되었다. 혼인기간(배우자의 가입기간중의 혼인기간에 한함)이 5년 이상인 자가 다음에 해당하게 되는 때에는 그 때부터 그가 생존하는 동안 배우자이었던 자의 노령연금을 분할한 일정한 금액의 연금(분할연금)을 지급받을 수 있다. i) 노령연금 수급권자인 배우자와 이혼한 후 60세가 된 때, ii) 60세가 된 이후에 노령연금 수급권자인 배우자와 이혼한 때, iii) 60세가 된 이후에 배우자이었던 자가 노령연금수급권을 취득한 때, iv) 배우자이었던 자가 노령연금수급권을 취득한 후 본인이 60세가 된 때.

분할연금액은 배우자이었던 자의 노령연금액(가급연금액을 제외한다) 중 혼인기간에 해당하는 연금액을 균등하게 나눈 금액으로 한다. 분할연금 수급권자가 재혼한 때에는 그 재혼기간 동안 해당 분할연금의 지급을 정지한다. 분할연금을 청구할 권리는 해당하는 때부터 3년을 경과한 때에는 소멸한다(제64조).

2) 노령연금과의 관계 및 병급조정

(1) 노령연금과의 관계

분할연금 수급권은 그 수급권을 취득한 후에 배우자였던 자에게 생긴 사유로 노령연금 수급권이 소멸·정지되어도 영향을 받지 아니한다. 따라서 전 배우자인 노령연금 수급권자가 사망하거나 그에게 다른 급여의 수급권이 발생하여 이를 선택한 경우에도 분할연금은 계속 지급될 수 있다.

분할연금 수급권자는 유족연금을 지급함에 있어서 노령연금 수급권자로 보지 아니한다.

(2) 병급조정

분할연금은 2번 이상의 이혼으로 그 수급권자에게 2 이상의 분할연금수급권이 발생한 경우에는, '제56조(중복급여의 조정)'에도 불구하고 2이상의 분할연금액을 합산하여 지급하되, 2 이상의 분할연금수급권과 다른 급여의 수급권이 발생한 경우에는 그 2 이상의 분할연금수급권을 하나의 분할연금수급권으로 보고 그 자의 선택에 의하여 그 분할연금 또는 다른 급여 중 하나만을 지급하고 선택하지 아니한 분할연금 또는 다른 급여의 지급은 정지된다(제57조의3).

4. 조기노령연금의 지급정지 등

조기노령연금을 수급하고 있는 자로서 65세 미만인 자가 소득이 있는 업무에 종사하게 된 때에는 그 기간에 해당하는 조기노령연금은 그 지급을 정지한다.

조기노령연금의 지급이 정지된 자가 그 후 소득이 있는 업무에 종사하지 아니하게 되어 다시 조기
노령연금을 수급하게 되는 경우의 조기노령연금액은 다음과 같다. i) 조기노령연금 지급정지 전후의
가입기간을 합산한 기간이 20년 이상인 경우는 기본연금액에 조기노령연금을 처음 수급할 당시의
연령별 지급률을 적용한 액에 가급연금액을 가산한 액, ii) 그 밖의 경우는 감액노령연금 중 가급연금
액을 제외한 금액에 조기노령연금을 처음 수급할 당시의 연령별 지급률을 적용한 액에 가급연금액
을 가산한 액(제66조).

VI. 장애연금

1. 장애연금의 수급권자

가입 중에 발생한 질병 또는 부상으로 인하여 그 완치 후에도 신체 또는 정신상의 장애가 있는 자
에 대하여는 그 장애가 존속하는 동안 장애정도에 따라 장애연금을 지급한다. 질병 또는 부상을 당한
자가 초진일로부터 2년이 경과하여도 완치되지 아니하는 경우에는 그 2년이 경과된 날을 기준으로
장애정도를 결정하되, 그 2년이 경과된 날에 장애연금의 지급대상이 되지 아니하는 자가, 그 질병 또
는 부상의 악화로 인하여 60세가 되기 전에 장애연금의 지급대상이 되는 경우에는 본인의 청구에 의
하여 그 청구한 날을 기준으로 장애정도를 결정한다.

장애연금의 수급권을 상실한 자가 장애연금 수급권 취득 당시의 질병 또는 부상의 악화로 인하여 60
세가 되기 전에 다시 장애연금의 지급대상이 되는 경우에는 본인의 청구에 의하여 그 청구한 날을 기준
으로 장애정도를 결정한다. 장애연금의 지급대상이 되는 자가 반환일시금을 지급받은 때에는 장애연금
을 지급하지 아니한다.

장애정도에 관한 장애등급은 1급, 2급, 3급, 4급으로 구분한다(제67조). 장애등급의 결정을 위한
장애정도의 심사는 공단이 행한다. 장애정도의 적정한 심사를 위하여 공단은 장애심사위원을 두거
나 자문의사를 위촉할 수 있다(동법시행령 제41조).

2. 장애연금액

장애연금액은 장애등급에 따라 다음의 액으로 한다(제68조).

장애등급 1급에 해당하는 자에 대하여는 기본연금액에 가급연금액을 가산한 액을 연금으로 지급.

장애등급 2급에 해당하는 자에 대하여는 기본연금액의 1천분의 800에 해당하는 액에 가급연금액
을 가산한 액을 연금으로 지급.

장애등급 3급에 해당하는 자에 대하여는 기본연금액의 1천분의 600에 해당하는 액에 가급연금액

을 가산한 액을 연금으로 지급.

장애등급 4급에 해당하는 자에 대하여는 기본연금액의 1천분의 2천 250에 해당하는 액을 일시보상금으로 지급.

3. 일시보상금 평가

일시보상금 수급권자에게 병급의 조정, 장애의 중복 조정, 장애연금액의 변경 및 소멸시효를 적용함에 있어서는 일시보상금의 지급사유발생일이 속하는 달의 다음 달부터 기본연금액의 1천분의 400을 12로 나눈 액이 67월 동안 지급된 것으로 본다(제71조). 이 기간을 장애일시보상금의 환산기간이라 한다.

〔기본연금액의 225% / 기본연금액의 40% = 5.625년 = 약 67개월〕

VII. 유족연금

1. 유족연금의 수급권자

노령연금 수급권자, 가입기간이 10년 이상인 가입자이었던 자, 가입자, 장애등급 2급 이상에 해당하는 장애연금 수급권자가 사망한 때에는 그 유족에게 유족연금을 지급한다. 다만, 가입기간이 1년 미만인 가입자가 질병이나 부상으로 인하여 사망한 경우에는 가입 중에 발생한 질병이나 부상으로 사망한 경우에 한한다.

가입기간이 10년 미만인 가입자이었던 자가 가입 중에 발생한 질병이나 부상 또는 그 부상으로 인한 질병으로 가입중의 초진일 또는 가입자자격상실 후 1년 이내의 초진일로부터 2년 이내에 사망한 때에는 그 유족에게 유족연금을 지급할 수 있다. 다만, 본인 또는 유족이 반환일시금을 지급받은 경우에는 그러하지 아니한다(제72조).

가입자가 그 자격을 상실한 후에는 장애발생이나 사망에 대한 위험보장을 받을 수 없는 것이 원칙이나 이 원칙을 그대로 고수한다면 법에 의한 의무가입자로서 보험료를 충실히 납부하던 중 발생한 사망원인에 의하여 가입자자격을 상실한 후 사망한 경우에는 국민연금제도에 일정한 기여를 하였음에도 불구하고 보호를 받을 수 없게 되므로 이러한 자를 보호하는 데 의미가 있고 이는 의무가입을 전제로 하는 공적 보험이 갖는 특성이라 볼 수 있다(인경석, 2001).[48]

---

48) 최근 국민연금과 관련하여 유족연금이 남성차별이라는 논란에 휩싸이기도 하였다. 즉, 남편이 사망하면 부인은 곧바로 유족연금을 받지만, 연금가입자인 부인이 사망하면 남편은 60세가 넘어야 유족연금을 받게 된다.

2. 유족의 범위

　유족연금을 지급받을 수 있는 유족은 가입자 또는 가입자이었던 자의 사망 당시 그에 의하여 생계를 유지하고 있던 다음의 자로 한다. i) 배우자, ii) 자녀(다만, 18세 미만이거나 장애등급 2급 이상에 해당하는 자에 한함), iii) 부모(배우자의 부모를 포함, 다만, 60세 이상이거나 장애등급 2급 이상에 해당하는 자에 한한다), iv) 손자녀(다만, 18세 미만이거나 장애등급 2급 이상에 해당하는 자에 한함), v) 조부모(배우자의 조부모를 포함, 다만, 60세 이상이거나 장애등급 2급 이상에 해당하는 자에 한함).
　유족연금은 ①배우자 > ②자녀 > ③부모 > ④손자녀 > ⑤조부모의 순위로 하고, 같은 순위의 유족이 2인 이상 있는 때에는 그 유족연금액을 균분하여 지급한다(제73조).

3. 유족연금액

　유족연금액은 가입기간에 따라 다음의 액에 가급연금액을 가산한 액으로 한다.
　ⅰ) 가입기간이 10년 미만인 경우에는 기본연금액의 1천분의 400에 해당하는 액
　ⅱ) 가입기간이 10년 이상 20년 미만인 경우에는 기본연금액의 1천분의 500에 해당하는 액
　ⅲ) 가입기간이 20년 이상인 경우에는 기본연금액의 1천분의 600에 해당하는 액
　다만, 노령연금 수급권자가 사망한 경우의 유족연금액은 사망한 자가 지급받던 노령연금액을 초과할 수 없다(제74조).

4. 유족연금 수급권의 소멸

　유족연금의 수급권자가 다음에 해당하게 된 때에는 그 수급권은 소멸한다. i) 수급권자가 사망한 때, ii) 배우자인 수급권자가 재혼한 때, iii) 자녀 또는 손자녀인 수급권자가 다른 사람에게 입양되거나 파양된 때,[49] iv) 장애등급 2급 이상에 해당하지 아니하였던 자녀 또는 손자녀인 수급권자가 18세에 달한 때, v) 장애로 인하여 수급권을 취득한 자가 장애등급 2급 이상에 해당하지 아니하게 된 때, vi) 부모·손자녀 또는 조부모인 유족의 유족연금수급권은 가입자 또는 가입자이었던 자의 사망 당시의 태아가 출생하여 수급권을 갖게 되는 때 소멸한다(제75조).

5. 배우자에 대한 유족연금의 지급정지

　유족연금의 수급권자인 배우자에 대하여는 수급권이 발생한 때부터 3년 동안 유족연금을 지급한

---

49) 파양(罷養)이란 양친자관계(養親子關係)를 소멸시키는 행위로 양자는 생가에 복적하게 된다.

후 55세가 될 때까지 지급을 정지한다(제76조). 다만, 법률이 정한 사항에는 정지하지 아니한다.

VIII. 반환일시금-사망일시금

1. 반환일시금

1) 반환일시금
가입자 또는 가입자였던 자가 다음 각 호의 어느 하나에 해당하게 되면 본인이나 그 유족의 청구에 의하여 반환일시금을 지급받을 수 있다.
1. 가입기간이 10년 미만인 자가 60세가 된 때
2. 가입자 또는 가입자였던 자가 사망한 때. 다만, 가입자 또는 가입기간이 10년 이상인 가입자였던 자가 사망한 때에는 유족연금이 지급되지 아니하는 경우만 해당한다.
3. 국적을 상실하거나 국외로 이주한 때

2) 반환일시금액
반환일시금의 액수는 가입자 또는 가입자였던 자가 납부한 연금보험료(사업장가입자 또는 사업장가입자였던 자의 경우에는 사용자의 부담금을 포함한다)에 대통령령으로 정하는 이자를 더한 금액으로 한다.

3) 반납금의 납부와 가입기간
반환일시금을 지급받은 자로서 다시 가입자 자격을 취득한 자는 지급받은 반환일시금에 이자를 가산한 금액(반납금)을 공단에 납부할 수 있다. 반납금을 납부한 경우에는 그에 상응하는 기간은 가입기간의 가입기간에 넣어 계산한다(제78조).

4) 반환일시금수급권의 소멸
반환일시금의 수급권은 수급권자가 다시 가입자로 된 때, 수급권자가 노령연금의 수급권을 취득한 때, 수급권자가 장애연금의 수급권을 취득한 때, 수급권자의 유족이 유족연금의 수급권을 취득한 때에는 소멸한다.

2. 사망일시금

1) 사망일시금 수급권자

가입자 또는 가입자였던 자가 사망한 때에 제73조에 따른 유족이 없으면 그 배우자·자녀·부모·손자녀·조부모 또는 형제자매에게 사망일시금을 지급한다. 다만, 가입자 또는 가입자였던 자가 사망한 때에 실종 등으로 인하여 행방을 알 수 없는 자에게는 사망일시금을 지급하지 아니하며, 배우자·자녀·부모·손자녀·조부모 또는 형제자매가 없는 경우에는 4촌 이내의 방계혈족(방계혈족)으로서 가입자 또는 가입자였던 자에 의하여 생계를 유지하고 있던 자에게 사망일시금을 지급한다.

사망일시금을 지급받을 자의 순위는 배우자·자녀·부모·손자녀·조부모·형제자매 및 4촌 이내의 방계혈족 순으로 한다. 이 경우 동순위자가 2인 이상 있을 때에는 균분하여 지급한다.

2) 사망일시금액

사망일시금은 가입자 또는 가입자이었던 자의 반환일시금에 상당하는 금액으로 하되, 그 금액은 사망한 가입자 또는 가입자이었던 자의 최종 표준소득월액을 연도별 재평가율에 의하여 사망일시금 수급 전년도의 현재가치로 환산한 금액과 가입기간중 표준소득월액의 평균액 중에서 많은 금액의 4배를 초과하지 못한다(제80조).

IX. 급여의 제한 및 정지

1. 고의과실 등에 의한 급여 제한

가입자 또는 가입자이었던 자 또는 수급권자의 고의나 과실이 인정되는 경우에는 장애연금, 요양급여, 유족연금을 지급하지 아니한다.

2. 연금보험료의 미납에 따른 지급제한 및 지급정지

장애연금 또는 유족연금의 지급사유 발생 당시 i) 연금보험료를 납부한 사실이 없는 경우, ii) 연금보험료를 납부한 기간이 그 연금보험료를 납부한 기간과 연금보험료를 납부하지 아니한 기간을 합산한 기간의 3분의 2에 미달하는 경우에는 그 연금을 지급하지 아니한다(제86조).

X. 비용부담 및 연금보험료 징수

1. 국고부담 및 연금보험료 징수

국가는 매년 국민연금사업의 관리·운영에 필요한 공단의 관리·운영비의 전부 또는 일부를 부담한다(제87조).

공단은 국민연금사업에 소요되는 비용에 충당하기 위하여 가입자 및 사용자로부터 가입기간동안 매월 연금보험료를 징수한다. 사업장가입자의 연금보험료 중 기여금은 사업장가입자 본인이, 부담금은 사용자가 부담하되, 그 금액은 각각 표준소득월액의 1천분의 45에 해당하는 액으로 한다. 지역가입자·임의가입자 및 임의계속가입자의 연금보험료는 지역가입자·임의가입자 또는 임의계속가입자 본인이 부담하되, 그 금액은 표준소득월액의 1천분의 90으로 한다(제88조).

3. 연금보험료 납부기한, 원천징수

연금보험료는 그 납부의무자가 다음 달 10일까지 납부하여야 한다. 다만, 농업·임업·축산업 또는 수산업을 경영하거나 이에 종사하는 자(농어업인)는 본인의 신청에 의하여 분기별 연금보험료를 해당 분기의 다음 달 10일까지 납부할 수 있다.

사용자는 사업장가입자가 부담할 기여금을 그에게 지급할 매월의 임금에서 공제(원천징수)하여 이를 공단에 납부하여야 한다. 사용자는 제1항의 규정에 의하여 임금에서 기여금을 공제한 때에는 공제계산서를 작성하여 사업장가입자에게 교부하여야 한다(제90조).

4. 연금보험료 납부 예외

납부의무자는 사업장가입자 또는 지역가입자가 다음에 해당하는 사유로 연금보험료를 납부할 수 없는 경우에는 그 사유의 발생기간에 해당하는 연금보험료를 납부하지 아니할 수 있다(제91조).

5. 연금보험료의 징수 우선순위

국민연금보험료 징수의 우선순위
① 국세 및 지방세 〉 ② 연금보험료 〉 ③ 채권(민사채권, 상사채권, 공과금채권)

연금보험료, 기타 이 법에 의한 징수금의 징수의 순위는 국민건강보험법의 징수에 의한 보험료와

동순위로 한다(제99조). (국민건강보험법 제73조 참조)

XI. 운영기구

1. 운영방식

연금제도의 관리운영방식은 국영방식, 민영방식, 특수공법인운영방식, 혼합방식으로 나눌 수 있다. 국영방식은 정부가 직접 관리하는 방식이다. 민영방식은 칠레와 같이 민간보험기관이 연금제도를 관리운영하는 방식이다. 특수공법인운영방식은 특수공법인을 설립하고 이 공법인이 연금제도를 관리운영하는 방식이다. 혼합방식은 연금제도의 일부는 정부가 관리하고 일부는 공법인이나 민간보험기관이 관리운영하는 방식이다.

우리나라의 국민연금은 보건복지부장관이 관장하므로 원칙적으로 국영방식이지만 실제로는 국민연금관리공단이란 특수공법인을 설립하여 위탁관리운영하고 있으므로 혼합방식에 속한다. 정부는 국민연금제도의 발전 및 정책판단 기능만을 담당토록 하고 공단으로 하여금 국민연금업무 전반을 수행하도록 하고 있다.

국민연금제도는 국가권력과 법률에 의하여 강제적으로 시행되는 공적 연금제도로서 그 운영은 국가가 주체가 되어 직접 운영하는 국영방식이 되어야 하나, 공적인 통제가 가능하면서도 전문성을 확보할 수 있는 공단이란 공법인 형태로 국민연금관리공단을 설립하여 국민연금의 관리운영을 위탁하였다(인경석, 2001; 현외성, 2001).

2. 국민연금관리공단

1) 설립 및 수탁자
보건복지부장관의 위탁을 받아 국민연금의 목적을 달성하기 위한 사업을 효율적으로 수행하기 위하여 국민연금관리공단을 설립한다(제24조). 국민연금의 관장기관은 보건복지부장관이다.

위탁(委託)이란 법률행위나 사실행위의 수행을 다른 사람에게 의뢰하는 일이다. 법률관계에 있어서 위탁을 한 보건복지부장관은 위탁자이고, 위탁을 받은 국민연금관리공단은 수탁자이다.

2) 법인격
국민연금관리공단의 법인격은 법인으로 한다(제26조). 공단에 관하여 국민연금법에 정한 것을 제외하고는 민법 중 재단법인에 관한 규정을 준용한다(제48조).

3) **업무**

공단은 자격관리, 징수관리, 연금급여관리, 복지사업, 대여사업, 기타 위탁사업의 업무를 수행한다. 구체적으로 열거하면 다음과 같다. i) 가입자에 대한 기록의 관리 및 유지, ii) 연금보험료의 징수, iii) 급여의 결정 및 지급, iv) 가입자·가입자이었던 자 및 수급권자를 위한 자금의 대여 및 복지시설의 설치·운영 등 복지증진사업, v) 가입자 및 가입자이었던 자에 대한 기금증식을 위한 자금의 대여사업, vi) 기타 국민연금사업에 관하여 보건복지부장관이 위탁하는 사항(제25조).

공단이 할 수 있는 복지사업은 다음과 같다. i) 노인복지·아동복지·장애인복지 등을 위한 시설의 설치·운영 및 자금의 대여, ii) 병원·휴양시설 또는 요양시설의 설치·운영 및 자금의 대여, iii) 생활안정을 위한 자금의 대여, iv) 학자금의 대여, v) 당연적용사업장인 중·소사업장의 사업장 내 복지시설의 설치를 위한 자금의 대여, vi) 주택 구입자금 및 전세자금의 대여(동법시행령 제28조).

공단은 사업에 지장이 없는 범위 안에서 가입자, 가입자이었던 자 또는 수급권자가 아닌 자에 대하여 복지시설을 이용하게 할 수 있다. 공단은 가입자 또는 가입자이었던 자에게 그가 납부한 연금보험료의 100분의 80에 해당하는 금액의 범위 안에서 자금을 대여할 수 있다(동법시행령 제28조의2).

4) **업무의 위탁**

공단은 정관이 정하는 바에 의하여 연금보험료 및 대여금의상환금의 수납과 급여·대여금의 지급에 관한 업무, 기타 그 업무의 일부를 의료보험의 보험자, 체신관서, 금융기관, 기타의 자에게 위탁할 수 있다(제47조). 공단은 업무를 위탁받은 자에게 수수료를 지급할 수 있다.

5) **임직원, 기금이사, 이사회**

공단에 임원으로서 이사장 1인, 상임이사 3인 이내, 이사 7인 및 감사 1인을 두며, 임원의 임기는 3년으로 한다. 또한, 공단의 중요사항을 심의·의결하기 위하여 공단에 이사회를 둔다.

6) **공단의 수입-지출**

공단의 수입은 국민연금기금으로부터의 전입금, 국가로부터의 보조금, 차입금, 기타의 수입금으로 하고, 지출은 이 법에 의한 제급여·적립금·환부금·차입금의 상환금과 이자, 기타 공단의 운영 및 사업을 위한 제경비로 한다(제43조).

7) **근로자의 권익 및 비밀보호**

사용자는 근로자가 가입자로 되는 것을 방해하거나 부담금의 증가를 기피할 목적으로 정당한 사유없이 근로자의 승급 또는 임금인상을 하지 않거나 해고나 불이익한 대우를 해서는 안되며(제119조), 공단에 종사하였던 자 또는 종사하고 있는 자는 그 업무상 알게 된 비밀을 누설하여서는 아니 된다(제124조).

XII. 국민연금기금

1. 기금의 설치 및 조성

보건복지부장관은 국민연금사업에 필요한 재원을 원활하게 확보하고, 연금급여에 충당하기 위한 책임준비금으로서 국민연금기금을 설치한다. 기금은 연금보험료, 기금운용수익금, 적립금 및 공단의 수입지출결산상잉여금으로 조성한다(제101조).

> 국민연금기금 = 연금보험료 + 기금운용수익금 + 적립금 + 결산잉여금

2. 국민연금기금 관리·운용방법

기금은 보건복지부장관이 관리·운용한다. 보건복지부장관은 국민연금재정의 장기적인 안정유지를 위하여 그 수익을 최대로 증대시킬 수 있도록 국민연금기금운용위원회에서 의결한 바에 따라 기금을 관리·운용하되, 가입자·가입자이었던 자 및 수급권자의 복지증진을 위한 사업에의 투자는 국민연금재정의 안정을 해치지 아니하는 범위 안에서 하여야 한다.

국민연금기금 관리·운용 방법

i) 대통령령이 정하는 금융기관에의 예입 또는 신탁,
ii) 공공사업을 위한 공공부문에의 투자,
iii) 증권거래법의 규정에 의한 유가증권의 매매 및 대여,
iv) 선물거래법의 규정에 의한 지수 중 금융상품지수에 대한 선물거래,
v) 국민연금관리공단의 복지사업 및 대여사업,
vi) 기금의 본래의 사업목적수행을 위한 재산의 취득 및 처분,
vii) 그 밖의 기금증식을 위하여 대통령령이 정하는 사업. 다만, 공공사업을 위한 공공부문에의 투자의 경우에는 재정경제부장관 및 기획예산처장관과 협의하여 국채를 매입한다.

---

3. 국민연금기금운용위원회

보건복지부에 설치한 국민연금기금운용위원회는 i) 기금운용지침에 관한 사항, ii) 기금을 관리기금에 예탁할 경우 예탁이자율의 협의에 관한 사항, iii) 기금운용계획에 관한 사항, iv) 기금의 운용내역과 사용내역에 관한 사항, v) 기타 기금운용에 관한 중요사항으로서 운용위원회 위원장이 부의한 사항을 심의·의결한다.

국민연금기금운용위원회 위원장은 보건복지부장관위원이며, 위원의 임기는 2년이고 중임할 수 있다.

4. 국민연금기금운용실무평가위원회

기금운용에 관한 다음 사항을 심의·평가하기 위하여 운용위원회에 국민연금기금운용실무평가위원회를 둔다. i) 기금운용자산의 구성 및 기금의 회계처리에 관한 사항, ii) 기금운용성과의 측정에 관한 사항, iii) 기금의 관리·운용에 있어서 개선하여야 할 사항, iv) 운용위원회에 상정할 안건 중 실무평가위원회의 위원장이 필요하다고 인정한 사항, v) 기타 운용위원회에서 심의요구한 사항.

실무평가위원회는 위원장인 보건복지부차관과 위원 중에서 호선하는 부위원장 및 위원장이 위촉하는 위원으로 구성한다.

5. 국민연금기금운용지침, 기금출납, 운용계획 및 잉여금 처리

1) 기금운용지침

운용위원회는 가입자의 권익이 극대화되도록 매년 다음 사항에 관한 국민연금기금운용지침을 마련하여야 한다. i) 공공사업에 사용할 기금자산의 비율, ii) 공공사업에 대한 기금배분의 우선순위, iii) 가입자·가입자이었던 자 및 수급권자의 복지증진을 위한 사업비, iv) 기금증식을 위한 가입자 및 가입자이었던 자에 대한 대여사업비(제105조).

XⅢ. 심사-재심사청구-행정심판

1. 심사청구—국민연금심사위원회

가입자의 자격, 표준소득월액, 연금보험료, 기타 이 법에 의한징수금과 급여에 관한 공단의 처분에 이의가 있는 자는 공단에 그 처분이 있음을 안 날로부터 90일 이내에 문서로 심사청구를 할 수 있다.

심사청구사항을 심사하기 위하여 공단에 국민연금심사위원회를 둔다(제109조). 국민연금심사위원회는 위원장 1인을 포함한 10인의 위원으로 구성한다. 심사위원회의 위원장은 공단이사장으로 한다. 심사위원회의 위원의 임기는 2년으로 한다. 다만, 공단의 임직원인 위원의 임기는 그 직위의 재임기간으로 한다(동법시행령 제66조, 제67조).

2. 재심사청구-국민연금재심사위원회 및 행정심판

심사청구에 대한 결정에 불복이 있는 자는 그 결정통지를 받은 날부터 90일 이내에 국민연금재심사위원회에 재심사청구를 할 수 있다(제90조). 청구사항을 재심사하기 위하여 보건복지부에 국민연금재심사위원회를 둔다(제91조).

재심사위원회의 재심사 및 재결에 관한 절차에 관하여는 행정심판법을 준용한다(제92조).

ⅩⅣ. 중복급여의 조정

장애연금 또는 유족연금의 수급권자가 이 법에 의한 장애연금 또는 유족연금의 지급사유와 동일한 사유로 i) 근로기준법 규정에 의한 장해보상, 유족보상 또는 일시보상, ii) 산업재해보상보험법의 규정에 의한 장해급여 또는 유족급여, iii) 선원법의 규정에 의한 장해보상, 일시보상 또는 유족보상에 해당하는 급여를 지급받을 수 있는 경우에는 장애연금액 또는 유족연금액은 그 2분의 1에 해당하는 액을 지급한다(제113조).

ⅩⅤ. 대위권 및 시효

1. 대위권 등

공단은 제3자의 행위에 의하여 장애연금 또는 유족연금의 지급사유가 발생하여 장애연금 또는 유족연금을 지급한 때에는 그 급여액의 범위 안에서 수급권자의 제3자에 대한 손해배상청구권에 관하여 수급권자를 대위한다. 여기서 대위(代位, Surrogation)란 수급권자의 법률상 지위에 국민연금관리공단이 수급권자를 대신하여 앉는 것으로, 국민연금관리공단이 수급권자를 대신하여 제3자에 대한 손해배상청구권을 갖는 것을 말한다. 제3자의 행위에 의하여 장애연금 또는 유족연금의 지급사유가 발생한 경우 그와 동일한 사유로 제3자로부터 손해배상을 받은 때에는 공단은 그 배상액의 범위 안에서 장애연금 또는 유족연금을 지급하지 아니한다(제114조).

2. 시효

연금보험료·환수금, 기타 이 법에 의한 징수금 등을 징수하거나 환수할 공단의 권리는 3년간, 급여를 지급받거나 과오납금을 반환받을 수급권자 또는 가입자 등의 권리는 5년간 행사하지 아니하면 소멸시효가 완성한다(제115조). 소멸시효란 사실상태가 어느 특정 기간 계속된 경우에 이것이 권리의 상실이라는 법률효과를 인정하는 제도이다.

XVI. 벌칙

- 거짓이나 그 밖의 부정한 방법으로 급여를 받은 자는 3년 이하의 징역이나 1천만원 이하의 벌금에 처한다.
- 다음 각 호의 어느 하나에 해당하는 자는 1년 이하의 징역이나 500만원 이하의 벌금에 처한다.
  1. 부담금의 전부 또는 일부를 사업장가입자에게 부담하게 하거나 제90조제1항에 따라 임금에서 기여금을 공제할 때 기여금을 초과하는 금액을 사업장가입자의 임금에서 공제한 사용자
  2. 납부 기한까지 정당한 사유 없이 연금보험료를 내지 아니한 사용자
  3. '근로자의 권익 보호' 규정인 근로자가 가입자로 되는 것을 방해하거나 부담금의 증가를 기피할 목적으로 정당한 사유 없이 근로자의 승급 또는 임금 인상을 하지 아니하거나 해고나 그 밖의 불리한 대우를 한 사용자
  4. 업무를 수행하면서 알게 된 비밀을 누설한 자

제3절 국민건강보험법

(일부개정 2006. 12. 30 법률 제8153호)

Ⅰ. 의의 및 특성

1. 의의

국민건강보험은 질병이나 부상이라는 불확실한 사회적 위험(social risks)의 발생과 분만이나 사망 등으로 인한 일시에 과다한 의료비 지출에 따른 가계의 경제적 부담을 동질의 위험에 처해 있는 다수의 위험집단을 결합(risk pooling)하여 사회적 사고가 발생한 사람의 어려움을 덜어주기 위해 국가가 법으로 정하여 실시하는 상부상조제도로서 강제가입방식에 따라 가입한 보험가입자의 소득과 재산에 따라 보험료를 산출하고 이를 주된 재원으로 하여 보험 급여를 제공함으로써 국민보건을 향상시키고 사회보장을 증진하기 위한 사회적 의료보장제도이다.

국민건강보험법의 기본원칙으로는, ① 보험 급여의 포괄성을 보장한다. 질병의 치료뿐만 아니라 예방·재활 및 건강증진에 대하여 적극적이고 포괄적인 급여를 제공함으로써 국민건강수준의 향상 도모하였다. ② 보험료 부담의 형평성을 보장한다. 모든 국민에게 단일 부과기준을 적용함으로써 계층간·지역간 보험료 부담의 형평성 제고하였다. ③ 제도운영의 효율성과 투명성 확보한다. 조직기구의 경량화, 보험업무의 혁신, 전산정보공유시스템화 등을 통해 작고도 효율적인 관리운영체계의 구축과 주요 정책결정에서 가입자, 의료공급자, 보험자, 정부의 참여에 의한 4자간 견제와 균형을 유지하였다. ④ 의료자원의 효율적 활용과 의료서비스의 질적 향상을 기한다. ⑤ 보험재정의 건전성을 확보한다. 재정운영시스템을 현행 '저부담 저급여' 구조에서 '적정부담 적정급여' 구조로 전환하도록 한다.

2. 국민건강보험제도의 일반적 특성

국민건강보험은 사회보장제도로서 사적의료보장제도와 달리 몇 가지 특성을 갖는다. ① 국민건강보험은 민간보험이 아닌 사회보험이다. 국민의 질병, 부상, 분만 등을 민간이 아닌 국가가, 사법이 아닌 공법으로, 민간보험회사의 민간자본운영이 아닌 정부가 공적인 기금운영으로 관리되는 보험제도이다. 이는 영국의 국민보건서비스방식(National Health Service: NHS) 방식이나 미국의 민간보험 방식에 의한 의료보장제도와 구분된다. ② 국민건강보험은 본인의 의사에 따라 가입하는 임의보험이 아니라 법률에 의해 강제가입하는 보험이다. ③ 국민건강보험은 국민연금과 같이 장기보험이 아니라 회계연도가 1년인 단기보험에 속한다. ④ 국민건강보험은 적용범위가 전국민인 보편적 사회보험이다. ⑤ 국민건강보험은 소득수준에 따라 보험료가 차등부과되지만 필요에 따라 보험료가 균등하게 부과되는 소득재분배기능이 강한 사회보험이다. ⑥ 국민건강보험법은 보험제도가 실질적으로 운영되도록 하기 위하여 보험가입자에게 법적으로 보험료 납부의무를 부과하므로 보험료 징수가 강제성을 띤다.

II. 입법배경 및 연혁

1. 입법배경

우리나라의 의료보험은 지역이나 직장별로 의료보험조합을 별도로 구성하고 독립채산제방식에 따른 조합방식을 택해왔다. 그러나 의료보험조합간에 보험료와 급여에 있어 차이가 있고, 분립적으로 조합이 운영되므로 형평성이 결여되고 관리운영이 비효율적으로 운영되는 문제가 제기되었으며 무엇보다 지역의료보험의 만성적 재정적자는 혁신적 의료보험개혁을 요구하였다. 이러한 과정에서 기존의 다보험자방식으로 운영되고 있는 의료보험관리체계를 단일보험자로 통합운영함으로써, 운영의 효율성과 보험료 부담의 형평성을 높이고 질병의 치료 외에 예방·건강증진 등을 포함하는 포괄적인 의료서비스를 제공하여 국민건강의 향상을 도모하려는 입법적·복지정책적 노력이 이루어져왔다.

2. 연혁

의료보험법 → 국민의료보험법 → 국민건강보험법

의료보험법은 1963년 12월 16일 법률 제1623호로 제정되었으며 1976. 12. 22. 의료보험법 전문을 개정하여 강제적용의 범위를 일정 규모 이상의 사업장부터 단계적으로 확대하도록 하였다.

1977년에는 500인 이상 사업장을 당연적용대상으로 하였다.

1981년에는 지역의료보험 1차 시범사업을 홍천군, 옥구군, 군위군을 대상으로 실시하였다.

1987년에는 한방의료보험을 전국적으로 확대 실시하였다.

1988년에는 농어촌지역 의료보험을 실시하였고, 1988년에는 5인 이상 사업장근로자에 확대 적용하였다. 1989년에는 도시지역 의료보험을 실시하여 전국민 의료보험을 달성하게 되었다.

1989년에는 약국의료보험을 실시하였다.

1997. 12. 31일에는 국민의료보험법이 집단간의 갈등을 최소화하면서 점진적으로 통합운영 방식

의 의료보험제도를 도입하기 위해 국민의료보험법이 제정되었다.

　1999. 2. 8. 국민건강보험법이 다보험자방식으로 운영되고 있는 기존의 의료보험관리체계를 단일 보험자로 통합운영함으로써, 운영의 효율성과 보험료 부담의 형평성을 높이고 질병의 치료 외에 예방·건강증진 등을 포함하는 포괄적인 의료서비스를 제공하여 국민건강의 향상을 도모하기 위해 제정되었다.

　2003년 7월 1일을 기해 지역과 직장의 재정을 하나로 통합하여 계산하게 되어 지난 20년간의 재정통합 논란을 종결시켰다. 재정통합으로 국민건강보험 재정의 안정성을 높일 수 있게 되었다.

　2005. 7. 13 보험가입자가 현역병 등으로 군입대를 하거나 교도소 등에 수감되는 경우 자격변동사항이 신속하게 통보되어 건강보험 자격관리가 원활하게 이루어지도록 하기 위하여 변동일부터 1월 이내에 법무부장관 및 국방부장관이 보험자에게 통지하도록 하고, 교도소 등에 수용되어 있는 자에 대하여 현역병 등과 마찬가지로 요양급여비용을 국가가 부담하여 요양급여를 실시하였다(법제처, 2005).

　2006. 12. 30 법률 제8153호로 일부 개정. 국민건강보험의 재정건전화를 달성하기 위하여 제정된 국민건강보험 재정건전화특별법의 유효기한이 2006년 12월 31일로 만료됨에 따라 주요사항을 이 법으로 옮겨 규정하는 한편, 보험료 부과 기준이 되는 표준보수월액 및 부과표준소득의 등급제를 폐지하고, 취약계층에 대한 보험료 경감을 확대하였다.

Ⅲ. 국민건강보험법 일반 규정

1. 목적

　국민건강보험법은 국민의 질병·부상에 대한 예방·진단·치료·재활과 출산·사망 및 건강증진에 대하여 보험 급여를 실시함으로써 국민보건을 향상시키고 사회보장을 증진함을 목적으로 한다(제1조). 국민건강보험법의 제정에 따라 의료보험법 및 국민의료보험법은 이를 각각 폐지한다(동법 부칙 제2조).

2. 관장(운영)기관 및 보험자

　건강보험사업은 보건복지부장관이 관장한다(제2조). 건강보험의 보험자는 국민건강보험공단으로 한다(제12조).

3. 개념의 정의

① 근로자는 직업의 종별에 불구하고 근로의 대가로서 보수를 받아 생활하는 자(법인의 이사, 기타 임원을 포함)로서 공무원과 교직원을 제외한 자를 말한다.
② 사용자는 그 근로자가 소속되어 있는 사업장의 사업주, 그 공무원이 소속되어 있는 기관의 장으로서 대통령령이 정하는 자, 그 교직원이 소속되어 있는 사립학교를 설립·운영하는 자를 말한다.

4. 건강보험정책심의위원회

2006년 법률 개정에 의해 기존의 건강보험심의조정위원회를 폐지하고, 2006년 12월 31일자로 폐지된 국민건강보험재정건전화특별법에 따라 설치된 건강보험정책심의위원회를 국민건강보험법으로 옮겨 규정하였다. 이 규정에 따르면 요양급여 기준, 요양급여비용, 직장가입자의 보험요율, 지역가입자의 보험료부과점수당 금액 등과 같은 건강보험정책에 관한 사항을 심의·의결하기 위하여 보건복지부장관 소속하에 건강보험정책심의위원회를 둔다.

심의위원회는 위원장 1인과 부위원장 1인을 포함한 25인의 위원으로 구성하며, 위원장은 보건복지부차관이며 심의위원회를 대표하며 심의위원회의 업무를 통할한다. 심의위원회 위원의 임기는 3년이다(제4조).

5. 가입자

1) 적용대상 등

국내에 거주하는 국민으로서 의료급여법에 따라 의료급여를 받는 자, 독립유공자예우에관한법률 및 국가유공자등예우및지원에관한법률에 의하여 의료보호를 받는 자(유공자 등 의료보호대상자)를 제외한 자는 '건강보험의 가입자 또는 피부양자'가 된다. 다만, 유공자 등 의료보호대상자 중 건강보험의 적용을 보험자에게 신청한 자와 건강보험의 적용을 받고 있던 자가 유공자 등 의료보호대상자가 된 경우로서 보험자에게 건강보험의 적용배제신청을 하지 아니한 자는 적용대상에 포함된다.

여기서 피부양자란 직장가입자의 배우자, 직장가입자의 직계존속(배우자의 직계존속을 포함), 직장가입자의 직계비속(배우자의 직계비속을 포함) 및 그 배우자, 직장가입자의 형제·자매와 같이 직장가입자에 의하여 주로 생계를 유지하는 자로서 보수 또는 소득이 없는 자를 말한다(제5조).

2) 가입자의 종류

가입자는 직장가입자 및 지역가입자로 구분한다(제6조).

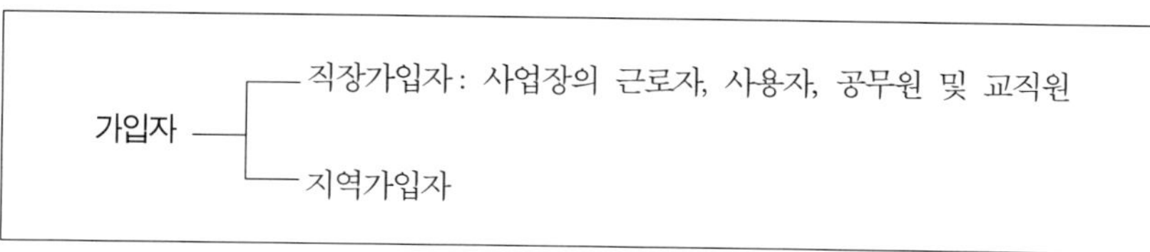

(1) 직장가입자

모든 사업장의 근로자 및 사용자와 공무원 및 교직원은 직장가입자가 된다. 다만, 다음에 해당하는 사람은 가입자에서 제외된다.

i) 1월 미만의 기간동안 고용되는 일용근로자,

ii) 하사(단기복무자에 한한다)·병 및 무관후보생,

iii) 선거에 의하여 취임하는 공무원으로서 매월 보수 또는 이에 준하는 급료를 받지 아니하는 자,

iv) 비상근 근로자 또는 1월간의 근로시간이 80시간 미만인 시간제근로자 등 사업장에서 상시 근로에 종사할 목적으로 고용되지 아니한 근로자,

v) 비상근 교직원 또는 1월간의 근로시간이 80시간 미만인 시간제공무원 및 교직원,

vi) 소재지가 일정하지 아니한 사업장의 근로자 및 사용자,

vii) 근로자가 없거나 비상근 근로자 또는 1월간의 근로시간이 80시간 미만인 시간제근로자 등 사업장에서 상시 근로에 종사할 목적으로 고용되지 아니한 근로자만을 고용하고 있는 사업장의 사업주를 말한다(동법시행령 제10조).

임의적용사업장의 사용자가 직장가입자가 되고자 하는 경우에는 근로자 3분의 2 이상의 동의를 얻어 공단에 직장가입자 적용신청을 하여야 한다. 이 경우 그 사업장의 근로자와 사용자는 적용신청서가 공단에 접수된 날부터 직장가입자의 자격을 취득한다. 직장가입자가 된 임의적용사업장의 사용자는 근로자 3분의 2 이상의 동의를 얻어 탈퇴할 수 있다. 이 경우 탈퇴하기 3월 전에 공단에 신청하여야 한다.

(2) 지역가입자

지역가입자는 가입자 중 직장가입자와 그 피부양자를 제외한 자를 말한다.

3) 자격취득의 시기

가입자는 국내에 거주하게 된 날에 직장가입자 또는 지역가입자의 자격을 얻는다. 다만, 다음에 해당하는 자의 경우 i) 수급권자이었던 자는 그 대상자에서 제외된 날, ii) 직장가입자의 피부양자이었던 자가 그 자격을 잃은 날, iii) 유공자 등 의료보호대상자이었던 자는 그 대상자에서 제외된 날, iv) 유공자 등 의료보호대상자로서 건강보험의 적용을 보험자에 신청한 자는 그 신청한 날에 각각 자격을 얻

는다.

자격을 얻은 경우 그 직장가입자의 사용자 및 지역가입자의 세대주는 그 내역을 자격취득일부터 14일 이내에 보험자에게 신고하여야 한다.

4) 자격의 변동, 상실 및 득실의 확인

(1) 자격의 변동

지역가입자가, 직장가입자로 자격이 변동된 경우에는 그 직장가입자의 사용자가, 직장가입자 또는 그 피부양자가 지역가입자로 자격이 변동된 경우에는 그 지역가입자의 세대주가 각각 그 내역을 보건복지부령이 정하는 바에 의하여 자격변동일부터 14일 이내에 보험자에게 신고하여야 한다(제8조).

(2) 자격의 상실

가입자는 다음에 해당하게 된 날에 그 자격을 상실한다. i) 사망한 날의 다음 날, ii) 국적을 잃은 날의 다음 날, iii) 국내에 거주하지 아니하게 된 날의 다음 날, iv) 직장가입자의 피부양자가 된 날의 다음 날, v) 수급권자가 된 날, vi) 건강보험의 적용을 받고 있던 자로서 유공자 등 의료보호대상자가 된 자가 건강보험의 적용배제신청을 한 날.

가입자가 자격을 잃은 경우 그 직장가입자의 사용자 및 지역가입자의 세대주는 그 내역을 자격을 잃은 날부터 14일 이내에 보험자에게 신고하여야 한다(제9조).

4) 건강보험증

국민건강보험공단은 가입자에 대하여 건강보험증을 발급하여야 한다. 가입자 및 피부양자가 요양급여를 받을 때에는 건강보험증을 요양기관에 제출하여야 한다. 다만, 천재·지변, 기타 부득이한 사유가 있는 경우에는 그러하지 아니하다(제11조).

IV. 국민건강보험공단

1. 국민건강보험공단의 업무

공단은 그 업무의 제공 또는 시설의 이용이 특정인을 위한 것일 경우 그 업무의 제공 또는 시설의 사용에 대하여 공단의 정관이 정하는 바에 의하여 수수료 또는 사용료를 징수할 수 있다. 공단은 공공기관의정보공개에관한법률에 의하여 건강보험과 관련하여 보유·관리하고 있는 정보를 공개한다.

국민건강보험공단의 관장 업무(제13조)

ⅰ) 가입자 및 피부양자의 자격관리
ⅱ) 보험료, 기타 이 법에 의한 징수금의 부과·징수
ⅲ) 보험 급여의 관리
ⅳ) 가입자 및 피부양자의 건강의 유지·증진을 위하여 필요한 예방사업
ⅴ) 보험 급여비용의 지급
ⅵ) 자산의 관리·운영 및 증식사업
ⅶ) 의료시설의 운영
ⅷ) 건강보험에 관한 교육훈련 및 홍보
ⅸ) 건강보험에 관한 조사연구 및 국제협력
ⅹ) 이 법 또는 다른 법령에 의하여 위탁받은 업무
ⅺ) 기타 건강보험과 관련하여 보건복지부장관이 필요하다고 인정한 업무

2. 임원 및 이사회

공단에 임원으로서 이사장 1인, 이사 17인 및 감사 1인을 두며 이사장은 보건복지부장관의 제청에 의하여 대통령이 임면한다.

공단의 주요 사항을 심의·의결하기 위하여 공단에 이사회를 둔다. 이사회는 이사장과 이사로 구성한다. 감사는 이사회에 출석하여 발언할 수 있다(제24조).

이사회는 i) 사업운영계획, 기타 공단운영의 기본방침에 관한 사항, ii) 예산 및 결산에 관한 사항, iii) 정관변경에 관한 사항, 보험료 등에 관한 사항, iv) 준비금, 기타 중요재산의 취득·관리 및 처분에 관한 사항, v) 규정의 제정·개정 및 폐지에 관한 사항,[50] vi) 차입금에 관한 사항, 보험 급여에 관한 사항, vii) 기타 공단운영에 관한 중요사항에 관하여 심의·의결한다(동법시행령 제13조).

V. 보험 급여

국민건강보험의 보험 급여에는 법정급여로 요양급여, 건강검진, 요양비, 출산비, 장애인보장구급여비가 있고, 임의급여로 장제비와 본인부담액보상금이 있다(국민건강보험공단, 2004).

---

50) 공단의 조직·인사·보수 및 회계에 관한 규정은 이사회의 의결을 거쳐 보건복지부장관의 승인을 얻어 정한다(제27조).

1. 요양급여

1) 요양급여

가입자 및 피부양자의 질병·부상·출산 등에 대하여 i) 진찰·검사, ii) 약제·치료재료의 지급, iii) 처치·수술, 기타의 치료, iv) 예방·재활, v) 입원, vi) 간호, vii) 이송의 요양급여를 실시한다.[51]

요양급여의 방법·절차·범위·상한 등 요양급여의 기준은 보건복지부령으로 정한다. 보건복지부장관은 요양급여의 기준을 정함에 있어 업무 또는 일상생활에 지장이 없는 질환, 기타 보건복지부령이 정하는 사항은 요양급여의 대상에서 제외할 수 있다(제39조).

표 12-4. 보험 급여 종류 및 지급대상

종류	종별	지급대상	비고
요양급여	현물급여	가입자, 피부양자	법정급여
건강검진	현물급여	가입자, 피부양자	법정급여
요양비 (만성신부전증환자의 복막관류액 구입비)	현금급여	처방전에 의해 직접 구입한 가입자, 피부양자	법정급여
출산비	현금급여	가입자, 피부양자	법정급여
장애인보장구급여비	현금급여	장애등록된 가입자, 피부양자	법정급여
장제비	현금급여	가입자, 피부양자	임의급여
본인부담액보상금	현금급여	가입자, 피부양자	임의급여

2) 요양기관 및 제외 의료기관

(1) 요양기관

요양급여(간호 및 이송을 제외)는 i) 의료법에 의하여 개설된 의료기관, ii) 약사법에 의하여 등록된 약국, iii) 약사법에 의해 설립된 한국희귀의약품센터, iv) 지역보건법에 의한 보건소·보건의료원 및 보건지소, v) 농어촌등보건의료를위한특별조치법에 의하여 설치된 보건진료소의 요양기관에서 행한다. 요양기관은 정당한 이유 없이 요양급여를 거부하지 못한다(제40조).

(2) 요양기관으로서 제외되는 의료기관 또는 약국

i) 부속의료기관, ii) 사회복지시설에 수용된 자의 진료를 주된 목적으로 개설한 의료기관, iii) 가입자 또는 피부양자를 본인부담액을 받지 아니하거나 경감하여 받는 등의 방법으로 유인하거나 이와

---

51) 처치란 세척, 주사, 이물질 제거 등의 의료행위를 말한다.

관련하여 과잉진료행위를 하거나 부당하게 많은 진료비를 요구하는 행위로 업무정지처분 등을 받은
의료기관, iv) 업무정지처분의 절차가 진행중이거나 업무정지처분을 받은 요양기관의 개설자가 개설
한 의료기관 또는 약국은 요양기관으로서 의료기관 또는 약국에서 제외된다(동법시행령 제21조).

(3) 전문요양기관

보건복지부장관은 요양급여를 효율적으로 하기 위하여 필요한 경우에는 시설·장비·인력 및 진료
과목 등 보건복지부령이 정하는 기준에 해당하는 요양기관을 종합전문요양기관 또는 전문요양기관
으로 인정할 수 있다. 종합전문요양기관 또는 전문요양기관으로 인정된 요양기관에 대하여는 요양
급여절차 및 요양급여비용을 다른 요양기관과 달리 할 수 있다(제40조).

3) 요양급여 비용

(1) 비용의 일부부담

요양급여를 받는 자는 그 비용의 일부(본인 일부부담금)를 본인이 부담한다(제41조). 본인부담액
은 요양기관의 청구에 의하여 가입자 또는 피부양자가 요양기관에 지불한다(동법시행령 제22조).

(2) 요양급여 비용의 산정

요양급여 비용은 공단의 이사장과 의약계를 대표하는 자와의 계약으로 정하며, 계약기간은 1년이
다. 계약이 체결된 경우 그 계약은 공단과 각 요양기관간에 체결된 것으로 본다.

(3) 요양급여 비용의 청구와 지급 등

요양기관은 요양급여 비용의 지급을 공단에 청구할 수 있다.

2006년 법률 개정에 따라 요양기관은 건강보험심사평가원에 대한 요양급여 비용 심사청구를 「의
료법」에 따른 의사회·치과의사회·한의사회·조산사회와 의료기관단체 및 「약사법」에 따른 약사회
등으로 하여금 대행하게 할 수 있게 되었다.

2. 요양비

공단은 가입자 및 피부양자가 긴급, 기타 부득이한 사유로 인하여 요양기관과 유사한 기능을 수행
하는 기관으로서 보건복지부령이 정하는 기관에서 질병·부상·출산 등에 대하여 요양을 받거나 요양
기관 외의 장소에서 출산을 한 때에는 그 요양급여에 상당하는 금액을 그 가입자 또는 피부양자에게
요양비로 지급한다. 요양을 실시한 기관은 요양비명세서 또는 요양의 내역을 기재한 영수증을 요양
을 받은 자에게 교부하여야 하며, 요양을 받은 자는 이를 공단에 제출하여야 한다(제44조).

3. 임의급여

공단은 이 법에 규정한 요양급여 외에 장제비·상병수당, 기타의 급여를 실시할 수 있다(제45조). 이 급여는 '실시할 수 있다'고 규정함으로써 강행규정이 아닌 임의규정에 해당한다. 임의급여는 장제비와 본인부담액보상금으로 한다. 장제비는 가입자 또는 피부양자가 사망한 경우에 그 장제를 행한 자에게 지급하되, 그 지급액은 25만 원으로 한다. 본인부담액보상금은 본인부담액이 매 30일간에 100만 원을 초과한 경우에 지급하되, 그 지급액은 초과한 금액의 100분의 50으로 한다(동법시행령 제25조).

4. 장애인에 대한 특례

공단은 장애인복지법에 의하여 등록한 장애인인 가입자 및 피부양자에게는 보장구에 대하여 보험급여를 실시할 수 있다(제46조).

5. 건강검진

공단은 가입자 및 피부양자에 대하여 질병의 조기발견과 그에 따른 요양급여를 하기 위하여 건강검진을 실시한다(제47조). 건강검진은 일반건강검진, 암검진 및 영유아건강검진으로 구분하여 실시한다.

건강검진을 받을 수 있는 자는 다음 각 호와 같다.

1. 일반건강검진 : 직장가입자, 세대주인 지역가입자, 40세 이상인 지역가입자 및 40세 이상인 피부양자
2. 암검진 : 제1호에 따른 대상자 중 암종별 특성을 고려하여 검진이 필요한 자로서 보건복지부장관이 정하여 고시하는 자
3. 영유아건강검진 : 6세 미만의 가입자 및 피부양자

건강검진은 2년마다 1회 이상 실시하되, 사무직에 종사하지 아니하는 직장가입자에 대하여는 1년에 1회 실시한다. 공단은 건강검진을 실시하고자 하는 때에는 건강검진의 실시에 관한 사항을 직장가입자 및 피부양자의 경우에는 소속 사용자에게, 지역가입자의 경우에는 소속 세대주에게 통보하여야 한다(동법시행령 제26조).

6. 급여의 제한

　공단은 보험 급여를 받을 수 있는 자가 고의 또는 중대한 과실로 인한 범죄행위에 기인하거나 고의로 사고를 발생시킨 때 등에는 보험 급여를 하지 아니한다.
　공단은 세대단위의 보험료를 일정 기간 이상 체납한 지역가입자에 대하여 보험료를 완납할 때까지 보험 급여를 실시하지 아니할 수 있다. 다만, 체납한 가입자가 보험 급여 개시일부터 10일 이내에 체납된 보험료를 완납한 경우에는 그러하지 아니하다.
　공단은 직장가입자의 보험료 납부의무가 있는 사용자가 보험료를 체납한 경우에는 그 체납에 대하여 직장가입자 본인에게 귀책사유가 있는 경우에 한하여 직장가입자와 그 피부양자에게 보험 급여를 실시하지 아니할 수 있다(제48조).

7. 부당이득의 징수, 구상권 및 수급권 보호

　공단은 거짓, 기타 부당한 방법으로 보험 급여를 받은 자 또는 보험 급여 비용을 받은 요양기관에 대하여 그 급여 또는 급여비용에 상당하는 금액의 전부 또는 일부를 징수한다(제52조).
　구상권이란 타인에 갈음하여 채무를 변제한 사람이 그 타인에 대하여 가지는 상환청구권이다. 공단은 제3자의 행위로 인한 보험 급여 사유가 발생하여 가입자에게 보험 급여를 한 때에는 그 급여에 소요된 비용의 한도 내에서 그 제3자에 대한 손해배상청구의 권리, 즉 구상권(求償權)을 얻는다.
　보험 급여를 받을 권리는 양도 또는 압류할 수 없다. 즉, 일신적속적이다(제54조).

8. 급여의 정지, 확인, 요양비 등의 지급

　보험 급여를 받을 수 있는 자가 i) 국외에 여행 중인 때, ii) 국외에서 업무에 종사하고 있는 때, iii) 병역법의 규정에 의한 현역병(지원에 의하지 아니하고 임용된 하사를 포함), 전환복무된 사람 및 무관후보생, iv) 교도소, 기타 이에 준하는 시설에 수용되어 있는 때에는 그 기간 중 보험 급여를 하지 아니한다(제49조).
　공단은 보험 급여를 실시함에 있어서 필요하다고 인정되는 때에는 보험 급여를 받는 자에 대하여 문서, 기타 물건의 제출을 요구하거나 관계인으로 하여금 질문 또는 진단을 하게 할 수 있다(제50조). 공단은 이 법에 의하여 지급의무가 있는 요양비 또는 임의급여의 청구가 있는 때에는 지체없이 이를 지급하여야 한다(제51조).

VI. 보험료

1. 보험료 산정 및 징수

1) 보험료 징수

2006년 법률 개정으로 보험료 부과기준의 등급제가 폐지되었다(제62조,63조 및 제64조). 과거의 국민건강보험법에서는 보험료를 등급별로 구분된 표준보수월액 및 부과표준소득을 기준으로 산정하고 있어서 등급 구간 내에서 보수 또는 소득 등이 변경되어도 보험료의 차이가 없는 문제가 있으므로, 이를 개선하여 표준보수월액 및 부과표준소득의 등급구분을 폐지하고 실제 보수 및 소득 등에 따라 보험료를 부과할 수 있도록 하였다.

공단은 건강보험사업에 소요되는 비용에 충당하기 위하여 보험료의 납부의무자로부터 보험료를 징수한다. 보험료는 가입자의 자격을 취득한 날이 속하는 달의 다음 달부터 가입자의 자격을 상실한 날의 전날이 속하는 달까지 징수한다. 다만, 가입자의 자격을 매월 1일에 취득한 경우에는 그 달부터 징수한다.

2) 직장가입자의 월별 보험료액

직장가입자의 월별 보험료액은 보수월액에 보험요율을 곱하여 얻은 금액으로 한다.

> 직장가입자 월별 보험료액 = 보수월액 × 보험요율

(1) 보수월액

① 보수월액은 직장가입자가 지급받는 보수를 기준으로 하여 산정하되, 대통령령이 정하는 기준에 따라 상·하한을 정할 수 있다.

② 휴직, 기타의 사유로 보수의 전부 또는 일부가 지급되지 아니하는 가입자의 보험료는 그 사유가 발생하기 전월의 보수월액을 기준으로 보험료를 산정한다.

③ 보수는 근로자·공무원 및 교직원이 근로의 제공으로 인하여 사용자·국가 또는 지방자치단체로부터 지급받는 금품(실비변상적인 성격의 것을 제외한다)으로서 대통령령이 정하는 것을 말한다. 이 경우 보수관련 자료가 없거나 불명확한 경우 등 대통령령이 정하는 사유에 해당하는 경우에는 보건복지부장관이 정하여 고시하는 금액을 보수로 본다.

④ 보수월액의 산정 및 보수가 지급되지 아니하는 사용자의 보수월액의 산정 등에 관하여 필요한 사항은 대통령령으로 정한다.

(2) 보험요율

① 직장가입자의 보험요율은 1천분의 80의 범위 안에서 정하는데, 1만분의 477이다(제65조 및 동법시행령 제43조의2).

② 국외에서 업무에 종사하고 있는 직장가입자에 대한 보험요율은 위 제1항의 규정에 의하여 정하여진 보험요율의 100분의 50으로 한다.

(3) 직장가입자의 보험료 부담

직장가입자의 보험료는 직장가입자와 사용자(직장가입자가 근로자인 경우에는 그 근로자가 소속되어 있는 사업장의 사업주, 직장가입자가 공무원인 경우에는 그 공무원이 소속되어 있는 국가 또는 지방자치단체)가 각각 보험료액의 100분의 50씩 부담한다. 다만, 직장가입자가 교직원인 경우의 보험료액은 그 직장가입자가 100분의 50을, 그 교직원이 소속되어 있는 사립학교를 설립·운영하는 자가 100분의 30을, 국가가 100분의 20을 각각 부담한다.

3) 지역가입자의 월별 보험료액

지역가입자의 월별 보험료액은 세대단위로 산정하되, 지역가입자가 속한 세대의 월별 보험료액은 보험료 부과 점수에 보험료 부과 점수당 금액을 곱한 금액으로 한다.

$$\text{지역가입자 월별 보험료액} = \text{보험료 부과 점수} \times \text{보험료 부과 점수당 금액}$$

(1) 보험료 부과 점수

① 보험료 부과 점수는 지역가입자의 소득·재산·생활수준·경제활동참가율 등을 참작하여 정하되, 대통령령이 정하는 기준에 따라 상·하한을 정할 수 있다.

② 보험료 부과 점수의 산정방법·기준을 정함에 있어 법령에 의하여 재산권의 행사가 제한되는 재산에 대하여는 다른 재산과 달리 정할 수 있다.

(2) 보험료 부과 점수당 금액

지역가입자의 보험료부과점수당 금액은 심의위원회의 의결을 거쳐 대통령령으로 정하는데, 지역가입자의 보험료 부과 점수당 금액은 139원 90전이다(동법시행령 제43조의2).

(3) 지역가입자의 보험료 부담

지역가입자의 보험료는 그 가입자가 속한 세대의 지역가입자 전원이 연대하여 부담한다. "국가는 대통령령이 정하는 바에 의하여 예산의 범위 안에서 지역가입자가 부담할 보험료의 일부를 부담할

수 있다"는 규정은 2006년 12월 개정법에 의해 삭제되어 지역가입자 보험료의 40%를 국고에서 부담
하던 것은 사라졌다.

4) 보험료 경감

(1) 도서·벽지·농어촌 등 대통령령이 정하는 지역에 거주하는 자, (2) 65세 이상인 자, (3) 장애인복
지법에 따라 등록한 장애인, (4) 국가유공자 등 예우 및 지원에 관한 법률의 규정에 따른 국가유공자,
(5) 휴직자, (6) 그 밖에 생활이 어렵거나 천재지변 등의 사유로 보험료의 경감이 필요하다고 보건복지
부장관이 정하여 고시하는 자에 해당하는 가입자 중 보건복지부령이 정하는 가입자에 대하여는 그
가입자 또는 그 가입자가 속한 세대의 보험료의 일부를 경감할 수 있다.

5) 보험료의 면제

(1) 직장가입자의 보험료 면제

공단은 직장가입자가 국외에 여행중인 때 또는 교도소, 기타 이에 준하는 시설에 수용되어 있는 때
에는 그 가입자의 보험료를 면제한다. 다만, 직장가입자가 국외에서 업무에 종사하고 있는 직장가입
자의 경우에는 국내에 거주하는 피부양자가 없는 경우에 보험료를 면제한다.

(2) 지역가입자의 보험료 면제

지역가입자가 국외에서 업무에 종사하고 있는 때, 교도소, 기타 이에 준하는 시설에 수용되어 있는
때, 대학이하의 각급 학교에의 재학 등 소득활동에 종사하지 아니하는 것이 명백하다고 인정되는 때,
기타 이에 준하는 것으로서 보건복지부령이 정하는 기준에 해당되는 때에는 그 가입자가 속한 세대
의 보험료를 산정함에 있어서 그 가입자의 소득을 제외한다(제66조, 동법시행령 제49조).

6) 보험료의 특례

(1) 보험재정에 대한 정부지원

국가는 매년 예산의 범위 안에서 당해연도 보험료 예상수입액의 100분의 14에 상당하는 금액을
국고에서 공단에 지원한다. 공단은 지원된 이 재원을 i) 가입자 및 피부양자에 대한 보험 급여, ii) 건강
보험사업에 대한 운영비, iii) 보험료 경감에 대한 지원의 사업에 사용한다.

공단은 국민건강증진법이 정하는 바에 따라 동법에 따른 국민건강증진기금에서 자금을 지원받을
수 있다. 공단은 지원된 이 재원을 i) 건강검진 등 건강증진에 관한 사업, ii) 가입자 및 피부양자의 흡연
으로 인한 질병에 대한 보험 급여, iii) 가입자 및 피부양자 중 65세 이상 노인에 대한 보험 급여의 사업
에 사용한다.(제92조)

(2) 실업자에 대한 특례

사용관계가 종료된 직장가입자 중 보건복지부령이 정하는 자가 지역가입자가 된 이후 최초로 고지 받은 지역가입자 보험료의 납부기한 이내에 공단에 직장가입자로서의 자격을 유지할 것을 신청한 경우에는 대통령령이 정하는 기간 동안 직장가입자의 자격을 유지한다. 다만, 신청자가 신청 후 최초로 납부하여야 할 보험료를 그 납부기한까지 납부하지 아니한 때에는 그러하지 아니하다.

임의계속가입자는 사용관계가 종료된 날이 속하는 달을 제외한 직전 3월간 지급받은 보수의 평균액을 기준으로 보수월액을 산정하며, 보험료는 보건복지부장관이 고시하는 바에 따라 그 일부를 경감할 수 있다.(제93조의 2)

7) 보험료의 납부 의무

직장가입자의 보험료는 사용자가 납부한다. 사용자는 직장가입자가 부담하여야 하는 그 달의 보험료액을 그 보수에서 공제하여 납부하여야 한다. 이 경우 직장가입자에게 그 공제액을 통지하여야 한다. 지역가입자의 보험료는 그 가입자가 속한 세대의 지역가입자 전원이 연대하여 납부한다. 이 경우 가입자 1인에게 행한 고지 또는 독촉은 그 세대의 지역가입자 모두에게 효력이 있는 것으로 본다(제68조).

8) 보험료 납부기한, 독촉, 체납처분, 가산금

보험료의 납부의무가 있는 자는 가입자에 대한 해당 월의 보험료를 그 다음달 10일까지 납부하여야 한다. 공단은 독촉을 받은 자가 그 납부기한까지 보험료 등을 납부하지 아니한 때에는 보건복지부장관의 승인을 얻어 국세체납처분의 예에 의하여 이를 징수할 수 있다. 국세체납처분의 예에 의하여 압류한 재산의 공매에 전문지식이 필요하거나 기타 특수한 사정이 있어 직접 공매하기에는 적당하지 아니하다고 인정하는 때에는 한국자산관리공사로 하여금 이를 대행하게 할 수 있다(제70조).

공단은 보험료 등의 납부의무자가 납부기한까지 이를 납부하지 아니한 때에는 그 납부기한이 경과한 날부터 체납된 보험료 등의 100분의 5에 해당하는 가산금을 징수한다(제71조).

2. 결손처분, 보험료 등의 징수순위

공단은 체납처분이 종결되고 체납액에 충당될 배분금액이 그 체납액에 미달하는 경우, 그 권리에 대한 소멸시효가 완성된 경우, 기타 징수할 가능성이 없다고 인정되는 경우 재정운영위원회의 의결을 얻어 보험료 등을 결손처분할 수 있다.[52](제72조)

---

[52] "기타 징수할 가능성이 없다고 인정되는 경우로서 대통령령이 정하는 경우"라 함은 다음 각 호의 경우를 말한다(동법시행령 제44조).
  1. 체납자의 재산이 없거나 체납처분의 목적물인 총재산의 견적가격이 체납처분비에 충당하고 잔여가 생길 여지가 없음이 확인된 경우
  2. 체납처분의 목적물인 총재산이 보험료, 기타 이 법에 의한 징수금 등보다 우선하는 국세, 지방세, 전세권·질권 또는 저당권에 의하여 담보된 채권 등의 변제에 충당하고 잔여가 생길 여지가 없음이 확인된 경우

보험료 등은 국세 및 지방세를 제외한 기타의 채권에 우선하여 징수한다(제73조).

VII. 이의신청, 심사청구 및 행정소송

가입자 및 피부양자의 자격·보험료 등·보험 급여 및 보험 급여비용에 관한 공단의 처분에 이의가 있는 자는 공단에 이의신청을 할 수 있다. 요양급여비용 및 요양급여의 적정성에 대한 평가 등에 관한 심사평가원의 처분에 이의가 있는 공단·요양기관, 기타의 자는 심사평가원에 이의신청을 할 수 있다. 이의신청은 처분이 있은 날부터 90일 이내에 문서로 하여야 한다(제76조).

이의신청에 대한 처분업무를 효율적으로 수행하기 위하여 공단 및 심사평가원에 각각 이의신청위원회를 설치한다. 이의신청위원회는 각각 위원장 1인을 포함한 10인의 위원으로 구성한다(동법시행령 제48조).

이의신청에 대한 결정에 불복이 있는 자는 건강보험분쟁조정위원회에 심사청구를 할 수 있다. 분쟁조정위원회의 위원장은 보건복지부 사회복지정책실장이 된다(동법시행령 제55조).

공단 또는 심사평가원의 처분에 이의가 있는 자와 이의신청 또는 심사청구에 대한 결정에 불복이 있는 자는 행정소송법이 정하는 바에 의하여 행정소송을 제기할 수 있다(제78조).

VIII. 소멸시효, 근로자 권익보호, 국가의 비용부담, 외국인 특례 등

1. 소멸시효

i) 보험료(보험료의 가산금을 포함)를 징수하거나 보험료환급금을 받을 권리, ii) 보험 급여를 받을 권리, iii) 보험 급여비용을 받을 권리, iv) 과다납부된 본인 일부부담금을 반환받을 권리는 3년간 행사하지 아니하면 소멸시효가 완성된다(제79조).

2. 근로자의 권익보호

근로자를 고용하는 사용자는 그 고용한 근로자가 국민건강보험법에 의한 직장가입자로 되는 것을 방해하거나 그가 부담하는 부담금의 증가를 기피할 목적으로 정당한 사유없이 근로자의 승급 또는 임금인상을 하지 아니하거나 해고, 기타 불이익한 조치를 할 수 없다(제81조).

---

3. 기타 징수할 가능성이 없다고 재정운영위원회에서 의결한 경우

3. 국가의 비용부담

국가는 매년도 예산에서 공단에 대하여 건강보험사업의 운영에 필요한 비용을 부담할 수 있다(제92
조).

4. 외국인 등에 대한 특례

정부는 외국정부가 사용자인 사업장의 근로자의 건강보험에 관하여 외국정부와의 합의에 의하여
이를 따로 정할 수 있다. 대통령령이 정하는 외국인 및 재외국민은 보건복지부령이 정하는 바에 의하
여 본인의 신청으로 이 법의 적용을 받는 가입자가 될 수 있다(제93조). 직장가입자가 될 수 있는 외국
인 및 재외국민은 직장가입자 적용사업장에 근무하는 자와 공무원·교직원으로 임용 또는 채용된 자
로 한다. 2004년 개정된 시행령에 따라 지역가입자가 될 수 있는 외국인 및 재외국민은 출입국관리법
시행령에 의한 외국인의 체류자격이 있는 자로서 보건복지부령이 정하는 자, 국내에 3월 이상 거주
한 재외국민(3월 이상 거주하지 아니하더라도 유학·취업 등의 사유로 3월 이상 거주할 것이 명백한
자를 포함)에 해당하는 자로 한다(동법시행령 제64조).

IX. 벌칙

1. 벌금

근로자의 권익보호규정에 위반한 사용자 또는 비밀유지규정에 위반한 자는 1년 이하의 징역 또는
1천만 원 이하의 벌금에 처한다(제94조).

보고와 감사의 규정에 위반하여 보고 또는 서류제출을 하지 아니한 자, 거짓으로 보고하거나 거짓
의 서류를 제출한 자 및 검사 또는 질문을 거부·방해 또는 기피한 자는 1천만 원 이하의 벌금에 처한
다(제95조).

요양기관이 정당한 이유없이 요양급여를 거부하거나 요양을 실시한 기관이 요양비명세서 또는 요
양의 내역을 기재한 영수증을 요양을 받은 자에게 교부하지 아니한 자는 500만 원 이하의 벌금에 처
한다(제96조).

법인의 대표자, 법인이나 개인의 대리인·사용인, 기타 종사자가 그 법인 또는 개인의 업무에 관하
여 제94조 내지 제96조의 위반행위를 한 때에는 그 행위자를 벌하는 외에 그 법인 또는 개인에 대하
여도 각 해당 조의 벌금형을 과한다(양벌규정, 동법 제97조).

2. 과태료

가입자 및 피부양자 또는 가입자 및 피부양자이었던 자가 그 자격을 잃은 후 그 자격을 증명하던 서류를 사용하여 보험 급여를 받은 때에는 그 급여에 상당하는 금액 이하의 과태료에 처한다. 보험 급여를 받을 수 있는 자가 거짓, 기타 부당한 방법에 의하여 타인으로 하여금 보험 급여를 받게 한 때에는 그 보험 급여에 상당하는 금액 이하의 과태료에 처한다. 같은 방법으로 그 보험 급여를 받은 자도 또한 같다(제98조).

다음 각 호의 1에 해당하는 자는 100만 원 이하의 과태료에 처한다. i) 보건복지부장관이 공단 및 심사평가원에 내린 명령에 위반한 자, ii) 정당한 사유없이 사용자 또는 세대주가 공단에 서류의 제출, 의견의 진술, 신고 또는 보고를 하지 아니한 자, 거짓으로 진술·신고 또는 보고를 하거나 조사 또는 검사를 거부·방해 또는 기피한 자(제99조).

과태료는 보건복지부장관이 부과·징수한다. 과태료처분에 불복이 있는 자는 그 처분의 고지를 받은 날부터 30일 이내에 보건복지부장관에게 이의를 제기할 수 있다. 과태료처분을 받은 자가 이의를 제기한때에는 보건복지부장관은 지체없이 관할법원에 그 사실을 통보하여야 하며, 그 통보를 받은 관할법원은 비송사건절차법에 의한 과태료의 재판을 한다. 규정에 의한 기간 내에 이의를 제기하지 아니하고 과태료를 납부하지 아니한 때에는 국세체납처분의 예에 의하여 이를 징수한다.

제4절 고용보험법
(전부개정 2007. 5. 11 법률 제8429호)

고용보험제도는 19세기 중반부터 유럽의 일부 노조를 중심으로 실업에 대비한 근로자들의 자발적인 실업공제기금제도로서, 일부에서는 사용자가 실업기금을 적립하여 실업자를 구제하는 실업공제제도가 실시되었다. 20세기에 들어서면서 대량실업이 사회 문제화되면서 실업구제에 대한 국가책임론이 대두되자 1905년 최초로 프랑스에서 노조의 공제기금에 국가재정으로 보조금을 지급하는 임의적 실업보험제도를 입법화하였고, 1910년 영국에서 최초로 사회보험방식의 강제적 실업보험을 실시하였다. 1960년대 후반기부터 산업구조조정이 본격적으로 진행되면서 적극적인 인력정책의 필요성이 대두되자 실업보험을 다양한 고용정책과 연계시킨 고용보험체제로 전환하여 적극적 인력정책 수단으로 운영하고 있다.

Ⅰ. 고용보험의 의의 및 특징

1. 의의

고용보험(Employment Insurance)은 근로자에게 실업급여와 능력개발비용을, 사업주에게는 고용유지와 교육훈련 비용을 지원하는 제도이다. 고용보험은 실직근로자에게 실업급여를 지급하는 전통적 의미의 실업보험 사업 외에 산업구조 조정의 촉진 및 실업예방, 고용촉진 등을 위한 고용안정 사업, 근로자의 생애 직업능력 개발을 위한 직업능력 개발 사업을 상호연계하여 실시하는 사회보장제도임과 동시에 노동시장정책이다. 따라서 실업보험(Unemployment Insurance)이 실직자의 생계를 지원하는 사후적·소극적인 사회보장제도인 반면, 고용보험은 실직자에 대한 생계지원은 물론 재취업을 촉진하고 더 나아가 실업의 예방, 노동시장의 구조개편, 직업훈련 등의 강화를 위한 사전적·적극적 차원의 종합적인 인력정책 수단이라 할 수 있다.

고용보험제도를 실시함으로써 산업구조조정에 따른 잉여인력이 새로운 산업으로 신속히 이동할 수 있으며, 국가의 직업안정기능이 체계화되고 구인·구직의 풀(pool)이 형성되어 고용정보가 정확히 파악됨으로써 구조적인 인력수급 불균형에 대응할 수 있다. 또한 기업의 필요에 따른 자율적인 훈련 실시를 유도하여 산업수요에 부응하는 근로자의 직업능력을 개발·지원함으로써 기업경쟁력 강화에 기여할 수 있고, 실직근로자의 생계를 제도적으로 보장함으로써 생활안정을 도모하고 각종 고용정보제공 및 직업상담 등을 통해 재취업을 촉진할 수 있다.

2. 특징

우리나라 고용보험법은 일본의 고용보험법을 기본 모델로 하여 제정되었다(조경배, 1994). 고용보험의 일반적 특징은 다음과 같다. 첫째, 고용보험은 적극적이면서도 동시에 소극적인 노동시장정책을 통합해 실시하고 있다. 고용안정 사업이나 직업능력 개발 사업과 같은 적극적 노동시장정책과 실업급여와 같은 소극적 노동시장정책을 동시에 실시하여 실직자의 재취업과 생활안정을 동시에 도모하고 있다. 그러나 실업정책과 고용정책을 통합적으로 운영하면서도 고용보장제도의 사회보장적 기능보다는 고용정책적 기능에 더 큰 비중을 두고 있다. 둘째, 고용보험은 단계적인 노동시장적 접근방법을 취하고 있다. 1단계로 올바른 직장선택과 채용을 유도하고, 2단계로 적극적 노동시장정책을 실시하고, 3단계로 소극적 노동시장정책을 실시한다. 셋째, 고용보험사업은 상호연계되어 있다. 실업급여를 실시함으로써 실직자들이 여유를 갖고 자신의 능력과 적성에 맞는 취업을 할 수 있어 고용이 안정되고, 고용안정 사업을 통해 직업훈련정보를 제공함으로써 직업능력 개발을 촉진시키고, 직업능력 개발 사업을 통해 실직자 전진훈련을 시킴으로써 실직기간을 단축시켜 실업급여를 절약할 수 있다.

II. 입법배경 및 목적

1. 입법배경

우리나라에서 고용보험제도는 1980년대 후반부터 부분적인 실업과 노동력 부족이라는 상호모순된 현상에 따른 인력수급불균형 문제, 산업구조조정에 따른 고용조정지원 문제, 그리고 직업훈련강화 문제 등에 대한 제도적 수단으로 도입이 논의되었다. 고용보험제 도입에 대해 일부에서는 근로의욕의 저하, 실업의 장기화 등 부작용을 초래할 것이라는 우려도 있었으나 우리나라도 일본·독일과 같이 국가의 적극적인 인력정책 추진을 위해 고용보험제의 도입이 필요하다는 데 노사정이 공감함으로써 1993년 고용보험법을 제정하여 1995. 7. 1.부터 이 제도를 시행하고 있다. 따라서 정부가 적극적으로 고용보험법의 제정을 추진한 배경은 실업자의 생활보장이라는 사후적인 사회보장적 차원이 아니라 산업구조조정에 따른 인력수급의 원활화라는 노동유연성을 촉진하는 데에 있었다.

1990년대 양대 노동세력인 한국노총과 전노협은 산업구조조정과 기술혁신 및 경영합리화 조치에 따른 대량의 정리해고와 실업발생의 불가피성을 예상하고 고용보험법의 조기실시를 촉구하는 데에는 공통의 인식을 가졌으나 고용보험법의 적용범위, 실업급여의 수급요건 및 급여수준, 비용부담, 직업능력 개발 사업 등에 있어서는 정부와 다른 입장을 나타내었다(이흥재, 998).

2. 연혁

1993. 12. 27. 법률 제4644호로 고용보험법이 제정되었다. 고용보험법은 적극적 고용정책의 일환으로 근로자의 생활의 안정 및 경제·사회발전에 이바지하기 위해 제정되었다.

1996. 12. 30. 법률 제5226호로 고용보험의 재취업기능을 강화하기 위하여 고용보험 적용대상 연령을 제한하고, 실업의 예방, 고용의 촉진 등을 위하여 고용안정 사업 및 직업능력 개발 사업을 실시하는 사업주 등에 대한 지원범위를 확대하였다.

1997. 8. 28. 법률 제5399호로 근로기준법상의 "임금" 외의 기타 금품에 대하여도 고용보험법상 임금의 개념에 포함하여 노조전임자와 휴직자 등이 실업급여를 원활하게 받을 수 있도록 개정하였다.

1998. 2. 20. 법률 제5514호로 실업급여의 최저수준과 최저지급기간의 상향조정, 실업의 급증 등 고용상태가 극도로 어려운 기간에 한하여 실업급여의 지급기간을 연장하도록 하는 등 실직근로자의 생계안정지원을 확충함으로써 고용불안에 적극 대처하고 근로자의 직업생활의 안정을 도모하였다.

1998. 9. 17. 법률 제5566호로 최근 부실한 기업 및 금융기관의 퇴출 등 경제 각 분야의 구조조정으로 인하여 실업자수가 지속적으로 증가함에 따라 보다 더 많은 실업자의 생활안정 및 구직활동을 촉진하기 위하여 고용보험의 적용대상을 확대하기 위해 개정되었다.

1999. 12. 31. 법률 제6099호로 실업급여의 수혜범위를 확대하기 위하여 그 지급요건을 완화하고 장기 실직자의 생계지원을 위하여 실업급여의 지급기간을 연장하는 한편, 저소득 실직자에 대한 실업급여의 지급수준을 상향조정하여 사회안전망으로서의 실업급여의 역할을 강화하기 위해 개정하였다.

2001. 8. 14. 법률 제6509호로 남녀고용평등법의 규정에 의한 산전후휴가 급여와 근로자의 육아휴직 급여를 고용보험에서 지급할 수 있도록 하는 근거규정을 마련하기 위해 일부 개정하였다.

2002. 12.30. 법률 제06850호로 고용보험의 사각지대에 놓여있는 일용근로자에 대하여 고용보험의 혜택을 받도록 개정하였다.

2003. 12. 31. 법률 제07047호로 고용보험및산업재해보상보험의보험료징수등에관한법률이 제정되어, 고용보험과 산업재해보상보험의 보험료를 통합징수하게 되었다.

2005. 5. 31. 법률 제7565호로 노동부장관은 피보험자가 산전후휴가를 받은 경우뿐만 아니라 유산·사산휴가를 받은 경우에도 급여를 지급하도록 하였다.

2005. 12. 7. 법률 제7705호로 고용안정 사업과 직업능력 개발 사업을 통합 운영하고, 그 지원대상 및 사업범위를 확대하며, 고용보험의 가입범위를 확대하는 등 변화하는 노동시장의 수요에 부응하고, 노동시장의 문제해결을 위한 적극적 노동시장정책을 추진할 수 있는 기반을 마련하였다.

2007. 5. 11 법률 제8429호로, 구직급여의 수급자격 제한에 관한 규정은 실직근로자에게는 직접적이고 중요한 권리에 관한 규정이므로 직접 법률에서 정하도록 하고, 보험사업의 전면적 시행에 어려

움이 예상되거나 보험사업의 수행 방식을 미리 검증할 필요가 있는 경우에 시범사업을 실시할 수 있
는 근거를 마련하기 위해 전부 개정했다.

3. 목적

고용보험법은 고용보험의 시행을 통하여 실업의 예방, 고용의 촉진 및 근로자의 직업능력의 개발·
향상을 도모하고, 국가의 직업지도·직업소개기능을 강화하며, 근로자가 실업한 경우에 생활에 필요한
급여를 실시함으로써, 근로자의 생활의 안정과 구직활동을 촉진하여 경제·사회발전에 이바지함을 목적
으로 한다.

4. 용어의 정의

① 실업 : 피보험자가 이직하여 근로의 의사 및 능력을 가지고 있음에도 불구하고 취업하지 못한
   상태에 있는 것.
② 실업의 인정 : 직업안정기관의 장이 수급자격자가 실업한 상태에서 적극적으로 구직노력을 하
   고 있다고 인정하는 것.
③ 일용근로자 : 1개월 미만의 기간 동안 고용되는 자.
④ 피보험자 : 보험에 가입되거나 가입된 것으로 보는 근로자를 말한다.

5. 운영기관-관장기관

고용보험은 노동부장관이 관장한다. 고용보험의 적용·징수업무는 근로복지공단이 수행하고 있
다. 산업재해보상보험과 고용보험의 적용·징수기관은 근로복지공단으로 일원화되었다.

6. 적용 범위

고용보험법은 근로자를 사용하는 모든 사업 또는 사업장에 적용한다. 다만, 산업별 특성 및 규모
등을 고려하여 '대통령령이 정하는 사업'에 대하여는 그러하지 아니하다(제8조).

Ⅲ. 보험가입자 및 보험관계

1. 보험가입자

사업의 사업주와 근로자는 당연히 보험의 가입자가 된다(보험료징수법 제5조).

2. 보험가입 제외자

1) 제8조 단서의 규정에 의한 사업장(농업·임업·어업 및 수렵업 중 상시 4인 이하의 근로자를 고용하는 사업, 총공사금액이 매년 노동부장관이 고시하는 금액 미만인 건설공사, 연면적 330제곱미터 이하인 건축물의 건축 또는 대수선에 관한 공사, 가사서비스업)의 사업주와 근로자
2) 동법 제10조에 의한 고용보험법의 적용 제외 근로자: 60세 이후에 새로이 고용된 자, 65세 이상인 자, 1월간의 소정근로시간이 1월간의 소정근로시간이 60시간 미만인 자, 일용근로자로서 대통령령이 정하는 기준에 해당하는 자, 지방공무원법 및 지방공무원법에 의한 공무원, 사립학교교직원연금법의 적용을 받는 자, 기타 대통령령이 정하는 자(외국인 근로자, 별정우체국법에 의한 별정우체국 직원)

3. 임의가입자

적용 제외 사업(제10조 단서의 규정에 의한 사업)의 사업주가 근로자의 과반수의 동의를 얻어 노동부장관의 승인을 얻은 때에는 그 사업의 사업주 및 근로자는 보험에 가입할 수 있으며, 보험에 가입한 사업주 및 근로자가 보험계약을 해지하고자 할 때에는 그 사업주가 근로자의 3분의 2 이상의 동의를 얻어 노동부장관의 승인을 얻어야 한다. 다만, 이 경우의 해지는 그 보험관계가 성립한 날부터 1년이 경과한 경우에 한한다. 노동부장관은 계속하여 보험관계를 유지할 수 없다고 인정하는 경우에는 그 보험관계를 소멸시킬 수 있다(제9조).

4. 피보험 자격의 취득, 소멸, 신고

보험자는 고용보험법이 적용되는 사업에 고용된 날에 피보험 자격을 취득한다. 다만, 적용 제외 근로자가 고용보험법의 적용을 받게 된 경우에는 그 적용을 받게 된 날, 보험징수법에 의한 보험관계 성립일 전에 고용된 근로자의 경우 그 보험관계가 성립한 날 각각 그 해당되는 날에 피보험 자격을 취득한 것으로 본다.

피보험자는 i) 피보험자가 적용 제외 근로자에 해당하게 된 경우에는 그 적용 제외 대상자가 된 날,

ii) 보험징수법 규정에 의하여 보험관계가 소멸한 경우에는 그 보험관계가 소멸한 날, iii) 피보험자가 이직한 경우에는 이직한 날의 다음날, iv) 피보험자가 사망한 경우에는 사망한 날의 다음날 각각 그 피보험 자격을 상실한다(제14조).

사업주는 그 사업에 고용된 근로자의 피보험 자격의 취득 또는 상실, 기타 대통령령이 정하는 사항을 직업안정기관에 신고하여야 한다. 원수급인이 사업주로 된 경우에 그 사업에 종사하는 근로자 중 원수급인이 고용하는 근로자 외의 근로자에 대하여는 그 근로자를 고용하는 하수급인이 신고를 하여야 한다(제15조).

5. 피보험 자격 이중취득의 제한

근로자가 보험관계가 성립되어 있는 둘 이상의 사업에 동시에 고용되어 있는 경우에는 그 중 하나의 사업의 근로자로서의 피보험 자격을 취득한다(제17조). 이 경우 근로자는 1. 통상임금이 많은 사업, 2. 월 소정근로시간이 많은 사업, 3. 근로자가 선택한 사업의 순서로 피보험 자격을 취득한다. 다만, 일용근로자와 일용근로자가 아닌 자로 동시에 고용되어 있는 경우에는 일용근로자가 아닌 자로서 고용된 사업에서 우선적으로 피보험자격을 취득한다(동법시행규칙 제17조).

IV. 고용안정·직업능력 개발 사업

1. 고용안정·직업능력 개발 사업의 실시

노동부장관은 피보험자 및 피보험자이었던 자 그 밖에 취업할 의사를 가진 자에 대한 실업의 예방, 취업의 촉진, 고용기회의 확대, 직업능력 개발·향상의 기회 제공 및 지원 그 밖에 고용안정과 사업주에 대한 인력확보의 지원을 위하여 고용안정·직업능력 개발 사업을 실시한다(제19조).

2. 고용창출·고용조정의 지원

고용창출(제20조)을 유도하고 고용조정을 지원(제21조)한다.

3. 지역고용·고령자 등 고용의 촉진

지역고용을 촉진하고, 고령자 등에 대한 고용촉진을 지원한다.

4. 고용안정·고용촉진 지원

　① 건설근로자 등의 고용안정 지원
　② 고용안정 및 취업의 촉진
　③ 고용촉진시설에 대한 지원

5. 직업능력 개발훈련 지원

　① 사업주에 대한 직업능력 개발훈련의 지원
　② 피보험자 등에 대한 직업능력 개발의 지원
　③ 직업능력 개발훈련시설에 대한 지원 등

6. 직업능력 개발의 촉진 등

　① 직업능력 개발 촉진
　② 건설근로자 등의 직업능력 개발 지원
　③ 고용정보의 제공 및 고용지원기반의 구축 등
　④ 지방자치단체 등에 대한 지원

7. 부정행위에 따른 지원의 제한 등

　노동부장관은 거짓, 그 밖의 부정한 방법으로 이 장의 규정에 의한 고용안정·직업능력 개발 사업의 지원을 받은 자 또는 받고자 하는 자에 대하여 그 지원을 제한하거나 이미 지원된 것에 대하여 반환을 명할 수 있다. 또한, 보험료를 체납한 자에 대하여 고용안정·직업능력 개발 사업의 지원을 하지 아니할 수 있다(제35조).

Ⅵ. 실업급여

1. 실업급여 일반

1) 실업급여의 종류
실업급여는 구직급여와 취업촉진 수당으로 구분한다. 취업촉진 수당의 종류는 조기재취업 수당,

직업능력 개발 수당, 광역 구직활동비, 이주비가 있다(제37조).

2) 수급권의 보호, 일용근로자 및 적용연장

실업급여를 받을 권리는 양도 또는 압류하거나 담보로 제공할 수 없다(제38조).

고용보험은 65세 이상이면 적용 제외대상이나 피보험자로서 65세 이전에 이직한 자가 그 이직과 관련하여 실업한 상태에서 65세에 달한 경우에는 실업급여를 연장하여 적용한다(제39조).

2. 구직급여

1) 구직급여의 수급요건

구직급여는 피보험자가 이직한 경우로서 다음의 요건을 갖춘 경우에 지급한다. i) 이직일 이전 18개월간(기준기간) 피보험 단위기간이 통산하여 180일 이상일 것, ii) 근로의 의사와 능력이 있음에도 불구하고 취업(영리를 목적으로 사업을 영위하는 경우를 포함)하지 못한 상태에 있을 것, iii) 이직사유가 피보험자가 자기의 중대한 귀책사유로 해고되거나 정당한 사유없는 자기 사정으로 이직한 경우와 같이 수급자격의 제한 사유에 해당하지 아니할 것, iv) 재취업을 위한 노력을 적극적으로 할 것. v) 수급자격인정신청일 이전 1개월간의 근로일수가 10일 미만일 것, vi) 최종 이직일 이전 기준기간 내의 피보험 단위기간 180일 중 다른 사업에서 수급자격의 제한사유에 해당하는 사유로 이직한 사실이 있는 경우에는 그 피보험 단위기간 중 90일 이상을 일용근로자로 근로하였을 것.

2) 피보험 단위 기간

피보험 단위 기간은 피보험 기간 중 임금지급의 기초가 된 날을 합하여 계산한다.

3) 실업의 신고

구직급여를 지급받고자 하는 자는 이직 후 지체없이 직업안정기관에 출석하여 실업을 신고하여야 한다. 실업의 신고에는 구직 신청과 직업안정기관의 장에 대한 수급자격의 인정 신청을 포함하여야 한다.

4) 수급자격의 인정

구직급여를 지급받고자 하는 자는 직업안정기관의 장으로부터 구직급여의 수급요건(수급자격)을 갖추었다는 인정을 받아야 한다. 직업안정기관의 장은 수급자격의 인정신청을 받은 경우에는 그 신청인에 대한 수급자격의 인정 여부를 결정하고, 신청인에게 그 결과를 통지하여야 한다.

5) 실업의 인정

구직급여는 수급자격자가 실업한 상태에 있는 날 중에서 직업안정기관의 장으로부터 실업의 인정을 받은 날에 대하여 지급한다.

실업의 인정을 받고자 하는 수급자격자는 실업의 신고를 한 날부터 계산하기 시작하여 1주부터 4주의 범위 안에서 직업안정기관의 장이 지정한 날(실업인정일)에 출석하여 재취업을 위한 노력을 하였음을 신고하여야 하며, 직업안정기관의 장은 직전 실업인정일의 다음 날부터 그 실업인정일까지의 각각의 날에 대하여 실업의 인정을 한다.

6) 급여 기초 임금일액

임금일액은 구직급여의 산정기초가 되는 임금일액(기초일액)이다. 임금일액은 수급자격의 인정과 관련된 최종 이직 당시 평균임금으로 한다.

7) 구직급여일액

구직급여일액은 i) 그 수급자격자의 기초일액에 100분의 50을 곱한 금액 또는 ii) 그 수급자격자의 기초일액에 100분의 90을 곱한 금액(최저구직급여일액)으로 한다. 산정된 구직급여일액이 최저구직급여일액보다 낮은 경우에는 최저구직급여일액을 그 수급자격자의 구직급여일액으로 한다(제46조).

8) 수급기간 및 일수

구직급여는 별도의 규정이 있는 경우를 제외하고는 그 구직급여의 수급자격과 관련된 이직일의 다음날부터 계산하기 시작하여 12개월 내에 소정급여일수를 한도로 하여 지급한다.

9) 대기기간

실업의 신고일부터 기산하여 실업의 인정을 받은 7일간은 이를 대기기간으로 하여 구직급여를 지급하지 아니한다(제49조).

10) 소정급여일수

하나의 수급자격에 따라 구직급여를 지급받을 수 있는 날("소정급여일수")은 대기기간이 끝난 다음날부터 계산하기 시작하여 피보험기간과 연령에 따라 별표에서 정한 일수가 되는 날까지로 한다. 피보험기간은 그 수급자격과 관련된 이직 당시의 적용 사업에서의 고용기간으로 한다.

3. 연장급여

① 훈련연장급여 : 직업능력 개발훈련을 받도록 소정급여일수를 초과하여 연장하여 지급하는 구
직급여
② 개별연장급여 : 대통령령이 정하는 자에게 소정급여일수를 초과하여 연장하여 지급하는 구직
급여를 개별연장급여라 하고, 60일의 범위 내에서 지급
③ 특별연장급여 : 대통령령이 정하는 사유가 발생한 경우에는 60일의 범위 내에서 연장하여 지급
하는 구직급여

4. 상법급여(질병 등의 특례)

수급자격자가 실업의 신고를 한 이후에 질병·부상 또는 출산으로 취업이 불가능하여 실업의 인정
을 받지 못한 날에 대하여는 그 수급자격자의 청구에 의하여 구직급여일액에 상당하는 금액(상병급
여라 함)을 구직급여에 갈음하여 지급할 수 있다. 다만, 훈련거부 등에 따른 급여의 지급제한규정에
의하여 구직급여의 지급이 정지된 기간에 대하여는 상병급여를 지급하지 아니한다.

상병급여를 지급할 수 있는 일수는 그 수급자격자의 구직급여의 소정급여일수에서 그 수급자격에
의하여 구직급여가 지급된 일수를 뺀 일수를 한도로 한다. 이 경우 상병급여를 지급받은 자에 대하여
이 법의 규정을 적용함에 있어서는 상병급여의 지급일수에 상당하는 일수분의 구직급여가 지급된
것으로 본다.

상병급여는 그 취업할 수 없는 사유가 없어진 이후에 최초로 구직급여를 지급하는 날(구직급여를
지급하는 날이 없는 경우에는 직업안정기관의 장이 정하는 날)에 지급한다.

수급자격자가 근로기준법의 규정에 의한 휴업보상, 산업재해보상보험법의 규정에 의한 휴업급
여, 기타 이에 상당하는 급여 또는 보상으로서 대통령령이 정하는 보상 또는 급여를 지급받을 수 있는
경우에는 상병급여를 지급하지 아니한다.

5. 취업촉진 수당

① 조기재취업 수당
② 직업능력개발 수당
③ 광역 구직활동비
④ 이주비

VII. 육아휴직 급여 등

1. 육아휴직 급여 및 취업신고 등

　　노동부장관은 남녀고용평등법 제19조[53])의 규정에 의한 육아휴직을 30일(근로기준법에 의한 산전후휴가기간 90일과 중복되는 기간을 제외) 이상 부여받은 피보험자 중 i) 육아휴직개시일 이전에 피보험 단위기간이 통산하여 180일 이상이고, ii) 동일한 자녀에 대해서 피보험자인 배우자가 육아휴직(30일 미만은 제외한다)을 부여받지 않고 있으며, iii) 육아휴직개시일 이후 1월부터 종료일 이후 6월 이내에 신청한 경우에 육아휴직 급여를 지급한다.

2. 급여의 지급제한

　　피보험자가 육아휴직 급여 기간 중에 그 사업에서 이직하거나 새로이 취업한 경우에는 그 이직 또는 취업한 때부터 육아휴직 급여를 지급하지 아니한다. 피보험자가 사업주로부터 육아휴직을 이유로 금품을 지급받은 경우 급여를 감액하여 지급할 수 있다. 거짓, 그 밖의 부정한 방법으로 육아휴직 급여를 받았거나 받고자 한 자에 대하여는 그 급여를 받은 날 또는 받고자 한 날부터의 육아휴직 급여를 지급하지 아니한다. 다만, 그 급여와 관련된 육아휴직 이후에 새로이 육아휴직 급여 요건을 갖춘 경우 그 새로운 요건에 의한 육아휴직 급여에 대하여는 그러하지 아니하다(제73조).

VIII. 산전후휴가 급여

---

53) 남녀고용평등법

　　제19조(육아휴직) ①사업주는 생후 1년 미만의 영아를 가진 근로자가 그 영아의 양육을 위하여 휴직(이하 "육아휴직")을 신청하는 경우에 이를 허용하여야 한다. 다만, 대통령령으로 정하는 경우에는 그러하지 아니하다.

　　②제1항의 규정에 의한 육아휴직기간은 1년 이내로 하되, 그 영아가 생후 1년이 되는 날을 경과할 수 없다.

　　③사업주는 제1항의 규정에 의한 육아휴직을 이유로 해고, 기타 불리한 처우를 하여서는 아니되며, 육아휴직기간동안은 그 근로자를 해고하지 못한다. 다만, 사업을 계속할 수 없는 경우는 그러하지 아니하다.

　　④사업주는 제1항의 규정에 의한 육아휴직 종료 후에는 휴직전과 동일한 업무 또는 동등한 수준의 임금을 지급하는 직무에 복귀시켜야 한다. 또한 제2항의 육아휴직기간은 근속기간에 포함한다.

　　⑤육아휴직의 신청방법, 신청절차, 기타 필요한 사항은 대통령령으로 정한다.

1. 산전후휴가 급여

노동부장관은 남녀고용평등법 제18조의 규정에 의하여 피보험자가 근로기준법 제72조의 규정에 의한 산전후휴가를 부여받은 경우로서 i) 산전후휴가종료일 이전에 피보험 단위기간이 통산하여 180일 이상이고, ii) 산전후휴가종료일부터 6월 이내에 신청한 경우에 산전후휴가 급여를 지급한다.[54]

2. 지급기간, 지급액

산전후휴가 급여는 근로기준법 제72조의 규정에 의한 산전후휴가기간 중 60일을 초과한 일수(30일을 한도)에 대하여 근로기준법상 통상임금(산전후휴가 개시일을 기준으로 산정)에 상당하는 금액을 지급한다. 산전후휴가 급여의 지급금액은 그 상한액과 하한액을 정할 수 있다. 피보험자에게 지급하는 산전후휴가 급여액의 상한액은 통상임금에 상당하는 금액이 135만 원을 초과하는 경우에는 135만 원, 하한액은 통상임금에 상당하는 금액이 피보험자의 휴가개시 전 1월간의 소정근로시간에 휴가개시일 당시 적용되던 최저임금법에 의한 시간단위에 해당하는 최저임금액을 곱한 금액(최저기준월액)보다 낮은 경우에는 최저기준월액으로 한다(제76조, 동법시행령 제68조의9).

IX. 보험료

1. 보험료

노동부장관은 보험사업에 소요되는 비용에 충당하기 위하여 사업주와 피보험자인 근로자로부터

---

54) **남녀고용평등법**
　　제18조(산전후휴가에 대한 지원) ①국가는 근로기준법 제72조 제1항의 규정에 의한 산전후휴가를 사용한 근로자 중 일정한 요건에 해당하는 자에 대하여 그 휴가기간중 무급휴가에 해당하는 기간의 통상임금에 상당하는 금액(이하 "산전후휴가 급여"라 한다)을 지급하여야 한다.
　　②제1항의 산전후휴가 급여를 지급하기 위하여 필요한 비용은 재정 및 사회보장기본법에 의한 사회보험에서 분담할 수 있다.
　　③사업주는 여성근로자가 제1항의 규정에 의한 산전후휴가 급여를 받고자 하는 경우 관계서류의 작성·확인 등 제반 절차에 적극 협력하여야 한다.
　　④제1항의 규정에 의한 산전후휴가 급여의 지급요건 및 절차 등에 관하여 필요한 사항은 따로 법률로 정한다.
근로기준법
　　제72조(임산부의 보호) ①사용자는 임신중의 여성에 대하여 산전후를 통하여 90일의 보호휴가를 주어야 한다. 이 경우 휴가기간의 배치는 산후에 45일 이상이 되어야 한다.
　　②제1항의 규정에 의한 휴가중 최초 60일은 유급으로 한다.
　　③사용자는 임신중의 여성근로자에 대하여 시간외근로를 시키지 못하며, 그 근로자의 요구가 있는 경우에는 경이한 종류의 근로로 전환시켜야 한다.

보험료를 징수한다. 징수된 고용안정·직업능력 개발 사업의 보험료 및 실업급여의 보험료는 각각 그 사업에 소요되는 비용에 충당한다. 다만, 실업급여의 보험료는 육아휴직 급여 및 산전후휴가 급여 등에 소요되는 비용에 충당할 수 있다(제6조).

1) 피보험자인 근로자 보험료 부담

피보험자인 근로자가 부담하여야 하는 고용보험료는 자기의 임금의 총액에 실업급여의 보험요율의 2분의 1을 곱한 금액으로 한다. 다만, 사업주로부터 임금을 지급받지 않는 경우에는 그 근로자가 자기 임금의 총액에 실업급여의 보험요율을 곱한 금액을 부담하여야 한다. 또한, 고용보험가입자인 근로자가 64세가 된 때에는 그 날이 속한 달부터 고용보험료를 징수하지 아니한다(보험료징수법 제13조).

2) 사업주 보험료 부담

사업주가 부담하여야 하는 고용보험료는 그 사업에 종사하는 고용보험가입자인 근로자의 임금총액에 고용안정·직업능력 개발 사업의 보험요율을 곱한 금액 및 실업급여의 보험요율의 2분의 1을 곱한 금액을 합한 금액으로 한다(보험료징수법 제13조).

2. 임금총액 결정

임금의 총액의 추정액 또는 임금의 총액을 결정하기 곤란한 경우에는 노동부장관이 정하여 고시하는 노무비율에 의하여 임금의 총액의 추정액 또는 임금의 총액을 결정할 수 있다.

4. 고용보험요율의 결정

고용보험료 보험요율

1. 고용안정·직업능력 개발 사업의 보험요율
   가. 상시근로자수가 150인 미만인 사업주의 사업 : 1만분의 25
   나. 상시근로자수가 150인 이상인 사업주의 사업으로서 우선지원 대상기업의 범위에 해당하는 사업 : 1만분의 45
   다. 상시근로자수가 150인 이상 1천인 미만인 사업주의 사업으로서 나 목에 해당하지 아니하는 사업 : 1만분의 65
   라. 상시근로자수가 1천인 이상인 사업주의 사업으로서 나목에 해당하지 아니하는 사업 및 국가·지방자치단체가 직접 행하는 사업 : 1만분의 85
2. 실업급여의 보험요율: 1,000분의 9

보험요율은 보험수지의 추이와 경제상황 등을 고려하여 1000분의 30의 범위 내에서 고용안정 사업의 보험요율, 직업능력 개발 사업의 보험요율 및 실업급여의 보험요율로 구분하여 대통령령으로 정한다. 보험요율을 변경하고자 하는 경우에는 고용정책심의회의 심의를 거쳐야 한다(보험료징수법 제14조).

Ⅹ. 고용보험기금

노동부장관은 보험사업에 필요한 재원에 충당하기 위하여 고용보험기금을 설치한다. 기금은 보험료와 이 법에 의한 징수금·적립금·기금운용수익금, 기타의 수입으로 조성한다(제78조).

Ⅺ. 심사, 재심사청구, 고용보험심사관, 보정, 각하 등

1. 심사 및 재심사

피보험 자격의 취득·상실에 대한 확인, 실업급여 및 육아휴직 급여·산전후휴가 급여에 관한 처분(원처분 등)에 이의가 있는 자는 고용보험심사관에게 심사를 청구할 수 있고, 그 결정에 이의가 있는 자는 고용보험심사위원회에 재심사를 청구할 수 있다.

심사의 청구는 동항의 확인 또는 처분이 있음을 안 날부터 90일 이내에, 재심사의 청구는 심사청구에 대한 결정이 있음을 안 날부터 90일 이내에 각각 제기하여야 한다(제87조).

2. 고용보험심사관 및 심사위원회

이의를 심사하기 위하여 고용보험심사관을 둔다. 심사관이 심사청구를 받은 때에는 30일 이내에 그 청구에 대한 결정을 하여야 한다(제89조).

심사의 청구는 원처분 등을 행한 직업안정기관을 거쳐 그 직업안정기관의 관할구역을 관할하는 심사관에게 하여야 한다. 직업안정기관은 심사청구서를 받은 날부터 5일 이내에 의견서를 첨부하여 이를 관할심사관에게 송부하여야 한다(제90조).

이의를 재심사하기 위하여 노동부에 고용보험심사위원회를 둔다. 심사위원회는 근로자를 대표하는 자 및 사용자를 대표하는 자 각 1인 이상을 포함한 15인 이내의 위원으로 구성한다. 위원 중 2인은 상임위원으로 한다(제99조).

XII. 불이익 처우 금지, 소멸시효

사업주는 근로자가 피보험자격의 취득 또는 상실에 관한 확인을 청구를 한 것을 이유로 그 근로자에 대하여 해고, 기타 불이익한 취급을 하여서는 아니된다(제105조).

지원금·실업급여·육아휴직 급여 또는 산전후휴가 급여 등을 지급받거나 그 반환을 받을 권리는 3년간 행사하지 아니하면 시효가 소멸한다.

XIII. 벌칙

1. 벌칙

근로자가 피보험 자격의 취득·상실에 대한 확인의 청구를 한 것을 이유로 근로자에 대하여 해고, 기타 불이익한 취급을 한 사업주는 3년 이하의 징역 또는 1,000만 원 이하의 벌금에 처한다. 거짓, 기타 부정한 방법으로 실업급여·육아휴직 급여 및 산전후휴가 급여 등을 받은 자는 1년 이하의 징역 또는 300만 원 이하의 벌금에 처한다(제116조).

2. 과태료

과태료(過怠料)란 형벌의 성질을 가지지 않는 법령 위반에 대하여 과해지는 금전벌(金錢罰)이다.

1) 300만 원 이하의 과태료 처분

다음에 해당하는 사업주, 고용보험사무조합의 대표자 또는 대리인·사용인, 기타 종업원은 300만 원 이하의 과태료에 처한다. i) 신고를 하지 아니하거나 거짓으로 신고한 자, ii) 개이직확인서를 제출하지 아니하거나 거짓으로 작성하여 제출한 자, iii) 이직확인서를 내주지 아니한 자, iv) 보고 등의 요구에 불응하여 증명서의 교부를 거부한 자, v) 질문에 답변을 하지 아니하거나 거짓의 진술을 한 자 또는 검사를 거부·방해 또는 기피한 자 vi) 보고를 하지 아니하거나 거짓으로 보고한 자 또는 같은 요구에 불응하여 문서를 제출하지 아니하거나 거짓으로 적은 문서를 제출한 자.

3. 양벌 규정

법인의 대표자, 법인 또는 개인의 대리인·사용인, 기타 종업원이 그 법인 또는 개인의 업무에 관하여 불이익취급금지의 규정을 위반하여 근로자에 대하여 해고, 기타 불이익한 취급을 한 때에는 행위자를 벌하는 외에 그 법인 또는 개인에 대하여도 해장 조문의 벌금형을 과한다(제118조).

제5절 산업재해보상보험법
(일부개정 2007. 5. 17 법률 제8435호)

Ⅰ. 의의 및 특성

1. 의의

산업재해보상보험은 산업화가 진전됨에 따라 근로자의 업무상 부상, 질병, 신체장해 또는 사망으로부터 재해를 입은 근로자와 유족 및 사업주를 보호하기 위하여 1964년에 도입된 우리나라 최초의 4대 사회보험이다.

이 제도는 근로자의 업무상 재해를 신속하고 공정하게 보상하고, 불의의 재해를 입은 근로자나 그 가족의 생활을 보호하기 위한 보험시설을 설치하여 운영하고 근로복지사업을 실시하며, 동시에 불의의 재해로 인한 사업주의 경제적 부담을 위험결합(risk pooling)에 의해 산재보험가입자들에게 분산시켜 부담을 경감시켜주는 데 의의가 있다. 이를 위하여 사업주의 보험가입의사와는 관계없이 강제적으로 보험에 가입시키고 있다. 산재보험은 보험료를 전액 사업주에게 부담하도록 하고 있다는 측면에서 다른 사회보험과 차이가 있다.

2. 특징

우리나라의 산업재해보상보험제도는 몇 가지 특징을 갖고 있다(근로복지공단, 2001; 박영수·신쌍식, 1998).

1) 사회보험으로서의 특징
산업재해보상보험은 사회보험으로서 일반적이면서도 독특한 특징을 갖고 있다.

① 무과실책임주의를 택하고 있다. 산업재해보상보험제도는 사용자의 고의·과실의 유무를 불문하고 업무상의 재해에 대하여 사용자에게 무과실책임을 부과한다. ② 보험 급여는 재해발생에 따른 손해 전체를 보상하는 것이 아니라 평균임금을 기초로 법령에 의한 정률보상방식에 따라 산정되므로 정형화되어 있다. ③ 보험사업에 소요되는 비용인 보험료는 사업주가 전액을 부담한다. 다만 국가는 보험사업의 사무집행에 소요되는 비용을 일반회계에서 부담하고 있다. ④ 재해보상의 이행을 확실하게 하기 위하여 사업의 사업주가 보험가입자가 되고 노동부장관이 보험관장자로서 보험사업을 운영하고 관리한다. ⑤ 민영보험이 아닌 사회보험으로서 임의가입방식이 아닌 강제가입방식을 택하고 있다. ⑥ 이중적 성격을 갖고 있다. 재해보상의 위험책임을 위험결합을 통해 가입자들에게 분산시키는 사용자보험적 성격과 재해를 입은 근로자와 그 가족의 생활을 보장하는 근로자보험적 성격을

동시에 갖고 있다. ⑦다른 사회보험이 가입자 개인단위로 관리가 되는 것과는 달리 산업재해보상보험은 사업장 중심으로 관리가 이루어지고 있다. ⑧ 자진신고 및 자진납부를 원칙으로 하고 있다. ⑨ 산업안전보건법이 산업재해에 관해 사전예방적인 데 반하여 산업재해보상보험법은 대체로 사후대응적이다.

2) 근로기준법상 재해보상과의 관계

업무상 재해에 대한 보상은 근로기준법에 의하여 사용자가 직접보상방식에 의하여 직접 행하거나, 사업주인 사용자가 산업재해보상보험의 가입자가 된 경우에는 보험 급여에 의해 보상이 이루어진다. 산업재해보상보험은 근로기준법상의 재해보상을 신속하고 확실하게 이행하기 위한 수단으로써 사업주를 보험가입자로 하는 정부관장의 사회보험제도로서 몇 가지 특징을 갖고 있다. ① 근로기준법에서는 재해보상의 책임자는 사용자이나 산업재해보상보험법상의 재해보상의 책임자는 보험자인 노동부장관이다. ② 근로기준법상 인정되지 않는 보험시설을 설치-운영하며 재해예방사업 근로복지사업을 규정하고 있다. ③ 보험 급여는 양자가 유사하나 급여수준은 근로기준법상의 보상수준보다 높은 편이다. ④근로기준법상의 재해보상은 일시금이 원칙이나 산업재해보상보험법상 보험 급여는 일시금 이외에 연금이 있다. ⑤ 재해보상을 받게 될 자가 동일한 사유에 대해 산업재해보상법에 의한 보상을 받은 때에는 사용자는 그 한도 내에서 근로기준법상의 보상책임이 면제된다. ⑥ 산업재해보상보험법은 모든 사업 또는 사업장에 대해 적용되며, 그 사업의 사업주는 보험가입자가 된다. 최근에는 비록 임의조항이지만 일본의 노재보험에서와 같이 상병 특질상에도 후유증상의 염려가 있거나 후유장애에 부수되는 질병을 유발시킬 우려가 있는 상병자를 위한 치료후 요양(after care)에 관한 제도도 규정하고 있다(길병도, 1999).

3) 국민건강보험법상의 보험 급여와의 관계

산업재해보상보험법과 국민건강보험법은 모두 사회보험법에 속하나 몇 가지 차이가 있다. ① 산업재해보상보험법상의 보험사고는 '업무상'의 것에 국한되는 데 반해, 국민건강보험법에 의한 보험사고는 '업무 외'의 것을 대상으로 한다. ② 산업재해보상보험은 책임보험의 성격상 원칙적으로 소요비용 전액을 사업주 부담으로 하는 데 반해, 국민건강보험에 있어서는 일부 또는 전액을 피보험자의 자기 부담으로 하고 있다. ③ 보험 급여의 종류에 있어 산업재해보상보험이 더 다양하다.

4) 국민연금법과의 관계

국민연금은 장기보험인 데 반하여 산업재해보상보험은 단기보험이다. 국민연금은 장기질병자인 폐질자와 노령퇴직자의 장기적 소득보장을 목적으로 하는데 반하여, 산업재해보상보험은 근로자의 업무상 재해를 보상하고 있다. 국민연금법상의 장해연금 또는 유족연금의 수급권자가 동일한 사유로 산업재해보상보험법 등의 다른 법률의 규정에 의하여 급여, 보상, 배상 등 금품을 받을 수 있는 경우에는 국민연금법에 의한 장해연금 또는 유족연금을 조정하여 지급하거나 지급하지 아니할 수 있다.

Ⅱ. 입법배경 및 연혁

1. 입법배경

1963. 7. 28. 정통성을 확보하기 위해 노력하던 박정희 최고회의의장은 내각수반에게 직접 공문으로 '사회보장제도 확립'이란 지시각서를 내려보낸 직후부터 산업재해보상보험법안의 입법화 작업이 사회보장에관한법률안과 의료보험법률안의 입법화 작업과 함께 진행되기 시작하였다. 산업재해보상보험법안은 1963. 11. 5. 최고회의 본회의를 통과함으로써 법률로서 제정 공포되었다. 당시 산업재해보상보험은 이미 근로기준법에 의해 개별 고용주에게 책임지어져왔던 재해보상을 보험이라는 형식으로 대체한 것이었기 때문에 기업인에게 추가적인 부담을 별로 지우지 않아 경제성장 일변도의 정책을 추구하던 군사정권의 지도자들도 강제적용의 원리가 수용되었다. 반면 당시 의료보험법안은 심의과정에서 강제적용원칙이 배제되고 임의적용으로 수정되었다(하상락, 1989).

2. 연혁

1963. 11. 5. 산업재해보상보험법이 법률 제1438호로 제정되어 1964년부터 실시되었다. 사회보장에관한법률에 의하여 산업재해보상보험사업을 행함으로써 근로자의 업무상의 재해를 신속하고 공정하게 보상할 수 있도록 하려는 것이었다.

1970. 12. 31. 법률 제2271호로 일부 개정하여 업무상 재해를 입은 근로자에 대한 재해보상의 신속·공정을 보장, 보험 급여사유 확대, 장해등급을 세분화하여 근로자보호정책의 장기적인 발전기초를 마련하였다.

1977. 12. 19. 법률 제3026호로 개정하여 보험 급여수준을 향상시고 모든 보험 급여에 임금변동순응률제를 적용하고, 근로자의 중대과실규정을 삭제하였다.

1982. 12. 31. 법률 제3631호로 일부 개정하여 폐질근로자에 대한 상병보상연금제도 신설, 장해특별급여제도를 신설하며, 건설공사의 보험사무절차를 간소화하였다.

1986. 5. 9. 법률 제3818호로 개정하여 산업재해보상보험요율의 결정방식을 개선하여 보험재정의 안정을 기하는 한편, 재해발생의 빈도에 따른 사업장별 보험료 조정률의 폭을 확대하여 사업주의 재해예방 의욕을 높이고, 재해근로자와 그 유족의 복지증진을 위한 사업범위를 확대하였다.

1999. 12. 31. 법률 제6100호로 개정하여 산업재해보상보험의 보험 급여액이 재해근로자간에 상

대적으로 많은 격차를 보이고 있어 보험 급여의 최고·최저보상한도를 설정하는 등으로 급여 수준의
형평성을 제고하는 한편, 간병급여 등 새로운 보험 급여의 신설과 중·소기업사업주에 대한 적용확대
를 통하여 산업재해보상보험의 사회안전망으로서의 역할을 강화하였다.

2001. 12. 31. 법률 제6590호로 개정하여 기금의 투명성·효율성·책임성을 높이기 위하여 금융성
기금을 제외한 모든 기금의 기금운용계획안과 기금결산은 국회의 의결을 거치도록 하고, 유사·중복
되는 일부 기금은 폐지하거나 통합하였다.

2004. 1. 29. 법률 제07155호로 개정하여 종전에는 근로자를 사용하는 중소기업사업주에 대해서
만 자기 또는 유족을 보험 급여를 받을 수 있는 자로 하여 산재보험에 가입할 수 있도록 하는 특례를
두었으나, 앞으로는 근로자를 사용하지 아니하는 중소기업 사업주도 산재보험에 가입할 수 있도록
하였다.

Ⅲ. 총칙

1. 목적

산업재해보상보험법은 산업재해보상보험사업을 행하여 근로자의 업무상의 재해를 신속하고 공
정하게 보상하고, 재해근로자의 재활 및 사회복귀를 촉진하기 위하여 이에 필요한 보험시설을 설치·
운영하며 재해예방, 기타 근로자의 복지증진을 위한 사업을 행함으로써 근로자 보호에 이바지함을
목적으로 한다(제1조).

2. 보험의 관장과 보험연도

산재보험법에 의한 보험사업은 노동부장관이 관장한다. 보험사업의 보험연도는 정부회계연도에
따른다(제2조).

가입자(피보험자) : 사업주	보험자(보험관장자) : 노동부장관
수급권자 : 근로자와 사업주	일선 집행기관 : 근로복지공단

3. 용어의 정의

① "업무상의 재해"는 업무상의 사유에 의한 근로자의 부상·질병·신체장해 또는 사망을 말한다.
　　이 경우 업무상의 재해의 인정기준에 관하여는 노동부령으로 정한다.

② "재해"는 사고 또는 유해요인에 의한 근로자의 부상·사망·장해 또는 질병을 말한다.

③ "장해"는 부상 또는 질병이 치유되었으나 신체에 남은 영구적인 정신적 또는 육체적 훼손(폐질)으로 인하여 노동능력이 손실 또는 감소된 상태를 말한다.

④ "치유"는 부상 또는 질병이 완치되거나 부상 또는 질병에 대한 치료의 효과를 더 이상 기대할 수 없게 되고 그 증상이 고정된 상태에 이르게 된 것을 말한다(동법시행규칙 제2조).

4. 기준임금

법률 개정으로 '제6절 고용보험및산업재해보상보험의보험료징수등에관한법률'에서 설명.

5. 적용범위

1) 원칙: 당연적용사업

이 법은 근로자를 사용하는 모든 사업 또는 사업장에 적용한다(제6조). 즉, 당연적용을 원칙으로 한다. 다만, 위험률·규모 및 장소 등을 고려하여 대통령령이 정하는 사업에 대하여는 그러하지 아니하다.

2) 예외: 법의 적용 제외사업

사업의 위험률·규모 및 사업장소 등을 참작하여 '대통령령이 정하는 사업'에는 당연적용되지 아니한다. 여기서 "대통령령으로 정하는 사업"이라 함은 i) 공무원연금법 또는 군인연금법에 의하여 재해보상이 행하여지는 사업, ii) 선원법 또는 사립학교교원연금법에 의하여 재해보상이 행하여지는 사업, iii) 건설공사 중 총공사금액이 2천만 원 미만인 공사와 주택건설촉진법에 의한 주택사업자 또는 건설산업기본법에 의한 건설업자가 아닌 자가 시공하는 공사로서 연면적이 330제곱미터 이하인 건축물의 건축 또는 대수선에 관한 공사, iv) 가사서비스업, v) i) 또는 iv)의 사업 외의 사업으로서 근로자를 단속적으로 사용하여 상시근로자의 수가 1인 이상이 되지 아니하는 사업, vi) 농업·임업(벌목업 제외)·어업·수렵업 중 상시 5인 미만의 근로자를 사용하는 사업에 해당하는 사업을 말한다(제5조, 동법시행령 제3조).[55]

6. 산업재해보상보험심의위원회

보험사업에 관한 중요사항을 심의하게 하기 위하여 노동부에 산업재해보상보험심의위원회를 둔

---

[55] 상시근로자 수 산정 --- 상시 1인 이상의 근로자를 사용하는 사업은 당해사업 개시일 이후 근로자수가 최초로 1인 이상된 날부터 당해사업의 가동기간 30일 동안 사용한 연인원을 30으로 나누어 평균 1인 이상되는 사업이다. 근로자란 직업의 종류를 불문하고 사업 또는 사업장에 임금을 목적으로 근로를 제공하는 자를 말한다.

다. 위원회의 위원의 임기는 3년으로 하되 연임할 수 있다.

위원회는 그 심의사항을 검토·조정하고 위원회의 심의를 보조하게 하기 위하여 위원회에 전문위원회를 둘 수 있다(제8조).

산업재해보상보험심의위원회는 요양급여의 범위·비용 등 요양급여의 산정기준과 요양관리에 관한 사항, 보험요율의 결정에 관한 사항, 산업재해보상보험기금운용계획의 수립에 관한 사항, 기타 노동부장관이 산업재해보상보험사업에 관하여 부의하는 사항을 심의한다(동법시행령 제4조).

IV. 근로복지공단

1. 근로복지공단의 설립

노동부장관의 위탁을 받아 산업재해보상보험 사업을 효율적으로 수행하기 위하여 근로복지공단을 설립한다(제10조).

2. 근로복지공단의 사업

근로복지공단은 다음의 사업을 수행한다. (1) 보험가입자 및 수급권자에 관한 기록의 관리·유지, (2) 보험료, 기타 이 법에 의한 징수금의 징수, (3) 보험 급여의 결정 및 지급, (4) 보험 급여에 관한 심사청구의 심리·결정, (5) 산업재해보상보험시설의 설치·운영, (6) 근로자의 복지증진을 위한 사업, (7) 기타 정부로부터 위탁받은 사업, (8) 산업재해보상보험시설의 설치 및 운영 내지 기타 정부로부터 위탁받은 사업에 부대되는 사업.

3. 법인격, 임원 등

공단의 법인격은 법인으로 한다. 공단의 주된 사무소의 소재지는 정관으로 정한다.

공단의 임원은 이사장 1인과 상임이사 3인을 포함한 15인 이내의 이사와 감사 1인으로 한다.

이사장은 노동부장관의 제청에 따라 대통령이 임명하고, 임원의 임기는 3년으로 하되, 각각 연임할 수 있다. 다만, 당연직 이사의 임기는 그 재임기간으로 한다.

Ⅴ. 보험가입자 및 보험관계

1. 보험가입자

1) 당연가입자
산업재해보상보험법의 적용을 받는 사업의 사업주는 당연히 산업재해보상보험의 보험가입자가
된다.

2) 임의가입자
사업의 위험률·규모 및 사업장소 등을 참작하여 대통령령이 정하는 사업의 사업주는 산업재해보
상보험의 보험가입자가 되지 아니한다. 다만, 임의가입자가 된다. 이들은 p.288에 있는 "임의적용사
업"에 해당한다. 이 규정에 의한 사업의 사업주인 임의가입자는 근로복지공단의 승인을 얻어 보험에
가입하거나 보험계약을 해지할 수 있다. 이 경우의 해지는 그 보험관계가 성립한 보험연도가 종료한
때에 한한다. 근로복지공단은 계속해서 보험관계를 유지할 수 없다고 인정하는 경우에는 그 보험관
계를 소멸시킬 수 있다(보험료징수법 제5조).

2. 보험의 의제가입

사업주가 보험의 당연가입자가 되는 사업이 사업규모의 변동 등으로 인하여 당연가입자가 아닌
사업에 해당하게 된 경우에는, 즉 임의적용사업에 해당하는 경우에는, 그 사업주는 그 해당하게 된 날
부터 보험에 가입한 것으로 본다. 사업주가 그 사업의 운영 중에 근로자를 사용하지 아니하게 된 때에
는 그 날부터 1년의 범위 내에서 근로자를 사용하지 아니한 기간 동안에도 보험에 가입한 것으로 본
다(보험료징수법 제6조).[56]

3. 보험관계의 성립 및 소멸일

1) 보험관계
산업재해보상보험에 있어서 보험관계란 보험에 가입한 사업주가 보험료를 납부하고 업무상 재해
가 발생한 경우 보험관계는 재해를 입은 근로자에게 보험 급여를 행하는 관계를 말한다.

---

56) 의제란 어떤 사실 A를, 법률적 처리의 편의에서, 그것과는 다른 사실 B와 같은 것으로 취급하여, B에게 인정된 벌률효과를 A의 경우에도
발생시키는 것을 말한다.

(1) 업무상 재해

업무상 재해라 함은 업무상의 사유에 의한 근로자의 부상·질병·신체장해 또는 사망을 말한다. 업무상 재해로 인정받기 위해서는 업무수행성과 업무기인성을 갖추어야 한다. 미국의 경우도 근로자보상재활법(Workmen's Compensation and Rehabilitation Law)에서 업무수행성과 업무기인성을 요구하고 있다. 즉, 어떤 특정 재해나 질병이 보상을 받기 위해서는 그것이 고용으로 인해서(arise out of em- ployment) 그리고 고용과정에(in the course of employment) 발생하여야 한다. 전자는 노동이 장해를 유발했음을 의미하고, 후자는 일을 하고 있는 동안에 발생해야 한다는 것을 의미한다(맹수석, 2001).

(2) 업무상 재해의 기본원칙

업무상 사고로 인한 근로자의 사상이 i) 근로자가 근로계약에 의한 업무를 사업주의 지배관리하에 수행하는 상태에서 사고가 발생하거나 사업주가 관리하고 있는 시설물의 결함 또는 관리상의 하자로 인하여 사고가 발생하여 사상하였을 것, ii) 사고와 근로자의 사상 간에 상당인과 관계가 있을 것, iii) 근로자의 고의·자해행위나 범죄행위 또는 그것이 원인이 되어 발생한 사상이 아닐 것(다만, 업무상 스트레스로 인하여 정신과 치료를 받은 자 또는 업무상 재해로 인하여 요양중인 자가 정신장해로 인하여 정상적인 인식능력이나 행위선택능력 또는 정신적 억제력이 현저히 저하된 상태에서 자살행위로 인하여 사상하였다는 의학적 소견이 있는 경우에는 그러하지 아니하다)의 요건에 해당되는 경우에는 이를 업무상 재해로 본다(동시행규칙 제32조).

기타의 규정에 관해서는 동법시행규칙 제33조에서 제39조에 나와 있다.

2) 보험관계의 성립, 소멸, 신고

산재보험의 당연가입자가 되는 사업의 경우에는 그 사업이 시작된 날(임의적용사업이 사업 규모의 변동 등으로 인하여 산재보험의 당연가입자가 되는 사업에 해당하게 된 경우에는 그 해당하게 된 날) 성립한다(보험료징수법 제7조).

임의적용사업에 해당하는 경우 보험에 가입한 사업에 있어서는 공단이 그 사업의 사업주로부터 보험가입승인신청서를 접수한 날의 다음 날 성립한다.

당연적용사업의 경우 보험관계는 사업이 폐지 또는 종료된 날의 다음 날 소멸된다. 의제적용사업의 경우(근로자를 사용하지 않아 의제가입이 된 경우) 근로자를 사용하지 아니한 최초의 날부터 1년이 되는 날의 다음날 보험관계가 소멸한다. 임의적용사업의 경우 그 해지에 관하여 근로복지공단의 승인을 얻은 날의 다음 날 보험관계가 소멸한다. 직권소멸의 경우(근로복지공단이 계속해서 보험관계를 유지할 수 없다고 인정하여 보험관계를 소멸시킨 경우) 근로복지공단이 보험관계의 소멸을 결정·통지한 날의 다음 날 소멸한다(보험료징수법 제10조).

사업주는 보험의 가입자가 되거나 사업의 폐지·종료로 인하여 보험관계가 소멸한 때에는 각각 사업개시일 또는 보험관계 소멸일부터 14일 이내에 이를 근로복지공단에 신고하여야 한다(제12조).

VI. 보험 급여

1. 보험 급여 일반

보험 급여의 종류로는 i) 요양급여, ii) 휴업급여, iii) 장해급여, iv) 간병급여, v) 유족급여, vi) 상병보상연금, vii) 장의비가 있다. 보험 급여는 보험 급여를 받을 수 있는 자(수급권자)의 청구에 의하여 이를 지급한다.

2. 요양급여

요양급여는 근로자가 업무상의 사유에 의하여 부상을 당하거나 질병에 걸린 경우에 그 근로자에게 지급한다. 요양급여는 요양비의 전액으로 하되, 공단이 설치한 보험시설 또는 공단이 지정한 의료기관에서 요양을 하게 한다. 다만, 부득이한 경우에는 요양에 갈음하여 요양비를 지급할 수 있다. 부상 또는 질병이 3일 이내의 요양으로 치유될 수 있는 때에는 요양급여를 지급하지 아니한다.

요양급여의 범위는 진찰, 약제 또는 진료재료와 의지, 기타 보철구의 지급, 처치·수술, 기타의 치료, 의료시설에의 수용, 간병, 이송, 기타 노동부령이 정하는 사항을 포함한다. 공단은 근로자가 요양하고 있는 보험시설 또는 의료기관의 소재지·인력 또는 시설 등이 그 근로자의 요양에 적합하지 아니하다고 인정되는 경우에는 다른 보험시설 또는 의료기관을 지정하여 그 보험시설 또는 의료기관에서 요양하게 할 수 있다(제37조).

요양급여

진찰, 약제 또는 진료재료와 의지, 기타 보철구의 지급, 처치·수술, 기타의 치료, 의료시설에의 수용, 간병, 이송, 기타 노동부령이 정하는 사항

요양을 받고자 하는 자는 요양신청서를 공단에 제출하여야 한다. 또한 요양비를 지급받고자 하는 자는 요양비청구서를 공단에 제출하여야 한다. 공단은 긴급, 기타 부득이한 사유가 있을 때에는 그 근로자의 청구에 의하여 이송에 소요되는 비용을 미리 지급할 수 있다(동법시행령 제29조).

요양급여를 받은 자가 치유 후 요양의 대상이 되었던 업무상의 부상 또는 질병이 재발하거나 치유

당시보다 상태가 악화되어 이를 치유하기 위한 적극적인 치료가 필요하다는 의학적 소견이 있는 경우에는 재요양(再療養)을 받을 수 있다(제38조, 동법시행령 제30조의2).

3. 휴업급여

휴업급여는 업무상 사유에 의하여 부상을 당하거나 질병에 걸린 근로자에게 요양으로 인하여 취업하지 못한 기간에 대하여 지급하되, 1일당 지급액은 평균임금의 100분의 70에 상당하는 금액으로 한다. 다만, 취업하지 못한 기간이 3일 이내인 때에는 이를 지급하지 아니한다.[57]

> 휴업급여=({(365×0.7)기존 장해보상연금일수} / 365)×평균임금×재요양일수
> (이 경우 휴업급여를 감액하여야 할 경우에는 감액분을 감안하여 계산)
> 상병보상연금={(상향 조정된 상병보상연금일수기존 장해보상연금일수) / 365}×평균임금×재요양일수

표 12-6. 휴업급여의 감액지급 기준

감액대상연령	휴업급여 감액지급 기준
65세 이상	평균임금의 100분의 65

4. 장해급여

장해급여는 근로자가 업무상의 사유에 의하여 부상을 당하거나 질병에 걸려 치유 후 신체 등에 장해가 있는 경우에 그 근로자에게 지급한다.

장해급여는 장해등급에 따라 장해보상연금 또는 장해보상일시금으로 한다.

장해보상연금의 수급권자가 사망하거나 기타 대통령령이 정하는 경우에는 그 수급권이 소멸한다.

5. 간병급여

간병급여는 요양급여를 받은 자가 치유후 의학적으로 상시 또는 수시로 간병이 필요하여 실제로 간병을 받는 자에게 지급한다.

간병급여의 지급은 간병이 실제로 행하여진 날에 대하여 월 단위로 지급한다. 간병급여 지급대상자가 재요양을 받는 경우에는 재요양한 날부터 재요양 종료시까지 간병급여를 지급하지 아니한다.

간병급여는 근로자의 신청에 의하여 지급한다(제42조, 동법시행령 제31조의3).

---

57) 휴업급여는 2년간 지급하며, 2년후에는 상병보상연금으로 지급한다.

6. 유족급여

1) 유족급여의 의의 및 종류

유족급여는 근로자가 업무상의 사유에 의하여 사망한 경우에 유족에게 지급한다. 유족급여는 유족보상연금 또는 유족보상일시금으로 한다. 유족보상일시금은 유족급여를 연금의 형태로 지급하는 것이 곤란한 경우에 한하여 지급한다.

표 12-7. 유족급여

종 류	유족급여의 금액
유족보상연금	유족보상연금액은 다음의 기본금액과 가산금액을 합산한 금액으로 한다. 1. 기본금액 급여기초연액(평균임금에 365를 곱하여 얻은 금액)의 100분의 47에 상당하는 금액 2. 가산금액 유족보상연금 수급권자 및 그에 의하여 부양되고 있는 유족보상연금수급자격자 1인당 급여기초연액의 100분의 5에 상당하는 금액의 합산액. 다만, 그 합산금액이 급여 기초연액의 100분의 20을 넘을 때에는 급여기초연액의 100분의 20에 상당하는 금액으로 한다.
유족보상일시금	평균임금의 1,300일분

2) 유족보상연금 수급 자격자의 범위

유족보상연금 수급 자격자는

ⅰ) 유족으로서 근로자의 사망 당시 그에 의하여 부양되고 있던 자 중 처(사실상 혼인관계에 있는 자를 포함)

ⅱ) 남편(사실상 혼인관계에 있는 자를 포함)·부모 또는 조부모로서 60세 이상인 자

ⅲ) 자녀 또는 손으로서 18세 미만인 자

ⅳ) 형제자매로서 18세 미만이거나 60세 이상인 자

ⅴ) ⅰ) 내지 ⅲ)에 해당하지 않는 남편·자녀·부모·손·조·부모·형제자매로서 노동부령이 정하는 장애등급 이상에 해당하는 자

근로자의 사망 당시 태아이었던 자녀가 출생한 경우에는 출생한 때부터 장래에 향하여 그 근로자의 사망 당시 그에 의하여 부양되고 있던 자로 본다. (제43조)

3) 유족보상연금 자격의 상실

사망한 때, 재혼한 경우(사망한 근로자의 배우자만 해당하며, 재혼에는 사실상 혼인 관계에 있는

경우를 포함한다), 사망한 근로자와의 친족 관계가 끝난 경우, 자녀·손자녀 또는 형제자매가 18세가 된 경우, 장애인이었던 자로서 그 장애 상태가 해소된 경우

7. 상병보상연금

요양급여를 받는 근로자가 요양개시 후 2년이 경과된 날 이후에 i) 당해 부상 또는 질병이 치유되지 아니한 상태에 계속되는 경우, ii) 그 부상 또는 질병에 의한 폐질의 정도가 대통령령이 정하는 폐질등급기준에 해당하는 상태가 계속되는 경우 휴업급여 대신 상병보상연금을 그 근로자에게 지급한다. 이 경우 장해보상연금을 받고 있던 자가 재요양하고 있는 경우에는 요양개시 후 2년이 경과된 것으로 본다. 상병보상연금은 폐질등급에 따라 지급한다.[58]

표 12-8. 상병보상연금표

폐질 등급	상병보상연금
제 1 급	평균임금의 329일분
제 2 급	평균임금의 291일분
제 3 급	평균임금의 257일분

비고: 휴업급여가 최저임금액에 미달하는 근로자에 대하여는 최저임금액에 70분의 100을 곱한 금액을 평균임금으로 함.

8. 장의비

장의비는 근로자가 업무상의 사유에 의하여 사망한 경우에 지급하되, 평균임금의 120일분에 상당하는 금액을 그 장제를 행하는 자에게 지급한다. 장의비가 대통령령이 정하는 바에 따라 노동부장관이 고시하는 최고금액을 초과하거나 최저금액에 미달하는 경우에는 그 최고금액 또는 최저금액을 각각 장의비로 한다(제48조).

9. 특별급여

1) 장해특별급여

보험가입자의 고의 또는 과실로 발생한 업무상 재해로 인하여 근로자가 대통령령이 정하는 장해등급(14등급 가운데 제1급 내지 제3급)에 해당하는 장해를 입은 경우에 수급권자가 민법에 의한 손해배상청구에 갈음하여 장해특별급여를 청구한 때에는 장해급여 외에 대통령령이 정하는 장해특별급

---

58) 폐질이란 요양이 개시된 후 2년이 경과하여도 치유되지 아니하고 상당기간을 같은 상태가 계속된다고 인정하는 경우이다. 이 경우 휴업급여 대신 상병보상연금이 지급된다.

여를 지급할 수 있다.[59]

2) 유족특별급여

보험가입자의 고의 또는 과실로 발생한 업무상 재해로 인하여 근로자가 사망한 경우에 수급권자가 민법에 의한 손해배상청구에 갈음하여 유족특별급여를 청구한 때에는 유족급여 외에 대통령령이 정하는 유족특별급여를 지급할 수 있다(제51조).

10. 다른 보상 또는 배상과의 관계

i) 수급권자가 이 법에 의하여 보험 급여를 받았거나 받을 수 있는 경우에는 보험가입자는 동일한 사유에 대하여 근로기준법에 의한 재해보상책임이 면제된다.

ii) 수급권자가 동일한 사유에 대하여 이 법에 의한 보험 급여를 받은 경우에는 보험가입자는 그 금액의 한도 안에서 민법, 기타 법령에 의한 손해배상의 책임이 면제된다. 이 경우 장해보상연금 또는 유족보상연금을 받고 있는 자는 장해보상일시금 또는 유족보상일시금을 받은 것으로 본다(제52조).

VII. 심사

1. 심사청구 및 재심사청구

보험 급여에 관한 결정에 대하여 불복이 있는 자는 공단에 심사청구를 할 수 있다. 심사청구는 그 보험 급여에 관한 결정을 행한 공단의 소속기관을 거쳐 공단에 제기하여야 한다. 심사청구는 보험 급여에 관한 결정이 있음을 안 날부터 90일 이내에 하여야 한다(제72조).

심사청구에 대한 결정에 불복이 있는 자는 산업재해보상보험심사위원회에 재심사청구를 할 수 있다(제74조).

2. 산업재해보상보험심사위원회

재심사청구를 심리·재결하게 하기 위하여 노동부에 산업재해보상보험심사위원회를 둔다. 심사위원회는 위원장을 포함한 30인 이내의 위원으로 구성하고, 심사위원회의 위원은 노동부장관의 제청으로 대통령이 임명한다.

---

59) 고의 또는 과실의 경우 업무상 재해에 해당하지 않으나 특별히 적용한 경우이다.

VIII. 특례

1. 국외의 사업에 대한 특례

국외 근무기간 중 발생한 근로자의 재해를 보상하기 위하여 우리나라가 당사국이 된 사회보장에 관한 조약이나 협정(사회보장 관련조약), 기타 대통령령이 정하는 국가나 지역에서의 사업에 대하여는 노동부장관이 금융감독위원회와 협의하여 지정하는 자(보험회사)로 하여금 보험사업을 자기의 계산으로 영위하게 할 수 있다(제87조).

2. 해외파견자에 대한 특례

보험가입자가 대한민국 밖의 지역에서 행하는 사업에 근로시키기 위하여 파견하는 자(해외파견자)에 대하여 공단에 보험가입신청을 하여 승인을 얻은 경우에는 해외파견자를 그 가입자의 대한민국 영역 안의 사업(2개 이상의 사업이 있는 경우에는 주된 사업)에 사용하는 근로자로 보아 이 법을 적용할 수 있다(제88조).

3. 현장실습생에 대한 특례

이 법이 적용되는 사업에서 현장실습을 하고 있는 학생 및 직업훈련생(현장실습생) 중 노동부장관이 정하는 현장실습생은 이 법을 적용함에 있어서는 그 사업에 사용되는 근로자로 본다. 현장실습생이 실습과 관련하여 입은 재해는 업무상의 재해를 입은 것으로 보아 보험 급여를 지급한다.

IX. 벌칙

1. 100만원 이하의 과태료 처분

 i) 근로복지공단과 유사한 명칭을 사용한 자
 ii) 보험관계의 신고 및 개산보험료신고를 하지 아니하거나 거짓의 신고를 한 자

제6절 고용보험및산업재해보상보험의보험료징수등에관한법률

이 법은 고용보험법과 산업재해보상보험법에 각각 규정된 보험관계의 성립소멸보험료의 납부 및 징수 등에 관한 사항을 통합규정하는 단일의 법률을 제정하여 민원인의 보험업무의 편의를 도모하고 보험관리와 그 운영을 효율적으로 하기 위해 2003년 12월 31일 법률 제07047호로 제정되었다.
2007. 5. 11 법률 제8429호로 일부 개정했다.

1. 목적

이 법은 고용보험과 산업재해보상보험의 보험관계의 성립·소멸, 보험료의 납부·징수 등에 관하여 필요한 사항을 규정함으로써 보험사무의 효율성을 높이는 것을 목적으로 한다(제1조).

2. 용어의 정의 및 기준임금

① 근로자는 근로기준법에 의한 근로자를 말한다.
② 임금은 근로기준법에 의한 임금을 말한다. 다만 고용보험료를 징수하는 경우 휴직 그 밖에 이와 비슷한 상태에 있는 기간 중에 지급받는 금품중 노동부장관이 정하여 고시하는 금품은 이 법에 의한 임금으로 본다.
③ 기준임금이란 상시근로자수가 5인 미만인 사업의 경우, 사업의 폐업·도산 등으로 임금을 산정·확인하기 곤란한 경우 또는 대통령령이 정하는 사유에 해당하는 경우에는 노동부장관이 정하여 고시하는 금액을 임금으로 할 수 있다. 이 임금을 기준임금이라 한다. 기준임금은 사업의 규모, 근로형태 및 임금수준 등을 고려하여 고용정책심의회의 심의를 거쳐 시간·일 또는 월 단위로 정하되, 사업의 종류별로 구분하여 정할 수 있다(제2조, 제3조).

3. 보험사업의 수행주체

고용보험법 및 산업재해보상보험법에 의한 보험사업으로서 이 법에 정한 사항은 노동부장관의 위탁을 받아 근로복지공단이 수행한다(제4조).

4. 보험가입자

① 고용보험법 가입자 : 고용보험법의 적용을 받는 사업의 사업주와 근로자는 당연히 고용보험의

보험가입자가 된다. 산업별 특성 및 규모 등을 고려하여 적용범위에서 제외된 사업의 사업주가 근로자(적용 제외 근로자를 제외)의 과반수의 동의를 얻어 공단의 승인을 얻은 때에는 그 사업의 사업주 및 근로자는 고용보험에 가입할 수 있다.

② 산업재해보상보험법 가입자 : 산업재해보상보험법의 적용을 받는 사업의 사업주는 당연히 산재보험의 보험가입자가 된다. 위험률 규모 및 장소 등을 고려하여 적용범위에서 벗어난 사업의 사업주는 공단의 승인을 얻어 산재보험에 가입할 수 있다.

③ 고용보험 또는 산재보험에 가입한 사업주가 보험계약을 해지하고자 할 때에는 공단의 승인을 얻어야 한다. 사업주가 고용보험계약을 해지하고자 할 때에는 근로자의 3분의 2 이상의 동의를 얻어야 한다(제5조).

5. 보험의 의제가입

의제란 어떤 사실 A를, 법률적 처리의 편의에서, 그것과는 다른 사실 B와 같은 것으로 취급하여, B에게 인정된 법률효과를 A의 경우에도 발생시키는 것을 말한다.

사업주 및 근로자가 고용보험의 당연가입자가 되는 사업이 사업규모의 변동 등으로 고용보험법 적용범위에서 제외된 사업에 해당하게 된 때에는 그 사업주 및 근로자는 그 해당하게 된 날부터 고용보험에 가입한 것으로 본다.

사업주가 산재보험의 당연가입자가 되는 사업이 사업규모의 변동 등으로 인하여 산재보험의 적용범위에서 제외된 사업에 해당하게 된 때에는 그 사업주는 그 해당하게 된 날부터 산재보험에 가입한 것으로 본다.

사업주가 그 사업의 운영 중에 근로자(고용보험 적용 제외 근로자를 제외)를 고용하지 아니하게 된 때에는 그 날부터 1년의 범위 안에서 근로자를 사용하지 아니한 기간 동안에도 보험에 가입한 것으로 본다(제6조).

6. 보험관계의 성립일

고용보험과 산재보험의 당연가입자가 되는 사업의 경우에는 그 사업이 시작된 날에 보험관계가 성립한다. 고용보험과 산재보험의 적용범위에서 제외된 사업의 사업주가 공단의 승인을 얻어 보험에 가입하게 된 때에는 공단이 그 사업의 사업주로부터 보험가입승인신청서를 접수한 날의 다음 날부터 보험관계가 성립한다(제7조).

7. 보험료

근로복지공단은 보험사업에 드는 비용에 충당하기 위하여 보험가입자로부터 고용보험료(고용안정 사업·직업능력 개발 사업 및 실업급여의 보험료)와 산재보험의 보험료를 징수한다(제13조).

1) 고용보험료

고용보험가입자인 근로자가 부담하여야 하는 고용보험료는 자기의 임금총액에 실업급여의 보험요율의 2분의 1을 곱한 금액으로 한다. 그러나 고용보험가입자인 근로자가 64세가 된 때에는 그 날이 속한 달부터 고용보험료를 징수하지 아니한다.

사업주가 부담하여야 하는 고용보험료는 그 사업에 종사하는 고용보험가입자인 근로자의 임금총액에 고용안정 사업의 보험요율을 곱한 금액, 직업능력 개발 사업의 보험요율을 곱한 금액 및 실업급여의 보험요율의 2분의 1을 곱한 금액을 합한 금액으로 한다.

2) 산재보험료

사업주가 부담하여야 하는 산재보험료는 그 사업주가 경영하는 사업의 임금총액에 같은 종류의 사업에 적용되는 보험요율(업종별보험요율)을 곱한 금액으로 한다.

$$보험료 \ \ 그 \ 보험연도의 \ 임금총액 \ \times \ 보험요율$$

단, 임금총액의 추정액 또는 임금총액을 결정하기 곤란한 경우에는 노동부장관이 정하여 고시하는 노무비율을 사용하여 임금총액의 추정액 또는 임금총액을 결정할 수 있다.

$$보험료총공사금액(총벌목재적량) \times 노무비율^* \times 보험요율$$

* ① 2007년도 건설공사 노무비율 고시
　　일반 건설공사 : 총공사금액의 28%, 하도급 공사 : 하도급공사금액의 34%
　② 2007년도 벌목업 노무비율 : 벌목재적량 1㎥당 11,027원

8. 보험요율의 결정

1) 고용보험요율 결정

고용보험요율은 보험수지의 동향과 경제상황 등을 고려하여 1000분의 30의 범위 안에서 고용안정 사업의 보험요율, 직업능력 개발 사업의 보험요율 및 실업급여의 보험요율로 구분하여 대통령령으로 정한다. 고용보험요율을 결정하거나 변경하고자 하는 경우에는 고용정책심의회의 심의를 거쳐

야 한다.

표 12-9. 고용보험 사업별 보험요율

구 분		보험료	부담금
실업급여		0.9%	사업주, 근로자 각각 1/2부담
고용안정 사업		0.015%	사업주 전액 부담
직업능력 개발사업	150인미만 기업	0.1%	"
	150인이상 우선지원대상 기업	0.3%	"
	150인이상~1000인미만 기업	0.5%	"
	1000인이상 기업	0.7%	"
계		1.15%~1.75%	기업 규모에 따라 다름

2) 산재보험요율 결정

보험요율은 보험가입자의 보험료 부담과 직결되는 것으로서, 보험료부담의 공평성 확보를 위하여 매년 9월 30일 현재 과거 3년 동안의 임금총액에 대한 산재보험 급여 총액의 비율(보험 급여 지급률 또는 재해율)을 기초로 하여, 산업재해보상보험법에 의한 연금 등 산재보험 급여에 드는 금액, 재해예방 및 재해근로자의 복지증진에 드는 비용 등을 고려하여 사업의 종류별로 구분하여 노동부령으로 정한다.

보험요율의 적용은 하나의 적용사업장에 대하여는 하나의 보험요율을 적용하고, 하나의 사업장 안에서 보험요율이 다른 2종 이상의 사업이 행해지는 경우 그 중 주된 사업에 따라 적용한다.

재해율 = (과거 3년간 보험 급여총액) / (과거 3년간 임금총액)

산재보험의 보험관계가 성립한 후 3년이 지나지 아니한 사업에 대한 산재보험요율은 산업재해보상보험심의위원회의 심의를 거쳐 노동부장관이 사업의 종류별로 따로 정한다(제14조).

9. 고용보험료의 원천공제

사업주는 고용보험가입자인 근로자가 부담하는 고용보험료에 상당하는 금액을 그 근로자에게 지급할 임금에서 원천공제할 수 있다. 사업주가 원천공제한 때에는 공제계산서를 그 근로자에게 교부하여야 한다.

사업주가 되는 원수급인은 자기가 고용하는 고용보험가입자 외의 근로자를 고용하는 하수급인에

게 위임하여 그 근로자가 부담하는 보험료에 상당하는 금액을 그 임금에서 원천공제하게 할 수 있다
(제16조).

10. 개산보험료-확정보험료-정산

1) 개산보험료의 신고와 납부

사업주는 보험연도마다 그 1년 동안에 사용할 근로자에게 지급할 임금총액의 추정액에 고용보험
요율 및 산재보험요율을 각각 곱하여 산정한 금액(개산보험료)을 그 보험연도의 3월 31일까지 공단
에 신고·납부하여야 한다. 사업주는 개산보험료를 분할하여 납부할 수 있다.

공단은 보험요율이 인상 또는 인하된 때에는 개산보험료 및 특례보험료를 추가징수하거나 감액조
정한다(제17조).

2) 확정보험료의 신고-납부-정산

사업주는 매 보험연도의 말일까지 사용한 근로자에게 지급한 임금총액에 고용보험요율 및 산재보
험요율을 각각 곱하여 산정한 금액(확정보험료)을 다음 보험연도의 3월 31일까지 공단에 신고하여
야 한다. 다만, 사업주가 국가 또는 지방자치단체인 경우에는 그 보험연도의 말일까지 신고할 수 있다
(제19조).

3) 정산

납부 또는 추가징수한 개산보험료의 금액이 제1항의 확정보험료의 금액을 초과하는 경우에 공단
은 그 초과액을 사업주에게 반환하여야 하며, 부족한 경우에 사업주는 그 부족액을 다음 보험연도의
3월 31일까지 납부하여야 한다. 다만, 사업주가 국가 또는 지방자치단체인 경우에는 그 보험연도의
말일까지 납부할 수 있다. 근로복지공단은 사업주가 신고를 하지 아니하거나 그 신고가 사실과 다른
때에는 그 사실을 조사하여 확정보험료의 금액을 산정하여야 한다.

공단은 사업주가 산재보험가입신고를 게을리 한 기간중에 발생한 재해나 사업주가 산재보험료
의 납부를 게을리 한 기간중에 발생한 재해에 대하여 산재보험 급여를 지급하는 경우에는 그 급여에
해당하는 금액의 전부 또는 일부를 사업주로부터 징수할 수 있다(제2조).

제13장

공공부조법

제1절 공공부조법 서설

공공부조의 개념과 범위는 제도의 역사적 변천과 각국의 재정 등 제 환경에 많은 영향을 받아왔다. 공공부조법은 빈곤이 사회문제로 대두된 이래 오랫동안 국가가 빈곤문제를 해결하기 위한 시책으로 시행되어 왔다. 공공부조가 일찍이 발전하기 시작한 서구에서는 빈곤문제 해결을 위한 노력이 종교기관과 민간에서 자선적 또는 구호적 차원에서 이루어지기도 하였지만, 그러한 노력은 종교개혁이래 쇠잔해져가다가 구빈법이 제정되고, 구빈법에 기초해 국가가 공적인 차원에서 조세를 재원으로 하는 공공부조제도를 실시하게 되었다. 공공부조법은 사회보험법, 사회복지서비스법, 사회복지관련법과 더불어 사회복지법제의 중요한 위치를 차지하고 있다.

Ⅰ. 공공부조법의 의의 및 특징

1. 공공부조법의 의의

공공부조(公共扶助: public assistance)란 사회보장제도의 하나로서 자력으로 생계를 영위할 수 없는 자들로 하여금 그들이 자력으로 생활할 수 있을 때까지 국가가 책임지고 재정자금으로 급부해주는 일종의 구빈제도이다. 즉, 개인의 경제적 수요에 대하여 국가가 책임지고 최대한의 인간다운 생활을 영위하도록 하는 물질적인 급부제도이다(배기효, 2004). 따라서 공공부조법이란 국가 및 지방자치단체가 생활유지능력이 없거나 생활이 어려운 국민의 인간다운 최저생활을 보장하고 자립을 지원하기 위한 강제규범이고, 행위규범이자 조직규범이고, 사회규범이다.

우리나라의 2대 공공부조법으로는 국민기초생활보장법과 의료급여법을 들 수 있으며, 재해구호법도 이에 가깝다고 볼 수 있다. 긴급복지지원법도 한시법이긴 하지만 공공부조법에 속한다.

2. 공공부조의 특징

공공부조법은 내용상 공공부조에 관한 법이다. 공공부조의 주요 특징은 다음과 같다(김기원, 2000).

1) 공공부조는 프로그램의 수행 주체가 국가나 지방자치단체 또는 관련 공공기관인 공적인 프로그램이다. 이는 가족이나 개인, 기타 민간에 의해 행해지는 사적부조(private assistance)와 수행 주체가 다르다.

2) 공공부조는 선별적(selective)인 프로그램이다. 공공부조는 모든 국민을 대상으로 차별 없이 제공되는 보편적(universal)인 프로그램이 아니라, 엄격한 자산조사(means test)와 상황조사(status test)를 거쳐 선별된 대상자에게만 선택적으로 행해지는 선별적 프로그램이다.

3) 공공부조는 보충적인 제도이다. 공공부조의 수혜대상자가 자신의 자산과 근로능력을 최대한 활용하고, 부양의무자의 부양을 우선적으로 받도록 하고, 다른 법에 의한 보호를 받은 후에도 생활상 곤란을 겪는 경우에 비로소 행해지는 보충적인 제도이다. 사회보장제도 가운데 사회보험이 제1차적 사회안전망의 역할을 하는 데 반해 공공부조는 제2차적 사회안전망의 역할을 수행하고 있다.

4) 공공부조는 최저생활을 유지할 수 있도록 보호해주는 제도이다. 공공부조란 빈민들이 건강하고 문화적인 최저수준(social minimum, national minimum)의 생활을 유지할 수 있도록 도와주는 프로그램이다.

5) 공공부조 프로그램을 실시하기 위해 필요한 재원은 일반조세수입으로 충당한다. 공공부조의 수혜자들은 프로그램의 재원을 위해 자신이 별도로 경제적인 기여를 하지 않는다. 결과적으로 공공부조는 재분배(redistribution) 기능을 수행한다.

6) 공공부조는 사회적 형평(social equity)을 도모하는 특징을 갖고 있다. 같은 처지에 있는 공공부조 대상자들을 모두 똑같이 대우해주는 수평적 형평(horizontal equity)을 기하고 있고, 또 공공부조 대상자 가운데 서로 다른 처지에 있는 사람들은 서로 다르게 대우해줌으로써 수직적 형평(vertical equity)을 기하고 있다. 기존의 생활보호제도의 경우, 특히 수직적 형평을 기하기 위해 생계보호의 경우 획일적 보호제도에서 차등보호제도로 바뀌었으며, 국민기초생활보호제도에서는 보충급여방식 위주로 전개되고 있다.

7) 공공부조는 원조 프로그램이다. 개인이나 집단의 활동을 통제하거나, 경제적 부담을 지우거나, 신체적으로 강제를 가하는 제도가 아니라 표적집단에 필요한 도움을 주려는 원조 프로그램이다.

8) 공공부조는 규제적인 특징을 갖고 있다. 대상자가 공공부조의 혜택을 받기 위해서는 공공기관이 수혜자격 여부를 판정하기 위해 실시하는 자산조사에 응해야 한다. 따라서 수급자는 급여혜택을 위해 소극적 의미의 자유를 침해받게 된다.

9) 공공부조는 빈곤의 결과 발생하는 고통을 완화시키는 특징을 갖고 있다. 따라서 빈곤의 발생을 사전에 예방하는 기능이 다소 있기는 하지만, 주된 내용은 이미 발생한 빈곤상황에서 파생되는 물질적·신체적·정신적·교육적 문제들을 해결하려는 사후적이고 소극적인 특징을 갖고 있다.

10) 공공부조는 구분처우를 행하고 있다. 소득과 재산이 일정 수준에 미달되어 경제적으로 어려운 사람들 가운데 근로능력이 있는 사람과 근로능력이 없는 사람을 구분해 서로 다른 혜택을 제공하고 있다.

11) 공공부조는 사회를 통제하는 특징을 갖고 있다. 사회적 불안기에 공공부조의 수혜대상자를 증가시키고, 급여수준을 상향조정시킴으로써 불만계층의 욕구를 해소시켜 사회적 불안을 통제하는 사회통제(social control)의 기능을 수행한다.

3. 공공부조와 사회보험의 차이점

공공부조와 사회보험은 모두 사회보장제도의 하나로 실시되나 수혜대상, 제공주체, 급여내용, 급여수준, 재정부담 등에서 큰 차이가 있다. 양자를 비교하면 다음과 같다.

1) 공공부조는 수혜대상자가 주로 절대빈곤층을 그 대상으로 하는 데 반해, 사회보험은 일정 요건을 갖춘 모든 국민이 수혜대상이 된다. 수혜대상자를 선정함에 있어서 공공부조는 선별적인 데 반해, 사회보험은 보편적이다.

2) 공공부조 프로그램을 실시하는 데 필요한 재원은 일반조세수입으로 충당되는 데 반해, 사회보험의 경우 재원은 주로 수혜대상자의 기여금과 사용자의 부담금으로 충당된다.

3) 공공부조의 경우 수혜자의 직접적인 기여가 없기 때문에 급여가 응당 받아야 할 권리(entitlement, right)라는 수급권에 대한 권리성이 약하게 부여되는 반면, 사회보험의 경우 수혜자의 직접적인 기여가 있기 때문에 급여에 대한 강한 권리성이 부여된다.

4) 공공부조는 조세제도와 함께 가진 자의 부가 극빈계층에 이전되는 수직적 재분배기능이 소득계층간에 강력하게 이루어지는 데 반해, 사회보험의 경우 수직적 재분배기능이 매우 미약하다.

5) 공공부조는 빈곤으로 인해 발생한 고통을 완화시키는 완화적 전략(alleviative or palliative strategy)하에서 수행되는 반면, 사회보험은 앞으로 닥칠 사회적 사고를 사전에 예방하는 예방적 전략(preventive strategy)하에서 수행된다.

6) 공공부조는 과거 수혜자 자신의 노동과 관련 없이 급여가 행해지는 데 반해, 사회보험은 급여가 과거 수혜자 자신의 노동과 관련이 있다.

4. 공공부조의 기본원리

1) 국가책임의 원리

국가책임의 원리는 우리나라 헌법 제34조 제5항에 의거하여 공공부조를 통한 생존권 보장을 국가의 책임으로 하는 원리로써 국가는 이를 위해 재정적 책임을 져야 하고 행정체계를 갖춰야 한다. 이때의 국가는 중앙정부와 지방자치단체가 행정 및 재정의 일부를 책임지기도 한다.

그러나 국가책임은 개인책임을 전제로 하기 때문에 국가가 개인의 빈곤에 대하여 무조건 혹은 무제한으로 책임지는 것은 아니다.

2) 생존권 보장의 원리

생존권 보장의 원리는 국민의 복지에 대한 책임이 현대국가의 가장 중요한 요소의 하나임을 인정하여 국가는 모든 국민의건강하고 문화적인 최저한의 생활을 보호하여야 하며, 반대로 국민의 입장에서 생존권을 보호받을 수 있는 권리를 보장하는 원리이다. 그러므로 국민은 누구나 생활이 곤란할 때 국가에 대하여 보호를 청구할 권리가 있고 국가는 국민의 이러한 권리를 보장할 의무가 있는 것이다.

3) 최저생활보장의 원리

최저생화보장의 원리는 공공부조의 보호수준이 건강하고 문화적인 생활이 유지되도록 하여야 한다. 이 때 최저한의 수준은 단순히 육체적 생존에 필요한 최저한이 아니라 인간다운 생활을 누릴 수 있는 건강하고 문화적인 생활수준으로 보통 인정되고 있으나 구체적인 수준은 각 나라의 재정형편을 비롯한 사회·문화·경제적 상황과 관련되어 차이가 있다.

4) 자립조장의 원리

자립조장의 원리는 최저한의 생활을 보장하는 것일 뿐만 아니라 그 자립을 조장할 것을 목적으로 하는 원리로써 보충성의 원리와 함께 생활상의 책임을 개인 및 가족에게 지우는 것으로써 공공부조의 목적과 내용이 궁극적으로 수급자, 즉 보호대상자 스스로 자신의 생활을 책임질 수 있도록 하는 것이다. 이에 따라 사회복지사들은 경제적 급여 외에 대인(對人)서비스를 제공하게 된다.

5) 무차별 평등의 원리

무차별 평등의 원리는 공공부조의 수급의 법적 기준에 해당되는 사람이면 누구나 즉 빈곤의 원인이나 인종, 신앙 및 성별 등에 상관없이 모두 차별없이 보호받아야 한다는 것이다.

6) **보충성의 원리**

　보충성의 원리는 국가책임의 이념에서 파생되는 원리로써 공공부조를 시행할 때 무엇보다도 먼저 수급자가 갖고 있는 가능한 있는 자원이나 능력을 최대한 활용하여야 하고 또한 부양의무자가 있을 때는 그 부양의무를 충실히 수행하게 하고 그렇게 하고도 최저생활을 유지할 수 없을 때에 비로소 국가가 그 부족한 부분을 보충하여 주는 것을 원칙으로 하는 것이다.

　보충성이 원리에는 재산·근로능력 등 활용의 원칙, 친족부양 우선의 원칙 및 타법 우선의 원칙 등으로 구성된다.

　이상의 원리는 가급적 지켜져야 하겠으나 공공부조는 그 성격상 잔여적인 한계를 갖고 있어 빈곤이나 생활유지의 어려움에 대한 원인을 일차적으로 국가나 사회 대신 개인이나 가족으로 간주한다는 점을 인식하여야 할 것이다.

제2절 국민기초생활보장법

(제정 1999. 9. 7. 법률 제6024호, 일부개정 2006. 12. 28 법률 제8112호)

Ⅰ. 입법배경 및 연혁

1. 입법배경

우리나라가 가지고 있는 공공부조제도로써 종전에는 생활보호법을 일반법으로 하고 있어 보통 생활보호제도라고 불렀다. 이것이 1999년 9월 7일 국민기초생활보장법이 제정됨으로써 국민기초생활보장제도로 새출발하게 되었다.

국민기초생활보장법은 과거의 생활보호법이 IMF 외환위기에 파생된 대량실업과 이에 따른 빈곤문제를 제대로 대처하지 못하자 이를 타개하기 위해 대체입법으로 제정되었다. 그동안 국민들의 최저생활을 보장해온 기존의 생활보호제도는 외환위기에 따른 대량실업을 맞이하여 2차적 사회안전망(social safety net)으로서의 기능을 제대로 수행하지 못하였다는 비판을 받았다. 외환위기에 따른 경제불황과 사회 전반의 구조조정 움직임에 따른 초유의 대량실업으로 인해 빈곤문제가 더욱 악화되고 있는 상황에서, 극빈층과 저소득층의 기본적인 생활을 보장하기 위해서는 생활보호제도를 대폭 확충하여야 함에도 불구하고, 기존의 생활보호법은 보호대상을 인구통계학적으로 특정 범주의 사람들만 제한적으로 편협하게 규정하고 있어, 사회안전망의 사각지대에 놓인 극빈층과 저소득층의 생존이 위기에 처했던 것이 사실이었다.

실업이나 빈곤의 문제는 극히 일부에 국한된 특정계층의 문제가 아니라 중간 소득층을 포함한 대규모 사업장의 장기실업자, 영세사업장의 실직자, 일용노동자, 기타 영세 도시빈민 등을 망라한 본격적이고도 일반적인 사회문제로 자리잡게 되었다. 현 상황은 '특정 인구학적 범주에 국한된 예외적, 비현실적인 보호'에서 '빈곤'이라는 이유 하나만으로 생존을 보장하는 '일반적 공공부조'로의 전환을 절실히 요구하였다. 따라서 18세 이상 65세 미만 자들의 경우도 장기실업으로 인한 '절대적 빈곤'에 대하여 적극적으로 대응할 수 있도록 새로운 제도의 도입이 필요하였다(김기원, 2000).

2. 연혁

일제는 1944. 3. 1. 조선구호령을 공포하여 실시하였다(신섭중 외, 1993). 조선구호령의 적용대상은 ① 65세 이상의 노쇠자, ② 13세 이하의 유아, ③ 임산부, ④ 불구·폐질·질병·상병·기타 정신 또는 신체의 장애로 인해 노동에 지장이 있는 자로 정하였으며, 급여내용으로는 생활부조, 의료부조, 조산부조, 생업부조로 구성되어 있고, 구호는 신청주의, 자산조사 규정, 거택보호를 원칙으로 하였다. 조선구호령은 형식적으로는 근대적 의미의 공공부조제도로서 면모를 갖추었으나, 식민지 통치를 위한 안정된 지배질서를 마련하기 위한 시도였다.

1945년 미군정법령 제18호에 의해 조선총독부 경무국 위생과를 보건후생부로 변경하였다. 보건후생부는 사변재해구제, 일반빈곤자 공공부조, 아동후생 및 보호, 노무자 후생 및 은급제도, 주택문제, 귀국실직자 보호, 공공후생계획 및 운영의 직무를 수행하였다.

1948. 7. 17. 제정된 대한민국 헌법 제1호 제19조에는 노령, 질병, 기타 노동능력 상실로 인해 생활유지의 능력이 없는 자는 법률이 정하는 바에 의해 국가의 보호를 받는다고 규정하였다.

1961. 12. 30. 노령, 질병, 기타 근로능력의 상실로 인해 생활유지의 능력이 없는 자 등에 대한 보호와 그 방법을 규정하여 사회복지의 향상에 기여함을 목적으로 생활보호법이 공포되었다. 조선구호령에 의해서 실시되어온 극빈자에 대한 구호사업과 무의무탁한 생활무능력자에 대한 수용보호를 국가에 의한 공공부조제도로 입법화하였다.

생활보호법 제정 이후 1968년 자활지도에 관한 임시조치법이 제정되어 근로능력이 있는 영세민에 대한 취로사업을 시행하였으며, 1978년에는 의료보호법을 제정하여 의료보호를 분리하였다.

1982. 12. 31. 생활보호법을 전면 개정하여 보호대상자 범위를 일부 확대하여 영세민을 법정보호대상 범위에 포함시켰고, 보호대상자가 생활유지·향상을 위하여 자신의 자산과 근로능력 등을 최대한 활용할 것을 전제하고, 친족부양우선주의를 명백히 하였으며, 보호수준은 건강하고 문화적인 최저생활을 유지하는 수준이며, 보호의 종류에서 자활보호와 교육보호를 추가하였다.

1998년 9월 한시적 생활보호제도를 제정하여 IMF사태 이후 기업체의 도산, 파산, 대량 감원 등으로 파생된 대량실업으로 인해, 갑자기 빈곤에 빠진 18세 이상 60세 미만의 실직자들의 경우, 기존의 생활보호법상 보호대상자가 되지 못하여 생존이 위협받게 되기 때문에 이들이 다시 자립할 수 있을 때까지 국가가 한시적으로 이들을 '한시적 생활보호대상자'로 선정하여 임시변통적으로 생계보호, 의료보호, 자녀학비 등을 지원해주었다.

1999. 9. 7. 법률 제6024호로 국민기초생활보장법이 제정되었다. 기존의 생활보호제도는 특정 인구학적 범주에 국한된 대상자에게만 급여가 제공되는 범주적 공공부조(categorical public assistance)이었기 때문에, 빈곤에 처한 모든 사람의 생존을 보장하는 일반적 공공부조(general public assistance)로 전환함으로써 모든 빈곤계층들을 보편적으로 보장하도록 제도적 변화를 가져오게 되었다. 따라서 18세 이상 64세 이하의 국민들도 장기실업 등으로 인해 절대적 빈곤상태에 빠진 경우 이들도 최소한의 인간다운 생활을 영위할 수 있도록 기존의 생활보호법을 전면적으로 개정하여 국민기초생활보장법으로 대체하였다. 국민기초생활보장제도는 2000년 10월부터 실시되었다.

국민기초생활보장법은 저소득 국민, 영세 도시빈민, 실업자 등을 지원하여 빈곤문제에 대한 사회안전망의 기초를 튼튼히 하는 한편, 빈곤가구별로 자활지원계획을 수립하고, 그에 맞는 자활급여를 실시함으로써 빈곤의 장기화를 방지하기 위해 제정되었다.

2002. 8. 31. 보건복지부령 제00222호로 동법시행규칙을 개정하여 국민기초생활보장법상의 수급
자선정을 위한 개인의 소득평가액을 산정함에 있어서 실제소득에서 공제하는 근로소득 및 사업소득
의 범위를 10퍼센트 내지 15퍼센트에서 30퍼센트로 상향조정하여 국민기초생활보장법상 수급자의
근로유인효과를 높이고, 가구특성에 따라 추가적인 지출이 필요한 금액을 실제소득에서 공제하도록
함으로써 소득공제대상의 범위를 확대하였다.

2003. 1. 2. 대통령령 제17877호로 동법시행령을 개정하여 생계급여(生計給與)의 지급대상자가 근
로능력이 있는 경우에는 자활에 필요한 사업에 참가할 것을 조건으로 하여 이를 지급할 수 있는 바,
이 경우 근로능력이 있는 수급자의 상한연령을 노령화 사회로의 진전에 맞추어 60세에서 64세로 단
계적으로 조정하고, 근로무능력자판정기준을 합리적으로 조정하였다.

2004. 1. 29. 보건복지부령 제00269호로 동법시행규칙을 개정하여 국민기초생활보장수급자의 선
정기준이 되는 소득평가액을 산정하기 위하여 실제소득에서 공제하는 근로소득의 대상에 수급자의
근로를 유인하기 위하여 공공근로에 참가하여 얻은 소득을 추가하고, 수급자의 선정기준이 되는 재
산의 소득환산방식을 정비하는 등 현행 국민기초생활보장제도의 미비점을 개선·보완하려는 것임.

2004. 3. 5. 법률 제07181호로 최저생계비를 결정함에 있어 수급권자의 가구유형 등 생활실태를
고려하도록 하고, 예산이 확정되기 전에 수급자를 결정하도록 하기 위하여 최저생계비 공표시한을
종전 매년 12월 1일에서 9월 1일로 변경하며, 정확한 생활실태가 반영될 수 있도록 최저생계비 계측
조사주기를 종전 5년에서 3년으로 단축하였다.

2005. 12. 23 법률 7738호로 기초생활보장제도의 운영을 내실화하기 위하여 부양의무자의 범위를
1촌의 직계혈족 및 그 배우자로 축소하여 수급대상을 확대하고, 급여지급의 기본단위인 개별가구의
개념을 명확히 규정하며, 국내체류 외국인 중 한국인과 결혼하여 한국 국적의 미성년 자녀를 양육하
고 있는 자도 수급권자가 되도록 하여 외국인 배우자와 그 자녀의 복지를 증진하였다.

2006. 12. 28 법률 제8112호로 일부개정. 소득 및 부양의무자 기준에 따라 수급권자에 속하지 아니
하나 생활이 어려운 차상위계층에 대하여 주거, 교육, 의료, 장제 및 자활급여 등 부분급여를 지급할
수 있도록 하여 사회안전망을 강화하는 한편, 중앙자활센터를 설치할 수 있도록 하고, 다양한 자활지
원 프로그램이 제공될 수 있도록 하였다.

II. 목적, 정의, 기본원칙

1. 목적

국민기초생활보장법은 헌법 제34조 5항의 "생활능력이 없는 국민은 법률이 정하는 바에 의하여
국가의 보호를 받는다"는 규정에 의거하여 생활이 어려운 자에게 필요한 급여를 행하여 이들의 최

저생활을 보장하고 자활을 조성하는 것을 목적으로 한다(제1조). 즉, 국민 기초 생활보장제도는 국가의 보호를 필요로 하는 저소득 빈곤층의 기초생활을 보장함으로써 빈곤을 극복하려는 제도를 의미한다. 이 법의 목적은 최저생활을 보장받는 헌법상의 권리를 실체적으로 규정하여 생활이 어려운 자의 최저생활을 보장하고, 자활을 조성한다는 두 가지의 입법 목적을 갖고 있다.

2. 용어의 정의

1) 부양의무자

수급권자를 부양할 책임이 있는 자로서 수급권자의 1촌의 직계혈족 및 그 배우자를 말한다. 법률개정으로 법률개정 이전에 부양의무자 범위가 넓어 실제로 생계를 책임지며 부양해 주는 사람이 없는데도 불구하고 국민기초생활보장의 혜택을 받지 못했던 빈곤층이 새로이 수급권자로 선정될 수 있는 법률적 토대를 마련하였다.

2) 최저생계비

국민이 건강하고 문화적인 생활을 유지하기 위하여 소요되는 최소한의 비용으로서 제6조의 규정에 의하여 보건복지부장관이 공표하는 금액을 말한다.

3) 개별 가구의 소득평가액

개별 가구의 실제소득에도 불구하고 보장기관이 급여의 결정 및 실시 등에 사용하기 위하여 산출한 금액을 말한다. 이 경우 가구 특성에 따른 지출요인과 근로를 유인하기 위한 요소 등을 반영하여야 한다.[60]

> 소득평가액 = (실제소득) − (경로연금, 장애아동부양수당 및 보호수당, 모·부자복지법에 의한 아동양육비, 고엽제후유의증환자지원 수당, 만성질환 등의 치료·요양·재활로 인하여 지속적으로 지출하는 의료비, 장애인직업재활재활사업에 참가하여 얻은 소득의 100분의 30에 해당하는 금액, 공공근로 및 자활공동체의 사업에 참가하여 얻은 소득의 100분의 30에 해당하는 금액, 학생이 얻은 근로소득 및 사업소득 의 100분의 30에 해당하는 금액)

---

60) "실제소득"이라 함은 근로소득, 사업소득, 재산소득, 기타소득을 합산한 금액을 말한다. 근로소득이란 근로의 제공으로 얻는 소득을 말한다. 사업소득이란 농업소득, 임업소득, 어업소득, 도매업·소매업·제조업, 기타 사업에서 얻는 소득을 말한다. 재산소득이란 임대소득과 이자소득을 말한다. 기타소득이란 친족 또는 후원자 등으로부터 정기적으로 받는 금품 중 보건복지부장관이 정하는 금액 이상의 금품, 국민연금법·공무원연금법·군인연금법·사립학교교직원연금법·고용보험법·산업재해보상보험법·독립유공자예우에관한법률·국가유공자등예우및지원에관한법률·고엽제후유의증환자지원등에관한법률·자동차손해배상보장법·참전유공자예우에관한법률 등의 규정에 의하여 정기적으로 지급되는 각종 수당·연금·급여, 기타 금품을 포함한다. 그러나 퇴직금·현상금·보상금 등 정기적으로 지급되는 것으로 볼 수 없는 금품, 보육·교육, 기타 이와 유사한 성질의 서비스 이용을 전제로 제공받는 보육료·학자금, 기타 이와 유사한 금품 등은 실제소득에 포함하지 아니한다.

4) 재산의 소득환산액

보장기관이 급여의 결정 및 실시 등에 사용하기 위하여 개별 가구의 재산가액에 소득환산율을 곱하여 산출한 금액을 말한다. 이 경우 개별 가구의 재산범위·재산가액의 산정기준 및 소득환산율, 기타 필요한 사항에 관하여는 보건복지부령으로 정한다(제2조).[61]

재산의 소득환산액 산정

재산의 소득환산액 = [일반재산가액 − 기본재산액 − 부채] × (소득환산율)
　　　　　　　　　기본재산액은 기초생활의 유지에 필요하다고 보건복지부장관이 정하여
　　　　　　　　　고시하는 기본재산액, 부채는 임대보증금 및 금융기관 융자금 그 밖에
　　　　　　　　　보건복지부장관이 정하여 고시하는 부채

5) 개별 가구

개별가구는 이 법에 따른 급여를 받거나 이 법에 따른 자격요건 부합여부에 관한 조사를 받는 기본단위로서 수급자 및 수급권자로 구성된 가구를 말한다.

① 개별가구는 다음 각 호의 자로 구성된 가구를 말한다.

　1. 세대별주민등록표에 기재된 자(동거인을 제외한다)

　2. 제1호에 기재된 자 외의 자로서 다음 각 목의 1에 해당하는 자

　　가. 제1호에 기재된 자에 해당하는 자의 배우자(사실상 혼인관계에 있는 자를 포함한다)

　　나. 제1호에 기재된 자에 해당하는 자의 미혼자녀 중 30세 미만인 자

　　다. 제1호에 기재된 자에 해당하는 자와 생계 및 주거를 같이 하는 자(제1호에 해당하는 자중 생계를 책임지는 자가 그 부양의무자인 경우에 한한다)

② 그러나 다음 각 호의 어느 하나에 해당하는 자는 개별가구에서 이를 제외한다.

　1. 현역군인 등 법률상 의무의 이행을 위하여 다른 곳에서 거주하면서 의무이행과 관련하여 생계를 보장받고 있는 자

　2. 외국에 3월 이상 체류하는 자

　3. 교도소·구치소·치료감호시설 등에 수용 중인 자

　4. 보장시설에서 급여를 받고 있는 자

　5. 실종선고의 절차가 진행중인 자

　6. 가출 또는 행방불명의 사유로 경찰서 등 행정관청에 신고되어 1월이 경과되었거나 가출 또는 행방불명 사실을 시장·군수·구청장이 확인한 자

---

61) 소득환산의 대상이 되는 개별가구의 재산의 범위 : i) 일반재산(건축물, 토지, 선박, 항공기, 전세금 등 임차보증금, 가축·종묘(種苗) 등 100만 원 이상의 동산(장애인재활보조기구 등은 제외), ii) 금융재산(현금 또는 수표, 어음, 주식, 국·공채 등 유가증권, 예금·적금·부금·저축성보험 및 금전신탁 등), iii) 자동차(장애인사용자동차 제외)

7. 기타 제1항제1호에 해당하는 자와 생계 및 주거를 달리한다고 시장·군수·구청장이 확인한 자

3. 급여의 기본원칙

급여는 수급자가 자신의 생활의 유지·향상을 위하여 그 소득·재산·근로능력 등을 활용하여 최대한 노력하는 것을 전제로 이를 보충·발전시키는 것을 기본원칙으로 한다. 부양의무자의 부양과 다른 법령에 의한 보호는 이 법에 의한 급여에 우선하여 행하여지는 것으로 한다. 다만, 다른 법령에 의한 보호의 수준이 이 법에서 정하는 수준에 이르지 아니하는 경우에는 나머지 부분에 관하여 이 법에 의한 급여를 받을 권리를 잃지 아니 한다(제3조).

국민기초생활보장급여의 기본원칙에는 최저생활보장의 원칙, 보충급여의 원칙, 개별성의 원칙, 가족부양 우선의 원칙, 타급여 우선의 원칙 및 보편성의 원칙이 있다.

4. 급여의 기준 등

급여는 건강하고 문화적인 최저생활을 유지할 수 있는 것이어야 한다.

급여의 기준은 보건복지부장관이 수급자의 연령·가구규모·거주지역·기타 생활여건 등을 고려하여 급여의 종류별로 정한다. 이는 수요충족 면에 있어서 개별화의 원칙을 선언한 것이다(전광석, 1992).

보장기관은 이 법에 의한 급여를 세대를 단위로 하여 행하되, 특히 필요하다고 인정하는 경우에는 개인을 단위로 하여 행할 수 있다(제4조).

5. 수급권자의 범위

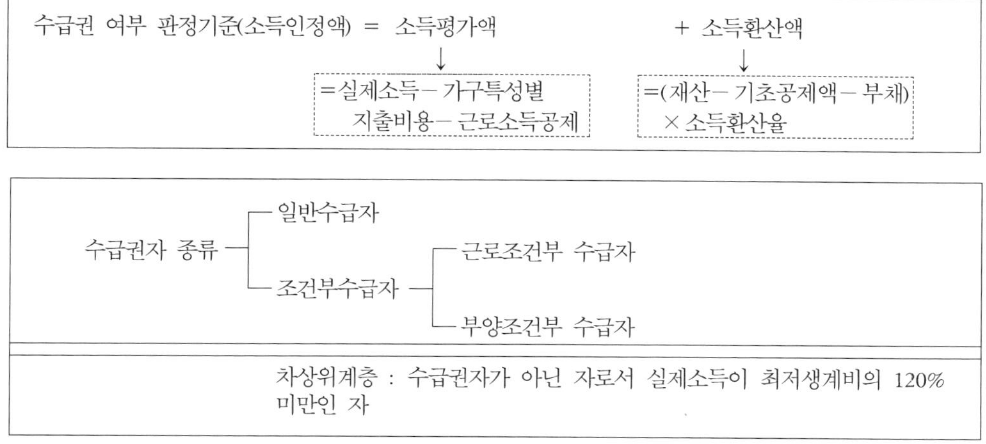

(1) 수급권자

수급권자는 부양의무자가 없거나, 부양의무자가 있어도 부양능력이 없거나 부양을 받을 수 없는 자로서 소득인정액이 최저생계비 이하인 자로 한다.

(2) 부양능력이 없는 경우

위에서 "부양의무자가 있어도 부양능력이 없는 경우"는 부양의무자가 i) 수급자인 경우, ii) 직계존속 또는 중증장애인인 직계비속을 자신의 주거에서 부양하는 경우, iii) 차상위계층과 일용근로 등에 종사하는 자로서 재산의 소득환산액이 수급권자 및 그 부양의무자 각각의 최저생계비의 100분의 42에 해당하는 금액을 합한 금액 미만인 경우, iv) i)과 iii) 외의 자로서 실제소득이 수급권자 및 그 부양의무자 각각의 최저생계비를 합한 금액의 100분의 130 미만이거나 재산의 소득환산액이 수급권자 및 그 부양의무자 각각의 최저생계비의 100분의 42에 해당하는 금액을 합한 금액 미만이거나 부양의무자의 실제소득에서 부양의무자 최저생계비의 100분의 130에 해당하는 금액을 차감한 금액의 범위 안에서 보건복지부장관이 정하는 금액을 수급권자에게 정기적으로 지원하거나 v) 그 밖에 질병·교육·가구특성 등으로 인하여 부양능력이 없다고 보건복지부장관이 정하는 경우를 말한다. 이 경우 ii)에 해당하는 부양의무자는 개별가구에 속하지 아니하는 다른 직계혈족에 한하여 부양능력이 없는 것으로 본다.

보건복지부장관은 위의 규정에 불구하고 부양의무자인 출가한 딸 등의 부양능력에 대하여는 그 인정기준을 완화하여 정할 수 있다.(동법시행령 제4조)

(3) 부양을 받을 수 없는 경우

"부양의무자가 있어도 부양을 받을 수 없는 경우"는 부양의무자가 i) 병역법에 의하여 징집 또는 소집된 경우, ii) 해외이주자에 해당하는 경우, iii) 교도소, 구치소, 치료감호시설 등에 수용중이거나 가출 또는 행방불명으로 확인된 경우, iv) 부양을 기피 또는 거부하는 경우, v) 기타 수급권자가 부양을 받을 수 없다고 시장·군수·구청장이 확인한 경우를 말한다(동법시행령제5조).

(4) 일반수급자

일반수급자란 국민기초생활보장법에 의한 수급자 가운데 조건부 수급자가 아닌 수급자를 말한다. 이 규정에 의한 수급권자에 해당하지 아니하여도 생활이 어려운 자로서 일정 기간 동안 급여의 전부 또는 일부가 필요하다고 보건복지부장관이 정하는 자는 수급권자로 본다(제5조).

(5) 외국인 특례

외국인에 대한 특례가 새로이 제정되었다. 1. 대한민국 국민과 혼인 중인 자로서 대한민국 국적의 미성년 자녀[계부(모)자 관계 및 양친자관계를 포함한다]를 양육하고 있는 자, 2. 대한민국 국민인 배

우자와 이혼하거나 그 배우자가 사망한 자로서 대한민국 국적의 미성년 자녀를 양육하고 있는 자로
서 부양의무자가 없거나, 부양의무자가 있어도 부양능력이 없거나 부양을 받을 수 없는 자로서 소득
인정액이 최저생계비 이하인 경우에는 수급권자가 된다(제5조의2 및 동법시행령 제5조의2).

6. 최저생계비의 결정

보건복지부장관은 국민의 소득·지출수준과 수급권자의 가구유형 등 생활실태, 물가상승률 등을
고려하여 최저생계비를 결정하여야 한다. 보건복지부장관은 매년 9월 1일까지 중앙생활보장위원회
의 심의·의결을 거쳐 다음 연도의 최저생계비를 공표하여야 한다.

보건복지부장관은 최저생계비를 결정하기 위하여 필요한 계측조사를 3년마다 실시한다. 보건복
지부장관은 중앙생활보장위원회의 심의·의결을 거쳐 최저생계비계측조사계획을 수립하고 그 계획
에 따라 계측조사를 실시한다. 보건복지부장관은 제1항의 규정에 의한 계측조사를 공공 또는 민간기
관·단체, 기타 전문가에게 의뢰하여 실시할 수 있다(제6조, 동법시행규칙 제5조).

표 13-2. 2007년도 가구별 최저생계비

구 분	1인 가구	2인 가구	3인 가구	4인 가구	5인 가구	6인 가구
금액(원/월)	435,921	734,412	972,866	1,205,535	1,405,412	1,609,630

현재 우리나라의 최저생계비 계측방식은 전(全)물량 방식(market−basket method)에 의한다. 전물
량 방식은 라운트리(Rowntree) 방식이라고도 한다.

Ⅲ. 급여의 종류와 방법

1. 급여의 종류

국민기초생활보장법에 의한 급여의 종류는 다음과 같다.
① 생계급여, ② 주거급여, ③ 의료급여, ④ 교육급여, ⑤ 해산급여, ⑥ 장제급여, ⑦ 자활급여.
수급자에 대한 급여는 정당한 사유없이 이를 불리하게 변경할 수 없으며(제 34조) 급여는 생계급
여와 수급자의 필요에 따라 주거급여 내지 자활급여를 함께 행하는 것으로 한다. 이 경우 급여의 수준
은 생계급여 내지 교육급여 및 자활급여와 수급자의 소득인정액을 포함하여 최저생계비 이상이 되
도록 하여야 한다. 의료급여는 과거의 의료보호법이 전면 개정된 의료급여법에서 따로 정한다(제7

조).

2. 생계급여

1) 생계급여 대상자
다음의 자를 제외한 모든 수급자
① 의료급여 특례자
② 교육급여 특례자
③ 자활급여 특례자
④ 에이즈 쉼터 거주자
⑤ 노숙자 쉼터 또는 한국갱생 보호 공단시설 거주자 등 국가 또는 지방자치단체로부터 생계를 보장 받는자.

2) 생계급여의 내용
생계급여는 수급자에게 의복·음식물 및 연료비와 기타 일상생활에 기본적으로 필요한 금품을 지급하여 그 생계를 유지하게 하는 것으로 한다(제8조).

3) 생계급여의 방법
생계급여는 금전을 원칙으로 한다. 다만, 세대주의 알콜 중독 등으로 자녀를 포함한 가구구성원의 기본적인 생계유지를 위하여 필요하다고 인정되는 경우에는 식품권, 식당이용권 등 물품으로 지급할 수 있다. 수급품은 매월 정기적으로 지급하여야 한다. 다만, 특별한 사정이 있는 경우에는 그 지급방법을 다르게 정하여 지급할 수 있다.

수급품은 수급자에게 직접 지급한다. 다만, 수급자가 그 주거가 없거나 주거가 있어도 그곳에서는 급여의 목적을 달성할 수 없는 경우 등으로 인하여 보장시설이나 타인의 가정에 위탁하여 생계급여를 행하는 경우에는 그 위탁받은 자에게 이를 지급할 수 있다. 이 경우 보장기관은 보건복지부장관이 정하는 바에 따라 정기적으로 수급자의 수급 여부를 확인하여야 한다.

4) 생계급여의 지급방법
시장·군수·구청장은 수급자로 결정된 자에게 수급자 계좌에 매월 20일 정기 지급한다. 최초의 생계급여 금품을 지급하는 경우 그 급여개시일이 급여가 개시되는 달의 15일 이전인 때에는 그 달 분의 생계급여 금품을 전부 지급하고, 16일 이후인 때에는 그 생계급여 금품의 50%를 지급한다.

보장시설에 거주하는 수급자의 경우에는 그 시설의 소재지를 관할하는 시장·군수·구청장이 그 수급자가 보장시설에 입소한 날부터 퇴소한 날까지 그 거주일수에 따라 생계급여 금품을 지급한다

(동법시행규칙 제6조).

5) 차등지급

생계급여는 수급자의 소득인정액 등을 감안하여 차등지급할 수 있다. 이는 자신의 소득과 최저생계비 간의 차이를 급여로 지급하는 보충급여방식을 실시할 수 있는 근거가 된다.

6) 조건부수급자

(1) 자활 조건

보장기관은 근로능력이 있는 수급자에게 자활에 필요한 사업에 참가할 것을 조건으로 하여 생계급여를 지급할 수 있다. 이 경우 보장기관은 자활지원계획을 감안하여 조건을 제시하여야 한다(제9조).

여기서 "근로능력이 있는 수급자"라 함은 i) 중증장애인, ii) 질병·부상 또는 그 후유증으로 2월 이상의 치료 또는 요양이 필요한 자, iii) 임산부, iv) 공익근무요원 등 법률상 의무를 이행 중인 자, v) 기타 근로가 곤란하다고 보건복지부장관이 정하는 자에 해당하는 자를 제외한 18세 이상 64세 이하의 수급자를 말한다(동법시행령 제7조).

(2) 조건부수급자의 정의

조건부수급자는 자활에 필요한 사업에 참가할 것을 조건으로 생계급여를 지급받는 자를 말한다. 조건부수급자는 근로능력이 있는 수급자 중 어느 하나에 해당하는 수급자를 제외한 자로 한다(동법시행령 제8조).

i) 개별가구 또는 개인의 여건 등으로 자활사업에 참가하기가 곤란한 미취학 자녀 또는 질병·부상 또는 장애 등으로 거동이 곤란한 가구원이나 치매 등으로 특히 보호가 필요한 가구원을 양육·간병 또는 보호하는 수급자(가구별로 1인에 한하되, 양육·간병 또는 보호를 할 수 있는 다른 가구원이 있거나 사회복지시설 등에서 보육·간병 또는 보호서비스를 제공받는 경우를 제외)이거나 방송·통신대학이 아닌 대학에 재학 중인 자이거나 한국장애인고용촉진공단이 실시하는 고용촉진 및 직업재활 사업에 참가하고 있는 장애인, ii) 근로 또는 사업에 종사하는 대가로 소득을 얻고 있는 주당 평균 3일(1일 6시간 이상에 한함) 이상 근로에 종사하거나 주당 평균 4일 이상의 기간 동안 22시간 이상의 근로에 종사하는 자이거나 부가가치세법의 규정에 의하여 사업자등록을 하고 그에 종사하고 있는 자, iii) 환경변화로 적응기간이 필요하다고 인정되는 입영예정자 또는 전역자, 교도소·구치소·치료감호시설 등에서 출소한 자, 보장시설에서 퇴소한 자, 초중등학교 또는 방송·통신대학의 졸업자, 질병·부상 등으로 2월 이상의 치료를 받고 회복한 자(3개월에 한함), iv) 기타 자활사업에 참가할 것을 조건으로 생계급여를 지급하는 것이 곤란하다고 보건복지부장관이 정하는 자

(3) 자활에 필요한 사업

자활에 필요한 사업이라 함은 ① 직업훈련, ② 취업알선 등의 제공, ③ 공공근로, ④ 직업안정기관의 장이 제시하는 사업장에의 취업, ⑤ 고용정책기본법의 규정에 의한 취로사업 등, ⑥ 자활후견기관의 사업, ⑦ 자활공동체의 사업, ⑧ 개인 또는 공동 창업, ⑨ 근로의욕 및 능력의 유지를 위한 자원봉사, ⑩ 기타 수급자의 자활에 필요하다고 보건복지부장관이 정하여 고시하는 사업을 말한다(동법시행령 제10조). 시장·군수·구청장은 생계급여의 조건으로 자원봉사를 제시받은 조건부수급자가 그와 다른 자원봉사를 하고자 하는 경우 그 자원봉사의 내용·기간 및 자원봉사 이행 여부의 확인자 등을 고려하여 이를 생계급여의 조건으로 인정할 수 있으며, 필요한 경우에는 자원봉사의 내용 등을 변경하여 인정할 수 있다.

(4) 생계급여의 중지 및 재개

시장·군수·구청장은 조건부수급자에 대한 생계급여의 지급 여부를 결정하는 경우에는 보건복지부장관이 정하는 자활사업별 생계급여조건 이행 여부의 판단기준에 따라 결정하되, 그 조건부수급자에 대한 자활사업을 실시하는 직업안정기관의 장 및 자활사업실시기관의 장의 의견을 들어야 하며, 필요한 경우 조건부수급자와 상담을 실시할 수 있다.

(5) 조건부수급자의 생계급여 결정

시장·군수·구청장은 보건복지부령이 정하는 바에 따라 사업에 참가한 달의 다음달부터 3월마다 조건부수급자의 생계급여의 지급 여부를 결정하여야 한다. 다만, 조건부수급자가 조건을 이행하지 아니하는 것이 명백한 경우와 직업안정기관의 장 및 자활사업실시기관의 장으로부터 조건부수급자가 조건을 이행하지 아니한다는 것을 통지받은 경우에는 지체 없이 조건부수급자의 생계급여의 지급여부를 결정하여야 한다(동법시행령 제15조).

(6) 차상위자의 급여

차상위자에게 지급하는 급여는 장제급여 및 자활급여로 한다(동법시행령 제5조의3).

7) 생계급여를 행할 장소

생계급여는 수급자의 주거에서 실시한다. 다만, 수급자가 그 주거가 없거나 주거가 있어도 그곳에서는 급여의 목적을 달성할 수 없는 경우 또는 수급자가 희망하는 경우에는 수급자를 보장시설이나 타인의 가정에 위탁하여 급여를 행할 수 있다.

수급자에 대한 생계급여를 타인의 가정에 위탁하여 행하는 경우에는 거실의 임차료, 기타 거실의 유지에 필요한 비용은 이를 수급품에 가산하여 지급한다. 이 경우 주거급여가 행하여진 것으로 본다.

8) 생계급여의 조건제시 방법 및 결과통지

시장·군수·구청장은 조건부수급자로 결정된 날부터 1월 이내에 그 조건부수급자가 가구별 자활
지원계획에 따라 자활사업에 참가하는 것을 생계급여의 조건으로 조건부수급자에게 제시하여야 한
다.

조건부수급자의 구분기준, 조건부수급자별로 제시할 자활사업의 종류와 내용 및 생계급여의 조건제
시 방법 등에 관하여 필요한 사항은 보건복지부장관이 관계 중앙행정기관의 장과 협의하여 정한다.

9) 긴급생계급여

시·군·구청장은 긴급히 생계급여를 행할 필요가 있을 경우 직권으로 실시할 수 있다.

긴급급여 대상자는 주소득원의 사망, 질병, 부상, 사고, 사업부도·파산 등으로 갑자기 생계유지가
어려운 경우, 부 또는 모의 가출, 행방불명 등으로 갑자기 생계유지가 어려운 경우, 천재지변이나 화
재 등으로 재산·소득상의 손실이 발생하여 갑자기 생계유지가 어려운 경우, 거주지 외의 지역에서
거주하고 있으나 소득이 없어 생계유지가 어려운 경우 및 기타 시장·군수·구청장이 긴급생계급여가
필요하다고 인정하는 경우 등이다.

3. 주거급여

주거급여는 수급자에게 주거안정에 필요한 임차료, 유지수선비, 기타 대통령령이 정하는 수급품
을 지급하는 것으로 한다(제11조). 주거급여는 국민기초생활보장법에서 새로이 법정급여로 추가되
었다.

4. 교육급여

교육급여는 ① 중학교·고등공민학교, ② 고등학교·고등기술학교, ③ 특수학교(중학교 및 고등학
교 과정에 한함), ④ ① 내지 ②와 유사한 각종 학교, 평생교육법의 규정에 의한 학교 형태의 평생교육
시설(중학교·고등학교의 학력이 인정되는 시설에 한함)에 입학 또는 재학하는 수급자에게 입학금·
수업료(평생교육시설의 경우 학습비)·학용품비·기타 수급품을 지원하는 것으로 한다(제12조).

주거비는 주거급여와 생계급여에 포함된 최저주거를 보장하며, 가구별 최저생계비의 17.7%에 해
당된다.

5. 해산급여

해산급여는 수급자가 출산한 경우 수급자에게 ①조산(助産), ② 분만 전과 분만 후의 필요한 조치

와 보호를 행하는 것으로 한다. 해산급여는 보장기관이 지정하는 의료기관에 위탁하여 행할 수 있다.

해산급여에 필요한 수급품은 수급자나 그 세대주 또는 세대주에 준하는 자에게 지급한다. 다만, 그 급여를 의료기관에 위탁하는 경우에는 수급품을 그 의료기관에 지급할 수 있다(제13조).

6. 장제급여

장제급여는 수급자가 사망한 경우 사체의 검안·운반·화장 또는 매장·기타 장제조치를 행하는 것으로 한다. 장제급여는 보건복지부령이 정하는 바에 따라 실제로 장제를 행하는 자에게 장제에 필요한 비용을 지급함으로써 행한다. 다만, 이에 의할 수 없거나 이에 의하는 것이 적당하지 아니하다고 인정하는 경우에는 물품을 지급함으로써 행할 수 있다(제13조).

7. 자활급여

1) 자활급여 의의

자활급여는 수급자의 자활을 조성하기 위하여 i) 자활에 필요한 금품의 지급 또는 대여, ii) 자활에 필요한 근로능력의 향상 및 기능습득의 지원 iii) 취업알선 등 정보의 제공, iv) 자활을 위한 근로기회의 제공, v) 자활에 필요한 시설 및 장비의 대여, vi) 창업교육, 기능훈련 및 기술·경영지도 등 창업지원, vii) 자활에 필요한 자산형성지원, viii) 기타 대통령령이 정하는 자활조성을 위한 각종 지원을 행하는 것으로 한다. 자활급여는 공공기관·비영리법인·시설 그밖에 대통령령이 정하는 기관에 에 위탁하여 이를 행할 수 있다. 이 경우 그에 소요되는 비용은 보장기관이 이를 부담한다(제15조).

2) 자활 자금의 대여

① 보장기관은 법 제15조제1항제1호에 따라 수급자에게 자활에 필요한 다음 각 호의 자금을 대여할 수 있다.

1. 사업의 창업·운영자금

2. 취업에 필요한 기술훈련비

3. 그 밖에 보건복지부장관이 수급자의 자활에 필요하다고 인정하는 비용

② 제1항에 따른 자금은 「공공자금관리기금법」에 따른 공공자금관리기금이나 일반회계에서 대여한다.

③ 보장기관은 위 제1항에 따라 자금을 대여받으려는 자의 자금 대여규모, 사용계획 등이 보건복지부장관이 정하는 기준에 적합한 경우에는 마이크로크레딧 방식(자금을 무보증으로 대여하면서 자활에 필요한 교육·훈련·경영지원 등을 제공하는 방식을 말한다)으로 자금을 대여할 수 있다.

④ 보장기관은 자금을 대여 받은 수급자가 대여신청 당시의 목적대로 자금을 사용하지 아니하는

경우에는 시정을 요구할 수 있으며, 수급자가 정당한 사유없이 그 시정요구를 이행하지 아니한 때에는 대여한 자금을 수급자로부터 회수할 수 있다.

2) 중앙자활센터 신설 및 지역자활센터 운영

2006년 법률 개정으로 수급자 및 차상위자의 자활촉진에 필요한 사업을 수행하기 위하여 중앙자활센터를 둘 수 있도록 하고, 동 센터의 설치 및 운영에 필요한 경비의 전부 또는 일부를 보조할 수 있도록 하였으며, 자활후견기관을 지역자활센터로 변경하고, 지역자활센터협회의 설립근거를 두며, 시·군·구에 상시적인 협의체계로서 자활기관협의체를 의무적으로 설치하도록 하였다.

(1) 중앙자활센터 신설

수급자 및 차상위자의 자활촉진에 필요한 사업으로서 보건복지부장관이 정하는 사업을 수행하기 위하여 중앙자활센터를 둘 수 있다. 중앙자활센터는 법인(중앙자활센터는 정관을 작성하여 주된 사무소의 소재지에 설립등기를 함으로써 성립한다)으로 하며, 정부는 중앙자활센터의 설치 및 운영에 필요한 경비의 전부 또는 일부를 보조할 수 있다(제15조의 2).

(2) 지역자활센터 운영

보장기관은 수급자 및 차상위자의 자활의 촉진에 필요한 i) 자활의욕 고취를 위한 교육, ii) 자활을 위한 정보제공·상담·직업교육 및 취업알선, iii) 생업을 위한 자금융자 알선, iv) 자영창업 지원 및 기술·경영지도, v) 자활공동체의 설립·운영지원, vi) 기타 자활을 위한 각종 사업을 수행하게 하기 위하여 사회복지법인 등 비영리법인과 단체를 법인 등의 신청을 받아 지역자활센터로 지정할 수 있다.

지역자활센터는 수급자 및 차상위자에 대한 효과적인 자활지원과 지역자활센터의 발전을 공동으로 도모하기 위하여 지역자활센터협회를 설립할 수 있다.(제16조)

4) 자활기관협의체

시장·군수·구청장은 자활지원사업의 효율적인 추진을 위하여 지역자활센터, 직업안정기관, 사회복지시설의 장 등과 상시적인 협의체계인 자활기관협의체를 구축하여야 한다.(제17조)

5) 자활공동체

수급자 및 차상위자는 상호 협력하여 자활공동체를 설립·운영할 수 있다. 공동체는 조합 또는 「부가가치세법」 상의 2인 이상의 사업자로 설립한다. 보장기관은 공동체에게 직접 또는 중앙자활센터 및 지역자활센터를 통하여 i) 자활을 위한 사업자금 융자, ii) 국·공유지 우선 임대, iii) 국가 또는 지방자치단체가 실시하는 사업의 우선 위탁, iv) 국가 또는 지방자치단체의 조달구매시 공동체 생산품의 우선 구매, v) 기타 수급자의 자활촉진을 위한 각종 사업을 지원을 할 수 있다.(제18조)

6) **수급자의 고용촉진**

보장기관은 수급자의 고용을 촉진하기 위하여 상시근로자의 일정비율 이상을 수급자로 채용하는 기업에 대하여 대통령령이 정하는 바에 따라 지원을 할 수 있다.(제18조의 2)

7) **자활기금의 적립**

2006년 법률 개정으로 보장비용의 재원에 충당하기 위하여 보장기관에서 적립하고 있는 보장기금을 자활기금으로 명칭을 변경하고, 기금의 관리·운영을 비영리법인 등에 위탁할 수 있도록 하였다. 보장기관은 자활지원사업의 효율적 추진을 위하여 필요하다고 인정하는 경우에는 자활기금의 관리·운영을 중앙자활센터 또는 자활지원사업을 수행하는 비영리법인에 위탁할 수 있다. 이 경우 그에 소요되는 비용은 보장기관이 이를 부담한다.(제18조의3)

IV. **보장기관**

1. **보장기관**

보장기관이은 이 법에 의한 급여를 행하는 국가 또는 지방자치단체를 말한다. 국민기초생활보장법에 의한 급여는 수급권자 또는 수급자의 거주지를 관할하는 특별시장·광역시장·도지사와 시장·군수·구청장이 행한다. 다만, 주거가 일정하지 아니한 경우에는 수급권자 또는 수급자가 실제 거주하는 지역을 관할하는 시장·군수·구청장이 행한다. 그러나 보건복지부장관과 시·도지사는 수급자를 각각 국가 또는 당해지방자치단체가 경영하는 보장시설에 입소하게 하거나 다른 보장시설에 위탁하여 급여를 행할 수 있다.

보장기관은 수급권자·수급자·차상위계층에 대한 조사와 수급자 결정 및 급여의 실시 등 이 법에 의한 보장업무를 수행하게 하기 위하여 사회복지전담공무원을 배치하여야 한다(제19조).

2. **생활보장위원회**

국민기초생활보장법에 의한 생활보장사업의 기획·조사·실시 등에 관한 사항을 심의·의결하기 위하여 보건복지부와 특별시·광역시·도 및 시·군·구(자치구)에 각각 생활보장위원회를 둔다. 다만, 시·도 및 시·군·구에 두는 생활보장위원회는 그 기능을 담당하기에 적합한 다른 위원회가 있고, 그 위원회의 위원이 규정된 자격을 갖춘 경우에는 시·도 또는 시·군·구의 조례가 정하는 바에 따라 그 위원회가 생활보장위원회의 기능을 대신할 수 있다.

생활보장위원회의 구성

	인원	위원장	위　　원	심의·의결
중앙 생활보장 위원회	13인 이내	보건복지부 장관	· 공공부조 또는 사회복지와 관련된 학문을 전공한 전문가로서 대학의 조교수 이상인 자 또는 연구기관의 연구원으로 재직중인 자 4인 이내 · 공익을 대표하는 자 4인 이내 · 관계행정기관소속 3급 이상 공무원 4인 이내(관계 행정기관 소속공무원은 재정경제부·행정자치부·노동부·기획예산처의 차관으로 한다)	· 생활보장사업의 기본방향 및 대책 수립 · 소득인정액 산정방식의 결정 · 급여기준의 결정 · 최저생계비의 결정 · 자활기금의 적립·관리 및 사용에 관한 지침의 수립 · 기타 위원장이 부의하는 사항
지방 생활보장 위원회	15인 이내	특별시·도 지사 또는 시장·군수· 구청장	· 사회보장에 관한 학식과 경험이 있는 자 · 공익을 대표하는 자 · 관계행정기관소속의 공무원	

Ⅴ. 급여

1. 급여의 신청

수급권자와 그 친족, 기타 관계인은 관할 시장·군수·구청장에게 수급권자에 대한 급여를 신청할 수 있다.

사회복지전담공무원은 급여를 필요로 하는 자가 누락되지 아니하도록 하기 위하여 관할지역 내에 거주하는 수급권자에 대한 급여를 직권으로 신청할 수 있다. 이 경우 수급권자의 동의를 구하여야 하며, 이를 수급권자의 신청으로 볼 수 있다(제21조).

2. 신청에 의한 조사

시장·군수·구청장은 급여신청이 있는 경우에는 사회복지전담공무원으로 하여금 급여의 결정 및 실시 등에 필요한 ① 부양의무자의 유무 및 부양능력 등 부양의무자와 관련된 사항, ② 수급권자 및 부양의무자의 소득·재산에 관한 사항, ③ 수급권자의 근로능력·취업상태·자활욕구 등 자활지원계획 수립에 필요한 사항, ④ 기타 수급권자의 건강상태 · 가구특성 등 생활실태에 관한 사항을 조사하게 하거나 수급권자에게 보장기관이 지정하는 의료기관에서 검진을 받게 할 수 있다.

보장기관은 수급권자 또는 부양의무자가 조사를 거부·방해 또는 기피하거나 검진지시에 따르지 아니한 때에는 급여신청을 각하할 수 있다(제22조).

3. 확인조사

시장·군수·구청장은 수급자 및 수급자에 대한 급여의 적정성을 확인하기 위하여 매년 연간조사 계획을 수립하고 관할구역 안의 수급자를 대상으로 매년 1회 이상 정기적으로 조사를 실시하여야 하며, 특히 필요하다고 인정하는 경우에는 보장기관이 지정하는 의료기관에서 검진을 받게 할 수 있다. 다만, 보건복지부장관이 정하는 사항은 분기마다 조사를 실시하여야 한다(제23조).

4. 차상위계층에 대한 조사

차상위계층이라 함은 수급자가 아닌 자로서 실제소득이 최저생계비의 100분의 120 미만인 자를 말한다(동법시행령 제36조). 시장·군수·구청장은 최저생계비의 변경 등에 의하여 수급권자의 범위가 변동함에 따라 다음 연도에 이 법에 의한 급여가 필요할 것으로 예측되는 수급권자의 규모를 조사하기 위하여 수급권자의 차상위계층에 대하여 조사를 실시할 수 있다.

시장·군수·구청장은 조사를 실시하고자 하는 경우 조사대상자의 동의를 얻어야 한다. 이 경우 조사대상자의 동의는 다음 연도의 급여신청으로 본다. 조사대상자의 자료제출, 조사의 위촉, 관련전산망의 이용 등 기타 차상위계층에 대한 조사를 위하여 필요한 사항에 관하여는 신청조사 관련 규정을 준용한다(제24조).

6. 급여의 결정 등

시장·군수·구청장은 조사를 한 때에는 지체 없이 급여실시의 여부와 급여의 내용을 결정하여야 한다.

차상위계층을 조사한 시장·군수·구청장은 급여개시일이 속하는 월에 급여실시 여부와 급여내용을 결정하여야 한다.

시장·군수·구청장은 급여실시 여부와 급여내용을 결정한 때에는 그 결정의 요지, 급여의 종류·방법 및 급여의 개시시기 등을 서면으로 수급권자 또는 신청인에게 통지하여야 한다(제26조).

7. 급여의 실시

급여실시 및 내용이 결정된 수급자에 대한 급여는 급여의 신청일부터 개시한다. 다만, 보건복지부장관이 매년 결정·공표하는 최저생계비의 변경으로 인하여 매년 1월에 새로이 수급자로 결정되는 자에 대한 급여는 해당연도의 1월 1일을 그 급여개시일로 한다(제27조).

8. 자활지원계획의 수립

시장·군수·구청장은 수급자의 자활을 체계적으로 지원하기 위하여 조사결과를 감안하여 수급자 가구별로 자활지원계획을 수립하고 그에 따라 급여를 실시하여야 한다.

9. 급여의 변경, 중지 및 청문

보장기관은 수급자의 소득·재산·근로능력 등에 변동이 있는 경우에는 직권 또는 수급자나 그 친족, 기타 관계인의 신청에 의하여 그에 대한 급여의 종류·방법 등을 변경할 수 있다. 급여의 변경은 서면으로 그 이유를 명시하여 수급자에게 통지하여야 한다(제29조).

VI. 보장시설

보장시설은 생활보장 급여를 행하는 사회복지사업법에 의한 사회복지시설로서, 보장시설의 장은 보장기관으로부터 수급자에 대한 급여를 위탁받은 때에는 정당한 사유 없이 이를 거부하여서는 아니 된다.

보장시설의 장은 위탁받은 수급자에게 보건복지부장관이 정하는 최저기준 이상의 급여를 행하여야 한다.

보장시설의 장은 위탁받은 수급자에게 급여를 행함에 있어서 성별·신앙 또는 사회적 신분 등을 이유로 차별대우를 하여서는 아니 된다.

보장시설의 장은 위탁받은 수급자에게 급여를 행함에 있어서 수급자의 자유로운 생활을 보장하여야 한다.

보장시설의 장은 위탁받은 수급자에게 종교상의 행위를 강제하여서는 아니 된다(제33조).

VII. 수급자의 권리와 의무

1. 급여변경·압류·양도 금지

수급자에 대한 급여는 정당한 사유 없이 이를 불리하게 변경할 수 없다(제34조).

공공부조수급권은 일신전속적이다. 따라서 수급자에게 지급된 수급품과 이를 받을 권리는 압류할 수 없으며, 수급자는 급여를 받을 권리를 타인에게 양도할 수도 없다(제35조, 제36조).

2. 신고의 의무

　　수급자는 거주지역·세대의 구성에 변동이 있거나 급여결정 및 실시와 관련된 사항에 현저한 변동이 있는 때에는 지체 없이 관할보장기관에 이를 신고하여야 한다(제37조). 수급자는 신의성실의 원칙에 따라 임해야 한다.

VIII. 벌칙

1) 보장기관의 공무원 또는 공무원이었던 자가 급여의 결정 및 실시 등에 필요한 사항을 조사하거나 기타 수급권자의 건강상태·가구특성 등 생활실태에 관한 사항을 조사하면서 얻은 정보와 자료를 이 법이 정한 보장목적 외에 다른 용도로 사용하거나 다른 사람 또는 기관에 제공한 경우에는 3년 이하의 징역 또는 1천만 원 이하의 벌금에 처한다(제48조).
2) 양벌규정 : 법인의 대표자나 법인 또는 개인의 대리인·사용인·기타 종업원이 그 법인 또는 개인의 업무에 관하여 제48조 또는 제49조의 위반행위를 한 때에는 행위자를 벌하는 외에 그 법인 또는 개인에 대하여도 각 해당 조의 벌금 또는 과료의 형을 과한다(제51조).

제3절 의료급여법

(일부개정 2006. 12. 28 법률 제8114호)

의료보호법(제정 1977. 12. 31. 법률 제3076호) → 의료급여법 <법명변경>(전문개정 2001. 5. 24. 법률 제6474호)

Ⅰ. 의의 및 목적

1. 의의

의료급여제도(medicaid)는 소득이 없거나 일정한 소득이 있어도 생계유지가 곤란한 저소득층을 대상으로 그들이 자력으로 의료문제를 해결할 수 없는 경우, 또는 국가사회에 대한 공헌을 하였거나 희생한 유공자와 그 가족 및 유공자에 대하여 응분의 예우를 하기 위하여, 중요 무형문화재의 보호, 북한이탈주민의 보호를 위해, 국가재정으로 의료혜택을 제공함으로써 국민보건 향상과 사회복지 증진에 기여하는 의료부조제도로서 공공부조제도의 일환으로 실시된다. 이는 의료보험과 더불어 국민의 건강한 생활을 보장하기 위한 의료보장제도로서 저소득층의 의료복지를 위한 중요한 수단이 되고 있다.

2. 특징

공공부조로서 의료급여는 사회보험인 국민건강보험과 달리 몇 가지 특징을 갖고 있다.

첫째, 의료급여제도는 민간에 의해 행해지는 사적 의료부조가 아니라 국가에 의해 행해지는 공적 의료부조제도이다. 둘째, 의료급여제도는 모든 국민을 대상으로 차별 없이 제공되는 보편적인 프로그램이 아니라, 자신의 소득이 최저생계비 이하인 절대빈곤층이 주대상이 되는 선별적인 프로그램이다. 셋째, 의료급여는 건강보험과는 달리 필요한 재원은 일반조세수입으로 충당한다. 따라서 소득재분배기능을 수행함으로써 사회적 형평을 기하는 데 기여한다. 넷째, 의료급여제도는 헌법상 보장된 인간다운 생활을 할 권리와 국민의 건강권을 저소득층과 사회적 기여자들에게 구체화하는 공적인 원조 프로그램이다.

3. 목적

의료급여법은 생활이 어려운 자에게 의료급여를 실시함으로써 국민보건의 향상과 사회복지의 증진에 이바지함을 목적으로 한다(제1조).

4. 용어의 정의

"부양의무자"라 함은 수급권자를 부양할 책임이 있는 자로서 수급권자의 1촌의 직계혈족 및 그 배우자를 말한다(제2조). (국민기초생활보장법의 부양의무자 기준 수정에 따른 개정)

II. 수급권자

1. 수급권자

① 이 법에 의한 수급권자는 다음 각 호와 같다.
1. 국민기초생활 보장법에 의한 수급자
2. 재해구호법에 의한 이재민
3. 의사상자예우에 관한 법률에 의한 의상자(의상자) 및 의사자(의사자)의 유족
4. 입양촉진 및 절차에 관한 특례법에 의하여 국내에 입양된 18세 미만의 아동
5. 독립유공자예우에 관한 법률 및 국가유공자 등 예우 및 지원에 관한 법률의 적용을 받고 있는 자와 그 가족으로서 국가보훈처장이 의료급여가 필요하다고 요청한 자 중 보건복지부장관이 의료급여가 필요하다고 인정한 자
6. 문화재보호법에 의하여 지정된 중요무형문화재의 보유자(명예보유자를 포함한다) 및 그 가족으로서 문화재청장이 의료급여가 필요하다고 요청한 자중 보건복지부장관이 의료급여가 필요하다고 인정한 자
7. 북한이탈주민의 보호 및 정착지원에 관한 법률의 적용을 받고 있는 자와 그 가족으로서 보건복지부장관이 의료급여가 필요하다고 인정한 자
8. 5·18민주화운동 관련자 보상 등에 관한 법률 제8조의 규정에 의하여 보상금등을 받은 자와 그 가족으로서 보건복지부장관이 의료급여가 필요하다고 인정하는 자
9. 그 밖에 생활유지의 능력이 없거나 생활이 어려운 자로서 대통령령이 정하는 다음의 자
   1. 일정한 거소가 없는 자로서 경찰관서에서 무연고자임이 확인된 자
   2. 보건복지부장관이 정하여 고시하는 희귀난치성질환자

3. 제2호외의 질환으로 6월 이상 치료를 받고 있거나 6월 이상 치료를 요하는 자

3의2. 보건복지부장관이 정하여 고시하는 소득인정액 이하에 해당하는 세대의 18세 미만의 아동.

4. 그 밖에 보건복지부령이 정하는 자

② 제1항의 규정에 의한 수급권자에 대한 의료급여의 개시일과 수급권자의 선정절차 등에 관하여 필요한 사항은 대통령령으로 정한다.

2. 수급권자의 구분

구 분	대　　　　상　　　　자
1종 수급권자	(1) 국민기초생활보장법에 의한 수급자 중 다음 각 목의 1에 해당하는 자 　i) 18세 미만인 자, 65세 이상인 자, 장애인고용촉진및직업재활법상 중증장애인, 보건복지부장관이 정하는 질병 또는 부상에 해당하지 아니하는 질병·부상 또는 그 후유증으로 인하여 3월 이상의 치료 또는 요양이 필요한 자, 임산부, 병역의무를 이행중인 자 또는 근로능력이 없거나 근로가 곤란하다고 인정하여 보건복지부장관이 정하는 자만으로 구성된 세대의 구성원 　(ii) 국민기초생활보장법시행령의 규정에 의한 보장시설(장애인생활시설, 양로시설, 노인의료복지시설, 아동복지지설, 아동복지종합시설, 정신질환자사회복귀시설, 정신요양시설, 부랑인보호시설, 기타 보건복지부령이 정하는 시설)에서 급여를 받고 있는 자 　(iii) 국민기초생활보장법의 수급권자에 해당하지 아니하여도 생활이 어려운 자로서 일정 기간 동안 급여의 전부 또는 일부가 필요하다고 보건복지부장관이 인정하여 수급권자가 된 자로서 보건복지부장관이 인정하는 자 　(iv) 보건복지부장관이 정하는 희귀난치성질환으로 6월 이상 치료를 받고 있거나 6월 이상 치료를 요하는 자가 속한 세대의 구성원 (2) 재해구호법에 의한 이재민 및 광주민주화운동관련자보상등에관한법률의 적용을 받고 있는 자와 그 가족으로서 보건복지부장관이 의료급여가 필요하다고 인정한 자 (3) 일정한 거소가 없는 자로서 경찰관서에서 무연고자임이 확인된 자 및 보건복지부장관이 정하여 고시하는 희귀난치성질환으로 6월 이상 치료를 받고 있거나 6월 이상 치료를 요하는 자 (4) 그 밖에 보건복지부령이 정하는 자에 해당하는 자로서 보건복지부장관이 1종 의료급여가 필요하다고 인정하는 자
2종 수급권자	(1) 국민기초생활보장법에 의한 수급자 중 상기 1종수급자 중에서 (1)에 해당하지 않는자. (2) 희귀난치성질환 이외의 질환으로 6월 이상 치료를 받고 있거나 6월 이상 치료를 요하는 자 또는 보건복지부장관이 정하여 고시하는 소득인정액 이하에 해당하는 세대의 12세 미만의 아동 (3) 그 밖에 보건복지부령이 정하는 자로서 보건복지부장관이 2종 의료급여가 필요하다고 인정하는 자

3. 수급권자의 선정 절차

보건복지부장관은 수급권자의 선정기준, 시·도별 수급권자의 수를 결정하여 매년 11월 30일까지 특별시장·광역시장·도지사에게 통보하여야 한다. 다만, 이재민이나 그 밖에 생활유지의 능력이 없거나 생활이 어려운 자에 해당하는 자에 대하여는 추정인원수를 통보할 수 있다. 시·도지사는 보건복지부장관이 통보한 범위 안에서 지역적 특수성을 고려하여 시·군·구별 수급권자의 수를 확정하여 매년 12월 15일까지 시장·군수·구청장에게 통보하여야 한다. 시장·군수·구청장은 시·도지사가 통보한 범위 안에서 수급권자를 선정한다.

4. 수급권자에 관한 사항의 통보

시장·군수·구청장은 ① 수급권자를 선정한 때, ② 수급권자가 수급권자의 요건에 해당하지 아니하게 된 때, ③ 수급권자에 대한 의료급여의 내용을 변경한 때, ④ 수급권자에 대한 의료급여를 중지한 때에는 지체 없이 국민건강보험공단에 그 사실을 통보하여야 한다(동법시행령 제5조).

5. 적용 배제

수급권자가 다른 법령에 따라 의료급여를 받고 있는 경우에는 이 법에 의한 의료급여를 행하지 아니한다(제4조). 이는 의료급여법상의 의료급여는 보충성의 원리가 적용되고 있다.

Ⅲ. 보장기관, 의료급여심의위원회

1. 보장기관

의료급여에 관한 업무는 수급권자의 거주지를 관할하는 시장·군수·구청장(자치구의 구청장)이 행한다. 주거가 일정하지 아니한 수급권자에 대하여는 그가 실제 거주하는 지역을 관할하는 시장·군수·구청장이 행한다(제5조).

2. 의료급여심의위원회

의료급여사업의 실시에 관한 사항을 심의하기 위하여 보건복지부와 특별시·광역시·도와 시·군·구(자치구)에 각각 의료급여심의위원회를 둔다.

보건복지부에 두는 의료급여심의위원회(중앙의료급여심의위원회)는 ① 의료급여사업의 기본방

향 및 대책 수립에 관한 사항, ② 의료급여기준 및 수가에 관한 사항, ③ 그 밖에 보건복지부장관 또는
위원장이 부의하는 사항을 심의한다.

Ⅳ. 의료급여의 내용

1. 의료급여의 내용

수급권자의 질병·부상·출산 등에 대한 의료급여의 내용은 ① 진찰·검사, ② 약제·치료재료의 지
급, ③ 처치·수술과 그 밖의 치료, ④ 예방·재활, ⑤ 입원, ⑥ 간호, ⑦ 이송과 그 밖의 의료목적의 달성
을 위한 조치이다.

의료급여의 방법·절차·범위·상한 등 의료급여의 기준에 관하여는 보건복지부령으로 정하고, 의
료수가기준과 그 계산방법 등에 관하여는 보건복지부장관이 정한다.

2. 의료급여일수의 상한

수급권자가 의료급여기금의 부담으로 의료급여를 받을 수 있는 일수(이하 "상한일수"라 한다)는
연간 365일(윤년의 경우 366일)로 한다. 다만, 정신 및 행동장애(간질을 포함한다), 뇌성마비 및 마비
성증후군 등 보건복지부장관이 정하여 고시하는 질환을 가진 자에 대하여는 상한일수에 30일을 추
가한 일수를 상한일수로 한다(제8조).

의료급여일수는 매년 1월 1일부터 12월 31일까지의 입원일수, 투약일수, 투약없이 외래로 의료급
여를 받는 경우의 급여일수 및 제4호의 규정에 의한 경구약제만을 투여받는 경우의 급여일수를 합하
여 산정한다(제8조).

3. 의료급여기관

1) 실시기관

① 제1차의료급여기관
  · 의료법에 따라 시장·군수·구청장에게 개설신고를 한 의료기관
  · 지역보건법에 따라 설치된 보건소·보건의료원 및 보건지소
  · 농어촌등보건의료를위한특별조치법에 따라 설치된 보건진료소
  · 약사법에 따라 등록된 약국

② 제2차의료급여기관

　의료법에 따라 시·도지사가 개설허가를 한 의료기관

③ 제3차의료급여기관

　제2차의료급여기관 중에서 보건복지부장관이 지정하는 의료기관

2) 의료급여의 절차

2003년 12월 개정된 법령에 의하면 수급권자가 의료급여를 받고자 하는 경우에는 제1차 의료급여기관에 의료급여를 신청하여야 한다.

4. 급여비용의 부담: 의료급여기금 부담 및 본인부담

급여비용은 대통령령이 정하는 바에 따라 그 전부 또는 일부를 의료급여기금에서 부담하되, 의료급여기금에서 일부를 부담하는 경우 그 나머지의 비용은 본인이 부담한다(제10조). (2003년 개정법까지는 본인 부담이 없었으나, 2006년 12월 28일 개정된 법은 본인 부담을 명기하고 있음).

2종 수급권자는 때에 따라 다르며, 동법시행령13조에서 규정하고 있다. 2종 수급권자에 대한 급여비용의 총액이 해당 규정의 본인부담금보다 적은 경우에는 그 급여비용의 전부를 본인부담금으로 한다.

Ⅴ. 급여비용, 요양비, 건강검진

1. 급여비용의 청구와 지급

의료급여기관은 급여비용의 지급을 시장·군수·구청장에게 청구할 수 있다. 심사청구는 이를 시장·군수·구청장에 대한 급여비용의 청구로 본다. 급여비용의 청구를 하고자 하는 의료급여기관은 급여비용심사기관에 급여비용의 심사청구를 하여야 하며, 심사청구를 받은 급여비용심사기관은 이를 심사한 후 지체 없이 그 내용을 시장·군수·구청장 및 의료급여기관에 알려야 한다.

2. 요양비

시장·군수·구청장은 수급권자가 보건복지부령이 정하는 긴급하거나 그 밖의 부득이한 사유로 인

하여 의료급여기관과 동일한 기능을 수행하는 기관으로서 보건복지부령이 정하는 기관에서 질병·부상·출산 등에 대하여 의료급여를 받거나 의료급여기관 외의 장소에서 출산을 한 때에는 그 의료급여에 상당하는 금액을 수급권자에게 요양비로 지급한다.

요양비의 지급금액은 i) 질병·부상·출산(사산의 경우로서 임신 16주 이상인 경우를 포함)에 해당하는 경우에는 의료급여기금부담액에 상당하는 금액을 지급한다(동법시행규칙 제24조).

3. 장애인에 대한 특례 및 건강검진

시장·군수·구청장은 장애인복지법에 따라 등록한 장애인인 수급권자에게 보장구(補裝具)에 대하여 급여를 실시할 수 있다(동법 제13조). 시장·군수·구청장은 이 법에 의한 수급권자에 대하여 질병의 조기발견과 그에 따른 의료급여를 하기 위하여 건강검진을 할 수 있다(동법 제14조).

VI. 수급권의 보호 및 구상권

의료급여를 받을 권리는 양도 또는 압류할 수 없다(제18조). 의료급여수급권은 일신전속적이다. 시장·군수·구청장은 제3자의 행위로 인하여 수급권자에게 의료급여를 한 때에는 그 급여비용의 범위 안에서 제3자에 대한 손해배상청구의 권리를 얻는다. 의료급여를 받은 자가 제3자로부터 이미 손해배상을 받은 때에는 시장·군수·구청장은 그 배상액의 한도 안에서 의료급여를 하지 아니한다(제19조).

VII. 의료급여기금

1. 의료급여기금의 설치 및 조성

급여비용의 재원에 충당하기 위하여 시·도에 의료급여기금을 설치한다. 기금은 ① 국고보조금, ② 지방자치단체의 출연금, ③ 상환받은 대불금, ④ 징수한 부당이득금, ⑤ 징수한 과징금, ⑥ 그 기금의 결산상 잉여금 및 그 밖의 수입금으로 조성한다(제25조).

2. 기금의 관리 및 운용

기금은 일반회계와 구분하여 별도의 계정을 설정하여 관리하여야 한다.

　기금은 급여비용, 급여비용의 대불에 소요되는 비용, 업무위탁시 소요되는 비용, 그 밖의 의료급여 업무에 직접 소요되는 비용으로서 보건복지부령이 정하는 비용에 한하여 이를 사용하여야 한다(제26조).

Ⅷ. 벌칙

1. 1년 이하의 징역 또는 1천만 원 이하의 벌금 처분
　① 정당한 이유 없이 의료급여를 거부한 의료급여기관
　② 속임수, 그 밖의 부정한 방법으로 의료급여를 받은 자 또는 제3자로 하여금 의료급여를 받게 한 자

제4절 긴급복지지원법

I. 제정 취지

최근 우리 사회의 주요 이슈 가운데 하나는 '사회양극화현상을 어떻게 해소할 것인가'에 관한 사회적 논란이다. '위기상황에 처한 자에 대한 긴급복지지원법'(이하 긴급복지지원법)은 이와 같은 사회양극화 현상을 방지하고, 위기상황에 처한 저소득층들의 건강하고 인간다운 삶을 보장하기 위해 제정된 최후의 공적인 사회안전망이라고 말할 수 있다.

이 법이 제정되기 전에 정부는 국민기초생활보장법에 따라 긴급급여를 실시한 적이 있다. 그러나 긴급급여제도를 실시한 실적은 매우 미미할 뿐만 아니라, 급여의 내용이 생계급여에 한정되어 저소득층의 다양한 삶의 위기를 포괄적으로 대체할 수 없어 제도의 실효성에 문제가 있는 것으로 판단되었다. 따라서 위기상황에 처한 저소득층의 건강하고 인간다운 생활을 보다 적극적으로 보장하기 위하여 기존의 국민기초생활보장법상 긴급급여제도를 보완하고 나아가 대체하기 위한 입법의 필요성이 제기되었고, 그에 따라 긴급복지지원법이 제정되었다.

이 법은 저소득층에게 일시적으로 위기상황이 발생할 경우 일선 현장에서 위기상황에 처한 가구 또는 개인을 민관협력체계를 통하여 조기에 발견하고, 긴급지원담당공무원이 상당한 재량권을 발휘하여 별도의 사전조사 없이 우선적으로 필요에 따라 생계지원, 의료지원, 주거지원, 사회복지시설 입소, 사회복지기관과 연계서비스 등의 보호조치를 행하고, 필요한 경우 병합처분을 행하며, 사후에 적법한 지원대상자인지, 급여는 적정한지 여부를 심사함으로써 도덕적 해이현상으로 인한 오용가능성을 방지하고 있다. 이를 통하여 저소득층의 생계형 사고를 예방하여 위기상황에 대처하고, 차상위계층 등에 대한 긴급지원을 강화하도록 함으로써 기존의 국민기초생활보장법의 사각지대를 보완하며, 사회양극화 현상을 해소하는 데 기여하고 있다.

이 법의 부칙 제2항은 '이 법은 시행일부터 5년간 그 효력을 가진다'고 규정함으로써 유효기간이 5년인 한시법(限時法)임을 밝히고 있다. 즉, 법이 미리 시행기간을 정하여서 시행기간의 만료로 법이 폐지되는 명시적 규정을 두고 있다.

II. 연혁

2005. 12. 23 법률 제7739호로 2010. 12. 22까지만 유효한 한시법으로서 긴급복지지원법이 제정되었다. 이 법의 제정한 취지는 경제 양극화 및 이혼 증가 등 사회변화 속에서 소득상실, 질병과 같이 갑작스러운 위기상황이 발생한 경우 누구든지 손쉽게 도움을 청하고 필요한 지원을 받을 수 있는 제도

를 마련하기 위하여 지역사회의 각종 복지지원을 활용하여 위기상황에 처한 자를 조기에 찾을 수 있는 체계를 갖추고 이들에게 필요한 지원을 신속하게 실시하며 기존의 공공부조제도나 사회복지서비스와 연계되도록 하였다.

Ⅲ. 법령의 내용

1. 목적·정의·기본원칙·책무

1) 목적
이 법은 생계곤란 등의 위기상황에 처하여 도움이 필요한 자를 신속하게 지원함으로써 이들이 위기상황에서 벗어나 건강하고 인간다운 생활을 영위하게 함을 목적으로 한다.(제1조)

2) 정의
'위기상황'이라 함은 본인 또는 본인과 생계 및 주거를 같이 하고 있는 가구구성원이 다음 각 호의 어느 하나에 해당하는 사유로 인하여 생계유지 등이 어렵게 된 것을 말한다.

1. 주소득자가 사망, 가출, 행방불명, 구금시설에 수용되는 등의 사유로 소득을 상실하고 가구구성원에게 다른 소득원이 없는 때
2. 중한 질병 또는 부상을 당한 때
3. 가구구성원으로부터 방임·유기되거나 학대 등을 당한 때
4. 가정폭력을 당하여 가구구성원과 함께 원만한 가정생활이 곤란하거나 가구구성원으로부터 성폭력을 당한 때
5. 화재 등으로 인하여 거주하는 주택 또는 건물에서 생활하기 곤란하게 된 때
6. 그 밖에 보건복지부장관이 정하여 고시하는 사유가 발생한 때

3) 기본원칙
(1) 지원은 위기상황에 처한 자에 대하여 일시적으로 신속하게 지원하는 것을 기본원칙으로 한다.
(2) 다른 법률에 의하여 이 법에 의한 지원 내용과 동일한 내용의 구호·보호나 지원을 받고 있는 경우에는 이 법에 의한 지원을 하지 아니한다.(제3조)

4) 국가 및 지방자치단체의 책무
국가 및 지방자치단체는 위기상황에 처한 자를 찾아내어 최대한 신속하게 필요한 지원을 하도록

노력하여야 한다.

국가 및 지방자치단체는 이 법에 의한 지원 후에도 위기상황이 해소되지 아니하여 계속 지원이 필요한 것으로 판단되는 자에 대하여는 다른 법률에 의한 구호·보호 또는 지원을 받을 수 있도록 노력하여야 한다.

국가 및 지방자치단체는 제2항의 규정에 의한 구호·보호 또는 지원이 어렵다고 판단되는 경우에는 민간기관·단체와의 연계를 통하여 구호·보호 또는 지원을 받을 수 있도록 노력하여야 한다.(제4조)

2. 지원대상자·지원기관·지원요청 및 신고·현장확인 및 지원실시

1) 긴급지원대상자

지원대상자는 위기상황에 처한 자로서 이 법에 의한 지원이 긴급하게 필요한 자로 한다(제5조).

2) 긴급지원기관

지원은 긴급지원대상자의 거주지를 관할하는 시장·군수·구청장이 행한다. 다만, 긴급지원대상자의 거주지가 분명하지 아니한 경우에는 지원요청 또는 신고를 받은 시장·군수·구청장이 행한다. 단서의 규정에 불구하고 거주지가 분명하지 아니한 자에 대하여 지원요청 또는 신고가 특정지역에 집중되는 경우에는 긴급지원기관을 달리 정할 수 있다. 시장·군수·구청장은 이 법에 의한 긴급지원사업을 수행하기 위하여 담당공무원(긴급지원담당공무원)을 지정하여야 한다(제6조).

3) 지원요청 및 신고

긴급지원대상자와 친족, 그 밖의 관계인은 구술 또는 서면 등으로 관할 시장·군수·구청장에게 이 법에 의한 지원을 요청할 수 있다. 누구든지 긴급지원대상자를 발견한 경우에는 관할 시장·군수·구청장에게 이 사실을 신고하여야 한다.

다음 각 호의 어느 하나에 해당하는 자는 진료·상담 등 직무수행 과정에서 긴급지원대상자가 있음을 알게 된 경우에는 관할 시장·군수·구청장에게 이를 신고하고, 긴급지원대상자가 신속하게 지원을 받을 수 있도록 노력하여야 한다.(제7조)

---

1. 의료법에 의한 의료기관의 종사자
2. 유아교육법, 초·중등교육법 및 고등교육법에 의한 교원
3. 사회복지사업법에 의한 사회복지시설의 종사자 및 동법 제8조의 규정에 의하여 위촉된 복지위원
4. 국가공무원법 및 지방공무원법에 의한 공무원

4) 현장 확인 및 지원 실시

시장·군수·구청장은 지원요청 또는 신고가 있거나 위기상황에 처한 자를 찾아낸 경우에는 지체 없이 긴급지원담당공무원으로 하여금 긴급지원대상자의 거주지 등을 방문하여 위기상황에 대한 확인을 하여야 한다. 시장·군수·구청장은 위기상황을 확인하기 위하여 필요한 경우에는 관할 경찰관서, 소방관서 등 관계 행정기관의 장에게 협조를 요청할 수 있다. 이 경우 관계 행정기관의 장은 정당한 사유가 없는 한 이에 응하여야 한다.

시장·군수·구청장은 현장 확인 결과 위기상황의 발생이 확인된 자에 대하여는 지체 없이 제9조의 규정에 의한 지원의 종류 및 내용을 결정하여 지원을 하여야 한다.

현장을 확인하는 긴급지원담당공무원은 권한을 표시하는 증표를 지니고 이를 관계인에게 내보여야 한다.(제8조)

3. 지원 종류 및 내용·기간

1) 긴급지원의 종류 및 내용

(1) 금전 또는 현물 등의 직접지원
가. 생계지원 : 식료품비·의복비 등 생계유지에 필요한 비용 또는 현물 지원

나. 의료지원 : 각종 검사 및 치료 등 의료서비스 지원

다. 주거지원 : 임시거소 제공 또는 이에 해당하는 비용 지원

라. 사회복지시설 이용 지원 : 사회복지사업법에 의한 사회복지시설에의 입소 또는 이용 서비스의 제공이나 이에 필요한 비용 지원

마. 그 밖의 지원 : 연료비 그 밖에 위기상황의 극복에 필요한 비용 또는 현물 지원('가'와 '다'의 지원은 국민기초생활 보장법의 규정에 따라 매년 공표되는 최저생계비를 한도로 한다.)

(2) 민간기관·단체와의 연계 등의 지원
가. 대한적십자사 조직법에 의한 대한적십자사, 사회복지 공동모금회법에 의한 사회복지공동모금회 등의 사회복지기관·단체로의 연계 지원

나. 상담·정보제공 등 그 밖의 지원

긴급지원의 내용은 국민기초생활보장법상 긴급급여제도와 유사한 측면도 있다. 국민기초생활보장법의 긴급급여제도와 긴급복지지원법의 긴급지원제도의 내용을 비교하여 정리하면 다음 표와 같다;(김기원, 2005)

구 분	긴 급 급 여	긴 급 지 원
근거	국민기초생활보장법 제5조, 제27조, 동법시행규칙 제41조	위기상황에 처한 자에 대한 긴급복지지원법
방법	급여실시 여부의 결정전이라도 수급권자에게 급여를 하여야 할 긴급한 필요가 있다고 인정	위기상황에 처하여 도움이 필요한 자를 신속하게 지원
대상	부양의무자가 없거나, 부양의무자가 있어도 부양능력이 없거나 부양을 받을 수 없는 자로서 소득인정액이 최저생계비 이하인 자 또는 수급권자에 해당하지 아니하여도 생활이 어려운 자로서 일정기간 동안 급여의 전부 또는 일부가 필요하다고 보건복지부장관이 정하는 자로서 급여실시 여부의 결정전이라도 수급권자에게 급여를 하여야 할 긴급한 필요가 있다고 인정된 자.	생계곤란 등 위기상황에 처하여 도움이 필요한 자 : i) 주소득자가 사망, 가출, 행방불명, 구금시설에 수용되는 등 사유로 소득을 상실하고 가구구성원에 다른 소득원이 없는 때; ii) 중한 질병 또는 부상을 당한 때; iii) 가구구성원으로부터 방임·유기·학대 등을 당한 때; iv) 가구구성원으로부터 가정폭력 또는 성폭력 당한 때; v) 화재 등으로 인해 거주하는 주택 또는 건물에서 생활하기 곤란하게 된 때
형태	현물급여 원칙, 예외로 현물급여 가능	필요상응 : 현금급여·현물급여·서비스
내용	긴급·부분·생계급여 -7개 법정급여의 일부를 행할 수 있도록 되어 있으나 시행규칙상 급여내용은 생계급여로 한정하며, 급여수준은 최저생계비 가운데 식료품비로 함.	① 금전 또는 현물지원 등 직접지원 　-생계지원(식료품·의복비 등) 　-의료지원(검사·치료 등) 　-주거지원(임시거소·해당 비용) 　-사회복지시설이용 지원 　-기타 지원(연료비 등) ② 민간기관·단체와의 연계 등의 지원
기간	급여기간은 1월로 하되, 필요한 경우에는 1월에 한하여 연장할 수 있다.	① 생계지원, 주거지원 및 연료비 지원 　-1개월을 원칙, 최장 4개월 ② 의료지원-원칙적으로 1회, 최대 2회
위기발견시스템	수급권자와 그 친족, 기타 관계인에 의한 신청을 원칙으로 하되 사회복지전담공무원에 의한 직권신청을 보완	① 긴급지원대상자와 친족, 그 밖의 관계인이 지원요청 할 수 있음. ② 전국민, 특히 의료기관 종사자·교원·복지위원·공무원의 신고의무. ③ 통합복지콜센터 운영
실시	급여실시 여부의 결정전이라도 법정급여의 일부를 행함	선지원-후조사 : 지원요청이나 신고에 긴급지원담당자가 지체없이 현장확인 후 지원
수급권보호	급여변경 및 압류·양도 금지	압류·양도·담보제공 금지

2) 긴급지원의 기간 등

　생계지원, 주거지원, 사회복지시설이용지원, 그 밖의 지원은 1월간의 생계유지 등에 필요한 지원으로 한다. 다만, 시장·군수·구청장이 긴급지원대상자의 위기상황이 계속된다고 판단하는 경우에는 1월의 범위 안에서 기간을 연장할 수 있다.

의료지원은 위기상황의 원인이 되는 질병 또는 부상을 검사·치료하기 위한 범위 안에서 1회 실시한다.

시장·군수·구청장은 규정에 의한 지원에 불구하고 위기상황이 계속되는 경우에는 긴급지원심의위원회의 심의를 거쳐 지원을 연장할 수 있다. 생계지원, 주거지원, 사회복지시설이용지원,그 밖의 지원은 지원기간을 합하여 총 4월을 초과하여서는 아니되고, 의료지원은 총 2회를 초과하여서는 아니된다.(제10조)

4. 담당기구·긴급지원심의위원회·사후조사·적정성 심사

1) 담당기구 설치 등

보건복지부장관은 위기상황에 처한 자에게 상담·정보제공 및 유관기관·단체 등과의 연계서비스를 제공하기 위하여 담당기구를 설치·운영할 수 있다.

보건복지부장관은 긴급지원사업을 원활하게 수행하기 위하여 「대한적십자사 조직법」에 의한 대한적십자사, 「사회복지 공동모금회법」에 의한 사회복지공동모금회 등 민간의 긴급지원 관련기관·단체가 참여하는 협의회를 설치·운영할 수 있다.

시장·군수·구청장은 긴급지원사업을 원활하게 수행하기 위하여 지역사회복지협의체를 통하여 사회복지·보건의료 관련기관·단체간의 연계·협력을 강화하여야 한다.(제10조)

2) 긴급지원심의위원회

긴급지원연장 결정, 긴급지원의 적정성 심사, 긴급지원의 중단 또는 지원비용의 환수 결정, 그 밖에 긴급지원심의위원회의 위원장이 부의하는 사항을 심의·의결하기 위하여 시·군·구(자치구를 말한다. 이하 같다)에 긴급지원심의위원회를 둔다.

긴급지원심의위원회는 위원장 1인을 포함한 15인 이내의 위원으로 구성한다.

위원장은 시장·군수·구청장이 되고, 위원은 i) 사회보장에 관한 학식과 경험이 있는 자, ii) 비영리 민간단체에서 추천한 자, iii) 그 시·군·구 또는 관계 행정기관 소속의 공무원, iv) 그 시·군·구 지방의회가 추천하는 자의 어느 하나에 해당하는 자 중에서 시장·군수·구청장이 임명 또는 위촉한다. 이 경우 i)과 ii)에 해당하는 자가 2분의 1 이상이 되도록 구성하여야 한다.(제12조)

3) 사후조사

시장·군수·구청장은 제8조제3항의 규정에 따라 지원을 받았거나 받고 있는 긴급지원대상자에 대하여 소득 또는 재산 등 대통령령이 정하는 기준에 따라 긴급지원이 적정한 지의 여부를 조사하여야 한다. 시장·군수·구청장은 이를 위하여 금융·국세·지방세·건강보험·국민연금 및 고용보험 등 관련 전산망을 이용하고자 할 경우에는 해당 법률이 정하는 바에 따라 관계기관의 장에게 협조를 요청할 수 있다. 이 경우 관계 기관의 장은 정당한 사유가 없는 한 이에 응하여야 한다.

긴급지원사업을 담당하는 공무원 또는 공무원이었던 자는 얻은 정보와 자료를 이 법이 정한 지원목적 외에 다른 용도로 사용하거나 다른 사람 또는 기관에 제공하여서는 아니된다.(제13조)

4) 긴급지원의 적정성 심사

긴급지원심의위원회는 시장·군수·구청장이 행한 사후조사결과를 참고하여 긴급지원의 적정성을 심사한다. 긴급지원심의위원회는 긴급지원대상자가 국민기초생활 보장법 또는 의료급여법에 의한 수급권자로 결정된 경우에는 심사를 하지 아니할 수 있다.

시장·군수·구청장은 제1항의 규정에 의한 심사결과 긴급지원대상자에 대한 지원이 적정하지 아니한 것으로 결정된 경우에도 긴급지원담당공무원의 고의 또는 중대한 과실이 없는 한 이를 이유로 긴급지원담당공무원에 대하여 불리한 처분이나 대우를 하여서는 아니된다.(제14조)

5. 지원중단·예산분담·압류금지·벌칙

1) 지원중단 또는 비용환수

시장·군수·구청장은 심사결과 거짓, 그 밖의 부정한 방법으로 지원을 받은 것으로 결정된 자에 대하여는 긴급지원심의위원회의 결정에 따라 지체 없이 지원을 중단하고 지원한 비용의 전부 또는 일부를 반환하게 하여야 한다.

시장·군수·구청장은 심사결과 긴급지원이 적정하지 아니한 것으로 결정된 자에 대하여는 지원을 중단하고 지원한 비용의 전부 또는 일부를 반환하게 할 수 있다.

시장·군수·구청장은 지원기준을 초과하여 지원받은 자에 대하여는 그 초과 지원 상당분을 반환하게 할 수 있다.

시장·군수·구청장은 반환명령에 응하지 아니하는 자에 대하여는 지방세체납처분의 예에 의하여 이를 징수한다.(제15조)

2) 예산분담

국가 및 지방자치단체는 긴급지원 업무를 수행하기 위하여 필요한 비용을 분담하여야 한다(제17조).

3) 압류 등의 금지

긴급지원대상자에게 지급되는 금전 또는 현물은 압류할 수 없다. 긴급지원대상자는 지급되는 금전 또는 현물을 생계유지 등의 목적 외의 다른 용도로 사용하기 위하여 양도하거나 담보로 제공할 수 없다(제18조).

4) 벌칙

긴급지원사업을 담당하는 공무원 또는 공무원이었던 자가 조사를 위하여 금융·국세·지방세·건강보험·국민연금 및 고용보험 등 관련 전산망을 이용하고 얻은 정보와 자료를 이 법이 정한 지원목적 외에 다른 용도로 사용하거나 다른 사람 또는 기관에 제공한 경우 3년 이하의 징역 또는 1천만원 이하의 벌금에 처한다.

제14장

사회복지서비스법

제1절 사회복지서비스법

Ⅰ. 사회복지서비스법의 의의 및 특징

1. 의의

우리나라 사회보장기본법에서 사회복지서비스란 국가·지방자치단체 및 민간부문의 도움을 필요로 하는 모든 국민에게 상담·재활·직업소개 및 지도·사회복지시설 이용 등을 제공하여 정상적인 사회생활이 가능하도록 지원하는 제도를 말한다. 따라서 사회복지서비스법이란 국가·지방자치단체 및 민간부문이 생활상의 곤란이나 장애 등으로 인하여 도움을 필요로 하는 사람들에게 상담·재활·직업소개 및 지도·사회복지시설 이용 등을 제공하여 정상적인 사회생활이 가능하도록 지원하는 강제규범이자 행동규범이고, 조직규범이자 사회규범이다. 사회복지서비스법으로는 노인복지법, 아동복지법, 장애인복지법, 모자복지법, 영유아보육법, 정신보건법 등이 있다.

2. 특징

사회복지서비스법은 사회보험법, 공공부조법 그리고 다른 사회복지 관련법과 함께 국민들의 인간다운 생활을 보장하는 데 기여하고 있지만, 각각의 법이 갖고 있는 목적과 규율하는 대상이 다르기 때문에 몇 가지 차이점이 있다. 첫째, 급여내용의 차이이다. 사회복지서비스법은 주로 서비스의 제공을 급여내용으로 한다는 점에서 차이가 있다. 사회보험법이나 공공부조법의 경우 현금급여(in-cash benefit)나 현물급여(in-kind benefit)가 급여의 주된 내용을 이루는 데 반하여, 사회복지서비스법은 상담·재활·지도 등과 같은 비물질적·사회심리적·정신적 서비스의 급여(service benefit)가 주종을 이루고 있다. 따라서 이러한 추상적이고 역동적이며, 주관적인 측면이 강한 급여를 가시적이고 객관적으로 표준화하고 입법화하는 것은 매우 어려운 일이다. 둘째, 사회복지서비스법은 급여의 특성상 개별적 처우를 요한다. 사회보험법과 공공부조법의 경우는 가입기간, 소득, 재산 등과 같은 기준에 따라 획일적으로 규율하고 수급권자를 처우할 수 있으나, 사회복지서비스법은 서비스의 욕구가 매우 다양하고, 대상자에 따라 그 정도가 차이가 발생한다. 또한 환경에 의해 영향을 받고, 시간에 따라 변화하기 때문에 획일적으로 처우하기 어렵고, 수급권자 개개인에 대하여 개별적으로 처우해야 할 필요가 있다. 셋째, 사회복지서비스법의 급여는 단순히 현금이나 현물을 전달해주는 것이 아니라 사회심리적 치료나 재활 상담 등과 같은 서비스를 개인적으로 또는 집단적으로 제공하는 것이기 때문에 전달자의 전문적인 지식과 실천기술 그리고 윤리가 중요한 역할을 한다(현외성, 2001).

제2절 노인복지법
(일부개정 2007. 8. 3 법률 제8608호)

Ⅰ. 의의와 목적

1. 의의

노인복지법은 노인이 인간다운 생활을 영위하면서 자기가 속한 가족과 사회에 적응하고 통합될 수 있도록 필요한 자원과 서비스를 제공하는 데 관련된 공적·사적 차원에서의 조직적 제반활동들을 규정한 법이다(장인협·최성재, 1987).

2004년 현재 우리나라의 65세 이상의 노인인구는 전체 인구의(47,343천 명)의 8.7%인 약 417만 명으로 전체 인구의 7%를 넘어 고령화사회(aging society)로 진입하였고, 2019년에는 14.4%로 고령사회(aged society), 2026년에는 20%를 넘어서는 초고령 사회로 진입할 것으로 전망되고 있다(보건복지부, 2002). 그러나 이 같은 고령화 추세에도 불구하고 거의 절반에 가까운 노인이 적절한 노후대책이 없이 의존적인 생활을 하고 있는 것으로 조사되었다.

지금까지 우리나라는 생활이 어려운 무의탁노인들을 대상으로 무료 및 실비 수준으로 노인복지시설을 운영하고 있으나, 사회가 핵가족화 되고, 고도의 산업사회로 발전해가면서 여성의 노동시장 참여 또한 활발하게 이루어져 감에 따라 가족부양 장치는 점차 취약해질 수밖에 없는 상황으로 왔다.

노인복지법은 이와 같이 고령화되고 핵가족화 되어가는 고도산업사회에서 파생되는 노인들의 문제를 해결하고, 욕구를 충족시키며, 건강하고 문화적인 노후생활을 영위하는 데 필요한 서비스와 관련급여를 제공하는 국가 지방자치단체 그리고 민간부문의 활동을 규율하는 법이다.

노인복지법은 사회복지서비스법의 한 영역으로서 사회복지서비스법이 갖고 있는 일반적인 특징을 갖고 있다. 동시에 직접적인 서비스 수혜대상자인 노인을 주된 대상으로 하여 노인들이 겪고 있는 병고(病苦)·빈고(貧苦)·고고(孤苦)·무위고(無爲苦)와 같은 4고(四苦)의 문제를 해결함과 동시에 심리적·정신적·사회적 욕구를 충족시키기 위해 제공하는 제반 서비스를 규율하고, 서비스 전달과정에서 사회복지전문가들의 전문적인 개입과 실천을 중시하는 특징을 갖고 있다. 그러나 우리나라 노인복지법은 노인복지규정의 강행적 성격이 미약하고, 선가정보호-후국가보호의 원칙을 고수하고 있어, 공적 부양체제에 의한 보호보다는 사적 부양체제에 의한 보호를 선행하고 있다(현외성, 2001). 최근 개호보험법 또는 수발보험법으로도 일컬어지는 노인장기요양보험법이 조만간 제정될 전망이며, 이와 아울러 노인보건법, 또는 노인건강관리법을 제정하여 노인의 건강상담 및 보건교육 강화를 통해 질병을 사전에 예방하고, 노인질환자에 대한 적절한 치료, 요양, 재활서비스를 제공해야 할 필요가 있다(김성순, 2002; 이민표, 2001).

2. 목적

노인복지법은 노인의 질환을 사전예방 또는 조기발견하고, 질환상태에 따른 적절한 치료·요양으로 심신의 건강을 유지하고, 노후의 생활안정을 위하여 필요한 조치를 강구함으로써 노인의 보건복지중진에 기여함을 목적으로 한다(제1조). 이러한 목적을 실현하는 데 기초가 되는 사상은 첫째, 노인은 후손의 양육과 국가 및 사회의 발전에 기여해 온 자로서 존경받으며 건전하고 안정된 생활을 보장받는다. 둘째, 노인은 그 능력에 따라 적당한 일에 종사하고 사회적 활동에 참여할 기회를 보장받는다. 셋째, 노인은 노령에 따르는 심신의 변화를 자각하여 항상 심신의 건강을 유지하고 그 지식과 경험을 활용하여 사회의 발전에 기여하도록 노력하여야 한다(제2조).

II. 노인복지법의 연혁

1960년대 이래 진행되어온 평균수명 연장과 인구고령화 현상은 경로효친사상의 감퇴, 핵가족화, 농촌공동화, 산업화 등 사회적 현상과 함께 우리나라에서 노인문제가 개인의 문제가 아닌 사회의 심각한 문제로 부각 되었다. 따라서 노인문제를 국가적 차원에서 대처하기 위한 입법노력이 전개되었다. 1969년에는 이윤영 옹이 '노령자복지법(안)'을 최초로 국회에 청원하였으나 토의되지 않았고, 1970년에는 윤인식 의원 외 11명의 국회보사위원이 '노인복지법(안)'을 기초하여 제출하였으나 법사위원회 심의중 국회가 폐회되어 사장되었고, 1976년부터 수차례에 걸쳐 한국노인문제연구소가 노인복지법안을 국회에 청원하였고, 1978년에는 '노인복지문제법제화추진협의회'가 발족하는 등 입법을 위한 노력이 전개되었다(한창영, 1980; 현외성, 2001).

마침내 노인복지법은 1981년 6. 5일 법률 제3453호로 우리나라 최초의 노인복지법이 제정되었다. 제1차 전문개정(1989년 12. 30일 법률 제4178호)으로 노인복지대책위원회를 설치하고, 국가 또는 지방자치단체가 65세 이상의 노인에 대하여 노령수당을 지급할 수 있도록 하였으며, 노인복지시설의 범위에 실비양로시설, 유료노인요양시설 및 노인복지주택을 추가하였다.

제2차 노인복지법 일부개정(1993년 12. 27일 법률 제4633호)으로 행정규제완화시책의 일환으로 사회복지법인이 아닌 민간기업체나 개인도 시·도지사의 허가를 받아 유료노인복지시설을 설치·운영할 수 있도록 하였으며, 재가노인복지사업의 종류를 가정봉사원파견사업, 주간보호사업, 단기보호사업으로 명시하고, 사업실시의 법적 근거를 마련하고, 행정처분의 상대방 또는 대리인에게 의견진술의 기회를 주기 위하여 청문절차를 규정하였다.

제3차 노인복지법 전문개정(1997년 8. 22일 법률 제5359호)으로 매년 10월 2일을 노인의 날, 매년 10월을 경로의 달로 하였으며, 노년생활의 안정도모와 노인공경의 차원에서 국민연금수혜에서 제외되었던 65세 이상의 경제적으로 생활이 어려운 일정한 자에게 경로연금을 지급하도록 하였다. 치매·중풍 등 중증질환 노인과 만성퇴행성 노인환자를 효율적으로 관리하기 위하여 노인전문요양시설·유료노인전문요양시설 및 노인전문병원을 설치할 수 있도록 하였다.

제4차 노인복지법 일부개정(1999년 2. 8일 법률 제5851호)으로 노인복지대책위원회를 폐지하고, 경로연금 지급대상자 선정을 위한 소득기준과 재산기준을 동시에 충족하는 경우에 경로연금 수급권자가 되도록 하였으며, 생활보호대상자인 경우에는 국민연금 등 공적연금을 수급하고 있더라도 경로연금을 수급할 수 있도록 하였다.

2004. 1. 29. 법률 7152호로 노인학대를 방지하고 학대받는 노인을 보호할 수 있도록 긴급전화 및 노인보호전문기관을 설치하도록 하고, 노인학대에 대한 신고의무와 조치사항을 규정하는 등 노인학대의 예방과 학대받는 노인의 보호를 위한 제도적 장치를 강화하였다.

2005. 3. 31. 법률 7452호로 노인의료복지시설의 설치·폐지 등의 신고 등에 관한 관련된 시·도지사의 사무를 사회복지시설에 대한 현황파악이 용이하고 관련 업무를 신속히 처리할 수 있는 시·군·구청장에게 이양하여 동 업무를 효율적으로 수행하고 민원인의 편의를 도모하였다.

2005. 7. 13. 법률 7585호로 평균수명의 증가에 따라 노인인구는 급격하게 증가하고 있으나 정년단축 및 조기퇴직 등으로 근로능력 있는 노인들의 근로기회는 오히려 감소하고 있어 노인부양을 위한 공적·사적 부담이 증가하고 있으므로, 이를 해결하기 위하여 국가 또는 지방자치단체가 노인들의 능력과 적성에 맞는 일자리의 개발·보급과 교육훈련 등을 전담할 기관을 설치·운영하거나 그 운영을 법인·단체 등에 위탁할 수 있도록 하였다.

2007. 4. 25 법률 제8385호로 기초노령연금법이 제정되어 경로연금에 관한 부분은 기초노령연금법에 의해 규정되었다.

2007. 8. 3 법률 제8608호로 일부개정. 노인장기요양보험에 대비하여 노인복지시설의 무료 · 실비 및 유료 구분을 없애고, 요양보호사 자격제를 도입하는 한편, 홀로 사는 노인에게 지원을 할 수 있도록 하고, 실종노인의 보호를 위하여 실종노인을 보호할 경우 신고하도록 하며, 60세 미만의 자에게 노인복지주택을 분양 · 임대하는 것 등을 금지하도록 했다.

Ⅲ. 노인복지법의 현황

1. 노인복지법 일반

노인복지법에 의해 노인에 대한 사회적 관심과 공경의식을 높이기 위하여 매년 10월 2일을 노인의 날로, 매년 10월을 경로의 달로 한다. 또한 부모에 대한 효 사상을 앙양하기 위하여 매년 5월 8일을 어버이날로 하며, 매년 9월 21일을 치매극복의 날로 한다(제6조). 그리고 노인의 복지를 담당하게 하기 위하여 시·군·구에 노인복지상담원을 둔다(제7조). 노인복지상담원은 사회복지사 3급 이상의 자격증 소지자 중에서 시장·군수·구청장이 공무원으로 임용한다.

2. 용어의 정의

1. 부양의무자는 배우자(사실상의 혼인관계에 있는 자를 포함한다)와 직계비속 및 그 배우자(사실상의 혼인관계에 있는 자를 포함한다)를 말한다.
2. 보호자는 부양의무자 또는 업무·고용 등의 관계로 사실상 노인을 보호하는 자를 말한다.
3. 치매는 퇴행성 뇌질환 또는 뇌혈관계 질환 등으로 인하여 기억력, 언어능력, 지남력, 판단력 및 수행능력 등의 기능이 저하됨으로써 일상생활에서 지장을 초래하는 후천적인 다발성 장애를 말한다.
4. 노인학대는 노인에 대하여 신체적·정신적·정서적·성적 폭력 및 경제적 착취 또는 가혹행위를 하거나 유기 또는 방임을 하는 것을 말한다.

IV. 노인복지 지원제도

1. 노인실태 조사

보건복지부장관은 노인의 보건 및 복지에 관한 실태조사를 3년마다 실시하고 그 결과를 공표하여야 한다.

2. 노인 사회참여 지원

국가 또는 지방자치단체는 노인의 지역봉사활동 및 취업의 활성화를 기하기 위하여 노인지역봉사기관, 노인취업알선기관 등 노인복지관계기관에 대하여 필요한 지원을 할 수 있다(제23조).

3. 지역봉사 지도원 위촉 및 업무

국가 또는 지방자치단체는 사회적 신망과 경험이 있는 노인으로서 지역봉사를 희망하는 경우에는 이를 지역봉사지도원으로 위촉할 수 있다. 지역봉사지도원은 i) 국가 또는 지방자치단체가 행하는 업무 중 민원인에 대한 상담 및 조언; ii) 도로의 교통정리, 주·정차단속의 보조, 자연보호 및 환경침해 행위단속의 보조와 청소년 선도; iii) 충효사상, 전통의례 등 전통문화의 전수교육; iv) 문화재의 보호 및 안내; v) 기타 대통령령이 정하는 업무를 담당한다(제24조).

4. 생업지원

국가 또는 지방자치단체, 기타 공공단체가 설치·운영하는 공공시설 안에 식료품·사무용품·신문 등 일상생활용품의 판매를 위한 매점이나 자동판매기의 설치를 허가 또는 위탁할 때에는 65세 이상 의 자의 신청이 있는 경우 이를 우선적으로 반영하여야 한다(제25조).

5. 경로우대

국가 또는 지방자치단체는 65세 이상의 자에 대하여 대통령령이 정하는 바에 의하여 국가 또는 지 방자치단체의 수송시설 및 고궁·능원·박물관·공원 등의 공공시설을 무료로 또는 그 이용요금을 할 인하여 이용하게 할 수 있다(제26조).

6. 건강진단 등

국가 또는 지방자치단체는 65세 이상의 자에 대하여 건강진단과 보건교육을 실시할 수 있다. 국가 또는 지방자치단체는 건강진단 결과 필요하다고 인정한 때에는 그 건강진단을 받은 자에 대하여 필 요한 지도를 하여야 한다(제27조).

7. 상담·입소 등의 조치

보건복지부장관, 특별시장·광역시장·도지사, 시장·군수·구청장은 노인에 대한 복지를 도모하기 위하여 필요하다고 인정한 때에는 65세 이상의 자로서 신체 또는 정신상의 현저한 결함으로 인하여 항상 보호를 필요로 하고, 경제적 이유로 거택에서 보호받기가 곤란한 자 등을 노인의료복지시설에 입소시키거나 입소를 위탁하는 것과 같은 조치를 하여야 한다.

8. 치매관리사업 및 치매상담신고센터

국가 또는 지방자치단체는 치매예방 및 치매퇴치를 위하여 치매연구 및 관리사업을 실시하여야 한다(제29조).

시장·군수·구청장은 관할보건소에 치매예방 및 치매환자관리를 위한 치매상담신고센터를 설치하여야 한다.

9. 실종노인에 관한 신고의무

누구든지 정당한 사유 없이 사고 또는 치매 등의 사유로 인하여 보호자로부터 이탈된 노인(실종노인)을 경찰관서 또는 지방자치단체의 장에게 신고하지 아니하고 보호하여서는 아니 된다.

IV. 노인복지시설의 종류 및 설치·운영

1. 노인복지시설의 종류

1) 노인주거복지시설
1. 양로시설 : 노인을 입소시켜 급식과 그 밖에 일상생활에 필요한 편의를 제공함을 목적으로 하는 시설
2. 노인공동생활가정 : 노인들에게 가정과 같은 주거여건과 급식, 그 밖에 일상생활에 필요한 편의를 제공함을 목적으로 하는 시설
3. 노인복지주택 : 노인에게 주거시설을 분양 또는 임대하여 주거의 편의·생활지도·상담 및 안전관리 등 일상생활에 필요한 편의를 제공함을 목적으로 하는 시설

2) 노인의료복지시설
1. 노인요양시설 : 치매·중풍 등 노인성질환 등으로 심신에 상당한 장애가 발생하여 도움을 필요로 하는 노인을 입소시켜 급식·요양과 그 밖에 일상생활에 필요한 편의를 제공함을 목적으로 하는 시설
2. 노인요양공동생활가정 : 치매·중풍 등 노인성질환 등으로 심신에 상당한 장애가 발생하여 도움을 필요로 하는 노인에게 가정과 같은 주거여건과 급식·요양, 그 밖에 일상생활에 필요한 편의를 제공함을 목적으로 하는 시설
3. 노인전문병원 : 주로 노인을 대상으로 의료를 행하는 시설

3) 노인여가복지시설
1. 노인복지관 : 노인의 교양·취미생활 및 사회참여활동 등에 대한 각종 정보와 서비스를 제공하고, 건강증진 및 질병예방과 소득보장·재가복지, 그 밖에 노인의 복지증진에 필요한 서비스를

제공함을 목적으로 하는 시설

2. 경로당 : 지역노인들이 자율적으로 친목도모 · 취미활동 · 공동작업장 운영 및 각종 정보교환과 기타 여가활동을 할 수 있도록 하는 장소를 제공함을 목적으로 하는 시설

3. 노인교실 : 노인들에 대하여 사회활동 참여욕구를 충족시키기 위하여 건전한 취미생활 · 노인건강유지 · 소득보장 기타 일상생활과 관련한 학습프로그램을 제공함을 목적으로 하는 시설

4. 노인휴양소 : 노인들에 대하여 심신의 휴양과 관련한 위생시설 · 여가시설 기타 편의시설을 단기간 제공함을 목적으로 하는 시설

4) 재가노인복지시설

1. 방문요양서비스 : 가정에서 일상생활을 영위하고 있는 노인(이하 "재가노인"이라 한다)으로서 신체적 · 정신적 장애로 어려움을 겪고 있는 노인에게 필요한 각종 편의를 제공하여 지역사회 안에서 건전하고 안정된 노후를 영위하도록 하는 서비스

2. 주 · 야간보호서비스 : 부득이한 사유로 가족의 보호를 받을 수 없는 심신이 허약한 노인과 장애노인을 주간 또는 야간 동안 보호시설에 입소시켜 필요한 각종 편의를 제공하여 이들의 생활안정과 심신기능의 유지 · 향상을 도모하고, 그 가족의 신체적 · 정신적 부담을 덜어주기 위한 서비스

3. 단기보호서비스 : 부득이한 사유로 가족의 보호를 받을 수 없어 일시적으로 보호가 필요한 심신이 허약한 노인과 장애노인을 보호시설에 단기간 입소시켜 보호함으로써 노인 및 노인가정의 복지증진을 도모하기 위한 서비스

4. 방문 목욕서비스 : 목욕장비를 갖추고 재가노인을 방문하여 목욕을 제공하는 서비스

5. 그 밖의 서비스 : 그 밖에 재가노인에게 제공하는 서비스로서 보건복지부령이 정하는 서비스

2. 노인복지시설의 설치·변경·폐지

노인주거복지시설을 설치한 자 또는 노인의료복지시설(노인전문병원을 제외)을 설치한 자가 그 설치신고사항 중 보건복지부령이 정하는 사항을 변경하거나 그 시설을 폐지 또는 휴지하고자 할 때에는 시장·군수·구청장에게 미리 신고하여야 한다. 2005년 법 개정을 통하여 행정의 효율성과 시설운영자의 편의를 위해 관련사항의 신고기관을 시도지사에서 시장·군수·구청장으로 변경하였다.

3. 노인복지시설 종사자

1) 가정봉사원

가정봉사원파견시설에 종사하는 가정봉사원은 교육을 받아야 한다(제39조의2). 가정봉사원의 교

육을 위한 기관(가정봉사원교육기관)을 설치하고자 하는 자는 시·도지사에게 신고하여야 한다.

2) 요양보호사

① 노인복지시설의 설치 · 운영자는 보건복지부령으로 정하는 바에 따라 노인 등의 신체활동 또는 가사활동 지원 등의 업무를 전문적으로 수행하는 요양보호사를 두어야 한다.

② 요양보호사가 되려는 자는 요양보호사교육기관에서 교육과정을 마쳐야 한다.

③ 시 · 도지사는 요양보호사 교육과정을 마친 자에게 요양보호사의 자격을 검정하고 자격증을 교부하여야 한다.

④ 요양보호사의 등급, 등급별 교육과정, 자격증 교부 등에 관하여 필요한 사항은 보건복지부령으로 정한다.

Ⅴ. 비 용

1. 비용의 부담

국가 또는 지방자치단체가 부담하는 연금지급비용의 부담비율은 국가가 100분의 70, 지방자치단체가 100분의 30으로 한다. 다만, 특별시의 경우에는 국가가 100분의 50, 특별시가 100분의 50으로 한다.

노인일자리전담기관의 설치·운영 또는 위탁에 소요되는 비용, 건강진단 등과 상담·입소 등의 조치에 소요되는 비용, 노인복지시설의 설치·운영에 소요되는 비용은 대통령령이 정하는 바에 따라 국가 또는 지방자치단체가 부담한다. 그 부담비율은 보조금의예산및관리에관한법률시행령이 정하는 바에 의한다(제45조).

2. 조세감면

수급권자가 받는 연금과 노인복지시설에서 노인을 위하여 사용하는 건물·토지 등에 대하여는 조세감면규제법 등 관계법령이 정하는 바에 의하여 조세, 기타 공과금을 감면할 수 있다(제49조).

VI. 노인보호전문기관 및 긴급전화

1. 긴급전화의 설치 등

국가와 지방자치단체는 노인학대를 예방하고 수시로 신고를 받을 수 있도록 긴급전화를 설치하여야 한다(제39조의 4).

2. 노인보호전문기관의 설치

국가 및 지방자치단체는 노인의 보호를 위하여 필요한 사항의 업무를 담당하는 노인보호전문기관을 설치하여야 한다. 다만, 대통령령이 정하는 범위 안에서 다른 노인복지시설을 노인보호전문기관으로 지정한 경우에는 그러하지 아니하다(제39조의 5).

3. 노인학대 신고의무

노인복지법은 누구든지 노인학대를 알게 된 때에는 노인보호전문기관 또는 수사기관에 신고할 수 있도록 하고 있으며, 동시에 노인학대 를 알게 된 때 반드시 신고해야 하는 신고의무자를 별도로 명시하고 있다.

동법은 신고의무자로서 의료법상 의료기관에서 의료업을 행하는 의료인, 노인복지시설의 장 및 그 종사자, 장애인복지시설에서 장애노인에 대한 상담·치료·훈련 또는 요양을 행하는 자, 가정폭력 관련상담소의 상담원 및 가정폭력피해자보호시설의 종사자 그리고 노인복지상담원 및 사회복지전담공무원을 들고 있으며, 이들은 그 직무상 노인학대를 알게 된 때에는 즉시 노인보호전문기관 또는 수사기관에 신고하여야 한다. 이때 신고인의 신분은 보장되어야 하며 그 의사에 반하여 신분이 노출되어서는 아니 된다.

4. 금지행위·비밀누설 금지

누구든지 노인에게 i) 노인의 신체에 폭행을 가하거나 상해를 입히는 행위, ii) 노인에게 성적 수치심을 주는 성폭행·성희롱 등의 행위, iii) 자신의 보호·감독을 받는 노인을 유기하거나 의식주를 포함한 기본적 보호 및 치료를 소홀히 하는 방임행위, iv) 노인에게 구걸을 하게 하거나 노인을 이용하여 구걸하는 행위, v) 노인을 위하여 증여 또는 급여된 금품을 그 목적외의 용도에 사용하는 행위에 해당하는 행위를 하여서는 아니 된다.

이 법에 의한 학대노인의 보호와 관련된 업무에 종사하였거나 종사하는 자는 그 직무상 알게 된 비밀을 누설하지 못한다.

VII. 심사청구 및 벌칙

1. 심사청구 및 행정심판

노인 또는 그 부양의무자는 동법에 의한 복지조치에 대하여 이의가 있을 때에는 그 복지실시기관에 심사를 청구할 수 있다. 복지실시기관은 심사청구를 받은 때에는 30일 이내에 이를 심사·결정하여 청구인에게 통보하여야 한다. 심사·결정에 이의가 있는 자는 그 통보를 받은 날부터 90일 이내에 행정심판을 제기할 수 있다.

2. 노인복지명예지도원

복지실시기관은 양로시설, 노인공동생활가정, 노인복지주택, 노인요양시설 및 노인요양공동생활가정의 입소노인의 보호를 위하여 노인복지명예지도원을 둘 수 있다(제51조).

3. 벌칙

1) 5년 이하의 징역 또는 1천500만원 이하의 벌금
1. 노인의 신체에 폭행을 가하거나 상해를 입히는 행위
2. 노인에게 성적 수치심을 주는 성폭행·성희롱 등의 행위
3. 자신의 보호·감독을 받는 노인을 유기하거나 의식주를 포함한 기본적 보호 및 치료를 소홀히 하는 방임행위
4. 노인에게 구걸을 하게 하거나 노인을 이용하여 구걸하는 행위
5. 실종노인에 관한 신고의무를 위반하여 정당한 사유 없이 신고하지 아니 하고 실종노인을 보호한 자

2) 3년 이하의 징역 또는 1천만원 이하의 벌금
1. 노인을 위하여 증여 또는 급여된 금품을 그 목적외의 용도에 사용하는 행위
2. 위계 또는 위력을 행사하여 실종노인에 관한 조사를 하는 관계 공무원의 출입 또는 조사를 거부하거나 방해한 자

3) 2년 이하의 징역 또는 1천만원 이하의 벌금

1. 입소자격자 아닌 자에게 노인복지주택을 분양 또는 임대한 자는 2년 이하의 징역에 처하거나 위법하게 분양 또는 임대한 세대의 수에 1천만원을 곱한 금액 이하의 벌금에 처한다.
2. 신고를 하지 아니하고 양로시설, 노인공동생활가정, 노인복지주택, 노인요양시설 또는 노인요양공동생활가정을 설치하거나 운영한 자

4) 1년 이하의 징역 또는 300만원 이하의 벌금

1. 신고를 하지 아니하고 양로시설 · 노인공동생활가정 · 노인복지주택 · 노인요양시설 · 노인요양공동생활가정 · 노인여가복지시설 · 재가노인복지시설 또는 요양보호사교육기관을 설치하거나 운영한 자
2. 직무상 알게 된 비밀을 누설한 자

기초노령연금법
(일부개정 2007. 7. 27 법률 제8557호)

* 제정 : 2007. 4. 25 법률 제8385호 / 시행일 2008. 1. 1.

Ⅰ. 일반

목적 : 이 법은 노인이 후손의 양육과 국가 및 사회의 발전에 이바지하여 온 점을 고려하여 생활이
어려운 노인에게 기초노령연금을 지급함으로써 노인의 생활안정을 지원하고 복지를 증진
함을 목적으로 한다.

수급 : 국가는 2008년 7월 1일 이후 최초로 연금을 지급하는 때는 수급자가 65세 이상인 자 중 100
분의 60 수준이 되도록 하고, 2009년 1월 1일 당시 수급자가 65세 이상인 자 중 100분의 70
수준이 되도록 한다(부칙 제8385호, 2007.4.25).

Ⅱ. 용어의 정의

"소득인정액"이란 국민기초생활 보장법에 따른 소득인정액(본인 및 배우자의 소득인정액에 한한
다)을 말한다. 다만, 보건복지부령으로 정하는 바에 따라 그 산출기초가 되는 소득·재산의 범위, 같
은 법 제2조제9호에 따른 소득평가액 산정방식 및 같은 조 제10호에 따른 재산의 소득환산액 산정방
식을 다르게 정할 수 있다.

Ⅲ. 기초노령연금

1. 기초노령연금의 지급대상

65세 이상인 자로서 소득인정액이 대통령령으로 정하는 금액 이하인 자에게 연금을 지급한다.

2. 국가 및 지방자치단체의 책임

국가 및 지방자치단체는 필요한 비용을 부담할 수 있도록 재원을 조성하여야 한다.

국가 및 지방자치단체는 연금의 지급에 따라 계층간 소득역전현상이 발생하지 아니하고 근로의욕 및 저축유인이 저하되지 아니하도록 최대한 노력하여야 한다.

3. 연금액

1. 연금액은 국민연금법 제51조제1항제1호에 따른 금액의 100분의 5에 해당하는 액수로 한다. 다만, 소득인정액과 연금액을 합한 금액이 제3조에 따라 대통령령으로 정하는 금액 이상인 경우에는 대통령령으로 정하는 바에 따라 연금액의 일부를 감액하여 지급할 수 있다.
2. 위 제1항에도 불구하고 본인 및 그 배우자가 모두 연금을 지급받는 경우에는 각각의 연금액에 대하여 100분의 20을 감액한다.

4. 연금의 신청

1) 신청

연금을 지급받고자 하는 자(이하 "연금수급희망자"라 한다) 또는 그 친족, 그 밖의 관계인은 보건복지부장관 또는 지방자치단체의 장에게 급여를 신청할 수 있다. 이 경우 보건복지부장관 또는 지방자치단체의 장은 조사 결과에 따라 지체 없이 연금의 지급 여부를 결정하여야 한다.

2) 연금 신청에 관한 경과조치(부칙 제8385호)

1. 이 법 시행 당시 노인복지법에 따라 경로연금을 지급받고 있는 자(2007년 12월 31일 이전에 경로연금 수급자로 결정된 자 및 경로연금을 신청한 자를 포함한다)는 이 법 시행일에 연금을 신청한 자로 본다.
2. 이 법 시행 이후 2008년 6월 30일까지 국민기초생활 보장법에 따라 기초수급자가 된 65세 이상의 자와 이 법 시행 당시 국민기초생활 보장법에 따른 기초수급자로서 이 법 시행 후 2008년 6월 30일까지 65세 이상이 된 자는 각각 기초수급자로 결정된 날 또는 65세가 된 날에 제6조에 따라 연금을 신청한 자로 본다.

5. 조사 · 질문

보건복지부장관 또는 지방자치단체의 장은 수급권의 발생 또는 상실을 확인하기 위하여 연금을 신청한 자, 수급권자, 수급자, 그 배우자 및 고용주(이하 이 항에서 "수급권자등"이라 한다)에 대하여 필요한 서류나 그 밖에 소득·재산 등에 관한 자료의 제출을 요구할 수 있으며, 소속 공무원으로 하여금 수급권자등의 주거, 그 밖의 필요한 장소에 출입하여 서류 등을 조사하게 하거나 관계인에게 필요한 질문을 하게 할 수 있다.

6. 금융정보 등의 제공

보건복지부장관은 연금수급희망자와 그 배우자가 제출한 동의 서면을 전자적 형태로 바꾼 문서에 의하여 금융기관 등의 장에게 금융정보·신용정보 또는 보험정보의 제공을 요청할 수 있다.

7. 연금의 지급기간 및 지급시기

1) 연금 지급
연금은 수급권자로 결정된 경우 연금을 신청한 날이 속하는 달부터 수급권이 소멸한 날이 속하는 달까지 매월 정기적으로 지급한다.
연금은 그 지급을 정지하여야 할 사유가 발생한 때에는 그 사유가 발생한 날이 속하는 달의 다음달부터 그 사유가 소멸한 날이 속하는 달까지는 이를 지급하지 아니한다.

2) 미지급의 연금
수급자가 사망한 경우 수급자에게 지급하여야 할 연금으로서 아직 지급되지 아니한 것이 있을 때에는 수급자의 사망 당시 생계를 같이 한 부양의무자(배우자와 직계비속 및 그 배우자를 말한다)는 미지급 연금을 청구할 수 있다. 이 경우 보건복지부장관 또는 지방자치단체의 장은 지체 없이 그 지급 여부를 결정하여야 한다.

3) 지급대상에 관한 특례(부칙 제8385호)
이 법에 따라 연금을 지급받는 대상은 제3조에도 불구하고 2008년 6월 30일까지는 다음 각 호의 어느 하나에 해당하는 자로 한다.
1. 1937년 12월 31일 이전 출생한 자로서 소득인정액이 대통령령으로 정하는 금액 이하인 자
2. 이 법 시행 당시 노인복지법에 따라 이미 경로연금을 지급받고 있는 자
3. 65세 이상인 자로서 국민기초생활 보장법에 따른 기초수급자인 자

Ⅳ. 연금 비용의 부담

연금은 다음 각 호의 구분에 따라 국가 또는 지방자치단체가 부담한다.

1. 국가는 지방자치단체의 노인인구 비율 및 재정여건 등을 고려하여 100분의 40 이상 100분의 90 이하의 범위 안에서 대통령령으로 정하는 비율을 부담한다.
2. 위 제1호에 따라 국가가 부담한 금액을 차감한 액수에 대하여는 특별시 · 광역시 · 도 또는 특별자치도 및 시 · 군 · 구가 상호 분담하되, 그 부담비율은 노인인구 비율 및 재정여건 등을 고려하여 시 · 도의 조례로 정하고, 미리 보건복지부장관과 협의하여야 한다.

Ⅴ. 수급권의 보호 및 상실

1. 수급권의 보호

1. 수급권은 이를 양도 · 압류하거나 담보에 제공할 수 없다.
2. 연금으로 지급받은 금품은 이를 압류할 수 없다.

2. 수급권의 상실

수급권자는 다음 각 호의 어느 하나에 해당하게 된 때에 수급권을 상실한다.
1. 사망한 때
2. 국적을 상실하거나 국외로 이주한 때
3. 제3조에 따른 수급요건에 해당하지 아니하게 된 때

3. 조세와 그 밖의 공과금의 감면

지급받은 연금에 대하여는 조세특례제한법, 그 밖의 법률 또는 지방자치단체의 조례로 정하는 바에 따라 조세와 그 밖의 공과금을 감면한다.

VI. 이의신청

1. 수급권자의 자격인정, 그 밖에 이 법에 따른 처분에 이의가 있는 자는 보건복지부장관 또는 지방자치단체의 장에게 이의신청을 할 수 있다.
2. 위 제1항에 따른 이의신청은 그 처분이 있음을 안 날부터 90일 이내에 서면으로 하여야 한다. 다만, 정당한 사유로 인하여 그 기간 이내에 이의신청을 할 수 없음을 증명한 때에는 그 사유가 소멸한 때부터 60일 이내에 이의신청을 할 수 있다.

VII. 업무의 위탁

이 법에 따른 보건복지부장관 또는 지방자치단체의 장의 업무 중 다음 각 호의 사항은 대통령령으로 정하는 바에 따라 국민연금공단에 위탁할 수 있다.
1. 연금 신청의 접수
2. 소속 공무원이 행하는 조사 · 질문에 관한 업무 지원
3. 이의신청의 접수
4. 수급권 상실사유 신고의 접수
4의2. 기초노령연금정보시스템의 구축 · 운영에 관한 사항
5. 그 밖에 대통령령으로 정하는 수급자 관리 지원 등에 관한 사항

VIII. 벌칙

1. 금융정보를 다른 사람에게 제공하거나 누설한 자는 5년 이하의 징역 또는 3천만원 이하의 벌금에 처한다.
2. 신용정보 또는 보험정보를 다른 사람에게 제공하거나 누설한 자는 3년 이하의 징역 또는 2천만원 이하의 벌금에 처한다.
3. 거짓이나 그 밖의 부정한 방법으로 연금을 지급받은 자는 1년 이하의 징역 또는 500만원 이하의 벌금에 처한다.

제3절 아동복지법

(일부개정 2006. 9. 27 법률 제8006호)

Ⅰ. 의의 및 특징

1. 의의

1960년대 이후 핵가족화와 가족계획사업의 성공적인 추진으로 아동인구는 계속 줄어들어 1980년도 아동인구는 전체 인구의 41%인 15,621천 명이었으나, 1998년도에는 27.2%인 12,651천 명으로, 2020년에는 21.0%인 10,980천 명으로 감소될 것으로 보인다.

이혼 등 가족해체의 발생 증가, 현대생활의 긴장 및 각종 산업재해의 증가는 피해가정의 아동들을 요보호대상으로 만들 가능성을 높이고 있으며, 일반가정의 아동도 성격 및 정서 장애, 유기, 학대 등 그 피해가 다양한 양상으로 표출되고 있다. 따라서 가족해체 등에 의한 요보호아동의 발생을 방지하고 보호하기 위한 제도적 대응방안이 국가사회적 차원에서 마련되어야 할 필요가 있다. 또한 일반아동들은 물론 시설보호아동, 소년소녀가정, 모자가정 등 불우아동들도 행복하고 안전하게 양육되고 그들의 인간다운 삶을 보장해주어야 할 필요가 있다(보건복지부, 2002). 아동복지법은 이러한 사회적 필요에 따라 아동들이 건강하고 행복하게 양육되도록 그들의 복지를 보장하기 위해 제정되었다.

2. 아동복지법의 특징

아동복지법은 사회복지서비스법의 일환으로 급여의 내용이 주로 비경제적이기 때문에 사회보험법이나 공공부조법과 달리 객관적이고 획일적으로 규정하기 어렵다. 아동복지법은 아동의 출생에서부터 양육에 이르기까지 전과정에 걸쳐 복지를 보장해야 할 뿐만 아니라, 요보호아동에 대한 보호에 그치지 않고, 일반아동들의 복지도 보장해주어야 하기 때문에 상대적으로 대상과 범위가 넓고 적극적인 특성을 갖는다. 아동복지법은 아동의 이익을 최우선으로 하고 있으며, 단순구호뿐만 아니라 다양하고 전문적인 복지서비스를 제공하고, 아동학대예방을 효과적으로 수행할 수 있는 근거를 제공하고 있다. 최근에는 부모로부터 유기되어 소년소년 가장이 되거나 시설보호를 받는 아동들이 급증하는 사회문제를 해결하기 위하여, 부모의 아동양육을 강제화하는 부모의 아동양육 의무법을 제정하거나 소년소녀가장을 위한 체계적인 복지조치관련 규정의 필요성이 제기되고 있고, 장애아동을 위한 복지조치에 관한 법조항을 신설하거나 교정의 대상이 되는 아동·청소년에 대한 피해자보상 규정 등 규정을 마련해야 한다는 주장도 있다(김미혜, 1998; 김석산, 2000; 문선화, 1998; 정영순, 1998).

II. 입법배경 및 연혁

1. 입법배경

1923년 9월 제령 제12호로 제정된 조선감화령이 1961년 아동복리법을 제정할 때까지 유지되었다. 당시 조선감화령에 의하여 설치된 감화원과 조선구호령에 의하여 설치된 구호시설이 있었다. 미군정시에도 조선감화령이 계속 유지되었으나 식민지 통치를 위한 아동보호에 관한 법이었던 조선감화령은 전면적 수정을 할 필요가 있었다.

또한 1957년 대한민국어린이헌장이 선포되어 어린이의 기본적 인권 부여와 건전육성의 책임이 사회에 있음을 선언함에 따라 빈곤이나 가족해체에 처한 요보호아동뿐만 아니라 일반가정 아동들의 문제에도 사회적 관심이 증가하였다. 또한 사회경제적 변화로 인해 절대빈곤가정이 상존하고, 알코올이나 마약중독과 같은 약물중독사례가 증가하며, 사고·재해·기타 질병으로 세대주가 노동능력을 상실한 경우가 증가하고, 개방된 성문화로 미혼모가 증가하며, 이혼이나 별거 등으로 가족해체현상이 심화되고, 결손가정이 증가함에 따라 요보호아동, 불우아동의 보호 및 유아보육과 건강한 아동의 출생을 위한 임산부 보호의 필요성이 대두되었다.

2. 연혁

1923년 9월 제령 제12호로 아동보호에 관해 일제시대에 조선감화령이 제정되었으나, 이는 복지적이 입법이기보다는 식민통치를 위한 치안유지적 입법이었다.

196년. 12. 30일 법률 제912호로 아동복리법을 제정하였다. 아동복리법 제정으로 일제 때 제정된 조선감화령이 폐지되었다. 아동복리법 시행 당시 조선감화령에 의하여 설치된 감화원과 조선구호령에 의하여 설치된 구호시설은 아동복리시설로 간주하였다.

1981년 4. 13일 법률 제3438호로 아동복리법을 개정하여 아동복지법으로 제정하였다. 아동복지법은 종전의 아동복리법이 구호적 성격의 복지제공에 중점을 두고 있어, 그동안의 경제·사회의 발전에 따라 발생한 사회적 복지요구에 부응하지 못하고 있으므로, 요보호아동뿐만 아니라 일반아동을 포함한 전체 아동의 복지를 보장하고, 특히 유아기에 있어서의 기본적 인격·특성과 능력개발을 조장하기 위한 여건을 조성할 수 있도록 하였다.

2000년 1. 12일 아동복지법을 법률 제6151호로 전문 개정하여 우리 사회의 아동복지수요에 능동적으로 대응하고, 최근 심각한 사회문제로 지적된 바 있는 학대아동에 대한 보호 및 아동안전에 대한 제도적 지원을 공고히 하기 위하여, 아동복지지도원을 별정직 공무원에서 사회복지전담공무원으로 그 신분을 변경하고, 아동학대에 대한 정의와 금지유형을 명확히 규정하며, 아동학대에 대한 신고를 의무화하였다.

2005. 7. 13. 법률 7591호로 보호를 필요로 하는 아동에 대한 가정위탁보호를 활성화할 수 있도록

가정위탁지원센터 등을 두고, 아동학대를 근절하기 위하여 현재 아동학대 신고의무자로 되어 있는 교원, 의료인, 아동복지시설 종사자 등의 자격취득 교육과정에 관계 중앙행정기관의 장으로 하여금 아동학대 예방 및 신고와 관련된 교육내용을 포함시키도록 하였다.

2006. 9. 27 법률 제8006호로 일부개정. 국가나 지방자치단체는 인종차별금지에 필요한 시책을 강구하도록 하고, 아동복지시설, 영유아보육시설, 유치원, 초·중·고등학교의 장은 성폭력예방교육을 실시하도록 하는 한편, 아동학대 신고의무자의 범위를 추가했다.

Ⅲ. 아동복지법의 목적, 용어, 기본이념   등

1. 목적

아동복지법은 아동이 건강하게 출생하여 행복하고 안전하게 자라나도록 그 복지를 보장함을 목적으로 한다(제1조).

2. 용어의 정의

"아동"은 18세 미만의 자를 말한다.[62]

"보호를 필요로 하는 아동"은 보호자가 없거나 보호자로부터 이탈된 아동, 또는 보호자가 아동을 학대하는 경우 등 그 보호자가 아동을 양육하기에 부적당하거나 양육할 능력이 없는 경우의 아동을 말한다.

"보호자"는 친권자, 후견인, 아동을 보호·양육·교육하거나 그 의무가 있는 자 또는 업무·고용 등의 관계로 사실상 아동을 보호·감독하는 자를 말한다.

"아동학대"는 보호자를 포함한 성인에 의하여 아동의 건강·복지를 해치거나 정상적 발달을 저해할 수 있는 신체적·정신적·성적 폭력 또는 가혹행위 및 아동의 보호자에 의하여 이루어지는 유기와 방임을 말한다.

"가정위탁"이라 함은 보호를 필요로 하는 아동을 보호하기에 적합한 가정에 일정기간 위탁하는 것을 말한다(제2조).

---

62) 청소년기본법하에서 청소년이라 함은 9세이상 24세이하의 자를 말한다. 청소년보호법하에서 청소년이라 함은 만19세 미만의 자를 말한다. 소년법하에서 소년이라 함은 20세 미만의 자를 말한다.

3. 기본이념

아동복지법은 다음과 같은 기본이념을 갖고 있다. i) 아동은 자신 또는 부모의 성별, 연령, 종교, 사회적 신분, 재산, 장애유무, 출생지역 등에 따른 어떠한 종류의 차별도 받지 않고 자라나야 한다; ii) 아동은 완전하고 조화로운 인격발달을 위하여 안정된 가정환경에서 행복하게 자라나야 한다; iii) 아동에 관한 모든 활동에 있어서 아동의 이익이 최우선적으로 고려되어야 한다(제3조).

이러한 기본이념을 달성하기 위해 동법은 국가, 지방자치단체, 보호자 및 국민들에게 아동의 복지를 위한 책임을 명시하고 있다(제4조).

4. 아동정책조정위원회

아동의 권리증진과 건강한 출생 및 성장을 위하여 종합적인 아동정책을 수립하고 관계부처의 의견을 조정하며, 그 정책의 이행을 감독하고 평가하기 위하여 국무총리소속하에 아동정책조정위원회를 둔다.

위원회는 아동정책 및 아동의 권리증진의 기본방향에 관한 사항, 아동정책의 개선과 예산지원에 관한 사항, 아동정책에 관한 관련 부처간 협조 사항, 아동관련 국제조약의 이행 및 평가·조정에 관한 사항, 그 밖에 위원장이 부의하는 사항을 심의·조정한다.

위원회는 위원장을 포함한 25인 이내의 위원으로 구성하되, 위원장은 국무총리가 되고 위원은 15인 이내의 위원으로 구성한다(제4조의 2).

또한 어린이에 대한 사랑과 보호의 정신을 높임으로써 이들을 옳고 아름답고 슬기로우며 씩씩하게 자라나도록 하기 위하여 매년 5월 5일을 어린이날로 하며, 5월 1일부터 5월 7일까지를 어린이주간으로 한다(제5조).

5. 아동위원, 아동복지위원

1) 아동위원
시·군·구(자치구)에 아동위원을 둔다. 아동위원은 그 관할구역 안의 아동에 대하여, 항상 그 생활상태 및 가정환경을 상세히 파악하고, 아동복지에 관하여 필요한 원조와 지도를 행하며, 아동복지지도원 및 관계행정기관과 협력하여야 한다. 아동위원은 그 업무의 원활한 수행을 위하여 적절한 교육을 받을 수 있다. 아동위원은 명예직으로 하되, 아동위원에 대하여는 수당을 지급할 수 있다(제6조).

2) 아동복지지도원

아동복지지도원은 사회복지전담공무원으로 한다. 아동복지에 관한 다음의 사항을 수행하게 하기 위하여 특별시·광역시·도 및 시·군·구에 아동복지지도원을 둔다. 1) 보호를 필요로 하는 아동에 대한 적절한 보호조치, 2) 아동 및 그 가족 또는 관계인에 대한 상담, 3) 아동지도에 필요한 가정환경의 조사. 4) 아동에 관한 전문적·기술적 지도를 필요로 하는 경우의 개별지도· 집단지도 및 그 알선, 5) 아동복지시설 또는 보호를 필요로 하는 아동에 대한 조사·지도 및 감독, 6) 아동을 위한 지역사회자원의 활용알선, 7) 지역사회의 학교 부적응아, 비행청소년에 대한 예방·지도 및 원조, 7) 기타 아동의 복지증진 및 육성에 관한 업무(제7조).

아동복지지도원은 지방 일반직 공무원(사회복지 직렬) 또는 지방 별정직 공무원으로 한다. 별정직 공무원인 아동복지지도원은 보건복지부령이 정하는 아동복지 또는 사회복지관련 교과목을 이수하고 졸업한 자 중에서 그 지방자치단체의 장이 임용한다. 아동복지지도원은 특별시·광역시·도·시·군·구 및 아동상담소에 각각 1인 이상 둔다(동법시행령 제2조).

IV. 보호조치, 친권상실 및 후견

1. 아동의 건강 및 안전

아동의 보호자는 아동의 건강유지와 향상을 위하여 최선의 주의와 노력을 하여야 한다. 국가는 대통령령이 정하는 바에 따라 아동복지시설과 아동용품에 대한 안전기준을 정하고 아동용품을 제작·설치·관리하는 자에게 이를 준수하도록 하여야 한다. 아동복지시설, 영유아보육시설, 유치원, 초·중·고등학교의 장은 교통안전, 약물오남용 예방 및 재난대비 안전교육을 실시하여야 한다(제9조).

2. 보호조치

서울특별시장·광역시장·도지사 또는 시장·군수·구청장은 그 관할구역 안에서 보호를 필요로 하는아동을 발견하거나 보호자의 의뢰를 받은 때에는 아동의 최상의 이익을 위하여 i) 아동복지지도원 또는 아동위원에게 보호를 필요로 하는 아동 또는 그 보호자에 대한 상담·지도를 행하게 하는 것, ii) 보호자 또는 대리양육을 원하는 연고자에 대하여 그 가정에서 보호양육 할 수 있도록 필요한 조치를 하는 것, iii) 아동의 보호를 희망하는 자에게 가정위탁 하는 것, iv) 보호를 필요로 하는 아동에 적합한 아동복지시설에 입소시키는 것, v) 약물 및 알콜중독·정서장애·발달장애·성폭력피해 등으로 특수한 치료나 요양 등의 보호를 필요로 하는 아동에 대하여 전문치료기관 또는 요양소에 입원 또는 입소시키는 필요한 보호조치를 하여야 한다.

3. 시설아동 퇴소조치

아동복지시설에 입소한, 보호를 필요로 하는 아동의 연령이 18세에 달하였거나, 보호의 목적을 달
성하였다고 인정될 때에는 그 시설의 장은 그 보호중인 아동을 퇴소시켜야 한다. 그러나 그 시설에서
계속 보호양육이 필요하다고 인정되는 때에는 시설의 장이 그 보호기간을 연장할 수 있다(제11조).

4. 친권상실 선고와 아동의 후견인 선임청구

시·도지사 또는 시장·군수·구청장은 아동의 친권자가 그 친권을 남용하거나 현저한 비행, 기타
친권을 행사할 수 없는 중대한 사유가 있는 것을 발견한 경우 아동의 복지를 위하여 필요하다고 인정
할 때에는 법원에 친권행사의 제한 또는 친권상실의 선고를 청구하여야 한다(제12조).
시·도지사 또는 시장·군수·구청장은 친권자 또는 후견인이 없는 아동을 발견한 경우, 그 복지를
위하여 필요하다고 인정할 때에는 법원에 후견인의 선임 또는 그 해임을 청구하여야 한다. 이 경우 그
아동의 의견을 존중하여야 한다. 아동복지시설에 입소중인 보호를 필요로 하는 아동에 대하여는 '보
호시설에있는미성년자의후견직무에관한법률'을 적용한다(제13조).

V. 아동복지시설

1. 아동복지시설의 설치 및 휴지·폐지

국가 또는 지방자치단체는 아동복지시설을 설치할 수 있다. 국가 또는 지방자치단체 외의 자는 관
할 시장·군수·구청장에게 신고하고 아동복지시설을 설치할 수 있다(제14조).
신고한 아동복지시설을 폐지 또는 휴지하거나 그 운영을 재개하고자 하는 자는 미리 시장·군수·
구청장에게 신고하여야 한다(제15조).

2. 아동복지시설의 종류

1. 아동양육시설 : 보호를 필요로 하는 아동을 입소시켜 보호, 양육하는 것을 목적으로 하는 시설
2. 아동일시보호시설 : 보호를 필요로 하는 아동을 일시보호하고 아동에 대한 향후의 양육대책수
   립 및 보호조치를 행하는 것을 목적으로 하는 시설

3. 아동보호치료시설 : 불량행위를 하거나 불량행위를 할 우려가 있는 아동으로서 보호자가 없거나 친권자나 후견인이 입소를 신청한 아동 또는 가정법원, 지방법원소년부지원에서 보호위탁된 아동을 입소시켜 그들을 선도하여 건전한 사회인으로 육성을 목적으로 하는 시설

4. 아동직업훈련시설 : 아동복지시설에 입소되어 있는 만15세이상의 아동과 생활이 어려운 가정의 아동에 대하여 자활에 필요한 지식과 기능을 습득시키는 것을 목적으로 하는 시설

5. 자립지원시설 : 아동복지시설에서 퇴소한 자에게 취업준비기간 또는 취업후 일정기간 보호함으로써 자립을 지원하는 것을 목적으로 하는 시설

6. 아동단기보호시설 : 일반가정에 아동을 보호하기 곤란한 일시적 사정이 있는 경우 아동을 단기간 보호하며 가정의 복지에 필요한 지원조치를 하는 것을 목적으로 하는 시설

7. 아동상담소 : 아동과 그 가족의 문제에 관한 상담, 치료, 예방 및 연구 등을 목적으로 하는 시설

8. 아동전용시설 : 어린이공원, 어린이놀이터, 아동회관, 체육, 연극, 영화, 과학실험전시시설, 아동휴게숙박시설, 야영장 등 아동에게 건전한 놀이·오락, 기타 각종 편의를 제공하여 심신의 건강유지와 복지증진에 필요한 서비스를 제공하는 것을 목적으로 하는 시설

9. 아동복지관 : 지역사회 아동의 건전육성을 위하여 심신의 건강유지와 복지증진에 필요한 서비스를 제공하는 것을 목적으로 하는 시설

10. 공동생활가정 : 보호를 필요로 하는 아동에게 가정과 같은 주거여건과 보호를 제공하는 것을 목적으로 하는 시설

11. 지역아동센터 : 지역사회 아동의 보호·교육, 건전한 놀이와 오락의 제공, 보호자와 지역사회의 연계 등 아동의 건전육성을 위하여 종합적인 아동복지서비스를 제공하는 시설

2. 아동복지시설의 업무

아동복지시설은 각 시설의 고유업무 외에도 다음 각 호의 사업을 실시할 수 있다 :

① 아동가정지원사업 : 지역사회아동의 건전한 발달을 위하여 아동, 가정, 지역주민에게 상담, 조언 및 정보를 제공해 주는 사업

② 아동주간보호사업 : 부득이한 사유로 가정에서 낮 동안 보호를 받을 수 없는 아동을 대상으로 개별적인 보호와 교육을 통하여 아동의 건전한 성장을 도모하는 사업

③ 아동전문상담사업 : 학교부적응아동 등을 대상으로 올바른 인격형성을 위한 상담, 치료 및 학교폭력예방을 실시하는 사업

④ 학대아동보호사업 : 학대아동의 발견, 보호, 치료 및 아동학대의 예방 등을 전문적으로 실시하는 사업

⑤ 공동생활가정사업 : 보호를 필요로 하는 아동에게 가정과 같은 주거여건과 보호를 제공하는 것을 목적으로 하는 사업

⑥ 방과후 아동지도사업: 저소득층 아동을 대상으로 방과 후 개별적인 보호와 교육을 통하여 건전
한 인격형성을 목적으로 하는 사업

3. 아동전용시설의 설치

국가와 지방자치단체는 아동이 항상 이용할 수 있는 아동전용시설을 설치하도록 노력하여야 한
다. 아동이 이용할 수 있는 문화·오락시설·교통·기타 서비스시설 등을 설치·운영하는 자는 아동의
이용편의를 고려한 편익설비를 갖추고 아동에 대한 입장료와 이용료 등을 감면할 수 있다(제17조).

4. 가정위탁지원센터의 설치 및 업무

2005년 법률 개정으로 중앙과 지방의 가정위탁지원센터에 관한 규정을 제정하였다. 국가는 가정
위탁사업을 활성화하고 지역간 연계체계를 구축하기 위하여 중앙가정위탁지원센터를 두고, 지방차
지단체는 보호를 필요로 하는 아동에 대한 가정위탁사업을 활성화하기 위하여 지역가정위탁지원센
터를 둔다. 보건복지부장관 및 시·도지사는 가정위탁지원을 목적으로 하는 비영리법인을 지정하여
중앙가정위탁지원센터 및 지역가정위탁지원센터의 운영을 위탁할 수 있다.
중앙가정위탁지원센터는 다음의 업무를 수행한다.

ⅰ) 지역가정위탁지원센터에 대한 지원　　　ⅱ) 효과적인 가정위탁사업을 위한 연계체계 구축
ⅲ) 가정위탁사업과 관련된 연구 및 자료발간　ⅳ) 가정위탁사업 위한 프로그램 개발 및 평가
ⅴ) 상담원에 대한 교육 등 가정위탁에 관한 교육 및 홍보
ⅵ) 가정위탁사업을 위한 정보기반 구축 및 정보제공
ⅶ) 그 밖에 대통령령이 정하는 가정위탁사업과 관련된 업무

지역가정위탁지원센터는 다음의 업무를 수행한다.

ⅰ) 가정위탁사업의 홍보 및 위탁가정의 발굴
ⅱ) 가정위탁을 하고자 하는 가정 및 가정위탁 대상 아동의 조사
ⅲ) 가정위탁 부모의 교육
ⅳ) 가정위탁을 하는 가정의 사후관리
ⅴ) 그 밖에 대통령령이 정하는 가정위탁사업과 관련된 업무

VI. 아동학대 방지조치

1. 아동학대 신고의무와 절차

누구든지 아동학대를 알게 된 때에는 아동보호전문기관 또는 수사기관에 신고할 수 있다.

다음에 해당하는 자는 그 직무상 아동학대를 알게 된 때에는 즉시 아동보호전문기관 또는 수사기관에 신고하여야 한다. 신고인의 신분은 보호되어야 하며, 그 의사에 반하여 신원이 노출되어서는 아니 된다(제26조).

i) 초·중등교원,
ii) 의료기관에서 의료업을 행하는 의료인,
iii) 아동복지시설의 종사자 및 그 장,
iv) 장애인복지시설에서 장애아동에 대한 상담·치료·훈련 또는 요양을 행하는 자,
v) 영유아보육시설의 종사자,
vi) 성매매방지 및 피해자보호 등에 관한 법률 규정에 따른 지원시설 및 성매매피해상담소의 장이나 그 종사자,
vii) 모·부자복지상담소의 상담원 및 모·부자복지시설의 종사자,
viii) 가정폭력관련상담소의 상담원 및 가정폭력 피해자보호시설의 종사자,
ix) 아동복지지도원 및 사회복지전담공무원.

2. 응급조치 의무

아동학대 신고를 접수한 아동보호전문기관 직원이나 사법경찰관리는 지체 없이 아동학대의 현장에 출동하여야 하며, 아동학대행위자로부터의 격리 또는 치료가 필요한 때에는 아동보호전문기관 또는 치료기관의 인도에 필요한 조치를 하여야 한다. 아동학대의 신고를 접수한 아동보호전문기관이나 수사기관은 학대받은 아동의 보호와 학대의 방지를 위하여 대리양육보호 내지 아동복지시설 입소조치 등을 의뢰할 수 있다(제27조).

3. 긴급전화의 설치

국가와 지방자치단체는 아동학대를 예방하고 수시로 신고를 받을 수 있도록 긴급전화를 설치하여야 한다(제23조). 보건복지부장관 및 시·도지사는 아동보호전문기관에 긴급전화를 설치하여야 한다. 긴급전화는 전국적으로 통일된 번호로 매일 24시간 동안 운영하여야 한다(동법시행령 제14조).

4. 아동보호전문기관의 설치

1) 아동보호전문기관의 설치

국가와 지방자치단체는 학대아동의 발견, 보호, 치료에 대한 신속한 처리 및 아동학대예방을 전담하는 아동보호전문기관을 설치하여야 한다. 다만 대통령령이 정하는 범위 안에서 아동상담소, 아동복지시설, 아동학대예방협회 등의 비영리법인을 아동보호전문기관으로 지정할 수 있다(제24조).

아동보호전문기관으로 지정받고자 하는 자는 시·도지사에게 신청을 하여야 한다. 시·도지사는 i) 아동복지시설, ii) 사회복지사업법에 의하여 설립된 비영리법인, iii) 기타 아동보호전문기관의 업무를 수행할 능력이 있다고 시·도지사가 인정하는 비영리법인을 보건복지부장관의 승인을 얻어 아동보호전문기관으로 지정할 수 있다.

아동보호전문기관으로 지정받고자 하는 시설 또는 법인은 i) 3년 이상 아동복지업무를 수행한 실적이 있을 것, ii) 보건복지부령이 정하는 설치기준을 갖출 것, iii) 업무를 수행하는 데 필요한 예산을 확보할 수 있을 것의 요건을 갖추어야 한다. 시·도지사는 관할구역 내의 아동수, 아동보호전문기관의 소재지, 다른 아동보호전문기관과의 지리적 거리 등을 고려하여 아동보호전문기관을 지정하여야 한다(동법시행령 제15조).

2) 아동보호전문기관의 의무

아동보호전문기관은 i) 학대받은 아동의 발견, 보호, 치료의뢰, ii) 아동학대의 예방 및 방지를 위한 홍보, iii) 아동학대행위자를 위한 상담·교육 등, iv) 아동학대행위자, 아동학대행위자로 신고된 자 및 그 가정에 대한 조사, v) 기타 학대받은 아동의 보호를 위하여 필요한 사항 업무를 수행한다(제25조).

5. 수사와 재판에서의 보호

법원의 심리과정에서 변호사, 법정대리인, 직계친족, 형제자매, 아동보호전문기관의 상담원은 학대아동사건의 심리에 있어서 보조인이 될 수 있다. 다만, 변호사가 아닌 경우에는 법원의 허가를 받아야 한다.

법원은 아동학대의 피해자를 증인으로 신문하는 경우 검사, 피해자 또는 아동보호전문기관의 신청이 있는 때에는 피해자와 신뢰관계에 있는 자의 동석을 허가할 수 있다. 수사기관이 피해자를 조사하는 경우에도 피해자와 신뢰관계에 있는 자의 동석을 허가할 수 있다(제28조).

6. 금지행위

누구든지 다음의 행위를 하여서는 아니 된다.

i) 아동의 신체에 손상을 주는 학대행위, ii) 아동에게 성적 수치심을 주는 성희롱, 성폭행 등의 학대행위, iii) 아동의 정신 건강 및 발달에 해를 끼치는 정서적 학대행위, iv) 자신의 보호·감독을 받는 아동을 유기하거나 의식주를 포함한 기본적 보호·양육 및 치료를 소홀히 하는 방임행위, v) 아동을 타인에게 매매하는 행위, vi) 아동에게 음행을 시키거나 음행을 매개하는 행위, vii) 장애를 가진 아동을 공중에 관람시키는 행위, viii) 아동에게 구걸을 시키거나 아동을 이용하여 구걸하는 행위, ix) 공중의 오락 또는 흥행을 목적으로 아동의 건강 또는 안전에 유해한 곡예를 시키는 행위, x) 정당한 권한을 가진 알선기관 외의 자가 아동의 양육을 알선하고 금품을 취득하는 행위, xi) 아동을 위하여 증여 또는 급여된 금품을 그 목적 외의 용도에 사용하는 행위(제29조).

VII. 비용보조, 비용징수, 보조금 반환명령

1. 비용보조

국가 및 지방자치단체는 i) 아동복지시설의 설치 및 운영과 프로그램의 운용에 필요한 비용 또는 수탁보호 중인 아동의 양육 및 보호관리에 필요한 비용, ii) 보호를 필요로 하는 아동의 대리양육이나 가정위탁보호에 따른 비용, iii) 아동복지사업의 지도·감독, 계몽 및 선전에 필요한 비용, iv) 아동보호전문기관의 설치·운영에 소요되는 비용, v) 아동복지단체의 지도·육성에 필요한 비용의 전부 또는 일부를 보조할 수 있다(제31조).

국가 및 지방자치단체는 이들 비용(이용료를 받는 아동전용시설의 경우에는 동 시설의 설치비용에 한함)의 전부 또는 일부를 예산의 범위 안에서 보조한다. 국가 또는 지방자치단체가 아동복지시설의 운영에 필요한 비용을 보조하는 때에는 시설평가 등 그 아동복지시설의 운영실적을 고려하여 보조할 수 있다(동법시행령 제19조).

2. 비용의 징수

시·도지사, 시장·군수·구청장 또는 아동복지시설의 장은 아동의 보호 및 치료에 필요한 비용의 전부 또는 일부를 각각 그 본인 또는 그 부양의무자로부터 징수할 수 있다(제32조). 시·도지사 또는 시장·군수·구청장 또는 아동복지시설의 장은 보호조치를 받은 본인 또는 그 부양의무자로부터 실비에 해당하는 금액을 징수할 수 있다. 다만, 그 본인 또는 그 부양의무자가 다른 법령에 의하여 생계비를 지원받는 경우에는 그 금액을 경감하거나 이를 징수하지 아니할 수 있다. 이 규정에 의하여 비용을 징수하고자 하는 때에는 서면으로 통지하여야 한다(동법시행령 제20조).

3. 보조금의 반환명령

국가 또는 지방자치단체는 아동복지시설의 장 등 보호수탁자, 대리양육자 및 아동복지단체의 장이 i) 보조금의 교부조건에 위반한 때, ii) 거짓·기타 부정한 방법으로 보조금의 교부를 받은 때, iii) 아동복지시설의 경영에 관하여 개인의 영리를 도모하는 행위를 한 때, iv) 이 법 또는 이 법에 의한 명령에 위반한 때, v) 보조금의 사용잔액이 있을 때에는 이미 교부한 보조금의 전부 또는 일부의 반환을 명할 수 있다(제33조).

VIII. 권리보호 및 벌칙

1. 압류금지

이 법에 의하여 지급된 금품과 이를 받을 권리는 압류하지 못한다(제36조). 아동복지법에 의해 지급된 금품 및 수급권은 일신전속적이다.

2. 비밀누설의 금지

아동복지사업 또는 아동보호전문기관을 포함하여 아동복지업무에 종사하였거나 종사하는 자는 그 직무상 지득한 비밀을 누설하지 못한다(제38조).

3. 벌칙 및 양벌규정

2005년 동법을 개정하여 벌칙 가운데 벌금의 금액을 증액하였다.(제40조,제40조의2,제41조)
① 아동을 타인에게 매매하는 행위를 하였거나 아동에게 음행을 시키거나 음행을 매개하는 행위를 한 자는 10년 이하의 징역 또는 5천만 원 이하의 벌금에 처한다. 미수범도 처벌한다.
② 아동의 신체에 손상을 주는 학대행위, 아동의 유기 내지 방임 행위, 장애아동을 공중관람시키는 행위나 구걸시키는 행위를 한 자는 5년 이하의 징역 또는 3천만 원 이하의 벌금에 처한다.
③ 아동양육을 알선하고 금품을 취득하거나 아동을 위해 증여 또는 급여된 금품을 그 목적 외의 용도에 사용한 자는 3년 이하의 징역 또는 2천만 원 이하의 벌금에 처한다.
④ 아동에게 유해한 곡예를 시키는 행위를 한 자는 1년 이하의 징역 또는 5백만 원 이하의 벌금에 처한다.
⑤ 상습으로 상기의의 죄를 범한 자는 그 죄에 정한 형의 2분의 1까지 가중한다.

⑥ i) 신고를 하지 아니하고 아동복지시설을 설치한 자, ii) 조사를 거부·방해 또는 기피하거나 질문에 대하여 답변을 거부·기피 또는 거짓답변을 하거나, 아동에게 답변을 거부·기피 또는 거짓답변을 하게 하거나 그 답변을 방해한 자, iii) 거짓서류를 작성하여 아동복지시설종사자의 자격을 인정받은 자, vi) 시설폐쇄명령, 위탁의 취소 또는 사업의 정지명령을 받고 사업을 계속한 자, v) 비밀누설금지 규정에 위반한 자는 1년 이하의 징역 또는 5백만 원 이하의 벌금에 처한다.

제4절 장애인복지법
(전부개정 2007. 4. 11 법률 제8367호)

Ⅰ. 의의 및 특징

1. 의의

장애인복지법은 장애인복지에 관한 법이다. WHO의 정의에 의하면, 장애인이란 선천적 또는 후천적으로 신체적·정신적 능력의 불안전으로 인해 일상의 개인 또는 사회활동을 자력으로 완전 또는 부분적으로 할 수 없는 사람을 말한다. 장애인복지란 장애인들이 겪고 있는 신체손상(impairment)에 따른 신체적 욕구를 의료재활 등을 통해 충족시키고, 능력저하(disability)에 따른 개인적 욕구를 직업재활 등을 통해 충족시키며, 사회적 장애(handicap)에 따른 사회생활에서의 불이익을 감소시키고, 사회적 욕구를 충족시킴으로써, 장애인이 인간으로서의 존엄한 권리를 보장받고, 완전한 사회참여와 평등을 보장받을 수 있도록 하는 국가 및 사회의 시책이다. 이러한 장애인복지를 위한 시책을 제도화하기 위한 입법이다.

2. 장애인복지법의 특징

장애인복지법은 사회복지서비스법의 일환으로 기능을 수행하지만 장애인 복지분야에 있어서는 기본법적인 특징을 갖고 있다. 한국의 현행법 중에서 장애인복지와 관련 있는 대표적인 법들로 장애인복지법, 장애인고용촉진등에관한법률, 특수교육진흥법 등이 있다. 장애인복지법은 장애인의 복지에 관한 기본법적 성격을 지니고 있으며, 우리나라에서 공적으로 사용되고 있는 장애인복지와 관련된 개념들은 일반적으로 이 법에 준하고 있다.

장애인복지법은 내용상 개별적 수준에서 장애인 개인의 능력을 개발하고 적절한 사회적 역할을 부여하며, 집합적 수준에서 사회의 환경을 개선해나가야 하는 점증적이고 포괄적인 성격을 지닌다.

II. 입법배경 및 연혁

1. 입법배경

UN이 1981년을 '세계장애인의 해'로 정하고, 이어서 1983년부터 1992년까지 10년 동안을 '세계 장애인 10년'으로 선포하는 등 전세계적으로 장애인에 대한 관심이 증대되었다. 이에 우리나라에서 도 1981년에 심신장애자복지법을 제정하고, 1987년부터 장애인등록 시범사업을 시작하여 그 이듬 해 전국으로 확대했으며, 1988년에 제8회 서울장애인올림픽대회를 개최하는 등 장애인복지에 대한 관심이 크게 증대되었다. 또한 1989년 심신장애자복지법을 장애인복지법으로 전면 개정하였고, 1990년에 장애인 고용촉진 등에 관한 법률을 제정, 1994년에 특수교육진흥법을 전면 개정하였다. 1997년에 장애인·노인·임산부등의편의증진보장에관한법률을 제정하는 등 일련의 조치를 통하여 저소득 장애인에 대한 생계비 지원(1990) 등 기본적 복지서비스를 확충해나가면서 장애인의 권리보 장을 위한 종합적이고 체계적인 제도적 기틀을 마련하였고, 장애인에 대한 의료, 직업, 교육, 재활의 기초를 마련하였다.

1997년에 정부 각 부처별로 시행중이던 장애인복지사업을 총망라한 종합계획인 '장애인복지발 전5개년계획(1998-2002)'을 수립하여 추진하고 있으며, 1998년 12월에 장애인인권헌장을 선포하여 장애인의 인권과 인간다운 삶을 보장하는 원칙과 기준을 제시하였고, 1999년에는 '장애인·노인·임 산부 등의 편의 증진 보장에 관한 법률'의 개정과 함께 '장애인복지법'을 전면 개정하여 2000년 1월 부터 장애인정범위를 신장·심장, 정신질환(자폐·뇌병변) 등 내부 장애로까지 확대하였다. 향후 2차 및 3차 확대를 통하여 만성호흡기질환, 만성간질환, 만성알코올·약물중독, 기질성 뇌증후군, 안면기 형, 비뇨기질환, 치매 등도 장애범주에 포함시킬 예정이다(서동우, 1999). 이어 2000년 1월에는 '장애 인 고용촉진 및 직업재활법' 개정 및 '편의시설확충국가종합5개년계획(2000-2004)'을 수립·시행하 는 등 장애인복지제도를 선진국 수준으로 끌어올려 장애인의 진정한 사회통합을 이루기 위하여 노 력하고 있다(보건복지부, 2002). 이에 따라 장애인복지법도 개정을 거듭하고 있다.

2. 연혁

우리나라의 장애인에 대한 인권보장이나 사회보장수급권에 대한 체계적인 접근은 국제적인 움직 임과 국내의 정치적 상황에 의해 발전되어 왔다. 1955년 국제노동기구의 직업재활권고로 장애인의 직업재활에 관심을 가지게 되었다. 그 후 1975년 12월 9일 제 30차 UN총회에서 장애인 권리선언이 결의 되고 1981년을 세계장애인의 해로 결의로 우리나라에서는 1981년 6월 5일 법률 제3452호로 심 신장애인 복지법이 제정되었다.

1989. 12. 30일 법률 제4179호로 장애인복지법을 전문 개정하여 "심신장애자"라는 용어를 "장애

인"으로 변경하고, 이에 따라 이 법의 제명을 "장애인복지법"으로 하였다. 장애인복지위원회를 설치하였으며, 장애인등록제를 신설하였다.

1997. 4. 10일 법률 제5332호로 장애인복지법을 일부 개정하여 장애인 등의 시설·설비 및 정보에 대한 접근권을 인정하였다.

1999. 2. 8일 법률 제5931호로 장애인복지법을 개정하여 장애인의 인간존엄의 실현과 완전한 사회참여를 위하여 장애인복지정책의 효율적 수행을 도모하였다.

1999. 12. 31일 법률 제16682로 장애인복지법 시행령을 제정하였다. 이 시행령은 종전에는 장애인을 지체장애인 등 5종으로 구분하였으나, 앞으로는 그 외에 신장장애인 등 5종을 추가하여 장애인의 인정범위를 10종으로 확대하였다.

2003. 9. 29일 법률 제06985호로 법률을 개정하여 국민기초생활보장법에 의한 생계급여의 수급자에 해당하는 장애인 모두를 장애수당의 의무지급대상자로 하여 그 지급대상을 확대하였다.

2004. 3. 5일 법률 제07184호로 개정하여 장애인복지종합정책을 총괄하는 장애인복지조정위원회 내에 실무위원회를 설치하는 한편, 지방장애인복지위원회를 설치함으로써 장애인 복지제도의 지속적 발전을 도모하였다.

2007. 4. 11일 법률 제8367호로 전부 개정하여 장애인의 권익을 신장하고, 중증장애인 및 여성장애인을 포함한 장애인의 자립생활 등을 실현하기 위한 각종 제도를 도입하였다.

Ⅲ. 목적, 기본이념, 권리, 의무

1. 목적

장애인복지법은 장애인의 인간다운 삶과 권리 보장을 위한 국가와 지방자치단체 등의 책임을 명백히 하며, 장애발생의 예방과 장애인의 의료, 교육, 직업재활, 생활환경 개선 등에 관한 사업을 정함으로써 장애인복지대책의 종합적 추진을 도모하며, 장애인의 자립, 보호 및 수당의 지급 등에 관하여 필요한 사항을 정함으로써 장애인의 생활안정에 기여하는 등 장애인의 복지증진 및 사회활동 참여 증진에 기여함을 목적으로 한다(제1조).

2. 수급권자

장애인은 신체적·정신적 장애로 인하여 장기간에 걸쳐 일상생활 또는 사회생활에 상당한 제약을 받는 자를 말한다. 장애인복지법의 적용을 받는 장애인은 장애인 중 신체적 장애와 정신적 장애에 해당하는 장애를 가진 자로서, 대통령령이 정하는 장애의 종류 및 기준에 해당하는 자를 말한다. 신체적 장애라 함은 주요 외부 신체기능의 장애, 내부기관의 장애 등을 말한다. 정신적 장애라 함은 정신지체 또는 정신적 질환으로 발생하는 장애를 말한다(제2조).

2003년 법률 개정으로 장애인의 종류는 종전의 10개에서 15개로 확대되었다.

지체장애인(肢體障碍人), 뇌병변장애인(腦病變障碍人), 시각장애인(視覺障碍人), 청각장애인(聽覺障碍人), 언어장애인(言語障碍人), 정신지체인(精神遲滯人), 발달장애인(發達障碍人), 정신장애인(精神障碍人) , 신장장애인(腎臟障碍人), 심장장애인(心臟障碍人), 호흡기장애인(呼吸器障碍人), 간장애인(肝障碍人), 안면장애인(顏面障碍人), 장루/요루장애인(腸瘻/尿瘻障碍人), 간질장애인(癎疾障碍人).

3. 기본 이념

장애인복지의 기본이념은 장애인의 완전한 사회참여와 평등을 통한 사회통합을 이루는 데 있다(제3조).

4. 장애인의 권리, 장애인 및 가족의 의무

장애인은 인간으로서의 존엄과 가치를 존중받으며, 이에 상응하는 처우를 받는다. 장애인은 국가·사회의 구성원으로서 정치·경제·사회·문화·기타 모든 분야의 활동에 참여할 권리가 있다. 또한 2007년 법 개정을 통해 장애인은 장애인 관련 정책결정과정에 우선적으로 참여할 권리가 있다(제4조)고 규정하고, 중앙행정기관의 장은 해당 기관의 장애인정책을 효율적으로 수립·시행하기 위하여 소속공무원 중에서 장애인정책책임관을 지정할 수 있도록(제12조) 하여 장애인의 권리를 강화했다.

장애인은 그가 가지고 있는 능력을 최대한으로 활용하여 사회·경제활동에 참여하도록 노력하여야 한다. 장애인의 가족은 장애인의 자립촉진을 위하여 노력하여야 한다(제5조).

IV. 중증장애인의 보호, 차별금지, 책임

1. 중증장애인의 보호

국가와 지방자치단체는 장애의 정도가 심하여 자립하기가 현저하게 곤란한 장애인에 대하여 평생 필요한 보호 등을 행하도록 적절한 시책을 강구하여야 한다(제6조).

국가와 지방자치단체는 장애인의 복지에 관한 정책의 결정과 그 실시에 있어서 장애인의 부모 및 배우자, 기타 장애인을 보호하는 자의 의견을 존중하여야 하며, 그 사후에 장애인의 생활에 관하여 근심하는 일이 없도록 특별히 배려하여야 한다(제7조).

2. 차별금지 등

누구든지 장애를 이유로 정치·경제·사회·문화 생활의 모든 영역에 있어 차별을 받지 아니하고, 누구든지 장애를 이유로 정치·경제·사회·문화 생활의 모든 영역에서 장애인을 차별하여서는 아니 된다.

누구든지 장애인을 비하·모욕하거나 장애인을 이용하여 부당한 영리행위를 하여서는 아니 되며, 장애인의 장애를 이해하기 위하여 노력하여야 한다(제8조).

3. 장애인에 대한 사회적 인식 개선

국가와 지방자치단체는 국민들을 대상으로 장애인에 대한 인식개선을 위한 교육 및 공익광고 등 홍보사업을 실시하도록 하고, 「초·중등교육법」에 따른 학교에서 사용하는 교과용도서에 장애인에 대한 인식개선을 위한 내용이 포함되도록 했다.

4. 여성장애인의 자립생활을 지원하기 위한 제도

국가와 지방자치단체는 여성장애인의 사회참여를 확대하기 위하여 기초학습과 직업교육 등 필요한 시책을 강구하도록 하고, 경제적 부담능력 등을 감안하여 임산부인 여성장애인과 신생아의 건강관리를 위하여 여성장애인의 가정을 방문하여 산전·산후 조리를 돕는 도우미를 지원할 수 있도록 하며, 여성장애인의 임신 및 출산과 관련한 진료 등을 위하여 활동보조인의 파견 등 활동보조서비스를 지원할 수 있도록 한다.

5. 국가·지방자치단체·국민의 책임

1) 국가와 지방자치단체의 책임

국가와 지방자치단체는 장애의 발생을 예방하고, 장애의 조기발견에 대한 국민의 관심을 높이고, 자립을 지원하며, 필요한 보호를 실시하여 장애인의 복지를 증진할 책임을 진다.

국가와 지방자치단체는 여성장애인의 권익을 보호하기 위하여 필요한 시책을 강구하여야 한다.

국가와 지방자치단체는 장애인복지시책을 장애인 및 보호자에게 적극적으로 홍보하여야 하며, 국민이 장애인에 대하여 올바르게 이해하도록 하는 데 필요한 시책을 강구하여야 한다(제9조).

2) 국민의 책임

모든 국민은 장애발생의 예방, 장애의 조기발견에 노력하여야 하며, 장애인의 인격을 존중하고 사회통합의 이념에 기초하여 장애인복지증진에 협력하여야 한다(제10조).

6. 장애인복지조정위원회

장애인복지종합정책을 수립하고, 관계부처간의 의견을 조정하며, 그 정책의 이행을 감독하고 평가하기 위하여 국무총리소속하에 장애인복지조정위원회를 둔다.

2004년 법률을 개정하여 이 위원회에서 심의·조정할 사항을 미리 검토하고 관계기관 간의 협조사항을 정리하기 위하여 위원회에 장애인복지조정실무위원회를 두도록 하였다(제11조).

2004년 법률을 개정하여 장애인 복지관련 사업의 기획·조사·실시 등에 필요한 사항을 심의하기 위하여 지방자치단체에 지방장애인복지위원회를 두도록 하였으며, 운영에 필요한 사항을 조례로 정하도록 하였다(제11조의2).

7. 장애인의 날

국민의 장애인에 대한 이해를 깊게 하고, 장애인의 재활의욕을 고취하기 위하여 매년 4월 20일을 장애인의 날로 하고, 장애인의 날부터 1주간을 장애인주간으로 한다. 국가와 지방자치단체는 장애인의 날 취지에 적합한 행사 등 사업을 실시하도록 노력하여야 한다(제12조).

Ⅴ. 기본시책의 강구

1. 장애발생 예방과 의료 및 재활치료

1) 장애발생 예방

국가와 지방자치단체는 장애의 발생원인과 그 예방에 관한 조사·연구를 촉진하여야 하며, 모자보건사업의 강화, 장애의 원인이 되는 질병의 조기발견과 조기치료의 추진, 기타 필요한 시책을 강구하여야 한다. 국가와 지방자치단체는 교통사고, 산업재해, 약물중독 및 환경오염 등에 의한 장애발생을 예방하기 위하여 필요한 조치를 강구하여야 한다(제15조).

2) 의료·재활치료

국가와 지방자치단체는 장애인이 생활기능을 습득 또는 회복할 수 있도록 필요한 기능치료·심리치료 등 재활의료를 제공하고, 장애인의 장애를 보완하기 위하여, 재활보조기구의 제공 등 필요한 시책을 강구하여야 한다(제16조).

2. 사회적응훈련· 교육· 직업재활

1) 사회적응훈련

국가와 지방자치단체는 장애인이 재활치료 후 일상생활 또는 사회생활을 원활히 할 수 있도록 사회적응훈련을 실시하여야 한다(제17조). 사회적응훈련은 장애인의 사회통합을 위한 조치이다.

2) 교육

국가와 지방자치단체는 사회통합의 이념에 따라 장애인이 그 연령·능력·장애의 종별 및 정도에 따른 충분한 교육을 받을 수 있도록 교육의 내용과 방법의 개선 등 필요한 시책을 강구하여야 한다(제18조). 장애인특수학교가 아닌 일반교육기관에서 장애인을 통합교육시키는 것은 주류화(main-streaming) 노력의 일환이다.

3) 직업재활

국가와 지방자치단체는 장애인이 자신의 적성과 능력에 따라 적절한 직업에 종사할 수 있도록 하기 위하여 직업지도, 직업능력평가, 직업적응훈련, 직업훈련, 취업알선, 고용 및 취업 후 지도 등 필요한 시책을 강구하여야 한다. 국가와 지방자치단체는 장애인 직업재활훈련이 원활히 추진될 수 있도록 장애인 적합직종 및 재활사업에 관한 조사· 연구를 촉진하여야 한다(제19조).

3. 정보 접근성

국가와 지방자치단체는 장애인이 원활하게 정보에 접근하고 그 의사를 표시할 수 있도록 하기 위하여 전기통신 및 방송시설 등을 개선하도록 노력하여야 한다.

국가와 지방자치단체는 뉴스, 국가적 주요 사항의 중계 등 대통령령이 정하는 방송 프로그램에 청각장애인을 위한 수화 또는 폐쇄자막 외에 시각장애인을 위한 화면해설 또는 자막해설 등의 방영을 방송국의 장 등 민간사업자에게 요청하도록 했다. 국가와 지방자치단체는 국가적인 행사, 기타 교육, 집회 등 대통령령이 정하는 행사를 개최하는 경우에는 청각장애인을 위한 수화통역을 하여야 하며, 수화통역 외에 점자자료를 제공하도록 하고, 민간이 주최하는 행사의 경우에는 수화통역을 하도록 요청할 수 있다. 제2항 및 제3항의 요청을 받은 방송국의 장 등 민간사업자 및 민간 행사주최자는 정당한 이유가 없는 한 이에 응하여야 한다.

국가와 지방자치단체는 시각장애인의 정보접근을 용이하게 하기 위하여 점자 및 음성도서 등을 보급하도록 노력하여야 한다(제20조).

4. 편의시설·안전대책·선거권행사

1) 편의시설

국가와 지방자치단체는 장애인이 공공시설 및 교통수단 등을 안전하고 편리하게 이용할 수 있도록 편의시설의 설치와 운영에 관하여 필요한 시책을 강구하여야 한다(제21조).

2) 안전대책의 강구

국가와 지방자치단체는 추락사고 등 장애로 인하여 추가로 발생될 수 있는 안전사고와 비상재해 등에 대비하여 시각, 청각 및 이동에 불편을 겪는 장애인을 위하여 피난로 확보, 점자·음성 및 문자 안내판의 설치, 긴급 통보시스템 등 장애인의 특성을 배려한 안전대책 등 필요한 조치를 강구하여야 한다(제22조).

3) 선거권 등 행사의 편의제공

국가와 지방자치단체는 장애인의 선거권 행사의 편의를 위하여 편의시설·설비의 설치, 선거권 행사에 관한 홍보, 선거용 보조기구의 개발·보급 등 필요한 조치를 강구하여야 한다(제23조).

5. 주택의 보급·문화환경 정비

1) 주택의 보급

국가와 지방자치단체는 공공주택 등 주택을 건설할 경우에는 장애인에게 우선 분양 또는 임대할 수 있도록 노력하여야 하며, 주택의 구입자금·임차자금 또는 개·보수비용의 지원 등 장애인의 일상생활에 적합한 주택의 보급·개선에 필요한 시책을 강구하여야 한다(제24조).

2) 문화환경의 정비 등

국가와 지방자치단체는 장애인의 문화생활과 체육활동의 증진을 위하여 관련시설 및 설비, 기타 환경을 정비하고 문화생활, 체육활동 등을 지원하도록 노력하여야 한다(제25조).

VI. 복지조치

1. 조사

보건복지부장관은 이 법의 적절한 시행을 위하여 장애인의 실태조사를 5년마다 실시한다(제28조).

장애인의 실태조사는 전수조사 또는 표본조사로 실시하되, 전수조사는 보건복지부장관이 정하는 바에 의하여 특별시장·광역시장·도지사가 실시하고, 표본조사는 보건복지부장관이 전문연구기관에 의뢰하여 실시한다.

2. 장애인 등록

장애인, 그 법정대리인 또는 대통령령이 정하는 보호자는 장애상태, 기타 보건복지부령이 정하는 사항에 관하여 시장·군수 또는 구청장에게 등록하여야 하며, 시장·군수·구청장은 등록을 신청한 장애인이 장애인 정의의 기준에 해당할 때에는 장애인등록증(등록증)을 교부하여야 한다. 등록증은 양도하거나 대여하지 못하며, 등록증과 유사한 명칭 또는 표시를 사용하여서는 아니 된다.

장애인의 등록, 등록증의 교부와 반환, 장애진단 및 장애판정위원회 등에 관하여 필요한 사항은 보건복지부령으로 정한다(제29조).

3. 장애인복지상담원

장애인의 복지증진을 위한 상담 및 지원업무를 담당하게 하기 위하여 시·군·구(자치구에 한한다. 이하 같다)에 장애인복지상담원을 둔다. 장애인복지상담원은 그 업무를 행함에 있어 개인의 인격을 존중하고, 업무상 알게 된 개인의 신상에 관한 비밀을 누설하여서는 아니 된다(제30조).

4. 재활상담 및 입소 등의 조치

보건복지부장관, 시·도지사 또는 시장·군수·구청장(장애인복지실시기관)은 장애인에 대한 검진 및 재활상담을 실시하고, 필요하다고 인정할 때에는 의료 및 보건지도 제공, 필요한 서비스 제공, 직업안정업무기관에 소개하는 등의 조치를 하여야 한다(제31조).

5. 장애유형별 재활서비스 제공 등

국가와 지방자치단체는 장애인의 일상생활에서의 편의증진 및 사회활동 참여증진을 위하여 장애

유형별 재활서비스 제공 등 필요한 시책을 강구하여야 하며, 예산의 범위 내에서 이를 지원할 수 있다
(제32조).

6. 의료비·자녀교육비

1) 의료비 지원
장애인복지실시기관은 의료비의 부담이 곤란하다고 인정되는 장애인에 대하여 장애정도, 경제적
부담능력 등을 고려하여 장애의 정도에 따라 의료에 소요되는 비용을 지급할 수 있다(제33조).

2) 자녀교육비의 지급
장애인복지실시기관은 경제적 부담능력 등을 감안하여 장애인이 부양하는 자녀 또는 장애인인 자
녀의 교육비를 지급할 수 있다(제34조).

7. 자금의 대여 및 생업지원

1) 자금대여
국가와 지방자치단체는 장애인에 대하여 사업의 개시, 필요한 지식·기능의 습득 등을 지원하기
위하여 자금을 대여할 수 있다(제37조). 자금대여의 종류는 i) 생업자금 및 장애인사용 자동차 구입비,
ii) 취업에 필요한 지도 및 기술훈련비, iii) 기능회복 훈련에 필요한 재활보조기구 구입비, iv) 사무보조
기기 구입비, v) 기타 보건복지부장관이 장애인 재활에 필요하다고 인정하는 비용과 같다(동법시행
령 제19조).

2) 생업지원
국가와 지방자치단체, 정부투자기관, 지방공사 및 지방공단, 특별법에 의하여 설립된 법인은 소관
공공시설 내에 식료품·사무용품·신문 등 일상생활용품의 판매를 위한 매점이나 자동판매기의 설치
를 허가 또는 위탁할 때에는 장애인의 신청이 있는 경우 이를 우선적으로 반영하도록 노력하여야 한
다.

8. 자립지원

1) 자립훈련비 지급
장애인복지실시기관은 장애인복지시설에 주거편의, 상담, 치료, 훈련 등의 필요한 서비스를 받도
록 하거나 위탁한 장애인에 대하여 그 시설에서 훈련을 효과적으로 받을 수 있도록 하기 위하여, 필요

하다고 인정하는 때에는 자립훈련비를 지급할 수 있으며, 특별한 사정이 있는 경우에는 이에 갈음하여 물건을 지급할 수 있다(제39조).

2) 생산품의 구매

국가와 지방자치단체, 기타 공공단체는 그 소요물품 중 보건복지부장관이 정한 품목 및 물량의 범위 내에서 매년 그 품목과 물량을 정하여 장애인복지시설, 장애인복지단체에 생산을 의뢰하여야 하며, 동 물품의 구매요구가 있을 경우에는 이를 우선적으로 구매하여야 한다.

국가와 지방자치단체, 기타 공공단체는 장애인복지시설, 장애인복지단체에서 생산한 물품에 대하여 수의계약으로 구매할 수 있다(제40조).

3) 고용의 촉진

국가와 지방자치단체는 스스로 경영하는 사업에 장애인의 능력과 적성에 따라 이들을 고용하도록 노력하여야 하며, 장애인에게 적합한 직종의 사업을 경영하는 자에 대하여 장애인의 능력과 적성에 따라 이들을 고용하도록 권유할 수 있다(제41조).

9. 장애수당·장애아동부양수당·보호수당

1) 장애수당

국가와 지방자치단체는 장애정도와 장애인의 경제적 생활수준을 고려하여 장애인의 소득보전을 위해 장애수당을 지급할 수 있다. 다만, 국민기초생활보장법에 의한 생계급여의 수급자인 장애인에게는 장애수당을 지급하여야 한다(제44조). 2003년 개정된 이 규정에 따라 국민기초생활보장법에 의한 생계급여 수급자 모두가 장애수당의 의무지급대상자가 되도록 하였다.

장애수당을 지급받을 수 있는 자는 국민기초생활보장법에 의한 수급자로서 장애로 인한 추가적 비용보전이 필요한 자로 한다(동법시행령 제25조).

2) 장애아동부양수당 및 보호수당

국가와 지방자치단체는 장애아동을 보호·양육하는 보호자의 경제적 생활수준, 장애정도를 고려하여 장애아동의 보호자에게 장애로 인한 추가적 비용보전을 위해 장애아동부양수당을 지급할 수 있다.

국가와 지방자치단체는 장애인을 보호하는 보호자의 경제적 생활수준, 장애정도를 고려하여 장애인의 보호자에게 장애로 인한 추가적 비용보전을 위해 보호수당을 지급할 수 있다(제45조).

장애아동부양수당을 지급받을 수 있는 자는 국민기초생활보장법에 의한 수급자로서 중증의 장애로 다른 사람의 도움이 없이는 일상생활을 영위하기 어려운 18세 미만(당해 장애인이 초·중등교육법에 의한 고등학교와 이에 준하는 특수학교 또는 각종 학교에 재학중인 경우에는 20세 이하의 경우를 포함한다)의 장애아동을 보호·양육하는 자로 한다. 보호수당을 지급받을 수 있는 자는 국민기초생활보장법에 의한 수급자로서 중증의 장애로 다른 사람의 도움이 없이는 일상생활을 영위하기 어려운 18세 이상(당해 장애인이 20세 이하로서 초·중등교육법에 의한 고등학교와 이에 준하는 특수학교 또는 각종 학교에 재학 중인 경우를 제외한다)의 장애인을 보호·부양하는 자로 한다(동법시행령 제25조).

VII. 복지시설 및 단체

1. 보호조치

국가와 지방자치단체는 장애인의 연령 및 장애의 종별과 정도를 고려하여 장애인복지시설[63]에서 적절한 보호, 의료, 생활지도와 기능회복훈련 등의 서비스를 제공함으로써, 장애인이 기능회복과 향상을 도모할 수 있도록 필요한 시책을 강구하여야 한다(제47조).

장애인복지시설의 종류

장애인생활시설 : 장애인이 필요한 기간 생활하면서 재활에 필요한 상담·치료·훈련 등의 서비스를 받아 사회복귀를 준비하거나 장애로 인하여 장기간 요양하는 시설

장애인지역사회재활시설 : 장애인복지관, 의료재활시설, 체육시설, 수련시설, 공동생활가정 등 장애인에게 전문적인 상담·치료·훈련 등을 제공하거나 여가활동 및 사회참여활동 등에 필요한 편의를 제공하는 시설

장애인직업재활시설 : 일반고용이 어려운 장애인이 특별히 준비된 작업환경에서 직업훈련을 받거나 직업생활을 영위할 수 있도록 하는 시설

장애인유료복지시설 : 장애인이 필요한 치료, 상담, 훈련 등 편의를 제공받고 이에 소요되는 일체의 비용을 시설운영자에게 납부하여 운영하는 시설

기타 대통령령이 정하는 시설

---

63) 장애인복지시설의 종류

　　장애인생활시설 : 장애인이 필요한 기간 생활하면서 재활에 필요한 상담·치료·훈련 등의 서비스를 받아 사회복귀를 준비하거나 장애로 인하여 장기간 요양하는 시설

　　장애인지역사회재활시설 : 장애인복지관, 의료재활시설, 체육시설, 수련시설, 공동생활가정 등 장애인에게 전문적인 상담·치료·훈련 등을 제공하거나 여가활동 및 사회참여활동 등에 필요한 편의를 제공하는 시설

　　장애인직업재활시설 : 일반고용이 어려운 장애인이 특별히 준비된 작업환경에서 직업훈련을 받거나 직업생활을 영위할 수 있도록 하는 시설

　　장애인유료복지시설 : 장애인이 필요한 치료, 상담, 훈련 등 편의를 제공받고 이에 소요되는 일체의 비용을 시설운영자에게 납부하여 운영하는 시설

　　기타 대통령령이 정하는 시설

2. 장애인복지시설의 설치

국가와 지방자치단체는 장애인복지시설을 설치할 수 있다. 국가와 지방자치단체 외의 자가 장애인복지시설을 설치·운영하고자 할 때에는 시설소재지 관할 시장·군수·구청장에게 신고하여야 하며, 신고한 사항 중 보건복지부령이 정하는 중요한 사항을 변경할 때에도 같다. 다만, 시설폐쇄명령을 받고 1년이 경과되지 아니한 자는 시설의 설치·운영 신고를 할 수 없다. 장애인지역사회재활시설의 규정에 의한 의료재활시설의 설치는 의료법에 의한다(제49조).

VIII. 비용 부담, 수납, 보조, 세금감면 등

장애인복지시설의 설치·운영에 소요되는 비용은 예산의 범위 내에서 대통령령이 정하는 바에 의하여 장애인복지실시기관이 부담하게 할 수 있다(제70조).

재활상담 및 입소조치에 필요한 비용을 부담한 장애인복지실시기관은 그 장애인 또는 그 부양의무자로부터 그가 부담한 비용의 전부 또는 일부를 수납할 수 있다. 장애인유료복지시설을 설치·운영하는 자는 그 시설에 입소하는 자로부터 그에 소요되는 비용을 수납하고자 할 때에는 미리 시장·군수·구청장에게 신고하여야 한다(제71조).

국가 또는 지방자치단체는 장애인복지시설의 설치 또는 운영에 필요한 비용 중 일부를 매년 예산의 범위 안에서 보조한다. 국가 또는 지방자치단체가 장애인복지시설의 운영에 소요되는 비용을 보조하는 때에는 사회복지사업법의 규정에 의한 시설평가의 결과 등 그 장애인복지시설의 운영실적을 고려하여 차등하여 보조할 수 있다(동법시행령 제36조).

이 법에 의해 지급되는 금품 및 장애인복지시설이나 장애인복지단체에서 장애인이 제작한 물품에 대하여는 조세특례제한법, 지방세법, 기타 조세관계법령이 정하는 바에 의하여 조세를 감면한다(제74조).

IX. 권리보호 및 벌칙

1. 권리보호

장애인에게 지급되는 금품은 압류하지 못한다. 장애인에게 지급되는 금품은 일신전속적이다.

장애인, 그 법정대리인 또는 대통령령이 정하는 보호자는 이 법에 의한 복지조치에 대하여 이의가 있을 때에는 그 장애인복지실시기관에 심사를 청구할 수 있다. 장애인복지실시기관은 심사청구를 받은 때에는 1월 이내에 이를 심사·결정하여 청구인에게 통보하여야 한다. 심사·결정에 이의가 있는 자는 행정심판법에 따라 행정심판을 제기할 수 있다(제75조).

보건복지부장관, 시·도지사의 권한은 그 일부를 국립재활원장, 시·도지사 또는 시장·군수·구청장에게 위임하거나 관련단체 또는 법인에게 위탁할 수 있다(제76조).

2. 벌칙

다음에 해당하는 자는 1년 이하의 징역 또는 300만 원 이하의 벌금에 처한다:
- 장애인복지상담원은 업무상 알게 된 개인의 신상에 관한 비밀을 누설하여서는 아니 된다는 규정에 위반한 자
- 신고 또는 변경신고를 하지 아니하고 장애인복지시설을 설치·운영한 자
- 시설거주자 권익보호조치에 위반한 시설운영자
- 정당한 이유 없이 장애인복지실시기관에 규정에 의한 보고를 하지 않거나 거짓 보고를 한 자, 자료를 제출하지 아니하거나 거짓의 자료를 제출한 자, 조사·검사·질문을 거부·방해 또는 기피한 자
- 시설의 개선, 사업의 정지, 폐쇄 등에 의한 명령 등을 받고 이행하지 아니한 자
- 의지·보조기 기사를 두지 아니하고 의지·보조기제조업을 한 자
- 폐쇄명령을 받은 후 6월이 지나지 아니한 때에 동일한 장소에서 동일한 제조업을 한 자
- 제조업소의 폐쇄명령을 받고도 영업을 한 자(제77조).

다음에 해당하는 자는 300만 원 이하의 벌금에 처한다.
- 장애인의 입학지원 거부 또는 입학시험 합격자의 입학거부 등 불이익한 조치 등을 취한 자
- 타인에게 의지·보조기기사자격증을 대여한 자
- 장애인유료복지시설을 설치·운영하는 자는 그 시설에 입소하는 자로부터 그에 소요되는 비용을 수납하고자 할 때에는 미리 시장·군수·구청장에게 신고하여야 한다는 규정에 위반하여 비용을 수납한 자(제78조).

제5절 모·부자복지법
(일부개정 2006. 12. 28 법률 제8119호)

I. 의의 및 특징

모·부자복지법은 사회복지서비스법의 일환으로 모·부자복지에 관한 법이다. 모·부자복지법이란 모·부자가정이 겪고 있는 경제적·사회심리적 문제를 해결함으로써, 경제적 빈곤과 가족해체라는 위기상황으로부터 모·부자가정을 보호하고 자립시키고, 사회적으로 배제되지 않고 자녀를 건전하게 양육시킬 수 있도록 원조하기 위한 국가·지방자치단체 및 민간부문의 사회복지적 조치들을 규정한 법을 말한다.

II. 입법배경 및 연혁

1. 입법배경

모·부자복지법은 본래 모자복지법으로 시작하였다. 모자가정의 보호와 자립을 지원하는 사회복지서비스는 6·25전쟁에서 비롯된 전쟁미망인과 그 자녀들을 위한 보호사업에서 시작되었다. 날로 도시화·공업화·핵가족화되고 있는 오늘날의 산업사회는 배우자와의 사별, 이혼, 유기, 별거 등의 사유로 배우자가 없거나 배우자가 있어도 폐질·불구 등으로 장기간 근로능력을 상실하여 여성이 생계의 책임을 지는 모자가정이 날로 격증하고 있는바, 이들 모자가정이 자립 자활할 수 있도록 생계보호·교육보호·생업자금융자·주택제공 등을 통하여 모자가정의 건강하고, 문화적인 생활을 보장하기 위해 모자복지법이 제정되었다. 모자복지법 제정으로 그동안 생활보호법과 아동복지법에 의해 부분적으로 보호를 받던 모자가정의 생활안정과 복지가 체계적으로 실현되게 되었다.

2. 연혁

모자복지법이 1989. 4. 1. 법률 제4121호로 제정되어 7. 1.부터 시행.

2002. 12. 18 법률 제06801호로 기존의 모자복지법을 모·부자복지법으로 대체하였다. 과거의 모자복지법에서는 배우자를 상실한 여성, 노동능력을 상실한 배우자를 가진 여성, 미혼여성, 기타 보건복지부령이 정하는 여성이 세대주(세대원을 사실상 부양하고 있는 자를 포함함)인 모자가정에 대해

서만 국가 등이 경제적·사회적 지원을 하도록 하고 있으나, 앞으로는 이를 확대하여 같은 조건의 남성이 세대주인 부자가정에 대하여도 지원하도록 하였으며, 따라서 법의 이름도 '모·부자복지법'으로 개정하였다. 복지급여의 내용과 실시는 종전의 보호대상 모자가정에 대하여 실시하던 생계비·아동양육비 등 복지급여를 보호대상 부자가정으로 확대하여 실시하도록 하였으며, 부자보호시설과 부자자립시설을 복지시설에 추가하여 저소득층 부자가정을 위한 시설을 새롭게 규정하였다.

2006. 12. 28 법률 제8119호로 개정하여, 외국인배우자와 그 아동의 복지를 증진하기 위하여 국내에 체류하고 있는 외국인 중 대한민국 국민과 혼인하여 대한민국 국적의 아동을 양육하고 있는 자도 이 법에 따른 보호대상자가 되도록 하고, 미혼모시설을 미혼모자시설로 변경하여 미혼모뿐만 아니라 그 아동에 대한 보호·양육이 이루어질 수 있도록 하며, 공동생활가정을 설치하여 아동양육 등 독립적인 생활이 어려운 미혼모자가정, 모·부자가정 및 미혼모가정을 지원하도록 했다.

Ⅲ. 목적, 책임, 보호범위

1. 목적

모·부자복지법은 모·부자가정이 건강하고 문화적인 생활을 영위할 수 있게 함으로써 모자가정의 생활안정과 복지증진에 기여함을 목적으로 한다(제1조).[64]

2. 국가 등의 책임 및 자립노력

국가와 지방자치단체는 모·부자가정의 복지를 증진할 책임을 진다. 모든 국민은 모·부자가정의 복지증진에 협력하여야 한다(제2조).

모·부자가정의 모 또는 부와 아동은 그가 가지고 있는 자산과 노동능력 등을 최대한으로 활용하여 자립과 생활향상을 위하여 노력하여야 한다(제3조).

3. 수급권자

(1) "모" 또는 "부"라 함은 i) 배우자와 사별 또는 이혼하거나 배우자로부터 유기된 자, ii) 정신 또는 신체의 장애로 인하여 장기간 노동능력 등을 상실한 배우자를 가진 자, iii) 미혼자(사실혼관계에 있는 자 제외), iv)배우자의 생사가 분명하지 아니한 자, 배우자 또는 배우자 가족과의 불화 등으로 인하여 가출한 자, 배우자의 해외거주·장기복역 등으로 인하여 부양을 받을 수 없

---

64) 모·부자복지법으로 되었으므로 이 조항의 '모자가정'을 향후 '모·부자가정'으로 개정하여야 한다.

는 자로서 아동을 양육하는 자를 말한다(동법시행규칙 제2조).

> "모" 또는 "부" = [i) or ii) or iii) or iv)] ∩ [아동 양육]

(2) "모·부자가정"이라 함은 위의 각 사례에 해당되는 모 또는 부가 세대주(세대주가 아니더라도 세대원을 사실상 부양하는 자를 포함)인 가정을 말한다(제4조).

(3) "아동"이라 함은 위의 모 또는 부에 의하여 양육되는 18세 미만(취학중인 때에는 20세 미만)의 자녀를 말한다.

(4) 이 법에 의한 보호대상자의 범위는 보건복지부장관이 매년 보호대상자의 최저생계비 소득수준 및 재산정도 등을 고려하여 보호의 종류별로 정하는 기준에 해당하는 모·부자가정으로 한다(제5조, 동법시행규칙 제3조).

4. 보호대상자의 범위

2006년 법률 개정으로, 이 법에 의한 보호대상자는 i) 배우자와 사별 또는 이혼하거나 배우자로부터 유기된 자, 정신 또는 신체의 장애로 인하여 장기간 노동능력을 상실한 배우자를 가진 자, 미혼자(사실혼관계에 있는 자 제외)인 "모" 또는 "부"로서 아동을 양육하는 자(제5조). ii) 국내에 체류하고 있는 외국인 중 대한민국 국민과 혼인하여 대한민국 국적의 아동을 양육하고 있는 사람. iii) 출산 후 해당아동을 양육하지 아니하는 미혼모는 미혼모 공동생활가정을 이용함에 있어서 이 법에 따른 보호대상자가 된다(제5조의 2-3).

IV. 모·부자복지의 실시 및 내용

1. 모·부자복지상담소

모·부자복지에 관한 사항을 상담하거나 지도하기 위하여 특별시장·광역시장·도지사와 시장·군수·구청장은 관할구역 안에 모·부자복지상담소를 설치할 수 있다. 이 경우 시장·군수·구청장은 시·도지사의 승인을 얻어야 한다(제7조 제1항).

모·부자복지상담소에 모·부자복지상담원을 둔다(제8조 제1항).

모·부자복지상담소를 설치하는 기관의 장이 필요하다고 인정할 때에는 동 상담소의 분소 또는 이동상담소를 설치·운영할 수 있다. 모·부자복지상담소에 상담실을 두어야 하며, 피보호자를 일시적으로 보호하기 위한 일시보호시설을 운영할 수 있다.

모·부자복지법상의 보호기관인 국가 또는 지방자치단체는 모·부자가정의 복지증진을 목적으로 설립된 모·부자복지단체를 지원·육성할 수 있다(제9조).

2. 복지급여의 신청 및 복지급여내용

보호대상자 또는 그 친족, 그 밖의 이해관계인은 복지급여를 관할시장·군수·구청장에게 신청할 수 있다(제11조).

국복지급여는 i) 생계비, ii) 아동교육지원비, iii) 직업훈련비 및 훈련기간 중 생계비, iv) 아동양육비, v) 기타 대통령령이 정하는 비용으로 실시할 수 있다(제12조).

복지급여대상자의 보호기간은 1년을 단위로 한다. 모·부자보호시설 및 모·부자자립시설 에서의 보호기간은 3년 이내로 하되, 다만 보호기관이 필요하다고 인정하는 경우에는 1년미만의 기간을 단위로 하여 그 기간을 연장할 수 있으되, 총 연장기간은 2년이내로 한다. 미혼모시설에서의 보호기간은 미혼모의 출산 전·후 6월이내로 하되, 다만 보호기관이 필요하다고 인정하는 경우에는 6월의 범위 내에서 그 기간을 연장할 수 있다. 일시보호시설에서의 보호기간은 6월 이내로 하되, 다만 보호기관이 필요하다고 인정하는 경우에는 3월의 범위 안에서 연장할 수 있다(동법시행규칙 제4조).

3. 복지자금의 대여

국가 또는 지방자치단체는 모·부자가정의 생활안정과 자립을 촉진하기 위하여 i) 사업에 필요한 자금, ii) 아동교육비, iii) 의료비, iv) 주택자금, v) 그밖의 대통령령이 정하는 모·부자가정의 복지를 위하여 필요한 자금을 대여할 수 있다(제13조).

4. 고용의 촉진, 공공시설 내 매점 및 시설설치

국가 또는 지방자치단체는 모·부자가정의 모 또는 부와 아동의 고용을 촉진하기 위하여 적합한 직업훈련의 실시와 취업알선에 노력하여야 하며, 각종 사업장에 모·부자가정의 모 또는 부와 아동이 우선 고용되도록 노력하여야 한다(제14조).

국가 또는 지방자치단체가 운영하는 공공시설의 장은 그 공공시설 안에 각종 매점 및 시설의 설치를 허가하는 경우 이를 모·부자가정 또는 모·부자복지단체에 우선적으로 허가할 수 있다(제15조).

5. 시설 우선 이용, 전문사회사업서비스 제공, 국민주택분양 및 임대

국가 또는 지방자치단체는 모·부자가정의 아동이 공공의 아동편의시설과 그 밖의 공공시설을 우선적으로 이용할 수 있도록 노력하여야 하고(제16조), 모·부자가정의 모 또는 부와 아동에게 경제적 원조만이 아니라 심리사회적 서비스를 제공하여 그들의 복지증진을 도모하고 자립을 지원하는 전문 사회사업서비스를 제공하도록 노력하여야 하며(제17조), 주택건설촉진법이 정하는 바에 의하여 국민주택을 분양하거나 임대하는 경우에는 모·부자가정에 일정비율이 우선 분양될 수 있도록 노력하여야 한다(제18조).

V. 모·부자복지시설, 보호기간, 설치

1. 모·부자복지시설의 종류

2002년 전면 개정된 법령에 의해 부자보호시설과 부자자립시설이 추가되었다.(제19조).

모·부자복지시설 종류

1. 모자보호시설 : 생활이 어려운 모자가정을 일시 또는 일정기간 보호하여 생계를 지원하고 퇴소후 자립기반을 조성하도록 지원하는 것을 목적으로 하는 시설
2. 모자자립시설 : 자립이 어려운 모자가정에 대하여 일정기간 주택편의만을 제공함을 목적으로 하는 시설
3. 부자보호시설 : 생활이 어려운 부자가정을 일시 또는 일정기간 보호하여 생계를 지원하고 퇴소후 자립기반을 조성하도록 지원하는 것을 목적으로 하는 시설
4. 부자자립시설 : 자립이 어려운 부자가정에 대하여 일정기간 주택편의만을 제공함을 목적으로 하는 시설
5. 미혼모자시설 : 미혼여성의 임신·출산 시 안전 분만 및 심신건강 회복과 출산 후 아동의 양육 지원을 위하여 일정 기간 보호함을 목적으로 하는 시설
6. 미혼모자 공동생활가정 : 출산 후의 미혼모와 해당아동으로 구성된 미혼모자가정이 일정 기간 공동으로 가정을 이루어 아동을 양육하고 보호할 수 있도록 지원하는 것을 목적으로 하는 시설
7. 모·부자 공동생활가정 : 독립적인 가정생활이 어려운 모자가정 또는 부자가정이 각각 일정 기간 공동으로 가정을 이루어 생활하면서 자립을 준비할 수 있도록 지원하는 것을 목적으로 하는 시설
8. 미혼모 공동생활가정 : 출산 후 해당아동을 양육하지 아니하는 미혼모들이 일정 기간 공동으로 가정을 이루어 생활하면서 자립을 준비할 수 있도록 지원하는 것을 목적으로 하는 시설
9. 일시보호시설 : 배우자(사실혼관계에 있는 자를 포함한다)가 있으나 배우자의 물리적·정신적 학대로 인하여 아동의 건전양육 또는 모의 건강에 지장을 초래할 우려가 있을 경우 일시적으로 또는 일정기간 그 모와 아동 또는 모를 보호함을 목적으로 하는 시설
10. 여성복지관 : 모자가정 및 미혼여성에 대한 각종 상담을 실시하고 생활지도, 생업지도, 탁아 및 직업보도를 행하는 등 모자가정 및 미혼여성의 복지를 위한 편의를 종합적으로 제공하는 것을 목적으로 하는 시설
11. 모·부자가정상담소 : 모·부자가정에 대한 조사, 지도, 시설입소등에 관한 상담업무를 수행할 것을 목적으로 하는 시설

2. 모·부자복지시설의 운영

모·부자복지시설에서의 보호기간 및 보호기간의 연장 등에 관하여 필요한 사항은 보건복지부령으로 정한다.

국가 또는 지방자치단체는 모·부자복지시설을 설치할 수 있다(제20조). 국가 또는 지방자치단체 외의 자가 모·부자복지시설을 설치·운영하고자 하는 때에는 시장·군수·구청장에게 신고하여야 한다.

모·부자복지시설을 설치·운영하는 자는 수탁의무가 있으므로 시·도지사 또는 시장·군수·구청장으로부터 모·부자복지시설의 이용을 위탁받은 때에는 정당한 사유없이 이를 거부하지 못한다(제22조).

보건복지부장관, 시·도지사 또는 시장·군수·구청장은 모·부자복지시설을 설치·운영하는 자로 하여금 그 시설에 관하여 필요한 보고 및 관계공무원으로 하여금 시설의 운영상황을 조사하게 하거나 장부 등 그 밖의 서류를 검사하게 할 수 있다(제23조).

VI. 비용보조 및 반환명령

국가 또는 지방자치단체는 대통령령이 정하는 바에 의하여 모·부자복지사업에 소요되는 비용을 보조할 수 있다(제25조). 복지급여에 소요되는 비용은 특별시의 경우 국가 또는 지방자치단체가 각각 50%씩 부담하고 광역시 또는 도의 경우 국가가 80%를 지방단체가 20%를 부담한다. 모·부자복지시설의 설치운영에 소요되는 비용 역시 예산의 범위 안에서 국가 또는 지방자치단체가 위와 같은 비율로 부담한다(동법시행령 제18조).

국가 또는 지방자치단체는 모·부자복지시설의 장 또는 모·부자복지단체의 장이 I) 보조금의 교부조건에 위반한 때, ii) 사기, 기타 부정한 방법으로 보조금의 교부를 받은 때, iii) 모·부자복지시설을 경영함에 있어 개인의 영리를 도모하는 행위를 한 때, iv) 이 법 또는 이 법에 의한 명령에 위반한 때에는 이미 교부한 보조금의 전부 또는 일부의 반환을 명할 수 있다(제26조).

VII. 권리보호, 벌칙

1. 수급자의 권리보호

(1) 이 법에 의하여 지급된 금품과 이를 받을 권리는 압류하지 못한다(제27조).

(2) 보호대상자 또는 그 친족, 그 밖의 이해관계인은 이 법에 의한 복지급여 등에 대하여 이의가 있을 때에는 그 결정의 통지를 받은 날부터 90일 이내에 서면으로 그 복지실시기관에 심사를 청구할 수

있다. 복지실시기관이 심사청구를 받은 때에는 30일 이내에 이를 심사·결정하여 청구인에게 통보하여야 한다(제28조).

2. 벌칙

(1) 1년 이하의 징역 또는 300만원 이하의 벌금 : 신고를 하지 아니 하고 모·부자복지시 설을 설치한 자, 시설의 폐쇄, 사업의 정지 또는 폐지의 명령을 받고 사업을 계속한 자(제29조).

(2) 100만원 이하의 벌금 : 수탁의무 위반한 자

(3) 양벌규정 : 법인의 대표자 또는 법인이나 개인의 대리인·사용인, 그 밖의 종사자가 그 법인 또는 개인의 업무에 관하여 1년 이하의 징역 또는 300만원 이하의 벌금에 해 당하는 위반행위를 한 때에는 행위자를 처벌하는 외에 그 법인 또는 개인에 대하여 도 각 본조의 벌금형을 과한다(제30조).

제6절 영유아보육법
(일부개정 2005. 12. 29 법률 7785호)

Ⅰ. 의의 및 특성

　영유아보육법은 영유아보육에 관한 법이다. 영유아보육이란 6세 미만의 취학전 아동을 안전하게 보호하며 건강하게 양육시키고 건전하게 교육하는 것을 말한다. 우리 사회는 예부터 자녀의 양육을 전통적인 가정의 기능으로 여겨왔으며, 실제로 자녀의 양육문제는 가정 내에서 해결이 가능하였다. 그러나 우리 사회가 급속한 도시화·산업화의 과정을 거치면서 여성의 사회참여 증가와 핵가족화의 심화로 자녀양육 문제를 가정 내에서 해결하는 것이 어렵게 되었다. 경우에 따라서는 부모의 질병이나 장애로 인해 자녀들을 보호하고 교육시키기 어려운 가정도 있다. 또한 경제발전에 따른 생활수준 향상 등 시대적 여건에 맞는 전문적인 아동보호로 부모가 안심하고 사회활동을 수행할 수 있도록 하기 위하여는 사회적·국가적 차원에서의 접근이 필요하게 되었다. 이에 따라 정부는 영유아보육문제를 사회문제로 간주하고, 영유아보육법을 제정하여 영유아의 심신보호와 건전한 교육을 기하고, 보호자의 경제적·사회적 활동을 원활하게 하여준다.

　영유아보육법은 사회복지서비스법의 일환으로 실시되는데, 그 주된 대상은 6세 미만의 취학 전 아동인 영유아이다. 영유아보육법은 이 가운데에서도 보호자가 근로 또는 질병, 기타 사정으로 인하여 보호하기 어려운 영아와 유아를 그 대상으로 함으로써 법의 적용을 받는 대상이 협소한 편이다. 따라서 모든 영유아를 대상으로 하는 적극적인 면이 결여된 소극적인 특징을 나타내는 법률이다. 영유아보육법은 영유아보육에 관한 한 특별법으로서 특별법우선의 원칙이 적용된다.

Ⅱ. 입법배경 및 연혁

1. 입법배경

　우리나라의 보육사업은 1921년 서울에서 태화기독교사회관이 탁아 프로그램을 개발함으로써 시작되었다. 그 후 일부 기관에서 탁아소를 설치·운영하고, 복지관 프로그램의 하나로 탁아사업을 실시하는 등 극히 일부에서 탁아사업을 실시하였으나, 이는 극빈자녀에 대한 임시구호적 성격을 벗어나지 못했었다. 1961년 아동복리법이 제정·공포됨으로써 탁아사업은 종래의 구빈사업적 성격을 벗어나 아동의 복리를 증진시키고 보호하기 위한 사업으로 그 성격이 변화·발전되어왔다.

이 후 정부는 1982년 유아교육진흥법을 제정하여 기존의 어린이집, 새마을협동유아원 및 농번기 탁아소를 새마을유아원으로 흡수·통합하여 운영해왔다. 하지만 여성의 사회참여 증가 및 가족구조의 핵가족화에 따라 보육수요가 급격히 증가하자, 기존 새마을유아원의 보육기능이 미흡하고, 보육시설이 절대 부족하여 취업여성의 자녀양육문제가 큰 사회적 문제로 등장하게 되었다.

이에 따라 1987년 12월 노동부에서는 남녀고용평등법에 의한 직장탁아제도를 도입하였고, 1989년 9월 보건복지부에서는 아동복지법에 의한 보육사업을 실시하였으나, 영유아보육에 관련된 사업이 여러 부처에서 제각기 독자적으로 관리·운영됨으로써 정부재정의 비효율적 투자는 물론 영유아에 대한 체계적이고 효율적인 보육을 실시하는 데 어려움을 겪게 되었다.

이에 여성단체 등의 보육에 관한 독립된 입법 요청에 따라 국회에서는 보육사업의 통합일원화를 내용으로 한 '영유아보육법'을 의원입법으로 추진하였고, 공청회·토론회 등 각계각층의 폭 넓은 여론 수렴과정을 거쳐 1991년 1월 '영유아보육법'을 제정·공포, 보육사업 주관부처를 보건복지부로 일원화하고, 종전의 단순 "탁아"사업에서 보호와 교육을 통합한 "보육"사업으로 확대·발전하게 되었다(보건복지부, 2002).

현대사회의 산업화에 따른 여성의 사회참여 증가 및 가족구조의 핵가족화에 의한 탁아수요의 급증에 따라 아동보호와 교육문제는 개인적인 차원을 넘어 사회적·국가적 차원에서 해결이 불가피하게 되었으나, 현행 아동복지법에 의한 탁아사업은 시설 설립주체의 제한으로 인한 보육사업 확대 곤란, 관장부처의 다원화로 체계적이고 효율적인 보육사업 추진 등에 문제점이 있으므로, 영유아의 보호와 교육에 관한 별도의 입법을 통하여 보육시설의 조속한 확대 및 체계화로 아동의 건전한 보호·교육 및 보육자의 경제적·사회적 활동의 지원을 통하여 가정복지증진을 도모하려 하였다.

2. 연혁

1991. 1. 14. 법률 제4328호로 영유아보육법 제정.

1997. 12. 24. 법률 제5472호로 영유아보육법을 일부 개정하여 초등학교 취학 직전 1년의 영유아에 대한 보육은 무상으로 하되, 대통령령이 정하는 바에 따라 순차적으로 실시하도록 하였다.

1999. 2. 8. 법률 제5845호로 일부 개정하여 민간보육시설 또는 직장보육시설의 폐지 또는 휴지에 관한 승인제를 신고제로 완화하고, 보육비용의 승인제를 폐지하여 시·도지사가 정하는 범위 안에서 보육비용을 받을 수 있도록 하는 등 일부 규제를 완화하여 영유아의 보육이 활성화되도록 하였다.

2004. 1. 29. 법률 제07153호로 법령을 개정하여 여성의 사회참여 확대, 가족구조의 변화 등으로 인해 영유아보육에 대한 수요가 증가함에 따라 보육시설 종사자의 자격기준을 강화하고, 영유아 보육시설 설치·운영을 종전 신고제에서 인가제로 전환하는 등 영유아보육에 대한 공공성을 강화하였다.

2004. 3. 11. 법률 제07186호로 법령을 개정하여 보건복지부에서 수행하고 있는 영유아 보육업무

를 보다 효율적으로 수행할 수 있도록 여성부로 이관하였다.

2004. 12. 31. 법률 7302호로 농어촌지역의 경우 인구의 고령화와 아동인구의 감소 등으로 인하여 보육시설의 설치가 어려운 지역이 상당수에 이르고 있어 농어촌지역의 영유아는 도시지역의 영유아에 비하여 체계적으로 보육되지 못하고 있는 실정인바, 보육시설의 설치기준 및 보육시설 종사자의 배치기준에 있어 도시지역보다 완화된 기준을 적용받을 수 있는 지역에 도서·벽지 이외에 새로이 농어촌지역을 포함시켜 농어촌지역의 실정에 맞는 보육시설을 설치할 수 있도록 하였다. 정부조직법이 개정되어 영유아 보육사무가 보건복지부에서 여성부로 이관됨에 따라, 영유아보육법개정법률의 보건복지부 관련규정을 여성부 관련규정으로 변경하였다.

2005. 3. 24. 법률 7413호로 가정의 가치를 새롭게 정립하고 가족정책을 종합적으로 추진할 수 있도록 하기 위하여 여성부에 보건복지부의 가족정책 기능을 이관하여 여성가족부로 개편함에 따른 관련내용을 개정하였다.

2005. 12. 29. 법률 7785호로 보육시설의 장은 보육시설운영위원회를 설치·운영할 수 있되, 취약보육을 우선적으로 실시하여야 하는 보육시설과 대통령령이 정하는 보육시설은 보육시설운영위원회를 의무적으로 설치하도록 하여 보육시설의 자율성과 투명성을 높이도록 하고, 이동권이 제한되는 장애인 부모의 자녀에 대하여는 소득수준과 관계없이 장애의 정도에 따라 보육시설의 우선 이용권을 부여하며, 보육시설의 장은 대통령령이 정하는 자격을 가진 자로서 여성가족부장관이 검정·수여하는 자격증을 받은 자로 규정하고, 보육시설의 장 또는 보육교사의 명의대여 또는 자격증 대여를 금지하였다.

II. 목적 및 수급권자

1. 목적 및 이념

1) 목적

영유아보육법은 보호자가 근로 또는 질병, 기타 사정으로 인하여 보호하기 어려운 영아 및 유아를 심신의 보호와 건전한 교육을 통하여 건강한 사회성원으로 육성함과 아울러 보호자의 경제적·사회적 활동을 원활하게 하여 가정복지증진에 기여함을 목적으로 한다(제1조).

2) 보육이념

(1) 보육은 영유아의 이익을 최우선적으로 고려하여 제공되어야 한다.

(2) 보육은 영유아가 안전하고 쾌적한 환경에서 건강하게 성장할 수 있도록 하여야 한다.

(3) 영유아는 자신 또는 보호자의 성·연령·종교·사회적 신분·재산·장애 및 출생지역 등에 따른 어

떠한 종류의 차별도 받지 아니하고 보육되어야 한다.(제3조)

2. 수급권자

i) "영유아"는 6세미만의 취학 전 아동을 말한다.
ii) "보호자"는 친권자, 후견인 또는 기타의 자로서 영유아를 현재 보호하고 있는 자를 말한다.

3. 책임 및 보육실태조사

1) 보육의 책임
모든 국민은 영유아를 건전하게 보육할 책임을 진다.
국가 및 지방자치단체는 보호자와 더불어 영유아를 건전하게 보육할 책임을 진다.
시장·군수·구청장은 영유아의 보육을 위한 적정한 보육시설을 확보하여야 한다(제4조).

2) 보육실태조사
여성가족부장관은 이 법의 적절한 시행을 위하여 보육실태조사를 5년마다 실시하여야 한다.

4. 보육정책조정위원회

보육정책에 관한 관계부처간의 의견을 조정하기 위하여 국무총리소속하에 보육정책조정위원회를 둔다. 보육정책조정위원회는 다음 각 호의 사항을 심의·조정한다(제5조).

1. 보육정책의 기본방향에 관한 사항
2. 보육관련 제도개선과 예산지원에 관한 사항
3. 보육에 관한 관계부처간 협조사항
4. 그 밖에 위원장이 부의하는 사항

보육정책조정위원회는 위원장을 포함한 12인 이내의 위원으로 구성하되, 위원장은 국무조정실장이 되고 위원은 교육인적자원부차관·보건복지부차관·노동부차관·여성가족부차관 및 기획예산처차관, 그리고 이들 위원이 추천하여 위원장이 위촉하는 보육계·유아교육계·여성계·사회복지계·시민단체 및 보호자를 대표하는 자 각 1인으로 구성한다.

5. 보육정책위원회

보육에 관한 각종 정책·사업·보육지도 및 시설평가사항 등을 심의하기 위하여 여성가족부에 중앙보육정책위원회를, 특별시·광역시·도 및 시·군·구에 지방보육정책위원회를 둔다.

중앙보육정책위원회 및 지방보육정책위원회의 위원은 보육전문가, 보육시설의 장 및 보육교사 대표, 보호자 대표 또는 공익을 대표하는 자, 관계공무원 등으로 구성한다(제6조).

6. 보육정보센터

보육에 관한 정보의 수집·제공 및 상담을 위하여 여성가족부장관은 중앙보육정보센터를, 특별시장·광역시장·도지사 및 시장·군수·구청장은 지방보육정보센터를 설치·운영하여야 한다. 이 경우 필요하다고 인정하는 경우에는 영아·장애아 보육 등에 관한 보육정보센터를 별도로 설치·운영할 수 있다. 중앙보육정보센터 및 지방보육정보센터에는 보육정보센터의 장과 보육에 관한 정보제공 및 상담업무 등을 담당하는 보육전문요원 등을 둔다. 여성가족부장관, 시·도지사 및 시장·군수·구청장은 보육정보센터를 보육관련법인·단체 등에 위탁하여 운영할 수 있다(제7조).

7. 보육개발원

여성가족부장관은 보육에 관한 연구와 정보제공, 프로그램 및 교재개발, 평가척도 개발 및 종사자 연수 등의 업무를 위하여 보육개발원을 설치하거나 그 업무를 관련 연구기관 등에 위탁할 수 있다.

Ⅲ. 보육시설

1. 보육시설의 종류

1. 국·공립보육시설 : 국가 또는 지방자치단체가 설치·운영하는 보육시설
2. 법인보육시설 : 사회복지사업법에 의한 사회복지법인이 설치·운영하는 보육시설
3. 직장보육시설 : 사업주가 사업장의 근로자를 위하여 설치·운영하는 보육시설(국가 또는 지방자치단체의 장이 소속공무원을 위하여 설치·운영하는 시설을 포함한다)
4. 가정보육시설 : 개인이 가정 또는 그에 준하는 곳에 설치·운영하는 보육시설
5. 부모협동보육시설 : 보호자들이 조합을 결성하여 설치·운영하는 보육시설
6. 민간보육시설 : 제1호 내지 제5호에 해당하지 아니하는 보육시설

2. 보육시설의 설치

국가 또는 지방자치단체는 국·공립보육시설을 설치·운영하여야 한다. 이 경우 국·공립보육시설은 보육계획에 따라 도시저소득주민밀집주거지역 및 농어촌지역 등 취약지역에 우선적으로 설치하여야 한다.(제12조)

국·공립보육시설외의 보육시설을 설치·운영하고자 하는 자는 시장·군수·구청장의 인가를 받아야 한다. 인가받은 사항중 중요사항을 변경하고자 하는 경우에도 또한 같다.

상시 여성근로자 300인 이상 또는 근로자 500인 이상을 고용하고 있는 사업장의 사업주는 직장보육시설을 설치하여야 한다. 다만, 사업장의 사업주가 직장보육시설을 단독으로 설치할 수 없을 때에는 사업주 공동으로 직장보육시설을 설치·운영하거나, 지역의 보육시설과 위탁계약을 체결하여 근로자 자녀의 보육을 지원하거나 또는 근로자에게 보육수당을 지급하여야 한다. 여성근로자 300인 미만 또는 근로자 500인 미만을 고용하는 사업장의 사업주는 필요한 경우 사업장 근로자의 자녀를 보육하기 위한 직장보육시설을 설치하거나 보육수당을 지급할 수 있다.(제14조, 동법시행령 제20조)

3. 보육시설의 설치 기준

보육시설을 설치·운영하고자 하는 자는 여성가족부령이 정하는 설치기준을 갖추어야 한다.

보육시설의 시설 기준

1. 보육시설의 입지조건
   가. 보육시설은 보육수요·보건·위생·급수·안전·교통·환경 및 교통편의 등을 충분히 고려하여 쾌적한 환경의 부지를 선정하여야 한다.
   나. 보육시설은 위험시설로부터 50m 이상 떨어진 곳에 위치하여야 한다. 이 경우 위험시설이라 함은 「주택건설기준 등에 관한 규정」 제9조제2항 각 호의 시설을 말한다.
   다. 보육시설은 「건축법 시행령」 별표 1에 따라 각 보육시설을 설치할 수 있는 곳에 설치한다. 다만, 영유아 20인 이하를 보육하는 직장보육시설과 부모협동보육시설은 가정보육시설을 설치할 수 있는 곳에도 설치할 수 있다.

2. 보육시설의 규모
   보육시설은 다음의 인원을 보육할 수 있는 시설을 갖추어야 하며, 정원은 총 300인을 초과할 수 없다.
   가. 국·공립보육시설 : 상시 영유아 11인 이상
   나. 직장보육시설 : 상시 영유아 5인 이상
   다. 법인보육시설 및 민간보육시설 : 상시 영유아 21인 이상
   라. 가정보육시설 : 상시 영유아 5인 이상 20인 이하
   마. 부모협동보육시설 : 보육 영유아를 둔 보호자 15인 이상 출자 및 상시 영유아 11인 이상.

4. 보육시설 설치·운영자 결격 사유

보육시설 설치·운영자 결격 사유

1. 미성년자·금치산자 또는 한정치산자
2. 정신질환자
3. 마약·대마 또는 향정신성의약품중독자
4. 파산자로서 복권되지 아니한 자
5. 금고 이상의 실형을 선고받고 그 집행이 종료되거나 집행이 면제된 날부터 3년이 경과되지 아니한 자
6. 금고 이상의 형의 집행유예 선고를 받고 그 유예기간중에 있는 자
7. 제45조의 규정에 의하여 보육시설의 폐쇄명령을 받고 1년이 경과되지 아니한 자

5. 보육시설 근무자 결격 사유

다음에 해당하는 자는 보육시설에 근무할 수 없다.

보육시설 근무자 결격 사유

1. 미성년자·금치산자 또는 한정치산자
2. 정신질환자
3. 마약·대마 또는 향정신성의약품중독자
4. 파산자로서 복권되지 아니한 자
5. 금고 이상의 실형을 선고받고 그 집행이 종료되거나 집행이 면제된 날부터 3년이 경과되지 아니한 자
6. 금고 이상의 형의 집행유예 선고를 받고 그 유예기간 중에 있는 자
7. 제45조의 규정에 의하여 보육시설의 폐쇄명령을 받고 1년이 경과되지 아니한 자
8. 보육시설 장 또는 보육교사로서 업무가 정지되거나 자격이 정지 중인 자
9. 보육교사 자격이 취소된 후 1년이 경과되지 아니한 자

IV. 보육시설의 운영

1. 보육시설의 운영기준 등

보육시설을 설치·운영하는 자는 여성가족부령이 정하는 운영기준에 따라 보육시설을 운영하여야 한다(제24조). 국가 또는 지방자치단체는 설치된 국·공립보육시설을 법인·단체 또는 개인에게 위탁

하여 운영할 수 있으며, 이 경우 최초 위탁은 공개경쟁의 방법에 의한다. 직장보육시설을 설치한 사업주는 이를 법인·단체 또는 개인에게 위탁하여 운영할 수 있다.

2. 보육시설운영위원회

보육시설의 장은 보육시설운영의 자율성과 투명성을 높이고 지역사회와의 연계를 강화하여 지역 실정과 특성에 맞는 보육을 실시할 수 있도록 하기 위하여 보육시설에 보육시설운영위원회를 설치·운영할 수 있다. 보육시설운영위원회는 그 보육시설의 장, 보육교사 대표, 학부모 대표 및 지역사회 인사(직장보육시설의 경우에는 그 직장의 보육시설 업무 담당자로 함)로 구성한다(제25조). 보육시설의 장은 보육시설운영위원회의 위원정수를 5인 이상 10인 이내의 범위에서 보육시설의 규모 등을 고려하여 정할 수 있다.

보육시설운영위원회 심의사항

1. 보육시설 운영규정의 제정 또는 개정에 관한 사항
2. 보육시설 예산 및 결산의 보고에 관한 사항
3. 영유아의 건강·영양 및 안전에 관한 사항
4. 보육시간·보육과정의 운영방법 등 보육시설의 운영에 관한 사항
5. 그 밖에 보육시설 운영에 대한 제안 및 건의사항

3. 취약보육의 우선 실시 등

국가 또는 지방자치단체와 사회복지법인 그 밖의 비영리법인이 설치한 보육시설과 대통령령이 정하는 보육시설의 장은 영아·장애아 등에 대한 보육(취약보육)을 우선적으로 실시하여야 한다. 여성가족부장관, 시·도지사 및 시장·군수·구청장은 취약보육을 활성화하는데 필요한 각종 시책을 수립·시행하여야 한다(제26조).

4. 보육시설 이용 대상

보육시설의 이용대상은 보육이 필요한 영유아를 원칙으로 한다. 다만, 필요한 경우 보육시설의 장은 만 12세까지 연장하여 보육할 수 있다(제27조).

국가 또는 지방자치단체와 사회복지법인 그 밖의 비영리법인이 설치한 보육시설과 대통령령이 정하는 보육시설의 장은 다음 각 호의 어느 하나에 해당하는 자가 우선적으로 보육시설을 이용할 수 있도록 하여야 한다. 다만, 고용촉진시설의 설치·운영을 위임 또는 위탁받은 지방자치단체의 장, 공공

단체 또는 비영리법인이 설치·운영하는 시설의 장은 근로자의 자녀가 우선적으로 보육시설을 이용하게 할 수 있다.

보육시설 우선이용 대상

1) 국민기초생활보장수급자
2) 모·부자복지법상 보호대상자인 모 또는 부의 자녀
3) 국민기초생활보장법에 의한 차상위계층의 자녀
4) 장애인 중 여성가족부령이 정하는 장애등급 이상에 해당하는 자의 자녀
5) 그 밖에 소득수준 등을 고려하여 여성가족부령이 정하는 자의 자녀

사업주는 사업장 근로자의 자녀가 우선적으로 직장보육시설을 이용할 수 있도록 하여야 한다.

V. 비용

1. 비용의 부담

국가 또는 지방자치단체는 국민기초생활보장법에 의한 수급자와 여성가족부령이 정하는 일정소득 이하 가구의 자녀 등의 보육에 필요한 비용의 전부 또는 일부를 부담하여야 한다. 보육에 필요한 비용은 가구의 소득수준·거주지역 등을 고려하여 차등 지원할 수 있다.

초등학교 취학직전 1년의 유아 및 장애아에 대한 보육은 무상으로 하되, 대통령령이 정하는 바에 의하여 순차적으로 실시한다.

초등학교 취학직전 1년의 유아에 대한 무상보육은 매년 3월 1일 현재 만 5세에 도달한 유아를 대상으로 하여 실시하되, 예산의 범위 안에서 i) 국민기초생활 보장법」에 의한 수급자인 유아, ii) 도서·벽지에 거주하는 유아, iii) 행정구역상 읍·면지역에 거주하는 유아 가운데 어느 하나에 해당 하는 유아에 대하여 우선적으로 실시한다.(제35조)

사업주가 직장보육시설을 설치·운영하거나 보육수당 지급에 소요되는 비용과 보호자가 영유아의 보육을 위하여 지출한 보육료 그 밖의 보육에 소요되는 비용에 관하여는 조세특례제한법이 정하는 바에 의하여 조세를 감면한다.

2. 무상보육 특례

초등학교 취학직전 1년의 유아에 대한 보육은 무상으로 하되, 무상보육은 매년 3월 1일 현재 만 5세에 도달한 유아를 그 대상으로 하여 실시하되, 예산의 범위 안에서 i) 행정구역상 읍·면지역에 거주하는 유아, ii) 도서·벽지교육진흥법 제2조의 규정에 의한 도서·벽지지역에 거주하는 유아에 대하여 우선적으로 실시한다. 무상보육의 실시는 예산의 범위 안에서 순차적으로 확대한다(동법시행령 제23조의 2).

무상보육 실시에 드는 비용은 국가 및 지방자치단체가 이를 부담 또는 보조하여야 한다.

국가 및 지방자치단체는 제1항의 규정에 의한 무상보육을 받고자 하는 유아를 보육시키기 위하여 필요한 보육시설을 설치·운영하여야 한다(제21조의 2).

3. 국가 또는 지방자치단체 및 사업주의 비용 보조

국가 또는 지방자치단체는 i) 보육시설의 설치에 필요한 비용, ii) 국·공립보육시설, 비영리법인이 설치·운영하는 보육시설 및 여성부령으로 정하는 보육시설의 매년 운영비, iii) 보육정보센타의 설치·운영에 필요한 비용, iv) 기타 영유아 보육사업에 소요되는 비용의 일부를 예산의 범위 안에서 보조한다(동법시행령 제24조).

2004년 현재 직장보육시설을 설치한 사업주는 그 보육시설의 운영 및 수탁보육중인 영유아의 보육에 필요한 비용의 100분의 50이상을 보조하여야 한다(동법시행령 제25조).

4. 보조금의 반환명령, 벌칙 및 양벌규정

국가 또는 지방자치단체는 보육시설의 장이 i) 사업의 목적 이외에 보조금을 사용한 때, ii) 거짓, 기타 부정한 방법으로 보조금의 교부를 받은 때, iii) 이 법 또는 이 법에 의한 명령에 위반한 때에는 이미 교부한 보조금의 전부 또는 일부의 반환을 명할 수 있다(제26조).

i) 규정에 의한 신고를 하지 아니하고 보육시설을 설치·운영한 자, ii) 규정에 의한 신고를 하지 아니하고 보육시설을 폐지 또는 휴지하거나 그 운영을 재개한 자, iii) 시설의 폐쇄, 사업의 정지 또는 폐지의 명령에 위반하여 사업을 계속한 자는 1년 이하의 징역 또는 500만원 이하의 벌금에 처한다(제31조).

법인이나 단체의 대표자 또는 법인이나 단체·개인의 대리인·사용인, 기타의 종사자가 그 법인이나 단체 또는 개인의 업무에 관하여 제31조의 위반행위를 한 때에는 그 행위자를 처벌하는 외에 그 법인이나 단체 또는 개인에 대하여도 각 본조의 벌금형을 과한다(제32조).

VI. 벌칙

벌 칙 사 유	벌 칙 내 용
비용을 보조받은 자가 사실을 거짓으로 보고하여 보조를 받았거나 보조금을 유용하였을 경우	3년 이하의 징역 또는 1천만원 이하의 벌금
설치인가를 받지 아니하고 보육시설의 명칭을 사용하거나 사실상 보육시설의 형태로 운영한 자	1년 이하의 징역 또는 500만원 이하의 벌금
정지명령 또는 시설의 폐쇄명령을 위반하여 사업을 계속한 자	
비용을 보조받은 자가 사실을 거짓으로 보고하여 보조를 받았거나 보조금을 유용하였을 경우	3년 이하의 징역 또는 1천만원 이하의 벌금
설치인가를 받지 아니하고 보육시설의 명칭을 사용하거나 사실상 보육시설의 형태로 운영한 자	1년 이하의 징역 또는 500만원 이하의 벌금
거짓 그 밖의 부정한 방법으로 제13조제1항의 규정에 따른 보육시설의 설치인가 또는 변경인가를 받은 자	
자기의 성명이나 보육시설의 명칭을 사용하여 보육시설의 장 또는 보육교사의 업무를 수행하게 하거나 자격증을 대여한 자 및 그 상대방	
정지명령 또는 시설의 폐쇄명령을 위반하여 사업을 계속한 자	
취약보육을 우선적으로 실시하지 아니한 자	500만원 이하의 과태료
우선보육대상자(28조1)를우선적으로 보육하지 아니한 자	
건강진단실시 또는 응급조치 등을 이행하지 아니한 자	

법인의 대표자나 법인 또는 개인의 대리인·사용인 그 밖의 종사자가 그 법인 또는 개인의 업무에 관하여 벌금 이상의 위반행위를 한 때에는 그 행위자를 벌하는 외에 그 법인 또는 개인에 대하여도 동조의 벌금형을 과한다(제55조).

제7절 정신보건법

(일부개정 2006. 2. 21 법률 제7849호)

Ⅰ. 의의 및 특징

정신보건법은 정신보건서비스에 관한 법이다. 정신보건서비스란 정신적 안녕(mental well-being)을 증진시키고, 정신장애(mental disorder)를 완화시키는 제반 활동들을 말한다(Lin, 1995). 즉, 정신질환으로 인한 장애를 예방하거나 감소시키며, 정신질환으로 인해 사회적 차별을 받지 않고, 자신의 능력과 잠재력을 최대로 발휘하면서, 인간으로서의 존엄성과 가치를 유지하고, 사회에 원만히 복귀하도록 원조하는 활동들을 말한다(서울시 정신보건네트, 2002).

우리나라에 정신질환으로 치료받고 있는 인구는 전 인구의 2.7%인 1,253천 명으로 추정되고 있으며, 이 중 11.5%에 해당하는 14만 명이 일정 기간 입원치료가 필요하다고 보고 있다. 그러나 의료혜택을 받지 못하는 재가정신질환자 및 무허가시설에 있는 정신질환자와 미국·일본의 연간치료 유병률이 7-10%인 것을 고려한다면 보다 많은 인구가 정신질환으로 고통을 받고 있을 것으로 추정되고 있다(보건복지부, 2002). 정신보건법은 정신질환의 고통을 받고 있는 정신장애인들의 고통을 완화시키고, 정신장애를 예방하며 치료하고 재활시키는 활동들과 서비스체계를 규정하고 있다.

정신보건법은 사회복지서비스법의 일환으로 정신질환의 고통완화·치유·예방과 관련된 포괄적인 서비스로서 정신질환자의 인권보장, 만성정신장애인의 원활한 사회복귀, 단기 입원, 지역사회의 정신보건, 재활치료 및 정신질환자의 처우전반에 관한 내용을 강조하고 있다.

동법의 제정은 정신질환자에 대한 서비스가 의료법에 의거한 병원의 의료적 처치에 그치는 것이 아니라, 퇴원 후의 사회복귀를 위한 일상생활훈련, 직업훈련 등의 재활서비스 및 정신건강유지를 위한 지역사회의 정신보건서비스와의 유기적인 연계 등 여러 사항을 포괄적으로 규정함으로써 사회복지서비스법에 의거한 법적 근거를 마련했다는 데 그 의미가 있다.

개정된 정신보건법은 그동안 만성정신분열병 등의 환자를 병원 및 시설에서 장기간 격리·수용하는 기존의 장기입원 중심의 대안에서 벗어나 지역사회에서 정신질환자를 조기발견·치료·재활시키는 지역사회정신보건사업으로 정책을 전환시키고 있다. 이 법은 수급권자의 권익보호를 특히 중시하고 있다.

II. 입법배경 및 연혁

1. 입법배경

　정신보건법은 최근 생활환경의 급격한 변화로 인하여 정신질환자가 증가함에 따라 정신질환을 예방하고, 정신질환자에 대한 효율적인 의료 및 사회복귀를 위하여 필요한 사항을 정함으로써 국민의 정신건강증진에 이바지하기 위해 제정되었다.

　지난 1983년 TV(추적60분)에 방영된 기도원의 실태는 많은 국민들을 놀라게 했고, 어떻게 정신질환자의 인권을 저렇게 유린할 수 있는가 하는 탄식과 분노를 불러일으켰다. 그 이후 정부는 정신질환자의 전문치료를 위한 병상을 대폭 확충하고, 정신질환자 요양시설의 시설 및 서비스 개선을 위한 노력을 기울이는 한편, 정신질환자의 인권보호와 정신보건정책의 체계를 마련하기 위한 정신보건법의 제정에 착수하게 되었다. 정신보건법안은 1985년도에 처음으로 국회에 제출되었으나 강제입원규정과 관련하여 함께 법안이 폐기되었다. 그 후 각계 전문가들의 의견을 수렴하여 정신질환자의 인권에 관한 규정을 대폭 수정, 보완하여 1992년도에 법안을 국회에 제출하였고, 1995년 12월 이러한 배경하에 정신보건법이 제정되었다. 이 법의 일차적 관심사는 만성정신장애인의 장기수용에 따른 인권문제와 치료를 포함한 삶의 질의 향상이었다(보건복지부, 2002; 오대규, 1999; 최재명, 1999).

2. 연혁

　1995. 12. 30. 법률 제5133호로 정신보건법 제정.

　1997. 12. 31. 법률 제5486호로 정신보건법을 개정하여 정신요양병원을 폐지하여 정신병상의 무분별한 증가를 억제하는 한편 사회복지사업법에 의한 정신질환자요양시설을 정신보건법에 규정하였다.

　2000. 1. 12. 법률 제6152호로 정신보건법을 개정하여 시·도지사가 정신의료기관을 지정하여 그 정신의료기관으로 하여금 지역사회정신보건사업을 지원하도록 하는 제도를 폐지하였고, 정신의료기관에 자의로 입원한 정신질환자에 대한 퇴원중지제도를 폐지하여 그 환자의 퇴원에 대한 자율성을 보장하고 인권침해의 소지를 없애도록 하였다.

　2004. 1. 29 법률 제07149호로 개정하여 지역사회정신보건사업을 원활하게 추진하기 위하여 보건소 등에 정신보건센터를 설치하도록 하고, 정신의료기관이 법정기준에 위반한 경우에는 행정처분을 할 수 있도록 하는 등 현행 제도의 운영상 나타난 일부 미비점을 개선·보완하였다.

Ⅲ. 목적 등

1. 목적

정신보건법은 정신질환의 예방과 정신질환자의 의료 및 사회복귀에 관하여 필요한 사항을 규정함으로써 국민의 정신건강 증진에 이바지함을 목적으로 한다(제1조).

2. 기본이념

정신보건법의 기본이념

ⅰ) 모든 정신질환자는 인간으로서의 존엄과 가치를 보장받는다.
ⅱ) 모든 정신질환자는 최적의 치료를 받을 권리를 보장받는다.
ⅲ) 모든 정신질환자는 정신질환이 있다는 이유로 부당한 차별대우를 받지 아니한다.
ⅳ) 미성년자인 정신질환자에 대하여는 특별히 치료, 보호 및 필요한 교육을 받을 권리가 보장되어야 한다.
ⅴ) 입원치료가 필요한 정신질환자에 대하여는 항상 자발적 입원이 권장되어야 한다.
ⅵ) 입원 중인 정신질환자는 가능한 한 자유로운 환경이 보장되어야 하며, 다른 사람들과 자유로이 의견교환을 할 수 있도록 보장되어야 한다.

3. 용어의 정의

① 정신질환자는 정신병(기질적 정신병(器質的 精神病)을 포함한다)·인격장애·알코올 및 약물중독, 기타 비정신병적 정신장애(非精神病的 精神障碍)를 가진 자를 말한다.
② 정신보건시설은 이 법에 의한 정신의료기관·정신질환자사회복귀시설 및 정신요양시설을 말한다.
③ 정신의료기관은 의료법에 의한 의료기관중 주로 정신질환자의 진료를 행할 목적으로 적합하게 설치된 병원(정신병원)과 의원 및 병원급 이상의 의료기관에 설치된 정신과를 말한다.
④ 정신질환자사회복귀시설은 이 법에 의하여 설치된 시설로서 정신질환자를 정신의료기관에 입원시키거나 정신요양시설에 입소시키지 아니하고 사회복귀촉진을 의한 훈련을 행하는 시설을 말한다.
⑤ 정신요양시설은 이 법에 의하여 설치된 시설로서 정신의료기관에서 의뢰된 정신질환자와 만성 정신질환자를 입소시켜 요양과 사회복귀촉진을 위한 훈련을 행하는 시설을 말한다.

4. 국가, 국민, 운영자의 의무 및 실태조사

1) 의무

국가와 지방자치단체는 국민의 정신건강을 증진시키고, 정신질환을 예방하며, 정신질환자의 의료 및 장애극복과 사회복귀촉진을 위한 연구·조사와 지도·상담 등 필요한 조치를 하여야 한다.

국민은 정신질환자의 장애극복 및 사회복귀노력에 협력하여야 한다(제5조).

정신보건시설의 설치·운영자는 정신질환자와 그 보호의무자에게 이 법에 의한 권리와 권리의 행사에 관한 사항을 알려야 하며, 입원 및 거주중인 정신질환자가 인간으로서의 존엄과 가치를 보장받으며 자유롭게 생활할 수 있도록 노력하여야 한다(제6조).

2) 실태조사

보건복지부장관은 이 법의 적절한 시행을 위하여 정신질환자의 실태조사를 5년마다 실시하여야 한다(제4조의2).

5. 정신보건전문요원

보건복지부장관은 정신보건분야에 관한 전문지식과 기술을 가진 자에게 정신보건전문요원의 자격증을 교부할 수 있다. 정신보건전문요원은 정신보건임상심리사·정신보건간호사 및 정신보건사회복지사로 한다(제7조).

전문요원의 업무의 범위 및 한계(동법시행령 제2조 제1항 별표1)

종 별	업무의 범위 및 한계
공 통	① 사회복귀시설의 운영 ② 정신질환자의 사회복귀 촉진을 위한 생활훈련 및 작업훈련 ③ 정신질환자와 그 가족에 대한 교육·지도 및 상담 ④ 법 제25조 제1항의 규정에 관한 진단 및 보호의 신청 ⑤ 정신질환 예방활동 및 정신보건에 관한 조사·연구 ⑥ 기타 정신질환자의 사회적응 및 직업재활을 위하여 보건복지부장관이 정하는 활동
정신보건 임상심리사	① 정신질환자에 대한 심리평가 ② 정신질환자와 그 가족에 대한 심리상담
정신보건 간호사	① 정신질환자의 병력에 대한 자료수집, 병세에 대한 판단·분류 및 그에 따른 환자관리활동 ② 정신질환자에 대한 간호
정신보건 사회복지사	① 정신질환에 대한 개인력조사 및 사회조사 ② 정신질환자와 그 가족에 대한 사회사업지도 및 방문지도

전문요원의 등급은 정신보건임상심리사·정신보건간호사 및 정신보건사회복지사에 대하여 각각 1급 및 2급으로 구분한다(동법시행령 제2조).

Ⅳ. 정신보건시설

1. 정신병원

보건복지부장관 또는 특별시장·광역시장 또는 도지사는 정신병원을 설치·운영하여야 한다. 보건복지부장관 또는 시·도지사는 정신병원을 설치하는 경우 그 병원이 지역적으로 균형 있게 분포되도록 하여야 하며, 정신질환자에 대하여 지역사회관리가 가능하도록 하여야 한다. 정신병원은 지역사회정신보건사업을 지원하고 지역사회정신보건사업인력에 대한 교육·훈련을 담당한다(제8조).

2. 정신요양시설

사회복지법인, 기타 비영리법인은 보건복지부장관의 허가를 받아 정신요양시설을 설치·운영할 수 있다. 정신요양시설에서의 요양과 사회복귀를 위한 훈련은 보건복지부장관이 정하는 바에 의하여 정신과 전문의의 지도에 따라 행하여져야 한다. 보건복지부장관 또는 시·도지사는 정신요양시설의 장에게 정신질환자의 요양과 사회복귀촉진을 위한 훈련에 지장이 없는 범위 안에서 지역주민·사회단체·언론기관 등이 정신요양시설의 운영상황을 파악할 수 있도록 그 시설의 개방을 요구할 수 있다. 정신요양시설에 관하여 이 법에 규정한 것을 제외하고는 사회복지사업법 중 사회복지시설에 관한 규정을 준용한다(제10조).

3. 지역사회정신보건사업

국가 및 지방자치단체는 보건소를 통하여 정신보건시설간의 연계체계 구축, 정신질환의 예방, 정신질환자의 발견·상담·진료·사회복귀훈련 및 이에 관한 사례관리 등 지역사회정신보건사업을 기획·조정 및 수행할 수 있다(제13조 제1항).

국가 및 지방자치단체는 국·공립정신의료기관을 통하여 제1항의 규정에 의한 지역사회정신보건사업을 지원하고, 시·군·구간 연계체계 구축, 응급정신의료서비스 제공 등 광역단위의 사업을 수행하며, 그 밖에 지역사회정신보건사업의 활성화를 위하여 필요한 사업을 수행할 수 있다.

보건소 또는 국·공립정신의료기관은 지역사회정신보건사업의 수행을 위하여 정신질환자를 관리하는 경우에는 본인 또는 보호의무자의 동의 하에 행하여야 한다(동조 제3항).

4. 사회복귀시설

　국가 또는 지방자치단체는 사회복귀시설을 설치·운영할 수 있다. 국가 또는 지방자치단체 외의 자(사회복지법인, 기타 비영리법인, 정신과전문의, 정신보건전문요원 등)가 사회복귀시설을 설치·운영하고자 하는 때에는 시설의 소재지를 관할하는 시장·군수·구청장에게 신고하여야 한다. 사회복귀시설의 장은 보호 중인 정신질환자에 대하여 자유로운 생활이 보장되도록 하여야 하며, 보건복지부장관이 정하는 바에 따라 정신질환자에 대하여 사회복귀를 위한 훈련을 실시하여야 한다(제15조).

사회복귀시설의 종류(제16조)	
정신질환자 생활훈련시설	정신질환 때문에 가정에서 일상생활을 영위하는 데 지장이 있는 정신질환자를 위하여 일상생활에 적응할 수 있도록, 저렴한 요금으로 거실, 기타 시설을 이용하게 하고, 필요한 훈련 및 지도를 함으로써, 정신질환자의 사회복귀를 촉진할 것을 목적으로 하는 시설
정신질환자 작업훈련시설	고용되기 곤란한 정신질환자가 자활할 수 있도록 저렴한 요금으로 거실, 기타 시설을 이용하게 하고, 필요한 훈련을 하며, 직업을 알선함으로써, 사회복귀 촉진을 도모하는 것을 목적으로 하는 시설, 기타 보건복지부령으로 정하는 시설

Ⅴ. 보호 및 입원

1. 보호의무자 및 보호의무

　정신질환자의 민법상의 부양의무자 또는 후견인은 정신질환자의 보호의무자가 된다. 보호의무자가 없거나 보호의무자가 부득이한 사유로 인하여 그 의무를 이행할 수 없는 경우에는 그 정신질환자의 주소지를 관할하는 시장·군수 또는 구청장이 그 보호의무자가 된다(제21조).

　보호의무자는 피보호자인 정신질환자로 하여금 적정한 치료를 받도록 노력하여야 하며, 정신과전문의의 진단에 의하지 아니하고 정신질환자를 입원시키거나 입원을 연장시켜서는 아니 된다.

2. 입원

1) 자의입원

　정신질환자는 입원신청서에 의하여 정신의료기관에 자의로 입원할 수 있다. 정신의료기관의 장(병원급 이상의 의료기관에 설치된 정신과의 경우에는 그 의료기관의 장)은 입원한 환자로부터 퇴원

신청이 있는 경우에는 지체 없이 퇴원시켜야 한다(제23조).

2) 보호의무자에 의한 입원

정신의료기관의 장은 정신질환자의 보호의무자의 동의가 있는 때에는 정신과전문의가 입원이 필요하다고 진단한 경우에 한하여 그 정신질환자를 입원시킬 수 있으며, 입원 시 그 보호의무자로부터 입원동의서 및 보호의무자임을 확인할 수 있는 서류를 받아야 한다(제24조 제1항).

입원기간은 6월 이내로 한다. 다만, 6월이 경과한 후에도 계속적인 입원치료가 필요하다는 정신과전문의의 진단이 있고 보호의무자가 입원동의서를 제출한 때에는 매 6월마다 시·도지사에게 계속입원치료에 대한 심사를 청구하여야 한다(제24조).

3) 시·도지사에 의한 입원

정신질환으로 자신 또는 타인을 해할 위험이 있다고 의심되는 자를 발견한 정신과전문의 또는 정신보건전문요원은 시·도지사에게 그 인의 진단 및 보호를 신청할 수 있다.

신청을 받은 시·도지사는 즉시 정신과전문의에게 그 정신질환자로 의심되는 자에 대한 진단을 의뢰하여야 한다(제25조).

4) 응급입원

정신질환자로 추정되는 자로서 자신 또는 타인을 해할 위험이 큰 자를 발견한 자는 그 상황이 매우 급박하여 자의입원, 보호의무자에 의한 입원 및 시·도지사에 의한 입원을 시킬 수 없는 때에는 의사와 경찰관의 동의를 얻어 정신의료기관에 그 인에 대한 응급입원을 의뢰할 수 있다(제26조 제1항).

VI. 정신보건심의위원회

정신보건에 관하여 보건복지부장관과 시·도지사의 자문에 응하고, 정신보건에 관한 중요한 사항의 심의와 심사를 하기 위하여, 보건복지부장관소속하에 중앙정신보건심의위원회를, 시·도지사소속하에 지방정신보건심의위원회를 각각 둔다. 퇴원심사, 재심사청구, 시·도지사에 의한 입원조치의 해제의 규정에 의한 심사를 하기 위하여 중앙 및 지방정신보건심의위원회 안에 정신보건심판위원회를 각각 둔다(제27조).

VII. 권익보호

　누구든지 응급입원의 경우를 제외하고는 정신과전문의의 진단에 의하지 아니하고 정신질환자를 정신의료기관에 입원시키거나 입원을 연장시킬 수 없다(제40조). 진단의 유효기간 등에 관한 필요한 사항은 보건복지부령으로 정하며, 이 규정에 의한 진단의 유효기간은 진단서 발급일로부터 30일로 한다(동법시행규칙 제22조).

　누구든지 정신질환자이었다는 이유로 교육 및 고용의 기회를 박탈하거나 기타 불공평한 대우를 하여서는 아니 된다. 누구든지 정신질환자, 그 보호의무자 또는 보호를 하고 있는 자의 동의 없이 정신질환자에 대하여 녹음·녹화·촬영할 수 없다(제41조).

　정신질환자에 관련된 직무를 수행하였던 자 또는 수행하는 자는 이 법 또는 다른 법령에서 특히 규정된 경우를 제외하고는 그 직무의 수행과 관련하여 알게 된 타인의 비밀을 누설하거나 발표하여서는 아니 된다(제42조).

　누구든지 이 법 또는 다른 법령에 의하여 정신질환자를 의료·보호할 수 있는 시설 외의 장소에 정신질환자를 수용하여서는 아니 된다(제43조).

VIII. 벌칙

1. 벌칙

1) 5년 이하의 징역 또는 2천만 원 이하의 벌금
- 정신질환자를 유기한 자
- 규정에 위반하여 정신질환자를 퇴원시키지 아니한 자
- 퇴원 또는 가퇴원 명령에 응하지 아니한 자
- 시·도지사에 의해 입원한 후 3개월 지난 후 입원조치해제규정에 위반하여 정신질환자를 퇴원시키지 아니한 자
- 정신과전문의의 진단 없이 정신질환자를 입원시키거나 입원을 연장한 자
- 정신질환자를 이 법 또는 다른 법령에 의한 시설 외의 장소에 수용한 자
- 협의체의 결정이 없거나 정신질환자 또는 보호의무자의 동의를 얻지 아니하고 특수치료를 행한 자
- 보조금 관련 규정에 위반한 자(제55조)

2) 3년 이하의 징역 또는 1천만 원 이하의 벌금

- 사업정지·폐쇄명령을 위반한 자
- 신고를 하지 아니하고 사회복귀시설을 설치·운영한 자
- 직무상 알게 된 타인의 비밀을 누설하거나 발표한 자
- 정신질환자의 통신 등의 자유를 제한한 자(제56조)

제15장

사회복지 관련법

사회복지관련법은 사회복지와 관련된 복지제도 등을 규정한 법이다. 관련 복지제도란 보건·주거·교육·고용 등의 분야에서 인간다운 생활이 보장될 수 있도록 지원하는 각종 복지제도를 말한다. 사회복지 관련법은 내용적으로 사회복지공동모금회법, 재해구호법, 의사상자예우에관한법률, 장애인고용촉진및직업재활법, 청소년보호법, 근로복지기본법 등을 들 수 있다.

제1절 사회복지공동모금회법

(제정 1999. 3. 31. 법률 제5960호, 일부개정 2004. 1. 29. 법률 제07159호)

Ⅰ. 의의 및 특징

사회복지공동모금회법은 사회복지공동모금에 관한 법이다. 사회복지공동모금이란 사회복지사업, 기타 사회복지활동의 지원에 필요한 재원을 조성하기 위하여 기부금품을 모집하는 것을 말한다. 사회복지공동모금회법은 과거의 관 주도의 성금모금 및 관리·운영을 지양하고 민간단체가 이웃돕기성금을 직접 모금·배분 및 관리, 운영하도록 함으로써 사회복지사업을 지원하고 공동모금운동의 자율성을 보장하며 민간의 참여를 활성화시키고, 사회복지사업을 지원하기 위하여 국민의 자발적 성금으로 공동모금된 재원을 효율적으로 관리, 운영함으로써 국민의 사회복지참여를 확대하고, 민간사회복지재원의 확대를 도모하는 데 그 의의가 있다.

사회복지공동모금회법은 사회복지관련법으로서 주로 사회복지사업을 지원하기 위한 재원을 조성하는 역할을 하고 있다. 내용상 사회복지공동모금회법의 가장 두드러진 특징은 연계(linkage)사업을 규정하고 있다는 점이다. 즉, 다른 사회복지법과 달리 직접적으로 현금이나 현물 또는 서비스를 제공하기보다는 사회복지사업이나 활동을 위해 재원이 필요한 단체나 개인에게 재원을 투명하고 전문적으로 연계하는 활동을 규정하고 있으며, 또한 특정 기관이나 특정 종교에 제한되는 이웃돕기활동을 하는 것이 아니라 사회복지를 증진시키기 위하여 전국의 모든 사회복지기관과 시민단체들을 포괄적으로 지원한다는 점이다. 이러한 공정성과 공익성을 인정받아 사회복지공동모금회법을 관장하는 사회복지공동모금회에 기부한 금액은 전액 조세특례제한법에 의해 손금산입이 허용되었다(사회복지공동모금회중앙회, 2002).

Ⅱ. 입법배경 및 연혁

1. 입법배경

해마다 연말연시만 되면 정부, 복지기관, 언론기관 등이 불우이웃돕기행사로 성금을 모으고 있었지만 정작 그 성금이 어려운 이웃에게 제대로 쓰이고 있는지, 모금과 배분과정이 투명하게 이루어지는지, 자의적인 배분이 아니라 전문적 심사를 거쳐 배분되는지, 공공의 복지지를 위해 제대로 사용되는지, 성금의 순수성과 자발성은 훼손되지나 않는지 등과 같은 공정성, 투명성, 전문성, 공익성, 순수성, 자발성 등에 많은 의문이 제기되어왔다. 이에 민간의 자율적이며 공정한 기구를 통하여 성금을 모아 공정하고 투명하게 모금되고 배분하고 성금의 순수성과 자발성을 보존하는 전문적인 법정단체가 공익을 위해 필요하다는 의견들이 대두되었다. 따라서 미국의 United Way와 같은 공동모금회를 법제화하여 사회복지의 증진에 이바지하기 위해 사회복지공동모금회법이 입법되었다.

2. 연혁

사회복지공동모금회법의 전신인 사회복지공동모금법 제정 이전의 연혁을 먼저 살펴본다.

1970. 1. 1. 사회복지사업법에 공동모금회 설립근거를 마련하였다.

1971. 11. 12. 사회복지법인 한국사회복지공동모금회 설립하여 1972년까지 모금활동을 폈으나 활동이 미미하여 조항에서 삭제되었다.

1980년 12월 31일 사회복지사업을 효과적으로 수행하기 위한 사회복지사업기금의 설치·운용을 규정한 사회복지사업기금법을 법률 제3336호로 제정하여 1991년까지 불우이웃돕기 운동을 전개하였다. 1992년에는 경제계, 언론계, 사회단체 등을 중심으로 이웃돕기운동추진협의회가 결성되었다.

1997. 3. 27. 법률 제5317로 사회복지공동모금법을 신규제정하여 관 주도의 성금모금 및 관리·운영을 지양하고 민간단체가 이웃돕기성금을 직접 모금·배분 및 관리하도록 함으로써 이웃돕기운동의 자율성을 보장하며 민간의 참여를 활성화하려 하였다. 이법의 주요 내용은 다음과 같다.

i) 종전에는 관 주도하에 이웃돕기성금을 관장하여 왔으나 앞으로는 민간단체가 주도하여 공동모

금사업을 관장할 수 있도록 전국단위의 전국공동모금회와 특별시·광역시·도 단위의 지역공동모금회를 두도록 한다. ii) 공동모금회는 독립된 사회복지법인으로 하되, 전국공동모금회는 보건복지부장관의 설립인가를 받도록 하고, 지역공동모금회는 특별시장·광역시장·도지사의 설립인가를 받도록 한다. iii) 공동모금회의 사업계획 및 예산안은 보건복지부장관 또는 특별시장·광역시장·도지사의 승인을 얻도록 하여 조성재원의 효율적인 활용을 도모하고 재원의 배분명세를 공고하도록 함으로써 공동모금으로 조성된 재원의 사용용도에 관한 투명성을 제고하도록 한다. iv) 공동모금회는 년중 기부금품을 모집·접수할 수 있고, 동 기부금품을 모집할 경우 전국공동모금회는 모집계획을 조정하여 기부금품모집규제법이 정하는 바에 따라 내무부장관의 허가를 받아 모집할 수 있도록 한다. v) 공동모금으로 조성된 재원은 각종 복지사업등에 필요한 비용과 이에 부수되는 비용에 사용하도록 한다. vi) 종전의 사회복지사업기금법에 의하여 조성된 사회복지사업기금 중 1998년도 사회복지사업기금운용계획에 따른 사업비를 제외한 적립금은 이 법 시행 후 6월 이내에 전국공동모금회에 이관하도록 한다.

1999. 3. 31. 법률 제5960호로 사회복지공동모금회법을 제정하였다. 이 법은 사회복지공동모금법을 개정하여 국민의 자발적인 성금으로 공동모금된 재원을 효율적으로 관리운용함으로써 국민의 사회복지참여를 확대하고, 민간사회복지재원의 확대를 꾀하기 위하여 공동모금의 적용범위를 사회복지사업과 기타 사회복지활동으로 확대하였다. 사회복지공동모금회를 사회복지법인으로 설립하고, 지역단위의 사회복지사업을 관장하기 위하여 특별시·광역시·도에 사회복지공동모금회지회를 두도록 하였고, 사회복지공동모금회의 모금활동을 활성화하기 위하여 사회복지공동모금회가 모집된 기부금품 중 모집경비 및 관리운영비로 사용할 수 있도록 하는 경비의 한도를 10퍼센트 이내로 규정하였다.

2001. 5. 24. 법률 제6486호로 사회복지공동모금회법을 개정하여 기부문화의 활성화 및 사회복지공동모금사업 재원의 안정적 확보를 통한 민간복지지원체계의 발전을 도모하기 위하여 사회복지공동모금회로 하여금 복권을 발행할 수 있는 법률적 근거를 규정하였다.

2002. 12. 5. 법률 6757호 사회복지공동모금회의 회계연도를 정부의 회계연도와 일치시켜 지금까지 야기된 결산상 자료의 혼란 등을 방지하고, 각 회계연도에 조성된 공동모금재원 중 다음 회계연도에 이월하여 지출할 필요성이 있거나 그 회계연도에 지출할 수 없는 부득이한 사유가 있을 경우 다음 회계연도에 이월하여 지출할 수 있도록 하였다.

2004. 1. 29. 법률 7159호 복권의 통합적인 관리를 위하여 주택법, 산림법 등에 근거하여 10개의 기관으로 분산되어 있는 복권발행기관을 국무총리 소속하에 독립위원회로 설치한 복권위원회로 일원화하고, 복권기금을 신설하여 이를 공익목적에 사용하도록 하고, 그 사용내역을 국민에게 공개하도록 하였다.

Ⅲ. 목적, 정의, 기본원칙

1. 목적

사회복지공동모금회법은 사회복지공동모금회의 공동모금을 통하여 사회복지에 대한 국민의 이해와 참여를 제고함과 아울러 국민의 자발적인 성금으로 조성된 재원을 효율적이고 공정하게 관리·운용함으로써 사회복지증진에 이바지함을 목적으로 한다(제1조).

2. 용어의 정의

사회복지사업이란 사회복지사업법 제2조제1항의 규정에 의한 사회복지사업을 말한다.[65]

사회복지공동모금이란 사회복지사업, 기타 사회복지활동의 지원에 필요한 재원을 조성하기 위하여 사회복지공동모금회법에 의하여 기부금품을 모집하는 것을 말한다(제2조).

3. 기본원칙

사회복지공동모금의 기본원칙은 다음과 같다. i) 기부금품은 기부하는 자의 의사에 반하여 모집하여서는 아니 된다. ii) 공동모금재원은 지역·단체·대상자 및 사업별로 복지수요가 공정하게 충족되도록 배분하여야 한다. iii) 공동모금재원은 이 법의 목적 및 사용용도에 맞도록 공정하게 관리·운용하여야 한다. 즉, 공동모금재원은 사회복지증진에 이바지하기 위하여 사회복지사업, 기타 사회복지활동에 사용하여야 한다. iv) 공동모금재원의 배분은 객관적인 기준에 따라 효율적으로 이루어지도록 하고, 그 결과를 공개하여야 한다(제3조).

Ⅳ. 사회복지공동모금회 설립

---

65) 사회복지사업법 제2조

(정의) ① 이 법에서 "사회복지사업"이라 함은 다음의 법률에 의한 보호·선도 또는 복지에 관한 사업과 사회복지상담·부랑인 및 노숙인 보호·직업보도·무료숙박·지역사회복지·의료복지·재가복지·사회복지관운영·정신질환자 및 한센병력자 사회복귀에 관한 사업 등 각종 복지사업과 이와 관련된 자원봉사활동 및 복지시설의 운영 또는 지원을 목적으로 하는 사업을 말한다.(여기서 다음의 법률이란 1. 국민기초생활보장법 2. 아동복지법 3. 노인복지법 4. 장애인복지법 5. 모·부자복지법 6. 영유아보육법 7. 성매매방지및피해자보호등에관한법률 8. 정신보건법 9. 성폭력범죄의처벌및피해자보호등에관한법률 10. 입양촉진및절차에관한특례법 11. 일제하일본군위안부피해자에대한생활안정지원및기념사업등에관한법률 12. 사회복지공동모금회법 13. 장애인·노인·임산부등의편의증진보장에관한법률 14. 가정폭력방지및피해자보호등에관한법률 15. 농어촌주민의보건복지증진을위한특별법을 말한다)

1. 사회복지공동모금회의 설립

사회복지공동모금사업을 관장하기 위하여 사회복지공동모금회를 둔다. 모금회는 사회복지사업법에 의한 사회복지법인으로 한다. 모금회는 정관을 작성하여 보건복지부장관의 인가를 받아 등기함으로써 설립된다(제4조).

2. 사업

모금회는 다음의 사업을 수행한다. i) 사회복지공동모금사업, ii) 공동모금재원의 배분, iii) 공동모금재원의 운용 및 관리, iv) 사회복지공동모금에 관한 조사·연구·홍보 및 교육훈련, iv) 지회의 운영, v) 사회복지공동모금과 관련된 국제교류 및 협력증진사업, vi) 다른 기부금품모집자와의 협력사업, vii) 기타 모금회의 목적달성에 필요한 사업(제5조).

3. 정관

모금회의 정관에는 다음의 사항을 기재하여야 한다. i) 목적, ii) 명칭, iii) 주된 사무소의 소재지, iv) 사업에 관한 사항, v) 임원 및 직원에 관한 사항, vi) 이사회에 관한 사항, vii) 지회의 구성 및 운영등에 관한 사항, viii) 재산 및 회계에 관한 사항, ix) 공고에 관한 사항, x) 정관의 변경에 관한 사항(제6조).

Ⅴ. 이사회-임원-사무조직-지회 등

모금회는 정관에서 정하는 중요사항을 의결하기 위하여 15인 이상 20인 이하의 이사로 구성된 이사회를 둔다. 이사회는 회장이 소집하고 그 의장이 된다(제8조).

모금회는 임원으로 i) 회장 1인, ii) 부회장 3인, iii) 이사(회장 및 부회장을 포함) 15인 이상 20인 이하, iv) 감사 2인을 둔다. 임원의 임기는 2년으로 하되, 1회에 한하여 연임할 수 있다. 부득이한 사유로 후임임원이 선임되지 못하여 모금회의 업무수행에 지장이 있는 경우에는 후임임원이 선임될 때까지 임기가 만료된 임원이 그 업무를 수행한다(제7조).

이사회는 i) 경제계·언론계·법조계·의료계·종교계·노동계·사회복지관련학계·시민단체 등에 종사하는 자, ii) 사회복지전문가, iii) 기타 학식과 덕망이 있는 자 중에서 이사를 선임하여야 한다(제9조).

모금회의 업무를 처리하기 위하여 사무총장 1인과 필요한 직원 및 기구를 둔다(제12조). 모금회의 기획·홍보, 모금, 배분업무에 관한 사항을 심의하기 위하여 해당분야의 전문가와 시민대표 등으로 구성되는 기획분과실행위원회, 홍보분과실행위원회, 모금분과실행위원회 및 배분분과실행위원회를 둔다(제13조).

모금회에 지역단위의 사회복지공동모금사업을 관장하기 위하여 특별시·광역시·도에 사회복지 공동모금지회를 둔다. 지회에는 지회장을 두고 모금회에 준하는 필요한 조직을 둘 수 있다. 지회장은 이사회의 의결을 거쳐 회장이 임명한다(제14조).

지회에서 조성한 공동모금재원은 그 시·도의 배분대상자에게 배분하는 것을 원칙으로 한다.

VI. 재원조성

모금회의 사업에 필요한 경비는 i) 사회복지공동모금에 의한 기부금품, ii) 법인 또는 단체가 출연하는 현금·물품·그 밖의 재산, iii) 복권및복권기금법 제23조제1항의 규정에 의하여 배분받은 복권수익금, iv) 기타 수입금의 재원으로 조성한다(제17조).

1. 기부금품의 모집

모금회는 사회복지사업, 기타 사회복지활동의 지원을 위하여 연중 기부금품을 모집·접수할 수 있다.

모금회는 효율적인 모금을 위하여 일정한 기간을 정하여 집중모금을 실시할 수 있다. 모금회가 집중모금을 하고자 할 경우에는 그 모집일부터 15일전에 보건복지부장관에게 보고하여야 하며, 모집을 종료한 때에는 모집종료일부터 1월이내에 그 결과를 보건복지부장관에게 보고하여야 한다.

2. 복권의 발행

모금회는 사회복지사업과 그 밖의 사회복지활동 등을 지원하기 위한 재원의 조성을 위하여 복권을 발행할 수 있다. 복권을 발행하고자 할 때에는 그 종류·조건·금액 및 방법 등에 관하여 미리 보건복지부장관의 승인을 얻어야 한다. 복권의 당첨금을 받을 권리는 그 지급일부터 3월간 행사하지 아니하면 소멸시효가 완성되며, 소멸시효가 완성된 당첨금은 공동모금재원에 귀속된다. 복권의 발행에 관하여는 사행행위등규제및처벌특례법을 적용하지 아니한다(제18조의2)

3. 모금창구의 지정

모금회는 기부금품의 접수를 효율적이고 공정하게 하기 위하여 언론기관을 모금창구로 지정하고,

지정된 언론기관의 명의로 모금계좌를 개설할 수 있다(제19조).

VII. 배분

1. 배분기준

모금회는 매년 5월 31일까지 i) 공동모금재원의 배분대상, ii) 배분한도액, iii) 배분신청기간 및 배분신청서 제출장소, iv) 배분심사기준, v) 배분재원의 과부족시 조정방법, vi) 배분신청시 제출할 서류, vii) 기타 공동모금재원의 배분에 관하여 필요한 사항이 포함된 다음 회계연도의 공동모금재원의 배분기준을 정하여 이를 공고하여야 한다. 모금회는 재난구호 등 긴급히 지원해야 할 필요가 있는 경우에는 별도의 배분기준에 따라 지원할 수 있다(제20조).

2. 배분신청 및 심사

모금회에 배분신청을 하고자 하는 자는 배분신청서를 제출하여야 한다. 제출된 배분신청서는 당해회계연도에 한하여 효력이 있다(제21조).

모금회는 접수한 배분신청서를 배분분과실행위원회에 회부하여 배분금액·배분순위 및 배분시기 등을 심의하도록 하여야 한다. 모금회는 심의결과에 기초하여 배분계획을 수립하여야 한다. 배분계획은 공동모금재원이 분기별로 균형있게 배분되도록 하여야 한다. 다만, 사업의 성격이 일시에 지원할 필요가 있는 경우에는 그러하지 아니하다(제22조).

3. 배분에 따른 자료요구 등

모금회는 공동모금재원을 배분받은 자 또는 배분신청을 한 자에 대하여 필요한 서류의 제출을 요구하거나 필요한 조사를 할 수 있다(제23조).

4. 배분결과의 공고 등

모금회는 각 회계연도의 공동모금재원의 배분을 종료한 날부터 1월이내에 전국적으로 배포되는 1개 이상의 일간신문에 그 배분결과를 공고하여야 한다. 모금회는 그 밖의 다양한 방법과 매체를 통하여 그 배분결과를 알려야 한다(제24조).

VIII. 재원사용 및 회계연도

1. 재원의 사용

공동모금재원은 사회복지사업, 기타 사회복지활동에 사용한다. 각 회계연도에 조성된 공동모금 재원은 그 회계연도에 지출하는 것을 원칙으로 한다. 모금회의 회계연도는 1월 1일부터 12월 31일까지로 한다(제28조). 다만, 재난구호 및 긴급구호 등 긴급히 지원할 필요가 있는 때를 대비하여 각 회계연도의 공동모금재원의 일부를 적립하는 경우에는 그러하지 아니하다.

또한 i) 사용용도 등이 지정되어 기부된 모금재원으로서 모금목적사업의 특성상 그 회계연도에 지출을 완료하기 어려운 경우, ii) 공동모금재원의 배분에 대한 계획이 2 회계연도 이상에 걸치는 경우로서 사업의 성격상 다음 회계연도에 이월하여 지출하는 것이 필요하다고 인정되는 경우, iii) 그 회계연도 말에 집중조성된 모금재원으로서 부득이한 사유로 인하여 그 회계연도에 지출이 어려운 경우는 각 회계연도에 조성된 공동모금재원의 일부를 이사회의 의결을 거쳐 다음 회계연도에 이월하여 지출할 수 있다.

기부금품모집과 모금회의 관리·운영에 필요한 비용은 직전 회계연도 모금총액의 100분의 10 범위내에서 이사회의 의결을 거쳐 사용할 수 있다(제25조).

2. 사업계획의 제출 등

모금회는 각 회계연도의 사업계획 및 예산안을 회계연도개시 1월전에 보건복지부장관에게 제출하여야 한다. 모금회가 예산안을 작성할 때에는 배분계획과 모금경비 및 모금회의 운영비등을 포함하여야 한다. 모금회는 각 회계연도종료후 3월 이내에 세입·세출결산서를 작성하여 보건복지부장관에게 제출하여야 한다(제26조).

3. 기부금품의 지정사용

기부금품의 기부자는 배분지역·배분대상자 또는 사용용도를 지정할 수 있다. 모금회는 제1항의 규정에 의한 지정이 있는 경우 그 지정취지에 따라 기부금품을 사용하여야 한다(제27조).

IX. 유사명칭, 보조금, 벌칙

모금회가 아닌 자는 사회복지공동모금 또는 이와 유사한 명칭을 사용하지 못한다(제29조).

모금회의 임·직원 및 이 법에 의한 기부금품모집업무에 종사하는 자는 형법상 수뢰, 사전수뢰, 알선수뢰의 적용에 있어서 이를 공무원으로 본다(제30조).

국가 또는 지방자치단체는 모금회에 대하여 기부금품의 모집에 필요한 비용과 모금회의 관리·운영에 필요한 비용을 보조할 수 있다(제33조).

기부금품은 기부하는 자의 의사에 반하여 강제모집한 자는 3년 이하의 징역 또는 3천만 원 이하의 벌금에 처한다. 사회복지공동모금 또는 이와 유사한 명칭을 사용한 자는 2년 이하의 징역 또는 2천만 원 이하의 벌금에 처한다(제35조).

제2절 노인장기요양보험법

(제정 2007. 4. 27 법률 제8403호)

Ⅰ. 제정 이유

우리나라 인구의 고령화가 세계에서 유례가 없을 정도로 빠르게 진행됨에 따라 치매·중풍 등 일상생활이 어려운 노인들의 수도 날로 증가하고 있으나, 핵가족화·여성의 사회참여 증가 등으로 장기요양이 필요한 노인을 가정에서 돌보는 것이 어렵고 그 가정의 비용부담이 과중하여 노인장기요양 문제는 우리 사회가 시급히 해결해야 할 심각한 사회적 문제로 대두되고 있는 실정이므로, 노인의 간병·장기요양 문제를 사회적 연대원리에 따라 정부와 사회가 공동으로 해결하는 노인장기요양보험제도를 도입하여 노인의 노후생활 안정을 도모하고 그 가족의 부양부담을 덜어줌으로써 국민의 삶의 질을 향상하려는 것이다.

2007. 4. 27 법률 제8403호로 제정하여 2008. 7. 1일부터 시행한다.

Ⅱ. 목적 및 원칙

1. 목적

이 법은 고령이나 노인성 질병 등의 사유로 일상생활을 혼자서 수행하기 어려운 노인 등에게 제공하는 신체활동 또는 가사활동 지원 등의 장기요양 급여에 관한 사항을 규정하여 노후의 건강증진 및 생활안정을 도모하고 그 가족의 부담을 덜어줌으로써 국민의 삶의 질을 향상하도록 함을 목적으로 한다.

2. 장기요양 급여 제공의 기본원칙

(1) 장기요양 급여는 노인 등의 심신상태·생활환경과 노인 등 및 그 가족의 욕구·선택을 종합적으로 고려하여 필요한 범위 안에서 이를 적정하게 제공하여야 한다.

(2) 장기요양 급여는 노인 등이 가족과 함께 생활하면서 가정에서 장기요양을 받는 재가급여를 우선적으로 제공하여야 한다.

(3) 장기요양 급여는 노인 등의 심신상태나 건강 등이 악화되지 아니하도록 의료서비스와 연계하

여 이를 제공하여야 한다.

3. 국가 및 지방자치단체의 책무

(1) 국가 및 지방자치단체는 노인이 일상생활을 혼자서 수행할 수 있는 온전한 심신상태를 유지하는 데 필요한 사업(이하 "노인성질환예방사업")을 실시하여야 한다.

(2) 국가는 노인성질환예방사업을 수행하는 지방자치단체 또는 국민건강보험법에 따른 국민건강보험공단에 대하여 이에 소요되는 비용을 지원할 수 있다.

(3) 국가 및 지방자치단체는 노인인구 및 지역특성 등을 고려하여 장기요양 급여가 원활하게 제공될 수 있도록 충분한 수의 장기요양 기관을 확충하고 장기요양 기관의 설립을 지원하여야 한다.

(4) 국가 및 지방자치단체는 장기요양 급여가 원활히 제공될 수 있도록 공단에 필요한 행정적 또는 재정적 지원을 할 수 있다.

4. 장기요양 급여에 관한 국가정책 방향

국가는 장기요양 기본계획을 수립·시행함에 있어서 노인뿐만 아니라 장애인 등 일상생활을 혼자서 수행하기 어려운 모든 국민이 장기요양 급여, 신체활동 지원서비스 등을 제공받을 수 있도록 노력하고 나아가 이들의 생활안정과 자립을 지원할 수 있는 시책을 강구하여야 한다.

5. 장기요양 기본계획

(1) 보건복지부장관은 노인 등에 대한 장기요양 급여를 원활하게 제공하기 위하여 5년 단위로 다음 각 호의 사항이 포함된 장기요양 기본계획을 수립·시행하여야 한다.

1. 연도별 장기요양 급여 대상인원 및 재원조달 계획

2. 연도별 장기요양 기관 및 장기요양전문인력 확충 방안

3. 그 밖에 노인 등의 장기요양에 관한 사항으로서 대통령령으로 정하는 사항

(2) 지방자치단체의 장은 위 제1항에 따른 장기요양기본계획에 따라 세부시행계획을 수립·시행하여야 한다.

Ⅲ. 관장 및 용어

1. 관장

장기요양보험사업은 보건복지부장관이 관장하고, 장기요양보험사업의 보험자는 국민건강보험 공단(이하 "공단"이라 한다)으로 한다.

2. 용어의 정의

이 법에서 사용하는 용어의 정의는 다음과 같다.
1. "노인 등"이란 65세 이상의 노인 또는 65세 미만의 자로서 치매·뇌혈관성질환 등 대통령령으로 정하는 노인성 질병을 가진 자를 말한다.
2. "장기요양 급여"란 6개월 이상 동안 혼자서 일상생활을 수행하기 어렵다고 인정되는 자에게 신체활동·가사활동의 지원 또는 간병 등의 서비스나 이에 갈음하여 지급하는 현금 등을 말한다.
3. "장기요양사업"이란 장기요양보험료, 국가 및 지방자치단체의 부담금 등을 재원으로 하여 노인 등에게 장기요양 급여를 제공하는 사업을 말한다.
4. "장기요양 기관"이란 이 법에 따라 지정을 받은 기관 또는 지정의제된 재가 장기요양 기관 기관으로서 장기요양 급여를 제공하는 기관을 말한다.
5. "장기요양요원"이란 장기요양 기관에 소속되어 노인 등의 신체활동 또는 가사활동 지원 등의 업무를 수행하는 자를 말한다.

IV. 장기요양보험

1. 가입자

장기요양보험의 가입자(이하 "장기요양보험가입자")는 국민건강보험법에 따른 가입자로 한다.

2. 장기요양보험료의 징수

(1) 공단은 장기요양사업에 사용되는 비용에 충당하기 위하여 장기요양보험료를 징수한다.

(2) 장기요양보험료는 국민건강보험법에 따른 보험료와 통합하여 징수한다. 이 경우 공단은 장기요양보험료와 건강보험료를 구분하여 고지하여야 한다.

(3) 공단은 위 제2항에 따라 통합 징수한 장기요양보험료와 건강보험료를 각각의 독립회계로 관리하여야 한다.

3. 장기요양보험료의 산정

(1) 장기요양보험료는 국민건강보험법에 따라 직장가입자와 지역가입자에 대해 산정한 보험료액에서 같은 법 제66조 또는 제66조의2에 따라 경감 또는 면제되는 비용을 공제한 금액에 장기요양보험요율을 곱하여 산정한 금액으로 한다.

> 장기요양보험료 = (국민건강보험법 직장가입자와 지역가입자의 보험료액 — 국민건강보험료의 경감 또는 면제되는 비용)×장기요양보험요율

(2) 장기요양보험요율은 장기요양위원회의 심의를 거쳐 대통령령으로 정한다.

4. 장애인 등에 대한 장기요양보험료의 감면

국민건강보험공단은 장애인복지법에 따른 장애인 또는 이와 유사한 자로서 대통령령으로 정하는 자가 장기요양보험가입자 또는 그 피부양자인 경우 수급자로 결정되지 못한 때 대통령령으로 정하는 바에 따라 장기요양보험료의 전부 또는 일부를 감면할 수 있다.

5. 장기요양보험가입 자격 등에 관한 준용

국민건강보험법 제5조부터 제10조까지, 제62조제1항부터 제3항까지, 제67조부터 제75조까지 및 제93조의2는 장기요양보험가입자·피부양자의 자격취득·상실, 장기요양보험료 등의 납부·징수 및 결손처분 등에 관하여 이를 준용한다. 이 경우 "보험료"는 "장기요양보험료"로, "건강보험"은 "장기요양보험"으로, "가입자"는 "장기요양보험가입자"로 본다.

Ⅴ. 수급자

1. 수급자

장기요양 인정을 신청한 신청인이 신청자격 요건을 충족하고 6개월 이상 동안 혼자서 일상생활을 수행하기 어렵다고 인정하는 경우 심신상태 및 장기요양이 필요한 정도 등 대통령령으로 정하는 등

급판정기준에 따라 등급판정위원회에서 장기요양 급여를 받을 자로 판정한 자이다.

2. 장기요양 인정의 신청 자격

장기요양 인정을 신청할 수 있는 자는 노인 등으로서 다음 각 호의 어느 하나에 해당하는 자격을 갖추어야 한다.
　　1. 장기요양보험 가입자 또는 그 피부양자
　　2. 의료급여 수급권자

3. 장기요양 인정의 신청

(1) 장기요양 인정을 신청하는 자(이하 "신청인")는 공단에 보건복지부령으로 정하는 바에 따라 장기요양인정신청서에 의사 또는 한의사가 발급하는 소견서를 첨부하여 제출하여야 한다. 다만, 의사소견서는 공단이 등급판정위원회에 자료를 제출하기 전까지 제출할 수 있다.

(2) 위 제1항에도 불구하고 거동이 현저하게 불편하거나 도서·벽지 지역에 거주하여 의료기관을 방문하기 어려운 자 등 대통령령으로 정하는 자는 의사소견서를 제출하지 아니할 수 있다.

(3) 의사소견서의 발급비용·비용부담방법·발급자의 범위, 그 밖에 필요한 사항은 보건복지부령으로 정한다.

4. 장기요양 인정 신청의 조사

(1) 공단은 신청서를 접수한 때 보건복지부령으로 정하는 바에 따라 소속 직원으로 하여금 다음 각 호의 사항을 조사하게 하여야 한다. 다만, 지리적 사정 등으로 직접 조사하기 어려운 경우 또는 조사에 필요하다고 인정하는 경우 시·군·구에 대하여 조사를 의뢰하거나 공동으로 조사할 것을 요청할 수 있다.
　　1. 신청인의 심신상태
　　2. 신청인에게 필요한 장기요양 급여의 종류 및 내용
　　3. 그 밖에 장기요양에 관하여 필요한 사항으로서 보건복지부령으로 정하는 사항

(2) 위 제1항에 따라 조사를 하는 자는 조사일시, 장소 및 조사를 담당하는 자의 인적사항 등을 미리 신청인에게 통보하여야 한다.

(3) 공단 또는 위 제1항 단서에 따른 조사를 의뢰받은 시·군·구는 조사를 완료한 때 조사결과서를 작성하여야 한다. 조사를 의뢰받은 시·군·구는 지체 없이 공단에 조사결과서를 송부하여야 한다.

5. 등급 판정

　(1) 공단은 조사가 완료된 때 조사결과서, 신청서, 의사소견서, 그 밖에 심의에 필요한 자료를 장기요양등급판정위원회에 제출하여야 한다.
　(2) 등급판정위원회는 심의·판정을 하는 때 신청인과 그 가족, 의사소견서를 발급한 의사 등 관계인의 의견을 들을 수 있다.

6. 장기요양등급 판정 기간

　(1) 등급판정위원회는 신청인이 신청서를 제출한 날부터 30일 이내에 장기요양등급판정을 완료하여야 한다. 다만, 신청인에 대한 정밀조사가 필요한 경우 등 기간 이내에 등급판정을 완료할 수 없는 부득이한 사유가 있는 경우 30일 이내의 범위에서 이를 연장할 수 있다.
　(2) 공단은 등급판정위원회가 위 제1항 단서에 따라 장기요양인정심의 및 등급판정기간을 연장하고자 하는 경우 신청인 및 대리인에게 그 내용·사유 및 기간을 통보하여야 한다.

7. 장기요양 인정서

　(1) 공단은 등급판정위원회가 장기요양인정 및 등급판정의 심의를 완료한 경우 지체 없이 다음 각 호의 사항이 포함된 장기요양인정서를 작성하여 수급자에게 송부하여야 한다.
　　1. 장기요양 등급
　　2. 장기요양 급여의 종류 및 내용
　　3. 그 밖에 장기요양 급여에 관한 사항으로서 보건복지부령으로 정하는 사항
　(2) 공단은 등급판정위원회가 장기요양인정 및 등급판정의 심의를 완료한 경우 수급자로 판정받지 못한 신청인에게 그 내용 및 사유를 통보하여야 한다. 이 경우 시장·군수·구청장은 공단에 대하여 이를 통보하도록 요청할 수 있고, 요청을 받은 공단은 이에 응하여야 한다.

8. 장기요양 인정서를 작성할 경우 고려사항

　공단은 장기요양인정서를 작성할 경우 제17조제1항제2호에 따른 장기요양 급여의 종류 및 내용을 정하는 때 다음 각 호의 사항을 고려하여 정하여야 한다.
　　1. 수급자의 장기요양등급 및 생활환경
　　2. 수급자와 그 가족의 욕구 및 선택
　　3. 시설급여를 제공하는 경우 장기요양 기관이 운영하는 시설 현황

9. 장기요양 인정의 유효기간

장기요양 인정의 유효기간은 최소 1년이상으로서 대통령령으로 정한다.

10. 장기요양 인정의 갱신

(1) 수급자는 장기요양 인정의 유효기간이 만료된 후 장기요양 급여를 계속하여 받고자 하는 경우 공단에 장기요양 인정의 갱신을 신청하여야 한다.
(2) 장기요양 인정의 갱신 신청은 유효기간이 만료되기 전 30일까지 이를 완료하여야 한다.

11. 장기요양 등급 등의 변경

장기요양 급여를 받고 있는 수급자는 장기요양 등급, 장기요양 급여의 종류 또는 내용을 변경하여 장기요양 급여를 받고자 하는 경우 공단에 변경 신청을 하여야 한다.

12. 장기요양 인정 신청 등에 대한 대리

(1) 장기요양 급여를 받고자 하는 자 또는 수급자가 신체적·정신적인 사유로 이 법에 따른 장기요양 인정의 신청, 장기요양 인정의 갱신신청 또는 장기요양 등급의 변경신청 등을 직접 수행할 수 없을 때 본인의 가족이나 친족, 그 밖의 이해관계인은 이를 대리할 수 있다.
(2) 사회복지전담공무원은 관할 지역 안에 거주하는 자에 대한 장기요양인정신청 등을 본인 또는 가족의 동의를 받아 대리할 수 있다.
(3) 위의 규정에도 불구하고 장기요양 급여를 받고자 하는 자 또는 수급자가 장기요양 인정 신청 등을 할 수 없는 경우 시장·군수·구청장이 지정하는 자는 이를 대리할 수 있다.

VI. 장기요양 급여의 종류

1. 재가급여

(1) 방문요양 : 장기요양요원이 수급자의 가정 등을 방문하여 신체활동 및 가사활동 등을 지원하는
　　　　　　　장기요양 급여

(2) 방문목욕 : 장기요양요원이 목욕설비를 갖춘 장비를 이용하여 수급자의 가정 등을 방문하여 목
　　　　욕을 제공하는 장기요양 급여
(3) 방문간호 : 장기요양요원인 간호사 등이 의사, 한의사 또는 치과의사의 지시서("방문간호지시
　　　　서")에 따라 수급자의 가정 등을 방문하여 간호, 진료의 보조, 요양에 관한 상담 또는
　　　　구강위생 등을 제공하는 장기요양 급여
(4) 주·야간보호 : 수급자를 하루 중 일정한 시간 동안 장기요양 기관에 보호하여 신체활동 지원 및
　　　　심신기능의 유지·향상을 위한 교육·훈련 등을 제공하는 장기요양 급여
(5) 단기보호 : 수급자를 보건복지부령으로 정하는 범위 안에서 일정 기간 동안 장기요양 기관에
　　　　보호하여 신체활동 지원 및 심신기능의 유지·향상을 위한 교육·훈련 등을 제공하는
　　　　장기요양 급여
(6) 기타 재가급여 : 수급자의 일상생활·신체활동 지원에 필요한 용구를 제공하거나 가정을 방문
　　　　하여 재활에 관한 지원 등을 제공하는 장기요양 급여로서 대통령령으로 정하는 것

2. 시설급여

장기요양 기관이 운영하는 노인복지법에 따른 노인의료복지시설(노인전문병원은 제외한다) 등에 장기간 동안 입소하여 신체활동 지원 및 심신기능의 유지·향상을 위한 교육·훈련 등을 제공하는 장기요양 급여

3. 특별현금급여

(1) 가족요양비 : 제24조에 따라 지급하는 가족장기요양 급여
(2) 특례요양비 : 제25조에 따라 지급하는 특례장기요양 급여
(3) 요양병원간병비 : 제26조에 따라 지급하는 요양병원장기요양 급여

4. 가족요양비(제24조)

(1) 공단은 다음 각 호의 어느 하나에 해당하는 수급자가 가족 등으로부터 방문요양에 상당한 장기요양 급여를 받은 때 대통령령으로 정하는 기준에 따라 그 수급자에게 가족요양비를 지급할 수 있다.
　· 도서·벽지 등 장기요양 기관이 현저히 부족한 지역으로서 보건복지부장관이 정하여 고시하는
　　지역에 거주하는 자
　· 천재지변이나 그 밖에 이와 유사한 사유로 인하여 장기요양 기관이 제공하는 장기요양 급여를
　　이용하기가 어렵다고 보건복지부장관이 인정하는 자

· 신체·정신 또는 성격 등 대통령령으로 정하는 사유로 인하여 가족 등으로부터 장기요양을 받아
   야 하는 자

5. 특례요양비(제25조)

공단은 수급자가 장기요양 기관이 아닌 노인요양시설 등의 기관 또는 시설에서 재가급여 또는 시
설급여에 상당한 장기요양 급여를 받은 경우 대통령령으로 정하는 기준에 따라 그 장기요양 급여비
용의 일부를 그 수급자에게 특례요양비로 지급할 수 있다.

6. 요양병원 간병비(제26조)

공단은 수급자가 「노인복지법」 제34조제1항에 따른 노인전문병원 또는 「의료법」 제3조제5
항에 따른 요양병원에 입원한 때 대통령령으로 정하는 기준에 따라 장기요양에 사용되는 비용의 일
부를 요양병원간병비로 지급할 수 있다.

VII. 장기요양 급여의 제공

1. 장기요양 급여의 제공 시기

(1) 수급자는 장기요양인정서가 도달한 날부터 장기요양 급여를 받을 수 있다.
(2) 위 제1항에도 불구하고 수급자는 돌볼 가족이 없는 경우 등 대통령령으로 정하는 사유가 있는
경우 신청서를 제출한 날부터 장기요양 인정서가 도달되는 날까지의 기간 중에도 장기요양 급여를
받을 수 있다.

2. 장기요양 급여의 월 한도액

장기요양 급여는 월 한도액 범위 안에서 제공한다. 이 경우 월 한도액은 장기요양 등급 및 장기요
양 급여의 종류 등을 고려하여 산정한다.

3. 장기요양 급여의 제한

(1) 공단은 장기요양 급여를 받고 있거나 받을 수 있는 자가 다음 각 호의 어느 하나에 해당하는 경
우 장기요양 급여를 중단하거나 제공하지 아니하게 하여야 한다.

　　1. 거짓이나 그 밖의 부정한 방법으로 장기요양인정을 받은 경우
　　2. 고의로 사고를 발생하도록 하거나 본인의 위법행위에 기인하여 장기요양인정을 받은 경우
　(2) 공단은 장기요양 급여를 받고 있는 자가 정당한 사유 없이 제60조(자료의 제출) 또는 제61조(보고 및 검사)에 따른 요구에 응하지 아니하거나 답변을 거절한 경우 장기요양 급여의 전부 또는 일부를 제공하지 아니하게 할 수 있다.

4. 장기요양 급여의 제한 등에 관한 준용

　「국민건강보험법」 제48조제1항제4호·제2항부터 제6항까지 및 제49조는 이 법에 따른 보험료 체납자 등에 대한 장기요양 급여의 제한 및 장기요양 급여의 정지에 관하여 준용한다. 이 경우 "가입자"는 "장기요양보험가입자"로, "보험 급여"는 "장기요양 급여"로 본다.

Ⅷ. 장기요양 기관

1. 장기요양 기관의 지정

　(1) 장기요양 기관을 설치·운영하고자 하는 자는 소재지를 관할 구역으로 하는 시장·군수·구청장으로부터 지정을 받아야 한다.
　(2) 제1항에 따라 장기요양 기관으로 지정받고자 하는 자는 보건복지부령으로 정하는 장기요양에 필요한 시설 및 인력을 갖추어야 한다.
　(3) 시장·군수·구청장은 위 제1항에 따라 장기요양 기관을 지정한 때 지체 없이 지정 명세를 공단에 통보하여야 한다.

2. 재가 장기요양 기관의 설치

　(1) 재가 급여 중 어느 하나 이상에 해당하는 장기요양 급여를 제공하고자 하는 자는 시설 및 인력을 갖추어 재가 장기요양 기관을 설치하고 시장·군수·구청장에게 이를 신고하여야 한다. 신고를 받은 시장·군수·구청장은 신고 명세를 공단에 통보하여야 한다.
　(2) 설치의 신고를 한 재가 장기요양 기관은 장기요양 기관으로 본다.
　(3) 의료기관이 아닌 자가 설치·운영하는 재가 장기요양 기관은 방문간호를 제공하는 경우 방문간호의 관리책임자로서 간호사를 둔다.

3. 장기요양 기관의 의무

(1) 장기요양 기관은 수급자로부터 장기요양 급여 신청을 받은 때 장기요양 급여의 제공을 거부하여서는 아니 된다. 다만, 입소정원에 여유가 없는 경우 등 정당한 사유가 있는 경우는 그러하지 아니하다.

(2) 장기요양 기관은 장기요양 급여의 제공 기준·절차 및 방법 등에 따라 장기요양 급여를 제공하여야 한다.

(3) 장기요양 기관의 장은 장기요양 급여를 제공한 수급자에게 장기요양 급여 비용에 대한 명세서를 교부하여야 한다.

4. 장기요양 기관의 폐업 등 신고

(1) 장기요양 기관은 폐업하거나 휴업하고자 하는 경우 폐업이나 휴업 예정일 전 30일까지 시장·군수·구청장에게 신고하여야 한다. 신고를 받은 시장·군수·구청장은 지체 없이 신고 명세를 공단에 통보하여야 한다.

(2) 시장·군수·구청장은 제1항에 따라 폐업 또는 휴업신고를 접수한 경우 인근지역에 대체 장기요양 기관이 없는 경우 등 장기요양 급여에 중대한 차질이 우려되는 때 장기요양 기관의 폐업 또는 휴업 철회를 권고하거나 그 밖의 다른 조치를 강구하여야 한다.

(3) 시장·군수·구청장은 「노인복지법」 제43조에 따라 노인의료복지시설 등(장기요양 기관이 운영하는 시설인 경우에 한한다)에 대하여 사업정지 또는 폐지 명령을 하는 경우 지체 없이 공단에 그 내용을 통보하여야 한다.

(4) 재가 장기요양 기관 기관의 장은 재가 장기요양 기관 기관의 폐업 또는 휴업을 하고자 하는 때 시장·군수·구청장에게 이를 신고하여야 한다. 신고를 받은 시장·군수·구청장은 신고 명세를 지체 없이 공단에 통보하여야 한다.

5. 장기요양 기관 지정의 취소 등

(1) 시장·군수·구청장은 장기요양 기관이 다음 각 호의 어느 하나에 해당하는 경우 그 지정을 취소할 수 있다. 다만, 제1호에 해당하는 경우 지정을 취소하여야 한다.

   1. 거짓이나 그 밖의 부정한 방법으로 지정을 받은 경우
   2. 지정 기준에 적합하지 아니한 경우
   3. 제35조제1항을 위반하여 장기요양 급여를 거부한 경우
   4. 거짓이나 그 밖의 부정한 방법으로 재가 및 시설 급여 비용을 청구한 경우

　5. 질문·검사 및 자료의 제출 요구를 거부·방해하거나 거짓으로 보고하거나 거짓 자료를 제출
　　한 경우

　6. 장기요양 기관의 종사자 등이 다음 각 목의 어느 하나에 해당하는 행위를 한 경우

　　가. 수급자의 신체에 폭행을 가하거나 상해를 입히는 행위

　　나. 수급자에게 성적 수치심을 주는 성폭행, 성희롱 등의 행위

　　다. 자신의 보호·감독을 받는 수급자를 유기하거나 의식주를 포함한 기본적 보호 및 치료를 소
　　　홀히 하는 방임행위

　(2) 시장·군수·구청장은 재가 장기요양 기관 기관이 다음 각 호의 어느 하나에 해당하는 경우 6개
월의 범위 내에서 영업정지를 명하거나 폐쇄명령을 할 수 있다. 다만, 제1호에 해당하는 경우 폐쇄명
령을 하여야 한다.

　1. 거짓이나 그 밖의 부정한 방법으로 신고한 경우

　2. 갖추어야 하는 시설 및 인력을 갖추지 아니한 경우

　3. 위 제1항제3호부터 제6호까지의 규정 중 어느 하나에 해당하는 경우

　(4) 위 제1항 및 제3항에 따라 지정취소 또는 폐쇄명령을 받은 자는 그 처분을 받은 날부터 대통령
령으로 정하는 기간 동안에는 장기요양 기관 또는 재가 장기요양 기관 기관으로 다시 지정받거나 신
고할 수 없다.

IX. 재가 및 시설 급여비용 등

1. 재가 및 시설 급여비용의 청구 및 지급

　(1) 장기요양 기관은 수급자에게 재가급여 또는 시설급여를 제공한 경우 공단에 장기요양 급여 비
용을 청구하여야 한다.

　(2) 공단은 위 제1항에 따라 장기요양 기관으로부터 재가 또는 시설 급여비용의 청구를 받은 경우
이를 심사하여 장기요양에 사용된 비용 중 공단부담금(재가 및 시설 급여비용 중 본인일부부담금을
공제한 금액을 말한다)을 그 장기요양 기관에 지급하여야 한다.

　(3) 공단은 장기요양 기관의 장기요양 급여 평가 결과에 따라 장기요양 급여 비용을 가산 또는 감액
조정하여 지급할 수 있다.

2. 재가 및 시설 급여비용의 산정

　(1) 재가 및 시설 급여비용은 급여종류 및 장기요양등급 등에 따라 장기요양위원회의 심의를 거쳐

보건복지부장관이 정하여 고시한다.

2. 본인일부부담금

(1) 재가 및 시설 급여비용은 다음 각 호와 같이 수급자가 부담한다. 다만, 수급자 중 「국민기초생활 보장법」 에 따른 수급권자는 그러하지 아니하다.
  1. 재가급여 : 그 장기요양 급여비용의 100분의 15
  2. 시설급여 : 그 장기요양 급여비용의 100분의 20
(2) 다음 각 호의 장기요양 급여에 대한 비용은 수급자 본인이 전부 부담한다.
  1. 이 법의 규정에 따른 급여의 범위 및 대상에 포함되지 아니하는 장기요양 급여
  2. 수급자가 장기요양인정서에 기재된 장기요양 급여의 종류 및 내용과 다르게 선택하여 장기요양 급여를 받은 경우 그 차액
  3. 장기요양 급여의 월 한도액을 초과하는 장기요양 급여
(3) 다음 각 호의 어느 하나에 해당하는 자에 대하여는 본인일부부담금의 100분의 50을 감경한다.
  1. 의료급여 수급권자
  2. 소득·재산 등이 보건복지부장관이 정하여 고시하는 일정 금액 이하인 자
  3. 천재지변 등 보건복지부령으로 정하는 사유로 인하여 생계가 곤란한 자

3. 구상권

(1) 공단은 제3자의 행위로 인한 장기요양 급여의 제공사유가 발생하여 수급자에게 장기요양 급여를 행한 때 그 급여에 사용된 비용의 한도 안에서 그 제3자에 대한 손해배상의 권리를 얻는다.
(2) 공단은 제1항의 경우 장기요양 급여를 받은 자가 제3자로부터 이미 손해배상을 받은 때 그 손해배상액의 한도 안에서 장기요양 급여를 행하지 아니한다.

Ⅹ. 장기요양위원회

1. 장기요양위원회의 설치 및 기능

다음 각 호의 사항을 심의하기 위하여 보건복지부장관 소속으로 장기요양위원회를 둔다.
  1. 장기요양보험요율
  2. 가족요양비, 특례요양비 및 요양병원간병비의 지급기준

3. 재가 및 시설 급여비용
4. 그 밖에 대통령령으로 정하는 주요 사항

2. 장기요양위원회의 구성

(1) 장기요양위원회는 위원장 1인, 부위원장 1인을 포함한 16인 이상 22인 이하의 위원으로 구성한다.
(2) 위원장은 보건복지부차관이 되고, 부위원장은 위원 중에서 위원장이 지명한다.
(3) 장기요양위원회 위원의 임기는 3년으로 한다. 다만, 공무원인 위원의 임기는 재임기간으로 한다.

3. 장기요양위원회의 운영

(1) 장기요양위원회 회의는 구성원 과반수의 출석으로 개의하고 출석위원 과반수의 찬성으로 의결한다.
(2) 장기요양위원회의 효율적 운영을 위하여 분야별로 실무위원회를 둘 수 있다.

XI. 관리운영기관 등

1. 관리운영기관
(1) 장기요양사업의 관리운영기관은 공단으로 한다.
(2) 공단은 다음 각 호의 업무를 관장한다.
   1. 장기요양보험가입자 및 그 피부양자와 의료급여 수급권자의 자격관리
   2. 장기요양보험료의 부과·징수
   3. 신청인에 대한 조사
   4. 등급판정위원회의 운영 및 장기요양등급 판정
   5. 장기요양인정서의 작성 및 표준장기요양이용계획서의 제공
   6. 장기요양 급여의 관리 및 평가
   7. 수급자에 대한 정보제공·안내·상담 등 장기요양 급여 관련 이용지원에 관한 사항
   8. 재가 및 시설 급여비용의 심사 및 지급과 특별현금급여의 지급
   9. 장기요양 급여 제공내용 확인
   10. 장기요양사업에 관한 조사·연구 및 홍보
   11. 노인성질환예방사업

　　　12. 이 법에 따른 부당이득금의 부과·징수 등

　　　13. 그 밖에 장기요양사업과 관련하여 보건복지부장관이 위탁한 업무

　(3) 국민건강보험법 제16조에 따른 공단의 정관은 장기요양사업과 관련하여 다음 각 호의 사항을 포함·기재한다.

　　　1. 장기요양보험료

　　　2. 장기요양 급여

　　　3. 장기요양사업에 관한 예산 및 결산

　　　4. 그 밖에 대통령령으로 정하는 사항

2. 등급판정위원회의 설치

　(1) 장기요양인정 및 장기요양등급 판정 등을 심의하기 위하여 공단에 장기요양등급판정위원회를 둔다.

　(2) 등급판정위원회는 시·군·구 단위로 설치한다. 다만, 인구 수 등을 고려하여 하나의 시·군·구에 2 이상의 등급판정위원회를 설치하거나 2 이상의 시·군·구를 통합하여 하나의 등급판정위원회를 설치할 수 있다.

　(3) 등급판정위원회는 위원장 1인을 포함하여 15인의 위원으로 구성한다.

　(4) 등급판정위원회 위원의 임기는 3년으로 한다.

XII. 이의신청 및 심사청구

1. 이의신청

　(1) 장기요양인정·장기요양등급·장기요양 급여·부당이득·장기요양 급여비용 또는 장기요양보험료 등에 관한 공단의 처분에 이의가 있는 자는 공단에 이의신청을 할 수 있다.

　(2) 제1항에 따른 이의신청은 처분이 있은 날부터 90일 이내에 문서로 하여야 한다. 다만, 정당한 사유로 본문의 기간 이내에 이의신청을 할 수 없었음을 소명한 때는 그러하지 아니다.

　(3) 공단은 장기요양심사위원회를 구성하여 제1항에 따른 이의신청사건을 심의하게 하여야 한다.

2. 심사청구

　(1) 이의신청에 대한 결정에 불복하는 자는 결정처분을 받은 날부터 90일 이내에 장기요양심판위

원회에 심사청구를 할 수 있다.

(2) 심판위원회는 보건복지부장관 소속으로 두고, 위원장 1인을 포함한 20인 이내의 위원으로 구성한다.

3. 행정소송

공단의 처분에 이의가 있는 자와 제55조에 따른 이의신청 또는 제56조에 따른 심사청구에 대한 결정에 불복하는 자는 「행정소송법」이 정하는 바에 따라 행정소송을 제기할 수 있다.

XⅢ. 국가의 부담

(1) 국가는 매년 예산의 범위 안에서 그 연도 장기요양보험료 예상수입액의 100분의 20에 상당하는 금액을 공단에 지원한다.

(2) 국가와 지방자치단체는 대통령령으로 정하는 바에 따라 의료급여 수급권자의 장기요양 급여비용, 의사소견서 발급비용, 방문간호지시서 발급비용 중 공단이 부담하여야 할 비용 및 관리운영비의 전액을 부담한다.

(3) 위 제2항에 따라 지방자치단체가 부담하는 금액은 보건복지부령으로 정하는 바에 따라 특별시·광역시·도와 시·군·구가 분담한다.

XⅣ. 수급권 보호 등

1. 비밀누설 금지

다음 각 호에 해당하는 자는 업무수행 중 알게 된 비밀을 누설하여서는 아니 된다.
1. 시·군·구, 공단, 등급판정위원회 및 장기요양 기관에 종사하고 있거나 종사한 자
2. 가족요양비·특례요양비 및 요양병원간병비와 관련된 급여를 제공한 자

2. 청문

시장·군수·구청장은 장기요양 기관 지정의 취소 및 재가 장기요양 기관 기관의 영업정지·폐쇄를 하고자 하는 경우 청문을 실시하여야 한다.

3. 다른 법률에 따른 소득 등의 의제금지

이 법에 따른 장기요양 급여로 지급된 현금 등은 「국민기초생활 보장법」 제2조제8호 및 제9호의 소득 또는 재산으로 보지 아니한다.

4. 양도·압류 금지

장기요양 급여를 받을 권리는 양도 또는 압류하거나 담보로 제공할 수 없다.

ⅩⅤ. 벌칙

1. 벌칙

다음 각 호의 어느 하나에 해당하는 자는 2년 이하의 징역 또는 1천만원 이하의 벌금에 처한다.
1. 정당한 사유 없이 장기요양 급여의 제공을 거부한 자
2. 업무수행 중 알게 된 비밀을 누설한 자
3. 거짓이나 그 밖의 부정한 방법으로 장기요양 급여를 받거나 타인으로 하여금 장기요양 급여를 받게 한 자

2. 양벌규정

법인의 대표자, 법인이나 개인의 대리인·사용인 및 그 밖의 종사자가 그 법인 또는 개인의 업무에 관하여 제67조에 해당하는 위반행위를 한 때에는 그 행위자를 벌하는 외에 그 법인 또는 개인에 대하여도 해당 조의 벌금형을 과한다.

제3절 의사상자예우에관한법률

(일부개정 2001. 5. 24. 법률 제6474호)

Ⅰ. 의의

의사상자예우에관한법률은 자신의 직무와 관계없이 다른 사람이 처한 생명, 신체 및 재산상의 급박한 위해를 구제하다가 사망하거나 부상을 입은 사람 또는 그 유족에 대하여 적절한 구호를 하기 위하여 필요한 보상등 국가적 예우를 함으로써 살신성인의 희생적 행동과 용기를 존중하고 사회의 귀감이 되도록 함과 동시에 사회정의의 구현하기 위해 제정되었다.

이 법이 적용된 잘 알려진 예로는 2001. 1. 26., 고 이수현 씨가 일본 동경 신오쿠보 전철역 구내에서 술에 취해 선로에 떨어진 일본인을 구하다가 사망한 사건이 발생하자 우리 정부는 의사자로 예우한 적이 있다.

Ⅱ. 연혁

1970. 8. 4. 법률 제2216호로 재해구제노인한의사상자구호법을 제정하여 수난, 화재, 교통사고 및 천재지변 등으로 인한 타인의 생명·신체 또는 재산상의 위해를 구하다가 사망하거나 또는 신체상의 중대한 장해를 입은 자를 국가가 보상할 법적 근거를 마련하였다. 이 법은 의사상자와 그 유족의 범위를 정하였고, 보상금지급에 관한 사항을 규정하였으며, 의사상자의 미성년자녀에 대한 교육보호를 실시하도록 규정하였다.

1990. 12. 31. 법률 제4307호로 의사상자보호법을 제정하여 다른 사람이 처한 생명, 신체 및 재산상의 급박한 위해를 구제하다가 사망하거나 부상을 입은 사람 또는 그 유족에 대하여 적절한 구호를 하기 위하여 재해구제로 인한 의사상자구호법이 1970. 8. 4. 제정되어 현재까지 시행되어왔으나 그 내용이 현재의 사회현실과 경제여건에 비추어 비현실적이거나 크게 미흡한 점이 있어 자신의 직무 외의 행위로서 다른 사람을 위해 사망하거나 부상한 살신성인의 희생적 행동과 용기를 존중하고 사회의 귀감이 되도록 하였다. 이 법의 주요 내용은 다음과 같다. i) 의사상자의 개념을 한정하는 의미를 지니고 있는 기존의 제명을 포괄적인 표현으로 하기 위하여 의사상자보호법으로 변경하였다. ii) 타인의 생명, 신체 또는 재산을 보호하기 위하여 강도, 절도, 폭행, 납치 등 범죄행위를 제지하거나 그 범인을 체포하다가 의상자 또는 의사자가 된 때, 천재지변 등으로 인하여 일어날 수 있는 불특정다수인의 위해를 미연에 방지하기 위하여 긴급한 조치를 하다가 의상자 또는 의사자가 된 때와 야생의 동물 또는 광견 등의 공격으로 인하여 위해에 처하여진 타인의 생명 또는 신체를 구하다가 의상자 또는 의

사자가 된 때를 법의 적용범위에 추가하여 그 범위를 확대하였다. iii) 의상자 및 의사자유족에 대하여는 신청에 의하여 보상금을 지급하도록 하고 보상금 지급기준을 사망 당시 최저임금법에 의한 월최저임금액에 120을 곱한 금액을 지급하고 의상자에 대하여도 부상의 정도에 따라 의사자지급액의 2분의 1 이하의 범위 내에서 대통령령으로 정하는 금액을 지급하도록 하렸다. iv) 의상자 및 의사자의 유족에 대하여는 의료보호법이 정하는 바에 따라 의료보호를, 의사상자의 자녀에 대하여 생활보호법이 정하는 교육보호를, 그리고 의상자·그 가족 또는 의사자유족의 생활안정을 도모하기 위하여 취업보호를 실시하도록 하였다.

1996. 12. 30. 법률 제5225호로 의사상자예우에관한법률을 제정하여 의사상자의 의로운 행위가 정당하게 평가받을 수 있도록 보상금을 현실화하고 보호신청절차를 간편하게 하였다. 기존의 법의 제명 의사상자보호법을 의사상자예우에관한 법률로 변경하였고, 의사상자의 보상금을 사망자의 경우 월최저임금액의 120배에서 240배로 인상하였으며, 의사상자의 보호신청을 종전 서울특별시장, 광역시장 또는 도지사에게 하던 것을 시장·군수·구청장에게 신청하도록 하여 보호신청절차를 간편하게 하였다. 또한 의사상자에 대한 의료보호 적용시점을 타인의 위해를 구제하다가 신체의 부상을 입거나 사망한 때부터 소급적용할 수 있도록 하였다.

Ⅲ. 목적, 정의, 적용범위

1. 목적

의사상자예우에관한법은 타인의 위해를 구제하다가 신체의 부상을 입은 자와 그 가족 및 사망한 자의 유족에 대하여 필요한 보상 등 국가적 예우를 함으로써 사회정의의 구현에 이바지함을 목적으로 한다(제1조).

2. 정의

"의사자"라 함은 직무 외의 행위로서 타인의 생명, 신체 또는 재산의 급박한 위해를 구제하다가 사망한 자와 의상자로서 그 부상으로 인하여 사망한 자를 말한다. "의상자"라 함은 직무 외의 행위로서 타인의 생명, 신체 또는 재산의 급박한 위해를 구제하다가 대통령령이 정하는 신체의 부상을 입은 자를 말한다. "의사자의 유족 또는 의상자의 가족"이라 함은 의사자 또는 의상자의 배우자(사실상의 혼인관계에 있는 자를 포함한다. 이하 같다), 자녀, 부모, 조부모 또는 형제자매를 말한다(제2조). 여기서 "대통령령이 정하는 신체의 부상을 입은 자"라 함은 신체의 부상을 입은 자를 말하며, 그 부상의 정도에 따라 1급 내지 6급으로 구분한다(동법시행령 제2조). 의상자의 부상등급을 일부 소개하면 다음과

같다:

표 15-1. 의상자의 부상등급표(의사상자예우에관한법률시행령 제2조)

등급	부상의 정도
제1급	1. 두 눈의 교정 시력이 0.02 이하인 사람 2. 말하는 기능과 음식물을 씹는 기능을 완전·영구히 잃은 사람 3. 신경계통의 기능 또는 정신에 뚜렷한 장애가 남아 수시로 간호를 받아야 하는 사람 4. 흉복부·장기에 뚜렷한 장애가 남아 수시로 간호를 받아야 하는 사람 5. 두 팔을 손목관절 이상에서 잃은 사람 6. 두 다리를 발목관절 이상에서 잃은 사람
제2급	1. 두 눈의 교정 시력이 0.06 이하인 사람 2. 말하는 기능과 음식물을 씹는 기능에 뚜렷한 장애가 남은 사람 3. 신경계통의 기능 또는 정신에 뚜렷한 장애가 남아 일생동안 노무에 종사하지 못하게 된 사람 4. 흉복부·장기의 기능에 뚜렷한 장애가 남아 일생동안 노무에 종사하지 못하게 된 사람 5. 두 귀의 청력을 완전히 잃은 사람 6. 한 팔을 팔굽관절 이상에서 잃은 사람 7. 한 다리를 무릎관절 이상에서 잃은 사람 8. 두 손의 손가락을 완전·영구히 사용하지 못하게 된 사람 9. 두 발을 발목발바닥뼈관절 이상에서 잃은 사람
제3급	1. 두 눈의 교정 시력이 0.1 이하인 사람 2. 말하는 기능 또는 음식물을 씹는 기능에 뚜렷한 장애가 남은 사람 3. 한 다리를 완전·영구히 사용하지 못하게 된 사람 4. 척추에 뚜렷한 기형이나 운동장애가 남은 사람
제6급	1. 한 눈의 조절기능에 뚜렷한 장애가 있거나 또는 안구의 운동장애가 남은 사람 2. 한 눈의 눈꺼풀에 뚜렷한 결손 또는 운동장애가 남은 사람 3. 한 눈에 반맹증·시야협착 또는 시야 이상이 남은 사람 4. 한 눈의 교정 시력이 0.6 이하인 사람 5. 국부에 완연한 신경증상이 남은 사람 6. 외모에 뚜렷한 흉터가 남은 남자 7. 외모에 흉터가 남은 여자

비고: 1. 위의 표에 규정된 신체의 부상이 2 이상인 경우에는 그 중 중한 부상 등급 (그 부상이 모두 같은 등급에 해당하는 경우에는 그 등급을 말한다)의 1등급 위의 등급을 그 의상자의 부상등급으로 하되, 제1급을 최고등급으로 한다.
2. 위의 표에 규정되지 아니한 신체의 부상이 있는 경우에는 그 부상의 정도에 따라 위의 표에 규정된 부상에 준하여 그 부상등급을 결정한다.

3. 적용범위

의사상자예우에관한법의 적용범위는 다음과 같다. i) 타인의 생명, 신체 또는 재산을 보호하기 위하여 강도, 절도, 폭행, 납치등 범죄행위를 제지하거나 그 범인을 체포하다가 의상자 또는 의사자가 된 때, ii) 자동차, 열차, 기타 승용물의 사고 또는 기타의 이유로 위해(危害)에 처하여진 타인의 생명 또는 신체를 구하다가 의상자 또는 의사자가 된 때, iii) 천재지변, 기타 수난, 화재, 건물의 도괴, 축대나 제방의 붕괴 등으로 인하여 위해에 처하여진 타인의 생명 또는 신체를 구하다가 의상자 또는 의사자가 된 때, iv) 천재지변, 기타 수난, 화재, 건물의 도괴, 축대나 제방의 붕괴 등으로 인하여 일어날 수 있는 불특정다수인의 위해를 방지하기 위하여 긴급한 조치를 하다가 의상자 또는 의사자가 된 때, v) 야생의 동물 또는 광견 등의 공격으로 인하여 위해에 처하여진 타인의 생명 또는 신체를 구하다가 의상자 또는 의사자가 된 때(제3조).

IV. 의사상자심사위원회, 신청·보고

1. 의사상자심사위원회

의상자와 그 가족 또는 의사자의 유족에 대한 보상 및 보호에 관한 사항을 심사·결정하기 위하여 보건복지부에 의사상자심사위원회를 둔다. 위원회는 심사에 필요한 때에는 관계자를 출석시키거나 조사할 수 있으며 국가 또는 공공단체에 대하여 관계사항의 보고 또는 자료의 제출을 요구할 수 있다(제4조). 의사상자심사위원회는 위원장 및 부위원장 각 1인을 포함한 15인 이내의 위원으로 구성한다. 위원장은 보건복지부차관이 되고, 부위원장은 보건복지부 사회복지정책실장이 된다. 위원은 행정자치부·노동부 및 기획예산처 소속 2급·3급 또는 이에 상당하는 공무원중 소속기관장이 추천하는 자 각 1인과 재해구호 및 사회복지사업에 관한 학식과 경험이 풍부한 자나 의학에 관한 학식과 경험이 풍부한 자 중에서 보건복지부장관이 위촉하는 자로 한다(동법시행령 제3조). 위촉위원의 임기는 2년으로 한다(동법시행령 제4조).

2. 신청 및 보고

의상자와 그 가족 또는 의사자의 유족으로서 이 법의 적용을 받고자 하는 자는 그 주소지를 관할하는 시장·군수·구청장(자치구의 구청장)에게 신청하여야 한다. 시장·군수·구청장은 신청을 받거나 의사상자에 해당하는 사실을 알게 된 때에는 지체없이 이를 보건복지부장관과 특별시장·광역시장·도지사에게 보고하여야 한다. 보건복지부장관은 보고를 받은 때에는 5일 이내에 위원회에 그 사항을 회부하여 심사·결정하도록 하여야 한다(제5조).

의사상자의 발생사실을 알게 된 시장·군수·구청장은 의사상자발생 보고서에 공적조서를 첨부하여 지체없이 보건복지부장관과 시·도지사에게 보고하여야 한다(동법시행령 제10조). 보건복지부장관은 위원회의 심사·결정결과를 시·도지사 및 시장·군수·구청장에게 통보하고, 시장·군수·구청장은 지체없이 이를 의상자나 그 가족 또는 의사자의 유족(의사상자 등)에게 통지하여야 한다(동법시행령 제11조).

Ⅴ. 영예, 보상, 보호 및 급여

1. 영예의 존중

국가는 의사자 또는 의상자가 보여준 살신성인의 숭고한 희생정신과 용기가 항구적으로 존중되고 사회의 귀감이 되도록 상훈법(賞勳法)이 정하는 바에 따라 영전의 수여 등 필요한 조치를 할 수 있다(제6조).

2. 보상금

국가는 의상자 및 의사자의 유족에 대하여 그 신청에 의하여 보상금을 지급한다. 보상금은 i) 의사자의 유족에 대하여는 사망당시의 국가유공자등예우및지원에관한법률에 의한 기본년금월액에 240을 곱한 금액, ii) 의상자에 대하여는 제1호의 규정에 의하여 산출된 금액의 최고 100분의 100 최저 100분의 40의 범위 안에서 부상의 정도에 따라 대통령령이 정하는 금액을 기준으로하여 지급한다(제7조).

표 15-2. 의상자의 부상등급별 보상금(동법시행령 제12조)

등급	보상금
1급	법 제7조 제2항 제1호에 규정한 의사자의 유족에 대한 보상금(이하 "의사자보상금"이라 한다)의 100/100
2급	의사자보상금의 88/100
3급	의사자보상금의 76/100
4급	의사자보상금의 64/100
5급	의사자보상금의 52/100
6급	의사자보상금의 40/100

보상금은 의상자의 경우에는 그 본인에게, 의사자의 경우에는 그 배우자, 미성년인 자녀, 부모, 조부모, 성년인 자녀, 형제자매의 순으로 지급한다. 이 경우 동순위의 유족이 2인 이상인 때에는 이를 같은 금액으로 나누어 지급한다. 태아는 지급순위에 관하여는 이미 출생한 것으로 본다(제8조).

3. 의료급여

의상자 및 의사자의 유족에 대하여는 그 신청에 의하여 의료급여법이 정하는 의료급여를 실시한다. 의료급여는 타인의 위해를 구제하다가 신체의 부상을 입거나 사망한 때부터 실시한다(제9조).

4. 자녀의 교육보호

의사자 및 의상자의 자녀에 대하여는 그 신청에 의하여 국민기초생활보장법이 정하는 교육급여를 실시한다(제10조).

5. 취업보호

의상자와 그 가족 또는 의사자의 유족의 생활안정을 도모하기 위하여 대통령령이 정하는 바에 따라 취업보호를 실시한다(제11조).

취업보호를 받고자 하는 의사상자 등은 보호기관에 취업보호를 신청하여야 한다. 신청을 받은 보호기관은 신청자의 연령·학력·자격 및 부상정도 등을 감안하여 직업훈련시설에 훈련을 위탁하거나 공공기관, 기타 적정한 직장에 취업될 수 있도록 조치를 강구하여야 한다. 보호기관이 직업훈련을 위탁하거나 적정한 직장에 취업조치를 할 수 없는 경우에는 보건복지부장관에게 보고하고, 보건복지부장관은 관계기관에 협조를 요청할 수 있다(동법시행령 제14조).

6. 장제보호

의사자에 대하여는 국민기초생활보장법이 정하는 장제급여를 실시한다(제12조).

VI. 보호기관, 신청기간, 환수

보상금의 지급 및 보호의 실시는 관할시·도지사 또는 시장·군수·구청장이 행한다(제13조).

보상금 및 보호는 그 지급 또는 보호사유가 발생한 날부터 3년이 경과한 때에는 이를 신청할 수 없다(제14조).

보건복지부장관은 거짓 또는 부정한 방법으로 이 법에 의한 보상금 또는 보호를 받은 자에 대하여
는 그가 받은 보상금 및 보호에 소요된 비용을 환수한다. 보건복지부장관은 보상금 등을 반환할 자가
기한내에 이를 반환하지 아니한 때에는 국세체납처분의 예에 의하여 이를 징수한다(제15조).

제4절 청소년보호법
(일부개정 2006. 4. 28 법률 제7943호)

I. 의의

청소년보호법은 우리 사회의 자율화와 물질만능주의 경향에 따라 날로 심각해지고 있는 음란·폭력성의 청소년유해매체물과 유해약물 등의 청소년에 대한 유통과 유해한 업소에의 청소년출입 등을 규제함으로써, 성장과정에 있는 청소년을 각종 유해한 사회환경으로부터 보호·구제하고 나아가 건전한 인격체로 성장할 수 있도록 하고 있다.

II. 연혁

1997. 3. 7. 법률 제5297호로 청소년보호법을 제정하였다. 이 법의 주요 내용은 다음과 같다. i) 이 법의 보호대상이 되는 청소년을 18세 미만의 자로 규정한다. ii) 국가는 청소년보호를 위하여 청소년유해환경의 정화에 필요한 모든 시책을 강구·시행하되, 특히 전자·통신기술 및 약품산업의 발달에 따라 등장하는 새로운 형태의 매체물과 약물 등으로부터 청소년을 보호하기 위하여 필요한 기술개발과 연구사업의 지원 및 국가간의 협력체제를 구축한다. iii) 매체물과 약물 등의 유통을 업으로 하거나 청소년유해업소를 운영하는 자와 이들로 구성된 단체·협회 등에게 청소년보호를 위한 자율적인 정화노력을 할 책임과 자율규제를 할 수 있는 법적 근거를 두고, 또한 국가와 지방자치단체가 국민의 자율적인 감시·고발활동에 필요한 지원을 할 수 있다. vi)청소년보호에 관한 시책을 독립적으로 추진하기 위하여 문화체육부장관 소속하에 합의제행정기관으로 청소년보호위원회를 설치한다. vii) 청소년유해업소 업주에게 청소년 고용금지와 청소년출입제한의무를 부과하고 누구든지 청소년에게 유해한 약물 등을 판매하지 못하도록 함으로써 청소년보호를 위하여 유해업소와 유해약물 등에 대한 규제를 할 수 있다.

1999. 2. 5. 법률 제5817호로 청소년보호법을 개정하여 청소년을 각종 유해행위로부터 보호하기 위하여 9가지 청소년유해행위를 금지하고 이에 대한 처벌규정을 새로 규정하고, 사회문제화되고 있는 청소년폭력과 학대 등으로부터 청소년의 보호를 강화하며, 청소년보호법과 중복되는 미성년자보호법을 폐지하고 미성년자보호법에 규정되어 있던 청소년보호 관련규정을 통합하여 규정하였다.

2001. 5. 24. 법률 제6479호로 청소년보호법을 개정하여 사회통념상 성인으로 간주되는 대학생·근로청소년들이 자유롭게 사회활동을 할 수 있도록 하기 위하여 보호대상 청소년의 연령을 조정하

고, 청소년유해업소 업주가 종업원 고용시에 연령을 확인하도록 하여 동 업소에의 청소년 고용을 사전에 차단하였다. 고등학교를 졸업한 후 대학에 진학하였거나 취업한 자 등은 사회통념상 성인으로 간주되고 있으므로 이들이 자유롭게 사회활동을 할 수 있도록 하기 위하여 청소년의 연령을 만 19세 미만으로 하되, 만 19세 미만이라도 그 연도 중에 만 19세가 되는 자는 청소년에서 제외하였다. 청소년유해매체물로부터 청소년을 보호하기 위하여 청소년유해매체물을 판매·대여·배포하거나 시청·관람·이용에 제공하고자 하는 자는 그 상대방의 연령을 확인하도록 하고, 청소년유해업소에서의 청소년 고용을 사전에 차단하기 위하여 청소년유해업소의 업주는 종업원 고용시 연령을 확인하도록 하였다.

2004. 1. 29. 법률 제07161호로 법률을 개정하여 청소년에게 유해한 내용이 일간신문에 게재되는 사례가 있어 이에 대한 청소년의 접촉을 효과적으로 차단하고, 식품접객업소에서 이루어지는 청소년을 이용한 불법행위를 강력히 규제함으로써 청소년에 대한 보호를 강화하였다.

2005. 3. 24. 법률 7423호로 문화관광부 청소년국과 국무총리 소속 청소년보호위원회를 통합·일원화하기 위하여 청소년기본법에서 국무총리 소속의 청소년위원회를 신설함에 따라 동법의 청소년보호위원회에 관한 규정을 삭제하였다.

2005.12.29 법률 7799호로 청소년위원회가 중앙행정기관임에도 불구하고 국민들이 청소년단체 또는 일반시민단체로 잘못 인식하는 경우가 많으므로 그 명칭를 국가청소년위원회로 변경하고 현행 지방청소년종합상담센터를 청소년 상담 외의 긴급구조 등의 기능을 수행하는 기관과 그 외에 지원 기능까지 담당하는 기관으로 확대하였다.

2005.12.29 법률 제7800호로 친권자 등은 필요한 경우 청소년보호와 관련된 상담기관 및 단체 등에 상담하도록 가정의 역할과 책임을 강화하고, 시장·군수 또는 구청장은 청소년보호 등의 규정에 위반하는 행위의 원인을 제공한 청소년에 대하여는 친권자 등에게 그 사실을 통보하도록 의무화하는 한편, 유독물사용과 직접 관련이 없는 영업에는 청소년 고용이 가능하도록 하였다.

III. 목적, 정의, 역할 및 책임

1. 목적

청소년보호법은 청소년에게 유해한 매체물과 약물 등이 청소년에게 유통되는 것과 청소년이 유해한 업소에 출입하는 것 등을 규제하고, 청소년을 청소년폭력·학대등 청소년유해행위를 포함한 각종 유해한 환경으로부터 보호·구제함으로써 청소년이 건전한 인격체로 성장할 수 있도록 함을 목적으로 한다(제1조).

2. 용어의 정의

i) "청소년"이라 함은 만 19세 미만의 자를 말한다. 다만, 만 19세에 도달하는 해의 1월 1일을 맞이한 자를 제외한다(2004년 법률개정 이전에는 만 18세 미만의 자를 말하였다).

ii) "청소년유해매체물"이라 함은 i) 청소년보호위원회가 청소년에게 유해한 것으로 결정하거나 확인하여 고시한 매체물, ii) 각 심의기관이 청소년에게 유해한 것으로 의결 또는 결정하여 청소년보호위원회가 고시하거나 청소년에게 유해한 것으로 확인하여 청소년보호위원회가 고시한 매체물에 해당하는 것을 말한다.

iii) "청소년유해약물등"이라 함은 청소년에게 유해한 것으로 인정되는 청소년유해약물과 청소년유해물건을 말한다. "청소년유해약물"이란 i) 주류, ii) 담배, iii) 마약류, iv) 환각물질, v) 기타 중추신경에 작용하여 습관성, 중독성, 내성등을 유발하여 인체에 유해작용을 미칠 수 있는 약물등 청소년의 사용을 제한하지 아니하면 청소년의 심신을 심각하게 훼손할 우려가 있는 약물로서 대통령령이 정하는 기준에 따라 관계 기관의 의견을 들어 청소년보호위원회가 결정하여 고시한 것을 말한다.

"청소년유해물건"이란 i) 청소년에게 음란한 행위를 조장하는 성기구등 청소년의 사용을 제한하지 아니하면 청소년의 심신을 심각하게 훼손할 우려가 있는 성관련 물건으로서 대통령령이 정하는 기준에 따라 청소년보호위원회가 결정하여 고시한 것, ii) 청소년에게 음란성·폭악성·잔인성·사행성등을 조장하는 완구류등 청소년의 사용을 제한하지 아니하면 청소년의 심신을 심각하게 훼손할 우려가 있는 물건으로서 청소년보호위원회가 결정하여 고시한 것을 말한다.

iv) "청소년유해업소"라 함은 청소년의 출입과 고용이 청소년에게 유해한 것으로 인정되는 "청소년출입·고용금지업소"와 청소년의 출입은 가능하나 고용은 유해한 것으로 인정되는 "청소년고용금지업소"를 말한다.

"청소년출입·고용금지업소"란 i) 식품위생법에 의한 식품접객업중 대통령령으로 정하는 것, ii) 음반·비디오물및게임물에관한법률에 의한 비디오물감상실업 및 동법에 의한 노래연습장업중 대통령령으로 정하는 것, iii) 체육시설의설치·이용에관한법률에 의한 무도학원업, 무도장업, iv) 사행행위등규제및처벌특례법에 의한 사행행위영업, v) 전기통신설비를 갖추고 불특정한 사람 상호간의 음성대화 또는 화상대화를 매개하는 것을 주된 목적으로 하는 영업, vi) 청소년유해매체물, 청소년유해약물 및 청소년유해물건을 제작·생산·유통하는 영업등 청소년의 출입과 고용이 청소년에게 유해하다고 인정되는 영업으로서 대통령령이 정하는 기준에 따라 청소년보호위원회가 결정하여 고시한 것을 말한다.

"청소년고용금지업소"란 i) 식품위생법에 의한 식품접객업중 대통령령으로 정하는 것, ii) 공중위생관리법에 의한 숙박업, 이용업, 목욕장업중 대통령령으로 정하는 것, iii) 음반·비디오물및게임물에관한법률에 의한 비디오물 대여업과 동법에 의한 비디오물 소극장업, 게임제공업 또

는 복합유통·제공업중 대통령령으로 정하는 영업, vi) 유해화학물질관리법에 의한 유독물제조
업·판매업 및 취급업, v)회비 등을 받거나 유료로 만화를 대여하는 만화대여업, vi) 청소년유해
매체물, 청소년유해약물 및 청소년유해물건을 제작·생산·유통하는 영업등 청소년의 고용이
청소년에게 유해하다고 인정되는 영업으로서 대통령령이 정하는 기준에 따라 청소년보호위원
회가 결정하여 고시한 것을 말한다.

v) "유통"이라 함은 매체물 또는 약물 등을 판매(가두판매·자동판매기·통신판매 등을 포함), 대
여, 배포, 방송(종합유선방송을 포함), 공연, 상영, 전시, 진열, 광고하거나 시청 또는 이용에 제
공하는 행위와 이러한 목적으로 매체물 또는 약물등을 인쇄·복제 또는 수입하는 행위를 말한
다.

vi) "청소년폭력"이라 함은 폭력을 통해 청소년에게 신체적·정신적 피해를 발생하게 하는 행위를
말한다(제2조).

3. 가정의 역할

청소년에 대하여 친권을 행사하는 자 또는 친권자를 대신하여 청소년을 보호하는 자는 청소년이
청소년유해매체물과 청소년유해약물 등 및 청소년유해업소·청소년폭력·학대 등과 같은 "청소년유
해환경"에 접촉이나 출입을 못하도록 필요한 노력을 하여야 하며, 청소년이 유해한 매체물과 유해한
약물 등을 이용하고 있거나 유해한 업소에 출입하고자 하는 때에는 이를 즉시 제지하여야 한다.

4. 사회의 책임

누구든지 청소년이 청소년유해환경에 접할 수 없도록 하거나 출입을 못하도록 노력하여야 하고,
청소년이 유해한 매체물과 유해한 약물 등을 이용하고 있거나 청소년폭력·학대 등을 행하고 있음을
안 때에는 이를 제지·선도하여야 하며, 청소년에게 유해한 매체물과 약물 등이 유통되고 있거나 청
소년유해업소에 청소년이 고용되어 있거나 출입하고 있음을 안 때, 또는 청소년폭력·학대 등으로부
터 피해를 입고 있음을 안 때에는 관계기관 등에 신고·고발하는 등 청소년보호를 위하여 필요한 노력
을 하여야 한다.

매체물과 약물 등의 유통을 업으로 하거나 청소년유해업소의 경영을 업으로 하는 자와 이들로 구
성된 단체와 협회 등은 청소년유해매체물과 청소년유해약물 등이 청소년에게 유통되지 아니하도록
하고 청소년유해업소에 청소년을 고용하거나 출입하지 못하도록 하는 등 청소년보호를 위하여 자율
적인 노력을 다하여야 한다(제4조).

5. 국가와 지방자치단체의 책임

국가는 청소년보호를 위하여 청소년유해환경의 정화에 필요한 시책을 강구·시행하여야 하며, 지방자치단체는 해당 지역 안의 청소년유해환경으로부터 청소년보호를 위하여 필요한 노력을 하여야 한다. 국가 및 지방자치단체는 전자·통신기술 및 의약품 등의 발달에 따라 등장하는 새로운 형태의 매체물과 약물 등이 청소년의 정신적·신체적 건강을 해칠 우려가 있음을 인식하고, 이들 매체물과 약물 등으로부터 청소년을 보호하기 위하여 필요한 기술개발과 연구사업의 지원, 국가간의 협력체제구축 등 필요한 노력을 하여야 한다. 국가 및 지방자치단체는 청소년관련단체 등 민간의 자율적인 유해환경감시·고발활동을 장려하고 이에 필요한 지원을 할 수 있으며 이들의 건의사항에 대하여는 관련시책에 반영할 수 있다. 국가 및 지방자치단체는 청소년을 보호하기 위하여 청소년유해환경을 규제함에 있어 그 의무를 충실히 수행하여야 한다(제5조).

IV. 청소년유해매체물의 청소년대상 유통 규제

1. 매체물의 범위

이 법에서 매체물이라 함은 i) 음반·비디오물및게임물에관한법률의 규정에 의한 음반·비디오물 및 게임물, ii) 공연법 및 영화진흥법의 규정에 의한 영화·연극·음악·무용, 기타 오락적 관람물, iii) 전기통신사업법 및 전기통신기본법의 규정에 의한 전기통신을 통한 부호·문언·음향 또는 영상정보, iv) 방송법의 규정에 의한 방송프로그램(보도방송프로그램을 제외), v) 정기간행물의등록등에관한법률의 규정에 의한 일반일간신문(주로 정치·경제·사회에 관한 보도·논평 및 여론을 전파하는 신문을 제외한다), 특수일간신문(경제·산업·과학·종교분야를 제외한다), 일반주간신문(정치·경제분야를 제외한다), 특수주간신문(경제·산업·과학·시사·종교분야를 제외한다), 잡지(정치·경제·산업·과학·시사·종교분야를 제외한다) 및 대통령령으로 정하는 기타 간행물(이하 "정기간행물등"이라 한다)과 동법의 규정에 의한 정기간행물 외의 간행물중 만화·사진첩·화보류·소설 등의 도서류, 전자출판물, 기타 대통령령이 정하는 것, vi). 옥외광고물등관리법의 규정에 의한 간판·입간판·벽보·전단, 기타 이와 유사한 상업적 광고선전물과 제1호 내지 제6호의 규정에 의한 각종 매체물에 수록·게재·전시, 기타 방법으로 포함된 상업적 광고선전물, vii) 기타 청소년의 정신적·신체적 건강을 해칠 우려가 있다고 인정되는 것으로서 대통령령이 정하는 매체물을 말한다.

2. 청소년유해매체물의 심의·결정

청소년보호위원회는 매체물의 청소년에 대한 유해여부를 심의하여 청소년에게 유해하다고 인정되는 매체물에 대하여는 청소년유해매체물로 결정하여야 한다. 다만, 다른 법령의 규정에 의하여 그 매체물의 윤리성·건전성의 심의를 할 수 있는 기관(각 심의기관)이 있는 경우에는 그러하지 아니하다.

청소년보호위원회 또는 각 심의기관은 매체물 심의결과 그 매체물의 내용이 형법 등 다른 법령에 의하여 유통이 금지되는 내용이라고 판단되는 경우에는 그 매체물에 대한 청소년유해매체물 결정을 하기 전에 관계기관에 형사처벌 또는 행정처분을 요청하여야 한다. 다만, 각 심의기관별로 해당법령에서 별도의 절차가 있는 경우에는 그 절차에 의한다.

청소년보호위원회 또는 각 심의기관은 제작·발행의 목적 등에 비추어 청소년이 아닌 자를 상대로 제작·발행되거나, 매체물 각각에 대하여 청소년유해매체물로 결정하여서는 그 매체물이 청소년에게 유통되는 것을 차단할 수 없는 매체물에 대하여는 신청 또는 직권에 의하여 매체물의 종류, 제목, 내용 등을 특정하여 청소년유해매체물로 결정할 수 있다(제8조).

3. 등급구분 등

청소년보호위원회와 각 심의기관은 청소년유해매체물의 심의·결정시에 청소년유해매체물로 심의·결정하지 아니한 매체물에 대하여는 청소년유해의 정도, 이용청소년의 연령, 그 매체물의 특성, 이용시간과 장소 등을 감안하여 필요한 경우에 그 매체물의 등급을 구분할 수 있다.

청소년보호위원회와 각 심의기관은 청소년유해매체물로 심의·결정되지 아니한 매체물에 대하여 i) 9세 이상 가(可): 9세 이상 청소년이 이용할 수 있는 매체물, ii) 12세 이상 가(可): 12세 이상 청소년이 이용할 수 있는 매체물, iii) 15세 이상 가(可): 15세 이상 청소년이 이용할 수 있는 매체물로 등급을 구분할 수 있다

4. 청소년유해매체물의 심의기준

청소년보호위원회와 각 심의기관은 심의를 함에 있어서 그 매체물이 i) 청소년에게 성적인 욕구를 자극하는 선정적인 것이거나 음란한 것, ii) 청소년에게 폭악성이나 범죄의 충동을 일으킬 수 있는 것, iii) 성폭력을 포함한 각종 형태의 폭력행사와 약물의 남용을 자극하거나 미화하는 것, iv) 청소년의 건전한 인격과 시민의식의 형성을 저해하는 반사회적·비윤리적인 것, v) 기타 청소년의 정신적·신체적 건강에 명백히 해를 끼칠 우려가 있는 것에 해당하는 경우에는 청소년유해매체물로 결정하여야 한다(제10조).

5. 유해매체물의 자율규제

매체물의 제작·발행자, 유통행위자 또는 매체물과 관련된 단체는 자율적으로 청소년유해 여부를 결정하고 청소년보호위원회 또는 각 심의기관에 그 결정한 내용의 확인을 요청할 수 있다. 청소년보호위원회 또는 각 심의기관이 확인을 한 경우 그 매체물의 확인을 필한 표시를 부착할 수 있다.

매체물의 제작·발행자, 유통행위자 또는 매체물과 관련된 단체는 청소년에게 유해하다고 판단되는 매체물에 대하여 청소년보호위원회 또는 각 심의기관의 결정없이 청소년유해표시 또는 포장을 할 수 있다. 청소년유해표시 또는 포장을 한 매체물은 청소년보호위원회 또는 각 심의기관의 최종결정이 있을 때까지 이 법의 규정에 의한 청소년유해매체물로 본다(제12조).

6. 표시 및 포장의무, 판매금지, 전시-진열금지, 구분격리 등

청소년유해매체물에 대해서는 청소년에게 유해한 매체물임을 나타내는 표시(청소년유해표시)를 하여야 한다(제14조). 청소년유해매체물에 대해서는 이를 포장하여야 한다. 다만, 매체물의 특성상 포장할 수 없는 것은 그러하지 아니하다(제15조).

청소년유해매체물을 판매·대여·배포하거나 시청·관람·이용에 제공하고자 하는 자는 그 상대방의 연령을 확인하여야 하고, 청소년에게 이를 판매·대여·배포하거나 시청·관람·이용에 제공하여서는 아니 된다. 청소년유해표시를 하여야 할 매체물은 청소년유해표시가 되지 아니한 상태에서는 그 매체물의 판매 또는 대여를 위하여 전시 또는 진열하여서는 아니 된다. 포장을 하여야 할 매체물은 포장이 되지 아니한 상태에서는 그 매체물의 판매 또는 대여를 위하여 전시 또는 진열하여서는 아니된다(제17조).

청소년유해매체물은 이를 청소년에게 유통이 허용된 매체물과 구분·격리하지 아니하고서는 판매 또는 대여하기 위하여 전시 또는 진열하여서는 아니 된다.

청소년유해매체물로서 i) 음반·비디오물및게임물에관한법률의 규정에 의한 음반·비디오물 및 게임물, ii) 특수일간신문(경제·산업·과학·종교분야를 제외), 일반주간신문(정치·경제분야를 제외), 특수주간신문(경제·산업·과학·시사·종교분야를 제외), 잡지(정치·경제·산업·과학·시사·종교분야를 제외) 및 대통령령으로 정하는 기타 간행물과 동법의 규정에 의한 정기간행물 외의 간행물 중 만화·사진첩·화보류·소설 등의 도서류, 전자출판물, 기타 대통령령이 정하는 것은 자동기계장치 또는 무인판매장치에 의하여 유통할 목적으로 전시 또는 진열하여서는 아니 된다. 다만, i) 자동기계장치 또는 무인판매장치를 설치하는 자가 이를 이용한 청소년의 청소년유해매체물 구입행위 등을 제지할 수 있는 경우, ii) 청소년출입·고용금지업소안에 설치하는 경우에 해당하는 경우에는 그러하지 아니하다(제18조).

7. 방송시간, 광고선전 제한

　청소년유해매체물로서 i) 방송법의 규정에 의한 방송프로그램(보도방송프로그램을 제외), ii) 옥외광고물등관리법의 규정에 의한 간판·입간판·벽보·전단, 기타 이와 유사한 상업적 광고선전물과 규정에 의한 각종 매체물에 수록·게재·전시, 기타 방법으로 포함된 상업적 광고선전물에 해당하는 광고선전물 중 방송을 이용하는 것은 대통령령이 정하는 방송시간에는 이를 방송하여서는 아니 된다(제19조).

　청소년유해매체물로서 간판, 입간판, 벽보, 전단, 기타 대통령령이 정하는 광고선전물은 청소년출입·고용금지업소외의 업소, 공중이 통행하는 장소, 청소년의 접근을 제한하는 기능이 없는 컴퓨터통신에 해당하는 장소 또는 방법으로 공공연히 설치·부착·배포하여서는 아니 된다(제20조).

8. 청소년유해매체물목록표의 작성·통보

　청소년보호위원회와 각 심의기관은 소관 매체물에 대하여 청소년유해매체물로 결정한 때에는 그 매체물의 목록을 작성하여야 하며, 각 심의기관이 작성할 경우에는 그 목록을 청소년보호위원회에 제출하여야 한다.

　청소년보호위원회는 각 심의기관, 청소년 또는 매체물과 관련이 있는 중앙행정기관, 청소년보호와 관련된 지도·단속기관, 기타 청소년보호를 위한 관련단체 청소년유해매체물목록표를 통보하여야 하며, 필요한 경우 매체물의 유통을 업으로 하는 개인·법인·단체에게 통보할 수 있으며, 요청이 있는 경우 친권자 등에게 통지할 수 있다(제21조).

9. 청소년유해매체물의 고시

　청소년보호위원회는 결정 또는 확인한 매체물에 대하여는 이를 청소년유해매체물로 고시하여야 한다. 각 심의기관은 청소년유해매체물에 대하여 심의의견서를 첨부하여 청소년보호위원회에 그 매체물의 고시를 요청하여야 한다. 청소년보호위원회가 매체물을 고시할 때에는 고시의 사유와 효력발생시기를 명시하여야 한다(제22조).

10. 외국매체물에 대한 특례

　누구든지 영리를 목적으로 외국에서 제작·발행된 매체물로서 청소년유해매체물의 심의기준에 해당하는 매체물을 청소년에게 유통(번역, 번안, 편집, 자막삽입 등의 방법으로 유통하게 하는 경우를 포함)하게 하거나 이와 같은 목적으로 소지하여서는 아니 된다(제23조의2).

Ⅴ. 청소년고용금지, 출입제한, 유해약물, 유해행위 등의 규제

1. 청소년유해업소 청소년고용금지

청소년유해업소의 업주는 종업원을 고용하고자 하는 때에는 그 연령을 확인하여야 하며, 청소년을 고용하여서는 아니 된다. 청소년출입·고용금지업소의 업주 및 종사자는 출입자의 연령을 확인하여 청소년이 그 업소에 출입하거나 이용하지 못하게 하여야 한다. 청소년이 친권자 등을 동반할 때에는 대통령령이 정하는 바에 따라 출입하게 할 수 있다. 청소년유해업소의 업주 및 종사자는 그 업소에 청소년의 출입·이용과 고용을 제한하는 내용의 표시를 하여야 한다(제24조).

2. 청소년통행–재한금지구역 지정

지방자치단체는 청소년보호를 위하여 필요하다고 인정할 경우 청소년에게 정신적·신체적 건강을 해칠 우려가 있는 구역을 청소년통행금지구역 또는 청소년통행제한구역으로 지정하여야 한다.

지방자치단체는 청소년범죄 또는 탈선의 예방 등 특별한 이유가 있는 때에는 특정 시간을 정하여 지정된 구역에 청소년의 통행을 금지하거나 또는 제한할 수 있다. 청소년통행금지·제한구역의 구체적인 지정기준과 선도 및 단속방법 등은 조례로 정하여야 하며, 이 경우 관할경찰관서 및 학교 등 해당지역내의 관계기관과 지역주민의 의견을 반영하여야 한다.

지방자치단체 및 관할경찰서장은 청소년이 청소년통행금지·제한구역을 통행하고자 하는 때에는 그 통행을 저지할 수 있으며, 통행하고 있는 청소년에 대하여는 해당구역 밖으로 퇴거시킬 수 있다(제25조).

3. 청소년유해약물

누구든지 청소년을 대상으로 하여 청소년유해약물 등을 판매·대여·배포하여서는 아니 된다. 이 경우 자동기계장치·무인판매장치·통신장치에 의하여 판매·대여·배포한 경우를 포함한다. 다만, 학습용·공업용 또는 치료용으로 판매되는 것으로서 대통령령이 정하는 것은 그러하지 아니하다.

청소년보호위원회는 청소년유해약물목록표를 작성하여 청소년유해약물 등과 관련이 있는 중앙행정기관, 청소년보호와 관련된 지도·단속기관, 기타 청소년보호를 위한 관련단체 등에 통보하여야 하며, 필요한 경우 약물유통을 업으로 하는 개인·법인·단체에게 통보할 수 있으며, 요청이 있는 경우 친권자 등에게 통지할 수 있다(제26조).

4. 청소년유해행위

　누구든지 i) 영리를 목적으로 청소년으로 하여금 신체적인 접촉 또는 은밀한 부분의 노출 등 성적 접대행위를 하게 하거나 이러한 행위를 알선·매개하는 행위, ii) 영리를 목적으로 청소년으로 하여금 손님과 함께 술을 마시거나 노래 또는 춤등으로 손님의 유흥을 돋구는 접객행위를 하게 하거나 이러한 행위를 알선·매개하는 행위, iii) 영리 또는 흥행의 목적으로 청소년에게 음란한 행위를 하게 하는 행위, iv) 영리 또는 흥행의 목적으로 청소년의 장애기형등 형상을 공중에게 관람시키는 행위, v) 청소년에게 구걸을 시키거나, 청소년을 이용해서 구걸하는 행위, vi) 청소년을 학대하는 행위, vii) 영리를 목적으로 청소년으로 하여금 손님을 거리에서 유인하는 행위를 하게 하는 행위, vi) 청소년에 대하여 이성혼숙을 하게 하는 등 풍기를 문란하게 하는 영업행위를 하거나 그를 목적으로 장소를 제공하는 행위, ix) 주로 다류(茶類)를 조리·판매하는 업소에서 청소년으로 하여금 영업장을 벗어나 다류를 배달하는 행위를 하게 하거나 이를 조장 또는 묵인하는 행위(이상, 유해행위)를 하여서는 아니된다(제26조의2).

　유해행위를 한 자가 유해행위와 관련하여 청소년에게 가지는 채권은 그 계약의 형식이나 명목에 관계없이 이를 무효로 한다. 청소년출입고용금지업소 및 청소년고용금지업소의 업주가 고용과 관련하여 청소년에게 가지는 채권은 그 계약의 형식이나 명목에 관계없이 이를 무효로 한다(제26조의 3).

VI. 청소년보호위원회 (삭제하고 '청소년기본법'에 신설함)

　2005. 3. 24. 법률 7423호로 문화관광부 청소년국과 국무총리 소속 청소년보호위원회를 통합·일원화하기 위하여 청소년기본법에서 국무총리 소속의 청소년위원회를 신설함에 따라 동법의 청소년보호위원회에 관한 규정을 삭제하였고, 2005. 12. 29 법률 7799호로 청소년위원회를 국가청소년위원회로 명칭을 변경하였다.

VII. 보고, 검사, 수거, 신고, 시정명령 등

1. 보고 등

　시장·군수 또는 구청장은 이 법에서 정하고 있는 사항의 이행 및 위반여부의 확인을 위하여 필요하다고 인정할 때에는 청소년유해매체물과 청소년유해약물 등을 유통하는 자와 청소년유해업소의 업주 등에 대하여 대통령령이 정하는 바에 의하여 필요한 보고와 자료제출을 요구할 수 있다(제34

조).

2. 검사 및 조사 등

시장·군수 또는 구청장은 이행 및 위반여부의 확인을 위하여 필요하다고 인정할 때에는 소속공무원으로 하여금 청소년유해매체물과 청소년유해약물 등의 유통 및 청소년의 유해업소 고용과 출입 등에 관련된 장부, 서류, 장소, 기타 필요한 물건을 검사·조사하게 할 수 있으며, 대통령령이 정하는 바에 따라 지정된 장소에서 당사자·이해관계인 또는 참고인의 진술을 듣게 할 수 있다(제35조).

3. 수거·파기

시장·군수 또는 구청장은 청소년유해매체물로 결정된 매체물 및 청소년유해약물 등이 청소년유해표시가 되지 아니하거나 규정에 의하여 포장되지 아니하고 유통되고 있거나, 각 심의기관의 청소년유해여부 심의를 받지 아니하고 유통되고 있는 매체물로서 청소년유해매체물로 결정된 경우에는 그 소유자, 기타 그 유통에 종사하는 자에 대하여 그 매체물 및 청소년유해약물 등의 수거를 명할 수 있으며, 수거명령을 받을 자를 알 수 없거나 수거명령을 받은 자가 이에 따르지 아니할 경우에는 이를 수거 또는 파기하게 할 수 있다(제36조).

4. 시정명령

시장·군수 또는 구청장은 청소년유해매체물의 청소년유해표시를 하지 아니한 자, 청소년유해매체물의 포장을 하지 아니한 자, 청소년유해매체물을 청소년유해표시가 되지 아니한 상태에서 판매 또는 대여를 위하여 전시·진열한 자, 청소년유해매체물을 포장이 되지 아니한 상태에서 판매 또는 대여를 위하여 전시·진열한 자, 청소년유해매체물을 구분·격리하지 아니하고 판매 또는 대여를 위하여 전시·진열한 자, 청소년유해매체물을 자동기계장치 또는 무인판매장치에 의하여 유통할 목적으로 전시·진열한 자, 청소년유해 광고선전물을 청소년출입·고용금지업소 외의 업소, 공중이 통행하는 장소에 공공연히 설치·부착·배포한 자 또는 청소년의 접근을 제한하는 기능이 없는 컴퓨터 통신에 의한 방법으로 이를 행한 자에게 그 시정을 명할 수 있다(제37조).

5. 증표교부 및 신고

청소년보호위원회는 청소년유해환경정화활동을 수행하고 있는 교사를 포함한 민간의 감시·고발단체에 대하여 행정·재정상 지원을 할 수 있으며, 필요한 경우 업무수행의 효율을 기하기 위해 청소년유해환경감시활동을 하고 있음을 나타내는 증표를 교부할 수 있다(제43조).

　누구든지 청소년에게 유해하다고 생각되는 매체물과 약물 등이 청소년에게 유통되고 있거나 청소년에게 유해한 업소에 청소년이 고용 또는 출입하고 있음을 발견한 때 및 기타 이 법의 규정에 위반되는 사실이 있다고 인정할 때에는 그 사실을 시장·군수 또는 구청장에 신고하여야 한다(제44조).

Ⅷ. 벌칙

1. 벌칙

　① 영리를 목적으로 청소년으로 하여금 신체적인 접촉 또는 은밀한 부분의 노출 등 성적 접대행위를 하게 하거나 이러한 행위를 알선·매개하는 행위를 한 자는 1년 이상 10년 이하의 징역에 처한다(제49조의2).

　② 영리를 목적으로 청소년으로 하여금 손님과 함께 술을 마시거나 노래 또는 춤 등으로 손님의 유흥을 돋구는 접객행위를 하게 하거나 이러한 행위를 알선·매개하는 행위를 한 자는 10년 이하의 징역에 처한다(제49조의3).

　③ 영리 또는 흥행의 목적으로 청소년의 장애기형 등 형상을 공중에게 관람시키는 행위나 청소년을 학대하는 행위를 한 자는 5년 이하의 징역에 처한다(제49조의4).

　④ i) 영리를 목적으로 청소년에게 청소년유해매체물을 판매·대여·배포하거나 시청·관람·이용에 제공한 자, ii) 영리를 목적으로 청소년으로 하여금 범죄의 충동을 일어나게 하는 매체물 등을 유통하게 한 자, iii) 청소년을 유해업소에 고용한 자, iv) 청소년유해약물 등을 판매·대여·배포한 자, v) 청소년에 대하여 이성혼숙을 하게 하는 등 풍기를 문란하게 하는 영업행위를 하거나 그를 목적으로 장소를 제공하는 행위를 한 자, vi) 청소년유해매체물 또는 청소년유해약물 등을 수거하지 아니한 자는 3년 이하의 징역 또는 2천만 원 이하의 벌금에 처한다(제50조).

　⑤ i) 청소년유해매체물, 청소년유해업소, 청소년유해약물 등의 청소년유해표시를 하지 아니한 자, ii) 청소년유해매체물의 포장을 하지 아니한 자, iii) 청소년유해매체물을 방송한 자, vi) 광고선전물을 설치·부착하거나 배포한 자, v) 청소년을 유해업소에 출입시킨 자, vi) 청소년에게 주류법의 규정에 의한 주류 또는 담배사업법의 규정에 의한 담배를 판매한 자는 2년 이하의 징역 또는 1천만 원 이하의 벌금에 처한다(제51조).

　⑥ 청소년유해매체물의 청소년유해표시 또는 포장을 훼손한 자는 500만 원 이하의 벌금에 처한다(제52조). 관계공무원의 검사 및 조사를 거부·방해 또는 기피한 자는 300만 원 이하의 벌금에 처한다(제53조).

2. 양벌규정

 법인·단체의 대표자, 법인·단체 또는 개인의 대리인, 사용인, 기타 종업원이 그 법인·단체 또는 개인의 업무에 관하여 제49조의2(영리목적 성적접대행위 알선-매개) 내지 제49조의4(영리-홍행목적 청소년의 장애기형 등 형상을 공중관람시키거나 학대행위 등) 및 제50조 내지 제53조의 죄를 범한 때 (3년이하 징역-2000만원이하 벌금 또는 2년이하 징역-1000만원이하 벌금의 형)에는 행위자를 벌하는 외에 그 법인·단체 또는 개인에 대하여도 각 해당 조의 벌금형을 과한다(제54조).

3. 과태료

 i) 청소년유해매체물의 청소년유해표시를 하지 아니한 경우, ii) 청소년유해매체물의 포장을 하지 아니한 경우, iii) 청소년유해 광고선전물을 청소년출입·고용금지업소 외의 업소, 공중이 통행하는 장소에 공공연히 설치·부착·배포한 자 또는 청소년의 접근을 제한하는 기능이 없는 컴퓨터통신에 의한 방법으로 이를 행한 경우에 내린 시정명령을 이행하지 아니한 자는 500만 원 이하의 과태료에 처한다.

 규정에 의한 보고와 자료제출의 요구를 받고 이에 응하지 아니한 자나 거짓으로 보고 또는 자료를 제출한 자, 시정명령을 이행하지 아니한 자는 100만 원 이하의 과태료에 처한다(제56조).

제5절 건강가정기본법
(일부개정 2005. 3. 24 법률 7413호)

Ⅰ. 제정 취지

건강가정기본법은 2004. 2. 9 법률 제07166호로 제정되었다. 이 법은 급증하는 이혼율, 저출산율, 혼인율의 급격한 감소, 가정폭력, 아동유기 및 결식, 청소년의 마약과 각종 범죄, 노인가출 및 노인유기 등의 증가에 따라 가족문제가 매우 심각해지고 있다. 이러한 시점에서 가족해체를 방지하고 가정기능을 강화하여 건강한 가정을 유지할 수 있도록 지원하고, 가정기능을 강화함으로써 가정의 자원화를 꾀하며, 이를 통하여 사회발전 과 사회통합에 기여하며, 일-가정을 양립할 수 있는 여건을 마련하고 다양한 서비스를 제공함으로써 여성 취업의 활성화를 도모하고 가족친화적 문화 형성에 기여하며, 장기적으로 여성 능력 신장, 유휴 여성인력의 고용 창출에도 이바지하기 위함이다. 그러나 사회복지계를 비롯한 사회 일각에서는 이 법에 대해 많은 문제점을 제기하고 있다. 향후 법령 개정과 시행령 등을 통해 법령상 미비점을 보완해야 할 것이다. 이 장에서는 법령의 주요 내용만을 요약해 소개하도록 한다.

2005. 3. 24. 법률 7413호로 정부조직법의 개정으로 가정의 가치를 새롭게 정립하고 가족정책을 종합적으로 추진할 수 있도록 하기 위하여 여성부에 보건복지부의 가족정책 기능을 이관하여 여성가족부로 개편함에 따라 법의 내용 가운데 여성부를 여성가족부로 변경하였다. 기존의 보건복지부 소관에서 여성가족부로 업무관장이 이관되었다.

Ⅱ. 목적, 기본이념 및 정의

1. 목적

이 법은 건강한 가정생활의 영위와 가족의 유지 및 발전을 위한 국민의 권리·의무와 국가 및 지방자치단체 등의 책임을 명백히 하고, 가정문제의 적절한 해결방안을 강구하며 가족구성원의 복지증진에 이바지할 수 있는 지원정책을 강화함으로써 건강가정 구현에 기여하는 것을 목적으로 한다(제1조).

2. 기본이념

가정은 개인의 기본적인 욕구를 충족시키고 사회통합을 위하여 기능할 수 있도록 유지·발전되어야 한다(제1조).

3. 용어의 정의

① 가족은 혼인·혈연·입양으로 이루어진 사회의 기본단위를 말한다.
② 가정은 가족구성원이 생계 또는 주거를 함께 하는 생활공동체로서 구성원의 일상적인 부양·양육·보호·교육 등이 이루어지는 생활단위를 말한다.
③ 건강가정은 가족구성원의 욕구가 충족되고 인간다운 삶이 보장되는 가정을 말한다.
④ 건강가정사업은 건강가정을 저해하는 문제의 발생을 예방하고 해결하기 위한 여러 가지 조치와 가족의 부양·양육·보호·교육 등의 가정기능을 강화하기 위한 사업을 말한다(제3조).

Ⅲ. 법령의 내용

1. 국가 및 지방자치단체의 책임 등

모든 국민은 가정의 구성원으로서 안정되고 인간다운 삶을 유지할 수 있는 가정생활을 영위할 권리를 가진다. 모든 국민은 가정의 중요성을 인식하고 그 복지의 향상을 위하여 노력하여야 한다(제4조).

국가 및 지방자치단체는 가족구성원의 특성과 가정유형을 고려하여 건강가정을 위하여 필요한 제도와 여건을 조성하고 이를 위한 시책을 강구하여 추진하여야 한다. 국가 및 지방자치단체는 민주적인 가정형성, 가정친화적 환경조성, 양성평등한 가족가치 실현 및 가사노동의 정당한 가치평가를 위하여 노력하여야 한다(제5조).

가족구성원은 부양·자녀양육·가사노동 등 가정생활의 운영에 함께 참여하여야 하고 서로 존중하며 신뢰하여야 한다.(가족의 가치-동법 제7조). 가족구성원 모두는 가족해체를 예방하기 위하여 노력하여야 한다. 국가 및 지방자치단체는 가족해체를 예방하기 위하여 필요한 제도와 시책을 강구하여야 한다(제8조).

가정의 중요성을 고취하고 건강가정을 위한 개인·가정·사회의 적극적인 참여분위기를 조성하기 위하여 매년 5월을 가정의 달로 하고, 5월 15일을 가정의 날로 한다(제12조).

2. 건강가정정책

1) 위원회

건강가정에 관한 주요시책을 심의하기 위하여 국무총리소속하에 중앙건강가정정책위원회를 둔다. 중앙위원회는 i) 건강가정기본계획의 수립 및 시행에 관한 사항, ii) 건강가정을 위한 중·장기 발전방향, iii) 건강가정제도의 개선에 관한 사항, iv) 건강가정정책의 평가, v) 건강가정 전담인력의 선발·관리에 관한 기본방안, vi) 국가 및 지방자치단체의 역할 및 비용분담, vii) 그 밖에 중앙위원회 위원장이 부의하는 사항을 심의한다(제13조).

건강가정에 관한 중요사항을 심의하기 위하여 특별시·광역시·도에 건강가정위원회를 둔다. 시·도 위원회는 i) 건강가정에 관한 시행계획, ii) 건강가정을 위한 재정지원, iii) 건강가정과 관련된 사업, iv) 그 밖에 시·도 위원회 위원장이 부의하는 사항을 심의한다(제14조).

2) 건강가정기본계획의 수립

보건복지부장관은 관계중앙행정기관의 장과 협의하고 중앙위원회의 심의를 거쳐 건강가정기본계획을 5년마다 수립하여야 한다. 기본계획에는 i) 가족기능의 강화 및 가정의 잠재력개발을 통한 가정의 자립 증진 대책, ii) 사회통합과 문화계승을 위한 가족공동체문화의 조성, iii) 다양한 가족의 욕구 충족을 통한 건강가정 구현, iv)민주적인 가족관계와 양성평등적인 역할분담, v) 가정친화적인 사회환경의 조성, vi) 가족의 양육·부양 등의 부담완화와 가족해체예방을 통한 사회비용 절감, vii) 위기가족에 대한 긴급 지원책, viii) 가족의 건강증진을 통한 건강사회 구현, xi) 가족지원정책의 추진과 관련한 재정조달 방안을 포함시킨다(제15조).

3) 가족실태조사

국가 및 지방자치단체는 개인과 가족의 생활실태를 파악하고, 건강가정 구현 및 가정문제 예방 등을 위한 서비스의 욕구와 수요를 파악하기 위하여 5년마다 가족실태조사를 실시하고 그 결과를 발표하여야 한다(제20조).

3. 건강가정사업

1) 가정에 대한 지원

국가 및 지방자치단체는 가정이 원활한 기능을 수행하도록 다음 사항을 지원하여야 한다:

i) 가족구성원의 정신적·신체적 건강지원, ii) 소득보장 등 경제생활의 안정, iii)안정된 주거생활, iv) 태아검진 및 출산·양육의 지원, v) 직장과 가정의 양립, vi) 음란물·유흥가·폭력 등 위해환경으로부터의 보호, vii) 가정폭력으로부터의 보호, viii) 가정친화적 사회분위기의 조성, xi) 그 밖에 건강한 가정

의 기능을 강화·지원할 수 있는 관련 사항

국가 및 지방자치단체는 취업여성의 임신·출산·수유와 관련된 모성보호 및 부성보호를 위한 유급휴가시책이 확산되도록 노력하여야 한다.

국가 및 지방자치단체는 모·부자가정, 노인단독가정, 장애인가정, 미혼모가정, 공동생활가정, 자활공동체 등 사회적 보호를 필요로 하는 가정에 대하여 적극적으로 지원하여야 한다(제21조)

2) 자녀양육지원의 강화, 가족단위 복지증진, 가족의 건강증진, 가족부양의 지원 등

국가 및 지방자치단체는 자녀를 양육하는 가정에 대하여 자녀양육으로 인한 부담을 완화하고 아동의 행복추구권을 보장하기 위한 보육 및 방과후 서비스, 양성평등한 육아휴직제 활용을 적극적으로 확대하여 나가야 한다(제22조).

국가 및 지방자치단체는 사회보험·공공부조 등 사회보장제도의 운용과 관련하여 보험료의 산정·부과, 급여 등을 운용함에 있어서 가족을 지지하는 시책을 개발·추진하여야 한다. 국가 및 지방자치단체는 경제·사회, 교육·문화, 체육, 지역사회개발 등 각 분야의 제도·정책 및 사업을 수립·추진함에 있어 가족을 우대하는 방안을 강구하여야 한다(제23조).

국가 및 지방자치단체는 영·유아, 아동, 청소년, 중·장년 등 생애주기에 따르는 가족구성원의 종합적인 건강증진대책을 마련하여야 한다.

국가 및 지방자치단체는 영·유아 혹은 노인 등 부양지원을 요하는 가족구성원이 있는 가정에 대하여 부양부담을 완화할 시책을 적극적으로 강구하여야 한다. 국가 및 지방자치단체는 질환이나 장애로 가족내 수발을 요하는 가족구성원이 있는 가정을 적극 지원하며, 전문보호시설을 확대하여야 하고, 가족구성원중 장기요양이나 사고로 간병을 요할 경우 가족간호를 위한 휴가 등의 시책을 마련하여야 한다.

국가 및 지방자치단체는 건강가정의 생활문화를 고취하고 그에 대한 지원정책을 수립하여야 한다. 국가 및 지방자치단체가 지원하여야 하는 건강가정의 생활문화는 다음 사항을 포함한다: i) 가족여가문화, ii) 양성평등한 가족문화, iii) 가족단위 자원봉사활동, iv) 건강한 의식주 생활문화, v) 합리적인 소비문화, vi) 지역사회 공동체문화, vii) 그 밖에 건강가정의 생활문화와 관련된 사항.

3) 가정봉사원, 건강가정교육, 건강가정지원센터, 건강가정사 등

국가 및 지방자치단체는 건강한 가정을 유지하기 위하여 필요한 경우에는 가정을 방문하여 가사·육아·산후조리·간병 등을 돕는 가정봉사원을 지원할 수 있다. 가정봉사원은 보건복지부령이 정하는 교육을 받아야 한다. 국가 및 지방자치단체는 가정봉사원에게 예산의 범위 안에서 일정금액을 지급할 수 있다(제30조).

국가 및 지방자치단체는 건강가정교육을 실시하여야 한다. 교육내용에는 i) 결혼준비교육, ii) 부모교육, iii) 가족윤리교육, iv) 가족가치실현 및 가정생활관련 교육 등 다음의 사항이 포함되어야 한다.

보건복지부, 시·도 및 시·군·구는 건강가정사업에 관한 업무를 전담하여 수행할 수 있도록 하여야 한다.

국가 및 지방자치단체는 가정문제의 예방·상담 및 치료, 건강가정의 유지를 위한 프로그램의 개발, 가족문화운동의 전개, 가정관련 정보 및 자료제공 등을 위하여 중앙, 시·도 및 시·군·구에 건강가정지원센터를 둔다(제34조).

건강가정지원센터에는 건강가정사업을 수행하기 위하여 관련분야에 대한 학식과 경험을 가진 전문가(건강가정사)를 두어야 한다. 건강가정사는 대학 또는 이와 동등 이상의 학교에서 사회복지학·가정학·여성학 등 보건복지부령이 정하는 관련교과목을 이수하고 졸업한 자이어야 한다(제35조)

제6절 재해구호법
(2007. 1. 26 법률 제8275호로 전부 개정)

Ⅰ. 연혁

1962.3.20 법률 제1034호로 제정함. 비상재해가 발생하였을 때에는 재해를 긴급복구하고 이재자를 보호하여 사회질서를 유지하려는 목적으로 제정했다.

2004. 12. 30. 법률 7261호로 정부의 재해재난 업무 일원화 방침으로 소방방재청이 설립됨에 따라 보건복지부 소관의 재해구호에 관한 업무를 소방방재청으로 이관하고, 재해구호법의 소관을 보건복지부에서 행정자치부로 변경하였다.

2007. 1. 26. 법률 제8275호로 의연금품의 모집을 위한 허가절차에 관하여 규정함으로써 모집자의 난립방지와 신뢰성이 확보됨에 따라 건전한 기부문화를 조성하고, 의연금의 공평하고 적절한 배분을 위하여 배분위원회를 구성하여 운영하도록 하는 등 이재민 구호와 생활안정에 필요한 사항을 정하였다.

Ⅱ. 목적 및 구호대상·기관·종류 등

1. 목적

이 법은 이재민에 대한 구호와 의연금품의 모집절차 및 사용방법 등에 관하여 필요한 사항을 규정함으로써 이재민의 보호와 생활안정에 기여함을 목적으로 한다.

2. 용어의 정의

(1) 이재민은 「재난 및 안전관리기본법」의 규정에 따른 재해(태풍·홍수·호우(호우)·강풍·풍랑·해일(해일)·대설·가뭄·지진·황사(황사)·적조, 그 밖에 이에 준하는 자연현상으로 인하여 발생하는 재해)로 인하여 피해를 입은 자를 말한다.

(2) 일시대피자는 재해로 인한 피해가 예상되어 일시대피한 자를 말한다.

(3) 구호기관은 이재민 및 일시대피자의 거주지를 관할하는 특별시장·광역시장·도지사·특별자치도지사 및 시장·군수·구청장(자치구의 구청장)을 말한다.

(4) 구호지원기관은 구호기관의 업무를 지원하기 위하여 필요한 인력·시설 및 장비를 갖춘 기관 또는 단체로서 대한적십자사 및 전국재해구호협회 등 대통령령이 정하는 기관 또는 단체를 말한다.

(5) 의연금품은 「기부금품의 모집 및 사용에 관한 법률」에 따른 기부금품 중 재해의 구호를 위하여 반대급부 없이 취득하는 금전 또는 물품을 말한다.

(6) 모집은 서신·광고·인터넷 그 밖의 방법으로 의연금품의 출연을 타인에게 의뢰 또는 권유하는 행위를 말한다.

(7) 모집자는 의연금품의 모집허가를 받은 자를 말한다.

(8) 모집종사자는 모집자로부터 지시·의뢰를 받아 의연금품의 모집에 종사하는 자를 말한다.

2. 구호의 대상

이 법에 따른 구호는 이재민과 일시대피자를 대상으로 한다.

3. 구호의 종류 등

구호의 종류로는 ① 임시주거시설의 제공, ② 급식 또는 식품·의류·침구·그 밖의 생활필수품의 제공, ③ 의료서비스의 제공, ④ 전염병 예방 및 방역활동, ⑤ 위생지도, ⑥ 장사(葬事)의 지원, ⑦ 그 밖에 대통령령이 정하는 사항이 있다. 구호기관은 필요하다고 인정하는 경우에는 이재민에게 현금을 지급하여 구호할 수 있다(제4조).

Ⅲ. 재해구호물자, 대책위원회, 수용시설, 급식·구호품 등

1. 재해구호물자

구호기관은 지역별 재해발생현황 및 지역실정 등을 감안하여 필요한 재해구호물자를 상시 확보하여 응급지원할 수 있는 체제를 갖추어야 한다. 시장·군수·구청장은 구호활동을 함에 있어 재해구호물자가 부족한 경우에는 시·도지사에게 지원을 요청할 수 있으며, 지원요청을 받은 시·도지사는 그 지원요청에 대한 조치를 충분히 할 수 없는 경우에는 소방방재청장에게 그 지원을 요청할 수 있다. 지원요청을 받은 시·도지사 및 소방방재청장은 이에 대하여 최대한 지원하여야 한다. 소방방재청장은 구호지원기관이 재해구호물자를 관리하기 위하여 창고를 설치·운영할 경우 이를 지원할 수 있다(제6조).

2. 지역구호센터의 설치·운영

(1) 구호기관은 제4조제1항의 규정에 따른 구호활동을 효율적으로 실시하기 위하여 시·도 및 시·군·구에 구호센터를 둔다.

(2) 지역구호센터의 장은 재난 및 안전관리기본법에 의한 지역재난안전대책본부의 본부장이 된다.

(3) 지역구호센터의 구성 및 운영에 관하여 필요한 사항은 행정자치부령으로 정한다.

3. 응급구호실시 및 재해구호상황의 보고

구호기관은 재해로 인하여 이재민이 발생한 때에는 전체 재해발생상황을 파악하기 전이거나 재해발생이 진행 중인 때에라도 행정자치부령이 정하는 기준에 따라 지체 없이 응급구호를 실시하고, 그 재해의 상황과 재해구호 내용을 소방방재청장에게 보고하여야 한다.

4. 재해구호물자의 확보 및 보관

(1) 구호기관은 지역별 재해발생현황 및 지역실정 등을 감안하여 필요한 재해구호물자를 상시 확보하여 응급 구호할 수 있는 체제를 갖추어야 한다.

(2) 시장·군수·구청장은 구호활동을 함에 있어 재해구호물자가 부족한 경우에는 시·도지사에게 지원을 요청할 수 있으며, 지원요청을 받은 시·도지사는 그 지원요청에 대한 조치를 충분히 할 수 없는 경우에는 소방방재청장에게 그 지원을 요청할 수 있다.

5. 급식 및 구호품

급식 및 구호품의 급여는 ① 급식으로 주식용 양곡은 최초 7일간은 1일 1인당 백미 432그램을, 8일 이후부터는 1일 1인당 백미 288그램과 정맥 138그램을 급여하며, 부식비는 그 급여기준을 소방방재청장이 정하여 고시하며, ② 기타의 구호품은 피해의 정도 및 가족수를 감안하여 급여한다(동법시행령 제13조).

6. 의료 및 조산

의료 및 조산은 의료급여법이 정하는 바에 의한다(동법시행령 제14조).

Ⅵ. 의연금품

1. 의연금품의 모집허가

태풍·호우 등 대규모 피해발생시 이재민의 구호를 위하여 의연금품의 모집이 필요하므로 모집을 하려는 자는 모집계획서를 작성하여 소방방재청장에게 허가를 받도록 하고, 소방방재청장은 허가의 투명성을 확보하기 위하여 모집심사위원회의 심의를 거쳐 모집허가를 한다.

또한, 소방방재청장은 공공기관의 정보공개에 관한 법률 규정에 따라 의연금품의 모집과 사용에 관한 정보를 공개하여야 한다.

이는 의연금품 모집시 허가를 받도록 함으로써 모집자의 난립방지 및 모집의 신뢰성이 확보하려는 조치이다.

2. 허가의 취소

소방방재청장은 모집자가 부정한 방법으로 허가를 받거나, 모집계획서와 달리 의연금품을 모집한 경우, 공개된 장소가 아닌 장소에서 의연금품을 모집한 경우 등에는 허가를 취소할 수 있다.

이는 의연금품의 모집자가 부정한 방법으로 모집허가를 받거나 모집행위를 한 경우 허가를 취소할 수 있게 하여, 의연금품의 모집허가 취소에 관한 허가청의 권한이 객관적인 기준에 따라 행사될 수 있도록 함으로써 행정의 투명성이 높아질 것으로 기대된다.

3. 국가 등에 의한 의연금품의 모집 및 접수의 제한

① 국가 또는 지방자치단체 및 그 소속기관과 공무원은 의연금품의 모집 및 접수를 할 수 없다. 다만, 기탁자의 의뢰에 의하여 단순히 의연금을 접수하여 모집자에게 전달하는 경우를 제외한다.

② 지역구호센터의 장은 제1항의 규정에 불구하고 이재민 구호를 위하여 자발적으로 기탁하는 의연물품을 접수할 수 있다.

4. 배분위원회의 구성·운영

(1) 모집자가 의연금을 배분하게 되는 경우에는 과다·중복·편중 또는 누락 등으로 배분에 혼란이 예상되므로 이를 해결하기 위해 배분위원회를 둔다.

(2) 모집된 의연금의 효율적 배분을 위하여 사회·경제·시민·종교 및 재해구호관련전문가로 구성된 전국재해구호협회의 이사회를 배분위원회로 지정한다.

(3) 배분위원회의 구성·운영을 통하여 의연금을 공평하고 적절하게 배분함으로써 이재민의 구호

와 생활안정에 기여할 수 있을 것으로 기대된다.

5. 모집비용의 충당한도

의연금품의 모집에 필요한 경비는 모집비용의 예정액 명세로 하되 모집된 의연금의 100분의 2를 초과하지 못하도록 함으로써 행정의 투명성과 실제로 사용한 경비만 지출하도록 하여 의연금이 낭비되는 것을 사전에 예방하려는 것이다.

Ⅴ. 토지·건물 등의 사용

1. 토지 또는 건물 등의 사용

구호기관은 구호를 행하기 위하여 특히 필요하다고 인정하는 때에는 타인 소유의 토지 또는 건물 등을 사용할 수 있다. 구호기관은 타인 소유의 토지 또는 건물 등을 사용하는 경우에는 미리 토지 또는 건물 등의 소유자 또는 점유자에게 통지하여 그 승낙을 얻어야 한다. 이 경우 소유자 등은 정당한 사유가 없는 한 이에 적극 협조하여야 한다. 구호기관은 토지 또는 건물 등의 사용으로 인하여 소유자 등에게 손실이 발생한 경우에는 그 손실에 대하여 정당한 보상을 하여야 한다(제7조).

토지 또는 건물의 사용으로 인하여 생긴 손실보상은 다음과 같다. 토지에 대한 보상은 ① 토지의 사용으로 인하여 수확이 불가능하게 되었거나 감소하게 된 경우 그 손실에 상당한 금액, ② 토지의 사용으로 인하여 그 토지에서 생기는 평상시의 수입이 없게 되었거나 감소하게 된 경우 그 손실에 상당한 금액, ③ 파괴된 부분의 복구에 필요한 상당한 금액으로 한다. 건물에 대한 보상은 ① 건물의 사용으로 인하여 그 건물에서 생기는 평상시의 수입이 없게 되거나 감소하게 된 경우. 그 손실에 상당한 금액, ② 파괴된 부분의 복구에 필요한 상당한 금액으로 한다(동법시행령 제19조).

2. 현장조사

구호기관은 타인 소유의 토지 또는 건물 등을 사용하기 위하여 필요하다고 인정하는 때에는 소속 공무원으로 하여금 해당 토지 또는 건물 등을 조사하게 할 수 있다. 이 경우 미리 소유자 등에게 통지하여야 한다. 조사를 하는 공무원은 그 권한을 표시하는 증표를 지니고 이를 관계인에게 내보여야 한다(제8조).

3. 시설·물자의 우선사용 등

구호기관은 구호를 행하기 위하여 특히 필요하다고 인정하는 때에는 의료·방역·급식 또는 물자의 취급을 업으로 하는 자에게 시설 또는 물자의 우선사용 또는 판매에 관한 협력을 요청할 수 있다. 이 경우 협력을 요청받은 자는 정당한 사유가 없는 한 이에 협력하여야 한다. 구호기관은 구호업무에 협력하는 자에게 정당한 보상을 하여야 한다(제9조).

의료·운송·토목·건축업자 등에 대한 비용지급은 다음과 같다. ① 이재자를 치료한 의료기관에 대하여는 의료급여법의 규정에 의한 의료수가기준에 따라 진료비를 지급하며, 동원되는 의료인과 간호조무사에게는 예산의 범위 안에서 소방방재청장이 정하는 수당과 여비를 지급, ② 운송업자에게는 수송실비를 지급, ③ 기타 구호업무에 동원되는 자에게는 소방방재청장이 정하는 일당을 지급한다.

Ⅵ. 전국재해구호협회 설립

1. 전국재해구호협회의 설립

이재민의 구호에 필요한 재해의연금품의 모집·관리·배분 및 구호활동 등을 위하여 전국재해구호협회를 설립할 수 있다. 협회는 법인으로 한다. 협회는 그 주된 사무소의 소재지에 설립등기를 함으로써 성립한다. 협회에 관하여 이 법에 규정된 것을 제외하고는 민법 중 사단법인에 관한 규정을 준용한다(제10조). 협회는 설립목적을 달성하기 위하여 ① 이재민의 구호를 위한 재해의연금품의 모집·관리 및 배분, ② 재해구호에 관한 홍보 및 조사연구 등 재해구호관련 사업, ③ 그 밖에 대통령령이 정하는 사업을 수행할 수 있다(제11조).

2. 관련기관과 협조

구호기관은 재해구호를 원활하게 하기 위하여 경찰관서·소방관서·군부대와 대한적십자사·협회 등 민간재해구호관련 단체와 상호 협조하여야 한다. 이재민과 그 인근 거주자는 구호기관의 구호에 관한 업무에 협력하여야 한다(제12조).

VII. 구호비용

1. 구호비용의 부담

구호에 필요한 비용은 구호기관이 부담한다. 정부는 구호기관이 재해구호를 위하여 부담한 비용의 전부 또는 일부를 대통령령이 정하는 바에 따라 국고 등으로 보조할 수 있다(제13조).

2. 재해구호기금의 적립 등

시·도지사는 구호비용을 부담하기 위하여 매년 재해구호기금을 적립하여야 한다. 재해구호기금은 이재민의 구호 등 대통령령이 정하는 용도 외에는 이를 사용할 수 없다(제14조).

3. 재해구호기금의 최저적립액

재해구호기금의 매년도 최저적립액은 최근 3년 동안의 지방세법에 의한 보통세의 수입결산액의 평균연액의 1천 분의 5에 해당하는 금액으로 한다. 다만, 특별시의 경우에는 1천 분의 2.5에 해당하는 금액으로 한다.

적립된 재해구호기금의 누적집행잔액이 최근 3년 동안의 지방세법에 의한 보통세의 수입결산액의 평균연액의 1천 분의 30을 초과하는 경우에는 그 연도의 최저적립액 이하로 적립할 수 있다(제15조).

서울특별시·직할시 또는 도는 재해구호기금 적립계좌를 별도로 설정하고 재해구호기금을 적립하여야 한다. 재해구호기금은 그 목적 이외의 용도에 사용하지 못한다(동법시행령 제23조).

4. 수입금의 편입

재해구호기금에서 생기는 수입은 그 전액을 재해구호기금에 편입하여야 한다(제16조).

VIII. 벌칙

1. 벌칙

다음 각 호의 어느 하나에 해당하는 자는 3년 이하의 징역 또는 3천만원 이하의 벌금에 처한다.

(1) 허가를 받지 아니하거나 속임수 그 밖의 부정한 방법으로 허가를 받고 의연금품을 모집한 자

(2) 규정을 위반하여 의연금품의 출연을 강요한 자

(3) 허가를 취소하는 때에는 모집된 의연금품을 기부자에게 반환하여야 한다는 반환명령에 따르지 아니한 자

(4) 의연금을 개설한 계좌에 납입하지 아니하거나 의연물품을 해당 지역구호센터에 전달하지 아니한 자

(5) 의연금품의 내역을 제출하지 아니하거나 거짓으로 제출한 자

(6) 의연금의 100분의 2를 초과하여 모집비용에 충당한 자

(7) 감사보고서 또는 의연금품의 모집 상황 및 내역, 배분내역 등에 대한 보고서를 제출하지 아니한 자

(8) 속임수 그 밖의 부정한 방법으로 이 법에 따른 구호를 받거나 다른 사람으로 하여금 구호를 받게 한 자

다음 각 호의 어느 하나에 해당하는 자는 1년 이하의 징역 또는 1천만원 이하의 벌금에 처한다.

(1) "국가 또는 지방자치단체 및 그 소속기관과 공무원은 의연금품의 모집 및 접수를 할 수 없다"는 규정을 위반하여 의연금품을 모집하거나 접수한 자

(2) 장부에 의연금품의 접수사실을 기재하지 아니하거나 거짓으로 기재한 자

(3) 장부·서류 등을 작성하지 아니하거나 비치하지 아니한 자

2. 양벌규정

법인의 대표자나 법인 또는 개인의 대리인·사용인 그 밖의 종업원이 그 법인 또는 개인의 업무에 관하여 위 벌칙 조항에 대해 위반행위를 한 때에는 행위자를 벌하는 외에 그 법인 또는 개인에 대하여도 같은 조의 벌금형을 과한다.

참고문헌

감정기 외(2002),『사회복지의 역사』, 나남출판, 215-216, 237-240쪽.

강위두(1988), 산재보험법상의 급여를 받은 자의 의미,『상사판례연구』, v2, 한국상사판례학회, 191-192쪽.

고창현(1997),『법학원론』, 박영사, 6-8, 27-38, 36-42쪽.

곽효문(2000a),『사회복지법제론』, 제일법규, 141-153쪽.

______(2000b), 조선조의 사회복지법제에 관한 연구,『한국행정사학지』, v8, 한국행정사학회, 197-218쪽.

구병삭(1981),『헌법학 I』, 박영사, 360-367쪽.

국민연금관리공단(2002), 급여관리,『국민연금실무편람』, 국민연금관리공단, www.npc.or.kr.

국회(2002), 법률정보, 대한민국 국회, www.assembly.go.kr.

근로복지공단(2001),『고용-산재보험실무편람』, 근로복지공단, 7-10쪽.

길병도(1999), 산업재해보상보험법 중 보험급여관리개선에 대한 고찰,『산업보건』, v133, 대한산업보건협회, 20-21쪽.

김광석(1990), 사회보장법과 헌법의 규범력,『연세법학연구』, v1, 연세법학회, 101-112쪽.

김근조(2000),『신고사회복지법제론』, 도서출판 광은기획, 73-88, 214-216쪽.

김기수 외(1997),『법학통론』, 한양대학교 출판부, 1-19, 54-66쪽.

김기원(1995), 장애인 고용안정정책에 관한 연구,『선진화를 위한 정책 윤리 및 과제』, 한국정책학회, 28-36쪽.

______(1999), 미국 PRWORA 법안의 복지정책적 함의,『서울장신논단』, 제9집, 서울장신대학교.

______(2000),『공공부조론』, 학지사, 137-180쪽.

김남진(1987),『행정법 I』, 법문사, 384-387, 439-446쪽.

김만두(1991),『사회복지법제론』, 홍익제, 84-112쪽.

______(1994), 사회복지서비스 관련법의 문제점과 개선방향,『한국사회복지학회 추계학술대회 자료집』, 한국사회복지학회, 3-10쪽.

김만두·한혜경(1993),『현대사회복지개론』, 홍익제, 49-147쪽.

김미혜(1998), 장애아동복지관련 법조항 신설을 위한 연구,『한국아동복지학』, v7, 한국아동복지학회, 227-230쪽.

김석산(2000), 아동복지법 중심으로 살펴본 한국과 일본의 아동복지,『춘계학술대회자료집』, 한국아동복지학회, 101-104쪽.

김성순(2002), 고령사회에 대비한 노인복지법의 문제점과 개정방향,『노인복지연구』, v15, 노인복지학회, 19-39쪽.

김유성(1992),『한국사회보장법론』, 법문사, 13-20, 31-100.쪽

김유성·이흥재(1989),『사회보장법』, 한국방송통신대학, 29-37, 38-45, 81-90쪽.

김종래(2001),『21C 복지법인경영총람』, 복지연합신문사, 15-20쪽.

김준호(2000),『민법강의』, 법문사, 3-35쪽.

김태성·김진수(2001),『사회보장론』, 청목출판사, 87-97쪽.

김철수(2001a),『헌법학개론』, 박영사, 85-90, 235-829쪽.

김철수(2001b), 생존권적 기본권의 법적 성격,『세계헌법연구』, no6, 국제헌법학회/한국학회, 273-311쪽.

김철용(1968), 생존권적 기본권의 법적 성격,『사법행정』, v9, no12, 한국사법행정학회, 18-20쪽.

김치선(1988),『노동법총설』, 서울대학교 출판부, 99-104쪽.

김학수(1984), 사회보험법 연구, 『법학연구』, v11, 전북대학교 법학연구소, 2-5쪽.

김형배(1980), 『노동법』, 박영사, 33-42, 109-115쪽.

노동부(1998), 『고용보험제도의 주요 내용』, 노동부.

대법원(2002), 『대법원판례집』, 대법원.

류상열(2002), 『사회복지역사』, 학지사, 184-189쪽.

맹수석(2001), 산업재해보상보험법상 업무상 재해의 인정범위에 관한 연구, 『보험학회지』, v58, 한국보험학회, 169-176쪽.

문선화(1998a), 아동복지법과 소년-소녀가장실태, 『한국아동복지학』, v17, 한국아동복지학회, 204-211쪽.

______(1998b), 비행/범죄 청소년을 위한 아동복지법의 개선방향, 『한국아동복지학』, v7, 한국아동복지학회, 282-291쪽.

박균성(1993), 아동의 권리에 관한 국제협약과 아동복지법제, 『법학논총』, 제19집, 83-89쪽.

박석돈(1989), 한국사회복지법제의 정향을 위한 연구, 대구대학교대학원, 14-18쪽.

______(1997), 『사회복지서비스법』, 삼영사, 63-67쪽.

박순우 외(1999), 『세계의 사회복지』, 인간과 복지, 77-94쪽.

박승두(1997), 『사회보장법』, 중앙경제사, 183-198, 219-239, 243-261쪽.

______(2001), 『사회보장법총론』, 법률SOS, 104-118쪽.

박영수·신쌍식(1998), 『사회보험법해설법률지식』, 청림출판, 33-36, 59-67쪽.

박영철(2001), 『법학통론』, 동방도서, 49-57, 58-67, 68-81쪽.

박윤흔(1981), 『최신 행정법강의』, 국민서관, 42-45, 356-368쪽.

박일경(1981), 생존권의 법적 성격, 『사법행정』, v22, no2, 한국사법행정학회, 19-23쪽.

박태영(2001), 『사회복지시설론』, 양세원, 28-31쪽.

배기효(2004), 한국의 공적부조제도에 관한 문제점과 개선방안, 「사회복지실천연구」 제1권, 한국사회복지실천학회, 185-210쪽.

배영수(1984), 1935년 미국 사회보장법의 제정에 대하여, 『서양사연구』, v6, 서울대서양사연구회, 41-59쪽.

백동주(1989), 인권선언의 역사-사회권, 『사법행정』, v30, no4, 한국사법행정학회, 64-65쪽.

법제처(2002), 종합법률정보, http://moleg.go.kr

변우창(1957), 공권론, 『지방행정』, v6, 대한지방행정공제회, 70-77쪽.

보건복지부(2005), 2005년도 국민기초생활보장사업안내.

보건복지부(2005), 국민기초생활보장 2005년도 자활사업안내.

부산광역시(2002), 부산광역시 사회복지위원회 조례, 『부산광역시 자치법규』, 부산광역시, www.metro. busan.kr.

서동우(1999), 장애인복지법에서의 정신보건정책, 춘계학술대회 및 수련교육자료집, 한국정신보건사회사업학회, 5-17쪽.

신섭중(1979), 생존권의 보장과 공적부조, 『법학연구』, v21, 부산대학교 법학연구소, 193-201쪽.

신섭중 외(1991), 『비교사회복지론』, 유풍출판사, 337-339쪽.

신섭중 외(1996), 『세계의 사회보장』, 유풍출판사, 136-196쪽.

신섭중 외(2001), 『사회복지법제』, 대학출판사, 133-166쪽.

신수식(1992), 『사회보장론』, 박영사, 165-181쪽.

예종덕·전일주(1999), 『법학통론』, 학연사, 33-34, 41-49, 58-65, 74-83쪽.

오대규(1999), 장애인복지법 개정에 따른 정신보건사회복지환경의 변화, 춘계학술대회 및 수련교육자료집, 한국정신보건사회사업학회, 1-4쪽.

오석락(1992), 『최신법률학사전』, 일신사.

원석조(2001), 『사회복지역사의 이해』, 한국복지정책연구소출판부, 27-31,103-112쪽.

유성호(2001), 한국과 미국의 노인복지법 비교연구, 『노인복지연구』, v14, 한국노인복지학회, 141-147쪽.

유지태(2001),『행정법신론』, 박영사, 3-9, 611-628쪽.

유희일 외(2000),『사회복지법제론』, 도서출판 두남, 11-14쪽.

윤찬영(1997), 사회복지법의 분석방법론에 관한 연구,『사회복지연구』, v9, 서울대학교사회복지연구소, 133-136쪽.

______(2000),『사회복지법제론 I』, 나남출판, 351-362쪽.

______(2001), 사회보장법에 나타난 신자유주의 경향,『신자유주의와 민주법학 심포지엄 자료집』, 민주주의법학연구회, 218-232쪽.

이만우(1995),『세법세무회계측면을 중심으로』, 박영사, 1-2쪽.

이민표(2001), 노인복지법의 문제점과 개선방안,『노인복지연구』, 한국노인복지학회, 101-114쪽.

이상규(1981),『신행정법론』, 법문사, 128-137쪽.

이영희(2001),『한국사회복지법규 개설』, 홍익출판사, 46-75쪽.

이용하(1998), 국민연금 민영화 주장에 대한 비판적 고찰,『사회보장연구』, 제14권, 제2호, 한국사회보장학회, 173-176쪽.

이태영·고영훈(2000),『사회복지법제론』, 동인, 78-82쪽.

이학춘·위성종(2000),『사회보장법』, 대명출판사, 123-187쪽.

이홍재(1998), 고용보험법의 생성과 노동세력의 주장,『사회보장연구』, 제14권, 제1호, 71-80쪽.

인경석(2001),『국민연금법 해설』, 국민연금관리공단, 11-23쪽.

임정평(1996), 사회보장법의 체계와 과제,『법학논총』, 제22집, 단국대학교 법학연구소, 26-33쪽.

장동일(1999),『사회복지법의 이해』, 학문사, 20-27쪽.

장인협(1992),『사회복지학개론』, 서울대학교출판부, 1-7쪽.

장훈(1984),『사회보장법총론』, 대구대학교출판부, 121-128쪽.

전광석(1998a), 국제사회보장법의 이념적, 규범적 및 사회정책적 기초,『사회보장연구』, 제14권, 제1호, 한국사회보장학회, 89-98쪽.

______(1988b), 서독 사회보장법의 체계적 이해를 위한 시론,『사회보장연구』, v4, 한국사회보장학회, 7-25쪽.

______(1992), 빈곤문제와 법학의 과제,『법과 사회』, v5, no10, 법과사회이론연구회, 150-168쪽.

______(1993a),『사회보장법학』, 한림대학교 출판부, 13-18쪽.

______(1993b), 유럽공동체의 사회정책과 사회보장법,『사법행정』, v34, no2, 한국사법행정학회, 29-32쪽.

______(1994),『독일사회보장법론』, 법문사, 34-42쪽.

______(1996), 가족의 사회보장기능과 사회보장법의 가족보호기능,『사회보장연구』, v12, no1, 한국사회보장학회, 181-183쪽.

정영석(1989),『법학통론』, 법문사, 32-61, 100-124쪽.

정영순(1998), 부모의 아동양육의무법(Child Support Enforcement Act),『한국아동복지학회 학술대회자료집』, 한국아동복지학회, 109-112쪽.

조경배(1994), 고용보험법과 근로권,『민주법학』, v8, 민주주의법학연구회, 166-168쪽.

천병태(1998),『지방자치법』, 삼영사, 43-51쪽.

최재명(1999), 정신보건서비스 패러다임의 변화,『춘계학술대회 및 수련교육 자료집』, 한국정신보건사회사업학회, 34-38쪽.

하경효(1994), 고용보험법상 실업급여의 내용과 그 문제점,『산업관계연구』, v4, 한국노사관계학회, 167- 169쪽.

하상락(1989),『한국사회복지사론』, 박영사, 489-513쪽.

한영우(1989),『다시 찾는 우리역사』, 경세원.

한창영(1980), 노인복지법제정의 필요성과 그 방향,『지역사회개발연구』, v5, 한국지역사회개발학회, 33- 35쪽.

허영민(1974), 생존권적 기본권에 관한 연구,『극동논총』, v2, 전북대학교 법학연구소, 139-150쪽.

헌법재판소(1997),『헌법재판소관례집』9-1권, 헌법재판소, pp:545.

헌법재판소(2002), 『헌법재판소판례집』, 헌법재판소.

현외성(2001a), 한국 노인복지법의 형성과 변천과정, 『노인복지연구』, v14, 한국노인복지학회, 67-72쪽.

______(2001b), 『한국사회복지법제론』, 양서원, 55-72, 94-117, 251-255쪽.

Bloy, Marjie(1999), *Old Poor Law 1795-1834*, Dspace pp.1-3.

DHHS(1998), "The Personal Responsibility and Work Opportunity Reconciliation Act of 1966," *Fact Sheet*, HHS Press Office, pp.1-5.

EEOC(1997), "The Age Discrimination in Employment Act of 1967," The U.S. Equal Employment Opportu- nity Commission, pp.1-17.

Higginbothan, Peter(2002), "The Workouse," http://user.ox.uk, 1-19.

ILO(2002), "ILO History," *About the ILO*, ILO(International Labour Organization), pp.1-4.

___(2002), "Declaration of Philadelphia," *About the ILO*, ILO, pp.1-32.

Job Accommodation Network(JAN)(2002), *ADA(Amerians with Disability Act) Handbook*, JAN.

National Association of Social Workers(1995), *Encyclopedia of Social Work*, NASW Press.

NASW(2004), www.naswdc.org/

National Aging Services Network(NASN)(2002), "Older Americans Act," National Aging Services Network.

Rathfelder, Martin(1999), *The Poor Law 1601*, pp.1-7.

Office of the United Nations High Commisioner for Human Right(2004), www.ohchr.org.

Rimlinger, Gaston V.(1997), *Welfare Policy and Industrialization in Europe, America and Russia*(백종만 외 역, 한울 아카데미, 292-305쪽).

SSA(2002), "The Administration's 1935 Economic Security Bill," Social Security Administration, www.ssa.gov.

___(2002), "Text of the Social Security Act of 1935," Social Security Administration, www.ssa.gov.

U.S. Department of Health and Human Service(DHHS)(2002), "Poverty Guidelines, Research, and Mea- surement," Human Service Policy, www.dhhs.gov.

사회복지법제론(제2판)

제2판 5쇄 발행 2012년 3월 23일

지은이 / 김귀환 외
펴낸곳 / 사회복지 전문출판 나눔의집
펴낸이 / 박정희
주 소 / (153-072) 서울시 금천구 가산동
         60-3 대륭포스트타워 5차 1105호
전 화 / 02-2103-2480
팩 스 / 02-2624-4240
www.ncbook.co.kr

값 18,000원
ISBN: 978-89-5810-106-2 (93330)

• 파본은 구입하신 곳에서 바꿔 드립니다.